JN401502

공인회계사 대비

제4판

FINANCIAL ACCOUNTING 기출 솔루션

공인회계사 중급회계연습

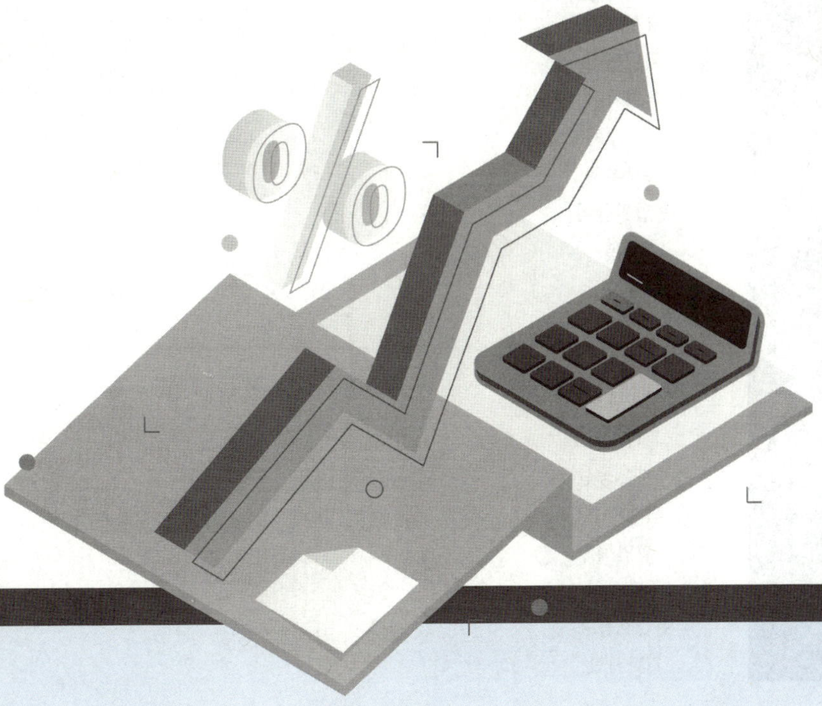

머리말

저자의 말

재무회계 2차시험의 난이도가 어려워지고 있는 추세에 맞추어 연습서가 다루는 범위와 내용을 기존보다 확장했습니다. 기준서에 나온 대부분의 규정 및 사례들을 문제화하였으며, 역대 출제된 회계사시험의 기출을 철저히 분석하여 출제되었던 주제들을 모두 수록하였습니다. 기출되지 않았던 주제들은 별도로 문제화하여, 출제 가능성이 있는 모든 주제들을 빠짐없이 다룰 수 있도록 교재를 구성하였습니다.

그림, 표, 산식 등을 활용하여 교재의 해답을 실제 문제풀이에 사용하는 과정과 동일하게 수록하였습니다. 이로써 판서 부담없이 강의 수강에 편리하도록, 독학하는 수험생분들도 쉽게 문제풀이 과정을 익힐 수 있도록 교재를 제작하려고 노력하였습니다.

본서가 수험생 여러분들의 합격에 디딤돌이 되길 기원합니다.

출제경향

구분	2015	2016	2017	2018	2019	2020	2021	2022	2023	2024
개념체계		○		○						
수익	○	○	○	○	○	○	○			○
건설계약	○		○		○					
재고자산	○	○	○	○				○	○	○
유형자산		○	○		○		○		○	
차입원가				○				○		
무형자산						○				○
금융부채					○			○		○
충당부채				○			○			○
종업원급여		○					○		○	○
자본			○			○		○	○	○
금융자산	○	○		○	○	○	○	○		○
수취채권									○	
복합금융상품	○	○			○	○		○		
주식기준보상	○				○	○	○	○		
리스	○	○	○		○	○	○		○	○
투자부동산			○	○						
회계변경				○						○
법인세			○					○	○	
주당이익		○			○		○		○	
현금흐름표			○	○		○			○	
기타사항	○	○								

CONTENTS

CONTENTS

CHAPTER 14 복합금융상품

CHAPTER 15 주식기준보상

CHAPTER 16 리스

CHAPTER 17 투자부동산

CHAPTER 18 회계변경과 오류수정

CHAPTER 01

개념체계와 재무제표 표시

출제유형

▸ 계산문제

| 문제 1 | 포괄손익계산서의 작성

▸ 서술형문제

계산문제

문제 1

1. 다음은 ㈜대한의 재고자산 관련 자료이다.

구분	20×1말	20×2말
원재료	1,500	4,500
재공품	7,500	3,000
제품	16,200	7,200

2. 20×2년 ㈜대한의 당기손익관련 자료는 다음과 같다.

구분	발생처		합계
	공장	본사	
영업비용			
급여	(1,500)	(3,000)	(4,500)
감가상각비	(4,500)	(3,000)	(7,500)
무형자산상각비	–	(1,500)	(1,500)
수도광열비	(3,000)	(750)	(3,750)
매출채권손상차손	–	(1,500)	(1,500)
기타영업비용	(1,500)	(4,500)	(6,000)
영업외손익	–	–	–
이자비용	–	(9,000)	(9,000)
파생상품평가손실	–	(2,250)	(2,250)
유형자산처분이익	–	1,500	1,500
법인세비용	–	(9,000)	(9,000)

3. ㈜대한은 20×2년에 ₩100,000의 매출을 달성하였으며, 당기 원재료 매입액은 ₩20,000이다.

4. 공장에서 발생한 비용은 전액 제품의 제조에 사용되었으며, 본사에서 발생한 비용은 제품의 판매 및 영업의 관리에 사용되었다.

(물 음) ㈜대한의 20×2년 별도의 손익계산서(당기순이익까지 표시)를 성격별로 분류한 경우와 기능별로 분류한 경우에 대해 각각 작성하시오.

해설 및 해답 포괄손익계산서의 작성

성격별 손익계산서

㈜대한	20×2.12.31	(단위 : 원)
매출액		100,000
영업비용		
원재료의 증감	(3,000)	
재공품의 증감	4,500	
제품의 증감	9,000	
원재료 매입액	20,000	
급여	4,500	
감가상각비	7,500	
무형자산상각비	1,500	
수도광열비	3,750	
매출채권손상차손	1,500	
기타 영업비용	6,000	55,250
영업이익		44,750
영업외손익		
이자비용		(9,000)
파생상품평가손실		(2,250)
유형자산처분이익		1,500
법인세비용차감전순이익		35,000
법인세비용		(9,000)
당기순이익		26,000

기능별 손익계산서

㈜대한	20×2.12.31	(단위 : 원)
매출액		100,000
매출원가		41,000[1)]
매출총이익		59,000
판매비와관리비		
급여		3,000
감가상각비		3,000
무형자산상각비		1,500
수도광열비		750
매출채권손상차손		1,500
기타영업비용		4,500
영업이익		44,750

⋮

<하　약>

⋮

1) 매출원가

원재료의 증감	₩1,500－4,500＝	₩(3,000)
재공품의 증감	₩7,500(기초잔액)－₩3,000(기말잔액)＝	4,500
제품의 증감	₩16,200(기초잔액)－₩7,200(기말잔액)＝	9,000
원재료 매입액		20,000
급여 등 영업비용(공장발생)	₩1,500＋4,500＋3,000＋1,500＝	10,500
		41,000

서술형 문제

문제 1

(물음 1) 근본적 질적특성을 적용하기 위한 가장 효율적이고 효과적인 절차를 서술하시오.

(물음 2) 현재 및 잠재적 투자자, 대여자와 그 밖의 채권자의 의사결정은 어떠한 정보에 의존하는지, 어떠한 정보를 필요로 하는지 서술하시오.

(물음 3) 재무제표요소의 인식기준을 서술하시오.

(물음 4) 재무제표요소의 제거에 대한 회계 요구사항의 목표를 서술하시오.

(물음 5) 역사적원가와 현행가치의 차이를 측정 근거 및 측정치 갱신 여부의 관점에서 비교하여 설명하시오.

(물음 6) 자산의 사용가치와 공정가치의 정의를 서술하고 특징을 비교하여 설명하시오.

해설 및 해답

(물음 1)

근본적 질적특성을 적용하기 위한 가장 효율적이고 효과적인 절차는 일반적으로 다음과 같다(보강적 특성과 원가제약요인의 영향을 받지만 이 사례에서는 고려하지 않음). 첫째, 보고기업의 재무정보 이용자들에게 유용할 수 있는 정보의 대상이 되는 경제적 현상을 식별한다. 둘째, 그 현상에 대한 가장 목적적합한 정보의 유형을 식별한다. 셋째, 그 정보가 이용가능한지, 그리고 경제적 현상을 충실하게 표현할 수 있는지 결정한다. 만약 그러하다면, 근본적 질적특성의 충족 절차는 그 시점에 끝난다. 만약 그러하지 않다면, 차선의 목적적합한 유형의 정보에 대해 그 절차를 반복한다.

(물음 2)

현재 및 잠재적 투자자, 대여자와 그 밖의 채권자의 의사결정은 기대하는 수익, 예를 들어, 배당, 원금 및 이자의 지급 또는 시장가격의 상승에 의존한다. 수익에 대한 기대는 기업에 유입될 미래 순현금유입의 금액, 시기 및 불확실성(전망) 및 기업의 경제적자원에 대한 경영진의 수탁책임에 대한 그들의 평가에 달려 있다.

현재 및 잠재적 투자자, 대여자와 그 밖의 채권자는 그러한 평가에 도움을 주는 정보를 필요로 한다. 평가를 하기 위하여 현재 및 잠재적 투자자, 대여자와 그 밖의 채권자는 다음의 정보를 필요로 한다.

(1) 기업의 경제적자원, 기업에 대한 청구권 및 그러한 자원과 청구권의 변동

(2) 기업의 경영진과 이사회가 기업의 경제적 자원 사용에 대한 그들의 책임을 얼마나 효율적이고 효과적으로 이행했는지 여부

(물음 3)

자산이나 부채를 인식하고 이에 따른 결과로 수익, 비용 또는 자본변동을 인식하는 것이 재무제표이용자들에게 다음과 같이 유용한 정보를 모두 제공하는 경우에만 자산이나 부채를 인식한다.

(1) 자산이나 부채에 대한 그리고 이에 따른 결과로 발생하는 수익, 비용 또는 자본변동에 대한 목적적합한 정보

(2) 자산이나 부채 그리고 이에 따른 결과로 발생하는 수익, 비용 또는 자본변동의 충실한 표현

(물음 4)

재무제표요소의 제거에 대한 회계 요구사항은 다음 두 가지를 모두 충실히 표현하는 것을 목표로 한다.

(1) 제거를 초래하는 거래나 그 밖의 사건 후의 잔여 자산과 부채(그 거래나 그 밖의 사건의 일부로 취득, 발생 또는 창출한 자산이나 부채 포함)

(2) 그 거래나 그 밖의 사건으로 인한 기업의 자산과 부채의 변동

(물음 5)

- 역사적원가

① 측정 근거 : 적어도 부분적으로 자산, 부채 및 관련 수익과 비용을 발생시키는 거래나 그 밖의 사건의 가격에서 도출된 정보를 사용하여 자산, 부채 및 관련 수익과 비용에 관한 화폐적 정보를 제공한다.

② 측정치 갱신 : 역사적 원가는 자산의 손상이나 손실부담에 따른 부채와 관련되는 변동을 제외하고는 가치의 변동을 반영하지 않는다.

- 현행가치

① 측정 근거 : 역사적 원가와는 달리, 자산이나 부채의 현행가치는 자산이나 부채를 발생시킨 거래나 그 밖의 사건의 가격으로부터 부분적으로라도 도출되지 않는다.

② 측정치 갱신 : 측정일의 조건을 반영하기 위해 갱신된 정보를 사용하여 자산, 부채 및 관련 수익과 비용의 화폐적 정보를 제공한다. 이러한 갱신에 따라 자산과 부채의 현행가치는 이전 측정일 이후의 변동, 즉 현행가치에 반영되는 현금흐름과 그 밖의 요소의 추정치의 변동을 반영한다.

(물음 6)

- 공정가치 : 측정일에 시장참여자 사이의 정상거래에서 자산을 매도할 때 받거나 부채를 이전할 때 지급하게 될 가격

- 사용가치 : 기업이 자산의 사용과 궁극적인 처분으로 얻을 것으로 기대하는 현금흐름 또는 그 밖의 경제적효익의 현재가치

- 공정가치는 기업이 접근할 수 있는 시장의 참여자 관점을 반영한다. 시장참여자가 경제적으로 최선의 행동을 한다면 자산이나 부채의 가격을 결정할 때 사용할 가정과 동일한 가정을 사용하여 그 자산이나 부채를 측정한다. 반면 사용가치는 시장참여자의 가정보다는 기업 특유의 가정을 반영한다.

문제 2

(물음 1) 한국채택국제회계기준에서 요구하거나 허용하지 않는 한 자산과 부채 그리고 수익과 비용은 상계하지 아니한다. 그러나 동일 거래에서 발생하는 수익과 관련비용의 상계표시가 거래나 그 밖의 사건의 실질을 반영한다면 그러한 거래의 결과는 상계하여 표시한다. 이러한 상계표시의 사례 두 가지를 서술하시오.

(물음 2) 전체 재무제표(비교정보를 포함)는 적어도 1년마다 작성한다. 보고기간종료일을 변경하여 재무제표의 보고기간이 1년을 초과하거나 미달하는 경우 재무제표 해당 기간뿐만 아니라 추가로 공시해야하는 사항 두 가지를 서술하시오.

(물음 3) 최소한의 비교 재무제표에 추가하여 전기 기초를 기준으로 세 번째 재무상태표를 표시해야하는 경우의 조건을 서술하시오.

(물음 4) 재무제표 항목의 표시와 분류를 변경할 수 있는 경우를 서술하시오.

해설 및 해답

(물음 1)

상계표시의 사례는 다음과 같다.

⑴ 투자자산 및 영업용자산을 포함한 비유동자산의 처분손익은 처분대가에서 그 자산의 장부금액과 관련처분비용을 차감하여 표시한다.

⑵ 기업회계기준서 제1037호 '충당부채, 우발부채, 우발자산'에 따라 인식한 충당부채와 관련된 지출을 제3자와의 계약관계(예 공급자의 보증약정)에 따라 보전 받는 경우, 당해 지출과 보전받는 금액은 상계하여 표시할 수 있다.

(물음 2)

⑴ 보고기간이 1년을 초과하거나 미달하게 된 이유

⑵ 재무제표에 표시된 금액이 완전하게 비교가능하지는 않다는 사실

(물음 3)

⑴ 회계정책을 소급하여 적용하거나, 재무제표 항목을 소급하여 재작성 또는 재분류한다. 그리고, ⑵ 이러한 소급적용, 소급재작성 또는 소급재분류가 전기 기초 재무상태표의 정보에 중요한 영향을 미친다.

(물음 4)

재무제표 항목의 표시와 분류는 다음의 경우를 제외하고는 매기 동일하여야 한다.

⑴ 사업내용의 유의적인 변화나 재무제표를 검토한 결과 다른 표시나 분류방법이 더 적절한 것이 명백한 경우

⑵ 한국채택국제회계기준에서 표시방법의 변경을 요구하는 경우

문제 3

(물음 1) 재무상태표의 자산, 부채에 대한 표시방법에 대해 서술하시오.

(물음 2) 포괄손익계산서의 포괄손익에 대한 표시방법에 대해 서술하시오.

(물음 3) 기타포괄손익 중 재분류조정 대상인 항목과 재분류조정 대상이 아닌 항목의 사례를 서술하시오.

(물음 4) 보고기간 후 12개월 이내에 만기가 도래한다 하더라도 비유동부채로 분류할 수 있는 조건을 서술하시오.

(물음 5) 보고기간말 이전에 장기차입약정의 약정사항을 위반했을 때 대여자가 즉시 상환을 요구할 수 있는 채무라고 하더라도 비유동부채로 분류할 수 있는 요건을 서술하시오.

해설 및 해답

(물음 1)

유동성 순서에 따른 표시방법이 신뢰성 있고 더욱 목적적합한 정보를 제공하는 경우를 제외하고는 유동자산과 비유동자산, 유동부채와 비유동부채로 재무상태표에 구분하여 표시한다. 유동성 순서에 따른 표시방법을 적용할 경우 모든 자산과 부채는 유동성의 순서에 따라 표시한다. 신뢰성 있고 더욱 목적적합한 정보를 제공한다면 자산과 부채의 일부는 유동/비유동 구분법으로, 나머지는 유동성 순서에 따른 표시방법으로 표시하는 것이 허용된다. 이러한 혼합표시방법은 기업이 다양한 사업을 영위하는 경우에 필요할 수 있다.

(물음 2)

포괄손익계산서에는 당기손익 부분과 기타포괄손익 부분에 추가하여 다음을 표시한다.

(1) 당기순손익

(2) 총기타포괄손익

(3) 당기손익과 기타포괄손익을 합한 당기포괄손익

별개의 손익계산서를 표시하는 경우, 포괄손익을 표시하는 보고서에는 당기손익 부분을 표시하지 않는다.

(물음 3)

(1) 재분류조정의 대상이 아닌 기타포괄손익

① 재평가잉여금의 변동

② 확정급여제도의 재측정요소

③ 당기손익－공정가치 측정 항목으로 지정한 특정 부채의 신용위험 변동으로 인한 공정가치 변동 금액

④ 기타포괄손익－공정가치 측정 항목으로 지정한 지분상품에 대한 투자에서 발생한 손익

⑤ 기타포괄손익－공정가치로 측정하는 지분상품투자에 대한 위험회피에서 위험회피수단의 평가손익 중 효과적인 부분

⑥ 위험회피대상 예상거래로 인해 후속적으로 비금융자산이나 비금융부채를 인식하게 되는 경우, 현금흐름 위험회피에서 위험회피수단의 평가손익 중 효과적인 부분

⑦ 위험회피대상항목으로 인해 후속적으로 비금융자산이나 비금융부채를 인식하게 되는 경우, 옵션계약의 내재가치와 시간가치를 분리할 때와 내재가치의 변동만을 위험회피수단으로 지정할 때 옵션 시간가치의 가치변동

⑧ 관계기업투자와 관련하여 기타포괄손익으로 인식했던 손익이 관련 자산이나 부채의 처분에 따라 당기손익으로 재분류되지 않는 경우

(2) 재분류조정 대상인 기타포괄손익

① 기타포괄손익－공정가치로 측정하는 채무상품에서 발생한 손익

② 해외사업장의 재무제표 환산으로 인한 손익

③ 위험회피대상 예상거래로 인해 후속적으로 비금융자산이나 비금융부채를 인식하게 되는 경우 이외에 현금흐름위험회피에서 위험회피수단의 평가손익 중 효과적인 부분

④ 위험회피대상항목으로 인해 후속적으로 비금융자산이나 비금융부채를 인식하게 되는 경우 이외에 옵션계약의 내재가치와 시간가치를 분리할 때와 내재가치의 변동만을 위험회피수단으로 지정할 때 옵션 시간가치의 가치변동

⑤ 관계기업투자와 관련하여 기타포괄손익으로 인식했던 손익이 관련 자산이나 부채의 처분에 따라 당기손익으로 재분류되는 경우

(물음 4)

기업이 보고기간말 현재 기존의 대출계약조건에 따라 보고기간 후 적어도 12개월 이상 부채를 연장할 권리가 있다면, 보고기간 후 12개월 이내에 만기가 도래한다 하더라도 비유동부채로 분류한다. 만약 기업에 그러한 권리가 없다면, 차환가능성을 고려하지 않고 유동부채로 분류한다.

(물음 5)

대여자가 보고기간말 이전에 보고기간 후 적어도 12개월 이상의 유예기간을 주는 데 합의하여 그 유예기간 내에 기업이 위반사항을 해소할 수 있고, 또 그 유예기간 동안에는 대여자가 즉시 상환을 요구할 수 없다면 그 부채는 비유동부채로 분류한다.

CHAPTER 02

수익

출제유형

▸ **계산문제**

| 문제 1 | 수익인식의 5단계 – 거래가격 산정

| 문제 2 | 수익인식의 5단계 – 계약에 포함된 유의적인 금융요소

| 문제 3 | 수익인식의 5단계 – 거래가격의 배분 및 수행의무의 이행

| 문제 4 | 수익 인식의 5단계

| 문제 5 | 거래가격의 변동

| 문제 6 | 계약변경

| 문제 7 | 종류별 수익의 인식

| 문제 8 | 종류별 수익의 인식

| 문제 9 | 고객에게 중요한 권리를 제공하는 선택권

| 문제 10 | 라이선스

| 문제 11 | 통신사의 수익인식

| 문제 12 | 계약원가에 대한 정부보조금

| 문제 13 | 종합문제

▸ **서술형문제**

계산문제

문제 1

다음의 각 독립적인 물음에 답하시오. 문제에서 명시되지 않은 수익인식조건들은 모두 충족되는 것으로 가정한다.

(물음 1) 다음의 자료를 이용하여 답하시오.

1. ㈜대한은 20×1년 1월 1일에 제품 B를 판매하기로 고객과 계약을 체결하였다. 제품 B에 대한 통제는 20×2년 말 시점에 고객에게 이전되었으며, 이때 제품 B의 원가는 ₩800,000이다. 동 계약에 따르면 고객은 20×1년 1월 1일 계약에 서명할 때 현금 ₩1,000,000을 지급하거나, 2년 경과 후 제품 B를 통제할 때 현금 ₩1,210,000을 지급하는 두 가지 지급 방법 중에서 선택할 수 있다.
2. 고객은 계약에 서명할 때 현금 ₩1,000,000을 지급하기로 선택하였다. 두 가지 대체 지급 선택권을 경제적으로 동등하게 하기 위해 필요한 거래의 내재이자율은 연 10%이다.
3. 동 계약에는 유의적인 금융요소가 포함되어 있으며, 계약 개시시점에 ㈜대한과 고객이 별도 금융거래를 한다면 반영하게 될 할인율은 연 8%이다. 이에 따라, ㈜대한은 약속한 대가를 조정하기 위해 할인율 연 8%를 사용하였다.

제품 B와 관련하여 ㈜대한의 20×1년 말 재무상태표에 표시되는 부채의 금액과 20×2년도 포괄손익계산서의 당기순이익에 미치는 영향을 각각 계산하시오. 단, 당기순이익이 감소하는 경우 금액 앞에 (−)를 표시하시오.

20×1년 말 부채	①
20×2년도 당기순이익에 미치는 영향	②

(물음 2) ㈜대한은 재고자산을 판매하고 그 대가로 업무에 필요한 소형차량을 받았으며 현금 ₩1,000,000을 지급하였다. 수취한 소형차의 공정가치는 ₩3,500,000으로 신뢰성있게 평가된다. 판매된 재고자산의 개별판매가격은 ₩2,600,000으로 추정되며, 판매된 재고자산의 원가는 ₩1,800,000이다. 해당 교환거래가 다음의 각 상황이라고 할 경우, ㈜대한의 20×1년도 포괄손익계산서의 당기순이익에 미치는 영향을 계산하되, 감소의 경우에는 금액 앞에 '(−)'를 표시하시오.

상황 1. 상업적 실질이 있는 경우	①
상황 2. 상업적 실질이 있으며, 수취한 소형차량의 공정가치를 신뢰성 있게 측정할 수 없는 경우	②
상황 3. 상업적 실질이 없는 경우	③

(물음 3) ㈜만세는 유통업을 영위하고 있는 고객에게 재화를 공급하는 계약을 체결하고 있다. 20×1년 초에 ㈜만세는 고객에게 제품 A를 100개를 개당 ₩1,000에 판매하기로 계약하였다. 20×1년 1월에 10개의 제품을 인도하였다고 할 경우, 다음의 각 상황별로 ㈜만세가 20×1년 1월에 수익으로 인식할 금액을 계산하시오.

상황 1. 20×1년 초 ㈜만세는 계약 개시시점에 고객에게 환불되지 않는 ₩8,000을 고객에게 지급하도록 되어 있다. 이 ₩8,000의 지급액은 고객이 ㈜만세의 제품을 선반에 올리는 데 필요한 변경에 대해 고객에게 보상하는 것이다.

상황 2. 20×1년 초 ㈜만세는 고객으로부터 가전제품을 ₩8,000에 구매하였다. ㈜만세가 구매한 가전제품의 공정가치는 거래가격인 ₩8,000과 일치하였다.

상황 3. 20×1년 초 ㈜만세는 고객으로부터 비품을 ₩8,000에 구매하였다. ㈜만세가 구매한 비품의 공정가치는 거래가격보다 ₩2,000 작은 ₩6,000이다.

상황 4. 20×1년 초 ㈜만세는 고객으로부터 중고 비품을 ₩8,000에 구매하였다. ㈜만세가 구매한 비품의 공정가치는 합리적으로 추정할 수 없었다.

해설 및 해답 수익인식의 5단계 - 거래가격 산정

(물음 1) 계약에 포함된 유의적인 금융요소 (2024년 회계사)

20×1년 말 부채	① ₩1,080,000
20×2년도 당기순이익에 미치는 영향	② ₩280,000

① 20×1년 말 부채 : ₩1,000,000(선수금)×(1+8%*)=₩1,080,000

* 계약의 내재이자율보다 별도 금융거래를 한다면 반영하게 될 할인율을 우선 사용

② 20×2년도 당기순이익에 미치는 영향

이자비용	₩1,080,000×8%=	₩(86,400)
매출액	₩1,080,000(선수금)×(1+8%)=	1,166,400
매출원가		(800,000)
		₩280,000

[별해] 회계처리

20×1년 초	(차) 현 금	1,000,000	(대) **계 약 부 채**	**1,000,000**
20×1년 말	(차) 이 자 비 용	80,000	(대) **계 약 부 채**	**80,000**
20×2년 말	(차) **이 자 비 용**	**86,400**	(대) 계 약 부 채	86,400
	(차) 계 약 부 채	1,166,400	(대) **매 출 액**	**1,166,400**
	(차) **매 출 원 가**	**800,000**	(대) 재 고 자 산	800,000

(물음 2) 비현금대가 (2016년 회계사 수정)

① 상황 1 : ₩3,500,000 (수취한 재화의 공정가치)−1,000,000(현금지급액)−1,800,000=700,000

판매일	(차) 차 량 운 반 구	3,500,000	(대) 매 출 액	2,500,000
			현 금	1,000,000
	(차) 매 출 원 가	1,800,000	(대) 재 고 자 산	1,800,000

② 상황 2 : ₩2,600,000 (수취한 재화의 공정가치를 측정할 수 없는 경우 제공한 대가의 공정가치)−1,800,000 = 800,000

판매일	(차) 차 량 운 반 구	3,600,000	(대) 매 출 액	2,600,000
			현 금	1,000,000
	(차) 매 출 원 가	1,800,000	(대) 재 고 자 산	1,800,000

③ 상황 3 : ₩0 (성격과 가치가 유사한 교환거래에서는 수익을 인식하지 않음)

판매일	(차) 차 량 운 반 구	2,800,000	(대) 재 고 자 산	1,800,000
			현 금	1,000,000

(물음 3) 고객에게 지급할 대가

(상황 1) 고객이 기업에 이전하는 구별되는 재화나 용역의 대가로 지급하는 것이 아닌 경우

① 고객에게 지급할 대가가 고객이 기업에 이전하는 구별되는 재화나 용역의 대가로 지급하는 것이 아니라면, 그 대가는 거래가격, 즉 수익에서 차감하여 회계처리한다. 고객에게 지급할 대가를 거래가격에서 차감하여 회계처리하는 경우에는 다음 중 나중의 사건이 일어날 때(또는 일어나는 대로) 수익의 차감을 인식한다.

(1) 기업이 고객에게 관련 재화나 용역을 이전하여 그 수익을 인식한다.

(2) 기업이 대가를 지급하거나 지급하기로 약속한다.

② 수익인식액 : (₩100,000－8,000)×10개/100개＝₩9,200

(상황 2) 고객에게서 받은 구별되는 재화나 용역에 대한 대가로 지급하는 것인 경우

① 고객에게 지급할 대가가 고객에게서 받은 구별되는 재화나 용역에 대한 지급이라면, 다른 공급자에게서 구매한 경우와 같은 방법으로 회계처리한다. 즉, 매입의 회계처리를 수행한다.

② 수익 인식액 : ₩100,000×10개/100개＝₩10,000

(상황 3) 고객에게 지급할 대가가 고객에게서 받은 구별되는 재화나 용역의 공정가치를 초과하는 경우

① 고객에게 지급할 대가(금액)가 고객에게서 받은 구별되는 재화나 용역의 공정가치를 초과한다면, 그 초과액을 거래가격에서 차감하여 회계처리한다.

② 수익 인식액 : [₩100,000－2,000(초과액)]×10개/100개＝₩9,800

(상황 4) 고객에게서 받은 재화나 용역의 공정가치를 합리적으로 추정할 수 없는 경우

① 고객에게서 받은 재화나 용역의 공정가치를 합리적으로 추정할 수 없다면, 고객에게 지급할 대가 전액을 거래가격에서 차감하여 회계처리한다.

② 수익 인식액 : [₩100,000－8,000(초과액)]×10개/100개＝₩9,200

문제 2

㈜대한은 의료기기 해외 유통 전문업체로 국내 의료기기 기업으로부터 해외판매권을 취득하고, 이러한 독점 판매권을 바탕으로 제품을 해외에 판매하고 있다.

㈜민국은 자기장을 이용한 제품명 '영상G'라는 혁신적인 의료영상기기(이하 영상G)를 개발하였고 현재 임상 안전성 심사 중이다. 안전성 심사는 20×2년 12월 31일에 완료될 예정이다.

20×1년 1월 1일 ㈜대한과 ㈜민국은 영상G에 대한 해외판매권 계약을 체결하였다. 구체적인 판매권 계약은 다음과 같다.

- ㈜대한은 ㈜민국이 개발한 영상G에 대하여 20×3년 1월 1일부터 20×5년 12월 31일까지 3년 동안 독점적으로 해외에 판매할 권리를 가진다.
- ㈜대한은 해외판매권에 대한 대가로 ㈜민국에게 20×3년 1월 1일 ₩6,000을 일시불로 지급하며 향후 3년 동안 매년 해외 판매액의 2%를 지급한다.
- ㈜대한은 영상G의 해외판매권 부여 계약의 유효성 유지 및 계약이행을 담보하기 위하여 계약이행보증금 ₩1,000을 ㈜민국에게 20×1년 1월 1일 현금으로 지급한다.
- ㈜민국은 ㈜대한이 해외판매권 대가 ₩6,000을 지급하는 즉시 ㈜대한에게 계약이행보증금 ₩1,000을 환급한다.
- ㈜민국이 영상G의 안전성 심사 통과를 실패하는 경우, ㈜민국은 ㈜대한에게 즉시 계약이행보증금 ₩1,000을 환급한다.

(물음 1) ㈜민국은 20×1년 1월 1일 받은 계약이행보증금 ₩1,000에 대해서 수령일에 ① ₩827을 금융부채로 인식하였고 ② ₩173을 이자수익(유효이자율 10%)으로 인식하였다.

㈜민국의 ①과 ② 각각의 회계처리에 대하여 동의하는가? 동의한다면 동의하는 근거를 간략하게 설명하시오. 동의하지 않는다면 동의하지 않는 근거를 간략하게 설명하시오.

(물음 2) ㈜민국이 20×1년 12월 31일에 수행해야하는 회계처리를 제시하시오.

(물음 3) ㈜민국은 20×2년 12월 31일 영상G의 안전성 심사를 통과하였고 ㈜대한은 20×3년 1월 1일에 현금 ₩6,000을 지급하고 해외판매권을 획득하였다고 가정하자. ㈜대한이 20×3년에 해외판매권과 관련하여 수행해야 하는 회계처리를 제시하시오.

해설 및 해답 수익인식의 5단계 - 계약부채에 포함된 유의적인 금융요소 (2017년 회계사)

(물음 1)

• 동의하지 않는다. 20×1년 1월 1일에 수령한 계약이행보증금은 해외판매권 부여에 대한 거래가격을 선수령한 금액으로 볼 수 있다. 따라서 계약이행보증금에는 유의적인 금융요소가 포함되어 있으므로, 관련 수행의무의 이행 개시시점까지 유효이자율법으로 상각하여야 한다. 즉, ₩1,000의 계약이행보증금을 유효이자율법으로 상각하며 이자비용을 인식해야 한다.

(물음 2)

20×1년 1월 1일	(차)	현금	1,000	(대)	계약이행보증금	1,000
20×1년 12월 31일	(차)	이자비용	100[1]	(대)	계약이행보증금	100

1) ₩1,000×10%

[별해] ㈜민국의 20×2년 이후 회계처리

20×2년 12월 31일	(차)	이자비용	110[1]	(대)	계약이행보증금	110

1) ₩1,100(20×2년 초 계약이행보증금의 장부금액)×10%

20×3년 1월 1일	(차)	현금	6,000	(대)	계약부채	6,000
	(차)	계약이행보증금	1,210[1]	(대)	계약부채	210
					현금	1,000

1) ₩1,000(20×1년 1월 1일 수령액)×(1+10%)²

20×3년 12월 31일	(차)	계약부채	2,070[1]	(대)	계약수익	2,070

1) (₩6,000+210)÷3년 (수행의무의 이행 가정)

(물음 3)

• 라이선스에 대해서 ㈜민국과 대칭적인 회계처리를 수행한다.

20×3년 1월 1일	(차)	해외판매권	6,000	(대)	현금	6,000
	(차)	현금	1,000	(대)	계약이행보증금	1,210[1]
		해외판매권	210			

1) ₩1,000(20×1년 1월 1일 지급액)×(1+10%)²

20×3년 12월 31일	(차)	상각비	2,070[1]	(대)	해외판매권	2,070

1) (₩6,000+210)÷3년 (수행의무의 이행 가정)

문제 3

다음의 각 독립적인 물음에 답하시오.

(물음 1) 기업은 제품 A, B, C를 ₩120,000에 판매하기로 고객과 계약을 체결한다. 기업은 서로 다른 시점에 각 제품에 대한 수행의무를 이행할 것이다. 기업은 보통 제품 A를 ₩50,000에 별도로 판매하므로 개별 판매가격을 직접 관측할 수 있다. 제품 B와 C의 개별 판매가격은 직접 관측할 수 없다. 개별 판매가격을 추정하기 위해, 기업은 제품 B에는 시장평가 조정 접근법을 사용하고 제품 C에는 예상원가 이윤 가산 접근법을 사용한다. 시장에서 거래되는 제품 B의 가격은 ₩25,000이며, 제품 B의 개별판매가격을 반영하기 위한 별도의 조정은 필요 없다. 제품 C의 원가는 ₩60,000이며 적절한 이익률은 매출액 대비 20%로 추정된다. 이 경우, 제품 A, B, C에 배분되는 거래가격을 각각 계산하시오.

(물음 2) ㈜우리가 개별판매하는 제품 A, B, C의 개별판매가격은 다음과 같다. ㈜우리가 보통 제품 B와 제품 C를 함께 ₩60에 판매한다.

제품	제품 A	제품 B	제품 C	합계
개별 판매가격	₩40	₩55	₩45	₩140

다음의 각 상황별로 ㈜우리가 20×2년에 수익으로 인식할 금액을 계산하시오.

상황 1. 20×1년 10월 1일 ㈜우리는 ₩100과 교환하여 제품 A, B, C를 판매하기로 고객과 계약을 체결하였다. ㈜우리는 20×1년에 제품 A와 B를, 20×2년에 제품 C를 각각 인도하여 수행의무를 이행하였다.

상황 2. 20×1년 10월 1일 ㈜우리는 ₩130과 교환하여 제품 A, B, C, D를 판매하기로 고객과 계약을 체결하였다. 기업은 제품 D를 넓은 범위의 금액(₩15~₩45)으로 서로 다른 고객에게 판매하기 때문에, 제품 D의 개별 판매가격의 변동성은 매우 높다. 따라서 기업은 제품 D의 개별 판매가격을 잔여접근법을 사용하여 추정하기로 결정한다. ㈜우리는 20×1년에 제품 A와 B를, 20×2년에 제품 C와 D를 각각 인도하여 수행의무를 이행하였다.

(물음 3) 20×1년 초 ㈜나라는 두 가지 지적재산 라이선스(라이선스 X와 Y)에 대해 고객과 계약을 체결하였고, 이는 한 시점에 각각 이행되는 두 가지 수행의무를 나타낸다고 판단한다. 라이선스 X와 Y의 개별 판매가격은 각각 ₩4,000과 ₩6,000이다. ㈜나라는 두 라이선스에 대해 고정금액과 변동대가를 수령한다. 라이선스 X는 20×1년에, 라이선스 Y는 20×2년에 이전을 완료하였다. 20×1년까지 고정금액은 회수하였으나 변동금액은 회수하지 못하였다.

다음의 각 상황별로 ㈜나라가 20×1년에 수익으로 인식할 금액을 계산하시오.

상황 1. 계약에 표시된 라이선스 X의 가격은 고정금액 ₩4,000이고, 라이선스 Y의 대가는 변동대가(추정치 ₩6,000)이다. ㈜나라는 라이선스 Y와 변동 지급조건이 명백하게 관련되어 있고, 계약상 모든 수행의무와 지급조건을 고려할 때, 변동대가(금액)를 전부 라이선스 Y에 배분하는 것이 거래가격의 배분 목적에 맞는다고 판단한다.

상황 2. 계약에 표시된 라이선스 X의 가격은 고정금액 ₩2,000이고, 라이선스 Y의 대가는 변동대가(추정치 ₩9,000)이다. ㈜나라는 계약에 표시된 가격이 라이선스 X와 Y의 개별판매가격을 반영하지 못하므로 계약상 모든 수행의무와 지급조건을 고려할 때, 변동대가(금액)를 라이선스 Y에 배분하는 것이 거래가격 배분 목적에 맞지 않는다고 판단한다.

(물음 4) 1년 전 ㈜대한은 정부로부터 용마터널을 건설하는 계약을 체결하고 20×1년 현재 시공 중에 있다. 시공 완료시점은 20×3년 6월이며, 최초 계약금액은 ₩10,000,000이다. 건설용역은 별도의 수행의무로서 기간에 걸쳐 이행된다. 건설용역과 관련한 추가자료는 다음과 같다.

구분	20×0년	20×1년	20×2년
당기 발생용역원가	₩1,400,000	₩4,200,000	₩1,960,000
예상 총 용역원가	₩7,000,000	₩8,000,000	₩8,400,000
당기 건설 완료 구간	3,000m	2,500m	3,500m
예상 총 건설 구간	추정 불가	10,000m	10,000m

다음의 각 상황별로 해당터널 공사가 ㈜대한의 20×1년 및 20×2년 당기손익에 미치는 영향을 계산하시오.

상황 1. ㈜대한이 계약원가 발생액에 기초하여 진행률을 측정한다고 할 경우, 해당 터널공사가 ㈜대한의 20×1년 및 20×2년 당기손익에 미치는 영향을 계산하시오.

상황 2. ㈜대한이 작업의 수행정도(완성비율)에 기초하여 진행률을 측정한다고 할 경우, 해당 터널공사가 ㈜대한의 20×1년 및 20×2년 당기손익에 미치는 영향을 계산하시오 (단, 20×0년 수익 인식 당시 회수가능한 금액은 20×0년도 발생원가의 50%로 예상되었다고 가정한다).

해설 및 해답 수익인식의 5단계 - 거래가격의 배분 및 수행의무의 이행

(물음 1) 거래가격의 배분

① 제품 B와 C의 개별 판매가격을 직접 관측할 수 없기 때문에, 기업은 그 가격을 추정해야 한다.

② 제품 C 개별판매가격의 추정

구분	금액	비율
매출액	???	100%
매출원가	60,000	80%
이익	???	20%

∴ 제품 C 개별판매가격 : 60,000 / 80% = ₩75,000

③ 거래가격의 배분

구분	개별 판매가격	비율	거래가격
A	₩50,000		₩40,000
B	25,000	×0.8	20,000
C	75,000		60,000
합계	₩150,000	×0.8	₩120,000

(물음 2) 할인액의 배분

(상황 1) 하나 이상의 수행의무에 할인액 배분

① ㈜우리가 보통 제품 B와 C를 함께 ₩60에, 제품 A를 ₩40에 판매하고 있기 때문에, 제품 B와 C를 이전하는 약속에 전체 할인액 ₩40을 배분하여야 한다는 증거가 있다. 제품 B와 제품 C를 각각 다른 시점에 이전하므로 거래가격을 배분하여 각각의 수행의무 이행시점에 수익을 인식한다.
(한편, ㈜우리가 같은 시점에 제품 B와 C에 대한 통제를 이전한다면 실무적으로 그 제품의 이전을 단일 수행의무로 회계처리할 수 있다. 즉 제품 B와 C를 고객에게 동시에 이전할 때 기업이 단일 수행의무에 거래가격 ₩60을 배분할 수 있고 수익으로 인식할 수 있다.)

② 수익 인식액 : ₩27

구분	개별판매가격	할인액	거래가격	20×1년 이행	20×2년 이행
A	₩40	−	₩40	×100%=₩40	
B	55	(40)	33[1)]	×100%=₩33	
C	45		27[1)]		×100%=₩27
합계	₩140		₩100	₩73	₩27

1) 개별판매가격×[60(거래가격 배분액)/(55+45)(개별판매가격 합계액)]

[별해] 회계처리

20×1년	(차) 현금	100	(대) 매출액(A)	40
			매출액(B)	33
			계약부채	27
20×2년	(차) 계약부채	27	(대) 매출액(C)	27

(상황 2) 잔여접근법이 적절한 경우

① 상황 1과 같이, ㈜우리가 보통 제품 B와 C를 함께 ₩60에, 제품 A를 ₩40에 판매하고 있기 때문에, 제품 B와 C를 이전하는 약속에 전체 할인액 ₩40을 배분하여야 한다는 증거가 있다. 잔여접근법을 사용하여, 제품 D의 개별 판매가격이 ₩30이라고 추정한다.

② 수익 인식액 : ₩57

구분	개별판매가격	할인액	거래가격	20×1년 이행	20×2년 이행
A	₩40	–	₩40	×100%=₩40	
B	55	(40)	33	×100%=₩33	
C	45		27		×100%=₩27
D	15~45	–	30[1]		×100%=₩30
합계	₩155~185		₩130	₩73	**₩57**

1) 제품 D에 배분한 결과인 ₩30이 관측 가능한 판매가격의 범위(15원~45원)에 있다고 본다. 그러므로 배분 결과는 수익기준서의 배분 목적과 요구사항에 부합한다.

[별해] 잔여접근법이 부적절한 경우

- 상황 2에서 거래가격이 ₩105이라고 가정한다면, 제품 D의 개별 판매가격은 ₩5(거래가격 ₩105에서 제품 A, B, C에 배분된 ₩100 차감)이 된다. 기업은 ₩5이 제품 D의 개별 판매가격(₩15~₩45 범위)에 가깝지 않기 때문에, 기업이 제품 D를 이전하는 수행의무를 이행하고 그 대가로 받을 권리를 갖게 될 것으로 예상하는 금액을 ₩5이 충실하게 표현하지 못할 것이라고 결론짓는다. 따라서 기업은 다른 적절한 방법을 사용하여 제품 D의 개별 판매가격을 추정하기 위하여, 매출액 및 이윤 보고서를 포함하여 관측 가능한 자료를 검토한다. 이 경우 기업은 각 제품의 상대적인 개별 판매가격을 사용하여 제품 A, B, C, D에 거래가격 ₩105을 배분한다.

(물음 3) 변동대가의 배분

(상황 1) 변동대가를 하나의 수행의무에 모두 배분

① 수익 인식액

구분	개별 판매가격	고정대가	변동대가[1]	20×1년 1월	20×1년 2월
X	₩4,000	₩4,000	–	₩4,000	–
Y	6,000		₩6,000	–	₩6,000
합계	₩10,000	₩4,000	₩6,000	**₩4,000**	₩6,000

1) 변동대가가 특정 수행의무(라이선스Y)에만 관련되어 있으므로 라이선스 Y에만 배분한다.

(상황 2) 변동대가를 모든 수행의무에 모두 배분

① 기업은 라이선스 X와 Y의 각 개별 판매가격 ₩4,000과 ₩6,000에 기초하여 라이선스 X와 Y에 고정대가와 변동대가를 각각 배분한다.

② 수익 인식액

구분	개별 판매가격	고정대가	변동대가[1]	20×1년 1월	20×1년 2월
X	₩4,000	₩800	₩3,600	₩4,400	–
Y	6,000	1,200	5,400	–	₩6,600
합계	₩10,000	₩2,000	₩9,000	**₩4,400**	₩6,600

(물음 4) 기간에 걸쳐 이행하는 수행의무 (2014년 세무사 유사)

1. 상황 1

① 기간에 걸쳐 이행하는 수행의무의 수익은 그 수행의무의 진행률을 적절하게 측정하는 방법을 선택하여 기간에 걸쳐 인식한다(K-IFRS 1115호 문단 IN7(5)).

② 금액의 계산

	20×0년	20×1년	20×2년
누적원가 발생액	1,400,000	5,600,000	7,560,000
총 예상원가	7,000,000	8,000,000	8,400,000
진행률	20%	70%	90%
누적수익인식액	2,000,000	7,000,000	9,000,000
누적원가인식액	1,400,000	5,600,000	7,560,000
누적계약손익 인식액	600,000	1,400,000	1,440,000
당기계약손익 인식액	600,000	800,000	40,000

2. 상황 2

① 어떤 상황(예 계약 초기 단계)에서는 수행의무의 산출물을 합리적으로 측정할 수 없으나, 수행의무를 이행할 때 드는 원가는 회수될 것으로 예상한다. 그 상황에서는 수행의무의 산출물을 합리적으로 측정할 수 있을 때까지 발생원가의 범위에서만 수익을 인식한다(K-IFRS 1115호 문단 45).

② 수익 금액의 계산

	20×0년	20×1년	20×2년
누적건설 완료구간	3,000m	5,500m	9,000m
총 예상 건설구간	n/a	10,000m	10,000m
진행률	n/a	55%	90%
누적수익인식액	700,000[1]	5,500,000[3]	9,000,000
누적원가인식액	1,400,000[2]	4,400,000[4]	7,560,000
누적계약손익 인식액	(700,000)	1,100,000	1,440,000
당기계약손익 인식액	(700,000)	1,800,000	340,000

1) 누적수익인식액 : min[₩1,400,000×50%(회수가능액), ₩1,400,000(누적발생원가)]
2) 누적발생원가
3) ₩10,000,000(총수익금액)×55%(누적진행률)
4) ₩8,000,000(총예상원가)×55%(누적진행률)

문제 4

㈜대한은 20×1년 1월 1일 ㈜민국과 자동화 설비장치인 시스템A를 판매하는 계약을 체결하였으며 주요 계약 내용은 다음과 같다.

〈주요 계약 내용〉
• ㈜대한은 ㈜민국에게 시스템A를 20×2년 12월 31일까지 이전한다. • 시스템A는 자동화설비 로봇과 로봇의 작동을 위한 소프트웨어를 포함한다. • ㈜민국은 ㈜대한에게 대가를 20×1년 1월 1일 계약 체결 시점에 ₩1,000,000을 지급하거나 20×2년 12월 31일 제품 이전 시점에 ₩1,210,000을 지급하는 방안 중 하나를 선택할 수 있다.

㈜대한은 로봇과 소프트웨어 제작 및 개발 프로젝트 전체를 책임지고 있다. ㈜대한이 개발하는 소프트웨어는 시스템A의 로봇에서만 사용가능하며 또한 해당 로봇은 ㈜대한이 개발하는 소프트웨어가 아니면 작동하지 않는다. 시스템A의 제작에 2년이 소요되며, ㈜대한은 총 ₩800,000의 제작원가 중 개발 1년차에 60%(₩480,000), 2년차에 40%(₩320,000)가 투입될 것으로 예상한다. 로봇 제작 원가와 소프트웨어 개발 원가의 비율은 50% 대 50%이다. 20×1년도에 예상대로 원가가 발생하였다.
㈜대한은 ㈜민국이 주문한 제품과 동일한 시스템A 여러 대를 제작 중이며 ㈜민국이 주문한 제품은 특정되지 않는다.

계약체결 시점에 ㈜대한과 ㈜민국의 신용 특성을 반영하는 계약 이자율은 10%이다.

다음의 각 물음은 독립적이다.

(물음 1) 20×1년 1월 1일 ㈜대한이 식별해야 할 ㈜민국과의 계약에 의한 수행의무와 수행의무 이행에 따른 수익을 어떻게 인식할 지를 간략하게 설명하시오.

(물음 2) ㈜민국이 20×1년 1월 1일 계약 체결 시점에 대가 ₩1,000,000을 ㈜대한에게 지급하기로 결정했다면, ㈜대한이 20×1년 12월 31일에 수행해야 할 회계처리를 제시하고 그 이유를 간략하게 설명하시오.

(물음 3) ㈜민국이 20×2년 12월 31일 시스템A 이전 시점에 대가 ₩1,210,000을 ㈜대한에게 지급하기로 결정했다면, ㈜대한이 20×1년 12월 31일에 수행해야 할 회계처리를 제시하고 그 이유를 간략하게 설명하시오.

(물음 4) ㈜민국은 20×3년 3월 1일 ㈜만세와 포장시스템을 구매하는 별도의 계약을 체결하였다. 해당 계약은 취소 불가능하다. 계약에 의하면 ㈜민국은 20×3년 5월 1일까지 ㈜만세에게 대가 ₩500,000을 지급하여야 하며, ㈜만세는 20×3년 12월 31일까지 포장시스템을 이전해야 한다. ㈜민국은 20×3년 6월 15일에 ㈜만세에게 ₩500,000을 지급하였다.
㈜만세가 포장시스템 계약에 대해 20×3년 5월 1일에 수행해야 할 회계처리를 제시하고 그 이유를 간략하게 설명하시오.

해설 및 해답 수익인식의 5단계 (2018년 회계사)

(물음 1)

① 수행의무의 식별 : ㈜대한이 개발하는 소프트웨어는 시스템A의 로봇에서만 사용가능하며 또한 해당 로봇은 ㈜대한이 개발하는 소프트웨어가 아니면 작동하지 않으므로 라이선스를 부여하는 약속이 그 밖에 약속한 재화나 용역과 계약에서 구별되지 않는 경우이다. 이 경우, 라이선스를 부여하는 약속과 그 밖에 약속한 재화나 용역을 함께 단일 수행의무로 회계처리한다.

② 수익의 인식 : ㈜대한은 ㈜민국이 주문한 제품과 동일한 시스템A 여러 대를 제작 중이며 ㈜민국이 주문한 제품은 특정되지 않는다. ㈜대한의 수행의무는 기간에 걸쳐 이행하는 수행의무의 요건을 충족하지 못한다. 따라서 ㈜대한은 ㈜민국에게 시스템A를 이전할 때(20×2년 12월 31일) 한 시점에 수익을 인식한다.

(물음 2)

① 회계처리

20×1년 12월 31일	(차) 이 자 비 용	100,000	(대) 계 약 부 채	100,000

② 이유 : ㈜대한은 수행의무를 이행하지 않았기 때문에 먼저 수령한 대가는 계약부채로 인식한다. ㈜민국이 자산에 대해 지급하는 시점과 ㈜대한이 ㈜민국에게 자산을 이전하는 시점 사이의 기간 때문에, 계약에 유의적인 금융요소가 포함되어 있다고 결론지을 수 있다. 따라서 수행의무의 이행시점까지 화폐의 시간가치가 미치는 영향을 반영하여 약속된 대가(금액)를 조정한다.

(물음 3)

① 회계처리 : 없음

② 이유 : 계약의 이행시점에 대가를 수령하게 되므로 별도로 수행해야할 회계처리는 없다. 다만 계약의 이행을 위해 지출한 시스템 A의 제작원가는 다른 기업회계기준서의 적용범위에 따라 자산으로 인식한다.

(물음 4)

① 회계처리

20×3년 5월 1일	(차) 수 취 채 권	500,000	(대) 계 약 부 채	500,000

② 이유 : 20×3년 5월 1일 ㈜만세는 ㈜민국으로부터 대가를 수령할 무조건적인 권리가 발생하며, 동시에 수행의무를 이행해야할 의무가 존재하게 되므로 수취채권과 계약부채를 인식한다.

문제 5

다음의 각 독립적인 물음에 답하시오.

(물음 1) 다음은 ㈜우리의 제품 E, F의 판매와 관련된 자료이다. ㈜우리가 20×1년에 인식할 수익은 얼마인지 계산하시오.

(1) ㈜우리는 20×1년 6월 1일 제품 E와 제품 F를 이전하기로 약속하였다.
(2) 제품 E는 계약 개시시점에 고객에게 이전하고, 제품 F는 20×2년 2월 1일에 이전한다.
(3) 고객이 약속한 대가는 고정대가 ₩300,000과 ₩50,000으로 추정되는 변동대가를 포함하며, 대금은 제품 F가 이전되는 시점에 받기로 하였다. 변동대가 추정액은 변동대가 추정치의 제약이 고려된 후의 금액이며, 변동대가는 제품 E와 제품 F에 모두 배분한다.
(4) ㈜민국은 20×1년 12월 31일 변동대가 추정치 및 추정치의 제약을 재검토한 결과 변동대가를 ₩60,000으로 추정하였다.
(5) 제품 E와 제품 F의 날짜별 개별 판매가격은 다음과 같다.

구분	20×1년 6월 1일	20×1년 12월 31일
제품 E	₩300,000	₩280,000
제품 F	100,000	120,000

(물음 2) ㈜우리는 제품 G를 개당 ₩100에 판매하기로 20×1년 1월 1일에 고객과 계약을 체결하였다. 고객이 제품 G를 1년 동안 1,000개 넘게 구매하면 개당 가격을 ₩90으로 소급하여 낮추기로 계약에서 정하였다. 따라서 계약상 대가는 변동될 수 있다. 다음의 각 상황별로, ㈜우리가 20×1년 2분기에 인식할 수익은 얼마인지 계산하시오.

상황 1. 20×1년 3월 31일로 종료되는 1분기에, ㈜우리는 고객에게 제품 G 75개를 판매하였다. ㈜우리는 고객이 20×1년에 대량 할인을 받을 수 있는 1,000개의 임계치를 초과하여 구매하지는 않을 것이라고 추정한다. 그러나 20×1년 6월 30일로 종료되는 2분기에 ㈜우리는 추가로 제품 G 500개를 고객에게 판매하였다. 새로운 사실에 기초하여, ㈜우리는 고객이 20×1년에 1,000개의 임계치를 초과하여 구매할 것이고, 따라서 개당 가격을 소급하여 ₩90으로 낮춰줄 것을 요구할 것으로 추정한다.

상황 2. 20×1년 3월 31일로 종료되는 1분기에 ㈜우리는 고객에게 제품 G 500개를 고객에게 판매하였다. ㈜우리는 고객이 20×1년에 대량 할인을 받을 수 있는 1,000개의 임계치를 초과하여 구매할 것으로 추정한다. 그러나 20×1년 6월 30일로 종료되는 2분기에, ㈜우리는 고객에게 제품 G 75개를 판매하였다. 새로운 사실에 기초하여 ㈜우리는 고객이 20×1년에 대량 할인을 받을 수 있는 1,000개의 임계치를 초과하여 구매하지는 않을 것이라고 추정한다. ㈜우리는 불확실성이 해소될 때(총 구매량이 알려질 때), 이미 인식한 누적 수익 금액(개당 ₩100) 중 유의적인 부분을 되돌리지 않을 가능성이 매우 높다고 결론짓는다.

(물음 3) 다음은 ㈜대한의 특수기계 판매 및 용역제공과 관련된 자료이다. ㈜대한이 20×2년 포괄손익계산서에 인식할 수익은 얼마인지 계산하시오.

> 1. 20×1년 6월 30일 ㈜대한은 ㈜민국에게 특수기계를 판매하고 1년간 수선 및 관리용역을 제공하는 대가로 ₩1,000,000을 받기로 계약하였다. 해당 특수기계와 수선·관리용역은 구별되는 수행의무이며, 개별판매가격은 각각 ₩900,000과 ₩300,000이다.
> 2. 특수기계의 제작 및 인도는 20×1년 10월 1일 완료되었으며, 수선·관리용역은 20×1년 10월 1일부터 1년간 제공된다. 특수기계는 한 시점에 이행하는 수행의무, 수선·관리용역은 기간에 걸쳐 이행하는 수행의무로 판단한다.
> 3. 20×2년 3월 1일 ㈜대한은 이미 제공한 특수기계의 사소한 결함이 발견되어 거래가격을 ₩50,000 공제해주기로 약속하였다.

해설 및 해답 거래가격의 변동

(물음 1) 변동대가의 변동 (2020년 회계사)

① 거래가격 증가분 ₩10,000은 기존 계약에 약속된 변동대가에 귀속한다. 그러므로 거래가격 변동분을 제품 E와 제품 F에 대한 수행의무에 계약 개시시점과 같은 기준으로 배분한다.

② 20×1년 수익인식액

구분	개별 판매가격	고정대가	변동대가	변동분	20×1년 6월 1일
E	₩300,000	₩225,000	₩37,500	₩7,500	×100%=₩270,000
F	100,000	75,000	12,500	2,500	–
합계	₩400,000	₩300,000	₩50,000	₩10,000	₩270,000

[별해] 회계처리

20×1년 6월 1일	(차) 수 취 채 권	262,500	(대) 매 출 액 (E)	262,500[1]
	1) ₩225,000(고정대가)+37,500(변경 전 변동대가)			
20×1년 12월 31일	(차) 수 취 채 권	7,500	(대) 매 출 액 (E)	7,500
20×2년 2월 1일	(차) 수 취 채 권	90,000	(대) 매 출 액 (F)	90,000
	(차) 현 금	360,000	(대) 수 취 채 권	360,000

(물음 2) 변동대가의 변동 (K-IFRS 제1115호 사례 24 수정)

(상황 1)

① 20×1년 1분기 수익인식액 : 75개×@100=₩7,500

② 20×1년 2분기 수익인식액 : 500개×@90(2분기 판매분)−75개×@10(1분기 판매분 공제액*)=₩44,250

* 이미 이행한 수행의무에 배분하는 거래가격의 변동분은 곧바로 수익으로(또는 수익에서 차감하여) 인식한다. 즉, 20×1년 1분기 수익에 대한 공제액이라고 하더라도 소급수정하지 않고 20×1년 2분기의 수익에서 가감한다.

[별해] 회계처리 (판매시 대금 수령, 공제액은 기말 반환 가정)

20×1년 3월 31일	(차) 현 금	7,500	(대) 매 출 액	7,500[1]
	1) 75개×@100			
20×1년 6월 30일	(차) 현 금	50,000	(대) 매 출 액	**45,000**[1]
			환 불 부 채	5,000
	(차) **매 출 액**	**750**	(대) 환 불 부 채	750[2]
	1) 500개×@90		2) 75개×@10(1분기 판매 공제액)	

(상황 2)

① 20×1년 1분기 수익인식액 : 500개 ×@90=₩45,000

② 20×1년 2분기 수익인식액 : 75개×@100(2분기 판매분)+500개×@10(1분기 판매분 수정*)=₩12,500

* 이미 이행한 수행의무에 배분하는 거래가격의 변동분은 곧바로 수익으로(또는 수익에서 차감하여) 인식한다.

[별해] 회계처리 (판매시 대금 수령, 공제액은 기말 반환 가정)

20×1년 3월 31일	(차) 현 금	50,000	(대) 매 출 액	45,000[1]
			환 불 부 채	5,000
	1) 500개×@90			
20×1년 6월 30일	(차) 현 금	7,500	(대) **매 출 액**	**7,500**[1]
	(차) 환 불 부 채	5,000	(대) **매 출 액**	**5,000**[2]
	1) 75개×@100		2) 500개×@10(1분기 판매액)	

(물음 3) 거래가격의 변동

① 할인액 전체가 계약상 하나 이상의 일부 수행의무에만 관련된다는 관측 가능한 증거가 있는 때에는 해당 수행의무에만 할인액을 배분한다.

② 20×1년 수익인식액

구분	개별 판매가격	거래가격	20×1년
기계	₩900,000	₩750,000	×100%
용역	300,000	250,000	×3/12
합계	₩1,200,000	₩1,000,000	₩812,500

③ 20×2년 수익인식액

구분	개별 판매가격	거래가격(1차)	할인액	거래가격(2차)	20×2년 누적
기계	₩900,000	₩750,000	**₩(50,000)**	₩700,000	×100%
용역	300,000	250,000	–	250,000	×12/12
합계	₩1,200,000	₩1,000,000	**₩(50,000)**	₩950,000	₩950,000

∴ 수익인식액 : ₩950,000−812,500(20×1년 누적 수익인식액)=₩137,500

또는 ₩250,000×9/12(용역의 제공)−50,000(전기 인식 기계 판매수익 수정)

문제 6

다음의 각 독립적인 물음에 답하시오.

(물음 1) 다음은 ㈜우리의 청소용역의 제공과 관련된 자료이다. ㈜우리가 20×3년에 인식할 수익은 얼마인지 계산하시오.

(1) 20×1년 초 ㈜우리는 3년간 고객의 사무실을 일주일 단위로 청소하는 계약을 체결하였다. 고객은 1년에 ₩90,000을 지급하기로 하였다. 계약 개시시점에 그 용역의 개별 판매가격은 연간 ₩100,000이다.
(2) 20×2년 말에 계약이 변경되었다. 고객은 3년을 더 추가하여 그 계약을 연장하기로 합의하였다. 3년 연장에 대한 추가 대가는 ₩210,000이며, 추가 대가는 3년간 동일하게 분할하여 매년 초에 ₩70,000씩 지급하기로 하였다.
(3) 계약변경 시점의 용역의 개별 판매가격은 연간 ₩80,000이다. 개별 판매가격에 용역을 제공할 나머지 연수를 곱한 것은 다년간 계약의 개별 판매가격의 적절한 추정치(개별 판매가격은 4년×연간 ₩80,000=₩320,000)로 본다.

(물음 2) 다음은 ㈜우리의 건설용역의 제공과 관련된 자료이다. ㈜우리가 20×2년에 인식할 수익은 얼마인지 계산하시오.

(1) 20×1년, ㈜우리는 ₩1,000,000의 약속된 대가로 고객에게 고객 소유의 토지에 상업용 건물을 건설해주고, 그 건물을 24개월 이내에 완성할 경우에는 ₩200,000의 보너스를 받는 계약을 체결하였다. 건물의 완공은 날씨와 규제 승인을 포함하여 ㈜우리의 영향력이 미치지 못하는 요인에 매우 민감하여, 건물을 24개월 이내에 완성하지 못할 것이라 예상한다. 고객은 건물을 건설하는 동안 통제하므로, ㈜우리는 약속된 재화와 용역의 묶음을 기간에 걸쳐 이행하는 단일 수행의무로 회계처리한다. ㈜우리는 발생원가에 기초한 투입측정법이 수행의무의 적절한 진행률이 된다고 판단한다. 계약 개시시점에 총 예상원가는 ₩700,000이다.
(2) 20×2년 중, 계약 당사자들이 건물의 평면도를 바꾸는 계약변경에 합의하였다. 결과적으로 고정대가는 ₩150,000, 예상원가는 ₩140,000 증액되었다. 그리고 보너스 ₩200,000의 획득 허용 기간이 원래 계약 개시시점부터 30개월로 6개월 연장되었다. 계약변경일에 ㈜우리는 경험과 수행할 나머지 업무를 고려할 때 거래가격에 보너스를 포함하더라도 이미 인식한 누적 수익 금액 중 유의적인 부분을 되돌리지 않을 가능성이 매우 높다고 결론지었다. 계약변경을 판단할 때 ㈜우리는 변경계약에 따라 제공할 나머지 재화와 용역이 계약변경일 전에 이전한 재화와 용역과 구별되지 않는다고 결론지었다.
(3) 각 연도별로 발생한 누적원가와 총 예상원가는 다음과 같다.

연도	20×1년	20×2년	20×3년
누적발생원가	₩280,000	₩420,000	₩765,000
총예상원가	700,000	840,000	850,000

(물음 3) 다음은 ㈜우리의 제품 X, Y, Z의 판매와 관련된 자료이다. ㈜우리가 20×2년에 인식할 수익은 얼마인지 계산하시오.

> (1) ㈜우리는 고객에게 구별되는 제품 2개를 이전하기로 20×1년에 약속하였다. 제품 X는 계약 개시시점에 고객에게 이전하고 제품 Y는 20×2년에 이전한다. 고객이 약속한 대가는 고정대가 ₩800과 변동대가 ₩400를 포함한다. ㈜우리는 거래가격에 이 변동대가 추정치를 포함한다. 불확실성이 해소될 때 이미 인식한 누적 수익 금액 중 유의적인 부분을 되돌리지 않을 가능성이 매우 높다고 결론짓기 때문이다. 제품 X와 제품 Y의 개별판매가격은 각각 ₩500으로 동일하다.
> (2) 20×1년 12월 31일, 고객에게 구별되는 제품 Z를(인도하지 않은 제품 Y에 추가하여) 20×3년에 이전하기로 한 약속을 포함하도록 계약의 범위를 변경하고, 계약가격을 ₩200(고정대가)만큼 증액하였는데, 이 금액이 제품 Z의 개별 판매가격을 나타내지는 않는다. 제품 Z의 개별 판매가격은 제품 X와 Y의 개별 판매가격과 같다.
> (3) 20×2년 12월 31일, 계약이 변경되었으나 제품 Y와 Z를 인도하기 전에 ㈜우리는 권리를 갖게 될 것으로 예상하는 변동대가 추정치를 (과거 추정치 ₩400이 아닌) ₩480으로 수정한다. ㈜우리는 변동대가 추정치 변경분을 거래가격에 포함할 수 있다고 결론짓는다.

(물음 4) 20×1년 1월 1일, ㈜독립은 제품 120개를 고객에게 개당 ₩100에 판매하기로 계약하고, 향후 5개월에 걸쳐 고객에게 이전하기로 하였다. ㈜독립은 제품에 대한 통제를 한 시점에 이전한다. 20×1년 1월 중 기업이 제품 50개에 대한 통제를 고객에게 이전하였다. 20×1년 2월초 추가로 제품 30개를 고객에게 납품하기로 계약을 변경하였다. 그 후 20×1년 2월 중 기존 제품 40개와 추가 제품 10개를 고객에게 이전하였다. 추가제품은 최초 계약에 포함되지 않았다고 할 경우, 다음의 각 상황별로 ㈜독립이 20×1년 2월에 수익으로 인식할 금액을 계산하시오.

상황 1. 계약을 변경 할 때 추가 제품 30개에 대한 계약변경의 가격은 추가 금액 ₩2,850이며 개당 ₩95이다. 추가 제품은 계약변경 시점에 그 제품의 개별 판매가격을 반영하여 가격이 책정되고, 원래 제품과 구별된다.

상황 2. 계약을 변경 할 때 추가 제품 30개에 대한 계약변경의 가격은 추가 금액 ₩2,400이며 개당 ₩80이다. 추가 제품 구매에 대한 보상으로서, 추가 제품의 가격은 계약변경 시점에 그 제품의 개별 판매가격인 ₩95보다 저렴하게 결정되었으므로, ㈜독립은 협상가격이 추가 제품의 개별 판매가격을 반영하지 않았다고 판단한다. 추가 제품은 원래 제품과 구별된다.

상황 3. 추가 제품 30개를 구매하는 협상을 진행하면서, 양 당사자는 처음에 개당 ₩80에 합의하였다. 그러나 고객은 20×1년 1월에 이전받은 최초 제품 50개에 그 인도된 제품 특유의 사소한 결함이 있음을 알게 된다. ㈜독립은 그 제품의 낮은 질에 대한 보상으로 고객에게 개당 ₩15씩 일부 공제를 약속하였다. ₩750(공제 15원×제품 50개)의 공제금액은 ㈜독립이 고객에게 별도로 지급하지 않고, 기업이 추가 제품 30개에 부과하는 가격에서 공제하기로 합의하였다. 따라서 계약변경에서는 추가 제품 30개의 가격을 ₩1,650, 즉 개당 ₩55으로 정하였다.

(물음 5) 다음은 ㈜민국이 판매하는 제품 A, B, C에 대한 자료이다.

1. ㈜민국은 20×1년 3월 1일 구별되는 제품A와 제품B를 고객에게 이전하기로 계약하였다. 제품A는 계약 시점에, 제품B는 20×1년 10월 1일에 각각 고객에게 이전하기로 하였다. 고객이 약속한 대가는 총 ₩15,000으로, 여기에는 고정대가 ₩12,000과 불확실성이 해소될 때 이미 인식한 누적 수익금액 중 유의적인 부분을 되돌리지 않을 가능성이 매우 높다고 판단한 변동대가 ₩3,000이 포함되어 있다.

2. ㈜민국은 20×1년 7월 1일에 아직 고객에게 인도하지 않은 제품B에 추가하여 또 다른 제품C를 20×1년 12월 1일에 이전하기로 계약의 범위를 변경하고, 계약가격 ₩4,000(고정대가)을 증액하였는데, 이 금액이 제품C의 개별 판매가격을 나타내지는 않는다.

3. ㈜민국은 20×1년 8월 1일에 권리를 갖게 될 것으로 예상한 변동대가의 추정치와 추정치의 제약을 재검토하여 변동대가를 ₩3,000에서 ₩4,200으로 수정하였다. ㈜민국은 이러한 변동대가 추정치 변경분을 거래가격에 포함할 수 있다고 결론지었다.

4. ㈜민국은 20×1년 9월 1일에 이미 이전한 제품A에 사소한 결함이 있다는 것을 알게 되어 고객과 합의하여 고정대가를 ₩1,000만큼 할인해 주기로 하였다.

5. 제품A, 제품B, 제품C의 일자별 개별 판매가격은 다음과 같다.

구분	20×1년 3월 1일	20×1년 7월 1일	20×1년 8월 1일	20×1년 9월 1일
제품A	₩8,000	₩8,000	₩9,000	₩8,500
제품B	7,000	6,000	6,000	6,000
제품C	5,000	6,000	5,000	5,500

㈜민국이 제품A, B, C를 약속시점에 모두 고객에게 이전하였다고 할 때, 20×1년 ㈜민국이 각 제품과 관련하여 수익으로 인식할 금액을 계산하시오.

구분	제품A	제품B	제품C
수익	①	②	③

(물음 6) 20×1년 12월 1일, ㈜대한은 고객 소유의 토지에 건물을 건설하기로 고객과 계약을 체결하였다. 동 계약의 거래가격은 ₩10,000이며, 고객은 계약 개시일부터 30일 이내에 ㈜대한이 토지에 접근할 수 있게 하도록 계약에 기재되었다. 그러나 계약 개시 후에 생긴 그 지역의 폭풍 피해 때문에 ㈜대한은 계약개시 후 120일이 지나도록 접근하지 못하였다. ㈜대한은 고객 소유의 토지에 접근이 지연된 직접적인 결과로 실제원가 ₩5,000을 추가지출하게 되었다. 계약에서는 실제원가에 상당하는 보상을 ㈜대한이 받을 권리가 있다고 명확히 식별하고 있다. ㈜대한은 계약 조건에 따라 지연의 결과로 들인 특정 직접원가를 제시할 수 있으며, 청구를 준비하고 있다. 고객은 ㈜대한의 청구에 처음에는 동의하지 않았다. ㈜대한은 청구의 법적 기준을 검토하고, 관련 계약 조건을 기초로 집행할 수 있는 권리가 있다고 판단한다. 변동가격 추정치의 제약을 고려하여 최종적인 거래가격은 ₩14,000이 될 것으로 예상한다.

20×2년 실제 공사를 시작하여, 20×2년 말 현재 공사의 누적진행률은 40%라고 할 경우, ㈜대한이 20×2년 포괄손익계산서에 인식할 수익을 계산하시오.

해설 및 해답 계약변경

(물음 1) 별도의 계약이 아니며, 이전한 수행의무와 나머지 수행의무가 구별되는 경우 (2020년 회계사 유사)

1. 회계처리 방법

- 매주의 청소용역이 구별되지만, 기업은 청소용역을 단일 수행의무로 회계처리한다. 이는 매주의 청소용역이 실질적으로 서로 같고 고객에게 이전하는 방식이 같은 용역을 기간에 걸쳐 이전하면서 진행률 측정에 같은 방법(시간기준 진행률 측정)을 사용하는 일련의 구별되는 용역이기 때문이다.
- 계약변경일에, 기업은 제공할 나머지 용역을 파악하고 그것들이 구별된다. 그러나 나머지 대가로 지급받을 금액은 제공할 용역의 개별 판매가격을 반영하지 않는다. 따라서 기업은 계약의 변경을 원래 계약이 종료되고 4년의 청소용역 대가가 ₩300,000인 새로운 계약이 체결된 것처럼 회계처리한다. 기업은 나머지 4년 동안 용역을 제공하는 대로 매년 ₩75,000(=₩300,000÷4년)을 수익으로 인식한다.

2. 수익 인식액

① 계약변경시점의 잔여계약에 대한 거래가격 : ₩90,000(20×3년에 대한 잔여 수익금액)+210,000(계약변경에 대한 추가 대가)=₩300,000

② 수익인식액 : ₩300,000×1/4=₩75,000

(물음 2) 별도의 계약이 아니며, 이전한 수행의무와 나머지 수행의무가 구별되지 않는 경우

1. 회계처리 방법

① 계약 개시시점에 기업은 거래가격에서 보너스 ₩200,000을 제외한다. 이미 인식한 누적 수익 금액 중 유의적인 부분을 되돌리지 않을 가능성이 매우 높다고 결론지을 수 없기 때문이다.

② 계약변경은 단일의 수행의무이므로 변경에 따른 수익의 누적효과 일괄조정한다. 20×2년 계약변경 후 총 대가는 ₩1,350,000이다. 이미 인식한 누적 수익 금액 중 유의적인 부분을 되돌리지 않을 가능성이 매우 높다고 결론지었으므로, 보너스 ₩200,000을 거래가격에 포함한다.

2. 수익의 인식

	20×1년		20×2년		20×3년
누적원가 발생액	₩280,000		₩420,000		₩765,000
총 예상원가	700,000		840,000		850,000
진행률	40%		50%		90%
누적수익인식액	₩400,000	275,000	₩675,000[1)]		₩1,215,000
누적원가인식액	280,000		420,000		765,000
누적계약손익 인식액	₩120,000		₩255,000		₩450,000
당기계약손익 인식액		135,000		195,000	

1) (₩1,000,000+150,000+200,000(보너스))×50%

(물음 3) 별도의 계약이 아니며, 이전한 수행의무와 나머지 수행의무가 구별되는 경우 + 거래가격의 변동

1. 회계처리 방법

① 거래변경 : 기업은 계약변경을 기존 계약이 종료되고 새로운 계약이 체결된 것처럼 회계처리한다. 이는 나머지 제품 Y와 제품 Z가 계약변경 전에 고객에게 이전한 제품 X와 구별되고, 추가 제품 Z의 약속된 대가가 제품 Z의 개별 판매가격을 나타내지 않기 때문이다. 따라서 나머지 수행의무(Y와 Z)에 배분될 대가는 제품 Y의 수행의무에 배분되었던 대가(배분된 고정대가 ₩400과 변동대가 ₩200으로 측정되었음)와 계약변경에서 약속한 대가(고정대가 ₩200)로 구성된다. 변경된 계약의 거래가격 ₩800이고 그 금액을 제품 Y의 수행의무와 제품 Z의 수행의무에 각각의 개별판매가격 기준으로 배분한다(각 수행의무에 ₩400씩을 배분한다).

② 변동대가의 변동 : 거래가격 증가분 ₩80은 계약변경 전에 약속된 변동대가에 귀속한다. 그러므로 거래가격 변동분을 제품 X와 제품 Y에 대한 수행의무에 계약 개시시점과 같은 기준으로 배분한다. 기업은 **거래가격이 변동된 기간**에 제품 X의 수익 ₩40(변동대가의 변동분 중 X에 배분되는 부분)을 인식한다. 제품 Y는 계약변경 전에 고객에게 이전하지 않았기 때문에, 제품 Y에 속하는 거래가격 변동은 계약변경 시점에 나머지 수행의무에 배분한다.

2. 거래가격 배분

구분	개별 판매가격	고정대가	변동대가	변동분
X	₩500	₩400	₩200	+40
Y	500	400	200	+40
+Z		+200		
Y	₩500	₩300	₩100	₩20
Z	500	300	100	20
합계		₩600[1]	₩200[2]	₩40

1) ₩400(Y에 배분된 고정대가)+200(계약변경으로 인해 추가된 고정대가)
2) ₩200(Y에 배분된 변동대가)

3. 수익인식

구분	20×1년	20×2년	20×3년
제품 X	₩600	₩40	
제품 Y		420	
제품 Z			₩420
합계	600	460	420

(물음 4) 계약변경 종합 (2019년 회계사 유사)

(상황 1) 별도의 계약으로 처리하는 경우

① 추가 제품은 계약변경 시점에 그 제품의 개별 판매가격을 반영하여 가격이 책정되고, 원래 제품과 구별되므로, 제품 30개를 추가하는 계약변경은 기존 계약의 회계처리에 영향을 미치지 않는, 사실상 미래 제품에 대한 별도의 새로운 계약이다. 기업은 원래 계약의 제품 120개에 개당 100원씩 수익을 인식하고, 새로운 계약의 제품 30개에 개당 75원씩 수익을 인식한다.

② 수익 인식액 : 40개×@100(기존제품)+10개×@95(추가제품)=₩4,950

[별해] 회계처리

20×1년 1월	(차) 현금	5,000	(대) 매출액	5,000
20×1년 2월	(차) 현금	4,000	(대) 매출액	**4,000**
	(차) 현금	950	(대) 매출액	**950**

(상황 2) 별도의 계약으로 처리하지 않으며 나머지 재화가 이전한 재화와 구별되는 경우

① 추가 제품 30개의 판매를 회계처리할 때 개당 ₩80의 협상가격이 추가 제품의 개별 판매가격을 반영하지 않았다고 판단한다. 따라서 계약변경은 별도의 계약으로 회계처리하기 위한 조건을 충족하지 못한다. 인도할 나머지 제품이 이미 이전한 제품과 구별되기 때문에 기업은 계약변경을 원래 계약이 종료되고 새로운 계약이 체결된 것으로 회계처리한다. 따라서 나머지 제품 각각의 수익으로 인식하는 금액은 평균 ₩94{[(₩100×원래 계약에서 아직 이전하지 않은 제품 70개)+(₩80×계약변경에 따라 이전할 제품 30개)]÷나머지 제품 100개}이다.

② 수익 인식액 : ₩9,400(총 수익금액[1])×$\frac{\text{40개(기존제품 제공분)+10개(추가제품 제공분)}}{\text{70개(기존제품 잔여량)+30개(추가제품 잔여량)}}$=₩4,700

1) (120개−50개)×@100(기존제품 잔존금액)+30개×@80(추가제품)

[별해] 회계처리

20×1년 1월	(차) 현금	5,000	(대) 매출액	5,000
20×1년 2월	(차) 현금	4,800	(대) 매출액	**4,700**
			(대) 계약부채	100

(상황 3) 별도의 계약으로 처리하지 않으며 나머지 재화가 이전한 재화와 구별되는 경우

① 추가 제품 30개의 가격을 개당 ₩55으로 정하였지만, ₩750의 할인액은 기존에 제공한 제품 50개에 대한 할인액이다. 따라서 변경시점에 기업은 ₩750을 거래가격에서 차감하여, 최초에 이전한 제품 50개에 대한 수익에서 차감하여 인식한다. 추가 제품 30개에 대해서는 할인전의 가격 개당 ₩80으로 대가를 수령하는 것으로 본다.

② 수익 인식액 : ₩4,700(해답 2 참조)−750(기존제품에 대한 할인액)=₩3,950

[별해] 회계처리

20×1년 1월	(차) 현금	5,000	(대) 매출액	5,000
20×1년 2월	(차) **매출액**	**750**	(대) 계약부채	750
	(차) 현금	4,550	(대) 매출액	**4,700**
	계약부채	150		

(물음 5) 계약변경 종합 (2021년 회계사)

1. 거래가격의 배분

① 최초계약시 거래가격의 배분(3/1)

수행의무	개별판매가격	고정대가	변동대가	합계
제품A	8,000	6,400	1,600	8,000
제품B	7,000	5,600	1,400	7,000
합계	15,000	12,000	3,000	15,000

② 계약변경으로 인한 거래가격의 배분(7/1)

수행의무	개별판매가격	고정대가	변동대가	합계
제품A	8,000	6,400	1,600	8,000
제품B+C	7,000	**5,600+4,000**	**1,400**	11,000
제품B	6,000[1]	4,800	700	5,500
제품C	6,000[1]	4,800	700	5,500
합계		16,000	3,000	19,000

1) 구별되는 제품 C가 추가되고 증액되는 계약가격이 제품 C의 개별판매가격을 나타내지는 않는다면, 그 계약변경은 기존 계약을 종료하고 새로운 계약을 체결한 것처럼 회계처리한다. 이 경우, 새로운 계약개시 시점(7/1)의 개별판매가격에 비례하여 새로운 계약의 거래가격을 배분한다.

③ 계약가격(변동대가)의 변동으로 인한 거래가격의 배분(8/1)

수행의무	개별판매가격	고정대가	변동대가	변동분	합계
제품A	8,000	6,400	**1,600**	**640**[1]	8,640
제품B+C	7,000	5,600+4,000	**1,400**	**560**[1]	11,560
제품B	6,000	4,800	700	280	5,780
제품C	6,000	4,800	700	280	5,780
합계		16,000	3,000	1,200	20,200

1) 거래가격 변동이 계약변경 전에 약속했던 변동대가(금액) 때문이고 그 정도까지는 계약변경을 기존 계약을 종료하고 새로운 계약을 체결한 것처럼 회계처리한다면, 계약변경 전에 계약에서 식별된 수행의무에 거래가격 변동액을 배분한다. 즉 기존의 제품 A와 B의 거래가격 배분기준에 따라 거래가격을 배분한다.

④ 계약가격(공제)의 변동으로 인한 거래가격의 배분(9/1)

수행의무	개별판매가격	고정대가	변동대가	변동분	합계
제품A	8,000	**6,400−1,000**	1,600	640	7,640
제품B+C	7,000	5,600+4,000	1,400	560	11,560
제품B	6,000	4,800	700	280	5,780
제품C	6,000	4,800	700	280	5,780
합계		15,000	3,000	1,200	19,200

2. 거래가격 배분 정리

구분	개별 판매가격	고정대가	변동분	변동대가	변동분
A	₩8,000	₩6,400	−₩1,000	₩1,600	₩640
B	7,000	5,600		1,400	560
+C		+4,000			
A, B 소계		₩12,000	−₩1,000	₩3,000	₩1,200
B	₩6,000	₩4,800		₩700	₩280
C	6,000	4,800		700	280
합계		₩9,600 1)		₩1,400 2)	₩560

1) ₩5,600(Y에 배분된 고정대가)+4,000(계약변경으로 인해 추가된 고정대가)
2) ₩1,400(Y에 배분된 변동대가)

3. 수익인식

수행의무	03월 01일	07월 01일	08월 01일	09월 01일	10월 01일	12월 01일	합계
제품A	① 8,000	−	③ 640	④ (1,000)	−	−	7,640
제품B	−	−	−	−	④ 5,780	−	5,780
제품C	−	−	−	−	−	④ 5,780	5,780

(물음 6)

• 계약 당사자가 기존의 집행 가능한 권리와 의무를 변경하기로 승인할 때 계약의 변경이 존재하며, 계약변경은 서면 뿐 아니라 구두 합의나 기업의 사업 관행에서 암묵적으로 승인될 수 있다. (제1115호 문단 18) 따라서 당사자들이 계약 범위의 변경에 상응하는 가격변경을 결정하지 않았더라도 계약변경은 존재할 수 있으므로, 기업의 청구를 계약변경으로 회계처리한다. ㈜대한은 계약변경에 따라 고객에게 재화나 용역을 추가로 제공하지는 않는다. 그리고 계약변경 후에도 나머지 재화와 용역 모두는 구별되지 않으며 단일 수행의무를 구성한다. 따라서 ㈜대한은 계약변경에 대해 거래가격과 수행의무의 진행률을 새로 수정하여 누적효과일괄조정 기준에 따라 회계처리한다.

• 수익인식액 : ₩14,000×40%(당기누적수익)−0(전기누적수익)=₩5,600

문제 7

다음의 각 독립적인 물음에 답하시오. 문제에서 명시되지 않은 수익인식조건들은 모두 충족되는 것으로 가정한다. 기간에 걸쳐 이행하는 수행의무의 경우, 별도의 언급이 없다면 진행률은 총추정원가 대비 현재까지 발생한 누적원가의 비율을 사용한다.

(물음 1) 20×1년 1월 1일, ㈜강북은 ㈜우이의 본사건물에 냉방 시스템을 설치해주는 계약을 체결하고, 20×1년 현재 시공 중에 있다. 설치용역은 기간에 걸쳐 이행되는 별도의 수행의무이며, 진행률은 20×1년말 현재 30%이다. 최초 계약금액은 ₩25,000,000으로 해당 금액의 60%는 제품판매 대가이며, 나머지 금액은 설치용역 대가이다. 20×1년 현재 냉방 시스템 관련 제품은 모두 회사에 인도된 상태이다. 설치된 개별제품과 관련한 위험과 보상은 냉·난방시스템 전체에 대한 설치가 완료되기 전까지 ㈜강북이 보유한다고 할 경우, 해당 설치조건부 판매와 관련하여 ㈜강북이 20×1년에 수익으로 인식할 금액을 계산하시오.

(물음 2) 20×1년에 영업을 시작한 ㈜세무는 당해 연도 12월 31일 로봇청소기 1,000대를 대당 ₩20,000에 판매하였다. ㈜세무의 보증정책 및 관련 자료는 다음과 같다.

- ㈜세무는 판매한 제품에 대하여 무상보증서비스를 기본 1년간 제공하고 있으며, 고객이 대당 ₩2,000을 추가 지불할 경우 무상보증서비스 제공기간은 2년 연장되어 총 3년이 된다. 여기서 기본 1년간 제공하는 무상보증서비스는 확신유형의 보증에 해당하며 ⓐ 고객이 추가 지불하는 금액 대당 ₩2,000은 무상보증기간 연장 조건에 대한 개별판매가격을 반영한다.
- 20×1년 12월 31일 판매한 로봇청소기 1,000대 가운데 400대에 대해서 무상보증기간 연장 조건이 추가로 판매되었다.
- ㈜세무는 기본 무상보증기간과 연장 무상보증기간(추가 2년)에 보증활동을 위해 각각 ₩500,000과 ₩700,000을 지출할 것으로 추정하였다. 추정시점은 20×1년 12월 31일이며, 이후 추정의 변경은 없었다.
- ㈜세무가 매년 실제로 지출한 총 보증비용은 다음과 같다.

연도	20×2년	20×3년	20×4년
실제지출 총보증비용	₩520,000	₩245,000	₩480,000

<요구사항 1> 동 거래에서 ㈜세무가 20×1년 말 인식하는 부채의 세부 계정과 금액을 기재하시오. (단 항목이 2개 이상인 경우 모든 항목을 구분하시오.)

<요구사항 2> 동 거래에서 ㈜세무가 20×2년과 20×3년에 인식하는 당기손익을 계산하시오. ㈜세무는 보증용역에 대한 대가를 기간에 걸쳐 수익으로 인식하기 위하여 발생원가를 이용하여 수행의무의 이행정도를 측정한다. (단 당기손익이 손실에 해당하는 경우 금액 앞에 '(−)'를 표시하시오.)

20×2년 인식할 당기 손익	①
20×3년 인식할 당기 손익	②

< 요구사항 3 > 위 자료의 조건 ⓐ와 관련하여 고객의 추가 지불금액 대당 ₩2,000이 무상보증기간 연장 조건의 개별판매가격을 반영하지 못했을 경우, 로봇청소기 판매 시점에 ㈜세무가 인식하는 재화판매 수익을 계산하시오 무상보증기간 연장조건의 개별 판매가격은 ₩5,000으로 가정한다.

(물음 3) ㈜대기는 20×1년 12월 1일에 원가 ₩150,000의 상품을 ㈜만성에게 ₩200,000에 판매하고 판매대금을 수수하였다. 하지만, ㈜만성은 20×2년 2월 1일에 동 상품을 인도받기를 원해서 ㈜대기의 창고 한쪽에 따로 보관하고 있다. 이 경우 상품의 판매가 ㈜대기의 20×1년 당기순이익에 미치는 영향을 구하시오. 단, 보관용역의 제공은 별도의 수행의무로 보며, 판매가격 중 ₩20,000은 보관용역에 대한 대가이다.

(물음 4) ㈜세종은 20×1년 2월 1일 액면금액 ₩100,000인 상품권 5,000매를 1매 당 ₩72,000에 최초로 발행하였다. 고객은 상품권 액면금액의 60%이상을 사용하면 잔액을 현금으로 돌려받을 수 있다. 상품권의 만기는 발행일로부터 3년이며, 만기이내에 회수되리라 예상되는 상품권은 전체 발행매수의 80%이다. ㈜세종은 20×1년 12월 31일까지 회수된 상품권 800매에 대해 상품인도와 더불어 잔액 ₩2,400,000을 현금으로 지급하였다. ㈜세종이 상품권발행에 의한 판매와 관련하여 20×1년도 재무제표에 표시되는 다음의 금액들을 계산하시오.

수익으로 인식하는 금액	①
부채로 표시되는 금액	②

(물음 5) ㈜대한은 20×1년 1월 1일 상용프로그램을 판매하고 그 프로그램의 운용과 관련된 용역도 향후 3년 동안 함께 제공하기로 하였다. 이에 대한 판매대금은 20×1년부터 20×3년까지 매년말 ₩1,200,000씩 수령하기로 하였다. 상용소프트웨어의 개별판매가격은 ₩3,500,000이며, 운용용역의 개별판매가격은 ₩500,000이다. 상용프로그램의 원가는 ₩1,800,000이다. 운용용역의 원가는 총 ₩210,000으로 예상되며 20×1년 ₩84,000이 발생하였다. 위 거래가 ㈜대한의 20×1년도 포괄손익계산서의 당기순이익에 미치는 영향을 계산하시오. 단, 거래가격에 대한 시간가치 계산은 무시한다.

(물음 6) ㈜대한은 20×1년 5월 1일부터 ㈜만세가 주문한 소프트웨어를 개발하고 인도 후 지원용역을 함께 제공하기로 하였다. ㈜대한이 제공하는 개발용역은 고객맞춤화 설치용역에 해당한다. 총계약금액은 ₩1,200,000이며, 소프트웨어 및 고객맞춤화 설치용역, 지원용역의 개별판매가격은 각각 ₩90,000, ₩720,000, ₩540,000이다.

프로그램 개발은 20×1년 10월 31일에 완료되었고 지원용역은 20×3년 6월 30일에 완료된다. 발생원가 관련 자료는 다음과 같다고 할 경우, ㈜대한의 20×1년도 포괄손익계산서에 인식할 수익금액을 구하시오.

구분	20×1년	20×2년	20×3년
당기 설치원가	₩600,000	–	–
당기 지원용역원가	₩100,000	₩100,000	₩100,000
지원용역 추가 예상원가	200,000	100,000	–

해설 및 해답 종류별 수익의 인식

(물음 1) 설치조건부 판매 (2014년 세무사 수정)

구분	거래가격	수행의무 이행비율	수익 인식금액
재화의 판매	₩25,000,000×60%	–[1]	₩ –
용역의 제공	₩25,000,000×40%	30%	3,000,000
합계			₩3,000,000

1) 설치가 완료되지 않아 위험과 보상이 이전되지 않음

[별해] 회계처리

제품의 인도	(차) 현 금	25,000,000	(대) 계 약 부 채(재 화)	15,000,000
			계 약 부 채(용 역)	10,000,000
설치의 진행	(차) 계 약 부 채(용 역)	3,000,000	(대) 용 역 매 출	3,000,000

[별해] 설치용역이 재화의 판매에 부수적인 경우

① 설치용역이 일반적인 경우 : ₩0 (설치의 완료시점에 전액 수익으로 인식)

② 설치용역이 단순한 경우 : ₩25,000,000 (재화의 인도시점에 전액 수익으로 인식)

(물음 2) 보증 (2024년 세무사)

〈요구사항 1〉

1. 회계처리

• 보증을 구매할 수 있는 선택권이 있는 경우는 용역유형의 보증에 해당하므로 추가보증에 대해서 별도의 수행의무로서 수익인식기준을 적용한다. 확신유형의 보증에 대해서는 보증지출예상액 만큼 충당부채를 인식하며, 용역유형의 보증에 대해서는 실제 보증의무 이행시점에 수익을 인식한다.

20×1년 12월 31일	(차) 현 금	20,000,000	(대) 매 출 액	20,000,000
	(차) 매 출 원 가	??	(대) 재 고 자 산	??
	(차) 현 금	800,000[1]	(대) 계 약 부 채	800,000
	(차) 보 증 비 용	500,000	(대) 보 증 충 당 부 채	500,000[2]

1) 용역유형보증에 대한 대가 : 400대×2,000

2) 확신유형보증의 지출예상액

2. 답안의 계산

① 계약부채 : ₩800,000

② 보증충당부채 : ₩500,000

< 요구사항 2 >

20×2년 인식할 당기 손익	① (−)₩20,000
20×3년 인식할 당기 손익	② ₩35,000

① 20×2년 인식할 당기 손익 : ₩500,000(보증충당부채)−520,000(보증비지출액)=(−)₩20,000

② 20×3년 인식할 당기 손익 : ₩800,000×245,000/700,000(보증용역수익)−245,000(보증용역원가)
=₩35,000

< 요구사항 3 >

• 보증연장조건으로 판매한 제품의 수량에 대해서는 거래가격과 보증용역에 대한 거래가격을 개별판매가격에 비례해서 배분한다.

구분	개별판매가격	거래가격
제품	400대×₩20,000	₩7,040,000
보증용역	400대× ₩5,000	1,760,000
	10,000,000	₩8,800,000[1]

1) 400대×20,000+400대×2,000

∴ 재화판매수익 : ₩20,000×600대(일반판매분)+7,040,000(보증판매분)=₩19,040,000

(물음 3) 미인도 청구약정

• 미인도청구약정은 고객이 언제 제품을 통제하게 되는지를 파악하여 기업이 그 제품을 이전하는 수행의무를 언제 이행하였는지를 판단한다. 일부 계약에서는 계약 조건(인도 조건과 선적 조건을 포함)에 따라 제품이 고객의 사업장에 인도되거나 제품이 선적될 때에 통제가 이전된다. 그러나 일부 계약에서는 기업이 제품을 물리적으로 점유하고 있더라도 고객이 제품을 통제할 수 있다. 그 경우에 비록 고객이 그 제품을 물리적으로 점유하는 권리를 행사하지 않기로 결정하였더라도, 고객은 제품의 사용을 지시하고 제품의 나머지 효익 대부분을 획득할 능력이 있다. 따라서 기업은 제품을 통제하지 않는다. 그 대신에 기업은 고객 자산을 보관하는 용역을 고객에게 제공한다(K−IFRS 제1115호 문단 B80).

• 수익인식금액

구분	거래가격	수행의무 이행비율	수익 인식금액
재화의 판매	₩180,000	100%	₩180,000
보관용역	20,000	1月/2月	10,000
합 계	₩200,000		₩190,000

• 당기손익에 미치는 영향 : ₩190,000−150,000(원가)=₩40,000

(물음 4) 상품권

수익으로 인식하는 금액	₩69,600,000
부채로 표시되는 금액	288,000,000

1. 금액의 계산

① 수익인식액

구분	거래가격	수행의무 이행비율	수익 인식금액
상품권 판매	₩72,000×5,000매	$\times \frac{800매}{5,000매 \times 80\%}$	= ₩72,000,000

∴ 상품권 수익금액 : ₩72,000,000(수익 인식액)−2,400,000(현금 반환액)=₩69,600,000

② 부채 잔액 : ₩72,000×5,000매−72,000,000(수익 인식액)=₩288,000,000

2. 회계처리

상품권 발행시	(차) 현 금	360,000,000	(대) 상 품 권(부 채)	360,000,000
상품권 회수시	(차) 상 품 권(부 채)	72,000,000	(대) 매 출 액	69,600,000
			현 금	2,400,000

(물음 5) 상용프로그램의 판매 및 지원용역 수수료 (2016년 회계사 수정)

① 수익인식액

수행의무	개별판매가격	거래가격	이행
상용프로그램	3,500,000	3,150,000	×100%
운용용역	500,000	450,000	×84,000/210,000
합계	4,000,000	3,600,000	3,330,000

② 당기순이익에 미친 영향 : ₩3,330,000−1,800,000−84,000=₩1,446,000

(물음 6) 주문형 소프트웨어의 개발 및 지원용역 수수료 (2016년 회계사)

• 거래가격의 배분

구분	개별판매가격	거래가격[1]	수행의무 이행비율	수익 인식금액
소프트웨어 고객맞춤화	₩810,000	₩720,000	100%	₩720,000
지원용역	540,000	480,000	100,000/300,000	160,000
합계	₩1,350,000	₩1,200,000		₩880,000

1) 상대적 개별판매가격 비율대로 배분

[별해] 회계처리

20×1년 5월 1일	(차) 현 금	1,200,000	(대) 매출액(소프트웨어)	720,000
			이연지원용역수익	480,000
20×1년 12월 31일	(차) 이연지원용역수익	160,000	(대) 지 원 용 역 수 익	160,000

[별해] 소프트웨어 라이선스의 종류별 수행의무

- 고객맞춤화 설치용역을 제공하지 않는 상용프로그램을 판매하는 기업은 계약에서 다음의 재화나 용역에 대해 네 가지의 수행의무를 식별한다(K-IFRS 1115호 IE52).
  (1) 소프트웨어 라이선스
  (2) 설치용역
  (3) 소프트웨어 갱신
  (4) 기술지원
- 고객맞춤화 설치용역을 제공하는 기업은 계약에서 다음의 재화나 용역에 대해 세 가지 수행의무를 식별한다(K-IFRS 1115호 문단 IE57).
  (1) 소프트웨어 고객 맞춤화(소프트웨어 라이선스와 고객 맞춤화 설치용역으로 구성된다)
  (2) 소프트웨어 갱신
  (3) 기술지원

문제 8

다음의 각 독립적인 물음에 답하시오. 문제에서 명시되지 않은 수익인식조건들은 모두 충족되는 것으로 가정한다. 기간에 걸쳐 이행하는 수행의무의 경우, 진행률은 총추정원가 대비 현재까지 발생한 누적원가의 비율을 사용한다.

(물음 1) ㈜한국백화점은 ㈜대한과 위탁판매계약을 맺고 있다. 20×1년 10월 1일 ㈜대한은 ㈜한국백화점에 개당 원가 ₩304,000의 컴퓨터 주변 기기 10개를 적송하였다. 적송시 개당 ₩400,000의 대금을 ㈜한국백화점으로부터 보증금으로 수령하며, ₩10,000의 운송비가 발생하여 이를 모두 ㈜대한이 부담하였다. ㈜한국백화점의 최종 판매가격은 자신의 수수료 10%를 가산하여 개당 ₩440,000이다. ㈜한국백화점은 이 중 최소 5개의 판매를 보장한다. 다만, ㈜한국백화점이 5개를 초과하여 판매한 경우에는 판매되지 않은 기기를 ㈜대한에게 반납할 수 있다.

20×1년 12월 31일까지 적송한 제품 중 6개가 고객에게 판매되었다고 할 경우, ㈜대한과 ㈜한국 백화점의 20×1년도 재무제표에 표시되는 다음의 금액을 계산하시오.

㈜대한	당기순이익에 미치는 영향	①
	재고자산 잔액	②
㈜한국 백화점	당기순이익에 미치는 영향	③
	재고자산 잔액	④

(물음 2) ㈜대한은 제품 A를 생산하여 고객에게 판매한다. ㈜대한은 재고자산에 대해 계속기록법을 적용하여 회계처리하고 있으며, 20×1년 고객과의 거래는 다음과 같다.

- ㈜대한은 20×1년 12월 31일에 제품A를 1개월 이내에 반품을 허용하는 조건으로 ₩150,000(매출원가율 70%)에 판매하였다.
- ㈜대한은 과거 경험에 따라 이 중 5%가 반품될 것으로 예상하며, 이러한 변동대가의 추정치와 관련된 불확실성이 해소될 때(즉, 반품기한이 종료될 때) 이미 인식한 누적 수익금액 중 유의적인 부분을 되돌리지 않을 가능성이 높다고 판단하였다.
- 반품된 제품A는 일부 수선만 하면 다시 판매하여 이익을 남길 수 있다. ㈜대한은 제품A가 반품될 경우 회수 및 수선을 위해 총 ₩200이 지출될 것으로 예상하였다.
- 20×1년 12월 31일 매출 중 20×2년 1월 말까지 실제 반품된 제품A의 판매가격 합계는 ₩8,000이며, 반품된 제품A의 회수 및 수선을 위해 총 ₩250이 지출되었다.

㈜대한이 20×1년에 고객에게 판매한 제품A에 관련된 회계처리가 ㈜대한의 20×1년도와 20×2년도 포괄손익계산서 상 당기순이익에 미치는 영향을 각각 계산하시오. 단, 당기순이익이 감소하는 경우에는 금액 앞에 (−)를 표시하시오.

구분	금액
20×1년 당기순이익에 미치는 영향	①
20×2년 당기순이익에 미치는 영향	②

(물음 3) 20×1년 12월 1일 ㈜고정은 ㈜변동에게 원가 ₩900의 상품 10개를 개당 ₩1,200에 판매하였다. 20×2년 1월 31일의 해당 상품의 예상 시장가격이 개당 ₩1,500이라고 할 경우 다음의 각 상황별로 해당 거래가 ㈜고정의 20×1년과 20×2년 당기순이익에 미친 영향을 각각 계산하시오.

상황 1. ㈜고정은 해당 자산을 20×2년 1월 31일에 다시 재매입할 수 있는 콜옵션을 보유하고 있다. 콜옵션의 행사가격은 개당 ₩1,400이어서, ㈜고정은 20×2년 1월 31일에 실제로 콜옵션을 행사하였다.

상황 2. ㈜고정은 해당 자산을 20×2년 1월 31일에 다시 재매입할 수 있는 콜옵션을 보유하고 있다. 콜옵션의 행사가격은 개당 ₩1,800이어서, ㈜고정은 20×2년 1월 31일에 콜옵션을 행사하지 않았다.

상황 3. ㈜변동은 해당 자산을 20×2년 1월 31일에 다시 ㈜고정에 판매할 수 있는 풋옵션을 보유하고 있다. 풋옵션의 행사가격은 개당 ₩1,300이어서, 풋옵션이 행사될 가능성은 높지 않다. 그러나 과거 상품판매의 경험상 10개의 상품 중 1개가 결함으로 인해 반품될 것으로 예상된다. 반품으로 인한 비용이나 반품재고의 손상예상액은 없다고 가정한다.

저유 (물음 4) ㈜대한은 20×1년 1월 1일에 액면금액 ₩10,000인 상품권 50매를 액면금액으로 발행하였다. 20×1년 1월 1일 이전까지 ㈜대한이 상품권을 발행한 사실은 없으며, 이후 20×2년 1월 1일에 추가로 100매를 액면금액으로 발행하였다. ㈜대한은 상품권 액면금액의 60% 이상 사용하고 남은 금액은 현금으로 반환하며, 상품권의 만기는 발행일로부터 1년이다. 각 연도별 발행된 상품권과 관련한 자료는 다음과 같다.

구분	20×1년	20×2년
해당연도 사용매수	42매	90매
다음연도 상환청구매수	5매	–

상품권 사용 시 상품권 잔액을 현금으로 반환한 금액은 다음과 같다.

구분	금액
20×1년도 발행분	₩31,000
20×2년도 발행분	₩77,000

다음의 각 상황별로 ㈜대한의 상품권에 대한 회계처리와 관련하여 20×2년도 포괄손익계산서에 인식할 수익을 계산하시오. 단, ㈜대한은 고객의 미행사권리에 대한 대가를 다른 당사자에게 납부하도록 요구받지 않는다고 가정한다.

상황 1. 만기까지 사용되지 않은 상품권은 소멸하는 경우

상황 2. 만기까지 사용되지 않은 상품권은 만기 이후 1년 이내에는 100%의 현금으로 상환해줄 의무가 있으나, 1년이 경과하면 그 의무는 소멸한다.

상황 3. 만기까지 사용되지 않은 상품권은 만기 이후 1년 이내에는 90%의 현금으로 상환해줄 의무가 있으나, 1년이 경과하면 그 의무는 소멸한다.

저유 **(물음 5)** ㈜대한은 고객에게 퍼스널 트레이닝을 회당 ₩80,000에 제공한다. 고객은 10회 이용권을 할인된 가격인 ₩700,000에 구매할 수 있다. 해당 이용권의 사용기한 1년이다. ㈜대한은 과거의 경험을 통해, 10회 이용권을 구매한 고객은 평균적으로 8회만 이용하는 것으로 파악하였다. 20×1년 중 고객 1명이 10회 이용권을 구매하였으며, 해당 고객은 20×1과 20×2년에 각각 4회, 3회 이용하였다고 할 경우, 다음의 각 상황별로 물음에 답하시오.

상황 1. ㈜대한은 이용권 사용기한 종료시점에 미행사부분을 환불하지 않는 경우, ㈜대한이 20×1년 및 20×2년 포괄손익계산서에 인식할 수익을 계산하시오.

상황 2. ㈜대한은 이용권 사용기한 종료시점에 잔여 이용회수에 대해 환불하는 정책을 선택하고 있으며, 고객이 이용한 트레이닝 1회당 ₩80,000 공제 후 전액 환불하는 경우, ㈜대한이 20×1년 및 20×2년 포괄손익계산서에 인식할 수익을 계산하시오.

상황 3. ㈜대한은 이용권 사용기한 종료시점에 잔여 이용회수에 대해 환불하는 정책을 선택하고 있으며, 고객이 이용한 트레이닝 1회당 ₩80,000 공제 후 잔액의 90%만 환불하는 경우 (10%는 위약금 명목으로 몰수), ㈜대한이 20×1년 및 20×2년 포괄손익계산서에 인식할 수익을 계산하시오.

저유 **(물음 6)** 20×1년 10월 1일, ㈜대한은 1년 동안 거래처리 용역계약을 고객과 체결하였다. 계약 개시 후 매월 말 ₩30,000을 12개월 동안 수령한다. 계약에서는 ㈜대한의 시스템과 프로세스에 고객을 등록(이하 등록활동)하기 위한 선수수수료 ₩30,000을 고객이 지급하도록 되어 있다. 그 수수료는 명목금액이고 환불되지 않는다. 또한, 고객은 추가 수수료를 지급하지 않고 매년 계약을 갱신할 수 있다. 따라서 기업은 갱신 선택권이 계약을 체결하지 않고는 받을 수 없는 중요한 권리를 고객에게 제공하지 않는다고 결론짓는다. 다음의 각 상황별로 ㈜대한이 20×1년 포괄손익계산서에 인식할 수익을 계산하시오.

상황 1. ㈜대한의 등록활동이 고객에게 재화나 용역을 이전하지 않는 경우

상황 2. ㈜대한이 등록활동을 통해 고객에게 추가적인 재화나 용역(예 서버장비, 교육)을 제공하며, 20×1년 말 현재 등록활동이 완료된 경우

해설 및 해답 종류별 수익의 인식

(물음 1) 위탁판매 (2016년 회계사, 2014년 세무사 유사)

1. 해설

㈜대한	당기순이익에 미치는 영향	₩570,000
	재고자산 잔액	₩1,220,000
㈜한국 백화점	당기순이익에 미치는 영향	₩240,000
	재고자산 잔액	–

① 최종 고객에게 판매하기 위해 기업이 제품을 다른 당사자(예 중개인이나 유통업자)에게 인도하는 경우에 그 다른 당사자가 그 시점에 제품을 통제하게 되었는지를 평가한다. 다른 당사자가 그 제품을 통제하지 못하는 경우에는 다른 당사자에게 인도한 제품을 위탁약정에 따라 보유하는 것이다. 따라서 인도된 제품이 위탁물로 보유된다면 제품을 다른 당사자에게 인도할 때 수익을 인식하지 않는다(K−IFRS 제1115호 문단 B77).

② 적송한 재고자산 중 5개의 판매를 보장하였으므로 5개에 대한 판매는 ㈜한국 백화점이 본인으로서 거래한 것이나, 5개를 초과하는 재고는 반환 가능하므로 ㈜한국 백화점이 대리인(수탁자)으로서 거래에 참여하는 것이다. 따라서 ₩10,000의 적송운임 중 ₩5,000은 매출운임으로 비용처리하며, 나머지 ₩5,000은 적송품의 원가에 포함한다.

2. ㈜대한의 입장

① 당기순이익에 미친 영향 : ₩475,000+95,000=₩570,000

	본인거래분	위탁판매분
매출액	₩400,000×5개	₩440,000×1개
매출원가	304,000×5개	305,000*×1개
기타비용	5,000(매출운임)	40,000(판매수수료)
당기손익	₩475,000	₩95,000

* 위탁판매 적송품 1개당 원가 : ₩304,000+5,000/5개(적송운임)

② 재고자산 잔액 : ₩304,000×4개+10,000×4개/10개=₩1,220,000

3. ㈜한국 백화점의 입장

① 당기순이익에 미친 영향 : (₩440,000×5개−400,000×5개)+40,000(판매수수료)=₩240,000

② 재고자산 잔액 : 없음.

[별해] 회계처리

① ㈜대한

일반판매 수량 적송시	(차) 현금	2,000,000	(대) 매출액	2,000,000
	(차) 매출원가	1,520,000	(대) 재고자산	1,520,000
	(차) 판매운임	5,000	(대) 현금	5,000
위탁판매 수량 적송시	(차) 현금	2,000,000	(대) 계약부채	2,000,000
	(차) 적송품	1,525,000	(대) 재고자산	1,520,000
			현금	5,000
위탁판매 수량 판매시	(차) 계약부채	400,000	(대) 매출액	440,000
	수취채권	40,000		
	(차) 매출원가	305,000	(대) 적송품	305,000
	(차) 지급수수료	40,000	(대) 수취채권	40,000

② ㈜한국백화점

일반판매 수량 적송시	(차) 재고자산	2,000,000	(대) 현금	2,000,000
일반판매 수량 판매시	(차) 현금	2,200,000	(대) 매출액	2,200,000
	(차) 매출원가	2,000,000	(대) 재고자산	2,000,000
위탁판매 수량 수령시	(차) 선급금	2,000,000	(대) 현금	2,000,000
위탁판매 수량 판매시	(차) 현금	440,000	(대) 선급금	400,000
			수수료수익	40,000

(물음 2) 반품조건부 판매 (2021년 회계사)

- 반품권이 있는 제품의 이전을 회계처리하기 위하여, 다음 사항을 모두 인식한다(K-IFRS 1115호 문단 B21).
  (1) 기업이 받을 권리를 갖게 될 것으로 예상하는 대가(금액)를 이전하는 제품에 대한 수익으로 인식(그러므로 반품이 예상되는 제품에 대해서는 수익을 인식하지 않을 것이다)
  (2) 환불부채를 인식
  (3) 환불부채를 결제할 때, 고객에게서 제품을 회수할 기업의 권리에 대하여 자산(과 이에 상응하는 매출원가 조정)을 인식
- 환불부채를 결제할 때 고객에게서 제품을 회수할 기업의 권리에 대해 인식하는 자산은 처음 측정할 때 제품(예 재고자산)의 이전 장부금액에서 그 제품 회수에 예상되는 원가(반품된 제품이 기업에 주는 가치의 잠재적인 감소를 포함)를 차감한다. 이 자산은 환불부채와는 구분하여 표시한다(K-IFRS 1115호 문단 B25).

1. 20×1년 당기순이익에 미친 영향

① 환불부채 : ₩150,000×5%=₩7,500

② 반품회수권

재고자산의 원가	₩150,000×70%×5%=	₩5,250
반품비용		(200)
반품재고 손상차손	없음	–
		₩5,050

③ 당기순이익에 미치는 영향

매출총이익	₩150,000(매출액)－150,000×70%(매출원가)=	₩45,000
환불부채	₩150,000×5%=	(7,500)
반품회수권		5,050
		₩42,550

[별해] 회계처리

20_1년 12월 31일	(차) 매 출 채 권	150,000	(대) 매 출 액	**150,000**
	(차) **매 출 원 가**	**105,000**	(대) 재 고 자 산	105,000
	(차) **매 출 액**	**7,500**	(대) 환 불 부 채	7,500
	(차) 반 품 회 수 권	5,050	(대) **매 출 원 가**	**5,050**

2. 20×2년 반품시 당기순이익에 미친 영향

① 환불부채의 환불관련 손익 : ₩7,500(환불부채 잔액) － ₩8,000(실제 환불액) ＝ (－)₩500

② 반품회수권의 회수관련 손익

재고자산 회수액			
재고자산의 회수	₩8,000×70%=	₩5,600	
반품비용		(250)	5,350
반품회수권 잔액			(5,050)
			₩(300)

③ 당기순이익에 미친 영향 : (－)₩500(환불부채 초과환불액)＋300(반품회수권 초과회수액)＝(－)₩200

[별해] 회계처리

20×2년 1월 31일	(차) 환 불 부 채	7,500	(대) 현 금	8,000
	매 출 액	**500**		
	(차) 재고자산(순액)	5,600	(대) 반 품 회 수 권	5,050
			현 금	250
			매 출 원 가	**300**

(물음 3) 재매입 약정

1. 상황 1

① 기업이 자산을 다시 사야 하는 의무나 다시 살 수 있는 권리(선도나 콜옵션)가 있고, 기업이 자산을 원래 판매가격 이상의 금액으로 다시 살 수 있거나 다시 사야 하는 경우에는 해당거래는 금융약정으로 처리한다(K-IFRS 1105호 문단 B66). 따라서 기업은 자산을 계속 인식하고 고객에게서 받은 대가는 금융부채로 인식한다. 고객에게서 받은 대가(금액)와 고객에게 지급해야 하는 대가(금액)의 차이를 이자로 인식한다(K-IFRS 1105호 문단 B68).

② 회계처리

20×1년 12월 1일	(차) 현 금	12,000	(대) 단 기 차 입 금	12,000
20×1년 12월 31일	(차) **이 자 비 용**	**1,000**[1)]	(대) 미 지 급 이 자	1,000
	1) (₩14,000(재매입금액)-12,000(판매금액))÷2月			
20×2년 1월 31일	(차) **이 자 비 용**	**1,000**	(대) 미 지 급 이 자	1,000
	(차) 미 지 급 이 자	2,000	(대) 현 금	14,000
	단 기 차 입 금	12,000		

③ 당기순이익에 미치는 영향

㉠ 20×1년 당기순이익 : ₩1,000 감소(이자비용)

㉡ 20×2년 당기순이익 : ₩1,000 감소(이자비용)

2. 상황 2

① 회계처리

20×1년 12월 1일	(차) 현 금	12,000	(대) 단 기 차 입 금	12,000
20×1년 12월 31일	(차) **이 자 비 용**	**3,000**[1)]	(대) 미 지 급 이 자	3,000
	1) (₩18,000(재매입금액)-12,000(판매금액))÷2月			
20×2년 1월 31일	(차) **이 자 비 용**	**3,000**	(대) 미 지 급 이 자	3,000
	(차) 미 지 급 이 자	6,000	(대) **매 출 액**	**18,000**
	단 기 차 입 금	12,000		
	(차) **매 출 원 가**	**9,000**	(대) 재 고 자 산	9,000

② 당기순이익에 미치는 영향

㉠ 20×1년 당기순이익 : ₩3,000 감소(이자비용)

㉡ 20×2년 당기순이익 : (-)₩3,000 (이자비용)+18,000(매출액)-9,000(매출원가)=₩6,000 증가

3. 상황 3

① 고객이 요청하면 기업이 원래 판매가격보다 낮은 가격으로 자산을 다시 사야 하는 의무(풋옵션)가 있는 경우에, 재매입 가격이 자산의 시장가치보다 낮아 권리를 행사할 경제적 유인이 유의적이지 않다면, 이 약정을 반품권이 있는 제품의 판매처럼 회계처리한다(K-IFRS 1115호 문단 B72, B74).

② 당기손익에 미친 영향 : ₩12,000(매출액)-9,000(매출원가)-1,300(환불부채)+900(반환제품회수권) =₩2,600

③ 회계처리

20×1년 12월 1일	(차) 현 금	12,000	(대) 매 출 액	12,000
	(차) 매 출 원 가	9,000	(대) 재 고 자 산	9,000
	(차) 매 출 액	1,300	(대) 환 불 부 채	1,300 [1]
	(차) 반환제품회수권	900	(대) 매 출 원 가	900

1) 풋옵션행사로 인해 반품 예상

(물음 4) 고객이 행사하지 아니한 권리

(상황 1)

1. 상품권 발행매수 및 권리 소멸

① 20×1년 판매분

구분	판매시	회수시	잔액	권리 소멸	기말
매수	50매	(42매)	8매	8매	–
단가	×10,000	×10,000	×10,000	×(10,000)	–
총액	500,000	**(420,000)**	80,000	**(80,000)**	–

② 20×2년 판매분

구분	판매시	회수시	잔액	권리 소멸	기말
매수	100매	(90매)	10매	10매	–
단가	×10,000	×10,000	×10,000	×(10,000)	–
총액	1,000,000	**(900,000)**	100,000	**(100,000)**	–

2. 20×2년 수익인식액

20×2년 분 회수	**90매×10,000**−77,000 =	₩823,000
20×2년 분 권리 소멸	**10매×10,000** =	100,000
		₩923,000

[별해] 회계처리

① 20×1년 판매분

20×1년 판매시	(차) 현 금	500,000	(대) 계 약 부 채	500,000
20×1년 회수시	(차) 계 약 부 채	420,000	(대) 현 금	31,000
			수 익	389,000
20×1년 권리 소멸시	(차) 계 약 부 채	80,000	(대) 수 익	80,000

② 20×2년 판매분

20×2년 판매시	(차) 현 금	1,000,000	(대) 계 약 부 채	1,000,000
20×2년 회수시	(차) 계 약 부 채	900,000	(대) 현 금	77,000
			수 익	**823,000**
20×2년 권리 소멸시	(차) 계 약 부 채	100,000	(대) **수 익**	**100,000**

(상황 2)

1. 상품권 발행매수 및 권리 소멸

① 20×1년 판매분

구분	20×1년					20×2년			
	판매시	회수시	잔액	권리 소멸	기말	환불	잔액	권리 소멸	기말
매수	50매	(42매)	8매	–	8매	(5매)	3매	(3매)	–
단가	×10,000	×10,000	× 10,000	–	×10,000	×10,000	×10,000	×10,000	–
총액	500,000	**(420,000)**	80,000	–	80,000	(50,000)	30,000	**(30,000)**	–

② 20×2년 판매분

구분	20×2년				
	판매시	회수시	잔액	권리 소멸	기말
매수	100매	(90매)	10매	–	10매
단가	×10,000	×10,000	×10,000	–	×10,000
총액	1,000,000	**(900,000)**	100,000	–	100,000

2. 20×2년 수익인식액

20×1년 분 권리 소멸	3매×10,000	=	₩30,000
20×2년 분 회수	90매×10,000−77,000	=	823,000
			₩853,000

[별해] 회계처리

① 20×1년 판매분

20×1년 판매시	(차) 현금	500,000	(대) 계약부채	500,000
20×1년 회수시	(차) 계약부채	420,000	(대) 현금	31,000
			수익	389,000
20×2년 환불	(차) 계약부채	50,000	(대) 현금	50,000
20×2년 권리 소멸시	(차) 계약부채	30,000	(대) 수익	**30,000**

② 20×2년 판매분

20×2년 판매시	(차) 현금	1,000,000	(대) 계약부채	1,000,000
20×2년 회수시	(차) 계약부채	900,000	(대) 현금	77,000
			수익	**823,000**

(상황 3)

1. 시점별 계약부채 잔액

① 20×1년 판매분

구분	20×1년					20×2년			
	판매시	회수시	잔액	권리 소멸	기말	환불	잔액	권리 소멸	기말
매수	50매	(42매)	8매	8매	8매	(5매)	3매	(3매)	–
단가	×10,000	×10,000	×10,000	×(1,000)	×9,000	×9,000	×9,000	×9,000	–
총액	500,000	**(420,000)**	80,000	**(8,000)**	72,000	(45,000)	27,000	**(27,000)**	–

② 20×2년 판매분

구분	20×2년				
	판매시	회수시	잔액	권리 소멸	기말
매수	100매	(90매)	10매	10매	10매
단가	×10,000	×10,000	×10,000	×(1,000)	×9,000
총액	1,000,000	**(900,000)**	100,000	**(10,000)**	90,000

2. 20×2년 수익인식액

20×1년 분 권리 소멸	3매×9,000=	₩27,000
20×2년 분 회수	90매×10,000−77,000=	823,000
20×2년 분 권리 소멸	10매×1,000=	10,000
		₩860,000

[별해] 회계처리

① 20×1년 판매분

20×1년 판매시	(차) 현금	500,000	(대) 계약부채	500,000
20×1년 회수시	(차) 계약부채	420,000	(대) 현금	31,000
			수익	389,000
20×1년 권리 소멸시	(차) 계약부채	8,000	(대) 수익	8,000
20×2년 환불	(차) 계약부채	45,000	(대) 현금	45,000
20×2년 권리 소멸시	(차) 계약부채	27,000	(대) 수익	**27,000**

② 20×2년 판매분

20×2년 판매시	(차) 현금	1,000,000	(대) 계약부채	1,000,000
20×2년 회수시	(차) 계약부채	900,000	(대) 현금	77,000
			수익	**823,000**
20×2년 권리 소멸시	(차) 계약부채	10,000	(대) 수익	**10,000**

[별해] 고객이 권리를 행사하지 아니한 대가를 다른 당사자에게 납부하도록 요구받는 경우

- 고객이 권리를 행사하지 아니한 대가를 다른 당사자(예 미청구 자산에 관한 관련 법률에 따른 정부기관)에게 납부하도록 요구받는 경우가 있다. 이 경우에는 받은 대가를 (수익이 아닌) 부채로 인식한다.

(물음 5) 고객이 행사하지 아니한 권리

• 기업이 계약부채 중 미행사 금액을 받을 권리를 갖게 될 것으로 예상된다면, 고객이 권리를 행사하는 방식에 따라 그 예상되는 미행사 금액을 수익으로 인식한다. 기업이 미행사 금액을 받을 권리를 갖게 될 것으로 예상되지 않는다면, 고객이 그 남은 권리를 행사할 가능성이 희박해질 때 예상되는 미행사 금액을 수익으로 인식한다.

1. 상황 1.

① 20×1년 수익인식액 : ₩700,000×4회/8회=₩350,000

② 20×2년 수익인식액 : ₩700,000×7회/7회−350,000=₩350,000

③ 회계처리

20×1년	(차) 현 금	700,000	(대) 계 약 부 채	700,000
	(차) 계 약 부 채	350,000	(대) 용 역 수 익	350,000
20×2년	(차) 계 약 부 채	262,500 1)	(대) 용 역 수 익	262,500
	(차) 계 약 부 채	87,500 2)	(대) 용 역 수 익	87,500

1) ₩700,000×3/8

2) 미행사부분 환입 : ₩700,000×1/8

2. 상황 2.

① 거래가격 추정치 : ₩700,000−(₩700,000−80,000×8회)(공제액)=₩640,000

② 20×1년 수익인식액 : ₩640,000×4/8=₩320,000

③ 20×2년 수익인식액 : (₩700,000−140,000*)(최종 거래가격)×7/7−320,000=₩240,000

* 최종 정산시 환불액 : ₩700,000−7회×80,000

④ 회계처리

20×1년	(차) 현 금	700,000	(대) 계 약 부 채	640,000
			환 불 부 채	60,000
	(차) 계 약 부 채	320,000	(대) 용 역 수 익	320,000
20×2년	(차) 계 약 부 채	240,000 1)	(대) 용 역 수 익	240,000
	(차) 계 약 부 채	80,000 2)	(대) 현 금	140,000 3)
	환 불 부 채	60,000		

1) ₩640,000×3/8

2) 미행사부분 : ₩640,000×1/8

3) ₩700,000−7회×80,000

3. 상황 3.

① 거래가격 추정치 : ₩700,000－(₩700,000－80,000×8회)×90%(공제액)＝₩646,000

② 20×1년 수익인식액 : ₩646,000×4/8＝₩323,000

③ 20×2년 수익인식액 : (₩700,000－126,000*)(최종 거래가격)×7/7－323,000＝₩251,000

* 최종 정산시 환불액 : (₩700,000－7회×80,000)×90%

④ 회계처리

20×1년	(차) 현 금	700,000	(대) 계 약 부 채	646,000
			환 불 부 채	54,000
	(차) 계 약 부 채	323,000	(대) 용 역 수 익	323,000
20×2년	(차) 계 약 부 채	242,250[1]	(대) 용 역 수 익	242,250
	(차) 계 약 부 채	80,750[2]	(대) 현 금	126,000[3]
	환 불 부 채	54,000	용 역 수 익	8,750[4]

1) ₩646,000×3/8

2) 미행사부분 : ₩646,000×1/8

3) (₩700,000－7회×80,000)×90%

4) ₩80,750(1회당 거래가격)－ 80,000×90%(1회 미행사시 환불액)

(물음 6) 환불되지 않는 선수수수료

• 갱신 선택권이 중요한 권리를 고객에게 제공하지 않으므로 별도의 수행의무로 취급하지 않는다. 즉 거래가격을 배분할 필요는 없다.

1. 상황 1

① 선수수수료는 사실상 미래 거래처리 용역에 대한 선수금이다. 따라서 기업은 기업회계기준서 제1115호 문단 B49에 따라 환급되지 않는 수수료를 포함하여 거래가격을 산정하고 그 용역이 제공되는 대로 거래처리 용역에 대한 수익을 인식한다.

② 수익인식액 : (₩30,000＋30,000×12月) 3/12＝₩97,500

2. 상황 2

① 선수수수료에 대해 약속한 재화나 용역의 이전이 있으므로 별도의 수행의무로 구별하여 수익을 인식한다.

② 수익인식액 : ₩30,000＋30,000×3月＝₩120,000

문제 9

다음의 각 독립적인 물음에 답하시오.

(물음 1) 다음은 ㈜민국의 제품A의 판매와 관련된 자료이다. ㈜민국이 20×1년에 수익으로 인식할 금액을 계산하시오.

(1) ㈜민국은 20×1년 12월 1일 제품A를 ₩500,000에 고객에게 판매하기로 계약을 체결하였다.
(2) 이 계약의 일부로 ㈜민국은 제품A에 대한 통제권 이전 후 30일 이내에 ₩500,000 한도의 구매에 대해 62.5%의 할인권을 고객에게 주었다.
(3) ㈜민국은 고객이 추가제품을 평균 ₩250,000에 구매하고 할인권의 행사가능성을 80%로 추정한다. 할인권은 고객에게 중요한 권리를 제공한다.
(4) 20×1년 12월 31일 제품A에 대한 통제권을 고객에게 이전하고 현금을 수령하였다.

(물음 2) 20×1년 1월 1일, ㈜대한은 계약당 ₩1,000에 1년간 유지보수용역을 제공하기로 고객들과 100건의 별도계약을 체결하였다. 다음은 계약과 관련된 자료이다.

1. 계약 조건에는 연말에 각 고객이 ₩1,000을 추가 지급하면 20×2년의 유지보수용역 계약을 갱신할 수 있는 선택권이 규정되어 있다. 또 20×2년에 갱신하는 고객은 ₩1,000에 20×3년에 대한 갱신 선택권을 받는다. ㈜대한은 처음에(제품이 새것일 때) 유지보수용역을 신청하지 않은 고객에게는 유지보수용역에 대해 유의적으로 높은 가격을 부과한다. 즉 고객이 처음에 용역을 구매하지 않거나 용역계약이 소멸되도록 한 경우에는 연간 유지보수용역에 대해 20×2년에는 ₩3,000을, 20×3년에는 ₩5,000을 부과한다.
2. 따라서 고객이 20×2년이나 20×3년에만 용역을 구매하고자 할 경우에는 유지보수용역 가격이 유의적으로 높기 때문에, 고객이 계약을 체결하지 않고는 받을 수 없는 중요한 권리를 갱신 선택권이 제공한다고 결론짓는다. 각 고객이 20×1년에 지급하는 ₩1,000 중 일부는 사실상 이후 연도에 제공될 용역에 대한 지급액으로 환불되지 않는 선지급액이다. 따라서 ㈜대한은 선택권을 제공하는 약속이 수행의무라고 결론짓는다.
3. 갱신 선택권은 유지보수용역을 지속하기 위한 것이고 그러한 용역은 기존 계약의 조건에 따라 제공된다. 갱신 선택권의 개별 판매가격을 직접 산정하는 대신에, ㈜대한은 제공할 것으로 예상하는 모든 용역에 대하여 받을 것으로 예상하는 대가를 산정하여 거래가격을 배분한다.
4. ㈜대한은 20×1년 말에 고객 50명(판매된 계약의 50%)이 갱신할 것으로 예상하고 20×2년 말에 고객 25명[20×1년 말에 갱신한 고객 50명 중 50%(판매된 계약의 25%)]이 갱신할 것으로 예상한다.
5. 계약 개시시점에 ㈜대한은 각 계약의 예상 대가가 ₩1,750[1,000+(50%×1,000)+(25%×1,000)]이라고 산정한다. ㈜대한은 총 예상원가 대비 발생원가에 기초한 수익인식이 이 고객에게 이전하는 용역을 반영한다고 판단한다. 3개 연도 계약의 추정 원가는 다음과 같다.

구분	20×1년	20×2년	20×3년
추정원가	₩600	₩800	₩1,000

계약의 갱신은 예상대로 이루어졌다고 할 경우, ㈜대한이 유지보수용역과 관련하여 연도별 포괄손익계산서에 인식할 수익을 계산하시오.

구분	20×1년	20×2년	20×3년
수익인식액	①	②	③

(물음 3) 다음은 ㈜전자의 제품 판매와 관련된 자료이다.

(1) ㈜전자는 20×5년부터 새로운 마케팅 전략의 일환으로 마일리지제도를 실시한다. ㈜전자는 컴퓨터를 구매한 고객에게 컴퓨터 구입비용 ₩10당 1마일리지를 부여하며, 고객은 1마일리지를 ㈜전자가 직접 제작한 소프트웨어를 구매하는데 ₩1과 동일하게 사용할 수 있다.
(2) 컴퓨터의 대당 개별판매가격은 ₩1,000이며, 각 마일리지 당 개별판매가격은 직접 관측할 수 없어 고객이 선택권을 행사할 때 받을 할인을 반영하여 추정한다.
(3) ㈜전자는 20×5년 12월 31일 2,700대의 컴퓨터를 마일리지와 함께 대당 ₩1,000에 판매하여, 고객에게 총 270,000 마일리지를 부여하였다. 80%의 마일리지가 사용될 것으로 예측한다. 마일리지의 유효기간은 없다.
(4) 20×6년에는 실제로 32,400마일리지가 사용되었다. 20×6년까지 마일리지의 사용비율예측은 변동이 없었다.
(5) 20×7년에 예상보다 부진한 반응에 경영진은 사용 마일리지 예측을 총 162,000마일리지로 수정했다. 이후 20×7년에 81,000마일리지가 사용되었다.

위 거래와 관련하여 ㈜전자가 각 연도별 포괄손익계산서에 인식할 수익을 계산하시오.

구분	20×5년	20×6년	20×7년
수익인식액	①	②	③

(물음 4) 다음은 ㈜전자의 제품 판매와 관련된 자료이다.

(1) 20×5년 12월 31일 ㈜전자는 온라인 서비스 회사 ㈜업로드가 운영하는 포인트제도에 참여를 고려하고 있다. 이 제도는 ㈜전자가 ㈜업로드를 대신하여 컴퓨터 판매 대금 ₩10당 1포인트를 고객에게 부여하며, 고객은 1포인트를 사용하여 ㈜업로드의 온라인 콘텐츠를 10분 동안 이용할 수 있다.
(2) 컴퓨터의 개별판매가격은 대당 ₩1,000이며, ㈜업로드의 1포인트 당 개별판매가격은 ₩2.5이다. ㈜전자는 1포인트 당 ₩1을 컴퓨터 판매 후 1주 내에 ㈜업로드에게 지급해야 하며, 콘텐츠 제공과 관련한 추가적인 의무는 부담하지 않는다. ㈜전자는 20×5년 12월 31일 2,500대의 컴퓨터를 포인트와 함께 대당 ₩1,000에 판매하였다.

다음의 각 상황별로 ㈜전자가 20×5년 12월 31일 2,500대의 컴퓨터 판매와 관련하여 수행해야할 회계처리를 제시하시오. 단, 매출원가와 관련된 회계처리는 생략한다.

상황 1. ㈜전자가 마일리지제도를 자기의 계산으로 포인트제도에 참여하는 경우

상황 2. ㈜전자가 ㈜업로드를 대신하여 참여하는 경우

해설 및 해답 고객에게 중요한 권리를 제공하는 선택권

(물음 1) 고객에게 중요한 권리를 제공하는 선택권 (2020년 회계사)

① 계약에서 추가 재화나 용역을 취득할 수 있는 선택권을 고객에게 부여하고 그 선택권이 그 계약을 체결하지 않으면 받을 수 없는 중요한 권리를 고객에게 제공하는 경우에 그 선택권은 계약에서 수행의무가 생기게 한다. 선택권이 고객에게 중요한 권리를 제공한다면, 고객은 사실상 미래 재화나 용역의 대가를 기업에 미리 지급한 것이므로 기업은 그 미래 재화나 용역이 이전되거나 선택권이 만료될 때 수익을 인식한다(K-IFRS 1115호 문단 B40).

② 고객에게 중요한 권리를 제공하는 선택권은 상대적 개별 판매가격에 기초하여 거래가격을 수행의무에 배분하도록 요구한다. 추가 재화나 용역을 구매할 수 있는 고객의 선택권의 개별 판매가격을 직접 관측할 수 없다면 이를 추정한다. 그 추정에는 고객이 선택권을 행사할 때 받을 할인을 반영하되, 다음 모두에 대해 조정한다.

(1) 고객이 선택권을 행사하지 않고도 받을 수 있는 할인액

(2) 선택권이 행사될 가능성

③ 수익인식액

구분	개별판매가격	거래가격	이행비율	수익 인식금액
제품 A	₩500,000	₩400,000	100%	₩400,000
할인권	250,000×62.5%×80%	100,000	–	–
	₩625,000	₩500,000		₩400,000

(물음 2) 고객에게 중요한 권리를 제공하는 선택권 - 실무적 대안 (K-IFRS 제1115호 사례 51) (2024년 회계사 유사)

- 다음 모두에 해당하는 선택권의 개별 판매가격을 추정하기 위한 실무적 대안으로 기업이 제공할 것으로 예상되는 재화나 용역과 이에 상응하는 예상 대가를 참조하여, 선택권이 있는 재화나 용역에 거래가격을 배분할 수 있다. 보통 그 유형의 선택권은 계약을 갱신하기 위한 것이다. (K-IFRS 제1105호 B43)
  (1) 고객에게 미래 재화나 용역을 취득할 수 있는 중요한 권리가 있다.
  (2) 이 재화나 용역은 원래 계약의 재화나 용역과 비슷하다.
  (3) 원래 계약 조건에 따라 제공된다.

- 1건당 수익인식액

구분	계약 갱신가능성을 조정한 예상원가	거래가격*
20×1년	₩600×100%	₩600×100%×(1,750/1,250) =₩840
20×2년	800× 50%	800×50%×(1,750/1,250) = 560
20×3년	1,000× 25%	1,000×25%×(1,750/1,250) = 350
	₩1,250	₩1,750

* 원가비율 거래가격 배분

- 연도별 수익인식액

구분	20×1년	20×2년	20×3년
수익인식액	① ₩84,000	② ₩56,000	③ ₩35,000

[별해] 회계처리

20×1년	(차) 현 금	100,000[1]	(대) 수 익	84,000
			계 약 부 채	16,000
	(차) 용 역 원 가	60,000	(대) 현 금	60,000[2]
	1) 100건×@1,000		2) 100건×@600	
20×2년	(차) 현 금	50,000[1]	(대) 수 익	56,000
	계 약 부 채	6,000		
	(차) 용 역 원 가	40,000	(대) 현 금	40,000[2]
	1) 50건×@1,000		2) 50건×@800	
20×3년	(차) 현 금	25,000[1]	(대) 수 익	35,000
	계 약 부 채	10,000		
	(차) 용 역 원 가	25,000	(대) 현 금	25,000[2]
	1) 25건×@1,000		2) 25건×@1,000	

(물음 3) 기업이 보상을 제공하는 경우의 고객충성제도 (2010년 회계사 수정)

구분	20×5년	20×6년	20×7년
수익인식액	① ₩2,500,000	② ₩30,000	③ ₩110,000

1. 수익 인식금액의 계산

① 20×5년 수익인식액

구분	개별판매가격	거래가격[1]	이행비율	수익 인식금액
재화 매출액	2,700대×₩1,000	₩2,500,000	100%	₩2,500,000
마일리지 대가	270,000×₩1×80%	200,000	–[2]	–
합계	₩2,916,000	₩2,700,000		₩2,500,000

1) 거래가격을 개별판매가격 비율(₩2,700,000/₩2,916,000)대로 배분

2) 보상점수가 회수되고 보상을 제공할 의무의 이행을 완료한 때 보상점수에 배분된 대가를 수익으로 인식하므로 20×5년에는 수익으로 인식할 금액이 없다.

② 20×6년 수익인식액 : $₩200,000(\text{마일리지의 공정가치})\times\frac{32,400\text{마일리지}}{270,000\text{마일리지}\times 80\%}=₩30,000$

③ 20×7년 수익인식액 : $₩200,000\times\frac{113,400\text{마일리지}}{162,000\text{마일리지}}(\text{당기누적수익})-30,000(\text{전기누적수익})=₩110,000$

[별해] 회계처리

20×5년 12월 31일	(차) 현 금	2,700,000	(대) 매 출 액	2,500,000
			이연마일리지수익	200,000
20×6년 12월 31일	(차) 이연마일리지수익	30,000	(대) 마 일 리 지 수 익	30,000
20×7년 12월 31일	(차) 이연마일리지수익	110,000	(대) 마 일 리 지 수 익	110,000

(물음 4) 제3자가 보상을 제공하고, 그 대가를 자기의 계산으로 회수하는 경우 (2010년 회계사 수정)

- 기업이 대리인인 경우에 일부 계약에서 고객에게 약속된 재화나 용역에 대한 통제를 고객이 본인에게서 재화나 용역을 받기 전에 이전할 수 있다고 보았다. 예를 들면 고객이 기업에게서 재화나 용역을 구매할 때 고객에게 충성포인트를 지급하는 기업은 다음 모두에 해당되는 경우에 고객에게 충성포인트를 지급하는 시점에 그 포인트에 관련되는 수행의무를 이행할 수 있다(K-IFRS 1115호 문단 BC383).
  - (1) 포인트는 고객이 미래에 다른 당사자에게서 할인하여 구매할 수 있는 권리를 갖게 한다(포인트는 미래 할인에 대한 중요한 권리를 나타낸다).
  - (2) 기업은 자신이 대리인이라고 판단(기업의 약속은 고객에게 포인트가 제공될 수 있도록 주선을 해주는 것임)하고 기업은 그 포인트가 고객에게 이전되기 전에 통제하지 않는다.

1. 상황 1

① 수익인식액

구분	개별판매가격	거래가격	이행비율	수익 인식금액
재화 매출액	2,500대×₩1,000	₩2,000,000	100%	₩2,000,000
포인트 대가	250,000포인트×2.5	500,000[1]	100%[2]	500,000
합계	₩3,125,000	₩2,500,000		₩2,500,000

1) 거래가격을 개별판매가격 비율(₩2,500,000/₩3,125,000)대로 배분
2) ㈜전자는 포인트와 관련한 의무를 모두 이행하였으므로, 포인트의 제공시 포인트 관련 수익을 전액 인식한다.

② 회계처리

20×5년 12월 31일	(차) 현금	2,500,000	(대)	매출액	2,000,000
				포인트수익	500,000
	(차) 포인트원가	250,000	(대)	미지급금	250,000[1]

1) 250,000포인트×₩1(지급액)

2. 상황 2

① 수익인식액

구분	개별판매가격	거래가격	이행비율	수익 인식금액
재화 매출액	2,500대×₩1,000	₩2,000,000	100%	₩2,000,000
포인트 수수료	250,000포인트 ×2.5	250,000[2]	100%[3]	250,000
예수금	n/a	250,000[1]	–[4]	–
합계	₩3,125,000	₩2,500,000		₩2,250,000

1) ㈜업로드에게 지급해야할 대가 : 250,000포인트×₩1
2) 포인트에 대한 대가 : ₩500,000−250,000포인트×₩1(포인트당 지급해야할 금액)
3) ㈜전자는 콘텐츠 제공과 관련한 추가적인 의무는 부담하지 않으므로, 포인트의 제공시 포인트 관련 수익을 전액 인식한다.
4) ㈜업로드에게 지급해야할 예수금에 대해서는 수익을 인식하지 않는다.

② 회계처리

20×5년 12월 31일	(차) 현금	2,500,000	(대)	매출액	2,000,000
				포인트수익	250,000
				미지급금	250,000

문제 10

(물음 1) 다음의 〈자료 1〉을 이용하여 요구사항에 답하시오.

〈 자료 1 〉

20×1년 ㈜세무는 반려로봇사업을 개시하였다. ㈜세무는 반려로봇과 반려로봇의 인공지능 소프트웨어를 1년간 사용할 수 있는 사용권을 판매한다. 개별적으로 판매할 경우 반려로봇은 개당 ₩80,000에 판매하고, 1년간 사용할 수 있는 인공지능 소프트웨어 사용권은 ₩10,000에 판매한다. 반려로봇을 구입한 고객은 인공지능 소프트웨어 사용권을 연간 ₩10,000에 갱신가능하다. 20×1년 9월 1일 ㈜세무는 반려로봇사업의 개시 기념으로 반려로봇과 1년간 사용할 수 있는 소프트웨어 사용권을 고객에게 패키지 형태의 방식으로 패키지당 ₩72,000에 총 60개를 판매하고, 대금은 현금으로 수취하였다.

〈 요구사항 1 〉 ㈜세무가 20×1년 9월 1일 패키지 판매와 관련하여 수행해야 할 회계처리를 제시하시오.

〈 요구사항 2 〉 ㈜세무가 20×1년 패키지 판매와 관련하여 20×1년 포괄손익계산서에 인식할 총 수익을 계산하시오.

〈 요구사항 3 〉 다음은 한국채택국제회계기준(K-IFRS) 제1115호 '고객과의 계약에서 생기는 수익'에 대한 설명이다. 각각의 항목이 옳으면 ○, 옳지 않으면 ×로 기재하시오.

① 어떠한 상황에서는 수익인식의 5단계가 동시에 이루어질 수 있다.
② 제공하기로 한 재화 또는 용역이 뚜렷함과 동시에 계약내의 다른 재화 또는 용역과 구분 가능한 경우 수행의무는 별도로 존재하는 것으로 본다.

(물음 2) 다음의 〈자료 2〉을 이용하여 〈요구사항〉에 답하시오.

〈 자료 2 〉

(1) ㈜대한은 20×1년 4월 1일에 만성질환을 치료하는 A약에 대한 특허권을 고객에게 20×1년 9월 1일부터 1년 동안 라이선스하고 약의 제조도 약속하는 계약을 체결한 후 ₩800,000을 받았다. 고객에게 제공하는 A약의 제조과정이 유일하거나 특수하지 않고 몇몇 다른 기업도 고객을 위해 약을 제조할 수 있다. 특허권을 라이선스하는 약속과 제조용역을 제공하기로 하는 약속은 계약상 구별된다. 유의적인 금융요소에 대해서는 고려하지 않는다.

(2) A약은 성숙기 제품으로 성숙기 제품의 경우에 기업의 사업관행은 약에 대한 어떠한 지원활동도 하지 않는다. A약은 유의적인 개별 기능성이 있으며, 고객은 기업의 계속적인 활동이 아닌 기능성에서 약품 효익의 상당부분을 얻는다.

(3) ㈜대한이 특허권 라이선스와 제조용역을 별도로 판매하는 경우, 특허권 라이선스와 제조용역의 개별 판매가격은 각각 ₩550,000과 ₩450,000이다. 한편, 특허권 라이선스와 제조용역 제공과 관련하여 총 ₩500,000의 원가가 발생할 것으로 예상하였으며, 실제 발생원가는 다음과 같다. 제조용역은 기간에 걸쳐서 이행하는 수행의무이며 투입된 원가에 기초하여 진행률을 측정한다.

구분	총 예상원가	실제 발생원가	
		20×1년	20×2년
특허권 라이선스	₩300,000	₩300,000	–
제조용역	200,000	60,000	₩140,000
합계	500,000	360,000	140,000

〈요구사항 1〉 ㈜대한이 20×1년과 20×2년 인식할 수익을 계산하시오.

20×1년 수익	①
20×2년 수익	②

〈요구사항 2〉 고객에게 제공하는 A약의 제조과정이 매우 특수하기 때문에 A약을 제조할 수 있는 다른 기업이 없다고 가정하는 경우, ㈜대한이 20×1년과 20×2년 인식할 수익을 계산하시오. 단, ㈜대한이 고객에게 제공하는 재화와 용역은 고객에게 특정된 사실 및 상황에 관련되기 때문에 다른 고객에게 쉽게 이전할 수 없다.

20×1년 수익	①
20×2년 수익	②

(물음 3) ㈜세무는 20×1년 7월 1일 고객에게 두 가지 지적재산 라이선스(라이선스X와 라이선스Y)에 대해 고객과 계약을 체결하였고, 이는 한 시점에 각각 이행되는 두 가지 수행의무를 나타낸다고 판단한다. 거래조건과 대금수취에 관한 자료는 다음과 같다.

〈 라이선스X 〉
- 개별판매가격 : ₩700,000
- 계약상거래가격 : 고객이 라이선스X를 이용하여 생산한 재화의 3개월 판매금액에 대하여 5%를 수취하며 계약일 기준 ₩300,000으로 추정된다.
- 이전시점 : 20×1년 7월 1일
- 대금수취 : 20×1년 9월 30일에 고객의 3개월 판매실적에 근거하여 현금 ₩400,000을 수취하였다.

〈 라이선스Y 〉
- 개별판매가격 : ₩300,000
- 계약상거래가격 : 고정대가 ₩500,000으로 개별판매가격을 반영하지 못한다.
- 이전시점 : 20×1년 9월 30일
- 대금수취 : 20×1년 8월 15일에 현금 ₩500,000을 수취하였다.

동 거래에서 ㈜세무가 20×1년에 월별로 인식하는 매출액을 계산하시오.

7월 매출액	8월 매출액	9월 매출액
①	②	③

(물음 4) 다음의 〈자료 3〉을 이용하여 요구사항에 답하시오.

〈자료 3〉

1. ㈜민국은 20×0년 6월 1일에 고객과 계약을 체결하여 고객이 20×0년 10월 1일부터 5년 동안 ㈜민국의 상호를 사용하고 ㈜민국의 제품을 판매할 권리를 제공하는 프랜차이즈 라이선스를 부여하기로 계약하였다. 해당 프랜차이즈 라이선스는 라이선스 기간에 기업의 지적재산에 접근할 수 있는 권리를 고객에게 부여한다.
2. ㈜민국은 프랜차이즈 라이선스를 부여하고 그 대가로 고정대가 ₩200,000과 고객의 매출액 중 5%를 판매기준 로열티(변동대가)로 받기로 하였다. ㈜민국은 변동대가를 ₩10,000으로 추정한다. 고정대가는 계약과 동시에 받았으며, 변동대가는 매년 말 받기로 되어있다. 20×0년 계약기간 중 고객은 ₩30,000을 매출로 인식하였다.
3. ㈜민국은 프랜차이즈 상점을 운영하기 위해 필요한 기계설비를 제공하기로 고객과 약속하였다. 라이선스와 기계설비를 결합 품목으로 통합하는 유의적인 용역을 제공하는 것은 아니다. 원가 ₩70,000의 기계설비에 대한 고정대가는 기계설비 인도 시점으로부터 향후 3년에 걸쳐 ₩50,000씩 받기로 하였다. 기계설비는 20×0년 7월 1일에 인도되었으며 고객에게 통제가 이전되었다. ㈜민국이 고객과 별도 금융거래를 한다면 고객의 신용특성을 반영하여 적용할 이자율은 연 10%이다. 라이선스와 기계설비의 대가는 각 개별 판매가격을 반영한다. 이자율 연 10%, 3기간, 연금현가계수는 2.4869이다. 답안 작성 시 원 이하는 반올림한다.

〈요구사항 1〉 〈자료 3〉에서 ㈜민국의 20×0년도 당기순이익에 미치는 영향을 계산하시오. 단, 당기순이익이 감소하는 경우에는 (−)를 숫자 앞에 표시하시오.

〈요구사항 2〉 〈자료 3〉에서 프랜차이즈 라이선스가 라이선스를 부여한 시점에 존재하는 대로 지적재산을 사용할 권리를 고객에게 부여하는 것이라고 가정한다. 이 경우 ㈜민국의 20×0년도 당기순이익에 미치는 영향을 계산하시오. 단, 당기순이익이 감소하는 경우에는 (−)를 숫자 앞에 표시하시오.

해설 및 해답 라이선스

(물음 1) 사용권 라이선스 (2018년 세무사)

〈 요구사항 1 〉

1. 수익인식금액의 계산

구분	개별판매가격	거래가격	수행의무 이행비율	수익 인식금액
반려로봇	₩80,000×60개	₩3,840,000	100%	₩3,840,000
소프트웨어	₩10,000×60개	480,000	100%[1)]	480,000
합 계	₩5,400,000	₩72,000×60개		₩4,320,000

1) 지적재산 사용권을 제공하는 약속은 한 시점에 이행하는 수행의무로 회계처리한다.

2. 회계처리

20×1년 9월 1일	(차)	현 금	4,320,000	(대)	매 출 액	3,840,000
					라 이 선 스 수 익	480,000

〈 요구사항 2 〉

• ₩3,840,000＋480,000＝₩4,320,000

〈 요구사항 3 〉

①	○
②	○

① 편의점에서 물건을 사는 것과 같이 일상적인 거래에서는 수익인식의 5단계가 동시에 이루어지는 경우가 대부분이다.

② 다음 기준을 모두 충족한다면 고객에게 약속한 재화나 용역은 구별되는 것이다(K－IFRS 1115호 문단 27).

(1) 고객이 재화나 용역 그 자체에서 효익을 얻거나 고객이 쉽게 구할 수 있는 다른 자원과 함께하여 그 재화나 용역에서 효익을 얻을 수 있다(그 재화나 용역이 구별될 수 있다).

(2) 고객에게 재화나 용역을 이전하기로 하는 약속을 계약 내의 다른 약속과 별도로 식별해 낼 수 있다(그 재화나 용역을 이전하기로 하는 약속은 계약상 구별된다).

출제자는 상기의 문구 (1)을 '재화 또는 용역이 뚜렷함'이라고 표현한 것으로 보인다.

(물음 2) 라이선스 종합 (2020년 회계사)

< 요구사항 1 > K-IFRS 제1115호 사례 55 - 경우 B

20×1년 수익	① ₩548,000
20×2년 수익	② ₩252,000

① 라이선스가 구별되는지 여부에 대한 판단 : 약을 생산하기 위해 사용되는 제조과정이 유일하거나 특수하지 않고 몇몇 다른 기업도 고객을 위해 약을 제조할 수 있다. 고객이 기업의 제조용역이 아닌 쉽게 구할 수 있는 자원과 함께하여 라이선스에서 효익을 얻을 수 있고(제조용역을 제공할 수 있는 다른 기업이 있기 때문임) 계약 개시시점에 고객에게 이전되는 라이선스와 함께하여 제조용역에서 효익을 얻을 수 있으므로 **라이선스는 구별**된다고 판단한다.

한편, 기업은 라이선스를 부여하기로 하는 약속과 제조 용역을 제공하기로 하는 약속이 별도로 식별될 수 있다고도 결론지을 수 있다. 기업은 라이선스와 제조용역이 이 계약에서 결합 품목의 투입물이 아니라고 결론짓는다. 이 결론에 이를 때, 기업은 고객이 라이선스에서 효익을 얻을 능력에 유의적으로 영향을 미치지 않고 그 라이선스를 별도로 구매할 수 있다고 본다. 라이선스와 제조용역 둘 다 서로에 의해 유의적으로 변형되거나 고객 맞춤화되지 않고 기업은 두 품목을 결합산출물로 통합하는 유의적인 용역을 제공하지도 않는다. 그뿐만 아니라 기업은 라이선스와 제조용역이 상호의존도나 상호관련성이 매우 높지는 않다고 본다. 기업은 후속적으로 고객을 위해 약을 제조하는 약속의 이행과는 별개로 라이선스 이전 약속을 이행할 수 있을 것이기 때문이다. 이와 비슷하게 고객이 전에 라이선스를 얻고 처음에는 다른 제조업자를 활용할 수 있을지라도, 기업은 고객을 위해 약을 제조할 수 있을 것이다. 따라서 이 계약에서 제조용역이 반드시 라이선스에 의존하더라도(고객이 라이선스를 얻지 않고는 기업이 제조용역을 제공하지 못할 것이다) 라이선스와 제조용역은 서로 유의적으로 영향을 미치지 않는다. 따라서 기업은 라이선스를 부여하는 약속과 제조용역을 제공하는 약속은 구별되며 **① 특허권의 라이선스, ② 제조용역, 두 가지 수행의무가 있다고 결론짓는다.**

② 라이선스가 사용권인지 접근권인지 여부에 대한 판단 : 이 약은 성숙기 제품이며, 약에 대한 어떠한 지원 활동도 하지 않는다. 제약화합물은 유의적인 개별 기능성(질병이나 만성질환을 치료하는 약품을 생산하는 능력)이 있으므로, 고객은 기업의 계속적인 활동에서가 아니라 그 기능성에서 제약화합물 효익의 상당 부분을 얻는다. 계약에서 고객에게 권리가 있는 지적재산에 유의적으로 영향을 미치는 활동을 하도록 기업에 요구하지 않고 고객이 이를 예상하는 것도 합리적이지 않기 때문에 기업이 라이선스를 이전하는 약속의 성격은 라이선스를 고객에게 부여하는 특정 시점에 존재하는 형태와 기능성 그대로 기업의 지적재산을 사용할 권리를 제공하는 것이다. 따라서 기업은 라이선스를 **한 시점에 이행하는 수행의무로 회계처리**한다.

③ 20×1년 수익인식액

구분	개별판매가격	거래가격	수행의무 이행비율	수익 인식금액
라이선스	₩550,000	₩440,000	100%	₩440,000
제조용역	450,000	360,000	×60,000/200,000	108,000
합 계	₩1,000,000	₩800,000		₩548,000

④ 20×2년 수익인식액 : ₩360,000(제조용역관련 20×2년 누적 수익)−108,000=₩252,000

< 요구사항 2 > K-IFRS 제1115호 사례 55 – 경우 A

20×1년 수익	① ₩576,000
20×2년 수익	② ₩224,000

① 라이선스가 구별되는지 여부에 대한 판단 : 약의 제조과정이 매우 특수하기 때문에 이 약을 제조할 수 있는 다른 기업은 없다. 결과적으로 라이선스는 제조 용역과 별도로 구매할 수 없다. 제조 용역 없이는 고객이 라이선스에서 효익을 얻을 수 없으므로 수행의무를 구별할 수 없다. 따라서 라이선스와 제조 용역은 구별되지 않고 기업은 **라이선스와 제조 용역을 단일 수행의무로 회계처리**한다.

② 기간에 걸쳐 이행하는 수행의무인지 여부의 판단 : 고객에게 제공하는 재화와 용역은 고객에게 특정된 사실 및 상황에 관련되기 때문에 다른 고객에게 쉽게 이전할 수 없다는 단서가 제시되었다. 기업이 자산을 만들거나 그 가치를 높이는 동안에 그 자산을 다른 용도로 쉽게 전환하는 데에 계약상 제약이 있거나, 완료된 상태의 자산을 쉽게 다른 용도로 전환하는 데에 실무상 제한이 있다면, 기업이 수행하여 만든 그 자산은 그 기업에는 대체 용도가 없는 것이다. 지급청구권이 존재하여 대금을 이미 수령하였으므로 **기간에 걸쳐 이행하는 수행의무**의 조건(K-IFRS 제1115호 문단 35(3))을 충족한다. 따라서 기업은 기간에 걸쳐 수익을 인식한다.

③ 20×1년 수익인식액 : ₩800,000×(300,000+60,000)/(300,000+200,000)=₩576,000

④ 20×2년 수익인식액 : ₩800,000(20×2년 누적 수익)−576,000(전기 누적 수익)=₩224,000

[별해] 라이선스의 판단 (K-IFRS 제1115호 문단 B54, B59)

① 라이선스가 구별되는지 여부에 대한 판단(문단 B 54) : 라이선스를 부여하는 약속이 그 밖에 약속한 재화나 용역과 계약에서 구별되지 않는다면, 라이선스를 부여하는 약속과 그 밖에 약속한 재화나 용역을 함께 단일 수행의무로 회계처리한다. 계약에서 약속한 그 밖의 재화나 용역과 구별되지 않는 라이선스의 예에는 다음 항목이 포함된다.

(1) 유형 재화의 구성요소이면서 그 재화의 기능성에 반드시 필요한 라이선스

(2) 관련 용역과 결합되는 경우에만 고객이 효익을 얻을 수 있는 라이선스(예: 라이선스를 부여하여 고객이 콘텐츠에 접근할 수 있도록 제공하는 온라인 서비스)

② 라이선스가 접근권인지 여부에 대한 판단(문단 B 59) : 다음 기준을 모두 충족한다면, 라이선스를 부여하는 기업의 약속의 성격은 기업의 지적재산에 접근권을 제공하는 것이다.

(1) 고객이 권리를 갖는 지적재산에 유의적으로 영향을 미치는 활동을 기업이 할 것을 계약에서 요구하거나 고객이 합리적으로 예상한다.

(2) 라이선스로 부여한 권리 때문에 고객은 식별되는 기업 활동의 긍정적 또는 부정적 영향에 직접 노출된다.

(3) 그 활동(들)이 행해짐에 따라 재화나 용역을 고객에게 이전하는 결과를 가져오지 않는다.

(물음 3) 변동대가의 배분 및 로열티 (2024년 세무사)

7월 매출액	8월 매출액	9월 매출액
① ₩350,000	② ₩0	③ ₩550,000

1. 판단근거

- 계약에 명시되어 있는 거래가격이 각 수행의무의 개별판매가격을 나타내지 못하므로 변동대가를 일부의 수행의무에 배분하는 요건을 충족하지 못한다. 따라서 변동대가를 포함한 모든 거래가격을 각각의 개별판매가격에 비례해서 배분한다.
- 로열티 수익은 다음 중 나중의 사건이 일어날 때(또는 일어나는 대로) 인식한다. 즉, 로열티를 수행의무를 이행하고 수취할 권리가 확정된 시점과 수익으로 인식한다.
  (1) 후속 판매나 사용
  (2) 판매기준 또는 사용기준 로열티의 일부나 전부가 배분된 수행의무를 이행(또는 일부 이행)

2. 답안의 계산

① 고정대가 : 수행의무 이행시점에 수익인식

구분	개별판매가격	고정대가
라이선스 X	₩700,000	₩350,000
라이선스 Y	₩300,000	₩150,000
		₩500,000

② 로열티 : 각각의 라이선스를 이전하고, 수취할 권리가 발생한 금액 ₩400,000을 20×1년 9월 30일에 수익으로 인식

구분	개별판매가격	로열티
라이선스 X	₩700,000	₩280,000
라이선스 Y	₩300,000	₩120,000
		₩400,000

③ 수익인식액

구분		7월 매출액	8월 매출액	9월 매출액
라이선스 X	고정대가	₩350,000	—	—
	로열티	—	—	₩280,000
라이선스 Y	고정대가	—	—	₩150,000
	로열티	—	—	₩120,000
합계		① ₩350,000	② ₩0	③ ₩550,000

[별해] 로열티 ₩400,000이 8월에 발생하였다고 가정하는 경우 수익인식액

① 라이선스 X에 대한 로열티수익은 8월에 인식하지만 라이선스 Y에 대한 수익은 9월에 인식한다. 후속판매나 사용을 통해 로열티금액이 결정되었지만 라이선스 Y에 대한 수행의무는 9월에 이행되기 때문이다.

② 수익인식액

구분		7월 매출액	8월 매출액	9월 매출액
라이선스 X	고정대가	₩350,000	–	–
	로열티	–	₩280,000	
라이선스 Y	고정대가	–	–	₩150,000
	로열티	–	–	₩120,000
합계		① ₩350,000	② ₩280,000	③ ₩270,000

(물음 4) 프랜차이즈 (2019년 회계사)

< 요구사항 1 > 프랜차이즈 관련 손익

접근권 라이선스	₩200,000÷5년×3월/12월 =	₩10,000
로열티수익	₩30,000×5% =	1,500
할부매출	₩50,000×2.4869=	124,345
매출원가		(70,000)
이자수익	₩50,000×2.4869×10%×6/12 =	6,217
		₩72,062

< 요구사항 2 > 사용권 라이선스의 경우

- ₩200,000(한 시점에 이행)+1,500+124,345−70,000+6,217=₩262,062

문제 11

1. ㈜우리텔레콤은 핸드폰을 판매하고, 이동통신 서비스를 제공하는 기업이다. 다음의 각 독립적인 물음에 답하시오. 모든 요금제는 2년 약정으로 운영되며, 할부대가는 2년 동안 매달 말 정액의 현금으로 회수된다.

2. 고객이 통신서비스만 별도로 이용하는 경우, 각 요금제별로 매월 말 납부해야하는 금액은 다음과 같다.

구분	LTE 24	LTE 75	LTE 85
서비스 요금	₩24,000	₩75,000	₩85,000

3. 현재가치 계산이 필요할 경우 할부판매에 대한 ㈜우리텔레콤의 내재이자율은 연 12%이며, 현재가치계수는 다음과 같다. 소수점 이하는 반올림한다.

기간	12%		1%	
	단일금액	정상연금	단일금액	정상연금
2기간	0.7972	1.6901	0.9803	1.9704
24기간	0.0659	7.7843	0.7876	21.2434

(물음 1) ㈜우리텔레콤은 알뜰폰을 할부판매의 형태로만 판매한다. 다만, 알뜰폰을 통신서비스와 함께 구매하는 경우, 매월 말 통신서비스 요금에 대해 ₩3,000의 할인을 제공한다. 해당 할인액은 통신서비스의 수행의무에만 배분되는 조건을 만족한다.

20×1년 12월 1일 고객 1명이 알뜰폰의 구매와 함께 LTE 24 상품에 가입하였다. 알뜰폰의 현금판매가격을 고려한 결과, 매월 말 고객이 납부해야할 할부금액은 ₩37,000이라고 할 경우, 해당 판매와 관련하여 ㈜우리텔레콤이 20×1년 포괄손익계산서에 수익으로 인식할 금액을 계산하시오.

(물음 2) ㈜우리텔레콤은 스마트폰을 현금판매의 형태로만 판매한다. 다만, 스마트폰을 통신서비스와 함께 구매하는 경우, 아래 2가지 보조금 중 1가지를 고객이 선택할 수 있는 할인 상품을 출시하였다.

> ① 단말기 지원금 : 단말기 구매 시 보조금으로 ₩450,000을 지급
> ② 통신요금 할인 : 단말기 지원금에 상응하는 금액을 약정 가입기간 동안 납부하는 통신요금에서 ₩18,750(=₩450,000/24月)씩 할인

20×1년 12월 1일, 고객 1명이 ₩900,000의 스마트폰을 현금으로 구매하면서, LTE 75 상품에 가입하였다. 다음의 각 상황별로 ㈜우리텔레콤이 20×1년에 수행해야할 회계처리를 제시하시오. 단, 화폐의 시간가치계산은 생략한다.

상황 1. 고객이 단말기 지원금을 선택한 경우

상황 2. 고객이 통신요금 할인을 선택한 경우

해설 및 해답 통신사의 수익인식

(물음 1) 할부금에 대한 보조금

1. 매월 할부금의 구분

구분	개별판매가격	할인액	거래가격
알뜰폰 구매대가	₩???	–	**₩16,000(역산)**
통신서비스 요금	24,000	₩(3,000)	**21,000**
총액	₩???	₩(3,000)	₩37,000

2. 수익금액의 계산

재화판매수익	**₩16,000**×21.2434(1%, 24기간 정상연금현가계수)=	₩339,894
용역제공수익		**21,000**
이자수익	₩339,894×1%=	3,399
		₩364,293

[별해] 회계처리

20×1년 12월 1일	(차) 매 출 채 권	384,000	(대) 매 출 액	339,894
			현재가치할인차금	44,106
	(차) 매 출 원 가	×××	(대) 재 고 자 산	×××
20×1년 12월 31일	(차) 현 금	21,000	(대) 용 역 수 익	21,000
	(차) 현재가치할인차금	3,399	(대) 이 자 수 익	3,399
	(차) 현 금	16,000	(대) 매 출 채 권	16,000

(물음 2) 보조금을 선택할 수 있는 경우 (2021년 회계사 유사)

1. 거래가격의 배분

• 고객이 어떠한 상황을 선택하더라도 기업이 고객에게 제공할 수행의무는 동일하므로, 수익인식금액은 동일하게 측정되어야 한다.

구분	개별판매가격	할인액 배분[1]	거래가격[1]	이행비율	수익인식액
스마트폰 구매대가	₩900,000	₩(150,000)	₩750,000	100%	₩750,000
통신서비스 요금	75,000×24月	(300,000)	1,500,000	× 1/24	62,500
총액	₩2,700,000	₩(450,000)	₩2,250,000		₩812,500

1) 개별판매가격 기준 배분

2. 상황별 회계처리

① 상황 1

20×1년 12월 1일	(차) 현금	450,000 [1]	(대) 매출액	750,000
	계약자산	300,000		
20×1년 12월 31일	(차) 현금	75,000	(대) 용역수익	62,500
			계약자산	12,500 [2]

1) 900,000−450,000(보조금)
2) ₩300,000 / 24月

② 상황 2

20×1년 12월 1일	(차) 현금	900,000	(대) 매출액	750,000
			계약부채	150,000
20×1년 12월 31일	(차) 현금	56,250 [1]	(대) 용역수익	62,500
	계약부채	6,250 [2]		

1) ₩75,000−18,750(보조금 할인액)
2) ₩150,000/24月

문제 12 저유

㈜대한은 소프트웨어를 개발하는 회사로서 20×1년 1월 1일에 총계약금액이 ₩1,800,000이고, 예상 개발원가가 ₩1,500,000인 전자상거래 소프트웨어 개발을 ㈜민국으로부터 수주하였다. 그리고 소프트웨어 개발과 관련하여 정부로부터 20×1년 1월 1일 현금 ₩600,000을 보조받았다. 소프트웨어 개발 및 정부보조금에 대한 정보는 다음과 같다.

소프트웨어 개발기간 :	20×1. 1. 1. ~ 20×2. 8. 31.
소프트웨어 계약금액 :	₩1,800,000
예상 총 개발원가 :	₩1,500,000
정부보조금 :	₩600,000

정부보조금 협약서 상 ㈜대한은 20×2년 12월 31일까지 소프트웨어의 특허권을 취득해야 하며, 특허권을 취득하지 못하는 경우 정부보조금은 전액 반납해야 한다.

㈜대한은 원가법을 이용한 진행률을 사용하고 있으며, 소프트웨어 개발과 관련된 정보는 다음과 같다.

항목	20×1	20×2
발생누적계약원가	₩900,000	₩1,500,000
추정총계약원가	1,500,000	1,500,000
계약대금의 청구	1,000,000	800,000
계약대금의 회수	900,000	900,000

㈜대한은 20×1년 ₩400,000, 20×2년에 ₩200,000의 정부보조금을 소프트웨어 개발 인력에 대한 인건비로 사용하였다. 소프트웨어 개발은 20×2년 8월에 완료되었으며 20×2년 11월에 특허권 등록이 완료되었다.

(물음 1) ㈜대한의 경영자는 귀하에게 해당 정부보조금을 어떻게 회계처리할지 문의하였다. ㈜대한이 정부보조금과 관련하여 20×1년에 해야 할 회계처리를 제안하고 근거에 대해서 간략하게 설명하시오.

(물음 2) 소프트웨어 개발과 관련된 계정을 나타내는 ㈜대한의 20×1년말 부분재무상태표를 제시하시오.

(물음 3) ㈜민국은 20×1년도에 ㈜대한에게 지급한 ₩900,000을 무형자산으로 인식하였다. ㈜민국의 회계처리에 대하여 동의하는가? 동의한다면 동의하는 근거를 간략하게 설명하시오. 동의하지 않는다면 올바른 회계처리를 제시하고 근거를 간략하게 설명하시오.

해설 및 해답 계약원가에 대한 정부보조금 (2017년 회계사)

(물음 1) 정부보조금의 회계처리

• ㈜대한은 소프트웨어의 특허권을 취득하지 못하는 경우 정부보조금을 모두 반납해야한다. 이는 상환면제가능대출에 해당하며, 기업이 대출의 상환면제조건을 충족할 것이라는 합리적인 확신이 있을 때 정부보조금으로 처리한다. 문제에서는 상환면제조건을 충족할 것이라는 단서가 주어져있지 않으므로 상환면제조건을 충족한다고 가정하여, 이연수익으로 처리 후, 계약원가의 지출에 따라 수익으로 인식한다.

(물음 2) 부분재무상태표

1. 계약수익금액의 계산

① 누적진행률 : ₩900,000÷1,500,000=60%

② 누적수익 인식액 : ₩1,800,000×60%=₩1,080,000

③ 누적원가 인식액 : ₩1,500,000×60%=₩900,000

2. 재무상태표상의 금액의 계산

① 계약자산(부채) : ₩1,080,000(누적수익 금액)−1,000,000(누적 청구액)=₩80,000

② 수취채권 : ₩1,000,000(누적청구액)−900,000(누적 대금회수액)=₩100,000

③ 정부보조금 잔액 : ₩600,000(수령액)−360,000(상각액*)=₩240,000

$$\text{* 이연정부보조금수익 상각액 : ₩600,000(수령액)} \times \frac{\text{₩900,000(발생누적계약원가)}}{\text{₩1,500,000(추정총계약원가)}}$$

3. 부분재무상태표

부분재무상태표

㈜대한 　　20×1. 12. 31 현재 　　(단위 : ₩)

계약자산	80,000	이연정부보조금수익	240,000
수취채권	100,000		

[별해] 회계처리

정부보조금의 수령	(차) 현금	600,000	(대) 이연정부보조금수익	600,000
계약원가 발생	(차) 계약이행원가자산	900,000	(대) 현금	900,000
공사대금 청구	(차) 수취채권	1,000,000	(대) 계약부채	1,000,000
공사대금 수령	(차) 현금	900,000	(대) 수취채권	900,000
계약이익 인식	(차) 계약부채	1,000,000	(대) 계약수익	1,080,000
	계약자산	80,000		
	(차) 계약원가	900,000	(대) 계약이행원가자산	900,000
정부보조금의 상각	(차) 이연정부보조금수익	360,000	(대) 정부보조금수익	360,000

(물음 3)

• 동의한다. ㈜민국은 소프트웨어를 외부로부터 취득하기 위하여 지출하고 있으므로 건설중인 자산을 무형자산에 계상한다.

문제 13

다음에 제시된 (물 음)은 독립적이다.

(물음 1) ㈜우리소프트는 웹사이트의 개발 및 운영용역을 제공하는 회사이다. 다음의 〈자료 1〉를 이용하여 각 〈요구사항〉에 답하시오.

〈 자료 1 〉

1. 20×1년 6월 30일 ㈜우리소프트는 ㈜나라컴퓨터의 웹사이트 개발 및 운영계약을 ₩4,000,000에 체결하였다. 해당 웹사이트의 개발 및 운영용역은 구별 가능하며 계약상 구별된다. 계약조건에는 개발단계에만 관련된 지체상금이 존재하며, 만약 정해진 기일보다 개발완료가 지체되면 ₩100,000의 계약금액을 공제해야 한다. 계약일 현재에는 거래가격에서 지체상금을 공제하지는 않을 것이라 판단한다.
2. 20×1년 7월 1일 계약 개시시점에 ㈜우리소프트는 운영용역에 필요한 서버장비를 고객인 ㈜나라컴퓨터로부터 구매하였다. 해당 서버장비의 공정가치는 ₩640,000이나 ㈜나라컴퓨터에게 지급한 대가는 ₩800,000이다. 해당 초과지급액은 계약전체와 관련있다고 판단하였다. 서버장비에 대한 대가는 웹사이트 운영이 종료된 후 지급한다.
3. 웹사이트의 제작 단계별 실제 발생원가 및 총 예상원가는 하기와 같다. 총 예상원가는 수행의무를 모두 이행할 때까지 변동이 없었다.

구분	20×1년	20×2년	20×3년	20×4년	총예산원가
개발단계	1,000,000	1,500,000	–	–	2,500,000
운영단계	–	200,000	300,000	200,000	700,000

4. ㈜우리소프트가 ㈜나라컴퓨터에게 각 연도별로 청구한 금액 및 수령한 금액은 다음과 같다. ㈜우리소프트는 이행한 수행의무의 범위 내에서 ㈜나라컴퓨터에게 청구한 만큼, 대가를 수령할 무조건적인 권리가 생긴다.

구분	20×1년	20×2년	20×3년	20×4년
당기대금 청구액	1,000,000	1,300,000	500,000	1,200,000
당기대금 수령액	800,000	1,000,000	900,000	1,300,000

5. 개발단계와 운영단계의 개별판매가격 각각 ₩3,750,000, 1,050,000이며, ㈜우리소프트는 원가기준에 따라 진행률을 계산하여 진행기준으로 수익을 인식한다.

〈 요구사항 1 〉 ㈜우리소프트가 20×1년의 재무상태표에 인식할 다음의 금액들을 계산하시오

구분		20×1년
재무상태표	계약자산(부채)	①
	수취채권	②

〈 요구사항 2 〉 20×2년 8월 1일, ㈜우리소프트는 웹사이트 개발이 지체되어 ₩100,000의 지체상금을 공제해야할 것으로 판단하였다. 동 계약과 관련하여 ㈜우리소프트가 20×2년 포괄손익계산서에 인식할 계약수익을 계산하시오.

(물음 2) 다음의 〈자료 2〉를 통해 물음에 답하시오.

〈자료 2〉

1. ㈜한국은 원가 ₩1,000,000의 안마기(제품)를 1대당 ₩2,000,000에 판매하며 1년간 무상으로 품질보증을 실시하기로 하였다. 이러한 보증은 제품이 합의된 규격에 부합한다는 확신을 고객에게 제공한다. 또한 ㈜한국은 고객들에게 2년간 총 8회 안마기 기능 업그레이드를 위한 방문서비스를 제공하기로 하였다. 방문서비스 당 개별 판매가격은 ₩45,000이고 안마기 판매가격에 포함되어 있다.
2. ㈜한국은 안마기 판매가격 ₩1,000당 10포인트를 적립하는 고객충성제도를 운영한다. 고객은 포인트를 사용하여 ㈜한국 제품의 구매대금을 결제할 수 있다. 포인트의 개별 판매가격은 포인트 당 ₩10이고 포인트 중 70%가 사용될 것으로 예상한다. 즉, 교환될 가능성에 기초한 포인트 당 개별 판매가격은 ₩7으로 추정한다. 안마기의 개별 판매가격은 한 대당 ₩2,000,000이다. ㈜한국은 안마기를 20×0년 10대, 20×1년 15대 판매하였으며, ㈜한국의 교환예상 총 포인트와 교환된 누적 포인트는 다음과 같다.

구 분	20×0년	20×1년
교환된 누적포인트	70,000포인트	280,000포인트
교환예상총포인트	140,000포인트	350,000포인트

3. 20×0년과 20×1년 판매된 안마기에 대한 방문서비스는 다음과 같이 고객에게 제공되었다.

구 분	20×0년	20×1년	20×2년	20×3년	합계
20×0년 판매분	28회	30회	22회	–	80회
20×1년 판매분	–	42회	50회	28회	120회

4. 판매된 안마기와 관련하여 20×0년과 20×1년의 예상 품질보증비용(매출액의 5%)과 실제 발생한 품질보증비용은 다음과 같다.

구 분		20×0년	20×1년
예상 품질보증비용		₩1,000,000	₩1,500,000
실제 보증비용 발생액	20×0년 판매분	550,000	300,000
	20×1년 판매분	–	750,000

㈜한국의 20×0년도와 20×1년도 포괄손익계산서와 20×0년 말과 20×1년 말 재무상태표에 인식될 다음의 금액을 계산하시오.

구 분	제품매출	포인트매출	방문서비스 수익	품질보증충당부채
20×0년	①			
20×1년		②	③	④

해설 및 해답 종합문제

(물음 1)

〈 요구사항 1 〉

구분		20×1년
재무상태표	계약자산(부채)	① **₩200,000(자산)**
	수취채권	② **₩200,000**

1. 거래가격의 배분

• 예상원가 이윤 가산 접근법

수행의무	개별판매가격	1차배분	할인액[1]	거래가격	20×1년 누적이행비율	누적 수익인식액
개발단계	3,750,000	3,125,000	(125,000)	3,000,000	1,000,000 / 2,500,000	1,200,000
운영단계	1,050,000	875,000	(35,000)	840,000	–	–
총합계	4,800,000	4,000,000	(160,000)	3,840,000		1,200,000

1) ₩640,000−800,000(고객에게 지급할 대가(공정가치 초과지급액)은 거래가격에서 차감)

2. 답안의 계산

① 계약자산(부채) : ₩1,200,000(누적수익 인식액)−1,000,000(누적대금 청구액)=**₩200,000(자산)**

② 수취채권 : ₩1,000,000(누적대금 청구액)−800,000(누적 대금 수령액)=**₩200,000**

〈 요구사항 2 〉

1. 거래가격의 배분

수행의무	거래가격	할인액[1]	거래가격	20×2년 누적이행비율	누적 수익인식액
개발단계	3,000,000	(100,000)	2,900,000	100%	2,900,000
운영단계	840,000		840,000	2/7	240,000
총합계	3,840,000	(100,000)	3,740,000		3,140,000

1) 지체상금은 개발단계에만 관련되어 있으므로 개발단계의 거래가격에만 배분한다.

2. 수익인식액의 계산

① 계약수익 : ₩3,140,000(당기 누적수익)−1,200,000(전기 누적수익)=**₩1,940,000**

(물음 2) (2019년 회계사)

1. 1대 판매 거래가격의 배분

구분	개별판매가격	총거래가격	수익인식시점
제품	₩2,000,000	₩1,600,000	제품판매시
방문서비스	₩45,000×8회	288,000	방문서비스의 제공비율
포인트	20,000포인트[1)]×₩7	112,000	포인트의 회수비율
합계	₩2,500,000	₩2,000,000	

1) ₩2,000,000÷1,000×10포인트

2. 답안의 계산

① 20×0년 제품매출 : ₩1,600,000×10대=₩16,000,000

② 20×1년 포인트 매출

20×1년 누적 매출	$₩112,000\times(10대+15대)\times\frac{280,000포인트}{350,000포인트}=$	₩2,240,000
20×0년 누적 매출	$₩112,000\times10대\times\frac{70,000포인트}{140,000포인트}=$	(560,000)
		₩1,680,000

③ 20×1년 방문서비스 수익

20×1년 누적 매출	$₩288,000\times10대\times\frac{58}{80}+288,000\times15대\times\frac{42}{120}=$	₩3,600,000
20×0년 누적 매출	$₩288,000\times10대\times\frac{28}{80}=$	(1,008,000)
		₩2,592,000

④ 20×1년 품질보증충당부채 : ₩1,500,000−750,000=₩750,000

(20×0년 판매분은 20×1년 말 이전에 보증기간이 종료하므로 충당부채를 인식하지 않음)

서술형 문제

문제 1

고객에게 약속한 재화나 용역이 구별되기 위해 충족해야 할 기업회계기준서 제1115호 문단 27의 기준은 다음과 같다.

(1) 고객이 재화나 용역 그 자체에서 효익을 얻거나 고객이 쉽게 구할 수 있는 다른 자원과 함께하여 그 재화나 용역에서 효익을 얻을 수 있다(그 재화나 용역이 구별될 수 있다). (2) 고객에게 재화나 용역을 이전하기로 하는 약속을 계약 내의 다른 약속과 별도로 식별해 낼 수 있다(그 재화나 용역을 이전하기로 하는 약속은 계약상 구별된다).

다음의 각 독립적인 상황별로 구별되는 수행의무가 무엇인지 판단하고, 상기 기준에 따라 그 근거를 간략히 서술하시오.

(상황 1) 기업(도급업자)은 고객에게 병원(결합산출물)을 건설해 주는 계약을 체결하였다. 기업은 그 프로젝트 전체를 책임지고 있으며, 엔지니어링, 부지 정리, 기초공사, 조달, 구조물 건설, 배관·배선, 장비 설치, 마무리 등을 포함한 여러 가지 약속한 재화와 용역을 식별한다.
고객은 그 재화와 용역 자체에서 효익을 얻거나 쉽게 구할 수 있는 다른 자원과 함께하여 효익을 얻을 수 있다. 이것은 기업이나 경쟁기업이 이 재화와 용역의 상당 부분을 보통 다른 고객에게 별도로 판매한다는 사실로 입증된다. 그리고 고객은 개별적인 재화나 용역의 사용, 소비, 판매, 보유로 경제적 효익을 창출할 수 있다.

(상황 2) 기업은 매우 복잡하고 특수한 장치 여러 단위를 인도하게 되는 계약을 고객과 체결한다. 계약 조건에서는 계약된 단위들을 생산하기 위하여 기업이 제조과정을 수립하도록 요구한다. 그 규격은 고객이 소유한 주문 설계에 기초하고 현재 협상되는 교환의 일부가 아닌 별도 계약의 조건에 따라 개발된 것으로 고객에게 특유하다. 각 단위는 다른 단위와는 별개로 작동될 수 있다.

기업은 계약을 종합적으로 관리할 책임이 있다. 이에 따라 원재료의 조달, 하도급업자의 식별 및 관리, 제조·조립·검사 수행을 포함한 다양한 활동을 수행하고 통합해야 한다.

(상황 3) 기업은 장비를 판매하고 설치용역을 제공하기로 하는 계약을 고객과 체결한다. 그 장비는 어떠한 고객 맞춤화나 변형 없이 가동될 수 있다. 필요한 설치는 복잡하지 않고 몇몇 대체 용역제공자가 수행할 수도 있다. 고객은 장비를 사용하거나, 쉽게 구할 수 있는 다른 자원(예 대체 제공자에게서 구할 수 있는 설치용역)과 함께하여 효익을 얻을 수 있다. 기업의 설치용역은 장비를 유의적으로 고객 맞춤화하거나 유의적으로 변형하지 않을 것이다.

(상황 4) 계약에 따라 고객이 기업의 설치용역을 사용해야 한다는 점을 제외하고는 **(상황 3)**과 같은 사실을 가정한다.

(상황 5) 기업은 기성품 장비(어떤 유의적인 고객 맞춤화나 변형 없이 작동할 수 있음) 한 대와 다음 3년에 걸쳐 미리 정해진 기간마다 장비에 사용할 특수 소모품을 제공하기로 하는 계약을 고객과 체결한다. 그 기업만이 그 소모품을 생산하나 기업은 소모품을 전에 장비를 구입한 고객에게 리필(refill) 주문을 통해 별도로 판매하기도 한다. 장비와 소모품은 모두 유의적으로 고객 맞춤화되거나 서로에 의해 변형되지 않는다.

(상황 6) 기업(소프트웨어 개발자)은 2년 동안 소프트웨어 라이선스를 이전하고, 설치용역을 수행하며, 특정되지 않은 소프트웨어 갱신(update)과 기술지원(온라인과 전화)을 제공하는 계약을 고객과 체결하였다. 기업은 라이선스, 설치용역, 기술지원을 별도로 판매한다. 설치용역은 각 이용자 유형(예 마케팅, 재고관리, 기술정보)에 맞추어 웹 스크린을 변경하는 것을 포함한다. 설치용역은 일상적으로 다른 기업이 수행하는데 소프트웨어를 유의적으로 변형하지 않는다. 소프트웨어는 갱신과 기술지원이 없어도 가동되는 상태이다.

(상황 7) 약속한 재화와 용역은 **(상황 6)**과 같다. 다만 계약에서는 설치용역의 일부로 고객이 사용하고 있는 다른 고객 맞춤 소프트웨어 어플리케이션에 접근할 수 있도록 소프트웨어에 유의적인 새로운 기능성을 추가하기 위해 실질적인 고객 맞춤화를 규정한다. 그 고객 맞춤화 설치용역은 다른 기업이 제공할 수도 있다.

(상황 8) 기업(제조업자)은 최종 고객에게 재판매하는 유통업자(기업의 고객)에게 제품을 판매한다. 유통업자와의 계약에서, 기업은 제품을 구매하는 다른 당사자(최종 고객)에게 추가 대가 없이('무료') 유지보수용역을 제공하기로 약속하였다. 기업은 유통업자에게 유지보수용역을 수행하도록 외주하고, 기업을 대신하여 제공되는 그 용역에 대해 합의한 금액을 유통업자에게 지급한다. 최종 고객이 유지보수용역을 사용하지 않을 경우에는 기업이 유통업자에게 지급할 의무가 없다. 기업은 보통 제품을 개별적으로 판매한다. 계약에서 제품과 유지보수용역은 결합 품목의 투입물이 아니다. 기업은 유의적인 통합용역을 제공하고 있는 것이 아니다. 또 제품과 용역 모두 서로를 변형하거나 고객 맞춤화하지 않는다. 마지막으로 제품과 유지보수용역은 상호의존도나 상호관련성이 매우 높지는 않다.

(상황 9) 기업은 과거부터 유통업자에게서 기업의 제품을 구매한 최종 고객에게 추가 대가 없이('무료') 유지보수용역을 제공해 왔다. 해당 유지보수용역의 성격은 **(상황 8)**의 유지보수용역과 유사하나 기업은 유통업자와 협상하는 과정에서 유지보수용역을 분명하게 약속하지 않았고 기업과 유통업자 간 최종 계약에 그 용역의 조건을 규정하지도 않았다. 그러나 사업 관행에 기초하여, 기업은 계약 개시시점에 유통업자와 협상한 교환의 일부로 유지보수용역을 제공하기로 하는 암묵적 약속을 하였다고 판단한다. 즉 이 용역을 제공하는 기업의 과거 관행 때문에 고객(유통업자와 최종 고객)은 정당한 기대를 하게 된다.

(상황 10) **(상황 8)**과는 달리 유통업자와의 계약에서 기업은 유지보수용역을 제공하지 않기로 약속하였다. 그리고 기업은 보통 유지보수용역을 제공하지 않으므로, 계약 체결시점에 기업의 사업 관행, 공개한 경영방침과 특정 성명(서) 때문에 고객에게 재화나 용역을 제공하는 암묵적 약속이 생기지 않는다. 기업이 유통업자에게 제품에 대한 통제를 이전함으로써 계약은 완료된다. 그러나 최종 고객에게 판매하기 전에, 기업은, 유통업자에게서 제품을 구매하는 모든 당사자에게 추가 대가 약속 없이 유지보수용역을 제공하겠다고 제안한다.

해설 및 해답 수행의무의 식별

(상황 1) K-IFRS 제1115호 사례 10 - 경우 A

기업의 수행의무는 재화와 용역(투입물)을 통합하여 병원(결합산출물)을 건설하는 하나의 용역이다. 수행의무를 식별할 수 있는 두 가지 기준을 충족하지 못하기 때문에, 그 재화와 용역은 구별되지 않는다. 기업은 이 계약의 모든 재화와 용역을 단일 수행의무로 회계처리한다. 그 판단기준은 다음과 같다.

(1) 병원의 건설은 고객이 재화나 용역 그 자체에서 효익을 얻거나 고객이 쉽게 구할 수 있는 다른 자원과 함께하여 그 재화나 용역에서 효익을 얻을 수 있다.

(2) 그러나 이 재화와 용역을 이전하기로 하는 약속은 계약 내의 다른 약속과 별도로 식별해 낼 수 없다. 이는 고객과 체결한 계약에 따라 재화와 용역(투입물)을 통합하여 병원(결합산출물)을 건설하는 유의적인 용역을 제공하게 된다는 사실로 입증된다.

(상황 2) K-IFRS 제1115호 사례 10 - 경우 B

기업의 수행의무는 다양한 재화와 용역(투입물)을 종합적인 용역과 그 결과물인 장치들(결합산출물)로 통합하는 하나의 용역이다. 기업이 제공할 그 재화와 용역은 별도로 식별할 수 없으며, 그러므로 구별되지 않는다. 기업은 계약에서 약속한 모든 재화와 용역을 하나의 수행의무로 회계처리한다. 그 판단기준은 다음과 같다.

(1) 기업은 계약에서 약속을 파악하여 약속한 장치 각각이 구별될 수 있다고 판단한다. 고객이 각 장치 그 자체에서 효익을 얻을 수 있기 때문이다. 이는 각 단위가 다른 단위와는 별개로 작동될 수 있기 때문이다.

(2) 기업은 그 약속의 성격이 고객의 규격에 따라 고객이 계약한 장치 전체를 생산하는 용역을 설정하고 제공하는 것이라고 본다. 기업은 계약을 종합적으로 관리할 책임이 있고, 다양한 재화와 용역(투입물)을 종합적인 용역과 그 결과물인 장치들(결합산출물)로 통합하는 유의적인 용역을 제공할 책임이 있으며, 따라서 장치들과 이를 생산하는 데 내재된 다양한 약속된 재화나 용역은 별도로 식별할 수 없다고 본다. 이 경우에 기업이 제공하는 제조과정은 그 고객과의 계약에 특유하다. 또 기업의 업무수행과 특히 다양한 활동을 통합하는 유의적인 용역의 성격은, 장치를 생산하는 기업 활동 중 하나의 변경이 매우 복잡한 특수 장치를 생산하는 데 필요한 그 밖의 다른 활동에 유의적으로 영향을 미친다는 것을 뜻하여, 기업의 활동들은 상호의존도와 상호관련성이 매우 높다. 따라서 고객에게 재화나 용역을 이전하기로 하는 약속을 계약 내의 다른 약속과 별도로 식별해 낼 수 없다(그 재화나 용역을 이전하기로 하는 약속은 계약상 구별되지 않는다).

(상황 3) K-IFRS 제1115호 사례 11 - 경우 C

기업은 계약에서 장비와 설치용역에 대하여 두 가지 수행의무를 식별한다. 그 판단기준은 다음과 같다.

(1) 고객이 재화나 용역 그 자체에서 효익을 얻거나 고객이 쉽게 구할 수 있는 다른 자원과 함께하여 그 재화나 용역에서 효익을 얻을 수 있다(그 재화나 용역이 구별될 수 있다). 또는 폐물 가치보다 많은 금액으로 재판매하여 장비 그 자체에서 효익을 얻을 수도 있다.

(2) 기업은 유의적인 통합용역을 제공하지 않는다. 즉 기업은 장비를 인도한 다음에 그것을 설치하기로 하는 약속을 한 것이다(기업은 후속적으로 장비를 설치하기로 하는 약속과는 별도로 장비를 이전하기로 하는 약속을 이행할 수 있을 것이다). 기업은 장비와 설치용역을 하나의 결합산출물로 변환하는 방식으로 그것들을 결합하기로 약속한 것이 아니다. 비록 고객은 장비를 통제하게 된 다음에만 설치용역에서 효익을 얻을 수 있지만, 설치용역은 장비에 유의적으로 영향을 미치지 않는다. 기업이 설치용역을 제공하기로 하는 약속과는 별개로 장비를 이전하기로 하는 약속을 이행할 수 있을 것이기 때문이다. 장비와 설치용역은 각각 서로에게 유의적인 영향을 미치지 않기 때문에 그것들은 상호의존도나 상호관련성이 매우 높지는 않다.

(상황 4) K-IFRS 제1115호 사례 11 - 경우 D

기업은 계약에서 장비와 설치용역에 대하여 두 가지 수행의무를 식별한다. 그 판단기준은 다음과 같다.

기업의 설치용역을 사용하도록 하는 계약상 요구는 이 경우에 약속된 재화와 용역이 구별되는지의 판단을 바꾸지 않는다. 기업의 설치용역을 사용하도록 하는 계약상 요구는 재화나 용역의 특성 자체를 바꾸는 것이 아니며, 고객에 대한 기업의 약속을 바꾸는 것도 아니다. 비록 고객이 기업의 설치용역을 사용해야 하더라도 장비와 설치용역을 구별할 수 있어 장비를 제공하는 약속과 설치용역을 제공하는 약속은 각각 별도로 식별할 수 있다. 이 점에서 기업의 분석은 **(상황 3)**의 분석과 일치한다.

(상황 5) K-IFRS 제1115호 사례 11 - 경우 E

기업은 계약에서 장비와 소모품에 대하여 두 가지 수행의무를 식별한다. 그 판단기준은 다음과 같다.

(1) 기업은 고객이 쉽게 구할 수 있는 소모품과 함께하여 장비에서 효익을 얻을 수 있는지를 판단한다. 소모품은 쉽게 구할 수 있는 것이다. 기업이 그것을 [전에 장비를 구입한 고객에게 리필(refill) 주문을 통해] 보통 별도로 판매하기 때문이다. 고객은 그 계약에 따라 처음 고객에게 이전되어 인도되는 장비와 함께하여 계약에 따라 인도될 소모품에서 효익을 얻을 수 있다. 그러므로 그 장비와 소모품은 각각 **구별될 수 있다**.

(2) 기업은 장비를 이전하기로 하는 약속과 3년에 걸쳐 소모품을 제공하기로 하는 약속이 각각 별도로 식별되는지를 판단한다. 이 계약에서 장비와 소모품이 결합 품목의 투입물이 아니라고 판단할 때, 기업은 장비와 소모품을 하나의 결합산출물로 변환하는 유의적인 통합용역을 제공하지 않는다고 본다. 또 장비와 소모품 모두 유의적으로 고객 맞춤화되거나 서로에 의해 변형되지 않는다. 마지막으로 기업은 그 장비와 소모품이 서로 유의적으로 영향을 미치지 않기 때문에 상호의존도나 상호관련성이 매우 높지는 않다고 결론내린다. 비록 고객은 장비를 통제하게 된 다음에만 이 계약의 소모품에서 효익을 얻을 수 있고(소모품은 장비 없이는 쓸모가 없음) 그 장비가 작동하기 위해서는 그 소모품이 필요하지만, 그 장비와 소모품은 서로 유의적으로 영향을 미치지 않는다. 이는 기업이 **계약의 각 약속을 다른 것과는 별개로 이행**할 수 있을 것이기 때문이다. 즉, 기업은 고객이 어떠한 소모품도 구매하지 않더라도 장비를 이전하는 약속을 이행할 수 있을 것이고, 기업은 고객이 장비를 별도로 취득하더라도 그 소모품을 제공하는 약속을 이행할 수 있을 것이다.

(상황 6) K-IFRS 제1115호 사례 11 - 경우 A

기업은 계약에서 다음의 재화나 용역에 대해 네 가지의 수행의무를 식별한다.

(1) 소프트웨어 라이선스

(2) 설치용역

(3) 소프트웨어 갱신

(4) 기술지원

기업은 어떤 재화와 용역이 구별되는지를 판단하기 위해 고객에게 약속한 재화와 용역을 파악한다. 기업은 소프트웨어가 다른 재화와 용역보다 먼저 인도되고 갱신과 기술지원이 없어도 가동되는 상태임을 안다. 고객은 계약 개시시점에 이전되는 소프트웨어 라이선스와 함께하여 갱신에서 효익을 얻을 수 있다. 그러므로 기업은 고객이 **각 재화와 용역 그 자체에서 효익을 얻거나 쉽게 구할 수 있는 다른 재화와 용역과 함께하여 효익을 얻을 수 있으므로** 기업회계기준서 제1115호 문단 27(1)의 기준을 충족한다고 결론짓는다. 또 기업은 고객에게 각 재화와 용역을 이전하기로 한 약속이 그 밖의 각 약속과 별도로 식별된다고(그러므로 기업회계기준서 제1115호 문단 27(2)의 기준을 충족한다고) 판단한다. 이 결론에 이를 때, 기업은 **비록 소프트웨어를 고객의 시스템에 통합할지라도 설치용역은 소프트웨어 라이선스를 사용하거나 그 라이선스에서 효익을 얻는 고객의 능력에 유의적으로 영향을 미치지 않는다**고 본다. 설치용역은 일상적이고 다른 공급자가 제공할 수 있기 때문이다. 소프트웨어 갱신은 라이선스 기간에 소프트웨어 라이선스를 사용하고 그 라이선스에서 효익을 얻는 고객의 능력에 유의적으로 영향을 미치지 않는다. 기업은 더 나아가 **약속한 재화와 용역 중 어떤 것도 서로 유의적으로 변형하거나 고객 맞춤화하지 않고, 기업이 소프트웨어와 용역을 하나의 결합산출물로 통합하는 유의적인 용역을 제공하지 않는다**고 본다. 마지막으로 기업은 소프트웨어와 용역이 서로 유의적으로 영향을 미치지 않고, 따라서 **상호의존도나 상호관련성이 매우 높지는 않다고 결론 내린다.** 기업은 후속적으로 설치용역, 소프트웨어 갱신, 기술지원을 제공하는 약속과는 별개로 처음 소프트웨어 라이선스를 이전하는 약속을 이행할 수 있을 것이기 때문이다.

(상황 7) K-IFRS 제1115호 사례 11 - 경우 B

기업은 계약에서 다음의 재화나 용역에 대해 세 가지 수행의무를 식별한다.

(1) 소프트웨어 고객 맞춤화(소프트웨어 라이선스와 고객 맞춤화 설치용역으로 구성된다)

(2) 소프트웨어 갱신

(3) 기술지원

(상황 6)과 같은 이유로, 기업은 소프트웨어 라이선스, 설치, 소프트웨어 갱신, 기술지원 각각의 수행의무가 구별된다고 판단한다. 그 다음에 기업은 기업회계기준서 제1115호 문단 29의 원칙과 요소를 평가함으로써 문단 27(2)의 기준이 충족되는지를 파악한다. 기업은 계약 조건에 따라 계약에서 정한 대로 고객 맞춤화 설치용역을 이행함으로써 기존 소프트웨어 시스템에 라이선스된 소프트웨어를 통합하는 유의적인 용역을 제공하는 약속이 생긴다고 본다. 다시 말하면, 기업은 계약에서 정한 결합산출물(기능적이고 통합된 소프트웨어 시스템)을 생산하기 위하여 투입물로서 라이선스와 고객 맞춤화 설치용역을 사용하는 것이다. 소프트웨어는 용역에 의해 유의적으로 변형되고 **고객 맞춤화**된다. 따라서 기업은 라이선스를 이전하기로 한 약속을 고객 맞춤화 설치용역과 별도로 식별할 수 없으므로 기업회계기준서 제1115호 문단 27(2)의 기준을 충족하

지 못한다고 판단한다. 그러므로 **소프트웨어 라이선스와 고객 맞춤화 설치용역은 구별되지 않는다.** **(상황 6)**과 같은 분석에 기초하여, 기업은 소프트웨어 갱신과 기술지원이 계약의 다른 약속과 구별된다고 결론짓는다.

(상황 8) K-IFRS 제1115호 사례 12 - 경우 A

고객과의 계약은 두 가지 약속된 재화나 용역((1) 제품, (2) 유지보수용역)을 포함한다. 유지보수용역 약속은 미래에 재화나 용역을 이전하기로 한 약속이고 기업과 유통업자가 협상한 교환의 일부이다. 그 판단기준은 다음과 같다.

(1) 기업은 보통 제품을 개별적으로 판매하는데 이는 고객이 제품 그 자체에서 효익을 얻을 수 있음을 나타낸다. 고객은 이미 그 기업에서 획득한 자원(제품)과 함께하여 그 유지보수용역에서 효익을 얻을 수 있다.

(2) 계약에서 제품과 용역이 함께 존재한다는 사실이 추가 기능성이나 통합 기능성이라는 결과를 가져오는 것이 아니다. 또한 기업은 다른 약속을 이행하기 위한 노력과는 별개로 계약상 각 약속을 이행할 수 있을 것이다(기업은 고객이 유지보수용역을 거절하더라도 제품을 이전할 수 있을 것이고, 다른 유통업자를 통해 전에 판매된 제품과 관련하여 유지보수용역을 제공할 수 있을 것이다). 제품이 고객에게 계속 유의적인 효익을 제공하기 위하여 유지보수를 제공하는 기업의 약속이 필요한 것은 아니라고 본다.

(상황 9) K-IFRS 제1115호 사례 12 - 경우 B

계약에 포함된 수행의무의 식별가능성 여부는 계약에 해당 수행의무가 명시적인지 암묵적인지에 따라 달라지지 않는다. 따라서 기업은 **(상황 8)**와 동일하게 계약에서 두 가지 수행의무(제품과 유지보수용역)를 이행해야 한다.

(상황 10) K-IFRS 제1115호 사례 12 - 경우 C

유지보수 약속은 계약 개시시점에 기업과 유통업자 사이의 계약에 포함되지 않았다. 즉 기업이 유통업자나 최종 고객에게 유지보수용역을 제공하기로 명시적으로나 암묵적으로 약속하지 않았다는 것이다. 따라서 기업은 유지보수용역을 제공하기로 한 약속을 수행의무로 식별하지 않는다. 기업의 수행의무는 재화의 제공뿐이다. 그 대신에 유지보수용역을 제공하기로 한 의무는 충당부채 규정에 따라 회계처리한다.

문제 2

(물음 1) 고객과의 계약에서 생기는 수익인식의 5단계의 과정을 서술하시오.

(물음 2) '고객과의 계약'으로 회계처리하기 위해서 충족해야 하는 요건 5가지를 서술하시오.

(물음 3) 일련의 구별되는 재화나 용역이 고객에게 이전하는 방식이 같을 조건을 서술하시오.

(물음 4) 수행의무를 기간에 걸쳐 이행하는 경우 세 가지를 서술하시오.

(물음 5) 한 시점에 이행하는 수행의무의 경우 자산의 통제 이전의 지표의 사례를 서술하시오.

(물음 6) 고객이 약속한 대가의 특성, 시기, 금액은 거래가격의 추정치에 영향을 미친다. 거래가격을 산정할 때에 고려할 사항들을 서술하시오.

(물음 7) 고객과의 계약에 유의적인 금융요소가 없는 상황의 사례를 서술하시오.

(물음 8) 재화나 용역의 개별 판매가격을 적절하게 추정하는 방법의 사례 세 가지를 서술하시오.

(물음 9) 거래가격을 배분하는 방법 중에 하나인 잔여접근법을 사용하는 요건을 서술하시오.

(물음 10) 할인액 전체를 계약상 하나 이상이나 전부는 아닌 일부 수행의무들에만 배분하는 요건을 서술하시오.

(물음 11) 변동금액(과 후속 변동액)을 전부 하나의 수행의무에 배분하는 요건을 서술하시오.

해설 및 해답

(물음 1)

① 계약의 식별
② 수행의무의 식별
③ 거래가격의 산정
④ 거래가격의 배분
⑤ 수행의무의 이행(수익의 인식)

(물음 2)

다음 기준을 모두 충족하는 때에만, 고객과의 계약으로 회계처리한다.

(1) 계약 당사자들이 계약을 (서면으로, 구두로, 그 밖의 사업 관행에 따라) 승인하고 각자의 **의무**를 수행하기로 확약한다.
(2) 이전할 재화나 용역과 관련된 각 당사자의 **권리**를 식별할 수 있다.
(3) 이전할 재화나 용역의 **지급조건**을 식별할 수 있다.
(4) 계약에 **상업적 실질**이 있다(계약의 결과로 기업의 미래 현금흐름의 위험, 시기, 금액이 변동될 것으로 예상된다).
(5) 고객에게 이전할 재화나 용역에 대하여 받을 권리를 갖게 될 대가의 **회수 가능성**이 높다. 대가의 회수 가능성이 높은지를 평가할 때에는 지급기일에 고객이 대가(금액)를 지급할 수 있는 능력과 지급할 의도만을 고려한다. 기업이 고객에게 가격할인(price concessions)을 제공할 수 있기 때문에 대가가 변동될 수 있다면, 기업이 받을 권리를 갖게 될 대가는 계약에 표시된 가격보다 적을 수 있다.

(물음 3)

일련의 구별되는 재화나 용역이 다음 기준을 모두 충족하는 경우에는 고객에게 이전하는 방식이 같다.

(1) 기업이 고객에게 이전하기로 약속한 일련의 구별되는 재화나 용역에서 각 구별되는 재화나 용역이 **기간에 걸쳐 이행하는 수행의무**의 기준을 충족할 것이다.
(2) 일련의 구별되는 재화나 용역에서 각 구별되는 재화나 용역을 고객에게 이전하는 수행의무의 **진행률을 같은 방법을 사용하여 측정**할 것이다.

(물음 4)

다음 기준 중 어느 하나를 충족하면, 기업은 재화나 용역에 대한 통제를 기간에 걸쳐 이전하므로, 기간에 걸쳐 수행의무를 이행하는 것이고 기간에 걸쳐 수익을 인식한다.

(1) 고객은 기업이 수행하는 대로 기업의 수행에서 제공하는 **효익을 동시에 얻고 소비**한다.
(2) 기업이 수행하여 만들어지거나 가치가 높아지는 대로 **고객이 통제하는 자산**(예 재공품)을 **기업이 만들거나 그 자산 가치를 높인다.**

(3) 기업이 수행하여 만든 자산이 기업 자체에는 **대체 용도가 없고**, 지금까지 수행을 완료한 부분에 대해 집행 가능한 **지급청구권이 기업에 있다**.

(물음 5)

(1) **기업**은 자산에 대해 현재 **지급청구권**이 있다.
(2) **고객**에게 자산의 **법적 소유권**이 있다.
(3) **기업**이 자산의 물리적 점유를 **이전**하였다.
(4) 자산의 소유에 따른 유의적인 **위험과 보상**이 **고객**에게 있다.
(5) **고객**이 자산을 **인수**하였다.

(물음 6)

(1) 변동대가
(2) 변동대가 추정치의 제약
(3) 계약에 있는 유의적인 금융요소
(4) 비현금 대가
(5) 고객에게 지급할 대가

(물음 7)

(1) 고객이 재화나 용역의 대가를 선급하였고 그 재화나 용역의 이전 시점은 고객의 재량에 따른다.
(2) 고객이 약속한 대가 중 상당한 금액이 변동될 수 있으며 그 대가의 금액과 시기는 고객이나 기업이 실질적으로 통제할 수 없는 미래 사건의 발생 여부에 따라 달라진다(예 대가가 판매기준 로열티인 경우).
(3) 약속한 대가와 재화나 용역의 현금판매가격 간의 차이가 고객이나 기업에 대한 금융제공 외의 이유로 생기며, 그 금액 차이는 그 차이가 나는 이유에 따라 달라진다. 예를 들면 지급조건을 이용하여 계약상 의무의 일부나 전부를 적절히 완료하지 못하는 계약 상대방에게서 기업이나 고객을 보호할 수 있다.

(물음 8)

(1) 시장평가 조정 접근법－기업이 재화나 용역을 판매하는 시장을 평가하여 그 시장에서 고객이 그 재화나 용역에 대해 지급하려는 가격을 추정할 수 있다. 비슷한 재화나 용역에 대한 경쟁자의 가격을 참조하고 그 가격에 기업의 원가와 이윤을 반영하기 위해 필요한 조정을 하는 방법을 포함할 수도 있다.
(2) 예상원가 이윤 가산 접근법－수행의무를 이행하기 위한 예상원가를 예측하고 여기에 그 재화나 용역에 대한 적절한 이윤을 더할 수 있다.
(3) 잔여접근법－재화나 용역의 개별 판매가격은 총 거래가격에서 계약에서 약속한 그 밖의 재화나 용역의 관측 가능한 개별 판매가격의 합계를 차감하여 추정할 수 있다.

(물음 9)

다음 기준 중 어느 하나를 충족하는 경우에만, 재화나 용역의 개별 판매가격 추정에 잔여접근법을 사용할 수 있다.

㈎ 같은 재화나 용역을 서로 다른 고객들에게 (동시에 또는 가까운 시기에) 광범위한 금액으로 판매한다(과거 거래나 그 밖의 관측 가능한 증거로 하나의 대표적인 개별 판매가격을 분간할 수 없어 판매가격이 매우 다양하다).

㈏ 재화나 용역의 가격을 아직 정하지 않았고 과거에 그 재화나 용역을 따로 판매한 적이 없다(판매가격이 불확실하다).

(물음 10)

다음의 요건을 모두 충족하는 경우 할인액 전체를 계약상 하나 이상이나 전부는 아닌 일부 수행의무들에만 배분한다.

(1) 기업이 계약상 각각 구별되는 재화나 용역(또는 구별되는 재화나 용역의 각 묶음)을 보통 따로 판매한다.

(2) 또 기업은 (1)의 재화나 용역 중 일부를 묶고 그 묶음 내의 재화나 용역의 개별 판매가격보다 할인하여 그 묶음을 보통 따로 판매한다.

(3) 기술한 재화나 용역의 각 묶음의 할인액이 계약의 할인액과 실질적으로 같고, 각 묶음의 재화나 용역을 분석하면 계약의 전체 할인액이 귀속되는 수행의무(들)에 대한 관측 가능한 증거를 제공한다.

(물음 11)

다음 기준을 모두 충족하면, 변동금액(과 후속 변동액)을 전부 하나의 수행의무에 배분한다.

(1) 수행의무를 이행하거나 구별되는 재화나 용역을 이전하는 기업의 노력(또는 그에 따른 특정 성과)과 변동 지급조건이 명백하게 관련되어 있다.

(2) 계약상 모든 수행의무와 지급조건을 고려할 때, 변동대가(금액)를 전부 그 수행의무나 구별되는 재화 또는 용역에 배분하는 것이 문단 73의 배분 목적에 맞는다.

(문단 73 : 거래가격을 배분하는 목적은 기업이 고객에게 약속한 재화나 용역을 이전하고 그 대가로 받을 권리를 갖게 될 금액을 나타내는 금액으로 각 수행의무(또는 구별되는 재화나 용역)에 거래가격을 배분하는 것이다.)

문제 3

(물음 1) 계약변경이 별도 계약으로 회계처리될 수 있는 요건을 서술하시오.

(물음 2) 계약변경이 별도 계약으로 회계처리하는 계약변경이 아니며, 나머지 재화나 용역이 계약변경일이나 그 전에 이전한 재화나 용역과 구별되는 경우 그 계약변경은 기존 계약을 종료하고 새로운 계약을 체결한 것처럼 회계처리한다. 이 경우 나머지 수행의무에 배분하는 대가에 포함되는 금액을 서술하시오.

(물음 3) 추가 재화나 용역을 구매할 수 있는 고객의 선택권의 개별 판매가격을 직접 관측할 수 없다면 이를 추정한다. 그 추정에는 고객이 선택권을 행사할 때 받을 할인을 반영하되, 추가로 조정해야할 사항을 서술하시오.

(물음 4) 라이선스를 부여하는 기업의 약속의 성격이 기업의 지적재산에 접근권을 제공하는 경우로 판단되는 기준을 서술하시오.

(물음 5) 고객이 미인도청구약정에서 제품을 통제하기 위해서는 충족해야할 기준을 서술하시오.

해설 및 해답

(물음 1)

다음 두 조건을 모두 충족하는 경우에 계약변경은 별도 계약으로 회계처리한다.

(1) 구별되는 약속한 재화나 용역이 추가되어 **계약의 범위가 확장**된다.

(2) **계약가격**이 추가로 약속한 재화나 용역의 **개별 판매가격**에 특정 계약 상황을 반영하여 적절히 조정한 대가(금액)**만큼 상승**한다.

(물음 2)

① 고객이 약속한 대가(고객에게서 이미 받은 대가 포함) 중 거래가격 추정치에는 포함되었으나 아직 수익으로 인식되지 않은 금액과 ② 계약변경의 일부로 약속한 대가의 합계로 한다.

(물음 3)

고객이 선택권을 행사할 때 받을 할인을 반영하고, 다음 모두에 대해 조정한다.

(1) 고객이 선택권을 행사하지 않고도 받을 수 있는 할인액

(2) 선택권이 행사될 가능성

(물음 4)

다음 기준을 모두 충족한다면, 라이선스를 부여하는 기업의 약속의 성격은 기업의 지적재산에 접근권을 제공하는 것이다.

(1) 고객이 권리를 갖는 지적재산에 유의적으로 영향을 미치는 **활동을 기업이 할 것**을 계약에서 요구하거나 고객이 합리적으로 예상한다.

(2) 라이선스로 부여한 권리 때문에 고객은 식별되는 기업 활동의 **긍정적 또는 부정적 영향에 직접 노출**된다.

(3) 그 활동(들)이 행해짐에 따라 재화나 용역을 **고객에게 이전하는 결과를 가져오지 않는다.**

(물음 5)

고객이 미인도청구약정에서 제품을 통제하기 위해서는 다음 기준을 모두 충족하여야 한다.

(1) 미인도청구약정의 이유가 실질적이어야 한다(예 고객이 그 약정을 요구하였다).

(2) 제품은 고객의 소유물로 구분하여 식별되어야 한다.

(3) 고객에게 제품을 물리적으로 이전할 준비가 현재 되어 있어야 한다.

(4) 기업이 제품을 사용할 능력을 가질 수 없거나 다른 고객에게 이를 넘길 능력을 가질 수 없다.

CHAPTER 03

건설계약

출제유형
▸ **계산문제**
| 문제 1 | 일반적인 건설계약
| 문제 2 | 종류별 건설계약 (손실예상, 회수불가능성, 완성기준 진행률)
| 문제 3 | 특수한 계약원가(현장 야적재고, 하도급금, 감가상각비)
| 문제 4 | 특수한 계약원가(하자보수비, 수주비)
| 문제 5 | 개정전 기준서의 건설계약

계산문제

문제 1

㈜남아공이 20×1년에 수주한 장기건설공사는 3년간에 걸쳐서 수행될 예정이며, 당해 건설계약의 결과를 신뢰성 있게 추정할 수 있다. 최초 계약금액은 ₩2,400,000이었으나 20×2년 초에 ₩5,000,000으로 증가되었다. 진행기준 적용시 진척도는 총추정원가 대비 현재까지 발생한 누적원가의 비율을 사용한다. 관련 정보는 아래와 같다.

구 분	20×1년	20×2년	20×3년
당기 발생원가	₩500,000	₩1,300,000	₩1,700,000
완성시까지 추가 소요원가	1,500,000	1,200,000	–
대금 청구액	550,000	2,490,000	1,960,000
대금 회수액	500,000	2,000,000	2,500,000

(물음 1) 공사진행기준에 따라 3개연도의 공사수익 및 공사손익과 관련된 아래의 양식에 따라 ①부터 ③까지 답하시오. 단, 손실의 경우에는 금액 앞에 (–)표시할 것.

구분	20×1년	20×2년	20×3년
공사수익	?	?	③
공사손익	①	②	?

(물음 2) 20×1년 말과 20×2년 말의 각 재무상태표에 표시할 계약자산, 계약부채 및 수취채권을 구하시오. 단 금액이 없는 경우에는 '0'으로 표시하시오.

(물음 3) 20×2년 말에 원자재 가격 상승으로 인하여 이후 추가 소요원가는 ₩1,200,000에서 ₩4,200,000으로 증가한다고 가정하고 20×2년도 당기손익에 미치는 영향을 계산하시오. 단, 손실의 경우에는 금액 앞에 (–)표시할 것.

해설 및 해답 일반적인 건설계약

(물음 1) 공사수익 및 공사손익

구분	20×1년	20×2년	20×3년
공사수익	?	?	③ 2,000,000
공사손익	① 100,000	② 1,100,000	?

	20×1년		20×2년		20×3년
누적발생원가	₩500,000		₩1,800,000[2]		₩3,500,000
총 예상원가	2,000,000		3,000,000[3]		3,500,000
누적 진행률	25%		60%		100%
누적 계약수익 인식액	₩600,000		₩3,000,000	**₩2,000,000**[4]	₩5,000,000
누적 계약원가 인식액	500,000		1,800,000		3,500,000
누적 이익 인식액	₩100,000		₩1,200,000		₩1,500,000
당기 이익 인식액[1]	**₩100,000**	**₩1,100,000**		₩300,000	

1) 당기이익인식액 : 당기누적 이익 인식액－전기누적 이익 인식액
2) 20×2년 누적발생원가 : ₩500,000(20×1년 누적발생원가)＋1,300,000(20×2년 당기발생원가)
3) 20×2년 총 예상원가 : ₩1,800,000(20×2년 누적발생원가)＋1,200,000(연도말 예상추가계약원가)
4) 20×3년 공사수익 인식액 : ₩5,000,000(20×3년 누적수익 인식액)－3,000,000(20×2년 누적수익 인식액)

[별해] 회계처리

20×1년 계약원가 발생	(차) 계약이행원가자산	500,000	(대) 현금	500,000
20×1년 공사대금 청구	(차) 수취채권	550,000	(대) 계약부채	550,000
20×1년 공사대금 수령	(차) 현금	500,000	(대) 수취채권	500,000
20×1년 계약이익 인식	(차) 계약부채	550,000	(대) 계약수익	600,000
	계약자산	50,000		
	(차) 계약원가	500,000	(대) 계약이행원가자산	500,000
20×2년 계약원가 발생	(차) 계약이행원가자산	1,300,000	(대) 현금	1,300,000
20×2년 공사대금 청구	(차) 수취채권	2,490,000	(대) 계약부채	2,440,000
			계약자산	50,000
20×2년 공사대금 수령	(차) 현금	2,000,000	(대) 수취채권	2,000,000
20×2년 계약이익 인식	(차) 계약부채	2,400,000	(대) 계약수익	2,400,000
	(차) 계약원가	1,300,000	(대) 계약이행원가자산	1,300,000
20×3년 계약원가 발생	(차) 계약이행원가자산	1,700,000	(대) 현금	1,700,000
20×3년 공사대금 청구	(차) 수취채권	1,960,000	(대) 계약부채	1,960,000
20×3년 공사대금 수령	(차) 현금	2,500,000	(대) 수취채권	2,500,000
20×3년 계약이익 인식	(차) 계약부채	2,000,000	(대) 계약수익	2,000,000
	(차) 계약원가	1,700,000	(대) 계약이행원가자산	1,700,000

[별해] 개정전 기준서 적용시의 회계처리

20×1년 계약원가 발생	(차) 미 성 공 사	500,000	(대) 현 금	500,000
20×1년 공사대금 청구	(차) 계 약 미 수 금	550,000	(대) 진 행 청 구 액	550,000
20×1년 공사대금 수령	(차) 현 금	500,000	(대) 계 약 미 수 금	500,000
20×1년 계약이익 인식	(차) 계 약 원 가	500,000	(대) 계 약 수 익	600,000
	미 성 공 사	100,000		
20×2년 계약원가 발생	(차) 미 성 공 사	1,300,000	(대) 현 금	1,300,000
20×2년 공사대금 청구	(차) 계 약 미 수 금	2,490,000	(대) 진 행 청 구 액	2,490,000
20×2년 공사대금 수령	(차) 현 금	2,000,000	(대) 계 약 미 수 금	2,000,000
20×2년 계약이익 인식	(차) 계 약 원 가	1,300,000	(대) 계 약 수 익	2,400,000
	미 성 공 사	1,100,000		
20×3년 계약원가 발생	(차) 미 성 공 사	1,700,000	(대) 현 금	1,700,000
20×3년 공사대금 청구	(차) 계 약 미 수 금	1,960,000	(대) 진 행 청 구 액	1,960,000
20×3년 공사대금 수령	(차) 현 금	2,500,000	(대) 계 약 미 수 금	2,500,000
20×3년 계약이익 인식	(차) 계 약 원 가	1,700,000	(대) 계 약 수 익	2,000,000
	미 성 공 사	300,000		
	(차) 진 행 청 구 액	5,000,000	(대) 미 성 공 사	5,000,000

(물음 2) 재무상태표상의 금액

1. 계약자산(부채)

구분	20×1년	20×2년
누적 수익금액	₩600,000	₩3,000,000
누적 청구액	(550,000)	(3,040,000)
계약자산(부채)	₩50,000	(−)₩40,000

2. 수취채권

구분	20×1년	20×2년
누적 청구액	₩550,000	₩3,040,000
누적 대금 회수액	(500,000)	(2,500,000)
수취채권	₩50,000	₩540,000

(물음 3) 예상손실

- 손실부담계약을 체결하고 있는 경우에는 관련된 현재의무를 충당부채로 인식하고 측정한다. 손실부담계약에 대한 충당부채를 인식하기 전에 해당 손실부담계약을 이행하기 위하여 사용하는 자산에서 생긴 손상차손을 먼저 인식한다(K−IFRS 1036호 문단 66, 69).

① 계약손익

당기누적계약손익	₩5,000,000×30%−6,000,000×30%=	₩(300,000)
전기누적계약손익	해답 1 참조=	(100,000)
		(400,000)

② 손실예상금액 : [₩6,000,000(총예상원가)−5,000,000(총수익)]×[1−30%(20×2년말 누적진행률)]
=₩700,000

③ 당기손익에 미친 영향 : (−)₩400,000(계약손실)−700,000(손실예상액)=(−)₩1,100,000

[별해] 회계처리 및 재무상태표상 금액

1. 회계처리

20×2년 계약원가 발생	(차) 계약이행원가자산	1,300,000	(대) 현 금	1,300,000
20×2년 공사대금 청구	(차) 수 취 채 권	2,490,000	(대) 계 약 부 채	2,440,000
			계 약 자 산	50,000
20×2년 공사대금 수령	(차) 현 금	2,000,000	(대) 수 취 채 권	2,000,000
20×2년 계약이익 인식	(차) 계 약 부 채	900,000	(대) 계 약 수 익	900,000
	(차) 계 약 원 가	1,300,000	(대) 계약이행원가자산	1,300,000
	(차) 계 약 원 가	700,000	(대) 손 실 충 당 부 채	700,000

2. 20×2년말 재무상태표상 금액

① 계약자산 : 없음

② 계약부채 : ₩3,040,000(누적 대금 청구액)−1,500,000(누적 계약수익 인식액)=₩1,540,000

③ 수취채권 : ₩3,040,000(누적 대금 청구액)−2,500,000(누적 대금 회수액)=₩540,000

④ 손실충당부채 : ₩700,000(예상손실)

[별해] 개정전 기준서 적용시의 회계처리

1. 회계처리

20×2년 계약원가 발생	(차) 미 성 공 사	1,300,000	(대) 현 금	1,300,000
20×2년 공사대금 청구	(차) 계 약 미 수 금	2,490,000	(대) 진 행 청 구 액	2,490,000
20×2년 공사대금 수령	(차) 현 금	2,000,000	(대) 수 취 채 권	2,000,000
20×2년 계약이익 인식	(차) 계 약 원 가	2,000,000	(대) 계 약 수 익	900,000
			미 성 공 사	1,100,000

2. 20×2년 말 재무상태표상 금액

① 미청구(초과청구)공사 : ₩800,000(미성공사*)−3,040,000(누적 청구액)=₩2,240,000(초과청구공사)

* 미성공사 : ₩1,800,000(누적원가 발생액)−1,000,000(누적 이익 인식액)=₩800,000

② 계약미수금 : ₩3,040,000(누적 대금 청구액)−2,500,000(누적 대금 회수액)=₩540,000

문제 2

다음에 제시되는 물음은 각각 독립된 상황이다.

12월말 결산법인인 ㈜한국은 20×1년 5월 1일에 ㈜대한으로부터 도로건설을 수주하였다. 공사계약기간은 20×1년 7월 1일부터 20×5년 6월 30일까지이고, 공사계약금액은 ₩10,000이다. 진행기준 적용시 진행률은 총추정원가 대비 현재까지 발생한 누적원가의 비율을 사용하고, 관련 〈기본자료〉는 아래와 같다.

구 분	20×1년	20×2년	20×3년
당기발생 계약원가	₩2,400	₩3,050	₩???
총예정계약원가	8,000	10,900	???
당기 준설길이	25km	20km	15km
총 예상 준설길이	100km	100km	100km
공사대금 청구액	2,500	3,000	2,500
공사대금 수령액	2,000	2,000	3,000

(물음 1) 20×3년 발생 계약원가는 ₩2,250, 총예정계약원가는 ₩11,000이다. 이 경우, 건설계약과 관련하여 20×3년 재무제표에 인식할 다음의 금액을 구하시오. 단, 손실의 경우에는 금액 앞에 (−)로 표시하고, 항목별로 해당 금액이 없는 경우에는 "0"으로 표시한다.

구분	포괄손익계산서		재무상태표	
	계약원가	계약손익	계약자산(부채)	손실충당부채
금액	①	②	③	④

(물음 2) 다음의 〈추가자료〉를 고려할 경우, 동 건설계약이 ㈜한국의 20×3년 및 20×4년도의 재무제표에 보고할 ① 당기손익에 미치는 영향 및 ② 계약자산(부채)의 각 금액들을 계산하시오.

〈 추가자료 〉

(1) 20×3년 중 원청사인 ㈜대한의 횡령사건으로 인하여 진행률을 측정할 수 없게 되었다고 가정한다. ㈜한국은 건설공제조합 증권을 구매하여, 계약금액의 71%를 회수할 수 있을 것으로 기대한다. 20×3년까지 발생한 누적원가는 ₩7,700이다.

(2) 20×4년 중 ㈜대한이 대표이사로부터 횡령금액을 전액 회수함에 따라 진행률을 측정할 수 있게 되었다. 다만 공사의 지연으로 인하여 계약대금을 ₩11,000으로 변경하였다. 20×4년의 누적원가는 ₩10,800이며, 총예정원가는 ₩12,000이라고 가정한다. 20×4년에 추가적으로 ㈜대한에 ₩1,000을 청구하였다

(물음 3) 20×3년 발생 계약원가는 ₩2,250, 총예정계약원가는 ₩11,000이다. ㈜한국이 진행기준을 물리적 완성비율(누적 준설 길이/총 준설 길이)로 적용한다고 가정한다. ㈜한국이 20×3년 재무제표에 보고할 ① 당기손익에 미치는 영향 및 ② 계약자산(부채)의 각 금액들을 계산하시오.

해설 및 해답 종류별 건설계약 (손실예상, 회수불가능성, 완성기준 진행률)

(물음 1) 손실이 예상되는 건설계약

구분	포괄손익계산서		재무상태표	
	계약원가	계약손익	계약자산(부채)	손실충당부채
금액	① ₩2,100	② ₩100(손실)	③ ₩1,000 부채	④ 300

1. 계약손익의 계산

	20×1년		20×2년		20×3년	
누적발생원가		₩2,400		₩5,450[1]		₩7,700
총 예상원가		8,000		10,900		11,000
누적 진행률		30%		50%		70%
누적 계약수익 인식액		₩3,000	₩2,000[2]	₩5,000		₩7,000
누적 계약원가 인식액		2,400	₩3,050[3]	5,450	① **₩2,250**	7,700
손실충당부채		–		450[4]	① **(150)**	④ 300[6]
누적 계약손익 인식액		₩600		₩(900)[5]		₩(1,000)
당기 이익 인식액	₩600		₩(1,500)		② **₩(100)**	

1) 20×2년 누적발생원가 : ₩2,400(20×1년 누적발생원가)+3,050(20×2년 당기발생원가)
2) 20×2년 공사수익 인식액 : ₩5,000(20×2년 누적수익 인식액)−3,000(20×1년 누적수익 인식액)
3) 20×2년 공사원가 인식액 : (₩5,450+450)(20×2년 누적원가 인식액)−2,400(20×1년 누적원가 인식액)
4) 20×2년 예상손실 : [₩10,900(총예상원가)−10,000(총수익)](총 손실 예상액)−450(누적 손실 인식액)
5) 누적계약손익 : 누적계약수익−누적계약원가−손실충당부채잔액
6) 20×3년 예상손실 : [₩11,000(총예상원가)−10,000(총수익)](총 손실 예상액)−700(누적 손실 인식액)

2. 답안의 계산

① 계약원가 : ₩2,250(계약원가 인식액)−150(손실충당부채환입)=₩2,100
② 계약손익 : (−)₩1,000(당기누적손익)+900(전기누적손익)=(−)₩100
③ 20×3년 계약자산(부채) : ₩7,000(누적 계약수익 인식액)−8,000(누적 대금 청구액)=(−)₩1,000

[별해] 20×3년의 회계처리

20×3년 계약원가 발생	(차) 계약이행원가자산	2,250	(대) 현금	2,250
20×3년 공사대금 청구	(차) 수취채권	2,500	(대) 계약부채	2,500
20×3년 공사대금 수령	(차) 현금	3,000	(대) 수취채권	3,000
20×3년 계약이익 인식	(차) 계약부채	2,000	(대) 계약수익	2,000
	(차) 계약원가	2,250	(대) 계약이행원가자산	2,250
	(차) 손실충당부채	150[1]	(대) 계약원가	150

1) ₩300(기말 예상손실)−450(전기말 예상손실)

(물음 2) 대금의 회수가능성이 불확실한 경우의 건설계약

1. 계약손익의 계산

	20×2년		20×3년		20×4년
누적발생원가	₩5,450		₩7,700		₩10,800
총 예정원가	10,900		10,000		12,000
누적 진행률	50%		77%		90%
누적 계약수익 인식액	₩5,000		₩7,100[1]		₩9,900
누적 계약원가 인식액	5,450		7,700		10,800
손실충당부채	450		−		100
누적 계약손익 인식액	₩(900)		₩(600)		₩(1,000)
당기 이익 인식액		**₩300**		**₩(400)**	

1) 20×3년 누적계약수익 : min[₩10,000×71%(회수가능액), ₩7,700(누적발생원가)]

2. 계약자산(부채)

① 20×3년 계약자산(부채) : ₩7,100(누적 수익 인식액)−8,000(누적 청구액)=(−)₩900(계약부채)

② 20×4년 계약자산(부채) : ₩9,900(누적 수익 인식액)−9,000(누적 청구액)=₩900(계약자산)

[별해] 20×4년의 회계처리

20×4년 계약원가 발생	(차) 계약이행원가자산	3,100	(대) 현 금	3,100
20×4년 공사대금 청구	(차) 수 취 채 권	1,000	(대) 계 약 부 채	1,000
20×4년 공사대금 수령	(차) 현 금	???	(대) 수 취 채 권	???
20×4년 계약이익 인식	(차) 계 약 부 채	2,800	(대) 계 약 수 익	2,800
	(차) 계 약 원 가	3,100	(대) 계약이행원가자산	3,100
	(차) 계 약 원 가	100	(대) 손 실 충 당 부 채	100[1]

1) ₩100(기말 예상손실)−0(전기말 예상손실)

(물음 3) 완성비율 진행기준 건설계약

① 당기손익에 미치는 영향

	20×1년		20×2년		20×3년
누적 준설길이	25km	+20km	45km		60km
총 준설길이	100km		100km		100km
누적 진행률	25%		45%		60%
누적 계약수익 인식액	₩2,500		₩4,500		₩6,000
누적 계약원가 인식액	2,000		4,905		6,600
손실충당부채	−		495		400
누적 계약손익 인식액	₩500		₩(900)		₩(1,000)
당기 이익 인식액 ₩500		₩(1,400)		**₩(100)**	

② 계약자산(부채) : ₩6,000(누적 수익 인식액)−8,000(누적 청구액)=(−)₩2,000(계약부채)

[별해] 회계처리

20×1년 계약원가 발생	(차) 계약이행원가자산	2,400	(대) 현 금	2,400
20×1년 공사대금 청구	(차) 수 취 채 권	2,500	(대) 계 약 부 채	2,500
20×1년 공사대금 수령	(차) 현 금	2,000	(대) 수 취 채 권	2,000
20×1년 계약이익 인식	(차) 계 약 부 채	2,500	(대) 계 약 수 익	2,500
	(차) 계 약 원 가	2,000	(대) 계약이행원가자산	2,000

20×2년 계약원가 발생	(차) 계약이행원가자산	3,050	(대) 현 금	3,050
20×2년 공사대금 청구	(차) 수 취 채 권	3,000	(대) 계 약 부 채	3,000
20×2년 공사대금 수령	(차) 현 금	2,000	(대) 수 취 채 권	2,000
20×2년 계약이익 인식	(차) 계 약 부 채	2,000	(대) 계 약 수 익	2,000
	(차) 계 약 원 가	2,905[1)]	(대) 계약이행원가자산	2,905
	(차) 계 약 원 가	495	(대) 손 실 충 당 부 채	495[2)]

1) ₩4,905(당기말 누적 계약원가 인식액)－2,000(전기말 누적계약원가 인식액)
2) 20×2년말 예상손실

20×3년 계약원가 발생	(차) 계약이행원가자산	2,250	(대) 현 금	2,250
20×3년 공사대금 청구	(차) 수 취 채 권	2,500	(대) 계 약 부 채	2,500
20×3년 공사대금 수령	(차) 현 금	3,000	(대) 수 취 채 권	3,000
20×3년 계약이익 인식	(차) 계 약 부 채	1,500	(대) 계 약 수 익	1,500
	(차) 계 약 원 가	1,695[1)]	(대) 계약이행원가자산	1,695
	(차) 손 실 충 당 부 채	95[2)]	(대) 계 약 원 가	95

1) ₩6,600(당기말 누적 계약원가 인식액)－4,905(전기말 누적계약원가 인식액)
2) ₩400(20×3년말 예상손실)－495(20×2년말 예상손실)

[별해] 20×2년 말 재무상태표 표시

부분재무상태표

㈜한국 20×2. 12. 31 현재 (단위 : ₩)

수취채권	1,500	계약부채	1,000
계약이행원가자산	545	손실충당부채	495

문제 3 저유

다음의 기본 자료를 이용하여 각 독립적인 물음에 답하시오.

〈 기본자료 〉

1. 20×1년 1월 1일, ㈜우리는 아파트공사를 ㈜너희로부터 ₩1,000,000에 수주하였다. 해당 계약은 '한국채택 국제회계기준 제1115호 고객과의 계약에서 생기는 수익'의 적용범위에 포함되는 것으로 판단되어 진행기준을 통해 수익을 인식하기로 결정하였다.
2. 건설계약관련 연도별 자료는 다음과 같다.

구분	20×1년	20×2년	20×3년
당기 계약원가 발생액	₩295,000	₩555,000	₩250,000
총 예정 계약원가	1,000,000	1,100,000	1,100,000
계약대금 청구액	350,000	400,000	450,000
계약대금 수령액	348,000	420,000	432,000

3. 20×2년말, 계약손실이 발생할 것으로 예상되어 ㈜우리는 ㈜너희에게 계약금액 변경검토를 요청하였으며, 20×3년 9월 30일 ₩1,200,000에 계약금액을 변경하는 것을 합의하였다. ㈜우리는 원가 기준으로 계약수익을 인식한다. 해당 아파트는 20×3년 12월 31일에 실제로 건설이 완료되었다.

(물음 1) 〈기본자료〉의 계약원가 발생액에는 하기의 오류 사항들이 반영되어 있지 않다. 다음의 추가자료를 반영할 경우, 건설계약이 ㈜우리의 20×2년 ① 계약자산(부채)과 ② 당기손익에 미치는 영향을 계산하시오.

1. 20×1년의 원가에는 건설자재의 매입대금 ₩45,000이 포함되어 있으나, 해당 자재는 아직 건설에 투입되지 않고 현장에 야적되어 있다. 20×2년도에 자재를 건설에 모두 투입하여 사용하였으며, 20×2년도의 당기 계약원가 발생액에는 포함되어 있지 않다.

2. 20×2년의 원가에는 하청업체에게 지급한 ₩200,000의 도급금액이 전액 포함되어 있다. 하청업체의 연도별 누적 공사 진행률은 하기와 같다.

구분	20×2년	20×3년
진행률	60%	100%

(물음 2) 〈기본자료〉의 계약원가 발생액과 총예정원가에는 하기의 사항들이 반영되어 있지 않다. 다음의 추가자료를 반영할 경우, ㈜우리의 20×1년 포괄손익계산서에 표시되는 계약손익 계산하시오.

> 1. 20×1년의 원가에는 건설현장에 사용을 위해 특수 제작된 H빔의 매입대금 ₩45,000이 포함되어 있으나, 해당 자재는 아직 건설에 투입되지 않고 현장에 야적되어 있다. 20×2년도에 자재를 건설에 모두 투입하여 사용하였으며, 20×2년도의 당기 계약원가 발생액에는 포함되어 있지 않다.
> 2. 20×1년 중 건설현장에 투입하고 남은 잉여자재를 ₩30,000에 처분하였다.
> 3. 20×1년의 계약원가 발생액에는 공사수행과정에서 발생한 비효율원가 ₩20,000와 설계상 오류로 발생한 추가원가 ₩10,000이 포함되어 있다. 이 금액들은 ㈜나라에게 청구할 수 없다.

(물음 3) 20×1년 1월 1일 ㈜우리는 아파트공사를 위해 차량운반구와 설비를 구입하였다. 해당 유형자산과 관련된 자료는 다음과 같다.

> **〈 추가자료 〉**
>
> 1. 차량운반구의 취득원가는 ₩300,000, 이며, 경제적 내용연수는 10년이다. 경제적 내용연수 종료시점의 잔존가치는 없으며, 건설기간 종료시점의 잔존가치는 ₩100,000으로 추정된다. ㈜우리는 해당 차량운반구를 여러 건설계약에 사용할 목적으로 취득하였다.
> 2. 설비의 취득원가는 ₩80,000이며, 경제적 내용연수는 5년이다. 경제적 내용연수 종료시점의 잔존가치는 ₩10,000이며, 건설기간 종료시점의 잔존가치는 ₩20,000으로 추정된다. ㈜우리는 해당 설비를 아파트공사에만 사용할 목적으로 취득하였다.

〈기본자료〉의 계약원가 발생액과 총 예정 계약원가에는 차량운반구와 설비와 관련된 원가가 포함되어 있지 않다. ㈜우리가 차량운반구와 설비와 관련된 내용을 추가적으로 고려한다고 할 경우, ㈜우리가 20×2년에 인식할 ① 계약자산(부채)과 ② 당기손익에 미치는 영향을 계산하시오.

해설 및 해답 특수한 계약원가(현장 야적재고, 하도급금, 감가상각비)

(물음 1) 발생하지 않은 계약원가

1. 누적 계약원가의 수정

① 현장 야적재고 : 현장 야적 재고는 현금지급시에 원가에 투입하는 것이 아니라, 건설에 투입시점에 원가 발생액으로 계산한다.

② 하도급 계약원가 : 하도급업체에 지급한 계약원가는 현금 유출시점이 아니라 하도급의 건설 진행기준에 따라 원가에 산입한다.

구분	20×2년	20×3년
하도급 계약원가 취소	₩(200,000)	
진행기준 하도급 계약원가	120,000[1]	₩80,000[2]
합계	₩(80,000)	₩80,000

1) ₩200,000×60%

2) ₩200,000×100%−120,000

③ 계약원가의 수정

구분	20×1년	20×2년	20×3년
회사제시 계약원가	₩295,000	₩555,000	₩250,000
〈수정사항〉			
① 현장 야적 재고	(45,000)	45,000	–
② 하도급 계약원가	–	(80,000)	80,000
올바른 금액	₩250,000	₩520,000	₩330,000

2. 답안의 계산

① 당기손익에 미치는 영향

구분	20×1년		20×2년		20×3년	
누적발생원가	₩250,000	₩250,000	₩520,000	₩770,000	₩330,000	₩1,100,000
총 예정원가		1,000,000		1,100,000		1,100,000
누적 진행률		25%		70%		100%
누적 계약수익 인식액		₩250,000		₩700,000		₩1,200,000
누적 계약원가 인식액		250,000		770,000		1,100,000
손실충당부채		–		30,000[1]		–
누적 계약손익 인식액		0		₩(100,000)		₩100,000
당기 이익 인식액	₩0		**₩(100,000)**		₩200,000	

1) 예상손실 : (₩1,000,000(계약수익)−1,100,000(계약원가))−70,000(누적 손실 인식액)

② 계약자산(부채) : ₩700,000(누적수익 인식액)−750,000(누적 청구액)=(−)₩50,000(계약부채)

(물음 2)

1. 누적 계약원가의 수정

① 특수제작 건설자재 : 계약을 위해서 별도로 제작된 건설자재는 해당 공사만을 위해서 사용될 수 있으므로, 매입시 발생원가에 포함한다.

② 잉여자재 처분대금은 계약원가에서 차감한다.

③ 비정상원가 : 공사수행과정에서 발생한 비효율원가와 설계상 오류로 발생한 추가원가 등 고객에게 청구할 수 없는 원가는 진행률 계산시 제외하며 별도의 비용으로 인식한다.

④ 당기 계약원가 발생액의 수정 : ₩295,000−30,000−20,000−10,000=₩235,000

⑤ 총예상원가의 수정 : ₩1,000,000−30,000−20,000−10,000=₩940,000

2. 답안의 계산

① 누적진행률 : ₩235,000/940,000=25%

② 계약손익 : ₩1,000,000×25%(수익)−235,000(원가)−20,000(비효율원가)−10,000(설계오류원가) =(−)₩15,000

* 잉여자재 처분이익은 원가에서 차감하므로 별도로 가산하지 않는다. 비효율원가와 추가완성원가는 진행률 계산에 포함하지 않고 별도의 계약원가로 처리하므로 추가로 가산한다. 반면, 계약손실이 발생했다고 하더라도 건설계약 전체에 걸쳐서 손실이 예상되는 경우는 아니므로 예상손실을 인식하지 않는다(비정상원가로 인해 당기의 원가만 많이 인식되었을 뿐이다.)

(물음 3) 감가상각비

1. 누적 계약원가의 수정

① 차량운반구 : 여러 건설계약에 사용할 수 있는 유형자산의 감가상각비는 건설기간동안 발생한 감가상각비만 계약원가에 포함한다. 한편, 건설기간동안 발생할 감가상각비의 합계만 총 예정원가에 산입한다.

② 설비 : 특정 건설계약에만 사용하는 유형자산의 감가상각비는 내용연수 전체의 감가상각비를 계약원가에 포함한다. 한편, 감가상각대상금액 전부를 총 예정원가에 산입한다.

③ 계약원가의 수정

구분	20×1년	20×2년	20×3년
회사제시 계약원가	₩295,000	₩555,000	₩250,000
〈수정사항〉			
① 차량운반구 감가상각비[1]	30,000	30,000	30,000
② 설비 감가상각비[2]	20,000	20,000	20,000
올바른 금액	₩345,000	₩605,000	₩300,000

1) ₩300,000÷10년(경제적 내용연수)

2) (₩80,000−20,000(건설기간 종료시점의 잔존가치)÷3년(건설기간)

2. 답안의 계산

① 당기손익에 미치는 영향

	20×1년		20×2년		20×3년	
누적발생원가	₩345,000	₩345,000	₩605,000	₩950,000	₩300,000	₩1,250,000
총 예정원가		1,150,000[1]		1,250,000[3]		1,250,000[3]
누적 진행률		30%		76%		100%
누적 계약수익 인식액		₩300,000		₩760,000		₩1,200,000
누적 계약원가 인식액		345,000		950,000		1,250,000
손실충당부채		105,000[2]		60,000[2]		–
누적 계약손익 인식액		₩(150,000)		₩(250,000)		₩(50,000)
당기 이익 인식액	₩(150,000)		**₩(100,000)**		₩200,000	

1) ₩1,000,000(기존 총 예정원가)+30,000×3년(건설기간동안 발생할 차량운반구 감가상각비)+20,000×3년(건설기간동안 발생할 설비 감가상각비)

2) 예상손실 : 총 예상손실−누적 손실 인식액

3) ₩1,100,000(기존 총 예정원가)+30,000×3년(건설기간동안 발생할 차량운반구 감가상각비)+20,000×3년(건설기간동안 발생할 설비 감가상각비)

② 계약자산(부채) : ₩760,000(누적수익 인식액)−750,000(누적 청구액)=₩10,000(계약자산)

문제 4

㈜한국건설은 20×1년 5월 1일에 ₩180,000에 학교건물을 건설하는 정액계약을 체결하였다. 건물의 완공에는 2년이 소요될 예정이다. 이 회사는 수행한 공사에 대하여 발생한 누적계약원가를 추정총계약원가로 나눈 비율을 계산하여 계약진행률을 결정한다. 다음은 건설기간 동안 계약수익 및 계약원가와 관련된 자료이다.

〈 공통자료 〉

1. 최초에 합의한 계약수익은 ₩180,000이지만 20×2년도에 발주자가 공사변경을 승인하여 계약수익이 ₩4,000만큼 증가하였다.
2. 이 회사가 최초에 추정한 총계약원가는 ₩160,000이며, 20×1년 말에 추정한 총계약원가는 ₩161,000으로 증가하였다.
3. 20×2년 말에 발생한 계약원가에는 20×3년에 공사완료를 위해 사용할 ₩2,000만큼의 현장보관 표준자재가 포함되어 있다.
4. 위 1부터 3까지 반영된 건설기간 동안의 요약재무정보는 다음과 같다.

구분	20×1	20×2	20×3
최초의 계약수익	₩180,000	₩180,000	₩180,000
공사변경 계약수익	–	4,000	4,000
총계약수익	**180,000**	**184,000**	**184,000**
당기발생 계약원가	41,860	81,500	40,640
누적발생 계약원가	41,860	123,360	164,000
추정 추가발생 계약원가	119,140	40,640	–
추정 총계약원가	**161,000**	**164,000**	**164,000**

5. 위 4에서 제시된 계약원가에는 다음 두 개의 항목이 반영되어 있지 않다.
   ① 계약수익의 2.5%를 하자보수원가로 추정하고 매회계연도말에 충당부채로 설정하기로 하였다.
   ② 공사계약을 수주하기 위해 공사계약체결 전에 발생한 수주비는 ₩5,000이다. 해당 수주비는 고객과 계약을 체결하기 위해 들인 원가로서 계약을 체결하지 않았다면 들지 않았을 원가이다.
6. 공사대금청구액과 수취액은 다음과 같다.

연 도	20×1	20×2	20×3
공사대금 청구액	₩40,000	₩100,000	₩44,000
공사대금 수취액	35,000	85,000	64,000

(물음 1) 20×2년의 ① 계약진행률 산출을 위한 누적 발생계약원가와 ② 누적 계약진행률을 구하시오.

누적 발생계약원가	①
누적 계약진행률	②

(물음 2) 20×2년의 ① 하자보수비, ② 수주비 및 ③ 당기 발생계약원가를 구하시오.

하자보수비	①
수주비	②
당기 발생계약원가	③

(물음 3) 20×1년과 20×2년의 계약자산 또는 계약부채를 구하시오.

(물음 4) 건설공사의 계약수익을 인식하기 위한 계약진행률 계산에서 당기 발생계약원가 대신 누적발생계약원가를 추정총계약원가로 나누어 구하는 이유를 오류수정과 회계추정의 관점에서 설명하시오(5줄 이내).

해설 및 해답 특수한 계약원가(하자보수비, 수주비) (2015년 회계사 수정)

• 계약손익의 계산

	20×1년		20×2년		20×3년	
누적발생원가		₩41,860		₩121,360[3]		₩164,000[4]
총 예정원가		161,000		164,000		164,000
누적 진행률		26%		74%		100%
누적 계약수익 인식액		₩46,800		₩136,160		₩184,000
누적 계약원가 인식액		41,860		121,360		164,000
누적 하자보수비 인식액[1]		1,170		3,404		4,600
누적 수주비 인식액[2]		1,300		3,700		5,000
누적 계약손익 인식액		₩2,470		₩7,696		₩10,400
당기 이익 인식액	₩2,470		₩5,226		₩2,704	

1) 총계약수익×2.5%(예상하자보수비)×누적 진행률
2) ₩5,000(총 수주비)×누적 진행률
3) 20×2년 누적 발생계약원가 : ₩41,860(20×1년 누적발생원가)+[81,500−2,000(현장보관 표준자재)]
4) 20×3년 누적 발생계약원가 : ₩121,360(20×2년 누적발생원가)+[40,640+2,000(20×2년 현장보관 표준자재 투입분)]

(물음 1) 누적발생원가 및 계약진행률

① 누적 발생계약원가 : ₩121,360(공통 해답 참조)
② 누적 계약진행률 : 74%(공통 해답 참조)

(물음 2) 하자보수비, 수주비 및 당기발생계약원가

① 하자보수비 : ₩3,404(20×2년말 누적 하자보수비 인식액)−1,170(20×1년말 누적 하자보수비 인식액)
=₩2,234
② 수주비 : ₩3,700(20×2년말 누적 하자보수비 인식액)−1,300(20×1년말 누적 하자보수비 인식액)=₩2,400
③ 당기 발생계약원가 : ₩81,500(20×2년 수정전 당기발생계약원가)−2,000(현장보관 표준자재)=₩79,500

* 하자보수비와 수주비도 당기 발생계약원가에 포함되나, 문제에서 별도로 요구하였으므로 하자보수비와 수주비를 제외한 계약원가 발생액을 답으로 기재함

(물음 3)

① 20×1년 계약자산 : ₩46,800(누적수익 인식액)−40,000(누적 청구액)=₩6,800(계약자산)
② 20×2년 계약부채 : ₩136,160(누적수익 인식액)−140,000(누적 청구액)=(−)₩3,840(계약부채)

[별해] 회계처리

수주비 발생	(차) 선급비용	5,000	(대) 현금	5,000
20×1년 계약원가 발생	(차) 계약이행원가자산	41,860	(대) 현금	41,860
20×1년 공사대금 청구	(차) 수취채권	40,000	(대) 계약부채	40,000
20×1년 공사대금 수령	(차) 현금	35,000	(대) 수취채권	35,000
20×1년 계약이익 인식	(차) 계약부채	40,000	(대) 계약수익	46,800
	계약자산	6,800		
	(차) 계약원가	41,860	(대) 계약이행원가자산	41,860
	(차) 하자보수비	1,170	(대) 하자보수충당부채	1,170
	(차) 수주비	1,300	(대) 선급비용	1,300
20×2년 계약원가 발생	(차) 계약이행원가자산	81,500[1]	(대) 현금	81,500
20×2년 공사대금 청구	(차) 수취채권	100,000	(대) 계약자산	6,800
			계약부채	93,200
20×2년 공사대금 수령	(차) 현금	85,000	(대) 수취채권	85,000
20×2년 계약이익 인식	(차) 계약부채	89,360	(대) 계약수익	89,360
	(차) 계약원가	79,500	(대) 계약이행원가자산	79,500
	(차) 하자보수비	2,234	(대) 하자보수충당부채	2,234
	(차) 수주비	2,400	(대) 선급비용	2,400

1) 현장보관 자재도 지출은 하였으므로 계약이행원가 자산으로 인식해둔다.

20×3년 계약원가 발생	(차) 계약이행원가자산	40,640	(대) 현금	40,640
20×3년 공사대금 청구	(차) 수취채권	44,000	(대) 계약부채	44,000
20×3년 공사대금 수령	(차) 현금	64,000	(대) 수취채권	64,000
20×3년 계약이익 인식	(차) 계약부채	47,840	(대) 계약수익	47,840
	(차) 계약원가	42,640	(대) 계약이행원가자산	42,640
	(차) 하자보수비	1,196	(대) 하자보수충당부채	1,196
	(차) 수주비	1,300	(대) 선급비용	1,300

[별해] 수주비의 회계처리

- 수주비가 만약 계약 체결 여부와 무관하게 드는 계약체결원가라고 한다면, 계약 체결 여부와 관계없이 고객에게 그 원가를 명백히 청구할 수 있는 경우가 아니라면 발생시점에 비용으로 인식한다.

(물음 4)

- 총계약금액과 추정계약원가의 변경은 계약변경에 해당한다. 이 경우, 별도계약으로 회계처리하는 변경에 해당하지 않고, 계약 전과 비교했을 때 계약 후의 나머지 재화나 용역이 구별되지 않아서 계약변경일에 부분적으로 이행된 단일 수행의무의 일부를 구성한다. 따라서 그 계약변경은 기존 계약의 일부인 것처럼 회계처리한다. 계약변경이 거래가격과 수행의무의 진행률에 미치는 영향은 계약변경일에 수익을 조정(수익의 증액이나 감액)하여 인식한다[수익을 누적효과 일괄조정기준(cumulative catch-up basis)으로 조정한다].

문제 5 저유

㈜대한은 20×1년 5월 1일에 ₩900,000의 약속된 대가로 고객에게 고객 소유의 토지에 상업용 건물을 건설해주고, 그 건물을 20개월 이내에 완성할 경우에는 ₩50,000의 보너스를 받는 계약을 체결하였다. 다음의 〈자료〉를 이용하여 물음에 답하시오.

〈자 료〉

1. 고객은 건설기간동안 건물을 통제하므로 약속된 재화와 용역의 묶음을 기간에 걸쳐 이행하는 단일 수행의무로 회계처리한다. 계약 개시시점에 ㈜대한은 다음과 같이 예상하였다.

거래가격	₩900,000
총계약원가 추정액	700,000

2. 건물의 완공은 날씨와 규제 승인을 포함하여 ㈜대한의 영향력이 미치지 못하는 요인에 매우 민감하고, ㈜대한은 비슷한 유형의 계약에 대한 경험도 적다. ㈜대한은 발생원가에 기초한 투입측정법이 수행의무의 적절한 진행률이 된다고 판단하였다. 20×1년 말 ㈜대한은 변동대가를 다시 평가하고 변동대가 추정치에 여전히 제약이 있는 것으로 결론지었다.

3. 20×2년도 1분기에 ㈜대한과 고객은 건물의 평면도를 바꾸는 계약변경에 합의하였다. 계약변경으로 고정대가는 ₩100,000, 총계약원가는 ₩400,000이 증액되었으며 보너스 획득 허용 기간은 최초 계약 개시시점부터 36개월로 16개월 연장되었다. 계약 변경일에 ㈜대한은 그 동안의 경험과 수행할 나머지 업무를 고려할 때 변동대가 추정치에 제약이 없는 것으로 판단하였다.

4. ㈜대한이 각 회계연도에 지출한 누적계약원가와 총계약원가 추정액을 정리하면 다음과 같으며 이러한 금액에는 자본화 차입원가가 포함되어 있지 않다. 건물은 20×4년 4월 30일에 완공되었다.

구 분	20×1년	20×2년	20×3년
누적 계약원가	₩420,000	₩715,000	₩1,035,000
총계약원가 추정액	700,000	1,100,000	1,150,000

5. 각 회계연도 계약원가에 포함될 차입원가는 다음과 같이 계산되었다.

구분	20×1년	20×2년	20×3년
자본화 차입원가	₩1,000	₩3,000	₩1,000

6. 20×3년까지 ㈜대한의 건설 계약대금 청구액과 계약대금 회수액은 다음과 같다.

구분	20×1년	20×2년	20×3년
계약대금 청구액	₩400,000	₩300,000	₩200,000
계약대금 회수액	400,000	200,000	100,000

(물음 1) 20×2년도 1분기 계약변경에 대해 ㈜대한이 수행해야 할 회계처리를 설명하고 그 근거를 간략히 서술하시오.

(물음 2) ㈜대한의 20×2년과 20×3년의 계약손익 금액을 계산하시오. 단, 계약손실인 경우에는 (−)를 숫자 앞에 표시하시오.

	20×2년	20×3년
계약손익	①	②

(물음 3) ㈜대한의 20×2년과 20×3년 말 계약자산(미청구공사) 또는 계약부채(초과청구공사)를 각각 구하시오. 단, ㈜대한은 손실부담계약에 해당되는 경우 예상손실을 미성공사에서 차감하는 방법을 사용한다.

해설 및 해답 개정전 기준서의 건설계약 (2019년 회계사)

(물음 1)

• 기존계약의 일부인 것으로 간주하여, 전진적으로 회계처리를 수행한다. 나머지 재화나 용역이 구별되지 않아서 계약변경일에 부분적으로 이행된 단일 수행의무의 일부를 구성하고 있기 때문이다.

(물음 2)

	20×2년	20×3년
계약손익	① (−)₩173,000	② (−)₩51,000

	20×1년		20×2년		20×3년
누적발생원가	₩420,000		₩715,000		₩1,035,000
총 예상원가	700,000		1,100,000		1,150,000
누적 진행률	60%		65%		90%
누적 계약수익 인식액	540,000		682,500[2]		945,000
누적 계약원가 인식액	420,000		715,000		1,035,000
예상손실(차입원가 제외)[1]	−		17,500		10,000
누적 차입원가	1,000		4,000		5,000
누적 이익 인식액	119,000		(54,000)		(105,000)
당기 이익 인식액		(173,000)		(51,000)	

1) 총 계약손실 예상액×(1−누적진행률)

2) 누적 계약수익 : [₩900,000+100,000(고정대가증가액)+50,000(보너스)]×65%

3) 20×2년 총 예상원가 : ₩1,800,000(20×2년 누적발생원가)+1,200,000(연도말 예상추가계약원가)

4) 20×3년 공사수익 인식액 : ₩5,000,000(20×3년 누적수익 인식액)−3,000,000(20×2년 누적수익 인식액)

(물음 3)

• 본 문제에서는 손실부담계약의 예상손실을 미성공사에서 차감하도록 단서를 제시하고 있다. 이는 개정전 기준서 1011호 '건설계약'에서 언급하고 있는 방법이다. 따라서 개정 전의 건설계약 기준서를 적용하여 미성공사의 금액을 계산해야 하는지, 개정 후의 수익 기준서를 적용하여 계산해야하는지에 대한 해석이 불분명하다. 본서에서는 두 가지 방법 모두를 제시한다.

1. 개정 전 건설계약 기준서에 따른 방법

구분	20×2년	20×3년
누적원가 발생액(차입원가 포함)	₩719,000	₩1,040,000
누적손익 인식액	(54,000)	(105,000)
누적 청구액	(700,000)	(900,000)
미청구공사(초과청구공사)	₩35,000 초과청구공사	₩35,000 미청구공사

2. 개정 후 수익 기준서에 따른 방법

구분	20×2년	20×3년
누적 수익금액	₩682,500	₩945,000
누적 청구액	(700,000)	(900,000)
계약자산(부채)	₩17,500 부채	₩45,000 자산

[별해] 개정전 기준서 적용시의 회계처리

20×1년 계약원가 발생	(차) 미성공사	420,000	(대) 현금	420,000
	(차) 미성공사	1,000	(대) 현금(차입원가)	1,000
20×1년 공사대금 청구	(차) 계약미수금	400,000	(대) 진행청구액	400,000
20×1년 공사대금 수령	(차) 현금	400,000	(대) 계약미수금	400,000
20×1년 계약이익 인식	(차) 계약원가	421,000[1]	(대) 계약수익	540,000
	미성공사	119,000		

1) ₩420,000(원가인식액)+1,000(차입원가 인식액)

20×2년 계약원가 발생	(차) 미성공사	295,000	(대) 현금	295,000
	(차) 미성공사	3,000	(대) 현금(차입원가)	3,000
20×2년 공사대금 청구	(차) 계약미수금	300,000	(대) 진행청구액	300,000
20×2년 공사대금 수령	(차) 현금	200,000	(대) 계약미수금	200,000
20×2년 계약이익 인식	(차) 계약원가	315,500	(대) 계약수익	142,500
			미성공사	173,000
20×3년 계약원가 발생	(차) 미성공사	320,000	(대) 현금	320,000
	(차) 미성공사	1,000	(대) 현금(차입원가)	1,000
20×3년 공사대금 청구	(차) 계약미수금	200,000	(대) 진행청구액	200,000
20×3년 공사대금 수령	(차) 현금	100,000	(대) 계약미수금	100,000
20×3년 계약이익 인식	(차) 계약원가	313,500	(대) 계약수익	262,500
			미성공사	51,000

[별해] 개정후 기준서 적용시의 회계처리

20×1년 계약원가 발생	(차)	계약이행원가자산	420,000	(대)	현 금	420,000
	(차)	계약이행원가자산	1,000	(대)	현금(차입원가)	1,000
20×1년 공사대금 청구	(차)	수 취 채 권	400,000	(대)	계 약 부 채	400,000
20×1년 공사대금 수령	(차)	현 금	400,000	(대)	수 취 채 권	400,000
20×1년 계약이익 인식	(차)	계 약 부 채	400,000	(대)	계 약 수 익	540,000
		계 약 자 산	140,000			
	(차)	계 약 원 가	421,000[1]	(대)	계약이행원가자산	421,000

1) ₩420,000(원가인식액)+1,000(차입원가 인식액)

20×2년 계약원가 발생	(차)	계약이행원가자산	295,000	(대)	현 금	295,000
	(차)	계약이행원가자산	3,000	(대)	현금(차입원가)	3,000
20×2년 공사대금 청구	(차)	수 취 채 권	300,000	(대)	계 약 자 산	140,000
					계 약 부 채	160,000
20×2년 공사대금 수령	(차)	현 금	200,000	(대)	수 취 채 권	200,000
20×2년 계약이익 인식	(차)	계 약 부 채	142,500	(대)	계 약 수 익	142,500
	(차)	계 약 원 가	298,000[1]	(대)	계약이행원가자산	298,000
	(차)	계 약 원 가	17,500	(대)	손실충당부채	17,500[2]

1) (₩715,000+3,000)(당기누적원가)−(420,000+1,000)(전기누적원가)
2) 예상손실

20×3년 계약원가 발생	(차)	계약이행원가자산	320,000	(대)	현 금	320,000
	(차)	계약이행원가자산	1,000	(대)	현금(차입원가)	1,000
20×3년 공사대금 청구	(차)	수 취 채 권	200,000	(대)	계 약 부 채	200,000
20×3년 공사대금 수령	(차)	현 금	100,000	(대)	계약미수금	100,000
20×3년 계약이익 인식	(차)	계 약 부 채	217,500	(대)	계 약 수 익	262,500
		계 약 자 산	45,000			
	(차)	계 약 원 가	321,000	(대)	계약이행원가자산	321,000
	(차)	손실충당부채	7,500	(대)	계 약 원 가	7,500

CHAPTER 04

재고자산

출제유형

▸ 계산문제

| 문제 1 | 재고자산의 취득원가 및 기말재고의 수정

| 문제 2 | 재고자산 단위원가 계산과 기말재고자산의 평가

| 문제 3 | 매출원가의 계산

| 문제 4 | 매출총이익법과 소매재고법

| 문제 5 | 농림어법

| 문제 6 | 종합문제

| 문제 7 | 종합문제(원가흐름의 가정, 매출원가의 계산, 오류수정)

| 문제 8 | 재고자산 수불부의 관리

▸ 서술형문제

계산문제

문제 1

다음에 제시되는 물음들은 각각 독립적인 상황이다.

(물음 1) 다음은 ㈜대한의 20×1년말 공장 실사시 파악된 재고자산의 금액은 ₩10,000이다. 재고자산의 단위원가는 선입선출법을 사용하여 결정한다. 추가 정보는 다음과 같다.

1. 위 기말 재고자산 금액에는 원재료 A의 매입운임 ₩800, 운송보험료 ₩50, 보세창고 보관료 ₩100, 환급가능한 수입관세 ₩200 및 ㈜대한의 공장에 있는 원재료 A의 보관창고 비용 ₩300이 포함되어 있다. 해당 보관원가는 후속 생산단계에 투입하기 전에 보관이 필요한 경우에 발생하는 원가이며, 원재료 A 기말재고는 곧 제품생산에 투입될 예정이다. 이 원재료 A의 매입할인 ₩400은 매입원가에서 차감하였다.
2. 위 기말 재고자산 금액에는 상품 B의 하역료 ₩100, 환급불가능한 수입관세 ₩150 및 ㈜대한의 공장에 있는 상품 B의 보관창고 비용 ₩200이 포함되어 있다. 해당 보관원가는 후속 생산단계에 투입하기 전에 보관이 필요한 경우에 발생하는 원가가 아니다. 상품 B의 구입과 관련하여 매입거래처로부터 리베이트 ₩500을 수령하였는데 이를 기타수익으로 처리하였다. 상품 B의 당기 판매 분은 없다.
3. 20×2년 1월 4일에 20×1년 12월분 매입운임 ₩6,000의 지급을 요청하는 청구서를 받았다. 이 청구서는 20×1년 12월에 구입한 상품 C와 관련된 것인데, 상품의 60%가 20×1년말 현재 재고자산에 포함되어 있다. 회사는 20×1년말 현재 이 매입운임 ₩6,000을 재고자산이나 매입채무에 포함시키지 않았다.

㈜대한의 20×1년말 올바른 재고자산 금액을 계산하시오.

(물음 2) 다음은 ㈜대한의 20×1년 12월 31일로 종료되는 회계연도에 대한 회계기록이다.

기말 재고자산*	₩10,000
기말 매입채무	20,000
당기 매출액	90,000

* 기말 현재 공장에 있는 재고자산을 실사한 결과에 따른 금액임

재고자산의 단위원가는 선입선출법을 사용하여 결정한다. 추가 정보는 다음과 같다.

1. 회사는 20×1년 12월 20일 미국의 A사로부터 ₩1,000의 상품을 도착지인도조건(F.O.B. destination)으로 주문하였다. 동년 12월 30일에 주문한 상품이 선적되었으나, 송장이 도착하지 않아 매입으로 회계처리하지 않았다. 동 상품은 20×2년 1월 27일에 도착하여 회사에 인도되었다.
2. 회사는 20×1년 12월 2일 프랑스의 B사로부터 ₩2,000의 상품을 선적지인도조건(F.O.B. Shipping point)으로 주문하였다. 동년 12월 10일에 주문한 상품이 선적되었으나, 운송 중에 소실되었다. 20×1년 말 현재 아직 송장이 도착하지 않아 매입으로 회계처리하지 않았다.
3. 회사는 20×1년 12월 13일 일본의 C사에게 상품을 ₩3,000에 판매하였다. 상품의 원가율은 80%이며, 판매조건은 도착지인도조건(F.O.B. destination)이다. 동년 12월 30일에 판매한 상품이 선적되어, 회사는 전액 매출을 인식하였으나 아직 도착하지 않았다.
4. 회사는 20×1년 12월 6일 일본의 C사에게 상품을 ₩4,000에 판매하였다. 상품의 원가율은 80%이며, 판매조건은 선적지인도조건(F.O.B. shipping point)이다. 판매할 상품이 선적을 위하여 대기하던 중 실사시의 재고수량에 포함되었다. 동년 12월 31일에 해당 상품이 선적되어, 회사는 전액 매출을 인식하였다.
5. ㈜대한은 위탁판매를 위해 수탁자에게 제품 E를 적송하고 적송시점에 매출 ₩3,000을 기록하였다. 판매가격은 원가에 20%를 가산한 금액이며, 이 중 ₩1,200(판매가격 기준)은 기말 현재 수탁자가 보관하고 있다.

㈜대한의 20×1년 올바른 ① 기말 재고자산, ② 매입채무 및 ③ 매출액을 각각 구하시오.

(물음 3) 다음은 ㈜대한의 20×1년 12월 31일로 종료되는 회계연도에 대한 회계기록이다. ㈜대한의 20×1 말 실사 시 재고자산 금액은 ₩10,000이며, 당기 매출액은 ₩90,000이다. 재고자산의 단위원가는 선입선출법을 사용하여 결정한다. 추가 정보는 다음과 같다.

1. ㈜대한은 20×1년 10월 8일에 새로 개발된 단위당 원가 ₩100의 신상품을 기존의 고객 10명에게 각각 전달하고, 사용해본 후 6개월 안에 ₩150에 구입여부를 통보해 줄 것을 요청하였다. 회사는 해당 제품의 전달시점에 판매가격 ₩1,500을 전액 매출로 인식하였다. 20×1년 12월 31일 현재 4곳으로부터 구입하겠다는 의사를 전달받았고, 나머지 6곳으로부터는 아무런 연락을 받지 못했다.
2. ㈜대한은 20×1년 12월 20일에 금융회사에게 원가 ₩2,000의 상품을 ₩3,000에 판매하여 인도하고, 1개월 후 ₩3,200에 재구매하기로 약정하였다. 판매시점에 판매금액을 매출로 인식하였다.
3. ㈜대한은 20×1년 12월 15일에 원가 ₩5,000의 상품을 ㈜통성에게 ₩6,000에 판매하였다. 그 대금으로 판매당일 ₩1,000을 수령하였으며, 나머지는 향후 5개월간 매월 15일에 ₩1,000씩 받기로 하고 상품을 인도하였다. 회사는 매출액을 인식하였다.
4. 20×1년 12월 20일에 ㈜서울에 판매한 상품 A의 하자가 발견되어 반품되었고, ㈜대한은 이를 승인하였다. ㈜대한은 반품받은 상품 A의 하자 원인을 조사한 후 20×2년 1월 2일 ㈜대한의 재고창고에 보관 조치함과 동시에 ㈜서울과의 매출거래를 취소하였다. 상품 A의 원가는 ₩1,000이며 매출총이익률은 50%이다.
5. ㈜대한은 20×1년 11월 25일과 12월 5일에 상품 C를 ㈜대구에게 각각 ₩5,000, ₩3,000에 외상판매하고 매출로 인식하였다. ㈜대구와의 거래는 판매일로부터 30일 이내에 반품 가능한 조건부로 이루어졌으며, 매출총이익률은 20%이다. 단, 반품 가능성은 신뢰성있게 측정할 수 없으며, ㈜대한은 반품가능성을 예측할 수 없는 경우의 반환제품회수권을 재고자산에 포함시킨다.
6. ㈜대한은 고객이 상품구매 후 2개월 이내에 반품을 인정하는 조건으로 20×1년 12월 31일 원가 ₩1,200만큼의 상품을 ₩1,500에 현금판매하고 전액 매출액으로 인식하였다. ㈜대한은 판매금액 중 ₩150이 반품될 것으로 예상한다. ㈜대한은 반품가능성을 예측할 수 있는 경우의 반환제품회수권을 재고자산에 포함시키지 않는다.
7. ㈜대한은 20×1년 12월 27일에 원가 ₩1,500의 상품을 ㈜민국에게 ₩2,000에 판매하고 판매대금을 수수하였다. 하지만, ㈜민국은 20×2년 2월 8일에 동 상품을 인도받기를 원해서 ㈜대한의 창고 한쪽에 따로 보관하고 있다. ㈜대한은 20×2년 2월 8일에 동 상품을 인도하면서 매출로 인식하였다.
8. 20×1년 12월 1일에 ㈜대한은 제품재고가 없어 생산중인 제품에 대한 주문을 ㈜만세로부터 받고, 동 제품에 대한 판매대금 ₩1,500을 전부 수령하였다. 20×1년말 현재 동 제품은 생산이 완료되었으며 ㈜대한은 이를 20×2년 1월 5일에 ㈜만세에게 인도하며 매출을 인식하였다. 동 제품의 제조원가는 ₩1,000이고 실사금액에 포함되어 있다.

㈜대한의 20×1년 올바른 ① 기말 재고자산 및 ② 매출액을 각각 구하시오.

해설 및 해답 재고자산의 취득원가 및 기말재고의 수정

(물음 1) 취득원가의 수정 (2012년 회계사 수정)

1. 회사계상 재고자산의 수정

구분	회사 장부	올바른 금액	수정사항
1) 원재료 A	₩200	–	–₩200
2) 상품 B			
필수적이지 않은 보관비용	200	–	–200
리베이트	–	₩(500)	–500
3) 상품 C : 매입운임	–	3,600	+3,600
합계	₩400	₩3,100	**₩2,700**

1) 환급가능한 수입관세는 재고자산의 취득원가에 포함하지 않으므로 ₩200만큼 회사의 재고자산 취득원가에서 차감하여야 한다. 한편, 후속 생산단계에 투입하기 전 보관이 필요한 경우의 보관창고 비용은 재고자산의 취득원가에 포함되므로 수정을 하지 않는다.
2) 필수적이지 않은 보관창고 비용은 당기비용으로 인식하여야 하므로 재고자산의 취득원가에서 제외한다. 매입처로부터 수령한 리베이트는 별도의 수익으로 인식하는 것이 아니라 재고자산의 취득원가에서 차감하여야 한다.
3) 매입운임 중 기말 재고로 보유하고 있는 부분에 대해 해당하는 금액(=₩6,000×60%)을 취득원가에 포함해야한다.

2. 올바른재고자산

- ₩10,000(기말 창고 재고자산)+**2,700**(수정사항)=₩12,700

(물음 2) 기말재고자산, 매입채무 및 매출액의 수정 (2016년 회계사 유사)

1. 수정사항의 도출

구분 (단위 : 원)	재고자산			매입채무			매출액		
	회사 장부	올바른 금액	수정 사항	회사 장부	올바른 금액	수정 사항	회사 장부	올바른 금액	수정 사항
1) 도착지인도조건 구매	–	–	–	–	–	–	–	–	–
2) 선적지인도조건 구매	–	–	–	–	2,000	+2,000	–	–	–
3) 도착지인도조건 판매	–	2,400	+2,400	–	–	–	3,000	–	–3,000
4) 선적지인도조건 판매	3,200	–	–3,200	–	–	–	4,000	4,000	–
5) 위탁판매	–	1,000	+1,000	–	–	–	3,000	1,800	–1,200
합계			**+200**			**+2,000**			**–4,200**

1) 기말재고자산에 포함되지 않으며 매입채무로도 인식하지 않는다.
2) 기말재고자산에 포함되며 매입채무도 인식하여야 하나, 운송중에 소실되었으므로 기말 재고자산에 포함될 금액은 없다.
3) 아직 판매된 것이 아니므로 매출액으로 인식해서는 안되며 운송중인 미착상품은 아직 회사의 재고에 포함되어야 한다.
4) 선적시 판매된 것이므로 회사의 기말 재고자산에는 포함되지 않아야 하나, 실사시 수량에 포함되었으므로 기말 재고자산에서 수정하여야 한다.
5) 수탁자에게 적송한 물품 중 고객에게 판매되지 않은 재고자산은 회사의 기말재고자산에 포함되어야 한다. 따라서 기말 보관분의 원가 ₩1,000(=₩1,200÷(1+20%))을 기말재고자산에 포함해야한다. 한편, 기말 보관분의 매출 인식금액도 취소해야하므로 ₩1,200의 매출액을 제거한다.

2. 답안의 계산

① 20×1년 기말재고자산 : ₩10,000(회사계상)+**200**=₩10,200

② 20×1년 매입채무 : ₩20,000(회사계상)+**2,000**=₩22,000

③ 20×1년 매출액 : ₩90,000(회사계상)−**4,200**=₩85,800

(물음 3) 기말재고자산 및 매출액의 수정

1. 수정사항의 도출

구분 (단위 : 원)	재고자산			매출액		
	회사 장부	올바른 금액	수정 사항	회사 장부	올바른 금액	수정 사항
1) 시용판매	−	600	+600	1,500	600	−900
2) 재매입 약정 판매	−	2,000	+2,000	3,000	−	−3,000
3) 할부판매	−	−	−	현재가치	현재가치	−
4) 반품된 상품	−	1,000	+1,000	2,000	−	−2,000
5) 반품조건부판매−예측 ×	−	2,400[5)]	+2,400	8,000	5,000	−3,000
6) 반품조건부판매−예측 ○	−	−	−	1,500	1,350	−150
7) 미인도 청구판매	1,500	−	−1,500	−	2,000	+2,000
8) 재고가 없는 자산의 판매	1,000	1,000	−	−	−	−
합계			**+4,500**			**−7,050**

1) 시용판매는 고객으로부터 구매의사를 전달받은 재고자산만 판매된 것으로 보므로 판매되지 않은 재고자산의 원가는 기말재고자산에 포함시키며, 판매가격은 매출로 인식하지 않는다.
2) 판매시 재매입약정을 체결한 경우에는, 판매거래와 재매입거래는 하나의 금전대차거래에 지나지 않는다. 따라서, 판매된 것이 아니므로 기말 재고자산에 포함시키며 매출액을 인식하지 않는다.
3) 대가가 분할되어 수취되는 할부판매는 미래 예상현금흐름의 회수가능성이 높을 경우, 수익으로 인식한다.
4) 반품을 승인하였으므로 매출액은 취소되며, 재고자산은 회사의 재고로 귀속된다.
5) ₩3,000×(1−20%)(12/5판매분)(11/25 판매분은 반품기간이 종료되었으므로 판매가 완료됨)
6) 반품가능성을 예측할 수 있는 경우, 반품예상재고자산 ₩120이 반환제품회수권으로 인식되나, 재고자산에 포함되지 않는다.
7) 구매자의 요청에 따라 인도가 지연되고 있으므로, 미청구판매로서 20×1년에 수익을 인식할 수 있다.
8) 재고가 없는 재고자산에 대해 판매계약을 체결한 경우, 재고자산이 인도되는 시점에 수익을 인식할 수 있으므로, 20×1년말 현재 인도되지 않은 재고자산은 기말재고자산에 포함을 시켜야 한다.

2. 답안의 계산

① 20×1년 기말재고자산 : ₩10,000(회사계상)+**4,500**=₩14,500

② 20×1년 매출액 : ₩90,000(회사계상)−**7,050**=₩82,950

문제 2

다음의 독립적인 물음에 답하시오.

(물음 1) 다음은 ㈜서울의 재고자산에 대한 5월 한 달 동안의 기록이다. 5월말 상품의 실지재고수량은 50개로 확인되었으며 감모는 5월 13일에 발생하였다. ㈜서울은 원가흐름에 대한 가정으로 가중평균법을 적용하고 있다.

일 자	매 입			매 출	
	수량(개)	구입단가	금액	수량(개)	단가
5월 1일	100	₩100	₩10,000		
6일				50	₩150
10일	150	₩130	₩19,500		
11일	150	₩140	₩21,000		
12일				100	₩150
21일	100	₩160	₩16,000		
25일				250	₩150
합 계	500		₩66,500	400	

㈜서울이 월별 재무제표 작성 시, 재고자산에 대해 계속기록법을 적용하는 경우와 실지재고조사법을 적용하는 경우에 있어서 5월말 재고자산 금액의 차이를 구하시오.

(물음 2) 12월말 결산법인인 ㈜인천의 20×1년말 현재 재고자산 평가와 관련된 자료는 다음과 같다.

구 분 (단위 : 개, 원)	재고 수량	단위당			
		원가	현행 대체원가	판매가격	추가완성원가*
원재료 A	100	210	190	180	—
재공품 A	50	400	—	440	60
제 품 A	300	480	460	440	—
원재료 B	200	460	430	420	—
재공품 B	70	750	—	840	90
제 품 B	400	810	860	840	—

* 추가완성원가에는 판매비용이 포함되어 있지 않음

원재료 A와 재공품 A는 제품 A를 생산하기 위한 것이고, 원재료 B와 재공품 B는 제품 B를 생산하기 위한 것이다. 장부수량과 실사수량은 같으며, 전기까지 발생한 재고자산평가손실은 없다. 재고자산 중 제품A의 60%와 제품B의 70%는 확정판매계약을 이행하기 위하여 보유하고 있는 재고자산이다. 제품A의 단위 당 확정판매계약가격은 ₩500이며, 제품B의 단위당 확정판매계약가격은 ₩800이다. 확정판매계약에 따른 판매의 경우에는 판매비용이 발생하지 않지만, 모든 일반판매는 단위당 ₩10의 판매비용이 발생한다. 이 경우 ㈜인천이 20×1년 회계연도에 재고자산평가손실로 인식해야 하는 금액을 계산하시오.

(물음 3) ㈜한영은 원재료 A를 가공하여 제품 A를 생산하여 판매하고 있으며, 원재료 B를 가공하여 제품 B를 생산하여 판매하고 있다. 또한 원재료 C를 가공하여 제품 C를 생산하여 판매하고 있다. 각 재고자산 항목들은 성격이나 용도가 유사하지 않다. 단, 기초재고자산 평가충당금 및 재공품, 재고자산감모손실은 없다고 가정한다.

[자료 1] 보고기간 말인 20×1년 12월 31일 현재 재고자산에 관한 자료

항 목	보고기간말 실사수량	단위당			
		취득원가(제조원가)	현행대체원가	예상판매가격	예상판매비용
원재료A	10kg	₩ 10	₩ 8	₩ 15	₩ 6
원재료B	20kg	20	16	23	5
원재료C	50kg	30	28	35	3
제 품A	200개	200	180	150	20
제 품B	300개	150	160	200	30
제 품C	500개	100	120	120	30

[자료 2] 재고자산 관련 추가사항(1월 1일－12월 31일)

항 목	재고자산 관련 추가사항
원재료A	20kg(단가는 kg당 ₩10)이 선적지 인도조건으로 기말 현재 운송중임
원재료B	30kg(단가는 kg당 ₩20)이 도착지 인도조건으로 기말 현재 운송중임
원재료C	후속 생산단계에 투입하기 전 보관이 필요하며 보고기간말 현재 보관원가는 kg당 ₩3이 발생하였으나 [자료 1]의 취득원가에는 반영되지 않음
제품A	차기에 재구매하기로 하고 한국상사에 개당 ₩200에 10개를 판매함.(단, 재구매단가는 ₩250이며 자산소유에 따른 위험과 보상이 구매자에게 이전되지 않음)
제품B	서울상사에 100개를 반품가능조건으로 판매하였으며 기말 현재 반품수량은 30개로 추정이 됨. (단, ㈜한영은 반환제품회수권을 기말재고에 포함시키지 않음)
제품C	확정판매계약에 의해 기말 제품의 60%가 차기에 판매될 예정임(단, 계약단가는 ₩80이며, 추가적인 판매비용은 발생하지 않음)

상기 재고자산들과 관련하여 ㈜한영이 20×1년 포괄손익계산서에 인식할 재고자산 평가손실을 계산하시오.

(물음 4) ㈜한국은 거래처와 개당 ₩450으로 300개의 재고자산을 판매하기로 하는 확정계약을 체결한 상태이다. ㈜한국의 20×1년말 현재 기말재고 보유수량은 100개이고, 장부상 개당 원가는 ₩500이며, 개당 순실현가능가치는 ₩400이다. 확정판매로 계약된 재고자산과 동일한 재고자산 구매시 개당 원가는 ₩550으로 예상된다. 확정판매계약 이행을 위한 판매비용은 발생하지 않는다.

위에서 주어진 자료를 이용하여 다음 물음에 답하시오.

① 20×1년 ㈜한국의 당기순이익에 미치는 영향을 계산하시오.

② 20×1년말 ㈜한국이 해야 할 회계처리를 제시하고, 그 근거를 간략하게 설명하시오.

(물음 5) 20×1년 1월 1일에 설립된 ㈜대한은 상품 A를 매입하여 판매하며, 제품 B를 생산하여 판매하는 회사이다. ㈜대한은 당기순이익 극대화를 위해 의사결정한다. 다음의 자료를 이용하여 〈요구사항〉에 답하시오.

1. ㈜대한은 ㈜민국의 상품 A 200개를 20×2년 7월 1일에 단위당 ₩20,000에 현금 매입하는 확정매입계약을 20×1년 7월 1일에 체결하였다. 본 확정매입계약을 ㈜대한이 해지할 수는 있으나 해지할 경우 손해배상금 ₩1,500,000을 지급해야 한다. 상품 A의 단위당 현행원가는 다음과 같다.

20×1.7.1.	20×1.12.31.
₩20,000	₩15,000

2. ㈜대한은 제품 B 300개를 단위당 판매가격 ₩10,000으로 20×2년 7월 1일 ㈜한국에 납품해야 하는 확정판매계약을 20×1년 2월 1일에 체결하였다. ㈜한국과의 계약을 통해 ㈜대한은 해당 제품의 판매와 관련한 판매비용을 절감할 수 있게 되었지만, 이 계약을 이행하지 않을 경우 위약금 ₩1,000,000이 발생하게 된다. 20×1년 12월 31일 현재 제품 B의 단위당 원가 및 가격 관련 정보는 다음과 같다.

장부상원가	일반판매가격	추정판매비용
₩15,000	₩15,000	₩2,000

〈요구사항 1〉 ㈜대한의 20×1년도 12월 31일 상품 A와 관련된 확정계약손실액을 계산하시오.

확정계약손실액	①

〈요구사항 2〉 20×2년 7월 1일 상품 A의 단위당 현행원가가 각각 ₩17,000과 ₩13,000일 경우, 상품 A와 관련한 회계처리가 ㈜대한의 20×2년도 포괄손익계산서 상 당기순이익에 미치는 영향을 각각 계산하시오. 단, 당기순이익이 감소하는 경우에는 금액 앞에 (−)를 표시하시오.

현행원가가 ₩17,000일 경우	①
현행원가가 ₩13,000일 경우	②

〈요구사항 3〉 제품 B와 관련하여 20×1년 12월 31일 현재 ㈜대한의 재고수량이 각각 100개와 400개일 경우, ㈜대한이 20×1년도 포괄손익계산서에 인식할 비용을 각각 계산하시오.

재고수량이 100개일 경우	①
재고수량이 400개일 경우	②

해설 및 해답 재고자산 단위원가 계산과 기말재고자산의 평가

(물음 1) 원가흐름의 가정 (2013년 회계사 수정)

① 감모수량의 계산 : 500(총 매입 재고)−400(판매재고)−50(실지재고)=50개

② 계속기록법을 적용하는 경우

구분		거래			잔고		
일자	적요	수량	단가	총액	수량	단가	총액
5월 1일	기초재고				100	100	10,000
6일	매출	(50)	100	(5,000)	50	100	5,000
10일	매입	150	130	19,500			
11일	매입	150	140	21,000	350	130	45,500
12일	매출	(100)	130	(13,000)	250	130	32,500
13일	감모	(50)			200	130	26,000
21일	매입	100	160	16,000	300	140	42,000
25일	매출	(250)	140	(35,000)	50	140	**7,000**

② 실지재고조사법을 적용하는 경우

일자	적요	수량	단가	총액
5월 1일	기초재고	100	100	10,000
10일	매입	150	130	19,500
11일	매입	150	140	21,000
21일	매입	100	160	16,000
매입총계		500	133	66,500

∴ 기말재고: 50개×₩133(평균단가)=**₩6,650**

③ 기말재고자산의 차이 : ₩7,000(이동평균법)−6,650(총평균법)=₩350

[별해] 감모손실

① 계속기록법을 적용하는 경우 : 50개×130(5/13 평균단가)=₩6,500

② 실지재고조사법을 적용하는 경우 : 50개×133(총 평균단가)=₩6,650

(물음 2) 기말재고자산의 평가 (2012년 회계사 수정)

1. 제품 A

① 제품 A – 확정판매수량

실제수량 × 장부단가 = ₩86,400
180개[1] ₩480
실제수량 × NRV = ₩90,000
180개 ₩500[2]

평가충당금 N/A

1) 확정판매수량 : 300개(총 수량)×60%
2) 확정판매수량은 확정판매가격으로 저가법 검토

② 제품 A – 일반판매수량

실제수량 × 장부단가 = ₩57,600
120개[1] ₩480
실제수량 × NRV = ₩51,600
120개 ₩430[2]

평가충당금 ₩6,000

1) 확정판매수량 초과분 : 300개(총 수량)×(1－60%)
2) 순실현가능가치 : ₩440(일반판매가격)－10(판매비용)

③ 재공품 A

실제수량 × 장부단가 = ₩20,000
50개 ₩400
실제수량 × NRV = ₩18,500
50개 ₩370[1]

평가충당금 ₩1,500

1) 순실현가능가치 : ₩440(판매가격)－60(추가 완성원가) －10(판매비용)

④ 원재료A

실제수량 × 장부단가 = ₩21,000
100개 ₩210
실제수량 × NRV = ₩19,000
100개 ₩190[1]

평가충당금 ₩2,000[2]

1) 원재료는 현행대체원가로 저가법 검토
2) 완성후 판매되는 제품(일반판매수량)에 대해 저가법을 수행하므로 원재료에 대해서도 저가법 수행

2. 제품 B

① 제품B – 확정판매수량

실제수량 × 장부단가 = ₩226,800
280개[1] ₩810
실제수량 × NRV = ₩224,000
280개 ₩800[2]

평가충당금 ₩2,800

1) 확정판매수량 : 400개(총 수량)×70%
2) 확정판매수량은 확정판매가격으로 저가법 검토

② 제품B – 일반판매수량

실제수량 × 장부단가 = ₩97,200
120개[1] ₩810
실제수량 × NRV = ₩99,600
120개 ₩830[2]

평가충당금 N/A

1) 확정판매수량 초과분 : 400개(총 수량)×(1－70%)
2) 순실현가능가치 : ₩840(판매가격)－10(판매비용)

③ 재공품B

실제수량 × 장부단가 = ₩52,500
70개 ₩750
실제수량 × NRV = ₩51,800
70개 ₩740[1]

평가충당금 ₩700

1) 순실현가능가치 : ₩840(판매가격)－90(추가 완성원가) －10(판매비용)

④ 원재료B

실제수량 × 장부단가 = ₩92,000
200개 ₩460
실제수량 × NRV = ₩86,000
200개 ₩430

평가충당금 N/A[1]

1) 완성후 판매되는 제품(일반판매수량)에 대해 저가법을 수행하지 않으므로 원재료에 대해서도 저가법을 수행하지 않음

3. 재고자산 평가손실

- 6,000＋1,500＋2,000＋2,800＋700＝₩13,000

(물음 3) 기말재고 평가 종합 (2013년 세무사 수정)

1. 추가사항의 분석

항 목	수정여부의 분석
원재료A	선적지 인도조건의 매입상품은 기말재고자산에 포함되어야 하므로 원재료A **수량에 가산**한다.
원재료B	도착지 인도조건의 매입상품은 기말재고자산에 포함되지 않으므로 수정하지 않는다.
원재료C	후속생산단계에 투입하기 전 보관이 필요한 경우의 보관원가는 재고자산의 취득원가에 포함된다. 따라서 **원재료C의 단가를 수정**한다.
제품A	판매가격이 행사가격보다 낮은 재구매 약정판매는 금융약정에 해당하므로 해당 재고는 회사의 **기말재고자산에 포함**되어야 한다.
제품B	반품조건부판매에서 반품가능성을 합리적으로 추정할 수 있는 경우는 판매된 것으로보아 해당재고자산을 기말재고수량에 포함시키지 않는다.
제품C	확정판매계약의 이행에 필요한 수량의 재고자산은 확정판매계약가격으로 저가법을 검토한다. 따라서 계약 이행에 필요한 재고자산 300개는 **80원으로 저가법 평가를 수행**한다.

2. 평가손실

① 제품 A

실제수량 ×	장부단가		평가충당금
210개[1]	₩200		₩14,700
실제수량 ×	NRV		
210개	₩130		

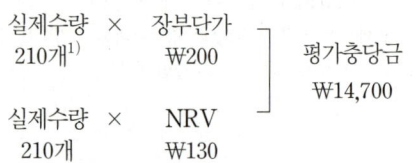

1) 200개(실사수량)+10개(재매입약정판매 재고자산)

② 제품 B

실제수량 ×	장부단가		평가충당금
300개[1]	₩150		없음
실제수량 ×	NRV		
300개	₩170		

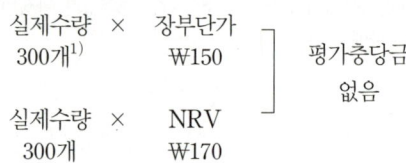

1) 반환제품회수권은 기말재고에 포함되지 않음

③ 제품 C - 확정판매수량

실제수량 ×	장부단가		평가충당금
300개[1]	₩100		₩6,000
실제수량 ×	NRV		
300개	₩80[2]		

1) 500개×60%
2) 확정판매계약가격

④ 제품 C - 일반판매수량

실제수량 ×	장부단가		평가충당금
200개[1]	₩100		₩2,000
실제수량 ×	NRV		
200개	₩90[2]		

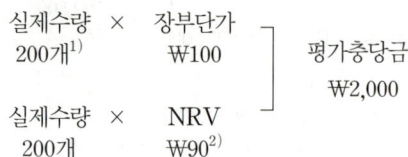

1) 500개×40%
2) ₩120(일반판매가격)−30

⑤ 원재료 A

실제수량 ×	장부단가		평가충당금
30kg[1]	₩10		₩60
실제수량 ×	NRV		
30kg	₩8[2]		

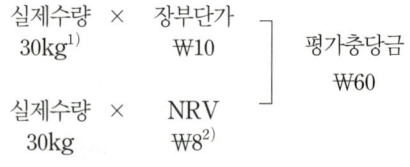

1) 10kg(실사수량)+20kg(선적지인도조건 매입재고)
2) 현행대체원가

⑥ 원재료 C

실제수량 ×	장부단가		평가충당금
50kg	₩33[1]		₩250
실제수량 ×	NRV		
50kg	₩28		

1) ₩30+3(후속 생산단계에 투입하기 전 보관이 필요한 경우의 보관원가)

* 제품 B에 평가손실을 인식하지 않았으므로 원재료 B도 저가법 검토 ×

∴ 평가손실 : ₩14,700+6,000+2,000+60+250=₩23,010

(물음 4) 확정판매계약 (2017년 회계사)

1. 답안

① 당기순이익에 미치는 영향 : (−)5,000(저가법평가)[1]−20,000(손실부담계약)[2]=(−)25,000

1) 확정판매계약 수량 재고의 저가법 평가

실제수량 × 100개	장부단가 ₩500	=	₩50,000	평가충당금 5,000
실제수량 × 100개	확정판매계약가격 ₩450	=	₩45,000	

2) 손실부담계약관련 충당부채의 인식 : 200개×₩450(수령할 대가)−200개×₩550(계약 이행시 소요될 원가) =(−)₩20,000

② 회계처리

보유재고에 대한 저가법	(차) 평 가 손 실	5,000	(대) 재고자산평가충당금	5,000
손실충당부채	(차) 손 실	20,000	(대) 손 실 충 당 부 채	20,000

• 근거 : 순실현가능가치를 추정할 때 재고자산의 보유 목적도 고려하여야 한다. 예를 들어 확정판매계약 또는 용역계약을 이행하기 위하여 보유하는 재고자산의 순실현가능가치는 계약가격에 기초한다. 만일 보유하고 있는 재고자산의 수량이 확정판매계약의 이행에 필요한 수량을 초과하는 경우에는 그 초과 수량의 순실현가능가치는 일반 판매가격에 기초한다. 재고자산 보유 수량을 초과하는 확정판매계약에 따른 충당부채나 확정매입계약에 따른 충당부채는 기업회계기준서 제1037호 '충당부채, 우발부채, 우발자산'에 따라 회계처리한다(K−IFRS 1002호 문단 31).

(물음 5) 확정계약과 재고자산 평가 (2024년 회계사)

〈 요구사항 1 〉

확정계약손실액	① ₩1,000,000

① 이행시 손실 : 200개×[₩15,000(현행원가)−20,000(확정매입계약가격)]=(−)₩1,000,000

② 확정계약손실 : min[(−)₩1,000,000(이행시손실), (−)1,500,000(위약금)]=(−)₩1,000,000

③ 회계처리

손실부담계약	(차) 계 약 손 실	1,000,000	(대) 손 실 충 당 부 채	1,000,000

〈 요구사항 2 〉

현행원가가 ₩17,000일 경우	① ₩400,000
현행원가가 ₩13,000일 경우	② (−)₩400,000

① 현행원가가 ₩17,000일 경우의 회계처리

매입	(차) 재고자산	3,400,000	(대) 현금	4,000,000
	손실충당부채	1,000,000	손실충당부채환입	**400,000**

② 현행원가가 ₩13,000일 경우의 회계처리

매입	(차) 재고자산	2,600,000	(대) 현금	4,000,000
	손실충당부채	1,000,000		
	계약손실	**400,000**		

[별해] 다른 접근

① 현행원가가 ₩17,000일 경우의 회계처리

매입전 평가	(차) 손실충당부채	400,000	(대) 손실충당부채환입	**400,000**
매입	(차) 재고자산	3,400,000	(대) 현금	4,000,000
	손실충당부채	600,000		

② 현행원가가 ₩13,000일 경우의 회계처리

매입전 평가	(차) **확정계약손실**	**400,000**	(대) 손실충당부채	400,000
매입	(차) 재고자산	2,600,000	(대) 현금	4,000,000
	손실충당부채	1,400,000		

〈 요구사항 3 〉

재고수량이 100개일 경우	① ₩1,200,000
재고수량이 400개일 경우	② ₩1,700,000

• **재고수량이 100개인 경우**

1. 계약 이행시의 손실

① 확정판매계약 수량 재고의 저가법 평가

실제수량 100개 × 취득원가 ₩15,000 = ₩1,500,000

실제수량 100개 × 확정판매계약가격 ₩10,000 = ₩1,000,000

평가충당금 500,000

② 손실부담계약관련 충당부채의 인식 : 200개×₩10,000(수령할 대가)−200개×₩15,000(제품B는 제품이므로 장부상원가(=제조원가) 사용)=(−)₩1,000,000

③ 이행시의 손실 : ₩500,000+1,000,000=**₩1,500,000**

2. 위약금 지불시의 손실

① 위약금 : ₩1,000,000

② 일반판매 재고자산의 저가법 평가

실제수량 100개	×	취득원가 ₩15,000	= ₩1,500,000	평가충당금 200,000
실제수량 100개	×	순실현가능가치 ₩13,000	= ₩1,300,000	

③ 계약 파기시의 손실 : ₩1,000,000+200,000=₩**1,200,000**

3. 당기순이익에 미치는 영향 : min[₩1,500,000(이행시),₩1,200,000(위약시)]=₩1,200,000 손실

• 재고수량이 400개인 경우

1. 계약 이행시의 손실

① 확정판매계약 수량 재고의 저가법 평가

실제수량 300개	×	취득원가 ₩15,000	= ₩4,500,000	평가충당금 1,500,000
실제수량 300개	×	확정판매계약가격 ₩10,000	= ₩3,000,000	

② 일반판매 재고자산의 저가법 평가(초과보유수량 100개)

실제수량 100개	×	취득원가 ₩15,000	= ₩1,500,000	평가충당금 200,000
실제수량 100개	×	순실현가능가치 ₩13,000	= ₩1,300,000	

③ 이행시의 손실 : ₩1,500,000+200,000=₩**1,700,000**

2. 위약금 지불시의 손실

① 위약금 : ₩1,000,000

② 일반판매 재고자산의 저가법 평가

실제수량 400개	×	취득원가 ₩15,000	= ₩6,000,000	평가충당금 800,000
실제수량 400개	×	순실현가능가치 ₩13,000	= ₩5,200,000	

③ 계약 파기시의 손실 : ₩1,000,000+800,000=₩**1,800,000**

3. 당기순이익에 미치는 영향 : min[₩1,700,000(이행시), ₩1,800,000(위약시)]=₩1,700,000 손실

문제 3

다음의 각 독립적인 물음에 답하시오.

(물음 1) 다음은 ㈜청담의 재고자산 관련 자료이다. 이를 통하여 ㈜청담이 20×1년 및 20×2년의 포괄손익계산서에 인식할 매출원가를 계산하시오.

1. 20×1초 재고자산은 ₩2,000,000이다.
2. 20×1년 총매입은 ₩25,000,000, 추가로 ㈜청담이 부담한 매입운임은 ₩2,000,000, 매입에누리와 환출은 ₩2,300,000, 매입할인은 ₩700,000이다.
3. 20×1년말 재고자산의 장부재고수량과 실지재고수량, 취득원가 및 순실현가능가치는 다음과 같다.

재고자산 수량		단위당 취득원가	단위당 순실현가능가치
장부재고	실지재고		
1,000개	900개	₩1,000	₩800

4. 20×2년 순매입은 ₩30,000,000이며 20×2년말 재고자산의 장부재고수량과 실지재고수량, 취득원가 및 순실현가능가치는 다음과 같다.

재고자산 수량		단위당 취득원가	단위당 순실현가능가치
장부재고	실지재고		
1,000개	950개	₩800	₩700

5. 20×1년 재고자산감모손실 중 70%는 정상적인 감모손실로서 원가성이 있는 것으로, 30%는 비정상적인 감모손실로서 원가성이 없는 것으로 판명되었다. 20×2년의 재고자산감모손실은 모두 원가성이 있는 것으로 판명되었다.
6. 원가성이 있는 재고자산감모손실은 매출원가에 포함하며, 원가성이 없는 재고자산감모손실은 기타비용으로 회계처리한다.
7. 재고자산의 저가기준 평가는 항목별 기준을 적용하며, 재고자산평가손실은 전액 매출원가에 포함한다.

(물음 2) 아래에 제시되는 자료를 활용하여 다음의 〈요구사항〉에 답하시오.

- 제품 D의 보고기간 말 장부상 수량은 240개이고 실사수량은 210개이다.
- 장부상 수량과 실사수량의 차이 30개 중 20개는 정상감모, 10개는 비정상감모이다.
- 보고기간 말 제품 D의 제조원가는 개당 ₩200이며, 저가법에 의한 평가금액은 개당 ₩130이다.
- 제품 D에 대한 재고자산평가충당금의 기초잔액은 ₩16,700이다.
- 정상감모와 재고자산평가손실은 매출원가에 가산하고 비정상감모는 영업외비용으로 처리하고 있다.

〈요구사항 1〉 ㈜한영은 제품 D의 기말 장부수량에 단위당 취득원가를 적용하여 매출원가 산정을 위한 분개를 하였다. 또한 정확한 매출원가의 도출을 위해 ① 감모손실에 대한 정정분개와 ② 기말 재고자산의 평가를 위한 분개를 추가로 행하였다. ①과 ②의 분개를 통해 매출원가에 가감되는 금액을 계산하시오.(단, 매출원가를 감소시키는 경우에는 금액 앞에 (−)표시를 하시오.)

〈요구사항 2〉 ㈜한영은 제품 D의 기말실사를 통해 파악된 실지재고액만을 고려하여 매출원가 산정을 위한 수정분개를 하였다. 또한 정확한 매출원가의 도출을 위해 ① 감모손실에 대한 정정분개와 ② 기말 재고자산의 평가를 위한 분개를 추가로 행하였다. ①과 ②의 분개를 통해 매출원가에 가감되는 금액을 계산하시오. (단, 매출원가를 감소시키는 경우에는 금액 앞에 (−)표시를 하시오.)

(물음 3) 다음은 ㈜세무의 20×1년 상품(동일품목)의 매입·매출에 관한 자료이며, ㈜세무는 한국채택국제회계기준에 따라 적절하게 회계처리를 하였다고 가정한다.

1. 20×1년 1월 1일 상품수량은 1,000개이고, 상품평가충당금은 ₩15,000이다.
2. 20×1년 1월 2일 ㈜한국으로부터 상품 2,500개를 취득하면서 ₩500,000은 즉시 지급하고, 나머지 대금 ₩2,000,000은 20×2년 말에 지급하기로 하였으며, ㈜세무공장까지의 운반비 ₩80,000은 ㈜한국이 부담하였다. 취득일 현재 상품의 현금가격상당액은 총지급액을 유효이자율로 할인한 현재가치와 동일하며, 동 거래에 적용되는 유효이자율은 연 9%이다. (단, 9%의 1기간과 2기간 기간 말 단일금액 ₩1의 현가계수는 각각 0.9174와 0.8417이다. 금액계산은 소수점 첫째자리에서 반올림한다.)
3. 20×1년 8월 20일 상품 2,600개를 수입하였는데, 상품대금 중 US$700은 20×1년 6월 30일 선지급하였고, US$1,200은 20×1년 8월 20일 입고시점에 지급하였으며, US$800은 20×2년 1월 15일 지급하였다. 환율정보는 다음과 같다.

20×1년 6월 30일	20×1년 8월 20일	20×1년 12월 31일	20×2년 1월 15일
₩1,150/US$	₩1,350/US$	₩1,400/US$	₩1,480/US$

4. 20×1년 10월 8일 상품 4,100개를 판매하였다.
5. 20×1년 12월 25일 상품 1,500개의 구입대금 ₩1,725,000을 지급하였다. 동 상품은 도착지 인도조건으로 계약하였고 20×1년 말 현재 운송 중이다.
6. 20×1년 12월 28일 도착지 인도조건으로 판매하는 계약을 체결하고 출고한 상품 300개는 20×1년 말 현재 운송중이다.

〈 추가 자료 〉

1. 상품의 감모손실 중 75%는 원가성이 있고, 25%는 원가성이 없는 것으로 가정한다. 원가성이 있는 감모손실과 평가손실(환입)은 매출원가에 반영하고, 원가성이 없는 감모손실은 기타비용으로 처리한다.
2. 20×1년 말 현재 ㈜세무는 동일한 상품을 개당 ₩1,250에 구입할 수 있으며, ㈜세무가 판매할 경우 개당 예상 판매가격은 ₩1,300이며, 개당 예상 판매비용은 ₩40이다.

(1) 20×1년 1월 2일 매입한 상품의 취득원가는 얼마인가?

(2) 20×1년 8월 20일 매입한 상품의 취득원가는 얼마인가?

(3) 상품 감모손실이 없다고 가정할 때, 20×1년 말 상품 재고수량은 몇 개인가?

(4) 20×1년 원가성 있는 감모수량이 150개라면, 20×1년 말 현재 ㈜세무의 창고에 보관 중인 실제 상품 재고수량은 몇 개인가?

(5) 20×1년 매출원가에 반영될 상품평가손실(환입)은 얼마인가? 매출원가를 증가시키면 '증가', 감소시키면 '감소'라고 표시하시오. (단, 원가성 있는 감모수량은 150개이며, 평가충당금을 고려하기 전 상품단가는 ₩1,280으로 가정한다.)

해설 및 해답 매출원가의 계산

(물음 1) (2013년 회계사 수정)

① 20×1년 매출원가 : ₩25,000,000+100,000×70%(정상감모손실)+180,000=₩25,250,000

재고자산

기초재고 2,000,000	장부상 매출원가 25,000,000
당기매입 24,000,000[1]	1,000개 × ₩1,000

평가충당금

–	기초 충당금 –
기말 충당금 180,000	평가손실 180,000

1,000개 × 1,000
감모손실 100,000
900개 × 1,000
평가충당금 180,000 (→ 기말 충당금)
900개 × 800

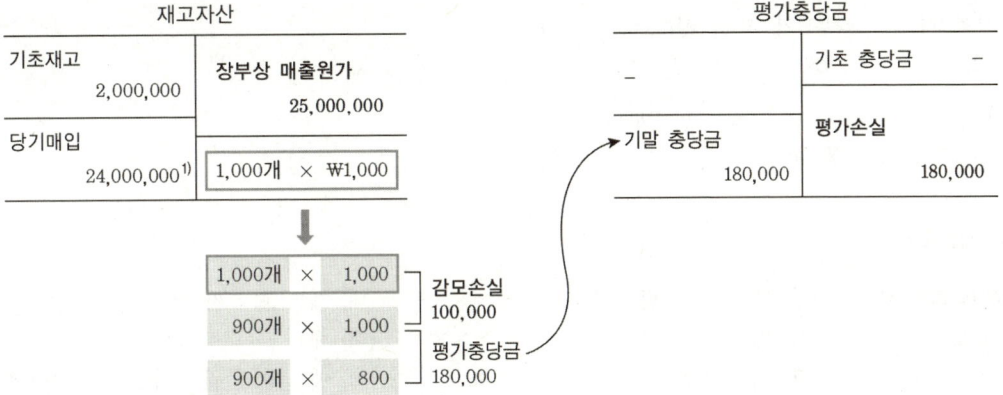

1) 20×1년 순매입액 : 25,000,000(총매입)+2,000,000(매입운임)−2,300,000(매입에누리및환출)−700,000(매입할인)

② 20×2년 매출원가 : ₩30,100,000+40,000(정상감모손실)−85,000(평가손실환입)=₩30,055,000

재고자산

기초재고 900,000[1]	장부상 매출원가 30,100,000
당기매입 30,000,000	1,000개 × ₩800

평가충당금

평가손실환입 85,000[2]	기초 충당금 180,000
기말 충당금 95,000	–

1,000개 × 800
감모손실 40,000
950개 × 800
평가충당금 95,000 (→ 기말 충당금)
950개 × 700

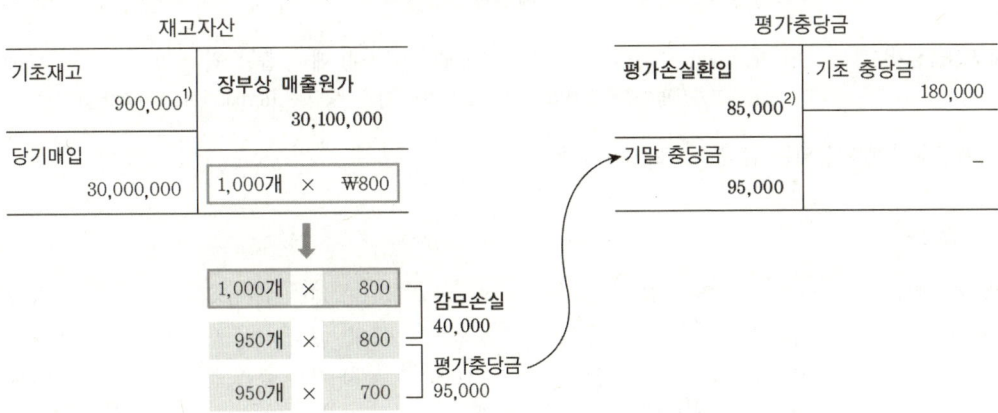

1) 장부상 단가와 순실현가능가치와의 차이로 인한 저가법 평가금액은 평가충당금에 별도로 계상되기 때문에, 재고자산 T계정의 기초잔액은 순실현가능가치로 평가된 금액이 아니라 '실제수량×장부상 단가'로 계산된 금액이 남아있게 된다.
2) 평가손실로 인식할 금액은 저가법 평가금액인 ₩95,000이 아니라 기초 평가충당금 잔액과의 차액인 ₩85,000을 환입해야 한다. (보충법 회계처리)

(물음 2) (2013년 세무사 수정)

• 기말 재고자산의 평가

장부수량 240개	×	장부단가 ₩200	=	₩48,000	정상감모손실 : 20개×₩200 비정상감모손실 : 10개×₩200
실제수량 210개	×	장부단가 ₩200	=	₩42,000	평가충당금 : ₩14,700
실제수량 210개	×	NRV ₩130	=	₩27,300	

〈요구사항 1〉

회사의 회계처리 (3분법)	(차) 매 출 원 가	×××	(대) 재 고 자 산	×××
	(차) 매 출 원 가	×××	(대) 매 입	×××
	(차) 재 고 자 산	48,000[1]	(대) 매 출 원 가	48,000

1) 기말재고자산 장부상수량 장부단가

① 감모손실 정정분개	(차) 매 출 원 가	4,000[1]	(대) 재 고 자 산	4,000

1) 정상감모손실을 매출원가에 포함

② 저가법 평가분개	(차) 재고자산평가충당금	2,000[1]	(대) 매 출 원 가	2,000

1) 재고자산평가충당금환입 : ₩14,700(기말 평가충당금) − 16,700(기초 평가충당금)

∴ 매출원가에 가감되는 금액 : ₩2,000 가산

〈요구사항 2〉

회사의 회계처리 (3분법)	(차) 매 출 원 가	×××	(대) 재 고 자 산	×××
	(차) 매 출 원 가	×××	(대) 매 입	×××
	(차) 재 고 자 산	42,000[1]	(대) 매 출 원 가	42,000

1) 기말재고자산 실제수량 장부단가

① 감모손실 정정분개	(차) 영 업 외 비 용	2,000[1]	(대) 매 출 원 가	2,000

1) 비정상감모손실을 매출원가에서 제외

② 저가법 평가분개	(차) 재고자산평가충당금	2,000	(대) 매 출 원 가	2,000

∴ 매출원가에 가감되는 금액 : (−)₩4,000 차감

(물음 3) (2022년 세무사)

1. 1월 2일 상품 취득원가 : ₩2,000,000×0.8417+500,000=₩2,183,400

2. 8월 20일 상품 취득원가

20×1년 6월 30일	(차) 선 급 금	₩805,000	(대) 현 금	$700×@1,150
20×1년 8월 20일	(차) 상 품	**3,505,000**	(대) 선 급 금	₩805,000[1)]
			현 금	$1,200×@1,350
			미 지 급 금	$800×@1,350

1) 선급금은 비화폐성 외화항목이므로 환산하지 않음

20×1년 12월 31일	(차) 외 환 손 실	40,000	(대) 미 지 급 금	$800×@50[1)]

1) ₩1,400/$(기말환율)−1,350/$(장부상 환율)

20×2년 1월 15일	(차) 미 지 급 금	$800×@1,400	(대) 현 금	$800×@1,480
	외 환 손 실	64,000		

∴ 취득원가 : $700×@1,150+$1,200×@1,350+$800×@1,350=₩3,505,000

3. 기말상품 재고

① 도착지인도조건 매입중인 미착상품은 매입이 완료되지 않았으므로 매입한 재고 수량에 포함하지 않는다. 또한, 도착지 인도조건 판매상품은 도착하지 않았으므로 판매재고 수량에 포함하지 않는다.

② 1,000개(기초재고)+(2,500+2,600)(당기매입)−4,100개(판매재고)=2,000개

4. 실제 상품 재고수량

① 전체 감모수량 : 150개(원가성이 있는 감모수량)/75%=200개

② 실제 재고수량 : 2,000개(장부상 수량)−200개(감모수량)=1,800개

③ 창고보관재고 : 1,800(실제 재고수량)−300개(도착지인도조건 판매 미착상품)=1,500개

[별해] 재고자산의 수량 분석

구분	창고보관	미착상품	기말재고
감모전	1,700개	+300개	**2,000개**
감모	−200개	−	**−200개**
감모후	**1,500개**	**+300개**	**1,800개**

5. 평가손실

① 도착지인도조건 판매 중인 미착상품은 확정판매계약을 맺고 판매중인 상품이므로 확정판매계약가격으로 저가법 평가를 수행해야한다. 해당 미착상품의 계약에서 판매가격은 주어져있지 않으므로 취득원가 ₩1,280보다 큰 것으로 간주하고 풀이한다.

② 기말 평가충당금 : [1,800개−300개(도착지인도조건 판매 미착상품)]×[1,280(취득원가)−1,260(순실현가능가치)]=₩30,000

③ 평가손실 : ₩30,000(기말 평가충당금)−15,000(기초 평가충당금)=₩15,000

문제 4

다음의 각 독립적인 물음에 답하시오.

(물음 1) ㈜우리일렉트로닉스는 LED조명장치를 판매하는 업체인데, 20×1년 4월 1일 낙뢰로 인하여 창고에 있던 상품재고 중 20%가 소실된 것으로 추정하였다. 다음은 소실된 상품재고를 파악하기 위한 20×1년 1월 1일부터 3월 31일까지의 1분기 회계자료이며, 20×1년 기초 상품 재고액은 ₩1,000,000이다. ㈜우리일렉트로닉스는 원가에 25%의 이익을 가산하여 판매한다. 당기 현금 매출 및 매입은 없다.

구 분	금 액	구 분	금 액
1분기 초 매입채무	₩500,000	1분기 초 매출채권	₩300,000
매입에누리	20,000	매출환입	30,000
매입할인	30,000	매출할인	20,000
1분기 매입채무 결제액	5,000,000	1분기 매출채권 회수액	5,100,000
1분기 말 매입채무	500,000	1분기 말 매출채권	500,000

〈 추가자료 〉

1. 위의 외상매입 중에는 FOB(Free On Board) 선적지 조건으로 매입하여, 20×1년 3월 31일 현재 운송 중인 미착품 ₩100,000이 포함되어 있다. 회사는 20×1년 3월 31일에 외상매입으로 회계처리 하였다.
2. 위의 외상매입 중에는 FOB(Free On Board) 도착지 조건으로 매입하여, 20×1년 3월 31일 현재 운송 중인 미착품 ₩200,000이 포함되어 있다. 회사는 20×1년 3월 31일에 외상매입으로 회계처리 하였다.
3. 위의 외상매출 중에는 FOB(Free On Board) 도착지 조건으로 판매하여, 20×1년 3월 31일 현재 운송 중인 매출액 ₩300,000이 포함되어 있다. 회사는 20×1년 3월 31일에 외상매출로 회계처리 하였다.

이 경우, ㈜우리일렉트로닉스의 1분기 매출총이익과 1분기에 소실된 상품의 재고자산 금액을 계산하시오.

(물음 2) 다음은 ㈜우리의 20×1년도 회계자료 중 일부이다. 이를 이용하여 물음에 답하시오.

• 당기현금매출액	₩50,000	• 매출채권회수액	₩??
• 당기현금매입액	30,000	• 매입채무지급액	200,000
• 기초매출채권	80,000	• 기말매출채권	70,000
• 기초매입채무	70,000	• 기말매입채무	60,000
• 기초상품재고	120,000	• 기말상품재고	110,000
• 매출할인	2,000	• 매입운임	3,000
• 매입에누리	5,000	• 매출총이익	90,000

㈜우리의 회계직원이 매출채권의 회수액으로 입금한 금액은 ₩260,000이다. 그러나 감사과정에서 회계직원이 매출채권의 회수 도중 일부금액을 횡령한 사실을 발견하였다고 할 경우, 횡령액은 얼마인지 계산하시오. (단, 대손상각은 고려하지 않으며, 매출할인, 매입운임 및 매입에누리는 외상매입·매출에서 발생하였다.)

(물음 3) 다음은 소매업을 영위하고 있는 ㈜민국의 당기 재고자산 관련 자료이다.

구 분 (단위 : 원)	원 가	판매가	구 분 (단위 : 원)	원 가	판매가
기초재고액	7,000	12,000	매입환출	6,000	8,000
당기총매입액	109,000	157,000	매입할인	3,600	
당기총매출액		154,000	종업원할인		6,000
당기가격인상		21,000	매출환입		3,000
당기가격인상취소		4,000	비정상파손	1,000	2,000
당기가격인하		8,000	정상파손	2,000	3,000
당기가격인하취소		2,000			

소매재고법을 적용하여 재고자산 원가를 측정한다고 할 때 다음 빈칸(①부터 ④까지)에 해당하는 금액을 계산하시오. 단, 원가율(%) 계산시 소수점 이하 둘째자리에서 반올림하여 계산한다(예를 들어 72.36%은 72.4%로 계산함).

구 분	기말 재고자산 (원가)	매출원가 (정상파손 포함)
가중평균법	①	②
저가기준 선입선출법	③	④

(물음 4) 소매업을 영위하고 있는 ㈜대한은 재고자산에 대해 소매재고법을 적용하고 있다. 다음의 자료를 이용하여 〈요구사항〉에 답하시오.

1. ㈜대한의 당기 재고자산과 관련된 항목별 원가와 매가는 다음과 같다.

항목	원가	매가	항목	원가	매가
기초재고자산	?	₩40,000	매출에누리		₩4,000
당기매입액(총액)	?	210,000	가격인상액(순액)		22,000
매입환출	₩3,000	5,000	가격인하액(순액)		15,000
매입할인	1,000		정상파손	₩2,000	4,000
매출액(총액)		120,000	비정상파손	6,000	12,000
매출환입	2,000	16,000	종업원할인		2,000

2. ㈜대한이 재고자산에 대해 원가기준으로 선입선출법과 가중평균법을 각각 적용하여 측정한 원가율은 다음과 같다.

적용방법	원가율
원가기준 선입선출법	55%
원가기준 가중평균법	50%

3. 정상파손의 원가는 매출원가에 포함하며, 비정상파손의 원가는 영업외비용으로 처리한다.
4. 원가율 계산 시 소수점 이하는 반올림한다 (예 61.6%는 62%로 계산).

< 요구사항 1 >

㈜대한의 재고자산 관련 < 자료 1 >을 이용하여 기초재고자산과 당기매입액(총액)의 원가를 계산하시오.

기초재고자산 원가	①
당기매입액(총액) 원가	②

< 요구사항 2 >

㈜대한이 재고자산에 대해 저가기준으로 선입선출법을 적용하였을 경우와 가중평균법을 적용하였을 경우 매출원가를 각각 계산하시오.

적용방법	매출원가
저가기준 선입선출법	①
저가기준 가중평균법	②

해설 및 해답 매출총이익법과 소매재고법

(물음 1) 매출총이익법 - 재고자산의 소실 (2009년 회계사 수정)

1. 20×1년말 매출채권 및 매입채무의 수정

(1) 매출채권 및 매입채무의 수정

구분 (단위 : 원)	매출채권			매입채무		
	회사 장부	올바른 금액	수정 사항	회사 장부	올바른 금액	수정 사항
① 선적지 인도조건 매입	–	–	–	100,000	100,000	–
② 도착지 인도조건 매입	–	–	–	200,000	–	**−200,000**
③ 도착지 인도조건 판매	300,000	–	**−300,000**	–	–	–
합계			**−300,000**			**−200,000**

1) 선적지 인도조건 매입 : 선적지 인도조건 매입은 당기 매입에 해당하므로 회사의 회계처리는 옳음
2) 도착지 인도조건 매입 : 도착지 인도조건 매입은 당기 매입에 해당하지 않으므로 회사의 매입채무를 수정
3) 도착지 인도조건 판매 : 도착지 인도조건 판매은 아직 판매한 것이 아니므로 회사의 매출채권에서 제외

(2) 올바른 매출채권 및 매입채무 기말잔액

① 올바른 매출채권 : ₩500,000(수정전금액)−300,000=₩200,000

② 올바른 매입채무 : ₩500,000(수정전금액)−200,000=₩300,000

2. 매출총이익법의 적용

매입채무

지급액 5,000,000	기초 500,000
	외상매입 4,800,000[1]
기말 300,000	

재고자산

기초 1,000,000	매출원가 4,000,000[3]
매입 4,800,000[2]	
	기말 1,800,000

매출채권

기초 300,000	감소 5,100,000
매출 5,000,000[3]	
	기말 200,000

1) 외상매입액 : ₩5,000,000(매입채무 회수액)+300,000(올바른 기말 매입채무)−500,000(기초 매입채무)
2) 해당 매입액에는 이미 기말 매입채무의 수정으로 인해 매입과 관련한 오류금액이 반영되어 있으므로 추가적으로 오류수정을 반영하지 않는다.
3) 외상매출액 : ₩5,100,000(매출채권 회수액)+200,000(올바른 기말 매출채권)−300,000(기초 매출채권)
4) 매출원가 : ₩5,000,000(매출액)÷(1+25%)

3. 금액들의 계산

(1) 매출총이익 : ₩5,000,000(매출액)−4,000,000(매출원가)=₩1,000,000

(2) 재고자산 소실금액

① 창고에 보관중인 재고자산 : ₩1,800,000(장부상 재고자산)−100,000(1. 선적지 인도조건 매입 재고자산) −300,000÷(1+25%)(3. 도착지 인도조건 판매 재고자산의 원가)=₩1,460,000

② 재고자산 소실금액 : ₩1,460,000×20%=₩292,000

(물음 2) 매출총이익법 - 매출채권의 횡령

매입채무

차변		대변	
지급액	200,000	기초	70,000
기말	60,000	외상매입	190,000[1]

재고자산

차변		대변	
기초	120,000	매출원가	230,000[3]
매입	220,000[2]	기말	110,000

매출채권

차변		대변	
기초	80,000	감소	**280,000**[5]
매출	270,000[4]	기말	70,000

1) 순외상매입은 매입운임과 매입에누리가 모두 포함된 금액으로 역산되므로 역산된 금액에 매입운임과 매입에누리를 추가로 고려하면 안된다.
2) 재고자산 매입액 : ₩190,000 (외상매입)+30,000(현금매입)
3) 매출원가 : ₩120,000(기초재고)+220,000(당기매입)−110,000(기말재고)
4) ① 매출액 : ₩230,000(매출원가)+90,000(매출총이익)=₩320,000
   ② 외상매출액 : ₩320,000(총 매출액)−50,000(현금매출액)=₩270,000
5) 매출채권 감소액 : ₩80,000(기초매출채권)+270,000(매출액)−70,000(기말매출채권)

∴ 현금 유실액 : ₩280,000(매출채권 감소액)−260,000(현금회수액)=₩20,000

(물음 3) 소매재고법 (2012년 회계사 수정, 2018년 회계사 유사)

구 분	기말 재고자산 (원가)	매출원가 (정상파손 포함)
가중평균법	① ₩6,200	② ₩99,200
저가기준 선입선출법	③ ₩6,000	④ ₩99,400

1. 재고자산 원가흐름의 정리

구분	기초	+	순매입	+	순인상	−	순인하	−	비정상 감모	=	순매출 (매출원가)	+	종업원 할인	+	정상 감모	+	기말
원가	7,000		99,400[1]						1,000		???				2,000		???
									98,400								
매가	12,000		149,000[2]		17,000		6,000		2,000		151,000[3]		6,000		3,000		10,000[4]
									158,000								

1) 순매입액 원가 : ₩109,000(당기총매입액)−6,000(매입환출)−3,600(매입할인)
2) 순매입액 매가 : ₩157,000(당기총매입액−매가)−8,000(매입환출−매가)
3) 순매출액 : ₩154,000(당기총매출액)−3,000(매출환입)
4) 기말재고 매가 : ₩170,000(판매가능재고 매가합계)−[151,000(순매출액)+6,000(종업원할인)+3,000(정상감모)]

2. 가중평균법 소매재고법

(1) 원가율의 계산

• $\dfrac{(₩7,000+98,400)(\text{판매가능재고 원가합계})}{(₩12,000+158,000)(\text{판매가능재고 매가합계})}=62\%$

(2) 금액의 계산

① 기말재고자산 원가 : ₩10,000(기말재고자산 매가)×62%=₩6,200

② 매출원가 : (₩7,000+98,400)(판매가능재고 원가)−6,200(기말재고 원가)=₩99,200

3. 저가주의 선입선출 소매재고법

(1) 원가율의 계산

• $\frac{₩98,400(당기매입재고\ 원가합계)}{₩158,000(당기매입재고\ 매가합계)+6,000}=60\%$

(2) 금액의 계산

① 기말재고자산 원가 : ₩10,000(기말재고자산 매가)×60%=₩6,000

② 매출원가 : (₩7,000+98,400)(판매가능재고 원가)−6,000(기말재고 원가)=₩99,400

(물음 4) 소매재고법 역산 (2022년 회계사)

〈 요구사항 1 〉

기초재고자산 원가	① ₩ 10,000
당기매입액(총액) 원가	② ₩120,000

1. 소매재고법 자료의 정리

구분	기초	+	순매입	+	순인상	−	순인하	−	비정상 감모	=	순매출 (매출원가)	+	종업원 할인	+	정상 감모	+	기말
원가	???		???						6,000		???				2,000		???
매가	40,000		205,000[1]		22,000		15,000		12,000		100,000[2]		2,000		4,000		???
									200,000								

1) 순매입 매가 : ₩210,000−5,000(매입환출)

2) 순매출 : ₩120,000−16,000(매출환입)−4,000(매출에누리)

2. 자료 계산

① 기말재고 매가 : ₩40,000+**200,000**−(100,000+2,000+4,000)=₩134,000

② 선입선출법 원가율 : 55%=[순매입−6,000(비정상감모)] / **200,000**

∴ 순매입 : ₩116,000

총매입 : ₩116,000+3,000(환출)+1,000(할인)=**₩120,000**

③ 가중평균법 원가율 : 50%=[기초재고+116,000(순매입)−6,000(비정상감모)] / (40,000+**200,000**)

∴ 기초재고 : **₩10,000**

〈 요구사항 2 〉

적용방법	매출원가
저가기준 선입선출법	① ₩51,660
저가기준 가중평균법	② ₩57,020

• 답안의 계산

구분	원가율	기말재고원가	매출원가
저가주의 선입선출	$\frac{110{,}000^{*}}{\mathbf{200{,}000}+15{,}000}=51\%$	₩134,000×51% = ₩68,340	(₩10,000+110,000) −68,340=₩51,660
저가주의 평균원가	$\frac{10{,}000+110{,}000^{*}}{40{,}000+\mathbf{200{,}000}+15{,}000}=47\%$	₩134,000×47% =₩62,980	(₩10,000+110,000) −62,980=₩57,020

* ₩116,000(순매입원가)−6,000(비정상파손)

문제 5

※ 다음의 각 물음은 독립적이다.

(물음 1) ㈜대한농림은 사과를 생산·판매하는 사과 과수원을 운영하고 있다. <자료 1>을 이용하여 각 〈요구사항〉에 답하시오.

〈자료 1〉

1. 사과나무의 20×1년 초 장부금액은 ₩50,000이며, 잔존내용연수는 5년이다. 잔존가치는 없으며, 정액법으로 감가상각하고 원가모형을 적용한다.
2. 20×1년 9월에 20박스의 사과를 수확하였으며, 수확한 사과의 순공정가치는 박스당 ₩30,000이고 수확비용은 총 ₩20,000이다.
3. 20×1년 10월에 10박스를 ₩400,000에 판매하였고, 판매비용은 총 ₩10,000이다.
4. 20×1년 말 사과 10박스를 보유하고 있고, 10박스의 순공정가치는 ₩450,000이다.
5. 20×1년에 생산되기 시작하여 20×1년 말 수확되지 않고 사과나무에서 자라고 있는 사과의 순공정가치는 ₩200,000으로 추정된다.

〈요구사항 1〉 ㈜대한농림의 20×1년도 포괄손익계산서 상 당기순이익에 미치는 영향을 계산하시오.

당기순이익에 미치는 영향	①

〈요구사항 2〉 20×1년 말 ㈜대한농림의 재무상태표에 보고할 재고자산과 유형자산의 금액을 계산하시오.

재고자산	①
유형자산	②

(물음 2) ㈜민국농림은 돼지를 사육하는 돼지농장을 운영하고 있다. 〈자료 2〉를 이용하여 각 〈요구사항〉에 답하시오.

〈자 료 2〉
1. 20×1년 1월 1일 돼지 1마리를 ₩500,000에 취득하였다. 취득 시 돼지의 공정가치는 ₩480,000이며, 추정매각부대비용은 ₩20,000이다. 2. ㈜민국농림은 우수 돼지사육농가로 선정되어 정부로부터 20×1년 1월 1일에 ₩60,000의 보조금을 수령하였다. 보조금을 수령한 ㈜민국농림은 돼지를 2년간 사육해야 하며, 만약 사육을 중단할 경우 기간경과에 비례하여 반환해야 하는 의무조항을 준수해야 한다. 돼지는 20×1년 말까지 정상적으로 사육되었다. 3. 20×1년 말 돼지의 공정가치와 추정매각부대비용은 각각 ₩600,000과 ₩30,000이다.

〈요구사항 1〉 ㈜민국농림의 20×1년도 포괄손익계산서 상 당기순이익에 미치는 영향을 계산하시오.

당기순이익에 미치는 영향	①

〈요구사항 2〉 생물자산을 인식하기 위해서는 첫번째로 과거사건의 결과로 자산을 통제할 수 있어야 하고, 두번째로 자산과 관련된 미래경제적효익의 유입가능성이 높아야 함과 동시에 세번째 요건을 충족해야 한다. ① 세번째 요건이 무엇인지를 서술하고, ② 생물자산의 최초 인식시점에 한하여 세번째 요건을 충족하지 못할 경우 생물자산의 측정방법을 서술하시오.

세번째 요건	①
세번째 요건 미충족 시 측정방법	②

해설 및 해답 농림어업 (2023년 회계사)

(물음 1)

〈 요구사항 1 〉

- ₩600,000(수확물 평가이익) − 20,000(수확비용) + 400,000(매출액) − 300,000(매출원가) − 10,000(판매비용) + 200,000(생물자산 평가이익) − 10,000(감가상각비) = ₩860,000

* 이미 수확된 사과 10박스는 재고자산이므로 순공정가치로 평가하지 않음

[별해] 회계처리

20×1년 9월	(차) 수확물(사과)	20박스×30,000	(대) 평가이익	20박스×30,000
	(차) 비용	20,000	(대) 현금	20,000
20×1년 10월	(차) 현금	400,000	(대) 매출액	400,000
	(차) 매출원가	10박스×30,000	(대) 수확물(사과)	10박스×30,000
	(차) 판매비용	10,000	(대) 현금	10,000
20×1년 12월 31일	(차) 감가상각비	10,000[1]	(대) 감가상각누계액	10,000
	(차) 생물자산(사과)	200,000[2]	(대) 평가이익	200,000

1) ₩50,000÷5년

2) 아직 수확되지 않은 사과는 생물자산으로 취급한다.

〈 요구사항 2 〉

① 재고자산 : 10박스×30,000 = ₩300,000(9월에 수확한 사과 10박스 원가)

② 유형자산 : ₩50,000 − 50,000/5년 = ₩40,000(사과나무)

(물음 2)

〈 요구사항 1 〉

• (−)₩40,000(취득시 손실)+30,000(보조금수익)+110,000(기말 생물자산 평가이익)=₩100,000

[별해] 회계처리

20×1년 1월 1일	(차) 생물자산(돼지)	460,000[1]	(대) 현금	500,000
	평가손실	40,000		
	(차) 현금	60,000	(대) 정부보조금	60,000
	1) 순공정가치 : ₩480,000−20,000			
20×1년 12월 31일	(차) 정부보조금	30,000[1]	(대) 정부보조금수익	30,000
	(차) 생물자산(돼지)	110,000[2]	(대) 평가이익	110,000
	1) ₩60,000÷2년			
	2) (₩600,000−30,000)(기말 순공정가치)−460,000(장부금액)			

〈 요구사항 2 〉

① 자산의 공정가치나 원가를 신뢰성 있게 측정할 수 있다.

② 생물자산의 공정가치는 신뢰성 있게 측정할 수 있다고 추정한다. 그러나 생물자산을 최초로 인식하는 시점에 시장 공시가격을 구할 수 없고, 대체적인 공정가치측정치가 명백히 신뢰성 없게 결정되는 경우에는 최초 인식 시점에 한해 그러한 추정에 반론이 제기될 수 있다. 그러한 경우 생물자산은 원가에서 감가상각누계액과 손상차손누계액을 차감한 금액으로 측정한다.

문제 6

다음은 20×1년 재고자산과 관련된 회계자료이며 각 사례는 독립적이다. 모든 사례에서 재고자산 회계처리는 계속기록법을 사용한다. 독립된 사례 각각에 대해 20×1년에 해야 할 모든 분개를 적절하게 했을 경우, 재고자산 장부금액에 미치는 영향과 당기순이익에 미치는 영향을 구하시오. 다음 양식의 빈칸(①~⑩)에 해당하는 금액을 제시하되 감소의 경우에는 금액 앞에 (−)를 표시하고, 영향이 없는 경우에는 "0"으로 표시하시오.

(예시) ㈜대한은 ₩1,000에 취득한 재고자산을 ₩1,200에 현금 판매하였다.

	재고자산	당기순이익
예시	(−)₩1,000	₩200
사례 1	①	②
사례 2	③	④
사례 3	⑤	⑥
사례 4	⑦	⑧
사례 5	⑨	⑩

(사례 1) ㈜A는 20×1년 3월 1일 재고자산을 ₩90,000에 현금 판매하면서 1년 후에 ₩99,000으로 재구매하기로 약정하였다.

(사례 2) ㈜B는 20×1년 10월 1일 상품을 ₩50,000에 취득하면서 계약금으로 ₩10,000을 지급하고 잔금은 20×2년 3월 31일과 20×2년 9월 30일에 각각 ₩20,000씩 총 2회 분할 지급하기로 하였다. 상품 취득일 현재 상품의 현금가격 상당액은 총지급액을 유효이자율로 할인한 현재가치와 동일하며, 이 시점의 유효이자율은 연 6%이다. 단, 현재가치 계산시 아래의 현가계수를 반드시 이용하시오.

기간	단일금액 ₩1의 현가계수		정상연금 ₩1의 현가계수	
	3%	6%	3%	6%
1	0.9709	0.9434	0.9709	0.9434
2	0.9426	0.8900	1.9135	1.8334

(사례 3) ㈜C는 20×0년 7월에 취득하여 투자부동산으로 분류되어 있던 토지(공정가치 모형 적용)를 20×1년 10월에 재고자산으로 분류 변경하였다. 변경시점 및 기말시점의 관련 자료는 다음과 같다.

취득원가	₩100,000	재분류일 공정가치	₩110,000
재분류일 장부금액	120,000	20×1년 말 공정가치	115,000

(사례 4) ㈜D는 20×1년 12월 1일 당기에 생물자산(재고자산에 해당)을 최초로 수확하였고, 수확시점의 수확물 순공정가치는 ₩15,000이다.

(사례 5) ㈜E의 재고자산과 관련한 기중 회계처리는 모두 이루어졌으며, 기말에 재고자산 평가와 관련된 자료는 다음과 같다.

장부수량	50개
실제수량	45개
단위당 취득원가	₩1,000
단위당 순실현가능가치	900

해설 및 해답 종합문제 (2014년 회계사)

	재고자산	당기순이익
예시	(−)₩1,000	₩200
사례 1	① 없음	② (−)₩7,500
사례 2	③ ₩48,270	④ (−)₩574
사례 3	⑤ ₩110,000	⑥ (−)₩10,000
사례 4	⑦ ₩15,000	⑧ ₩15,000
사례 5	⑨ (−)₩9,500	⑩ (−)₩9,500

1. 사례 1 – 재매입약정판매

① 재매입가격이 판매가격보다 큰 재매입약정판매는 금전대차거래로 처리한다.

② 회계처리

20×1년 3월 1일	(차) 현 금	90,000	(대) 단 기 차 입 금	90,000
20×1년 12월 31일	(차) 이 자 비 용	7,500[1]	(대) 미 지 급 이 자	7,500

1) (₩99,000−90,000)×10/12

2. 사례 2 – 장기할부매입

① 장기할부매입으로 인한 재고자산의 취득금액은 미래현금흐름의 현재가치로 계산된다.

② 회계처리

20×1년 10월 1일	(차) 재 고 자 산	48,270[1]	(대) 현 금	10,000
	현재가치할인차금	1,730[2]	장 기 성 매 입 채 무	40,000

1) 취득원가 : ₩10,000+20,000×1.9135

2) 현재가치할인차금 : ₩40,000−20,000×1.9135

20×1년 12월 31일	(차) 이 자 비 용	574[1]	(대) 현재가치할인차금	574

1) 38,270×3%×3/6

3. 사례 3 – 투자부동산의 재분류

① 공정가치 모형을 적용하는 투자부동산을 재고자산으로 분류 변경하는 경우에는 공정가치로 평가 후 재고자산으로 분류를 변경한다. 기말에는 재고자산에 대하여 저가법 평가를 수행한다.

② 회계처리

20×1년 10월 1일	(차)	투자부동산평가손실	10,000	(대)	투자부동산	10,000
	(차)	재고자산	110,000	(대)	투자부동산	110,000

4. 사례 4 – 수확물

① 수확물은 최초 인식시점 이후에는 재고자산으로 분류된다. 또한, 수확물은 최초 인식시점에 순공정가치로 측정한다.

② 회계처리

20×1년 10월 1일	(차)	수확물(재고)	15,000	(대)	평가이익(당기손익)	15,000

5. 사례 5 – 저가법 평가

① 문제에서 '기중 회계처리'는 모두 이루어졌다고 언급되어 있으므로 재고자산에 미치는 영향은 기말 재고자산의 평가와 관련하여 발생하는 금액이다.

② 재고자산의 감소액 : ₩5,000(감모손실)+4,500(평가손실)=₩9,500

장부수량 50개	×	장부단가 ₩1,000	=	₩50,000	감모손실 : ₩5,000
실제수량 45개	×	장부단가 ₩1,000	=	₩45,000	평가충당금 : ₩4,500
실제수량 45개	×	NRV ₩900	=	₩40,500	

③ 회계처리

20×1년 12월 31일	(차)	감모손실	5,000	(대)	재고자산	5,000
	(차)	평가손실	4,500	(대)	평가충당금	4,500

문제 7

(물음 1)~(물음 3)은 독립적인 상황이다. 물음에 답하시오.

(물음 1) 다음은 ㈜한국의 상품에 관련된 자료이다.

1) 모든 매입·매출거래는 현금거래이다.
2) 상품의 단위당 판매가격은 ₩1,500이고, 20×1년 상품의 매입·매출에 관한 자료는 다음과 같다.

일자	구분	수량(개)	단위원가	금액
1월 1일	기 초 상 품	200	₩1,100	₩220,000
2월 28일	매 입	2,400	1,230	2,952,000
3월 5일	매 출	2,100		
3월 6일	매 출 환 입	100		
8월 20일	매 입	2,600	1,300	3,380,000
12월 25일	매 출	1,500		
12월 31일	기 말 상 품	1,700		

3) 상품의 원가흐름에 대한 가정으로 가중평균법을 적용하고 있다.
4) 20×1년 12월 31일 상품에 대한 실사수량은 1,700개이다.

(물음 1-1) 상품에 대한 회계처리로 계속기록법을 적용하는 경우, 20×1년 12월 25일에 필요한 회계처리를 제시하시오.

(차변)	①	(대변)	②

(물음 1-2) 상품에 대한 회계처리로 실지재고조사법을 적용하는 경우, 20×1년 포괄손익계산서에 보고되는 매출원가를 계산하시오.

(물음 2) 다음은 ㈜대한의 재고자산에 관련된 자료이다.

(1) 20×1년 1월 1일 재고자산은 ₩200,000이고, 재고자산평가충당금은 ₩15,000이다.

(2) 20×1년 1월 1일 재고자산을 ₩18,000,000에 취득하면서 ₩6,000,000은 즉시 지급하였다. 나머지 대금은 20×1년 12월 31일과 20×2년 12월 31일에 ₩6,000,000씩 총 2회에 걸쳐 분할 지급하면서, 기초 미지급 대금의 연 5% 이자도 함께 지급하기로 하였다. 취득일 현재 재고자산의 현금가격상당액은 총지급액을 유효이자율로 할인한 현재가치와 동일하며, 동 거래에 적용되는 유효이자율은 연 8%이다.

(3) 현재가치 계산 시 아래의 현가계수를 이용하고, 계산은 소수점 첫째자리에서 반올림하시오.

기간 \ 이자율	단일금액 ₩1의 현가계수	
	5%	8%
1	0.95238	0.92593
2	0.90703	0.85734
3	0.86384	0.79383

(4) 20×1년 총매입액은 ₩30,000,000(1월 1일 매입액이 포함되어 있음)이고, 매입에누리와 환출은 ₩1,000,000, 매입할인은 ₩400,000이다.

(5) 20×1년 총매출액은 ₩40,000,000이고, ㈜대한이 부담한 매출운임은 ₩100,000, 매출에누리와 환입은 ₩300,000, 매출할인은 ₩150,000이다.

(6) 20×1년 12월 31일 재고자산의 장부상 수량은 1,100개, 실사수량은 1,050개이다. 재고자산의 단위당 취득원가는 ₩1,300이고, 기말 평가를 위한 자료는 다음과 같다.

단위당 현행대체원가	단위당 예상 판매가격	단위당 예상 판매비용
₩1,200	₩1,400	₩150

(7) 재고자산감모손실 중 80%는 원가성이 있고 20%는 원가성이 없는 것으로 판명되었다. 원가성이 있는 재고자산감모손실과 재고자산평가손실(환입)은 매출원가에 반영하고, 원가성이 없는 재고자산감모손실은 기타비용으로 처리한다.

(물음 2-1) 20×1년 1월 1일의 매입액을 계산하시오.

(물음 2-2) ㈜대한은 재고자산의 기말 장부수량에 단위당 취득원가를 적용하여 매출원가 산정을 위한 분개를 하였다. 정확한 매출원가 계산을 위해 ① 재고자산감모손실과 ② 재고자산평가손실(환입)에 대한 분개를 추가로 행하였다. ①과 ②의 분개가 매출원가에 미치는 영향을 각각 계산하시오. (단, 매출원가를 감소시키는 경우에는 금액 앞에 (−)표시를 하시오.)

(물음 2-3) 20×1년 포괄손익계산서에 보고되는 ① 매출액, ② 매출원가, ③ 당기순이익을 각각 계산하시오. (단, ③의 당기순이익을 계산할 경우 매출총이익은 ₩3,000,000으로 가정한다.)

(물음 3) 20×1년 초 설립된 ㈜민국은 20×3년도 재무제표의 발행이 승인되기 전에 다음과 같은 중요한 오류사항을 발견하였다.

- 20×2년 12월 28일 ㈜갑과 선적지인도조건으로 상품을 ₩500,000(원가 ₩450,000)에 판매하는 계약을 체결하였다. 해당 상품은 20×2년 12월 30일에 선적되어 20×3년 1월 5일에 ㈜갑에게 인도되었고, ㈜민국은 20×3년에 매출을 인식하였다.
- 20×3년 10월 1일 ㈜민국은 원가 ₩1,000,000인 상품을 ㈜병에게 ₩1,000,000에 인도하면서 매출을 인식하였다. ㈜민국은 동 상품을 6개월 후 ₩1,100,000에 재구매하기로 약정하였다.
- 20×3년 11월 10일 ㈜민국은 고객에게 상품을 인도하고 ₩250,000의 매출을 인식하였다. 이 거래는 시용판매에 해당(인도일로부터 2개월 간 구입의사 표시 가능)하며 매출총이익률은 20%이다. 20×3년 12월 31일까지 고객이 구입의사를 표시하지 않은 금액은 판매가로 ₩100,000이다.

오류 수정 전 당기순이익은 20×1년 ₩1,500,000, 20×2년 ₩3,000,000, 20×3년 ₩1,000,000이고, 20×3년 매출원가는 ₩10,000,000이다. 당기순이익 외에 이익잉여금의 변동사항은 없다. 상기 오류를 수정한 후 ㈜민국의 ① 20×3년 매출원가, ② 20×3년 당기순이익, ③ 20×3년 기말 이익잉여금을 각각 계산하시오.

해설 및 해답 종합문제(원가흐름의 가정, 매출원가의 계산, 오류수정) (2017년 세무사)

(물음 1) 원가흐름의 가정

(물음 1-1) 계속기록법

① 판매한 재고자산의 원가 계산

구분		거래			잔고		
일자	적요	수량	단가	총액	수량	단가	총액
1월 1일	기초재고	200	1,100	220,000			
2월 28일	매입	2,400	1,230	2,952,000	2,600	1,220	3,172,000
3월 5일	매출	(2,100)			500	1,220	610,000
3월 6일	매출환입	100			600	1,220	732,000
8월 20일	매입	2,600	1,300	3,380,000	3,200	**1,285**	4,112,000
12월 25일	매출	(1,500)			1,700	1,285	2,184,500

∴ 12월 25일 판매분 매출원가 : 1,500개×₩1,285/개=₩1,927,500

② 회계처리

20×1년 12월 25일	(차) 현 금	2,250,000[1]	(대) 매 출 액	2,250,000
	(차) 매 출 원 가	1,927,500	(대) 재 고 자 산	1,927,500

1) 1,500개×₩1,500/개

(물음 1-2) 실지재고조사법

① 단위원가의 계산

일자	적요	수량	단가	총액
1월 1일	기초재고	200	1,100	220,000
2월 28일	매입	2,400	1,230	2,952,000
8월 20일	매입	2,600	1,300	3,380,000
판매가능재고총계		5,200	**1,260**	6,552,000

② 매출원가의 계산 : (2,100개−100개+1,500개)×₩1,260/개=₩4,410,000

(물음 2) 매출원가의 계산

(물음 2-1) 재고자산의 할부매입

	20×1년 1월 1일	20×1년 12월 31일	20×2년 12월 31일
표시이자		600,000	300,000
액면금액	6,000,000	6,000,000	6,000,000
	← 8%		
미래CF의 현재가치	11,512,380[1]		
재고자산 매입액	17,512,380		

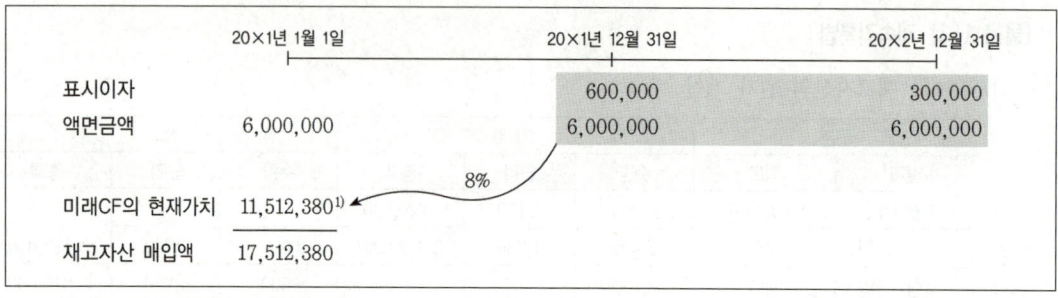

1) 미래현금흐름의 현재가치 : ₩6,600,000×0.92593+6,300,000×0.85734

(물음 2-2) 기말재고자산의 저가법평가

① 기말재고의 평가

장부수량 × 장부단가 = ₩1,430,000
1,100개 ₩1,300

실제수량 × 장부단가 = ₩1,365,000
1,050개 ₩1,300

실제수량 × NRV = ₩1,312,500
1,050개 ₩1,250

정상감모손실 : ₩65,000×80%
비정상감모손실 : ₩65,000×20%

평가충당금 : ₩52,500

② 매출원가에 미치는 영향

㉠ 정상감모손실 : ₩65,000×80%=₩52,000

㉡ 평가손실 : ₩52,500(기말평가충당금)−15,000(기초평가충당금)=₩37,500

㉢ 매출원가에 미치는 영향 : ₩52,000+37,500=₩89,500

(물음 2-3)

① 매출액 : ₩40,000,000(총매출액)－300,000(매출에누리및환입)－150,000(매출할인)＝₩39,550,000

② 매출원가

㉠ 장부상 매출원가

기초재고자산		₩200,000
당기순매입	₩30,000,000－1,000,000－400,000＝	28,600,000
기말재고자산	1,100개×₩1,300＝	(1,430,000)
		₩27,370,000

㉡ 매출원가 : ₩27,370,000(장부상 매출원가)＋52,000(정상감모)＋37,500(평가손실)＝₩27,459,500

③ 당기순이익 : ₩3,000,000(매출총이익)－100,000(매출운임)－ 13,000(감모손실)－[11,512,380(장기매입채무의 기초장부금액)×8%](이자비용)＝₩1,966,010

(물음 3) 재고자산의 오류수정

1. 항목별 수정

① 선적지인도조건 미착상품

㉠ 회사의 회계처리

20×2년 12월 30일		n/a		
20×3년 1월 5일	(차) 매출채권	500,000	(대) 매출액	500,000
	(차) 매출원가	450,000	(대) 재고자산	450,000[1]

1) 일반적인 경우 기업은 재고자산 수량파악을 위하여 계속기록법과 실사법을 병행하여 사용한다. 따라서 매출에 대한 기록시 매출원가로 인식하였을 것이라 가정하였다. 물론 20×2년 말 시점에 이미 재고자산이 선적되었으므로, 20×2년말 매출원가에 포함하여 문제를 풀이하는 것도 충분히 타당하다고 본다.

㉡ 올바른 회계처리

20×2년 12월 30일	(차) 매출채권	500,000	(대) 매출액	500,000
	(차) 매출원가	450,000	(대) 재고자산	450,000
20×3년 1월 5일		n/a		

㉢ 수정분개의 누적적용 (회사의 회계처리 취소＋올바른 회계처리 가산)

20×2년 12월 30일	(차) 매출채권	500,000	(대) 이익잉여금	500,000
	(차) 이익잉여금	450,000	(대) 재고자산	450,000
20×3년 1월 5일	(차) **매출액**	**500,000**	(대) 매출채권	500,000
	(차) 재고자산	450,000	(대) **매출원가**	**450,000**

② 재구매약정판매

㉠ 회사의 회계처리

20×3년 10월 1일	(차) 현 금	1,000,000	(대) 매 출 액	1,000,000
	(차) 매 출 원 가	1,000,000	(대) 재 고 자 산	1,000,000[1]

1) 기말 실사시 해당 재고는 창고에 존재하지 않았으므로 매출원가로 처리되었을 것임

20×3년 12월 31일		n/a		

㉡ 올바른 회계처리

20×3년 10월 1일	(차) 현 금	1,000,000	(대) 차 입 금	1,000,000
20×3년 12월 31일	(차) 이 자 비 용	50,000[1]	(대) 미 지 급 이 자	50,000

1) (₩1,100,000(재매입금액)−1,000,000(판매금액))× 3/6

㉢ 수정분개의 누적적용 (회사의 회계처리 취소+올바른 회계처리 가산)

20×3년 10월 1일 분	(차) **매 출 액**	**1,000,000**	(대) 차 입 금	1,000,000
	(차) 재 고 자 산	1,000,000	(대) **매 출 원 가**	**1,000,000**
20×3년 12월 31일 분	(차) **이 자 비 용**	**50,000**	(대) 미 지 급 이 자	50,000

③ 시용판매

㉠ 회사의 회계처리

20×3년	(차) 매 출 채 권	250,000	(대) 매 출 액	250,000
	(차) 매 출 원 가	200,000	(대) 재 고 자 산	200,000[1]

1) ₩250,000×(1−20%)

㉡ 올바른 회계처리

20×3년	(차) 매 출 채 권	150,000	(대) 매 출 액	150,000
	(차) 매 출 원 가	120,000	(대) 재 고 자 산	120,000[1]

1) ₩150,000×(1−20%)

㉢ 수정분개의 누적적용 (회사의 회계처리 취소+올바른 회계처리 가산)

20×3년분	(차) **매 출 액**	**100,000**	(대) 매 출 채 권	100,000
	(차) 재 고 자 산	80,000	(대) **매 출 원 가**	**80,000**

2. 답안의 계산

구분	① 매출원가	② 당기순이익	③ 기말 이익잉여금
수정전 금액	₩10,000,000	₩1,000,000	₩5,500,000*
미착상품	(450,000)	(500,000) +450,000	−
재구매 약정판매	(1,000,000)	(50,000)	(50,000)
시용판매	(80,000)	(100,000) +80,000	(100,000) +80,000
올바른 금액	₩8,470,000	₩880,000	₩5,430,000

* ₩1,500,000+3,000,000+1,000,000

문제 8 저유

다음은 12월 결산법인의 ㈜대한의 재고자산과 관련한 자료이다.

(1) ㈜대한의 20×1년말 수정전 잔액시산표의 일부내용은 다음과 같다.

수정전 시산표

기초재고(상품)	₩676,000	매출액	₩4,700,000
기초재고자산평가충당금	(20,000)	매입할인	150,000
매입	2,620,000		
매출운임	100,000		

(2) 회사가 작성한 20×1년 재고자산 수불부는 다음과 같다. 기말 재고수량은 회사의 창고를 실사한 수량이 아니며, 판매가능재고에서 출고된 수량을 차감하여 역산한 수량이다.

기초	입고	출고	기말
600개	1,900개	2,300개	200개

(3) 회계감사 도중 공인회계사는 다음의 사항들을 알게 되었다.

① 선적지 인도조건으로 구입한 상품 100개(개당 취득원가 ₩1,300) 20×1년말 현재 운송중이다. 회사는 매입에 대한 회계처리를 수행하지 않았으며, 재고자산 수불부에도 입고기록을 하지 않았다.

② 도착지 인도조건으로 판매한 상품 120개(단위당 판매가격 ₩2,000) 20×1년말 현재 운송중이다. 회사는 동 상품을 선적하는 시점에 매출로 인식하고 재고자산 수불부에 출고 기록하였다.

③ ㈜대한은 20×1년 12월에 고객 10명에게 상품을 10개씩 각각 전달하고, 사용해본 후 6개월 안에 단위당 ₩2,000에 구입여부를 통보해 줄 것을 요청하였다. 20×1년 12월 31일 현재 4곳으로부터 구입하겠다는 의사를 전달받았고, 나머지 6곳으로부터는 아무런 연락을 받지 못했다. 회사는 시용판매의 상품을 송달하는 시점에 전부 매출로 인식하고, 재고자산 수불부에 출고로 기록하였다.

④ ㈜대한은 20×1년 11월 초에 상품 100개를 고객에게 인도하면서 반품권을 부여하였다. 상품은 신상품이고 기업은 반품에 대한 적절한 과거 증거나 구할 수 있는 다른 시장 증거가 없다. ㈜대한은 고객에게 제품을 인도하면서 출고로 기록하고 매출로 회계처리하였다. ㈜대한은 반환제품회수권을 기말재고에 포함하지 않는다.

⑤ ㈜대한은 20×1년 12월 중에 종업원에게 상품 20개를 설날선물로 지급하였다. 하지만 관련 회계처리 및 상품 출고를 기록하지 않았다.

⑥ ㈜대한은 20×1년 12월 중에 상품 50개를 ㈜민국에게 판매하고 판매대금을 수수하였다. 하지만, ㈜민국은 20×2년 2월 8일에 동 상품을 인도받기를 원해서 ㈜대한의 창고 한쪽에 따로 보관하고 있다. ㈜대한은 대금 수수시에 매출액으로 인식하였으나, 상품출고에 대한 기록은 하지 않았다.

(4) ㈜대한은 재고자산의 원가흐름의 가정으로 총평균법을 사용하며, 20×1년 재고자산감모손실 중 60%는 정상적인 감모손실로서 원가성이 있는 것으로, 40%는 비정상적인 감모손실로서 원가성이 없는 것으로 판명되었다. 원가성이 있는 재고자산감모손실은 매출원가에 포함하며, 원가성이 없는 재고자산감모손실은 영업외비용으로 회계처리한다.

(5) 재고자산의 저가기준 평가는 항목별 기준을 적용하며, 재고자산평가손실은 전액 매출원가에 포함한다. 기말재고자산의 순실현가능가치는 ₩1,200으로 측정되었다.

(물음 1) 20×1년 ㈜ 대한의 재고자산 1개당 단위원가를 계산하시오.

(물음 2) ㈜대한이 판매하는 상품의 단위당 판매가격은 ₩2,000/개 이다. 이 경우, ㈜대한이 ① 고객에게 판매한 상품의 수량을 계산하고, ② 20×1년 포괄손익계산서에 인식할 매출액을 계산하시오.

(물음 3) ㈜대한이 20×1년 실지재고조사법으로 재고자산을 실사한 결과 20×1년말 현재 창고에 보관하고 있는 재고자산의 실사수량은 140개로 집계되었다. 실사수량과 수불부상 창고에 있어야 할 재고수량의 차이는 모두 파손에 의해 발생하였다고 할 경우, 재고자산 감모손실을 계산하시오.

다음의 (물음 4)과 (물음 5)에서는 재고자산의 파손 수량이 50개라고 가정한다.

(물음 4) ㈜대한이 20×1년 포괄손익계산서에 인식할 매출원가를 계산하시오.

(물음 5) 상기 회계처리가 ㈜대한의 20×1년 당기순이익에 미치는 영향을 계산하시오. 단, 매출총이익은 ₩1,500,000이라고 가정한다.

해설 및 해답 재고자산 수불부의 관리

(물음 1) 단위원가의 계산

① 판매가능재고자산 금액 : ₩676,000(기초재고자산)+2,620,000(당기매입)+100개×1,300(선적지인도조건 매입)−150,000(매입할인)=₩3,276,000

② 단위원가 : ₩3,276,000÷(600개+1,900개+100개)=₩1,260/개

(물음 2) 판매한 재고수량 및 금액의 계산

1. 출고기록의 수정

구분	출고기록	매출	수정사항
① 선적지인도조건 구매	−	−	−
② 도착지인도조건 판매	120	−	⊖120
③ 시용판매	100	40	⊖60
④ 반품권이부여된 판매	100	−	⊖100
⑤ 복리후생비	−	−	−
⑥ 미인도청구약정	−	50	⊕50
합계			⊖230

2. 답안의 계산

① 올바른 판매수량 : 2,300개(출고수량)−230개(수정사항)=2,070개

② 매출액 : 2,070개×₩2,000/개=₩4,140,000

(물음 3) 기말 재고자산의 파악 및 평가

1. 기말재고자산의 올바른 장부상 수량의 계산

• [600개+1,900개+100(선적지인도조건 매입)](판매가능재고수량)−2,070개(고객에게 판매한 수량)−20개(직원 지급)−100개(반품권이부여된 판매)=410개

2. 기말 창고 보유 재고자산의 수정사항

구분	실사시 포함	올바른 기말재고	수정사항
① 선적지인도조건 구매	−	100	⊕100
② 도착지인도조건 판매	−	120	⊕120
③ 시용판매	−	60	⊕ 60
④ 반품권이부여된 판매	−	−	−
⑤ 복리후생비	−	−	−
⑥ 미인도청구약정	50	−	⊖50
합계			⊕230

3. 기말 재고자산 파손 수량

① 기말 재고 실제 수량 : 140개(창고보관수량)+230(기말재고수정)=370개

② 감모수량 : 410개(올바른 장부상 기말재고)−370(올바른 실제 기말재고)=40개

③ 감모손실 : 40개×₩1,260/개(단위원가)=₩50,400

[별해] 재고수량의 비교

구분	보관수량	± 회사소유 수정	= 보유수량
장부상수량	180(수불부상 창고수량*)	+230(기말재고수정)	**=410(장부상 기말재고)**
− 감모손실	−40(감모손실)		**−40(감모손실)**
= 실제수량	**=140(기말창고보관수량)**	**+230(기말재고수정)**	**=370(기말재고수량)**

* 수불부의 오류를 수정한 수량 : 100개−20개(종업원 지급 수량)

(물음 4) 매출원가의 계산

1. 기말재고자산의 평가

① 감모손실의 계산

장부수량 × 장부단가 = ₩516,600
410개 ₩1,260

실제수량 × 장부단가 = ₩453,600
360개[1] ₩1,260

정상감모손실 : ₩63,000×60%
비정상감모손실 : ₩63,000×40%

1) 310개(장부상 수량)−50개(파손 가정)

② 기말 평가충당금의 계산

실제수량 × 장부단가 = ₩302,400
240개[1] ₩1,260

실제수량 × NRV = ₩288,000
240개 ₩1,200

기말 평가충당금 : ₩14,400

1) 360개(실제 기말재고수량)−120개(도착지 인도조건 판매수량*)

* 도착지 인도조건 판매수량은 이미 판매계약을 체결하여 운송중에 있으므로 확정판매계약 가격으로 저가법 검토를 수행한다.

2. 매출원가의 계산

장부상 매출원가	2,070개×₩1,260(장부상 평균 단위원가)=	₩2,608,200
정상감모손실	₩63,000×60%=	37,800
평가손실환입	₩14,400(기말 평가충당금)−20,000(기초 평가충당금)=	(5,600)
		₩2,640,400

(물음 5) 당기손익에 미치는 영향

- ₩1,500,000(매출총이익)−₩63,000×40%(비정상감모손실)−20개×₩1,260(복리후생비)−100,000(매출운임)=₩1,349,600

서술형
문제

문제 1

(물음 1) 재고자산의 원가를 회수하기 어려워 저가법 평가를 적용해야 하는 상황의 사례를 제시하시오.

(물음 2) 후입선출법의 장단점에 대해 서술하시오.

(물음 3) 생산용식물의 요건을 서술하시오.

(물음 4) 농림어업활동은 예를 들어, 목축, 조림, 일년생이나 다년생 곡물 등의 재배, 과수재배와 농원경작, 화훼원예, 양식(양어 포함)과 같은 다양한 활동을 포함한다. 이러한 다양한 활동의 공통적인 특성을 서술하시오.

해설 및 해답

(물음 1)

(1) 물리적으로 손상된 경우
(2) 완전히 또는 부분적으로 진부화된 경우
(3) 판매가격이 하락한 경우
(4) 완성하거나 판매하는 데 필요한 원가가 상승한 경우

(물음 2)

(1) 장점

- 후입선출법은 전통적인 회계 모형에서 인식되었던 결함(과거의 가격에 관련지어 매출원가를 측정하고 반면에 매출은 현행 가격으로 측정함)에 대응하기 위한 시도이다. 후입선출법은 비현실적인 원가 흐름을 가정하여 그러한 결함을 해결하려 하고 있다.

(2) 단점

- 후입선출법은 재고자산 중 가장 최근의 품목이 우선 판매된 것으로 처리하여 결과적으로 재고자산에 남아 있는 품목은 가장 오래된 것처럼 인식한다. 일반적으로 이러한 방식은 실제의 재고자산흐름을 신뢰성있게 표시하지 않는다.
- 후입선출법은 인상된(인하된) 가격이 판매된 재고자산의 대체원가에 미치는 효과를 반영하는 방향으로 이익을 감소시킨다(증가시킨다). 그러나 이러한 영향은 가장 최근에 취득한 재고자산의 가격과 당기 말 현행대체원가와의 관계에 좌우된다. 따라서 후입선출법은 가격변동이 이익에 미치는 영향을 결정하는 체계적인 방식은 아니다.
- 후입선출법을 사용하면 재고자산의 최근 원가 수준과 거의 관련이 없는 금액으로 대차대조표에 재고자산을 인식하는 결과를 초래한다. 또한 후입선출법은 손익을 왜곡할 수 있는데, 특히 재고자산이 대폭 줄어 '오래 유지되어 온' 재고자산 '층'이 사용된 것으로 가정할 때 그러하다. 그런데 이와 같은 상황에서는 증가된 수요를 충족하기 위해 비교적 새로운 재고자산이 사용될 가능성이 더 크다.

(물음 3)

다음 모두에 해당하는 살아있는 식물

(1) 수확물을 생산하거나 공급하는 데 사용한다.

(2) 한 회계기간을 초과하여 생산물을 생산할 것으로 예상한다.

(3) 수확물로 판매될 가능성이 희박하다[부수적인 폐물(scrap)로 판매하는 경우는 제외한다].

(물음 4)

(1) 변화할 수 있는 능력. 살아있는 동물과 식물은 생물적 변환을 할 수 있는 능력이 있다.

(2) 변화의 관리. 관리는 생물적 변환의 발생과정에 필요한 조건(예 영양 수준, 수분, 온도, 비옥도, 조도)을 향상시키거나 적어도 유지시켜 생물적 변환을 용이하게 한다. 이러한 관리는 농림어업활동을 다른 활동과 구분하는 기준이 된다. 예를 들어, 관리하지 않은 자원을 수확하는 것(예 원양어업, 천연림 벌채)은 농림어업활동에 해당하지 않는다.

(3) 변화의 측정. 생물적 변환이나 수확으로 인해 발생한 질적(예 유전적 장점, 밀도, 숙성도, 지방분포, 단백질 함량, 섬유의 강도) 변화나 양적(예 개체수 증가, 중량, 부피, 섬유의 길이나 지름, 발아 수량) 변화는 일상적인 관리기능으로 측정되고 관찰된다.

CHAPTER 05

유형자산

계산문제

문제 1

다음의 각 독립적인 물음에 답하시오.

(물음 1) ㈜대한은 공장에 설치할 기계장치를 ₩200,000에 구입하는 과정에서 다음과 같은 관련 원가가 발생하였다. 다음의 자료를 이용하여 기계장치의 취득원가를 계산하시오.

구분	금액
관세	₩20,000
관세 중 환급가능액	5,000
운송비	2,000
새로운 기계장치를 운영할 직원들의 교육훈련비	3,000
설치장소 준비원가	1,000
설치비용 및 조립비용	5,000
기계장치로 생산한 제품을 소개하는데 소요되는 원가	1,500
유형자산이 정상적으로 작동되는지 여부를 시험하는 과정에서 발생하는 원가 (시험과정에서 생산된 재화의 원가 1,200 포함)	3,000
시험과정을 감독한 전문가에게 지급한 수수료	1,000
기계장치의 도입관련 임원진 초빙 행사 개최비용	600

(물음 2) ㈜한국은 종업원에게 숙소를 제공할 목적으로 주택을 ₩10,000,000에 구입하였다. ㈜한국은 이를 2년 동안 사업에 사용한 후 철거하고 새 건물을 건축할 예정이다. 주택의 철거비는 ₩500,000이 발생할 것으로 추정된다. 주택 매입과 관련한 자료는 다음과 같다고 할 경우, 토지, 주택의 취득원가를 각각 계산하시오.

1. 주택의 매입가격에는 부속토지에 대한 대가가 포함되어 있으며, 토지와 주택의 감정평가액은 각각 ₩7,200,000, ₩4,800,000원 이다.
2. 주택과 토지에 대한 중개수수료로 ₩400,000를 지출하였으며, 토지의 구획정리 비용 ₩30,000, 주택의 단열보수공사 ₩50,000이 주택의 취득과정에서 추가적으로 발생하였다.
3. 주택을 구입하기 위하여 국민주택 채권을 액면금액으로 매입하였다. 매입한 채권의 액면가격은 주택 감정평가액의 2%로 계산되며, 매입한 채권의 공정가치는 취득일 현재 ₩80,000이다.

(물음 3) ㈜한영의 유형자산 등과 관련된 20×2년의 자료는 다음과 같다.

일 자	관련 항목	금액
3월 1일	공장이전을 위해 기숙사가 있는 토지를 구입(공업단지 인근에 위치)	50억원
3월 1일	구입한 토지와 관련된 미지급재산세를 ㈜한영이 부담하기로 함	1억원
3월 1일	토지관련 소유권이전비, 중개수수료, 등록세 지급	3,000만원
3월 2일	공업단지 조성을 위한 부담금 납부	2억원
3월 2일	기숙사의 철거비용 발생	2,000만원
3월 2일	기숙사 철거에 따른 수입 발생	3,000만원
3월 3일	후문 진입로 공사비	2억원
3월 3일	정문 진입로 공사비	3억원
3월 20일	토지가치 상승으로 인한 추가적 개발부담금 납부	1억원
3월 28일	기존 공장(취득가액 5억원, 장부금액 5,000만원)의 철거비용 발생	2,000만원
3월 31일	공장신축 용지를 일시적으로 주차장 용도로 사용함에 따른 수익 발생	1,000만원
4월 1일	공장 건물 신축을 위한 계약금 지급	3억원
4월 1일	공장 건물 신축을 위한 법률수속비	2,000만원
4월 1일	공장 건물 설계비	1,000만원
4월 1일	공장 건물과 관련된 화재보험료 지급(3년간 보험료)	3,600만원
5월 31일	공장 건설공사 중도금 지급	2억원
6월 2일	공장 울타리 및 주차장 공사비	2억원
6월 15일	정문 진입로 포장 공사비, 이후의 포장공사는 지방자치단체가 부담함	2,000만원
6월 20일	후문 진입로 포장 공사비	2,000만원
6월 25일	조경공사비(영구적 성격)	3,000만원
6월 30일	신축공장을 가동하여 제품생산을 시작함	
7월 1일	공장 건설공사 잔금 지급	3억원
7월 1일	신축공장의 소유권 이전 관련 등기비	2,000만원

〈 추가정보 〉

(1) 공장건설 공사를 감독한 K씨는 공장건물 신축 후 공장건물 관리자로 보직을 변경하였다. K씨에게 지급된 급여(4월 1일부터 12월 31일까지 발생분) 1억 5,000만원 중 공장건설 공사를 감독한 기간에 발생한 급여는 5,000만원이다.

(2) 4월 1일에 공장건설을 위해 2억원을 대한은행에서 장기로 차입하였는대 연 이자율은 10%이다. ㈜한영의 경영진은 공장건설에는 상당한 기간이 소요되지 않는 것으로 판단하였다.

위의 자료를 기초로 (1) 토지, 공장, 구축물의 취득원가와 (2) 20×2년 3월 1일부터 6월 30일까지 발생한 비용을 각각 계산하고 (3) 신축공장의 취득일은 언제인지 그 일자와 근거를 제시하시오.

해설 및 해답 취득원가

(물음 1) 기타 유형자산의 취득원가

① ₩200,000(구입가격)+20,000(관세)−5,000(관세 중 환급가능액)+2,000(운송비)+1,000(설치장소준비원가)+5,000(설치비용 및 조립비용)+3,000(시험원가)−1,200(시험과정에서 생산된 재화의 순 매각금액)+1,000(전문가 수수료)=₩225,800

② 새로운 시설을 개설하는 데 소요되는 원가, 새로운 상품과 서비스를 소개하는 데 소요되는 원가(예 광고 및 판촉활동과 관련된 원가), 새로운 지역에서 또는 새로운 고객층을 대상으로 영업을 하는 데 소요되는 원가(예 직원 교육훈련비), 관리 및 기타 일반간접원가 등은 당기손익으로 인식하며, 유형자산의 원가에 포함되지 않는다.

(물음 2) 부동산의 일괄취득 (2017년 회계사 유사)

구분	토지	건물	비고
일괄매입가격	₩10,000,000×60%	₩10,000,000×40%	일괄매입시 토지와 건물을 모두 사용할 경우, 구입가격은 공정가치 비율대로 안분
중개수수료	₩400,000×60%	₩400,000×40%	공통매입원가는 공정가치 비율대로 안분
구획정리비용	₩30,000		개별원가는 개별 자산에 배분
단열보수공사		₩50,000	
국민주택채권		₩16,000	₩4,800,000×2%(매입금액)−80,000 (공정가치)
합계	₩6,270,000	₩4,226,000	

* 예상 철거비용은 현재의무가 아니므로 미래 지출 시점에 비용으로 인식한다.

(물음 3) 유형자산의 취득원가 (2013년 세무사)

1. 취득관련 지출내역 및 비용의 인식액 (단위 : 억원)

일자	토지	공장	구축물	비용	비고
3월 1일	50				공장의 건설을 위해 토지를 취득하였으므로 토지의 취득원가에 일괄 산입
3월 1일	1				자산을 취득하기 위하여 대납한 재산세는 취득원가에 포함함
3월 1일	0.3				
3월 2일	2				
3월 2일	0.2				토지와 건물의 일괄구입시 기존 건물을 철거하는데 발생한 비용은 토지의
3월 2일	(0.3)				취득원가에 가산하며, 수입은 취득원가에서 차감
3월 3일	2				도로공사비는 토지에 포함(내용연수가 영구적)
3월 3일	3				
3월 20일	1				
3월 28일				0.7	기존 공장의 장부금액 5,000만원 역시 비용(폐기손실)으로 인식
3월 31일					부수적인 영업과 관련한 수익 및 비용은 당기손익으로 인식
4월 1일		3			
4월 1일		0.2			
4월 1일		0.1			
4월 1일		0.03			공장의 취득기간 중 발생한 화재보험료(3개월/36개월)만 원가에 산입
5월 31일		2			
6월 2일		2			구축물로 분류가능
6월 15일	0.2				도로의 '포장'공사비는 정부가 유지관리하는 경우 토지로 처리하며, 회사
6월 20일			0.2		가 유지관리하는 경우 구축물로 처리
6월 25일	0.3				영구적 내용연수는 토지, 유한한 내용연수는 구축물로 처리
7월 1일		3			
7월 1일		0.2			
급여		0.5			
이자비용				0.05	₩200,000,000×10%×3/12(4/1~6/30)
합계	59.7	11.03	0.2	0.75	

2. 신축공장의 취득일 : 6월 30일

- 유형자산으로 인식되기 위해서는 다음의 인식기준을 모두 충족하여야 한다.

> (1) 자산으로부터 발생하는 미래경제적효익이 기업에 유입될 가능성이 높다.
> (2) 자산의 원가를 신뢰성 있게 측정할 수 있다.

따라서 미래경제적효익이 기업에 유입되는 시점은 공장을 가동하여 제품생산을 시작할 때이므로 취득일은 6월 30일이다.

문제 2

다음의 자료를 이용하여 물음에 답하시오.

1. ㈜대한은 20×1년 1월 1일에 본사 사옥으로 사용하기 위하여 건물을 ₩1,200,000에 취득(내용연수 5년, 잔존가치 ₩0)하고 연수합계법으로 감가상각한다. ㈜대한은 건물에 대하여 원가모형을 적용한다.
2. ㈜대한은 20×2년초에 건물의 보수를 위해 ₩400,000을 지출하였으며, 보수로 인해 제거된 부분의 장부금액은 ₩200,000(취득금액 ₩300,000, 감가상각누계액 ₩100,000)이다. ㈜대한이 20×2년 초에 감가상각방법을 정액법으로 변경하였고, 내용연수를 1년 더 연장하였다.
3. 20×2년말 본사의 해외이전으로 인하여 건물에 손상징후가 발생하였으며, 회수가능액을 추정하기 위한 자료는 다음과 같다.
   (1) 20×2년말 현재 건물의 공정가치는 ₩550,000이며 처분시 예상되는 부대원가는 다음과 같다.

구분	금액
건물의 등기 관련 인지세 및 법무사비용	₩10,000
내부인테리어 철거비용	40,000
건물 관리인에 대한 해고급여	50,000

   (2) ㈜대한은 건물을 20×2년말로부터 4년간 사용할 예정이며 건물을 사용하면서 매기간 발생하리라 예상되는 순 현금유입액은 ₩150,000이다. 또한 처분으로 인해 얻게되는 순유입금액은 ₩35,000으로 예상한다.
4. 20×3년말 국내 종속기업의 본사이전으로 인해 건물의 손상회복 징후가 발생하였다. 순공정가치는 ₩700,000으로 추정되었으나 사용가치는 합리적으로 추정할 수 없었다.
5. 해당 건물과 관련하여 현재가치 계산이 필요한 경우 사용할 이자율은 10%이며, 4기간, 10% 단일금액현재가치계수와 정상연금현재가치계수는 각각 0.6830, 3.1698이다.

(물음 1) 손상징후와 관련하여 상기 건물의 20×2년말 회수가능액을 계산하시오.

(물음 2) 상기 건물과 관련한 회계처리가 ㈜대한의 20×2년과 20×3년 당기순이익에 미치는 영향을 계정과목별로 제시하시오.

(물음 3) 다음의 양식에 따라 20×3년말 손상차손의 환입 직후 ㈜대한의 재무상태표에 표시될 다음의 금액들을 계산하시오.

부분재무상태표	금액
건물	①
(감가상각누계액)	②
(손상차손누계액)	③
순장부금액	④

해설 및 해답 원가모형의 후속측정(손상)

(물음 1) 회수가능액의 계산

① 순공정가치 : ₩550,000(공정가치) − 10,000(건물의 등기관련 인지세 및 법무사비용) − 40,000(내부인테리어 철거비용) = ₩500,000

* 순공정가치 측정시 차감하는 처분부대원가는 자산처분과 직접관련된 증분원가이다. 따라서 자산처분에 따르는 사업의 축소나 조직변경과 관련된 해고급여 및 그 밖의 원가는 처분부대원가에 포함되지 않는다.

② 사용가치 : ₩150,000 × 3.1698 + 35,000 × 0.6830 = ₩499,375

③ 회수가능액 : max[₩500,000(순공정가치), 499,375] = ₩500,000

(물음 2) 손상차손의 인식

• 자산의 회수가능액이 장부금액에 못 미치는 경우에 자산의 장부금액을 회수가능액으로 감액한다. 해당 감소금액은 손상차손이다. 손상차손은 곧바로 당기손익으로 인식한다. 손상차손을 인식한 후에 수정된 장부금액에서 잔존가치를 뺀 금액을 자산의 남은 내용연수에 걸쳐 체계적인 방법으로 배분하기 위하여, 자산의 감가상각액이나 상각액을 미래 기간에 조정한다(K−IFRS 1036호 문단 59,60,63).

1. 유형자산의 장부금액의 정리

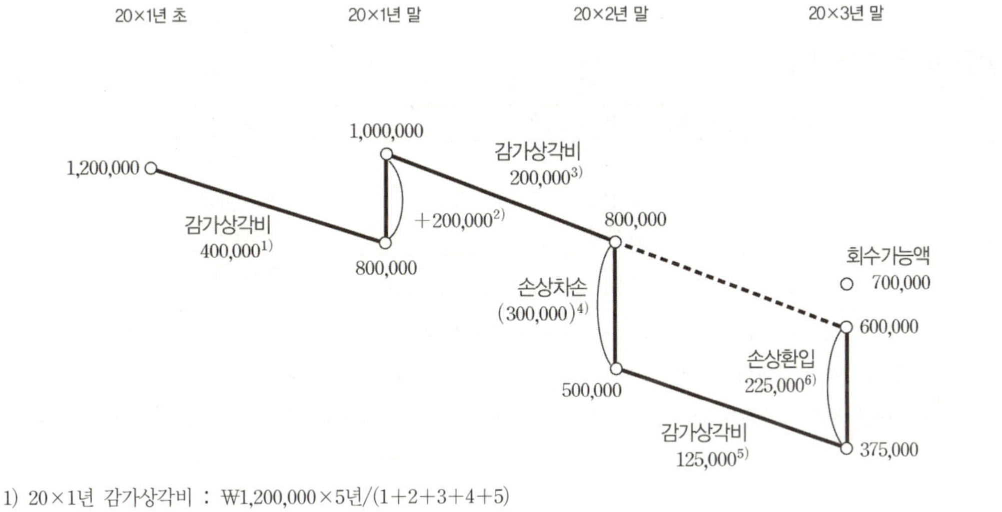

1) 20×1년 감가상각비 : ₩1,200,000 × 5년/(1+2+3+4+5)
2) 자본적 지출 : ₩400,000 − 200,000(대체된 부분의 장부금액)
3) 20×2년 감가상각비 : ₩1,000,000 ÷ (4년+1년)
4) 20×2년말 손상차손 : ₩500,000(회수가능액) − 800,000(20×2년말 장부금액)
5) 20×3년 감가상각비 : ₩500,000(손상 후 장부금액) ÷ 4년(잔존내용연수)
6) 20×4년 손상차손 환입 : min[₩600,000(손상을 인식하지 않았을 경우의 유형자산 장부금액), 700,000(회수가능액)] − ₩375,000(장부금액)

2. 금액의 계산

① 20×2년 당기순이익 : (−)₩200,000(대체된 부분의 폐기손실)−200,000(감가상각비)−300,000(손상차손) =(−)₩700,000

② 20×3년 당기순이익 : (−)₩125,000(감가상각비)+225,000(손상차손환입)=₩100,000

[별해] 회계처리

20×1년 1월 1일	(차) 유형자산	1,200,000	(대) 현금	1,200,000
20×1년 12월 31일	(차) 감가상각비	400,000	(대) 감가상각누계액	400,000
20×2년 1월 1일	(차) 감가상각누계액	100,000	(대) 유형자산	300,000
	폐기손실	200,000		
	(차) 유형자산	400,000	(대) 현금	400,000
20×2년 12월 31일	(차) 감가상각비	200,000	(대) 감가상각누계액	200,000
	(차) 손상차손	300,000	(대) 손상차손누계액	300,000
20×3년 12월 31일	(차) 감가상각비	125,000	(대) 감가상각누계액	125,000
	(차) 손상차손누계액	225,000	(대) 손상차손환입	225,000

(물음 3) **재무제표 표시**

부분재무상태표	금액
건물	₩1,300,000
(감가상각누계액)	(625,000)
(손상차손누계액)	(75,000)
순장부금액	₩600,000

① 건물 : ₩1,200,000(최초취득원가)−300,000(대체된 부분)+400,000(자본적 지출)=₩1,300,000

② 감가상각누계액 : ₩400,000−100,000(대체된 부분)+200,000+125,000=₩625,000

③ 손상차손누계액 : ₩300,000(20×2년말 손상차손)−225,000(20×3년말 손상차손환입)=₩75,000

문제 3

20×1년 초 ㈜정선은 영업용으로 사용하기 위해 차량운반구를 ₩1,000,000에 취득(내용연수 5년, 정액법 상각 잔존가치 ₩0)하였다. ㈜정선은 차량운반구 대해 재평가모형을 적용하여 평가한다. 차량운반구 관련 공정가치는 다음과 같다고 할 경우, 다음의 독립적인 물음에 답하시오.

구 분	20×1년말	20×2년말	20×3년말
공정가치	₩900,000	₩450,000	₩460,000

(물음 1) 만약 ㈜정선이 동 차량운반구에서 발생하는 재평가잉여금을 이익잉여금으로 대체하지 않는 정책을 채택한다고 할 경우, 차량운반구와 관련한 회계처리가 ㈜정선의 20×2년 및 20×3년의 재무제표에 영향을 미치는 다음의 ① ~ ⑥ 금액들을 계산하시오. 단, 손실인 경우 (−)를 표시하시오.

구분	20×2년	20×3년
당기손익에 미치는 영향	①	④
기타포괄손익에 미치는 영향	②	⑤
이익잉여금	③	⑥

(물음 2) 만약 ㈜정선이 동 차량운반구에서 발생하는 재평가잉여금을 이익잉여금으로 대체하는 정책을 채택한다고 할 경우, 차량운반구와 관련한 회계처리가 ㈜정선의 20×2년 및 20×3년의 재무제표에 영향을 미치는 다음의 ① ~ ⑥ 금액들을 계산하시오. 단, 손실인 경우 (−)를 표시하시오.

구분	20×2년	20×3년
당기손익에 미치는 영향	①	④
기타포괄손익에 미치는 영향	②	⑤
이익잉여금	③	⑥

(물음 3) 기본자료와는 달리 ㈜정선이 차량운반구에 대해 연수합계법을 사용한다고 가정한다. 만약 ㈜정선이 동 차량운반구에서 발생하는 재평가잉여금을 이익잉여금으로 대체하는 정책을 채택한다고 할 경우, 차량운반구와 관련하여 ㈜정선의 20×2년 말 재무상태표에 표시될 재평가잉여금을 계산하시오.

(물음 4) 기본자료와는 달리 ㈜정선이 차량운반구에 대해 이중체감법을 사용한다고 가정한다. 만약 ㈜정선이 동 차량운반구에서 발생하는 재평가잉여금을 이익잉여금으로 대체하는 정책을 채택한다고 할 경우, 차량운반구와 관련하여 ㈜정선의 20×2년 말 재무상태표에 표시될 재평가잉여금을 계산하시오.

해설 및 해답 재평가모형의 후속측정

(물음 1) 재평가잉여금을 대체하지 않는 경우

구분	20×2년	20×3년
당기손익에 미치는 영향	① (−)₩350,000	④ (−)₩25,000
기타포괄손익에 미치는 영향	② (−) 100,000	⑤ 35,000
이익잉여금	③ (−) 350,000	⑥ (−) 25,000

1. 유형자산의 장부금액의 정리

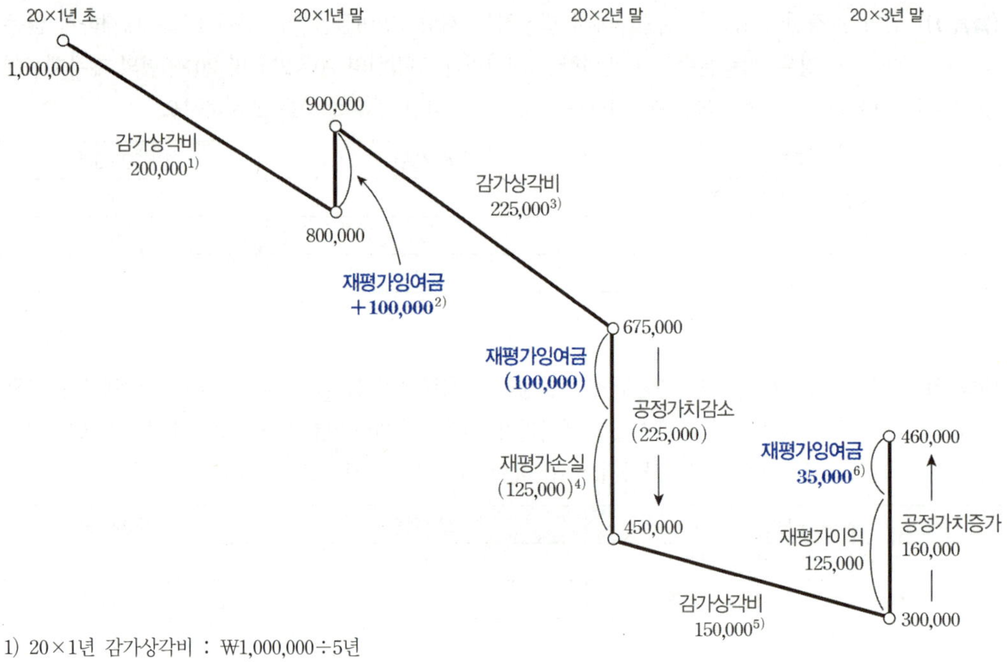

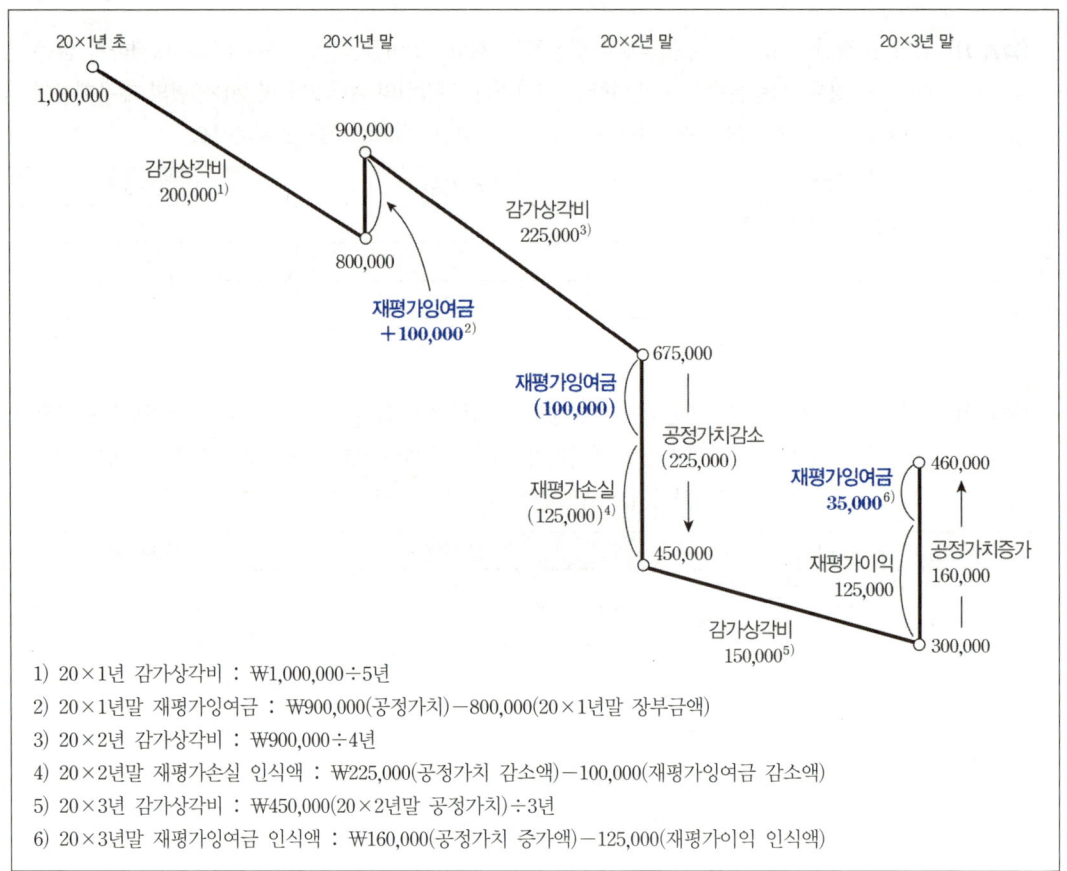

1) 20×1년 감가상각비 : ₩1,000,000÷5년
2) 20×1년말 재평가잉여금 : ₩900,000(공정가치)−800,000(20×1년말 장부금액)
3) 20×2년 감가상각비 : ₩900,000÷4년
4) 20×2년말 재평가손실 인식액 : ₩225,000(공정가치 감소액)−100,000(재평가잉여금 감소액)
5) 20×3년 감가상각비 : ₩450,000(20×2년말 공정가치)÷3년
6) 20×3년말 재평가잉여금 인식액 : ₩160,000(공정가치 증가액)−125,000(재평가이익 인식액)

2. 금액의 계산

① 20×2년 당기손익 : (−)₩225,000(감가상각비)−125,000(재평가손실)=(−)₩350,000
② 20×2년 기타포괄손익 : (−)₩100,000 (재평가잉여금 감소액)
③ 20×2년 이익잉여금 : (−)₩350,000(당기손익에 미친 영향과 동일)
④ 20×3년 당기손익 : (−)₩150,000(감가상각비)+125,000(재평가이익)=(−)₩25,000
⑤ 20×3년 기타포괄손익 : ₩35,000
⑥ 20×3년 이익잉여금 : (−)25,000(당기손익에 미친 영향과 동일)

(물음 2) 재평가잉여금을 대체하는 경우

구분	20×2년	20×3년
당기손익에 미치는 영향	① (−)₩375,000	④ 0
기타포괄손익에 미치는 영향	② (−) 75,000	⑤ 10,000
이익잉여금	③ (−) 350,000	⑥ 0

- 어떤 유형자산 항목과 관련하여 자본에 계상된 재평가잉여금은 그 자산을 사용함에 따라 재평가잉여금의 일부를 대체할 수도 있다. 이러한 경우 재평가된 금액에 근거한 감가상각액과 최초원가에 근거한 감가상각액의 차이가 이익잉여금으로 대체되는 금액이 될 것이다. 재평가잉여금을 이익잉여금으로 대체하는 경우 그 금액은 당기손익으로 인식하지 않는다(K−IFRS 1016호 문단 41).

1. 유형자산의 장부금액의 정리

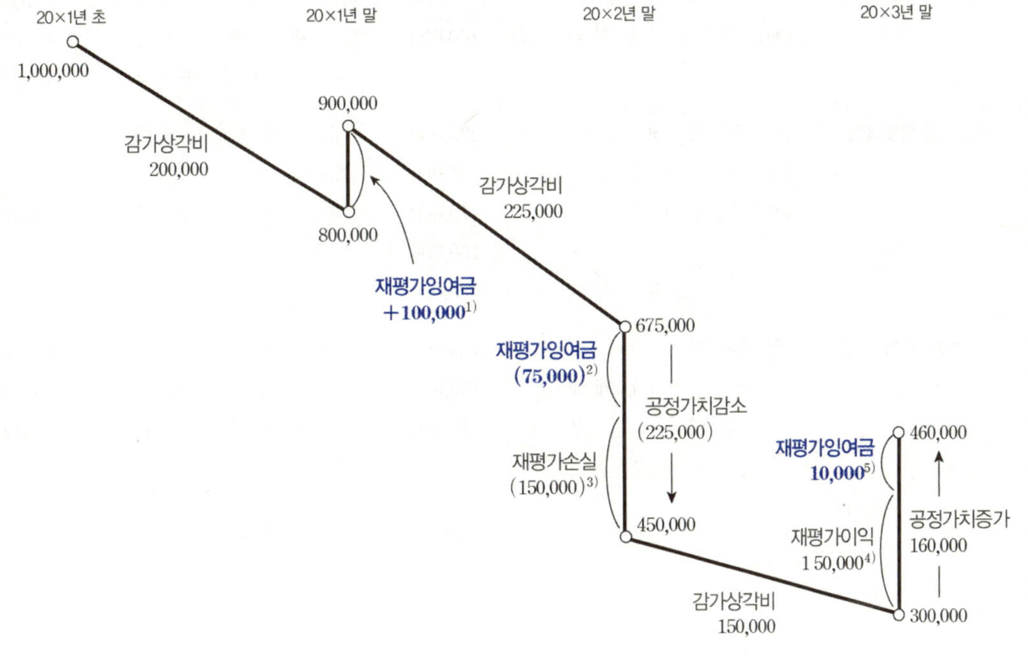

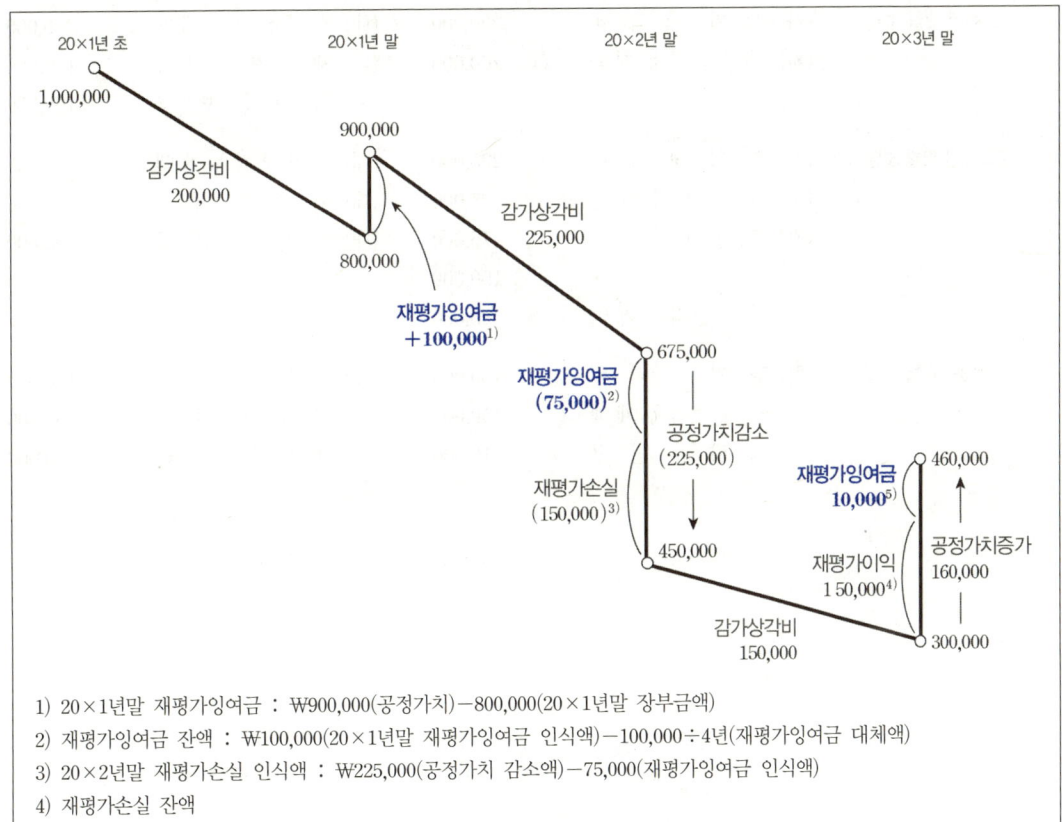

1) 20×1년말 재평가잉여금 : ₩900,000(공정가치)−800,000(20×1년말 장부금액)
2) 재평가잉여금 잔액 : ₩100,000(20×1년말 재평가잉여금 인식액)−100,000÷4년(재평가잉여금 대체액)
3) 20×2년말 재평가손실 인식액 : ₩225,000(공정가치 감소액)−75,000(재평가잉여금 인식액)
4) 재평가손실 잔액
5) 20×3년말 재평가잉여금 인식액 : ₩160,000(공정가치 증가액)−150,000(재평가 이익 인식액)

2. 금액의 계산

① 20×2년 당기손익 : (−)₩225,000(감가상각비)−150,000(재평가손실)=(−)₩375,000
② 20×2년 기타포괄손익 : (−)₩75,000 (재평가잉여금 감소액)
③ 20×2년 이익잉여금 : (−)₩375,000(당기손익에 미친 영향)+25,000(재평가잉여금 대체액)
=(−)₩350,000
④ 20×3년 당기손익 : (−)₩150,000(감가상각비)+150,000(재평가이익)=₩0
⑤ 20×3년 기타포괄손익 : ₩10,000
⑥ 20×3년 이익잉여금 : ₩0(당기손익에 미친 영향)

[별해] 회계처리 - 감가상각누계액 제거법 가정

20×1년 1월 1일	(차) 차량운반구	1,000,000	(대) 현금	1,000,000
20×1년 12월 31일	(차) 감가상각비	200,000	(대) 감가상각누계액	200,000
	(차) 감가상각누계액	200,000	(대) 재평가잉여금	100,000
			차량운반구	100,000
20×2년 12월 31일	(차) 감가상각비	225,000	(대) 감가상각누계액	225,000
	(차) 재평가잉여금	25,000	(대) 이익잉여금	25,000
	(차) 재평가잉여금	75,000	(대) 차량운반구	450,000
	재평가손실	150,000		
	감가상각누계액	225,000		
20×3년 12월 31일	(차) 감가상각비	150,000	(대) 감가상각누계액	150,000
	(차) 감가상각누계액	150,000	(대) 재평가이익	150,000
	차량운반구	10,000	재평가잉여금	10,000

(물음 3)

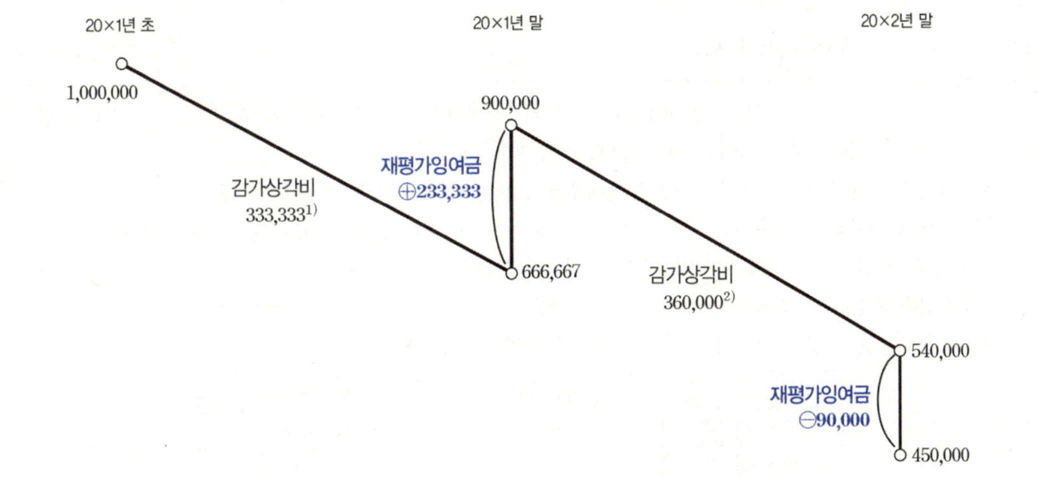

1) 20×1년 감가상각비 : ₩1,000,000×5/15
2) 20×2년 감가상각비 : ₩900,000×4/10

① 재평가잉여금 대체액 : ₩360,000−1,000,000×4/15(재평가하지 않았을 경우의 감가상각비)=₩93,333
또는 ₩233,333(20×1년 말 재평가잉여금 잔액)×4/10(20×2년초 상각률)

② 재평가잉여금 잔액 : ₩233,333−93,333(대체액)−90,000(20×2년말 평가)=₩50,000
또는 ₩450,000(공정가치)−[1,000,000−1,000,000×(5+4)/15(감가상각비)]

(물음 4)

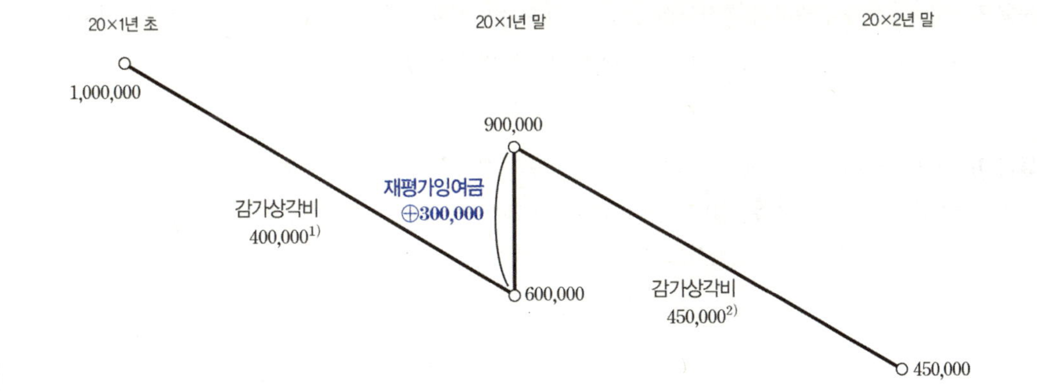

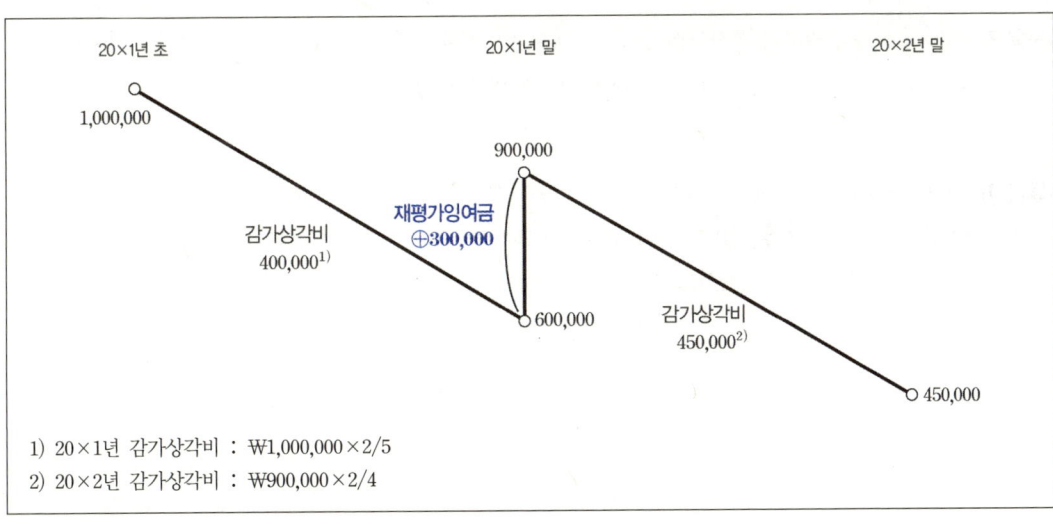

1) 20×1년 감가상각비 : ₩1,000,000×2/5
2) 20×2년 감가상각비 : ₩900,000×2/4

① 재평가잉여금 대체액 : ₩450,000−600,000×2/5(재평가하지 않았을 경우의 감가상각비)=₩210,000

② 재평가잉여금 잔액 : ₩300,000−210,000(대체액)=₩90,000

문제 4

다음의 자료를 이용하여 물음에 답하시오.

1. ㈜한국은 설비자산을 20×1년 초에 ₩1,000,000에 취득하여, 매년 말 재평가를 실시하고 있다. 이 설비의 잔존가치는 ₩0, 내용연수는 5년이며 정액법으로 상각한다.
2. 재평가와 관련한 장부금액의 조정방법은 총장부금액에서 기존의 감가상각누계액 및 손상차손 누계액을 모두 제거하여 순장부금액이 재평가금액과 일치하도록 하는 방법을 적용한다. 또한, 자본에 포함된 재평가잉여금은 자산을 사용하는 기간 중에 이익잉여금에 대체하지 않는다고 가정한다.
3. 설비자산과 관련된 각 연도 말 공정가치와 회수가능액은 다음과 같다. 회수가능액이 장부금액보다 차이가 나는 경우에는 손상 및 손상환입의 징후가 발생한 것이라 가정한다.

	공정가치	회수가능액
20×1년 말	₩880,000	₩900,000
20×2년 말	594,000	480,000
20×3년 말	440,000	430,000

(물음 1) 해당 설비에 대한 회계처리가 20×2년 당기순이익에 미치는 영향을 각 항목별로 구하시오.

(물음 2) 20×2년말 해당 설비와 관련하여 ① 비례수정법을 적용했을 때와 ② 감가상각누계액 제거법을 적용했을 때의 감가상각누계액의 차이를 계산하시오.

(물음 3) 설비자산과 관련하여 ㈜한국의 20×3년 포괄손익계산서의 ① 당기손익과 ② 기타포괄손익에 미치는 영향을 각각 계산하시오. 단, 손실의 경우에는 금액 앞에 (−)표시할 것.

(물음 4) 만약 ㈜한국은 자본에 포함된 재평가잉여금은 자산을 사용하는 기간 중에 이익잉여금에 대체하는 정책을 채택한다고 가정할 경우, 설비자산이 ㈜한국의 20×3년 포괄손익계산서의 ① 당기손익과 ② 기타포괄손익에 미치는 영향을 각각 계산하시오. 단, 손실의 경우에는 금액 앞에 (−)표시할 것.

해설 및 해답 재평가모형의 후속측정(손상) (2010년 회계사 수정)

• 재평가되지 않는 자산의 손상차손은 당기손익으로 인식한다. 그러나 재평가자산의 손상차손은 해당 자산에서 생긴 재평가잉여금에 해당하는 금액까지는 기타포괄손익으로 인식한다. 기타포괄손익으로 인식하는 재평가자산의 손상차손은 그 자산의 재평가잉여금을 감액한다(K-IFRS 1036호 문단 61).

• 유형자산의 장부금액의 정리

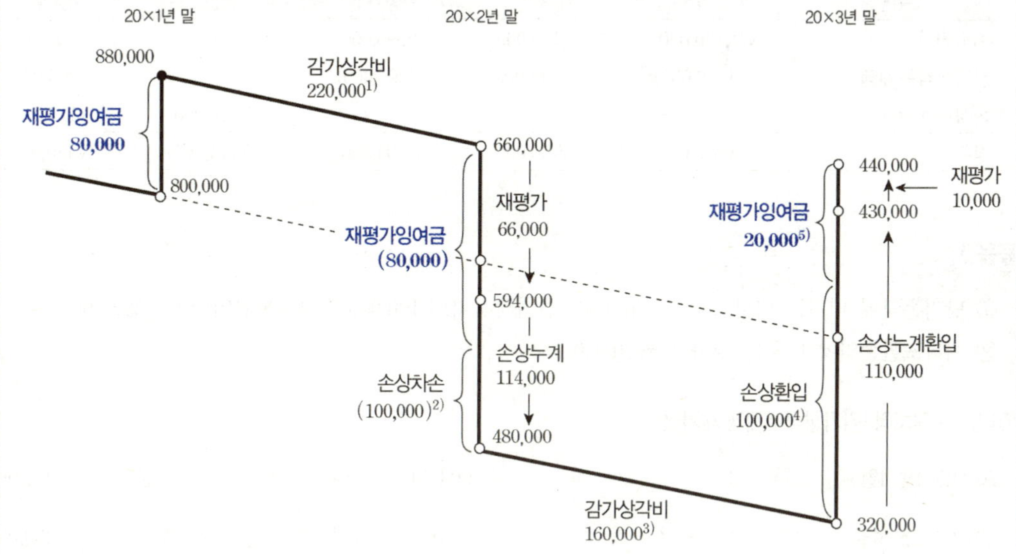

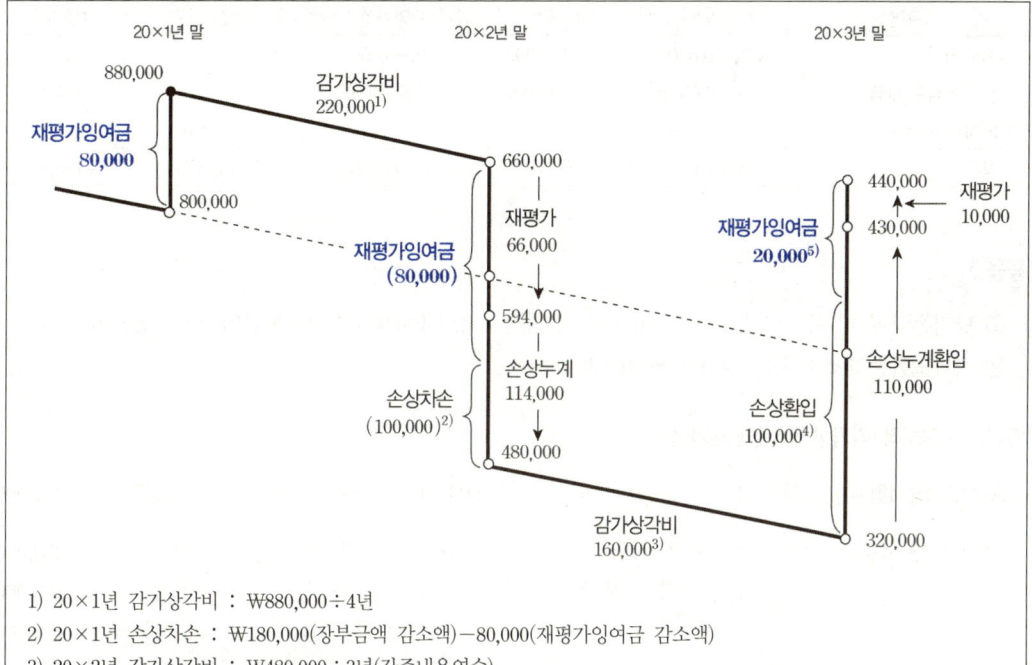

1) 20×1년 감가상각비 : ₩880,000÷4년
2) 20×1년 손상차손 : ₩180,000(장부금액 감소액)−80,000(재평가잉여금 감소액)
3) 20×2년 감가상각비 : ₩480,000÷3년(잔존내용연수)
4) 20×2년 손상차손환입의 한도 : 전기 이전에 당기손익으로 인식한 손상차손 인식액
5) 재평가잉여금 : ₩120,000(장부금액 증가액)−100,000(당기손익 인식액)

(물음 1)

• (−)₩220,000(감가상각비)−100,000(손상차손)=(−)₩320,000(손실)

(물음 2)

① 비례수정법

구분	20×2년말 상각후원가		공정가치
취득원가	₩1,000,000		??
감가상각누계액	(400,000)		x
장부금액	₩600,000	⇨×0.99 ⇨	₩594,000

∴ x =₩400,000×0.99=₩396,000

* 손상차손은 감가상각누계액의 변동 없이 손상차손누계액으로만 인식되므로 감가상각누계액에 미치는 영향은 없다. 따라서 공정가치(₩594,000) 평가 후 인식되는 감가상각누계액을 계산하면 된다.

② 감가상각누계액 제거법 : ₩0

* 감가상각누계액 제거법에서는 기말 재평가시 감가상각누계액을 전액 제거하므로 감가상각누계액 잔액은 없음.

③ 누계액 차이 : ₩396,000(비례수정법)−0(감가상각누계액 제거법)=₩396,000 차이

[별해] 비례수정법일 경우의 20×2년말 부분재무상태표

구분	재평가전	재평가	재평가후	손상	손상후
취득원가	₩1,100,000	₩(110,000)	₩990,000	−	₩990,000
감가상각누계액	(440,000)	44,000	(396,000)	−	(396,000)
손상누계액	−	−	−	₩(114,000)	(114,000)
장부금액	₩660,000	₩(66,000)	₩594,000	₩(114,000)	₩480,000

(물음 3)

① 당기손익에 미치는 영향 : (−)₩160,000(감가상각비)+100,000(손상차손환입)=(−)₩60,000

② 기타포괄손익에 미치는 영향 : ₩20,000

[별해] 회계처리 (감가상각누계액 제거법)

20×1년 1월 1일	(차) 설비	1,000,000	(대) 현금	1,000,000
20×1년 12월 31일	(차) 감가상각비	200,000	(대) 감가상각누계액	200,000
	(차) 감가상각누계액	200,000	(대) 재평가잉여금	80,000
			설비	120,000
20×2년 12월 31일	(차) 감가상각비	220,000	(대) 감가상각누계액	220,000
	(차) 재평가잉여금	66,000	(대) 설비	286,000
	감가상각누계액	220,000		
	(차) 재평가잉여금	14,000	(대) 손상차손누계액	114,000
	손상차손	100,000		
20×3년 12월 31일	(차) 감가상각비	160,000	(대) 감가상각누계액	160,000
	(차) 손상차손누계액	100,000	(대) 손상차손환입	100,000
	(차) 손상차손누계액	14,000	(대) 설비	154,000
	감가상각누계액	160,000	재평가잉여금	20,000

(물음 4) 재평가잉여금을 대체하는 경우

① 유형자산 장부금액의 정리

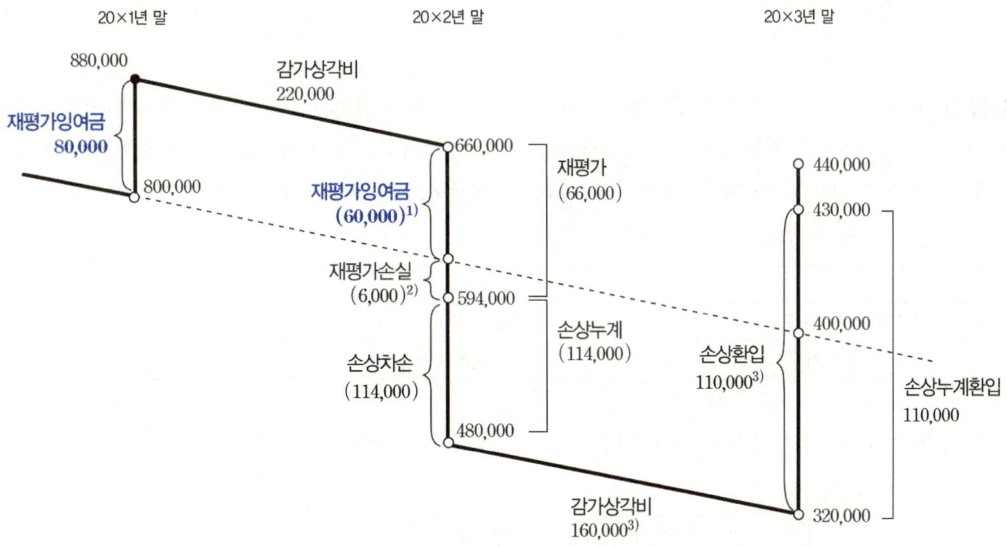

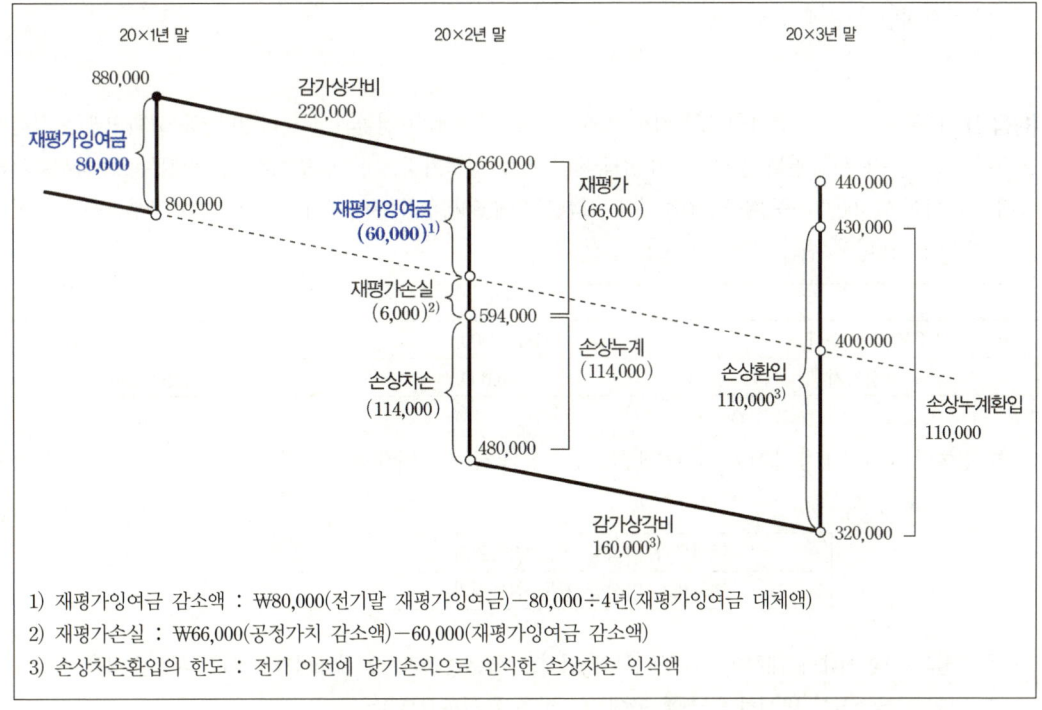

1) 재평가잉여금 감소액 : ₩80,000(전기말 재평가잉여금)−80,000÷4년(재평가잉여금 대체액)
2) 재평가손실 : ₩66,000(공정가치 감소액)−60,000(재평가잉여금 감소액)
3) 손상차손환입의 한도 : 전기 이전에 당기손익으로 인식한 손상차손 인식액

② 당기손익에 미치는 영향 : (−)₩160,000(감가상각비)+110,000(손상차손환입)=(−)₩50,000

③ 기타포괄손익에 미친 영향 : ₩0 (과거에 당기손익으로 인식한 손상차손(₩114,000)을 한도로 손상차손환입을 인식하며, 손상차손이 전액 환입되지 않았으므로 재평가를 수행하지 않음)

[별해] 감가상각효과의 고려

① 만약 재평가모형에서 손상차손의 환입에 대해 감가상각효과를 고려한다면, 유형자산의 손상차손환입은 다음과 같이 계산된다.

② 손상차손환입 : min[₩110,000(회수가능액 증가액), 114,000(전기인식한 손상차손)−114,000÷3년]
=₩76,000

[별해] (물음 4)의 상황에서 손상이 모두 회복되지 않았음에도 공정가치 평가를 수행하는 경우

① 재평가이익 : ₩6,000(전기 당기손익으로 인식한 재평가 손실)

② 재평가잉여금 : ₩10,000(공정가치증가)−6,000(재평가이익)=₩4,000

문제 5

다음의 독립적인 물음에 답하시오.

(물음 1) ㈜세무는 20×1년 1월 1일 자사 소유 건물을 ㈜국세의 건물과 교환하였다. 동 교환거래는 상업적 실질이 있고, ㈜세무의 건물 공정가치가 ㈜국세의 건물 공정가치보다 더 명백하며, ㈜세무는 ㈜국세로부터 공정가치 차이 ₩400,000을 현금수취하였다. 교환시점에 ㈜세무와 ㈜국세의 건물에 대한 장부금액과 공정가치는 다음과 같다.

	㈜세무	㈜국세
장부금액(순액)	₩1,400,000	₩1,300,000
공정가치	1,600,000	1,200,000

(1) 동 건물의 교환거래에 대하여, ① ㈜세무가 인식할 건물 취득원가와 ② ㈜국세가 인식할 건물 취득원가를 계산하시오.

㈜세무가 인식할 건물 취득원가	①
㈜국세가 인식할 건물 취득원가	②

(2) 동 건물의 교환거래에 대하여, ① ㈜세무가 인식할 처분손익과 ② ㈜국세가 인식할 처분손익을 계산하시오. (단, 처분손실이 발생하면 금액 앞에 '(−)'를 표시하시오.)

㈜세무가 인식할 처분손익	①
㈜국세가 인식할 처분손익	②

(물음 2) ㈜국세는 20×1년 1월 1일에 본사 사옥을 ₩1,000,000에 취득(내용연수 5년, 잔존가치 ₩80,000)하고 이중체감법으로 감가상각한다. ㈜국세는 20×3년초에 본사 사옥의 증축을 위해 ₩200,000을 지출하였으며 이로 인해 내용연수가 2년 더 연장되었다. ㈜국세가 20×3년 초에 감가상각방법을 연수합계법으로 변경하였다면, 20×3년도에 인식해야할 감가상각비는 얼마인가? (단, ㈜국세는 본사 사옥에 대하여 원가모형을 적용한다.)

(물음 3) ㈜세무는 사업을 확장하기 위하여 20×3년 4월 1일 미국에 있는 건물을 $1,000에 구입하였다. 구입한 건물의 내용연수는 5년이며, 잔존가치는 ₩0이다. 20×3년말 현재 건물의 공정가치가 $1,100라고 할 경우 20×3년도 재무제표에 표시할 건물의 감가상각비와 재평가잉여금(자본)은 각각 얼마인가? 각 일자의 환율은 다음과 같으며, 기능통화는 원화, 감가상각은 월할상각한다.

일 자	20×3년 4월 1일	20×3년 12월 31일
환 율	₩1,000/$	₩900/$

해설 및 해답 유형자산의 기타사항

(물음 1) 교환취득 (2021년 세무사)

• ㈜세무- 제공한 자산의 공정가치가 더 명확한 경우

① 건물의 취득금액 : ₩1,600,000(제공한 건물의 공정가치)−400,000(수취한 현금)=**₩1,200,000**

② 처분손익 : [₩1,200,000(건물의 취득금액)+400,000(수취한 현금)]−1,400,000(건물의 장부금액)
=₩200,000

③ 회계처리

㈜세무	(차)	**건물**	**1,200,000**	(대) 세무건물	1,400,000
		현금	400,000	처분이익	200,000

• ㈜국세- 수취한 자산의 공정가치가 더 명확한 경우

① 건물의 취득금액 : **₩1,600,000**(수취한 건물의 공정가치)

② 처분손익 : ₩1,600,000(건물의 취득금액)−[1,300,000(건물의 장부금액)+400,000(현금지급액)]
=(−)₩100,000

③ 회계처리

상황 2	(차)	**건물**	**1,600,000**	(대) 국세건물	1,300,000
		처분손실	100,000	현금	400,000

• 답안의 계산

(1) 취득원가

㈜세무가 인식할 건물 취득원가	① ₩1,200,000
㈜국세가 인식할 건물 취득원가	② ₩1,600,000

(2) 처분손익

㈜세무가 인식할 처분손익	① ₩200,000
㈜국세가 인식할 처분손익	② (−)₩100,000

(물음 2) 회계추정의 변경

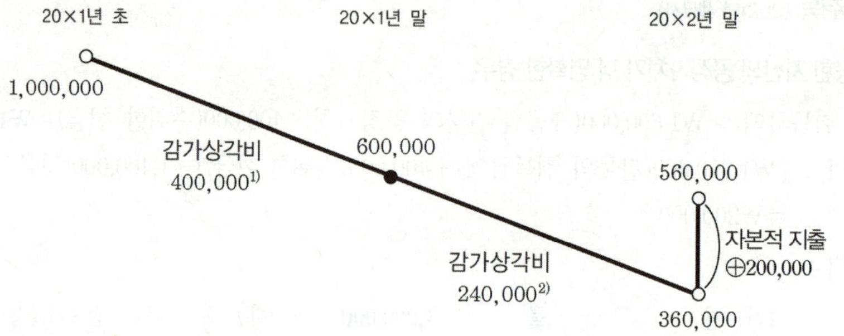

1) 20×1년 감가상각비 : ₩1,000,000(취득원가)×2/5
2) 20×2년 감가상각비: ₩600,000(20×2년초 장부금액)×2/5

∴ 20×3년 감가상각비 : [(₩360,000+200,000)(기초장부금액)−80,000(잔존가치)]×5/15* =₩160,000

* 3년(20×3년초의 기존 잔존내용연수)+2년(연장된 내용연수)

(물음 3) 외화 유형자산 (2010년 세무사)

① 감가상각비 : [$1,000×₩1,000−0(잔존가치)]÷5×9/12=₩150,000

② 재평가잉여금 : $1,100×₩900(기말공정가치)−(₩1,000,000−150,000)(장부금액)=₩140,000

* 비화폐성 자산의 회계처리는 기능통화를 기준으로 수행하면 되므로 환율변동효과는 당기손익으로 인식하지 않는다.

문제 6

12월 말 결산법인인 ㈜강남은 해양플랜트 사업을 영위하고 있다. 다음의 〈기본자료〉를 이용하여 각 독립적인 물음에 답하시오.

〈 기본자료 〉

20×1년 초에 사업을 위하여 필요한 구조물을 ₩14,000,000에 취득하였다. 회사는 관련 법규에 따라 석유를 채굴하는 조건으로 동 구조물의 위 취득가액 중 60%의 금액을 정부로부터 보조받았다. 구조물은 내용연수 5년에 걸쳐 정액법으로 상각하며, 잔존가치는 ₩2,000,000이다. 정부보조금은 관련 계정과목에서 차감하거나 차감표시하는 방법을 적용한다.

(물음 1) ㈜강남은 2년간 해당 구조물을 사용 후 20×2년말 ㈜개포에게 ₩5,000,000에 처분하였다. 석유의 채굴은 ㈜개포가 이어서 진행하게 되므로 정부보조금에 대한 상환의무는 없다. 구조물 및 정부보조금과 관련하여 ㈜강남이 20×2년에 인식할 ① 감가상각비 및 ② 유형자산처분손익을 계산하시오.

(물음 2) 20×2년 중 ㈜강남은 해당 구조물에 손상징후가 발생하였다. 20×2년말 현재 동 구조물의 순공정가치는 ₩6,000,000, 사용가치는 ₩6,200,000이다. 그 외의 사항들은 모두 기본자료와 동일하다고 할 경우, 구조물 및 정부보조금과 관련한 회계처리가 ㈜강남의 20×2년 당기손익에 미치는 영향을 계산하시오.

(물음 3) ㈜강남은 유전의 개발도중 20×3년 초, 유전의 상업적 실현가능성이 없다고 가정하여, 석유의 채굴을 중단하였다. 이에 따라 정부보조금 중 ₩6,000,000의 금액을 정부에 상환하여야 하여야 한다고 할 경우, 정부보조금의 상환시점의 회계처리를 제시하시오.

(물음 4) 〈기본자료〉의 내용과 달리, ㈜강남이 해당 구조물에 대하여 연수합계법을 사용하여 감가상각한다고 가정한다. 한편, 자산관련 정부보조금은 이연수익으로 표시하며 자산의 내용연수에 걸쳐 정액기준으로 이연수익을 수익으로 대체한다. 이 경우, ① 20×1년 ㈜강남의 당기손익에 미치는 영향과 ② 20×1년말 구조물의 장부금액을 계산하시오.

(물음 5) 〈기본자료〉에서 제시된 바와 달리, ㈜강남은 정부로부터 자금을 전액 차입하여 구조물을 구입하였다. 차입금의 액면금액은 ₩14,000,000이며, 이자지급일은 매년 12월 31일이고 만기는 5년이다. 차입금의 액면이자율은 연 2%이며, 동 차입금에 적용되는 유효이자율은 연 10%이다. 이 경우, ㈜강남이 20×1년 재무제표에 인식할 다음의 금액을 계산하시오. (단, 10% 5기간 단일금액 현재가치 계수는 0.6209이며, 정상연금 현재가치계수는 3.7908이다.)

구분	금액
20×1년 감가상각비	①
20×1년 이자비용	②
20×1년말 구조물의 장부금액	③

해설 및 해답 정부보조금

(물음 1) 유형자산처분손익

1. 구조물의 감가상각

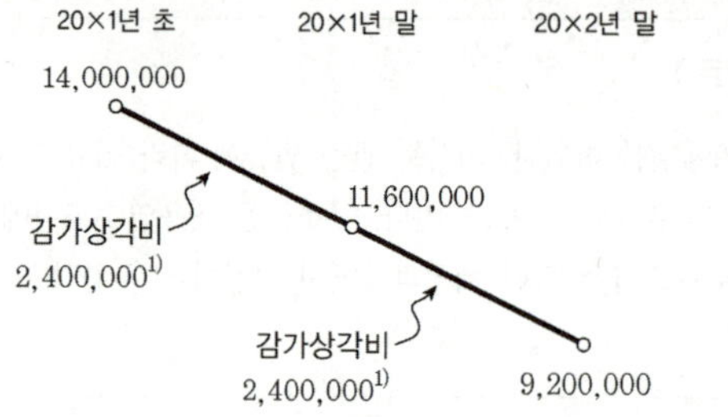

1) 20×1년, 20×2년 감가상각비 : (₩14,000,000－2,000,000)÷5년

2. 정부보조금의 상각

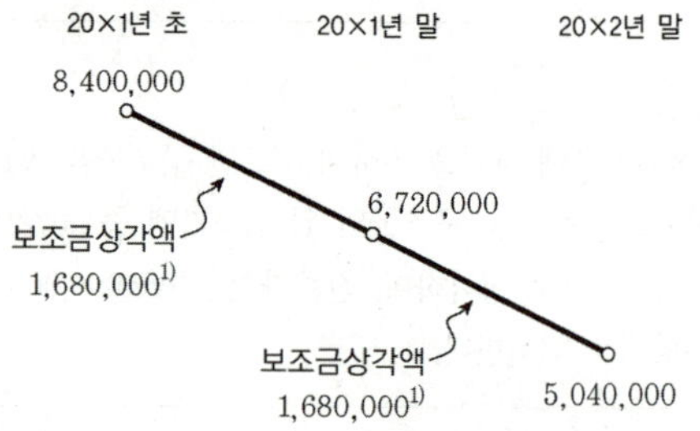

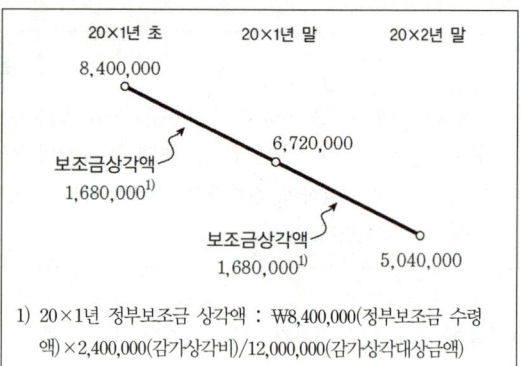

1) 20×1년 정부보조금 상각액 : ₩8,400,000(정부보조금 수령액)×2,400,000(감가상각비)/12,000,000(감가상각대상금액)

3, 당기손익의 계산

① 감가상각비 : ₩2,400,000(20×2년 감가상각비)－1,680,000(20×2년 정부보조금 상각액)=₩720,000

② 유형자산처분손익 : ₩5,000,000(처분금액)－[9,200,000(유형자산 장부금액)－5,040,000(정부보조금 잔액)] =₩840,000

[별해] 20×2년 말 회계처리

감가상각	(차) 감가상각비	2,400,000	(대) 감가상각누계액	2,400,000
	(차) 정부보조금	1,680,000	(대) 감가상각비	1,680,000
처분손익	(차) 현금	5,000,000	(대) 구조물	14,000,000
	감가상각누계액	4,800,000	처분이익	840,000
	정부보조금	5,040,000		

[별해] 이연수익법을 적용하는 경우

① 감가상각비 : ₩2,400,000(20×2년 감가상각비)

② 유형자산처분손익 : ₩5,000,000(처분금액)－9,200,000(유형자산 장부금액)=(－)₩4,200,000(손실)

③ 정부보조금수익 : ₩5,040,000(이연정부보조금수익 잔액)

③ 20×2년 말 회계처리

감가상각	(차) 감가상각비	2,400,000	(대) 감가상각누계액	2,400,000
	(차) 이연정부보조금수익	1,680,000	(대) 정부보조금수익	1,680,000
처분손익	(차) 현금	5,000,000	(대) 구조물	14,000,000
	감가상각누계액	4,800,000		
	처분손실	4,200,000		
	(차) 이연정부보조금	5,040,000	(대) 정부보조금수익	5,040,000

(물음 2) 유형자산의 손상 (2017년 회계사 유사)

• 손상차손은 정부보조금 차감전 장부금액을 기준으로 손상차손을 인식하며, 손상차손 인식시 정부보조금을 상각하지는 않는다. 왜냐하면 정부보조금은 감가상각대상금액의 비율대로 상각하도록 기준서에 명시되어 있기 때문이다(근거문단 K-IFRS 1020호 문단 17). 다만 손상 시 정부보조금 잔액을 자산의 장부금액에서 차감하는 방식으로 표시하는 경우, 회수가능액이 정부보조금 잔액보다 작다면 유형자산 잔액이 음수가 될 수도 있다는 문제점이 있다.

• 당기손익에 미친 영향

감가상각비	₩2,400,000−1,680,000=	₩(720,000)
손상차손	₩9,200,000−max[6,200,000, 6,000,000]=	(3,000,000)
		₩(3,720,000)

(물음 3) 정부보조금의 상환

① 자산관련보조금을 상환하는 경우 보조금이 없었더라면 현재까지 당기손익으로 인식했어야 하는 추가 감가상각누계액은 즉시 당기손익으로 인식한다.

② ₩6,000,000(상환금액)−5,040,000(20×3년초 정부보조금 잔액)=₩960,000(감가상각비)

③ 회계처리

감가상각	(차) 정 부 보 조 금	5,040,000	(대) 현 금	6,000,000
	감 가 상 각 비	960,000		

(물음 4) 정부보조금의 상각 (2013년 회계사 유사)

1. 구조물의 감가상각

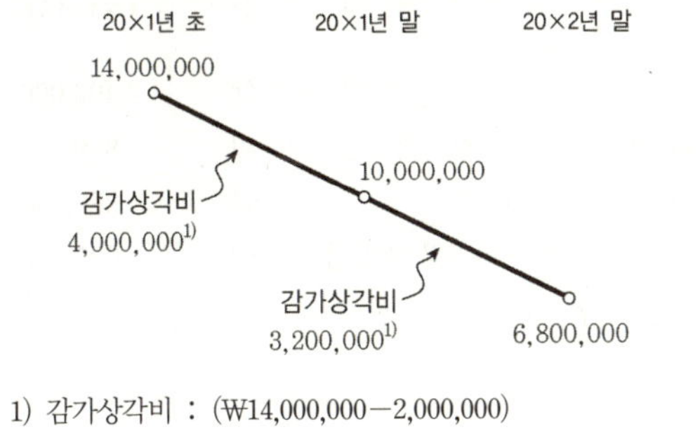

1) 감가상각비 : (₩14,000,000−2,000,000) × 기초잔존내용연수/(1+2+3+4+5)

2. 정부보조금의 상각

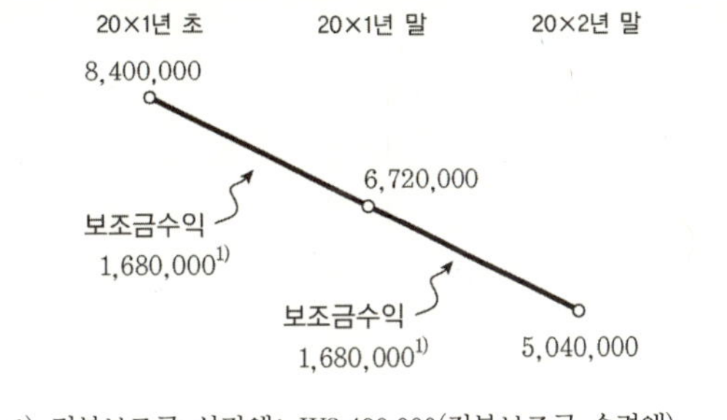

1) 정부보조금 상각액: ₩8,400,000(정부보조금 수령액) × 1/5 (정액기준)

3. 금액의 계산

① 20×1년 당기손익 : ₩4,000,000(유형자산 감가상각비)−1,680,000(정부보조금 수익인식액)=₩2,320,000

② 20×1년말 구조물의 장부금액 : ₩10,000,000(유형자산 장부금액*)

* 정부보조금은 별도의 부채(이연정부보조금수익)로 인식한다.

(물음 5) 시장이자율보다 낮은 이자율의 정부차입금

1. 정부차입금 및 정부보조금의 계산

① 정부차입금의 현재가치

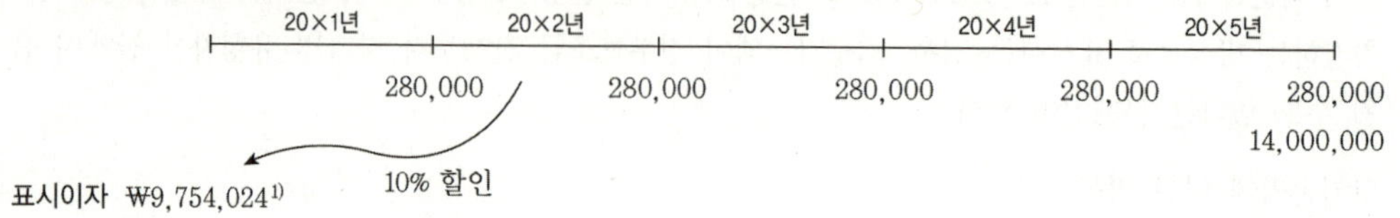

1) ₩280,000×3.7908+14,000,000×0.6209

② 정부보조금 : ₩14,000,000(현금수령액)−9,754,024(정부차입금의 현재가치)=₩4,245,976

2. 금액의 계산

① 감가상각비

감가상각비		₩2,400,000
정부보조금 상각액	₩4,245,976×2,400,000/12,000,000=	(849,195)
합계		₩1,550,805

② 이자비용 : ₩9,754,024(정부차입금의 장부금액)×10%=₩975,402

③ 구조물의 장부금액 : ₩11,600,000(기계장치 장부금액)−[₩4,245,976−849,195(정부보조금 상각액)]
(정부보조금 잔액)=₩8,203,219

[별해] 회계처리

20×1년 1월 1일	(차) 현금	14,000,000	(대) 정부차입금(순액)	9,754,024
			정부보조금	4,245,976
20×1년 12월 31일	(차) 감가상각비	2,400,000	(대) 감가상각누계액	2,400,000
	(차) 정부보조금	849,195	(대) 감가상각비	849,195
	(차) 이자비용	975,402	(대) 현금	280,000
			정부차입금(순액)	695,402

문제 7

다음의 자료를 이용하여 독립적인 물음에 답하시오.

1. 석유 시추사업을 영위하고 있는 ㈜방밀은 20×1년 초 원유시추시설을 현금 ₩1,000,000에 취득하여 20×5년 말까지 사용한다. ㈜방밀은 관련 법률에 따라 사용종료시점에 원유시추시설을 철거 및 원상복구하고 원유시추 작업으로 인해 발생한 주변 해양의 오염을 정화하여야 한다.
2. 원유시추시설의 철거는 원유시추시설을 취득함과 동시에 관련의무가 발생하며, 관련 예상지출액의 20×1년초 현재가치는 ₩200,000이다. ㈜방밀의 신용위험 등을 고려하여 산출된 할인율은 10%이다.
3. ㈜방밀이 20×2년말 복구관련 비용을 재측정한 결과 관련 미래 지출액의 현재가치가 ₩350,000인 것으로 계산되었다. 이 후 관련 추정치의 변동은 없었다.
4. ㈜방밀은 해양구조물을 정액법(내용연수 5년, 잔존가치 ₩0)으로 감가상각하며, 원가모형을 적용한다.

(물음 1) 해양구조물 관련 회계처리가 ㈜방밀의 20×3년 당기순이익에 미치는 영향을 계산하시오.

(물음 2) 20×2년말 복구충당부채의 재측정 이후 자산의 회수가능액이 ₩810,000으로 측정되었다고 할 경우, 20×2년말 ㈜방밀이 원유시추시설의 손상과 관련하여 수행해야할 회계처리를 제시하시오.

(물음 3) 20×5년 말에 원유시추시설을 철거하였으며, 실제로 ₩500,000의 철거 및 원상복구비용이 발생되었다. ㈜대한이 원유시추시설과 관련한 비용을 자본화하지 않는다고 할 때, 20×5년도 포괄손익계산서에 계상할 비용총액을 계산하시오.

저유 **(물음 4)** 상기 자료와는 달리 ㈜방밀이 원유시추시설에 대해서 재평가모형을 적용한다고 가정한다. 재평가와 관련한 장부금액의 조정방법은 총장부금액에서 기존의 감가상각누계액을 모두 제거하여 순장부금액이 재평가금액과 일치하도록 하는 방법을 적용한다. 또한, 자본에 포함된 재평가잉여금은 자산을 사용하는 기간 중에 이익잉여금에 대체하지 않는 정책을 선택한다. 20×1년말 현재 원유시추시설의 공정가치가 ₩1,000,000이며, 20×2년말에는 장부금액과 공정가치의 유의적인 차이가 발생하지 않은 것으로 측정되었다. 이 경우, 20×2년말 복구충당부채의 재측정 후 ㈜방밀이 포괄손익계산서에 인식할 재평가잉여금과 재평가손실 금액을 계산하시오.(단, 인식되는 금액이 없으면 0으로 기재한다.)

(물음 5) (이 물음은 다른 물음과 독립적이다.) ㈜방밀은 20×3년초에 하수종말처리장을 건설할 용도로 토지를 ₩1,000,000에 취득하였다. 하수종말처리장은 5년뒤 오염복구를 위해 ₩300,000을 지출할 가능성이 높다. 현재가치 계산에 적용되는 할인율이 10%라고 할 경우, 토지와 관련한 회계처리가 20×3년 당기순이익에 미친 영향을 계산하시오. (단, 10% 5기간 현재가치계수는 0.75이며, 소수점 이하 자리는 반올림하여 계산한다.)

해설 및 해답 복구충당부채

(물음 1)

1. 복구충당부채의 상각

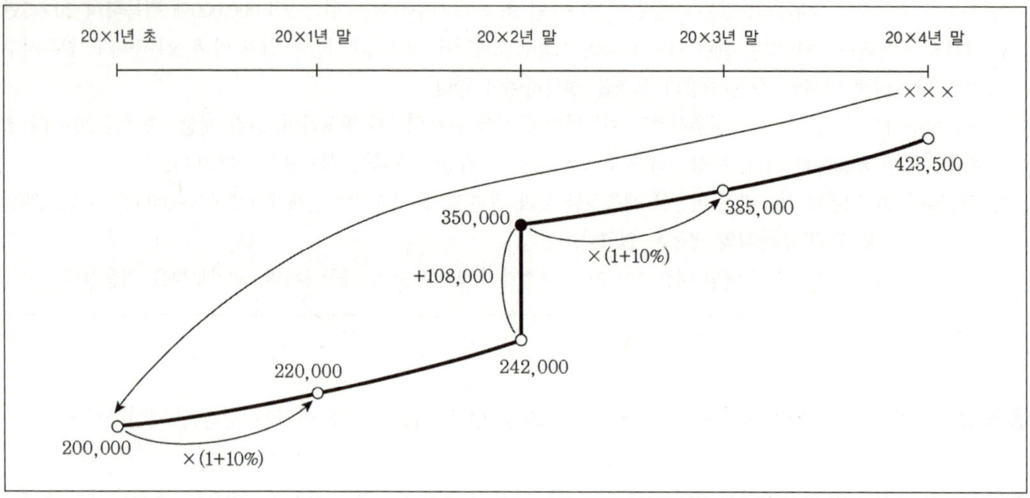

2. 유형자산의 장부금액의 정리

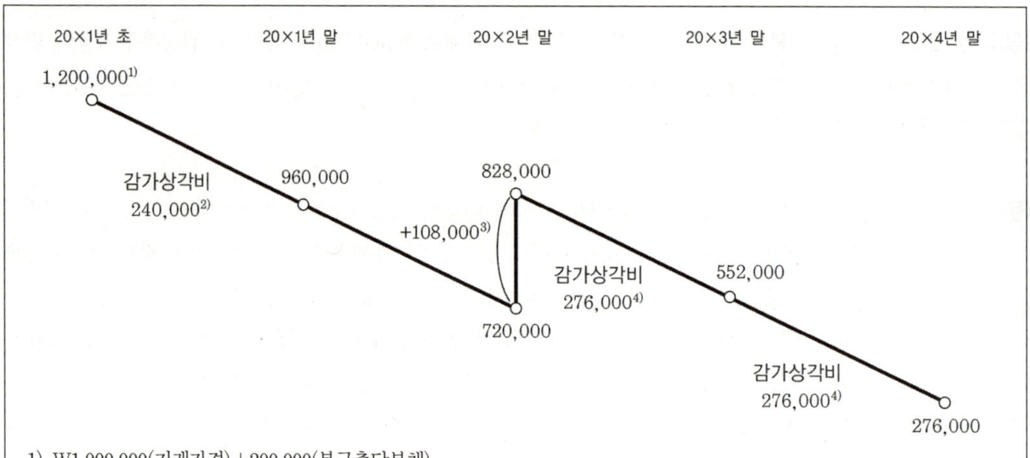

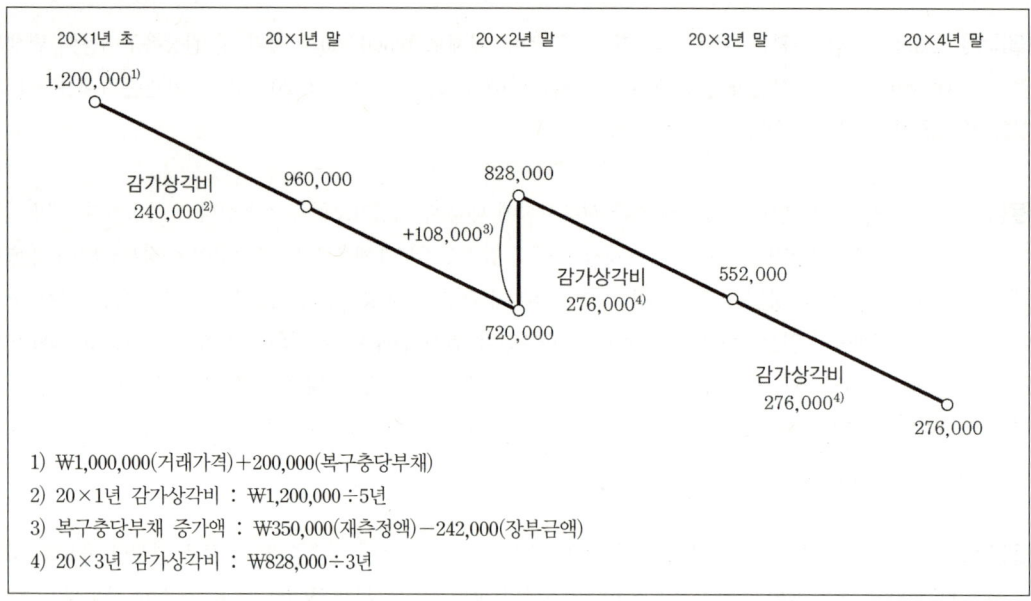

1) ₩1,000,000(거래가격)+200,000(복구충당부채)
2) 20×1년 감가상각비 : ₩1,200,000÷5년
3) 복구충당부채 증가액 : ₩350,000(재측정액)−242,000(장부금액)
4) 20×3년 감가상각비 : ₩828,000÷3년

3. 금액의 계산

① 감가상각비 : ₩276,000
② 복구충당부채 이자비용 : ₩350,000×10%=₩35,000
③ 당기순이익 : ₩276,000+35,000=₩311,000 손실

(물음 2)

① 손상차손인식액 : ₩810,000(회수가능액) − 828,000(복구충당부채 인식 후 장부금액) = (−)₩18,000

② 회계처리

20×2년 12월 31일	(차) 손 상 차 손	18,000	(대) 손상차손누계액	18,000

(물음 3)

감가상각비		₩276,000
복구충당부채 이자비용	₩423,500(20×4년말 장부금액) × 10% =	42,350
복구비용	₩423,500 × 1.1(기말 장부금액) − 500,000(실제 지출액) =	34,150
합계		₩352,500

(물음 4) 재평가모형에서의 복구충당부채의 변동

1. 유형자산 장부금액의 정리

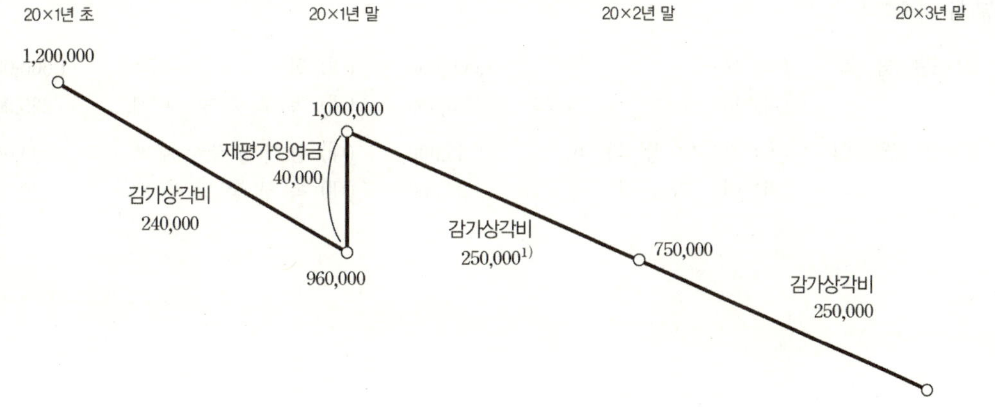

1) 20×2년 감가상각비 : ₩1,000,000 ÷ 4년

2. 금액의 계산

① 20×1년말 재평가잉여금 인식액 : ₩1,000,000(공정가치) − 960,000(장부금액) = ₩40,000

② 20×2년말 재평가잉여금 감소액 : min[₩40,000(재평가잉여금 잔액), ₩108,000(유형자산 원가 증가액)]
= ₩40,000

③ 20×2년말 재평가손실 인식액 : ₩108,000(유형자산 원가 증가액) − 40,000(재평가잉여금 감소액)
= ₩68,000

[별해] 회계처리

20×2년 12월 31일	(차) 유 형 자 산	108,000	(대) 복 구 충 당 부 채	108,000
	(차) 재 평 가 잉 여 금	40,000	(대) 유 형 자 산	108,000*
	재 평 가 손 실	68,000		

* 유형자산의 장부금액을 ₩750,000로 인식하기 위해 ₩108,000만큼 평가감하는 회계처리를 수행한다. 다만 재평가잉여금의 잔액이 40,000 뿐이므로 나머지 68,000의 감소액은 재평가손실로 인식한다.

(물음 5)

① 복구충당부채의 취득원가 : ₩300,000 × 0.75 = ₩225,000

② 당기손익에 미친 영향

토지의 감가상각비*	₩225,000 ÷ 5년 =	₩(45,000)
복구충당부채 이자비용	₩225,000 × 10% =	(22,500)
		₩(67,500)

* 복구충당부채에 의해 취득한 토지의 원가는 복구시점까지 상각한다.

[별해] 회계처리

20×3년 1월 1일	(차) 토 지	1,000,000	(대) 현 금	1,000,000
	(차) 토 지	225,000	(대) 복 구 충 당 부 채	225,000
20×3년 12월 31일	(차) 감 가 상 각 비	45,000	(대) 감 가 상 각 누 계 액	45,000
	(차) 이 자 비 용	22,500	(대) 복 구 충 당 부 채	22,500

문제 8

〈공통 자료〉를 이용하여 다음 물음에 대해 답하시오.

〈공통 자료〉

1. 20×1년 1월 1일 ㈜한국은 ₩500,000의 정부보조금을 수취하여 영업용으로 차량운반구 A를 ₩1,000,000에 취득하였다. 차량운반구 A의 내용연수는 5년, 잔존가치는 없으며 정액법으로 감가상각한다. 정부보조금은 차량운반구 A의 원가에서 차감하는 형식으로 표시하며, 정액법으로 내용연수에 걸쳐 상각한다. ㈜한국은 20×2년 1월 1일에 정부가 요구한 기준을 충족할 수 없어 수취한 정부보조금 ₩500,000을 모두 상환하였다.
2. ㈜한국은 정부보조금 상환 후, 차량운반구 A를 20×2년 1월 1일에 ㈜대한의 차량운반구 B(취득원가 ₩2,000,000, 감가상각누계액 ₩1,000,000)와 교환하여 영업용으로 사용하기 시작하였다. 교환시점의 차량운반구 A의 공정가치는 ₩1,000,000이고 차량운반구 B의 공정가치는 ₩900,000이다. 동 교환거래는 상업적 실질이 있으며, 차량운반구 A의 공정가치가 더 명백하다. ㈜한국은 공정가치 차이 ₩100,000을 현금으로 수취하였다. ㈜한국은 차량운반구 B에 대해 정액법으로 감가상각하고 잔존가치 ₩0, 잔존내용연수 4년을 적용한다.
3. ㈜한국은 차량운반구 B에 대해 재평가모형을 적용하여 평가하며, 재평가잉여금은 자산을 사용하는 기간 동안 이익잉여금으로 대체한다. ㈜한국은 차량운반구 B에 대하여 매년말 자산손상 징후를 검토하며, 회수가능액이 공정가치보다 낮은 경우 손상차손을 인식한다. 차량운반구 B의 각 연도말 공정가치, 사용가치 및 순공정가치는 다음과 같다.

구 분	20×2년말	20×3년말
공정가치	₩600,000	₩350,000
사용가치	650,000	50,000
순공정가치	550,000	100,000

(물음 1) ① ㈜한국이 20×1년에 당기비용으로 인식할 금액과 ② 20×1년말 ㈜한국의 차량운반구 A의 장부금액은 각각 얼마인가? 또한 ③ 20×2년 1월 1일 ㈜한국이 정부보조금을 모두 상환했을 때, 차량운반구 A의 장부금액은 얼마인가?

20×1년에 당기비용으로 인식할 금액	①
20×1년말 차량운반구 A의 장부금액	②
20×2년 1월 1일 정부보조금을 모두 상환했을 때, 차량운반구 A의 장부금액	③

(물음 2) ① 20×2년 1월 1일 차량운반구 교환시 ㈜한국이 인식할 차량운반구 B의 취득원가와 ② ㈜한국이 인식할 처분이익은 각각 얼마인가? 단, 손실의 경우에는 금액 앞에 '(−)'를 표시하고, 해당 금액이 없는 경우에는 '0'으로 표시하시오.

20×2년 1월 1일 교환시 ㈜한국이 인식할 차량운반구 B의 취득원가	①
20×2년 1월 1일 교환시 ㈜한국이 인식할 처분이익	②

(물음 3) ① ㈜한국이 20×2년에 당기비용으로 인식할 금액과 ② ㈜한국이 20×3년에 당기비용으로 인식할 금액은 각각 얼마인가?

20×2년에 당기비용으로 인식할 금액	①
20×3년에 당기비용으로 인식할 금액	②

(물음 4) 교환거래에서 상업적 실질 판단기준에 대해 5줄 이내로 기술하시오.

해설 및 해답 종합문제(정부보조금, 교환취득) (2016년 회계사)

(물음 1) 유형자산 및 정부보조금의 상각

1. 차량운반구의 감가상각

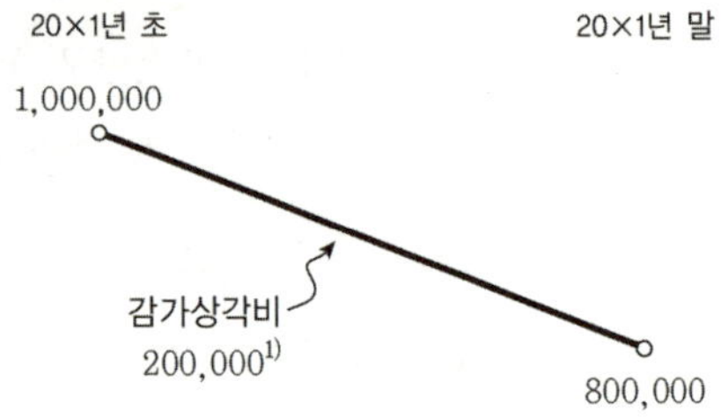

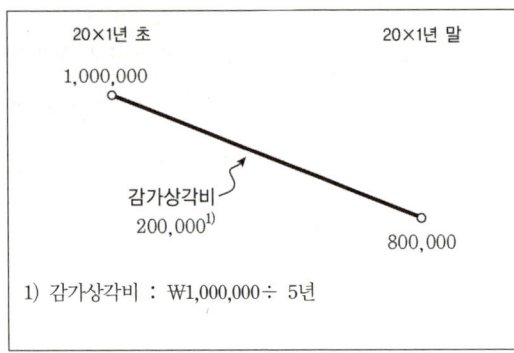

1) 감가상각비 : ₩1,000,000÷ 5년

2. 정부보조금의 상각

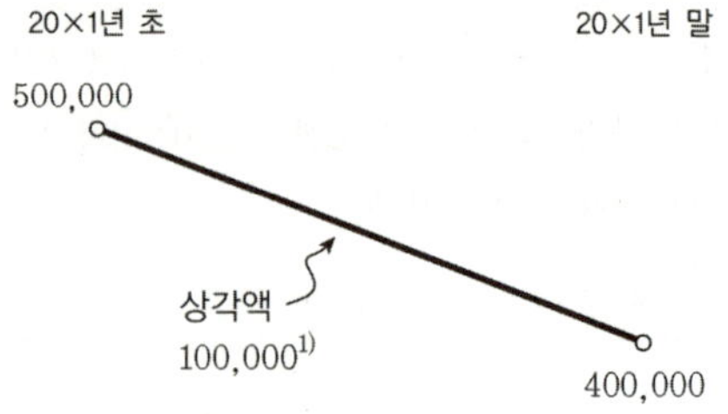

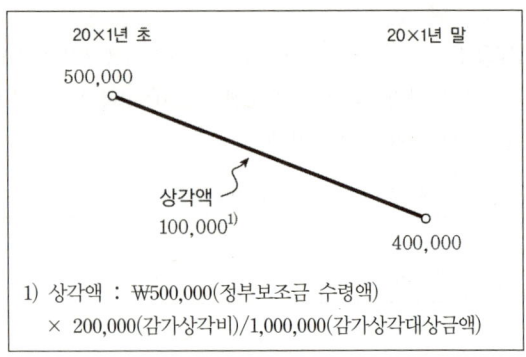

1) 상각액 : ₩500,000(정부보조금 수령액) × 200,000(감가상각비)/1,000,000(감가상각대상금액)

3. 답안의 계산

① 당기비용으로 인식할 금액 : ₩200,000(감가상각비)−100,000(정부보조금 상각액)=₩100,000

② 20×1년말 차량운반구의 장부금액 : ₩800,000(상각후원가)−400,000(정부보조금 잔액)=₩400,000

③ 20×2년초 차량운반구의 장부금액 : ₩800,000(상각후원가)

[별해] 20×2년초 정부보조금 상환시의 회계처리

20×2년 1월 1일	(차) 감 가 상 각 비	100,000	(대) 현 금	500,000
	정 부 보 조 금	400,000		

(물음 2) 상업적 실질이 있는 자산의 교환

① 자산의 취득원가 : ₩1,000,000(제공한 자산 A의 공정가치)－100,000(수령한 현금)=₩900,000

② 처분손익

처분금액	₩900,000(수령한 자산 B의 취득원가)+100,000(수령한 현금)=	₩1,000,000
장부금액	제공한 자산 A의 장부금액=	(800,000)
		₩200,000

(물음 3) 재평가모형의 손상

• 유형자산 장부금액의 정리

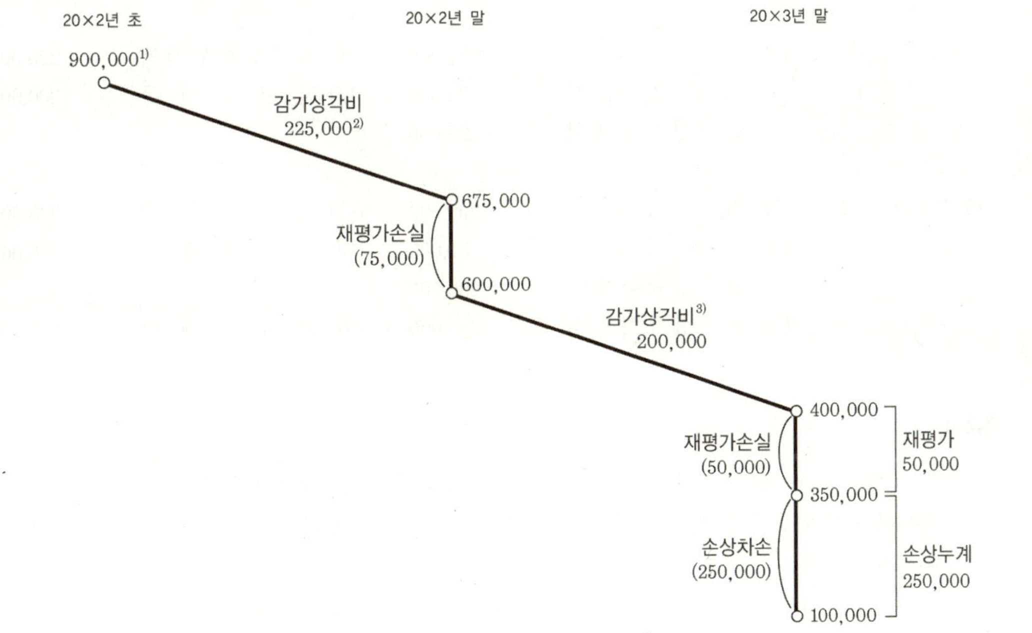

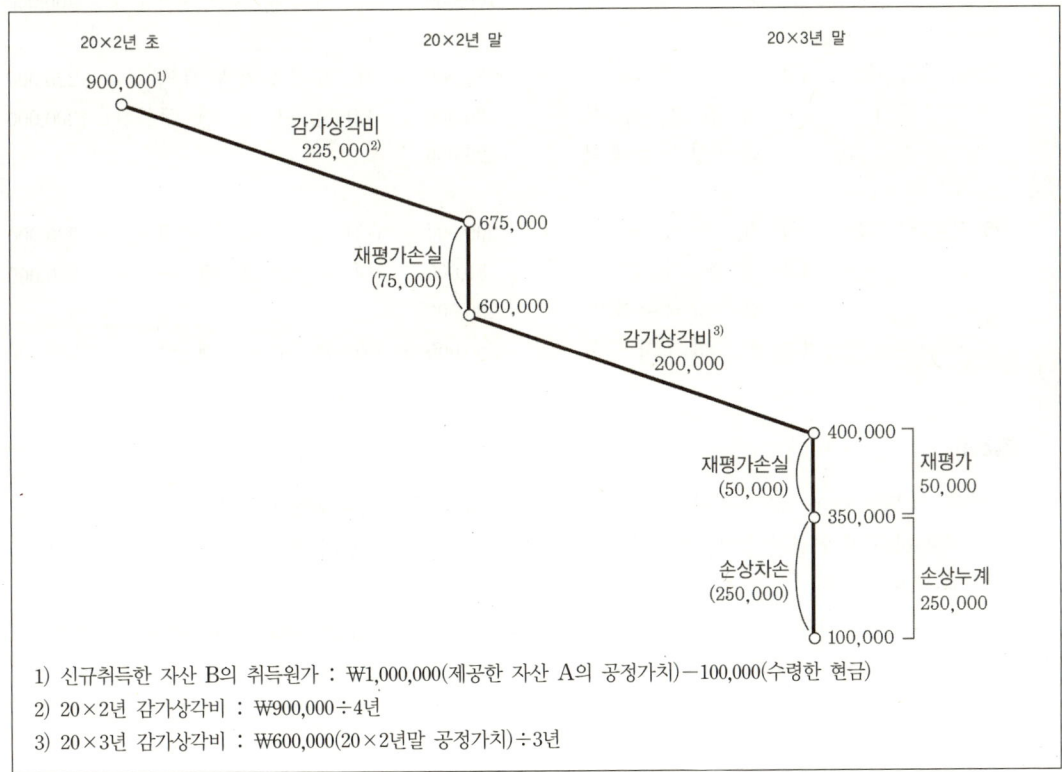

1) 신규취득한 자산 B의 취득원가 : ₩1,000,000(제공한 자산 A의 공정가치)－100,000(수령한 현금)

2) 20×2년 감가상각비 : ₩900,000÷4년

3) 20×3년 감가상각비 : ₩600,000(20×2년말 공정가치)÷3년

① 20×2년에 당기비용으로 인식할 금액

감가상각비	₩900,000(자산 B의 취득원가)÷4년=	₩225,000
재평가손실	₩600,000(공정가치)−675,000(상각후원가)=	75,000
정부보조금 반환시 비용	해답 1. 참조=	100,000
		₩400,000

② 20×3년에 당기비용으로 인식할 금액

감가상각비	₩600,000(20×2년말 공정가치)÷3년=	₩200,000
재평가손실	₩350,000(공정가치)−400,000(상각후원가)=	50,000
손상차손	max[₩50,000, 100,000](회수가능액)−350,000(공정가치)=	250,000
		₩500,000

[별해] 회계처리

20×2년 1월 1일	(차) 차량운반구B	900,000	(대) 차량운반구A(순액)	800,000
	현금	100,000	처분이익	200,000
20×2년 12월 31일	(차) 감가상각비	225,000	(대) 감가상각누계액	225,000
	(차) 재평가손실	75,000	(대) 차량운반구	300,000
	감가상각누계액	225,000		
20×3년 12월 31일	(차) 감가상각비	200,000	(대) 감가상각누계액	200,000
	(차) 재평가손실	50,000	(대) 차량운반구	250,000
	감가상각누계액	200,000		
	(차) 손상차손	250,000	(대) 손상누계액	250,000

(물음 4)

- 다음 (1) 또는 (2)에 해당하면서 (3)을 충족하는 경우에 교환거래는 상업적 실질이 있다.
  (1) 취득한 자산과 관련된 현금흐름의 구성(위험, 유출입시기, 금액)이 제공한 자산과 관련된 현금흐름의 구성과 다르다.
  (2) 교환거래의 영향을 받는 영업 부분의 기업특유가치가 교환거래의 결과로 변동한다.
  (3) 위 (1)이나 (2)의 차이가 교환된 자산의 공정가치에 비하여 유의적이다.

문제 9

※ 다음의 각 물음은 독립적이다.

㈜대한의 유형자산과 관련된 다음의 〈공통 자료〉를 이용하여 각 물음에 답하시오.

〈공통 자료〉

1. ㈜대한의 20×1년 12월 31일 현재 재무상태표 상 유형자산은 다음과 같다.

계정과목	금액
토 지 손상차손누계액	₩1,150,000 (?)
기계장치 감가상각누계액 손상차손누계액	₩2,000,000 (1,200,000) (100,000)
건 물	₩3,300,000

2. ㈜대한은 토지와 건물에 대해서는 재평가모형을 적용하고 있으며, 처분 부대원가는 무시할 수 없는 수준이다. 한편, 기계장치에 대해서는 원가모형을 적용하고 있다.

3. 재평가모형을 적용하여 장부금액을 조정하는 경우 기존의 감가상각누계액을 전액 제거하는 방법을 사용하며, 재평가잉여금을 이익잉여금으로 대체하지 않는다.

4. 20×2년 초 토지와 건물의 공정가치는 20×1년 말 공정가치와 동일하다.

5. ㈜대한은 토지를 2년 전인 20×0년 초 ₩1,100,000에 취득하였으며, 20×0년 말과 20×1년 말 공정가치와 회수가능액은 다음과 같다.

구분	20×0년 말	20×1년 말
공정가치	₩1,200,000	₩1,150,000
회수가능액	1,250,000	950,000

6. 20×1년 말 현재 기계장치는 취득 후 3년이 경과하였으며, 잔존가치 없이 정액법으로 감가상각한다. 또한 기계장치의 취득 이후 손상은 20×1년에 최초로 발생하였다.

7. 건물은 20×1년 초에 본사사옥으로 사용하기 위하여 ₩4,000,000에 취득(내용연수 4년, 잔존가치 ₩0, 정액법 상각)하였다.

(물음 1) 다음의 〈추가 자료 1〉을 이용하여 답하시오.

〈추가 자료 1〉
1. ㈜대한은 20×2년 초 보유하고 있던 토지를 ㈜민국의 토지와 교환하면서 ₩100,000을 지급하였다. ㈜민국 토지의 장부금액은 ₩800,000이며 공정가치는 ₩1,200,000이다. 2. 교환은 상업적 실질이 있으며, ㈜대한의 토지 공정가치가 ㈜민국의 토지 공정가치보다 더 명백하다. 3. ㈜대한이 교환으로 취득한 토지의 20×2년 말 공정가치는 ₩1,380,000이다.

〈공통 자료〉에 비어있는 20×1년 말 재무상태표 상 토지의 ① 손상차손누계액과 토지와 관련한 회계처리가 20×2년도 포괄손익계산서 상 ② 당기순이익에 미치는 영향 및 ③ 기타포괄이익에 미치는 영향을 각각 계산하시오. 단, 당기순이익이나 기타포괄이익이 감소하는 경우에는 금액 앞에 (－)를 표시하시오.

20×1년 말 손상차손누계액	①
20×2년 당기순이익에 미치는 영향	②
20×2년 기타포괄이익에 미치는 영향	③

(물음 2) 다음의 〈추가 자료 2〉를 이용하여 답하시오.

〈추가 자료 2〉
1. ㈜대한이 20×2년에 기계장치의 내용연수와 잔존가치를 변경하여 내용연수는 2년 연장되고, 잔존가치는 ₩200,000으로 변경되었다. 2. 20×2년 말 기계장치에 손상징후가 존재하였으며, 기계장치의 20×2년 말 사용가치는 ₩670,000이고 순공정가치는 ₩700,000이다.

기계장치와 관련한 회계처리가 20×2년도 당기순이익에 미치는 영향을 계산하시오. 단, 당기순이익이 감소하는 경우에는 금액 앞에 (－)를 표시하시오.

당기순이익에 미치는 영향	①

(물음 3) 다음의 〈추가 자료 3〉을 이용하여 답하시오.

〈추가 자료 3〉

1. ㈜대한은 20×2년 초에 ₩600,000을 지출하여 건물에 냉난방장치를 설치하였다. 동 지출은 자산의 인식요건을 충족하나, 동 지출로 내용연수와 잔존가치의 변동은 없었다.
2. 20×2년 말 건물의 공정가치는 ₩2,500,000이다.
3. 20×2년 말 건물에 손상징후가 존재하였으며, 건물의 20×2년 말 순공정가치와 사용가치는 다음과 같다.

순공정가치	사용가치
₩2,200,000	₩2,000,000

건물과 관련하여 20×1년 말 재무상태표에 인식할 ① 재평가잉여금과 20×2년도 포괄손익계산서에 인식할 ② 감가상각비와 ③ 손상차손을 계산하시오.

20×1년 말 재평가잉여금	①
20×2년 감가상각비	②
20×2년 손상차손	③

해설 및 해답 종합문제(교환취득, 재평가모형, 감가상각 변경) (2021년 회계사)

(물음 1) 교환취득 및 재평가모형

20×1년 말 손상차손누계액	① ₩200,000
20×2년 당기순이익에 미치는 영향	② ₩200,000
20×2년 기타포괄이익에 미치는 영향	③ ₩130,000

1. 토지의 회계처리

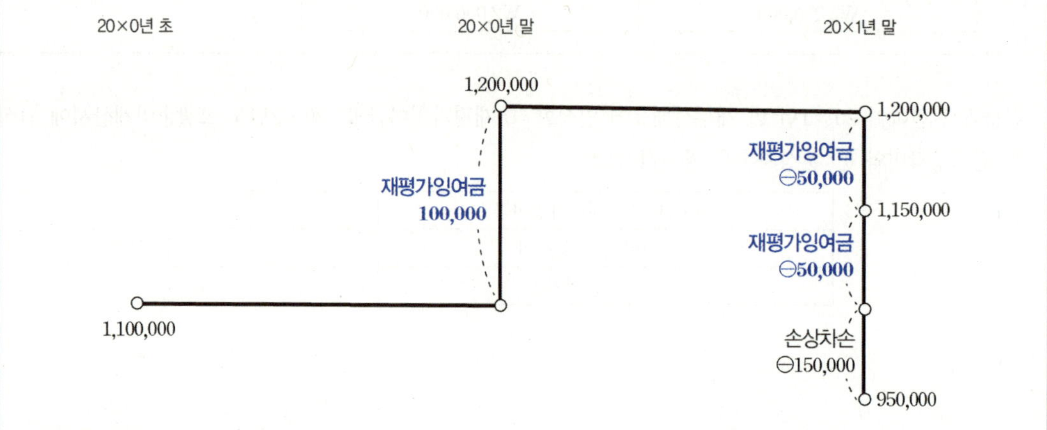

② 회계처리

20×0년 1월 1일	(차)	토지	1,100,000	(대)	현금	1,100,000
20×0년 12월 31일	(차)	토지	100,000	(대)	재평가잉여금	100,000
20×1년 12월 31일	(차)	재평가잉여금	50,000	(대)	토지	50,000
	(차)	재평가잉여금	50,000	(대)	손상차손누계액	200,000
		손상차손	150,000			

2. 교환취득

① 취득한 토지의 취득원가 : ₩1,150,000(제공한 토지의 20×1년말 공정가치)+100,000(현금지급액)
=₩1,250,000

② 교환취득의 회계처리

20×2년 1월 1일	(차)	토지	1,250,000	(대)	토지	1,150,000
		손상차손누계액	200,000		현금	100,000
					처분이익	200,000

3. 답안의 계산

① 20×1년 말 손상차손누계액 : ₩200,000

② 20×2년 당기순이익에 미치는 영향 : ₩200,000(처분이익)

③ 20×2년 기타포괄이익에 미치는 영향(재평가잉여금) : ₩1,380,000(20×2년말 공정가치)－1,250,000 ＝₩130,000

(물음 2) 감가상각의 변경

당기순이익에 미치는 영향	① (－)₩50,000

1. 기계장치의 회계처리

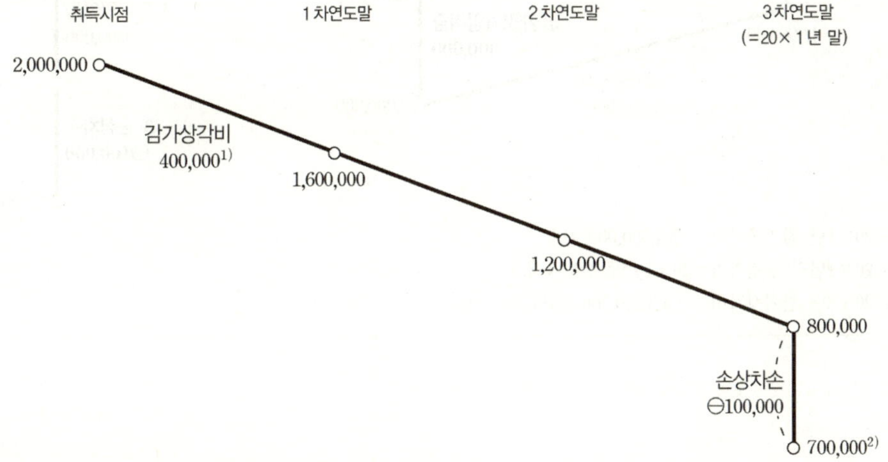

1) ₩1,200,000(감가상각누계액)/3년(취득일부터 상각기간)
   * 내용연수 : ₩2,000,000(취득원가)/400,000(감가상각비)＝5년

2) 20×1년 말 회수가능액 : ₩800,000－100,000(손상차손)

2. 답안의 계산

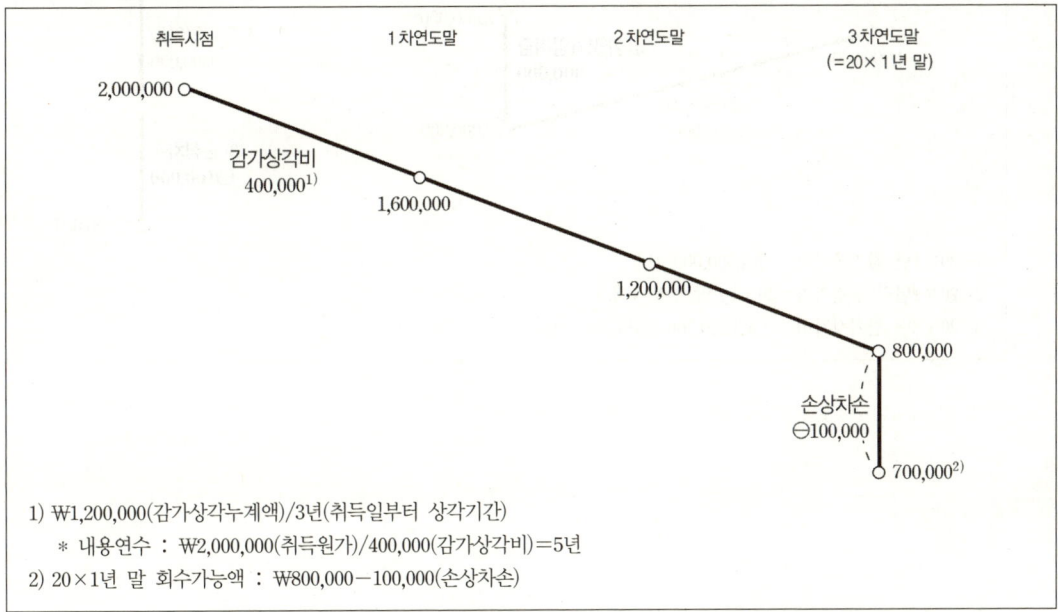

① 20×2년 감가상각비 : (₩700,000－200,000)/4년*＝₩125,000

  * 잔존내용연수 : (5년－3년)(변경전 잔존내용연수)＋2년

② 손상차손환입 : ₩650,000(손상환입의 한도*)－(700,000－125,000)(장부금액)＝₩75,000

  * min[700,000(회수가능액), 800,000－(800,000－200,000)/4년(상각후원가)]

③ 당기순이익 : (－)₩125,000＋75,000＝(－)₩50,000

(물음 3) 재평가모형, 자본적 지출

20×1년 말 재평가잉여금	① ₩300,000
20×2년 감가상각비	② ₩1,300,000
20×2년 손상차손	③ ₩100,000

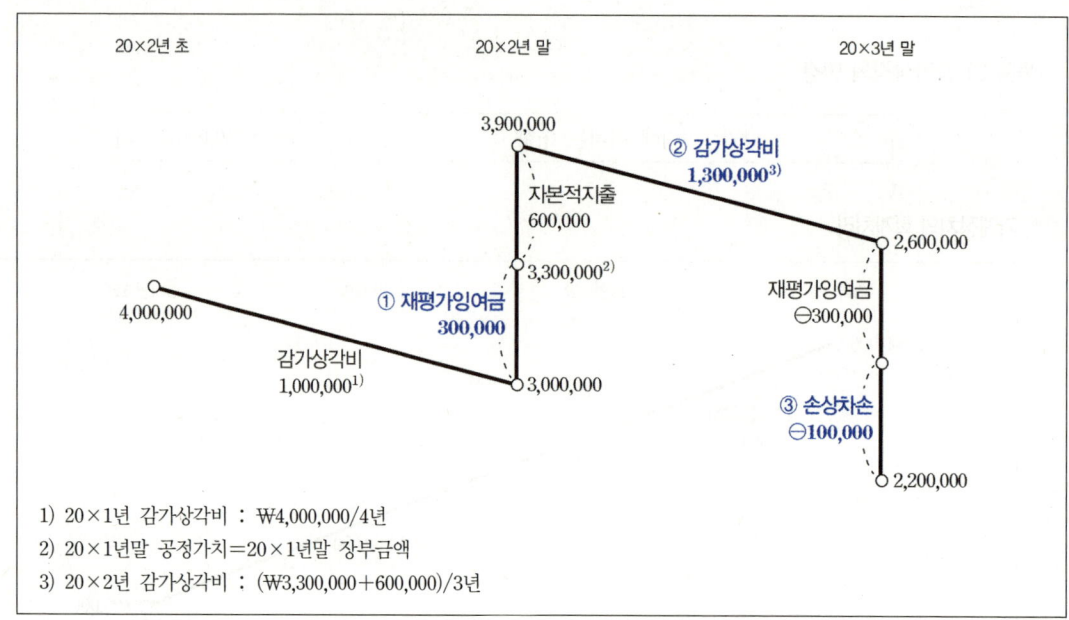

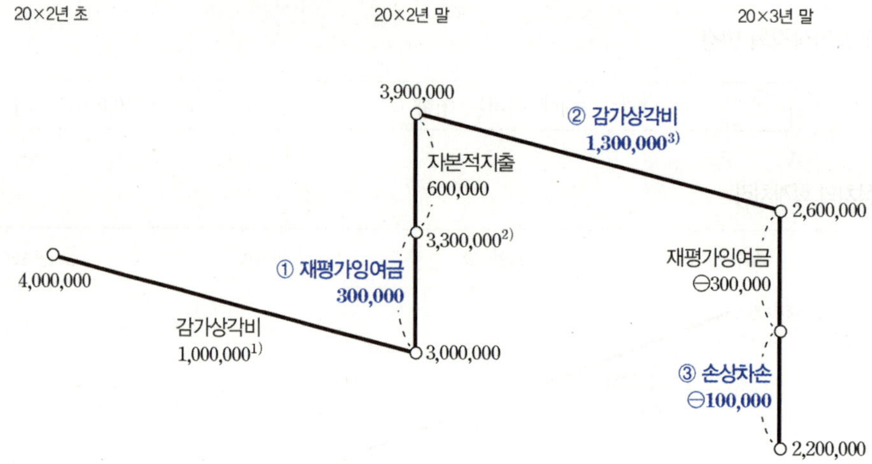

1) 20×1년 감가상각비 : ₩4,000,000/4년
2) 20×1년말 공정가치=20×1년말 장부금액
3) 20×2년 감가상각비 : (₩3,300,000+600,000)/3년

서술형 문제

문제 1

(물음 1) 교환거래의 결과 미래현금흐름이 얼마나 변동될 것인지를 고려하여 해당 교환거래에 상업적 실질이 있는지를 결정한다. 교환거래에서 상업적 실질 판단기준에 대해 5줄 이내로 기술하시오.

(물음 2) 자산의 내용연수 결정시 고려해야할 사항에 대해서 서술하시오.

(물음 3) 한국채택국제회계기준에서는 정부보조금에 대해 자본접근법 대신 수익접근법을 채택한다. 수익접근법을 채택하는 근거에 대해 서술하시오.

해설 및 해답

(물음 1)

(1) 취득한 자산과 관련된 현금흐름의 구성(위험, 유출입시기, 금액)이 제공한 자산과 관련된 현금흐름의 구성과 다르다.

(2) 교환거래의 영향을 받는 영업 부분의 기업특유가치가 교환거래의 결과로 변동한다.

(3) 위 (1)이나 (2)의 차이가 교환된 자산의 공정가치에 비하여 유의적이다.

교환거래에 상업적 실질이 있는지 여부를 결정할 때 교환거래의 영향을 받는 영업 부분의 기업특유가치는 세후현금흐름을 반영하여야 한다. 세부적인 계산과정을 거치지 않고 이러한 분석의 결과를 쉽게 알 수도 있다.

(물음 2)

(1) 자산의 예상 생산능력이나 물리적 생산량을 토대로 한 자산의 예상사용수준

(2) 자산을 교대로 사용하는 빈도, 수선·유지계획과 운휴 중 유지보수 등과 같은 가동요소를 고려한 자산의 예상 물리적 마모나 손상

(3) 생산방법의 변경, 또는 개선이나 해당 자산에서 생산되는 제품 및 용역에 대한 시장수요의 변화로 인한 기술적 또는 상업적 진부화. 자산을 사용하여 생산된 품목의 판매가격이 향후 하락할 것으로 예상된다면, 이는 그 자산이 기술적으로나 상업적으로 진부화될 것이 예상됨을 시사하며 결국 그 자산에 내재된 미래 경제적효익의 감소를 나타내는 것일 수 있다.

(4) 리스계약의 만료일 등 자산의 사용에 대한 법적 또는 이와 유사한 제한

(물음 3)

수익접근법을 지지하는 논거는 다음과 같다.

(1) 정부보조금은 주주 이외의 원천으로부터 수취하기 때문에 자본으로 직접 인식할 수 없으며 적절한 기간에 당기손익으로 인식한다.

(2) 정부보조금은 무상으로 지급되는 경우가 거의 없다. 정부보조금은 조건을 준수하고 부여된 의무를 충족함으로 얻는다. 따라서 정부보조금으로 보전하려고 하는 관련원가를 비용으로 인식하는 기간에 걸쳐 당기손익으로 인식하여야 한다.

(3) 법인세와 그 밖의 세금은 비용이기 때문에 재정정책의 일환인 정부보조금도 당기손익에 표시하는 것이 논리적이다.

CHAPTER 06

차입원가

출제유형

▶ 계산문제

| 문제 1 | 3개년도 차입원가의 자본화

| 문제 2 | 차입원가 자본화의 기타사항

| 문제 3 | 정부보조금의 수령 및 유형자산의 장부금액 계산

| 문제 4 | 토지와 건물의 자본화할 차입원가

| 문제 5 | 토지와 건물의 자본화할 차입원가

| 문제 6 | 외화특정차입금관련 차입원가의 자본화

▶ 서술형문제

계산문제

문제 1

※ 다음의 각 물음은 독립적이다.

㈜대한의 공장건물 신축과 관련한 다음의 〈자 료〉를 이용하여 물음에 답하시오.

〈자 료〉

1. 20×1년 4월 1일 ㈜대한은 ㈜민국과 도급계약을 체결하였으며, 동 건설공사는 20×3년 3월 31일에 완공되었다. ㈜대한의 공장건물은 차입원가 자본화 적격자산에 해당한다.
2. 동 공사와 관련된 공사비 지출 내역은 다음과 같다.

일자	공사비 지출액
20×1년 8월 1일	₩120,000
20×1년 9월 1일	1,500,000
20×2년 4월 1일	3,000,000
20×2년 12월 1일	1,500,000

3. 상기 공사비 지출 내역 중 20×1년 8월 1일 ₩120,000은 물리적인 건설공사 착공 전 각종 인허가를 얻기 위한 활동에서 발생한 것이다.
4. ㈜대한의 차입금 내역은 다음과 같으며, 모든 차입금은 매년 말 이자지급 조건이다.

차입금	차입금액	차입일	상환일	연 이자율
특정차입금A	₩900,000	20×1. 8. 1	20×2. 8. 31	6%
특정차입금B	1,800,000	20×2. 11. 1	20×3. 3. 31	7%
일반차입금C	1,000,000	20×1. 1. 1	20×3. 9. 30	8%
일반차입금D	500,000	20×1. 7. 1	20×4. 6. 30	10%

5. ㈜대한은 20×2년 12월 1일에 ₩300,000의 정부보조금을 수령하여 즉시 동 공장건물을 건설하는 데 모두 사용하였다.
6. ㈜대한은 전기 이전에 자본화한 차입원가는 연평균 지출액 계산 시 포함하지 아니하며, 연평균 지출액과 이자비용은 월할계산한다.
7. 자본화이자율은 소수점 아래 둘째자리에서 반올림한다(예 5.67%는 5.7%로 계산).

(물음 1) ㈜대한이 20×1년~20×3년에 자본화할 차입원가를 계산하시오.

구분	20×1년	20×2년	20×3년
특정차입금 자본화 차입원가	①	③	⑤
일반차입금 자본화 차입원가	②	④	⑥

(물음 2) ㈜대한은 ㈜민국과 상기 도급계약의 일부 조항 해석에 대한 이견이 발생하여, 20×3년 1월 한 달 동안 적격자산에 대한 적극적인 개발활동을 중단하였다. 이 기간 동안 상당한 기술 및 관리활동은 진행되지 않았으며, 이러한 일시적 지연이 필수적인 경우도 아니어서 ㈜대한은 동 기간 동안 차입원가의 자본화를 중단하였다. 이 때, ㈜대한이 20×3년 자본화할 차입원가를 계산하시오. 단, 동 건설공사는 예정대로 20×3년 3월 31일에 완공되었다.

구분	20×3년
특정차입금 자본화 차입원가	①
일반차입금 자본화 차입원가	②

해설 및 해답 3개년도 차입원가의 자본화 (2022년 회계사)

(물음 1)

구분	20×1년	20×2년	20×3년
특정차입금 자본화 차입원가	① ₩22,500	③ ₩ 57,000	⑤ ₩31,500
일반차입금 자본화 차입원가	② ₩14,700	④ ₩130,000	⑥ ₩88,440

1. 20×1년 자본화할 차입원가

구분	원금	×	자본화 기간	=	연평균 차입액	×	이자율	=	차입원가
8/1	₩120,000		5/12		₩50,000				
9/1	1,500,000		4/12		500,000				
연평균 지출액					₩550,000				
특정A	₩900,000		5/12		₩375,000		6%		① **₩22,500**
일반C	₩1,000,000		12/12		₩1,000,000		8%		₩80,000
일반D	500,000		6/12		250,000		10%		25,000
일반차입금 계					~~₩1,250,000~~		8.4%[2]		~~₩105,000~~
일반차입금 한도					₩175,000[1]		8.4%		② **₩14,700**

1) ₩550,000(연평균 지출액)−375,000(특정차입금 지출액)

2) 자본화이자율 : ₩105,000÷1,250,000

3) 일반차입금 자본화할 차입원가 한도 : ₩175,000×8.4%

2. 20×2년 자본화할 차입원가

구분	원금	×	자본화 기간	=	연평균 차입액	×	이자율	=	차입원가
전기 지출액	₩1,620,000[1]		12/12		₩1,620,000				
4/1	3,000,000		9/12		2,250,000				
12/1	1,500,000		1/12		125,000				
정부보조금	(300,000)		1/12		(25,000)				
연평균 지출액					₩3,970,000				
특정A	₩900,000		8/12		₩600,000		6%		₩36,000
특정B	18,000,000		2/12		300,000		7%		21,000
특정차입금 계					₩900,000				③ **₩57,000**
일반C	₩1,000,000		12/12		₩1,000,000		8%		₩80,000
일반D	500,000		12/12		500,000		10%		50,000
일반차입금 계					₩1,500,000				④ **₩130,000**
일반차입금 한도					~~₩3,070,000~~[2]				

1) 전기이전 지출액 : ₩120,000+1,500,000(전기이전 자본화한 차입원가는 제외)

2) ₩3,970,000(연평균 지출액)−900,000(특정차입금 지출액)

3. 20×3년 자본화할 차입원가

구분	원금	×	자본화 기간	=	연평균 차입액	×	이자율	=	차입원가
전기지출액	₩5,820,000[1]		3/12		₩1,455,000				
특정B	₩1,800,000		3/12		₩450,000		7%		⑤ **₩31,500**
일반C	₩1,000,000		9/12		₩750,000		8%		₩60,000
일반D	500,000		12/12		500,000		10%		50,000
일반차입금 계					~~₩1,250,000~~		8.8%[3]		~~₩110,000~~
일반차입금 한도					₩1,005,000[2]		8.8%		⑥ **₩88,440**[4]

1) 전기이전 지출액 : ₩120,000+1,500,000+3,000,000+1,500,000−300,000
2) ₩1,455,000(연평균 지출액)−450,000(특정차입금 지출액)
3) 자본화이자율 : ₩110,000÷1,250,000
4) 일반차입금 자본화할 차입원가 한도 : ₩1,005,000×8.8%

(물음 2) 자본화기간 종료후 특정차입금

구분	20×3년
특정차입금 자본화 차입원가	① ₩21,000
일반차입금 자본화 차입원가	② ₩58,960

구분	원금	×	자본화 기간	=	연평균 차입액	×	이자율	=	차입원가
전기지출액	₩5,820,000		2/12[1]		₩970,000				
특정B[2]	₩1,800,000		2/12		₩300,000		7%		① **₩21,000**
일반C	₩1,000,000		9/12		₩750,000		8%		₩60,000
일반D	500,000		12/12		500,000		10%		50,000
일반차입금 계					~~₩1,250,000~~		8.8%[4]		~~₩110,000~~
일반차입금 한도					₩670,000[3]		8.8%		② **₩58,960**[5]

1) 자본화기간 : 2/1~3/31(1월 제외)
2) 자본화기간 종료 전 특정차입금은 모두 자본화이자율 계산시 제외한다. 따라서 자본화기간이 중단된 시기의 특정차입금을 자본화이자율 계산시 고려하지 않는다.
3) ₩970,000(연평균 지출액)−300,000(특정차입금 지출액)
4) 자본화이자율 : ₩110,000÷1,250,000
5) 일반차입금 자본화할 차입원가 한도 : ₩670,000×8.8%

[별해] 자본화기간 중단 기간의 특정차입금도 자본화이자율 계산시 포함하는 경우

구분	원금	×	자본화 기간	=	연평균 차입액	×	이자율	=	차입원가
전기지출액	₩5,820,000		2/12		₩970,000				
특정B	₩1,800,000		2/12		₩300,000		7%		① **₩21,000**
특정B	₩1,800,000		1/12		₩150,000		7%		₩10,500
일반C	1,000,000		9/12		750,000		8%		60,000
일반D	500,000		12/12		500,000		10%		50,000
일반차입금 계					~~₩1,400,000~~		8.6%		~~₩120,500~~
일반차입금 한도					₩670,000		8.6%		② **₩57,620**

문제 2

다음을 읽고 물음에 답하시오.

㈜대한은 20×1년 2월 1일에 자사의 제품생산에 사용할 기계장치를 직접 제작하기 시작하였다. 동 기계장치는 20×2년 6월 30일에 완성되었으며, ㈜대한은 기계장치의 제작을 위하여 다음과 같이 지출하였다. 한편, 해당 기계장치에 필요한 부품의 공급업계 총 파업으로 20×2년 1월 1일부터 2월 28일까지 일시적으로 불가피하게 제작이 지연되었다가 3월 1일부터 제작이 재개되었다.

일 자	지출액
20×1년 2월 1일	₩ 600,000
20×1년 6월 30일	600,000
20×1년 9월 30일	400,000
20×2년 3월 1일	300,000
합 계	₩1,900,000

㈜대한의 차입금은 다음과 같으며 20×2년도에 신규로 조달한 차입금은 없다. 모든 차입금은 단리 이자율로 매월말 이자를 지급한다.

구분	차 입 일	차 입 액	상 환 일	이자율
A	20×1년 1월 1일	₩600,000	20×2년 6월30일	12%
B	20×1년 7월 1일	600,000	20×2년10월31일	12%
C	20×0년 1월 1일	200,000	20×1년12월31일	8%

차입금은 모두 만기 일시상환조건이다. 차입금 A는 기계장치 제작을 위하여 개별적으로 차입되었으며(특정차입금), 이 중 ₩120,000은 20×1년 1월 1일부터 6월 30일까지 연 9% 이자수취조건으로 정기예금에 예치하였다. 차입금 B, C는 일반목적으로 차입되었으며(일반차입금), 이 중 ₩100,000은 20×1년 8월 1일부터 10월 31일까지 연 8% 이자수취조건으로 보통예금에 예치하였다.

㈜대한은 전기 이전에 자본화한 차입원가를 연평균 지출액에 포함하지 않는다.

(물음 1) 20×1년도 적격자산에 대한 연평균지출액을 계산하시오.

(물음 2) 20×1년도 일반차입금 자본화이자율을 계산하시오.

(물음 3) 20×1년도 및 20×2년도에 자본화할 차입원가를 계산하시오. (단, 각 연도별로 제시하되, 특정차입금 자본화차입원가와 일반차입금 자본화차입원가의 구분내역도 제시하시오.)

(물음 4) 20×1년 말 동 적격자산의 장부금액은 얼마인가?

(물음 5) 동 기계장치 건설과 관련하여 ㈜대한의 20×1년 현금흐름표에 표시될 ① 이자지급액과 ② 이자수취액 및 ③ 건설중인자산(기계장치) 취득 관련 지출액을 각각 계산하시오.

(물음 6) 만약 제작 지연의 원인이 불가피한 사유가 아니었다고 할 경우, 20×2년에 자본화할 차입원가를 계산하시오.

(물음 7) 한국채택국제회계기준(K-IFRS)은 일정한 요건을 만족시키는 적격자산의 취득, 건설 또는 생산과 직접 관련된 차입원가는 당해 자산 원가의 일부로 자본화하도록 규정하고 있다. 적격자산에 대해 설명하고, 금융자산이나 생물자산 또는 단기간 내에 제조되거나 다른 방법으로 생산되는 재고자산이 적격자산에 해당하지 않는 이유를 기술하시오.

해설 및 해답 차입원가 자본화의 기타사항 (2012년 세무사 수정)

• 지출액 및 차입금의 기간정리

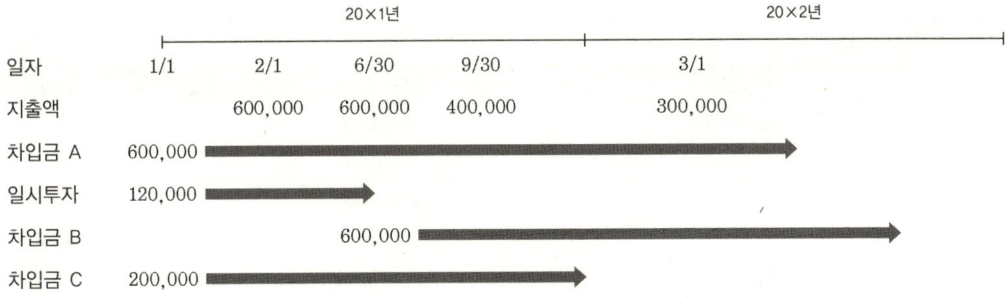

(물음 1)

• 연평균지출액

지출일	지출금액	×	자본화기간	=	연평균지출액
20×1년 2월 1일	₩600,000		11/12		₩550,000
6월 30일	600,000		6/12		300,000
9월 30일	400,000		3/12		100,000
합계	₩1,600,000				₩950,000

(물음 2)

• 일반차입금의 자본화이자율 : ₩52,000(실제발생차입원가)÷500,000(연평균 일반차입금)=₩10.4%

구분	차입금액	×	회계기간	=	연평균 차입액	×	이자율	=	차입원가
B	₩600,000		6/12		₩300,000		12%		₩36,000
C	200,000		12/12		200,000		8%		16,000
합계	₩800,000				₩500,000				₩52,000

(물음 3)

1. 20×1년

구분	차입금액	×	자본화 기간	=	연평균 차입액	×	이자율	=	차입원가
연평균지출액[1]					₩950,000				
특정 A	₩600,000		11/12		₩550,000		12%		₩66,000
일시투자	120,000		5/12		(50,000)		9%		(4,500)
특정차입금 계					₩500,000				**₩61,500**
일반차입금 계[2]	₩800,000				~~₩500,000~~		10.4%		~~₩52,000~~
일반차입금 한도					₩450,000[3]		10.4%		**₩46,800**[4]

1) 물음 1 해답 참조
2) 물음 2 해답 참조
3) 일반차입금 연평균 지출액 : ₩950,000(연평균 순지출액)−500,000(특정차입금 연평균 지출액)
4) ₩450,000×10.4%(자본화이자율)

∴ 자본화할 차입원가 : ₩61,500+46,800=108,300

2. 20×2년도

구분	차입금액	×	자본화 기간	=	연평균 차입액	×	이자율	=	차입원가
전기이전 지출액	₩1,600,000[1]		6/12[2]		₩800,000				
	300,000		4/12		100,000				
					₩900,000				
특정차입금 A	₩600,000		6/12		₩300,000		12%		**₩36,000**
일반차입금 B	₩600,000		10/12		₩500,000		12%		**₩60,000**
일반차입금 한도					~~₩600,000~~				

1) 문제에서 단서가 주어져있으므로 전기 자본화한 차입원가(₩108,300)은 지출액에 포함하지 않는다.
2) 20×2년 1월 1일부터 2월 28일까지의 건설 중단은 불가피한 것이므로 자본화기간을 중단하지 않는다.

∴ 자본화할 차입원가 : ₩36,000+60,000=₩96,000

[별해] 회계처리

20×1년 1월 1일	(차) 건설중인자산 600,000		(대) 현금	600,000
20×1년 6월 30일	(차) 건설중인자산 600,000		(대) 현금	600,000
20×1년 9월 30일	(차) 건설중인자산 400,000		(대) 현금	400,000
20×1년 12월 31일	(차) 이자비용	124,000[1]	(대) 현금	124,000
	(차) 현금	5,400	(대) 이자수익	5,400
	(차) 건설중인자산	108,300	(대) 이자비용	112,800
	이자수익	4,500		
20×2년 3월 1일	(차) 건설중인자산	300,000	(대) 현금	300,000
20×2년 6월 30일	(차) 건설중인자산	96,000	(대) 이자비용	96,000
20×2년 7월 1일	(차) 기계장치	2,104,300	(대) 건설중인자산	2,104,300

1) 실제 발생 이자비용 : ₩72,000(특정차입금 이자비용)+52,000(일반차입금 실제발생 이자비용)

(물음 4)

- 20×1년 말 적격자산 장부금액 : ₩1,600,000(총지출액－해답 1 참조)+108,300(자본화한 차입원가－해답 3 참조)=₩1,708,300

(물음 5) 자본화할 차입원가의 현금흐름표 표시

① 이자지급액 : ₩124,000－112,800=₩11,200(자본화할 차입원가는 투자활동 관련 계정변동)

② 이자수취액 : ₩5,400－4,500=₩900

③ 건설중인자산 취득액 : ₩600,000+600,000+400,000+108,300=₩1,708,300(자본화할 차입원가 포함)

(물음 6)

구분	차입금액	×	자본화 기간	=	연평균 차입액	×	이자율	=	차입원가
20×2. 1. 1	1,600,000		4/12[1]		533,333				
3. 1	300,000		4/12[1]		100,000				
연평균지출액					633,333				
특정차입금 A	600,000		4/12[1]		200,000		12%		**24,000**
일반차입금 B	600,000		10/12[2]		~~500,000~~		12%		~~60,000~~
일반차입금 한도					433,333[3]		12%		**52,000**[4]

1) 20×2년 1월 1일부터 2월 28일까지의 건설 중단은 불가피한 것이 아니므로 자본화기간에서 제외한다.
2) 일반차입금 자본화이자율은 회계기간 중 차입기간을 고려한다. 자본화이자율 계산시 고려할 특정차입금은 자본화기간이 종료한 이후 특정차입금이므로 자본화기간이 중단된 기간의 특정차입금은 자본화이자율 계산시 고려하지 않는다.
3) 일반차입금 연평균 지출액 : ₩633,333(연평균 순지출액)－200,000(특정차입금 연평균 지출액)
4) ₩433,333×12%(자본화이자율)

(물음 7)

- 적격자산의 정의와 금융자산이나 생물자산 및 단기간 내에 제조되는 재고자산이 적격자산이 아닌 이유
  ① 적격자산의 정의 : 의도된 용도로 사용하거나 판매가능한 상태에 이르게 하는 데 상당한 기간을 필요로 하는 자산
  ② 금융자산이나 생물자산은 최초인식시점에 공정가치나 순공정가치로 측정하기 때문에 차입원가를 자본화하여도 기말 평가에 의해 자산의 장부금액 및 당기손익에 미치는 영향의 차이가 발생하지 않는다.
  ③ 단기간 내에 제조되거나 다른 방법으로 생산되는 재고자산은 의도된 용도로 사용하거나 판매가능한 상태에 이르게 하는 데 상당한 기간을 필요로 하지 않으므로, 취득과정에서 차입원가를 발생시키지 않아 적격자산에 해당하지 않는다.

문제 3

본사를 건설하기 위하여 ㈜고양은 20×1년 1월 1일에 일산건설과 도급공사계약을 체결하고 계약대금을 지급하였다. 그러나 원자재의 조달 지연으로 인하여 실제 공사는 20×1년 4월 1일에 시작하였다. 이 건물은 20×2년 6월 30일에 준공되어 사용하기 시작하였다. 준공일 현재 건물의 내용연수는 10년, 잔존가치는 없으며 정액법으로 상각한다.

건설과 관련하여 ㈜고양이 지출한 금액은 다음과 같다.

일 자	20×1년 1월 1일	20×1년 4월 1일	20×1년 9월 30일	20×2년 4월 1일	합 계
지출액	₩50,000	200,000	200,000	100,000	₩550,000

한편, ㈜고양은 본사의 이전과 관련하여 지방자치단체로부터 정부보조금을 다음과 같이 수령하였다. 정부보조금은 관련 자산에서 차감하는 방법으로 표시한다.

일 자	20×1년 4월 1일	20×2년 4월 1일	합 계
수령액	100,000	100,000	₩200,000

㈜고양은 본사의 건설 목적으로 특정차입금 A와 일반목적으로 일반차입금 B, C를 은행에서 차입하여 사옥 건설에 사용하였다. 각 차입금의 차입조건은 다음과 같다.

차입금 종류	차입일	차입금액	상환일	실제발생 차입원가	
				20×1년	20×2년
A	20×1. 1.1	₩50,000	20×2.12.31	₩2,000	₩2,000
B	20×1. 1.1	50,000	20×2.12.31	2,500	2,500
C	20×1.10.1	200,000	20×3. 9.30	4,000	16,000

모든 차입금의 이자는 단리로 계산하여 매년 말 지급하는 조건이다. 적격자산 평균지출액은 회계기간동안 건설중인자산의 매월말 장부금액의 가중평균으로 계산한다고 할 때, 다음 물음에 답하시오. 단, 금액(₩)은 소수점 첫째자리에서 반올림하며, 이자율은 소수점 둘째자리에서 반올림(예 7.23% ⇨ 7.2%) 한다.

(물음 1) 20×1년도에 자본화할 차입원가를 계산하시오.

(물음 2) 20×2년도에 자본화할 차입원가를 계산하시오.

(물음 3) 20×2년 해당 건물 및 차입금과 관련하여 ㈜고양이 비용으로 인식할 금액을 계산하시오.

(물음 4) 20×2년말 해당 건물(건설중인자산)의 장부금액을 계산하시오.

해설 및 해답 정부보조금의 수령 및 유형자산의 장부금액 계산

• 지출액 및 차입금의 기간정리

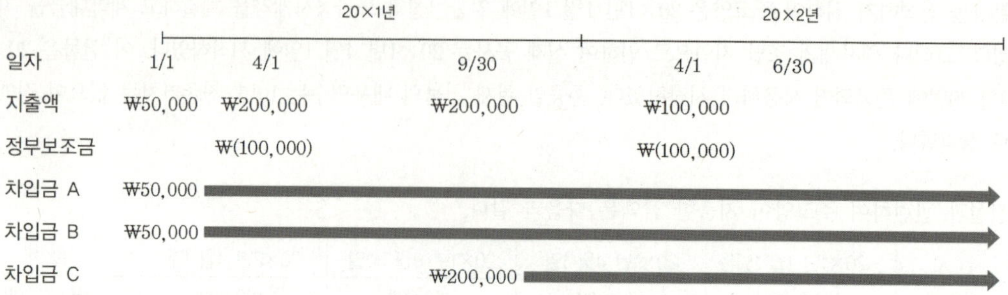

(물음 1)

구분	차입금액	×	자본화 기간	=	연평균 차입액	×	이자율	=	차입원가
20×1. 1. 1	₩50,000		9/12*		₩37,500				
4. 1	200,000		9/12		150,000				
9. 30	200,000		3/12		50,000				
정부보조금 수령	(100,000)		9/12		(75,000)				
연평균지출액					₩162,500				
특정차입금 A	₩50,000		9/12		₩37,500		??		₩1,500[1)]
일반차입금 B	₩50,000		12/12		₩50,000		??		₩2,500
일반차입금 C	200,000		3/12		50,000		??		4,000
합계					₩100,000		6.5%		₩6,500
일반차입금 한도					₩125,000[2)]				

1) 특정차입금 A와 관련하여 실제 발생한 차입원가 ₩2,000은 1년치 차입원가이므로 자본화기간에 발생한 ₩1,500 (=₩2,000×9月/12月)의 금액만 자본화하여야 한다.

2) 일반차입금 연평균 지출액 한도 : ₩162,500(연평균 순지출액)－37,500(특정차입금 연평균 지출액)

∴ 자본화할 차입원가 : 1,500＋6,500＝₩8,000

(물음 2)

구분	차입금액	×	자본화 기간	=	연평균 차입액	×	이자율	=	차입원가
전기이전 지출액	₩458,000[1)]		6/12		₩229,000				
전기 정부보조금	(100,000)		6/12		(50,000)				
20×2. 4. 1	100,000		3/12		25,000				
정부보조금 수령	(100,000)		3/12		(25,000)				
연평균지출액					₩179,000				
특정차입금 A	₩50,000		6/12		₩25,000		??		₩1,000
특정차입금 A	₩50,000		6/12[2)]		₩25,000		??		₩1,000
일반차입금 B	₩50,000		12/12		50,000		??		2,500
일반차입금 C	200,000		12/12		200,000		??		16,000
합계					~~₩275,000~~		7.1%[4)]		~~₩19,500~~
일반차입금 한도					₩154,000[3)]		7.1%		₩10,934[5)]

1) 적격자산 평균지출액은 회계기간동안 건설중인자산의 매월말 장부금액의 가중평균으로 계산하므로, 전기에 지출한 금액과 전기에 자본화한 차입원가(₩8,000)는 기초에 지출한 것으로 본다.

2) 자본화기간 종료후 특정차입금은 자본화이자율 계산시 포함한다.

3) 일반차입금 연평균 지출액 한도 : ₩179,000(연평균 순지출액)－25,000(특정차입금 연평균 지출액)

4) 자본화이자율 : ₩19,500÷275,000

5) ₩154,000×7.1%

∴ 자본화할 차입원가 : ₩1,000(특정차입금 차입원가)＋10,934(일반차입금 차입원가)＝₩11,934

(물음 3)

1. 이자비용 인식액

① 특정차입금 : ₩2,000(실제발생 이자비용)－1,000(자본화한 이자비용)＝₩1,000

② 일반차입금 : ₩18,500(실제발생 이자비용)－10,934(자본화한 이자비용)＝₩7,566

2. 감가상각비

① 건물의 감가상각비

건물의 취득원가	₩550,000(총 지출액)＋8,000＋11,934＝	₩569,934
상각률	1÷10년×6月/12月＝	× 0.05
		₩28,497

② 정부보조금 상각액 : ₩200,000(총 수령액)×28,497(감가상각비)/569,934(취득원가)＝₩10,000

3. 비용인식액

- ₩1,000＋7,566＋28,497－10,000＝₩27,063

(물음 4)

① 20×2년말 자산의 장부금액 : ₩550,000(총 지출액)＋[8,000＋11,934](자본화한 차입원가)－28,497(감가상각비－해답 3 참조)＝₩541,437

② 20×2년말 정부보조금 잔액 : ₩200,000(총 수령액)－10,000(정부보조금 상각액)＝₩190,000

③ 20×2년말 자산의 순장부금액 : ₩541,437－190,000＝₩351,437

문제 4

다음의 자료를 이용하여 물음에 답하시오.

1. 20×1년 11월 1일 ㈜대한은 신사옥을 새로 건설하기 위하여 토지를 구입하였다. 토지구입금액 중 ₩20,000은 구입일에 현금으로 지급하고, ₩60,000은 20×1년 12월 31일에 분할납부하였다. 한편, 취득일에 이전 소유자가 미납한 재산세 ₩10,000을 대납하였으며, 토지를 담보로 차입한 특정차입금 ₩30,000(연 이자율 6%, 만기 20×2년 10월 31일)을 인수하였다.
2. 20×1년 말 신사옥 건설을 위한 토지의 사전준비작업을 완료하였다. 토지의 취득은 건물을 의도된 용도로 사용(또는 판매) 가능하게 하는 데 필요한 활동이라고 판단한다. 따라서 토지관련 지출액 및 차입금은 건물의 자본화할차입원가 계산시 고려한다.
3. 사옥을 짓기 위하여 ㈜대한은 20×2년 1월 1일에 ㈜나라건설과 도급공사계약을 체결하고 공사를 시작하였다. 이 사옥은 20×2년 10월 31일에 준공되어 사용하기 시작하였다. 사옥건설과 관련하여 ㈜대한이 지출한 금액은 다음과 같다.

일자	금액
20×2년 1월 1일	₩20,000
20×2년 6월 1일	44,000
20×2년 8월 1일	55,000

4. ㈜대한은 사옥신축 목적으로 특정차입금 A를 은행에서 차입하였다. 차입금 B, C는 일반목적차입금이다. 각 차입금의 차입조건은 다음과 같다. 이자비용은 월할 계산하며 소수점 이하 금액은 반올림한다.

구분	차입일	상환일	차입금액	이자율
A	20×2. 1. 1	20×3. 12. 31	30,000	8%
B	20×1. 7. 1	20×2. 6. 30	50,000	9%
C	20×1. 12. 31	20×2. 12. 31	100,000	11%

5. 자본화기간이 종료된 후의 특정차입금을 해당 자산의 일반차입금으로 간주한다. 자본화이자율이 적용되는 당해기간 동안 연평균지출액은 회계기간 동안 적격자산의 평균장부금액(이미 자본화한 차입원가 포함)으로 계산한다.

(물음 1) ㈜대한이 20×1년에 토지에 대해 자본화할 차입원가를 구하시오.

(물음 2) 20×1년 토지에 대해 자본화한 차입원가가 ₩1,500이라고 가정할 경우, ㈜대한이 20×2년 건물에 대해 자본화할 차입원가를 구하시오.

해설 및 해답 토지와 건물의 자본화할 차입원가

(물음 1) 20×1년 토지 자본화할 차입원가

구분	차입금액	×	자본화 기간	=	연평균 차입액	×	이자율	=	차입원가
20×1. 11. 1	₩60,000[1]		2/12		₩10,000				
20×1. 12. 31	60,000		0/12		0				
연평균 지출액	₩120,000				₩10,000				
토지특정차입금	₩30,000		2/12		₩5,000		6%		**₩300**
일반차입금 B	₩50,000		6/12		₩25,000		9%		₩2,250
일반차입금 C	100,000		0/12		0		11%		0
일반차입금 계					~~₩25,000~~		9%		~~₩2,250~~
일반차입금 한도					5,000[2]		9%		**₩450**

1) ₩20,000(현금지급액)+10,000(대납한 재산세)+30,000(인수한 특정차입금)
2) ₩10,000(연평균 지출액)−5,000(토지 특정차입금 지출액)

∴ 자본화할 차입원가 : ₩300+450=₩750

(물음 2) 20×2년 건물 자본화할 차입원가

구분	차입금액	×	자본화 기간	=	연평균 차입액	×	이자율	=	차입원가
전기지출액	₩121,500[1]		10/12		₩101,250				
20×2. 1. 1	20,000		10/12		16,667				
20×2. 6. 1	44,000		5/12		18,333				
20×2. 8. 1	55,000		3/12		13,750				
연평균 지출액	₩240,500				₩150,000				
토지 특정차입금	₩30,000		10/12		₩25,000		6%		₩1,500
특정차입금 A	30,000		10/12		25,000		8%		2,000
특정차입금 계	₩60,000				₩50,000				**₩3,500**
특정차입금 A	₩30,000		2/12[2]		₩5,000		8%		₩400
일반차입금 B	50,000		6/12		25,000		9%		2,250
일반차입금 C	100,000		12/12		100,000		11%		11,000
일반차입금 계	₩180,000				~~₩130,000~~		10.5%		~~₩13,650~~
일반차입금 한도					100,000[3]		10.5%		**₩10,500**

1) 전기이전 자본화한 차입원가 포함
2) 자본화기간 종료 후 특정차입금
3) ₩150,0000−50,000

∴ 자본화할 차입원가 : ₩3,500+10,500=₩14,000

문제 5 저유

12월 말 결산법인인 ㈜동성조선은 향후 선박 수요가 증가할 것으로 예상하고 현 공장의 인근 지역에 소재하는 야산을 구입한 후 개발하여 선박기자재 공장을 신축하기로 결정하였다. 이에 따라 회사는 20×1년 1월 3일에 ₩50,000,000을 현금으로 지급하고 당해 야산을 구입하였다. 구입과정에서 중개수수료 ₩500,000, 취득세 및 등기료 ₩1,000,000을 지급하고, 공장 건설에 필요한 지반 정지 및 배수로 건설에 ₩5,000,000을 지급하였다. 또한 인근 간선도로에서 공장으로 연결되는 진입로 포장, 가로등 설치, 상하수도 공사 등의 건설에 ₩4,000,000을 지급하였다. 진입로 포장 등은 다수의 이해관계자에게 혜택이 돌아갈 수 있으므로 동 시설의 사후 유지보수를 관할 군청에 요청하였으나 군청은 예산 및 수혜자의 부족을 사유로 수용하지 않았다. 한편 동 야산을 담보로 제공하고 차입한 매도인의 금융부채(미상환잔액 : ₩10,000,000)를 ㈜동성조선이 부담하기로 합의하였다. 그리고 야산을 절토하면서 발생한 수목 및 골재를 판매하고 그 대가로 현금 ₩800,000을 수취하였다.

그러나 선박 수요가 예상만큼 증가하지 않아 회사는 조성한 공장부지에 공장 신축 대신에 사원 복지용 아파트를 짓기로 결정하고 ㈜백두건설과 도급계약을 체결하였다. 20×1년 7월 1일에 아파트 건설을 시작하였고 20×3년 6월 30일에 완공할 예정이다. 아파트 건설은 예정대로 순조롭게 이루어지고 있으며, 20×2년 말까지 발생한 지출액(공장 부지의 취득원가는 제외)은 다음과 같다.

일자	금액
20×1. 7. 1	₩32,000,000
10. 1	16,800,000
12. 1	24,000,000
20×2. 3. 1	20,400,000
7. 1	27,600,000
11. 1	15,000,000
합계	₩135,800,000

회사는 아파트 건설자금을 조달하기 위하여 다음과 같이 차입하였다.

차입금	금액	차입일	상환일	이자율
A	₩50,000,000	20×1. 6. 1	20×3. 5. 31	연7%
B	24,000,000	20×1. 11. 1	20×3. 10. 31	8%
C	36,000,000	20×2. 2. 1	20×4. 1. 31	9%
D	25,000,000	20×2. 7. 1	20×3. 6. 30	8%

차입금 A와 D는 아파트 건설에 사용할 목적으로 조달한 특정차입금인 반면, 차입금 B와 C는 일반차입금이다. 회사는 차입금 A 중 ₩20,000,000을 20×1년 6월 1일부터 9월 30일까지 4개월간 연 이자율 4%인 금융상품에 투자하여 일시적 운용수익을 획득하였고, 차입금 D 중 ₩10,000,000을 20×2년 7월 1일부터 12월 31일까지 6개월간 연 이자율 5%인 금융상품에 투자하여 일시적 운용수익을 획득하였다. 차입금 B와 C를 보통예금에 가입한 결과 20×1년 말과 20×2년 말에 각각 이자수익으로 ₩100,000과 ₩300,000이 발생하였다. 금융비용은 월할계산하고, 자본화이자율은 소수점 이하 셋째자리에서 반올림한다(예 7.158% → 7.16%).

(물음 1) ㈜동성조선이 20×1년 1월 3일에 공장 신축용으로 구입한 토지의 취득원가를 계산하시오.

(물음 2) 20×1년도 및 20×2년도 자본화가능차입원가를 각각 계산하시오. 단, 20×1년도에 자본화한 차입원가는 20×2년도 지출액 계산에 포함시키지 않는다.

해설 및 해답 **토지와 건물의 자본화할 차입원가** (2011년 회계사 수정)

(물음 1)

- 토지의 취득원가 : ₩50,000,000(야산구입원가)+500,000(중개수수료)+1,000,000(취득세, 등기료) +5,000,000(지반 정지 및 배수로 건설)+10,000,000(금융부채 부담액)−800,000(자재 판매수입) =₩65,700,000
- 진입로 포장, 가로등 설치, 상하수도 공사 비용은 기업이 유지보수를 해야하는 항목이므로 구축물로 처리한다.

(물음 2)

1. 지출액 및 차입금의 기간정리

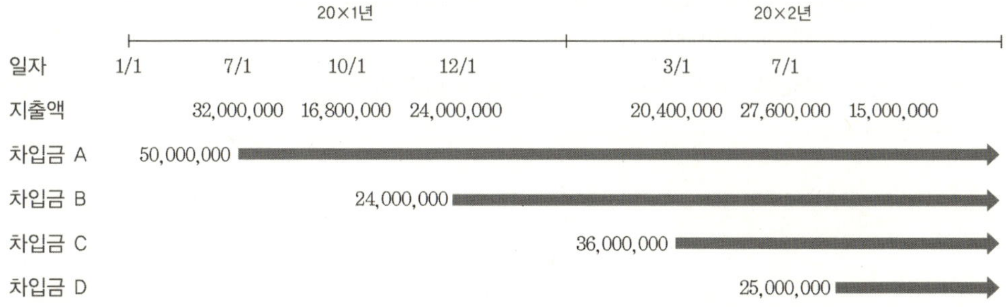

* 토지는 본래 취득목적(선박기자재 공장의 신축)으로 사용된 것이 아니므로, 토지에 대한 지출액은 아파트의 자본화할 취득원가 계산시 고려하지 않는다.

2. 20×1년에 자본화할 차입원가

구분	차입금액	×	자본화 기간	=	연평균 차입액	×	이자율	=	차입원가
20×1. 7. 1	₩32,000,000		6/12		₩16,000,000				
10. 1	16,800,000		3/12		4,200,000				
12. 1	24,000,000		1/12		2,000,000				
합계	₩72,800,000				₩22,200,000				
특정차입금 A	₩50,000,000		6/12		₩25,000,000		7%		₩1,750,000
일시투자	20,000,000		3/12		(5,000,000)		4%		(200,000)
특정차입금 계					₩20,000,000				**₩1,550,000**
일반차입금 B	₩24,000,000		2/12		~~₩4,000,000~~		8%		~~₩320,000~~
일반차입금 한도					₩2,200,000[1]		8%		**₩176,000**

1) ₩22,200,000(연평균 지출액)−20,000,000(특정차입금 차입액)=₩2,200,000

∴ 자본화할 차입원가 : ₩1,550,000(특정차입금 차입원가)+176,000(일반차입금 차입원가)=₩1,726,000

3. 20×2년에 자본화할 차입원가

구분	차입금액	×	자본화 기간	=	연평균 차입액	×	이자율	=	차입원가
전기 지출액[1]	₩72,800,000		12/12		₩72,800,000				
20×2. 3. 1	20,400,000		10/12		17,000,000				
7. 1	27,600,000		6/12		13,800,000				
11. 1	15,000,000		2/12		2,500,000				
합계	₩135,800,000				₩106,100,000				
특정차입금 A	₩50,000,000		12/12		₩50,000,000		7%		₩3,500,000
특정차입금 D	25,000,000		6/12		12,500,000		8%		1,000,000
일시투자	20,000,000		6/12		(5,000,000)		5%		(250,000)
특정차입금 계					₩57,500,000				**₩4,250,000**
일반차입금 B	₩24,000,000		12/12		₩24,000,000		8%		₩1,920,000
일반차입금 C	36,000,000		11/12		33,000,000		9%		2,970,000
일반차입금 계					~~₩57,000,000~~		8.58%		~~₩4,890,000~~
일반차입금 한도					₩48,600,000[2]		8.58%		**₩4,169,880**

1) 물음에서 제시된 조건에 따라 전기에 자본화한 차입원가는 지출액에 포함하지 않는다.
2) ₩106,100,000(연평균 지출액)−57,500,000(특정차입금 차입액)

∴ 자본화할 차입원가 : ₩4,250,000(특정차입금 차입원가)+4,169,880(일반차입금 차입원가)=₩8,419,880

문제 6 저유

12월말 결산법인인 ㈜우리상사는 보유중인 토지에 사옥을 건설하기 위하여 20×1년 1월 1일에 ㈜나라물산과 계약을 체결하였다 건설공사는 20×2년 12월 31일에 완공될 예정이며, 공사비 지출내역은 다음과 같다.

〈공사비 지출내역〉

일 자	지급금액
20×1년 1월 1일	₩2,000,000
20×1년 7월 1일	3,000,000
20×1년 9월 1일	6,000,000
20×2년 7월 1일	4,000,000

차입금 A는 사옥을 건설하기 위한 목적으로 차입되었으며(특정차입금), 해당 차입금과 유사한 조건의 원화 차입금에 대한 이자율은 12%이다. 차입금 B, C는 일반목적으로 차입되었다(일반차입금). 차입금 및 환율과 관련한 정보는 다음과 같다.

〈차입금 관련내역〉

차입금	차입금액	차입일자	상환일자	이자율	이자지급조건
A	$ 1,000	20×1.7.1	20×2. 7. 1	10%	6月마다 지급
B	₩ 2,000,000	20×0.1.1	20×1.12.31	12%	연말지급
C	₩ 3,000,000	20×0.7.1	20×2.12.31	10%	연말지급

〈환율 관련내역〉

일자	환율	일자	환율
20×1년 1월 1일	₩1,100/$	20×2년 1월 1일	₩1,200/$
20×1년 7월 1일	₩1,050/$	20×2년 7월 1일	₩1,130/$
20×1년 12월 31일	₩1,200/$	20×2년 12월 31일	₩1,080/$
20×1년 1월 1일 ~ 6월 30일 평균환율	₩1,030/$	20×2년 1월 1일 ~ 6월 30일 평균환율	₩1,150/$
20×1년 7월 1일 ~ 12월 31일 평균환율	₩1,120/$	20×2년 7월 1일 ~ 12월 31일 평균환율	₩1,090/$
20×1년 1월 1일 ~ 12월 31일 평균환율	₩1,100/$	20×2년 1월 1일 ~ 12월 31일 평균환율	₩1,110/$

자본화이자율을 적용하는 적격자산에 대한 지출액은 연평균(가중평균)으로 계산하며, 연평균지출액을 계산할 때에는 이미 자본화된 차입원가를 포함한다. 모든 차입금에 대한 이자는 단리로 계산하며, 외화차이는 차입금의 환산 및 상환과 이자비용의 지급시에 발생한다. 단, 금융비용과 평균지출액은 월할 계산하고, 금액(₩)은 소수점 첫째 자리에서 반올림하며, 자본화이자율은 소수점 셋째 자리에서 반올림한다.

(물음 1) ㈜우리상사가 20×1년에 특정차입금과 관련하여 자본화해야 할 차입원가를 계산하시오.

(물음 2) ㈜우리상사가 20×1년에 일반차입금과 관련하여 자본화해야 할 차입원가를 계산하시오.

(물음 3) ㈜우리상사가 20×2년에 특정차입금과 관련하여 자본화해야 할 차입원가를 계산하시오.

(물음 4) ㈜우리상사가 20×2년에 일반차입금과 관련하여 자본화해야 할 차입원가를 계산하시오.

(물음 5) ㈜우리상사의 20×2년 사옥의 취득금액을 계산하시오.

해설 및 해답 외화특정차입금관련 차입원가의 자본화

• 지출액 및 차입금의 기간정리

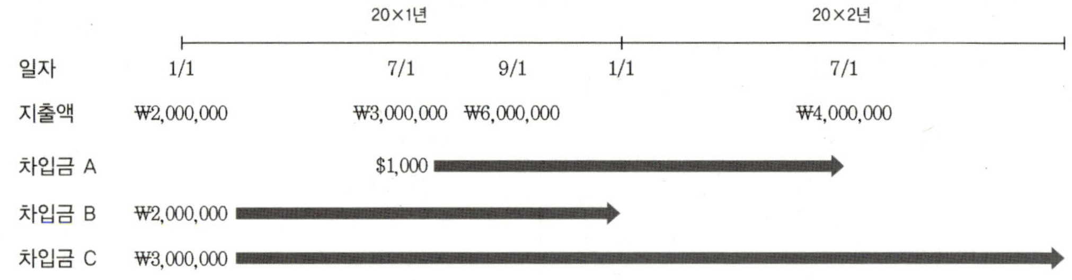

(물음 1)

1. 연평균 지출액 계산

지출일	지출금액	×	자본화기간	=	연평균지출액
20×1년 1월 1일	₩2,000,000		12/12		₩2,000,000
4월 1일	3,000,000		6/12		1,500,000
9월 30일	6,000,000		4/12		2,000,000
합계	₩ 11,000,000				₩ 5,500,000

2. 외화 특정차입금에서 발생한 차입원가의 외환손실

(1) 특정차입금 연평균 차입액

구분	차입금액	×	발생환율	×	자본화기간	=	연평균차입액
A	$1,000		₩1,050/$		6/12		₩525,000

(2) 특정차입금 이자비용

구분	차입금액	×	평균환율	×	자본화기간	×	연 이자율	=	이자비용
A	$1,000		₩1,120/$		6/12		10%		₩56,000

(3) 특정차입금에서 발생한 외화차이

① 이자지급

이자비용	해답 (2) 참조=	₩ 56,000
현금지급액	$1,000×₩1,200/$×10%×6/12=	60,000
외화차이(손실)		₩(4,000)

② 외화 차입금의 환산 : $1,000×(₩1,050/$−₩1,200)=₩(150,000)

③ 외환손실 : ₩4,000+150,000=₩154,000

3. 외화 특정차입금의 자본화할 차입원가

① 이자비용과 외환손실 합계액 : ₩56,000+154,000=₩210,000

② 유사한 원화차입금의 이자비용 : ₩525,000(연평균 차입액)×12%(유사한 원화차입금의 이자율)=₩63,000

③ 자본화할 차입원가 : max[₩56,000(실제 이자비용), min (①, ②)]=**₩63,000**

(물음 2)

• min[① ₩4,975,000×② 10.8%, ₩540,000(실제발생차입원가)]=**₩537,300**

① 일반차입금 지출액 : ₩5,500,000(연평균 순지출액)−525,000(특정차입금 연평균 차입액)=₩4,975,000

② 가중평균 차입이자율 : ₩540,000(실제발생차입원가)÷₩5,000,000(일반차입금 연평균 차입액)=10.8%

구분	차입금액	×	회계기간	=	연평균 차입액	×	이자율	=	차입원가
B	₩2,000,000		12/12		₩ 2,000,000		12%		₩ 240,000
C	3,000,000		12/12		3,000,000		10%		300,000
	₩5,000,000				₩ 5,000,000				₩ 540,000

(물음 3)

1. 연평균 지출액 계산

지출일	지출금액	×	자본화기간	=	연평균지출액
전기지출	₩11,000,000		12/12		₩11,000,000
전기 자본화한 차입원가	600,300*		12/12		600,300
20×2년 7월 1일	4,000,000		6/12		2,000,000
합계	₩ 15,453,000				₩ 13,600,300

* ₩63,000+537,300

2. 외화 특정차입금에서 발생한 자본화할 차입원가

(1) 특정차입금 연평균 차입액

구분	차입금액	×	발생환율	×	자본화기간	=	연평균차입액
A	$1,000		₩1,200/$		6/12		₩600,000

(2) 특정차입금 이자비용

구분	차입금액	×	평균환율	×	자본화기간	×	연 이자율	=	이자비용
A	$1,000		₩1,150/$		6/12		10%		₩57,500

(3) 특정차입금에서 발생한 외화차이

① 이자지급시

이자비용	해답 (2) 참조=	₩57,500
현금지급액	$ 1,000×₩1,130/$×10%×6/12=	56,500
외화차이(이익)		₩1,000

② 외화 차입금의 상환시 : $ 1,000×(₩1,200/$−₩1,130)=₩70,000(이익)

③ 외환이익 : ₩1,000+70,000=₩71,000

3. 특정외화차입금의 자본화할 차입원가

• 이자비용과 외환차이(이익) 합계: ₩57,500−min (57,500 , 71,000)=**₩0**(자본화할 차입원가 없음)

(물음 4) 20×2년 일반차입금 차입원가 계산

• min[① ₩13,000,300×② 10%, ₩300,000(실제발생차입원가)]=**₩300,000**

① 일반차입금 지출액 : ₩13,600,300(연평균 순지출액)−600,000(특정차입금 차입액)=₩13,000,300

② 가중평균 차입이자율 : ₩300,000(실제발생차입원가)÷₩3,000,000(일반차입금 연평균 차입액)=10%

구분	차입금액	×	회계기간	=	연평균 차입액	×	이자율	=	차입원가
C	₩3,000,000		12/12		₩3,000,000		10%		₩300,000

(물음 5) 20×2년말 사옥의 취득원가

• ₩15,000,000(총 지출액)+600,300(20×1년 차입원가)+300,000(20×2년 차입원가)=₩15,900,300

[별해] 회계처리

20×1년 1월 1일	(차) 건설중인자산	2,000,000	(대) 현금	2,000,000
20×1년 7월 1일	(차) 건설중인자산	3,000,000	(대) 현금	3,000,000
	(차) 현금	1,050,000	(대) 차입금	1,050,000
20×1년 9월 1일	(차) 건설중인자산	6,000,000	(대) 현금	6,000,000
20×1년 12월 31일				
특정차입금	(차) 이자비용	56,000[1]	(대) 현금	60,000[2]
	외환손실	4,000		
	(차) 외환손실	150,000	(대) 차입금	150,000[3]
일반차입금	(차) 이자비용	540,000	(대) 현금	540,000
자본화	(차) 건설중인자산	600,300	(대) 이자비용(특정)	56,000
			외환손실(특정)	7,000
			이자비용(일반)	537,300

1) $ 1,000×₩1,120/$×10%×6/12
2) $ 1,000×₩1,200/$×10%×6/12
3) $ 1,000×(₩1,050/$－₩1,200)

일반차입금B 상환	(차) 차입금	2,000,000	(대) 현금	2,000,000
20×2년 7월 1일	(차) 건설중인자산	4,000,000	(대) 현금	4,000,000
20×2년 12월 31일				
특정차입금	(차) 이자비용	57,500[2]	(대) 현금	56,500[1]
			외환이익	1,000
	(차) 차입금	1,200,000[3]	(대) 현금	1,130,000[4]
			외환이익	70,000
일반차입금	(차) 이자비용	300,000	(대) 현금	300,000
자본화	(차) 건설중인자산	300,000	(대) 이자비용	300,000
	(차) 건물	15,900,300	(대) 건설중인자산	15,900,300

1) $ 1,000×₩1,130/$×10%×6/12
2) $ 1,000×₩1,150/$×10%×6/12
3) $1,000×₩1,200/$
4) $1,000×₩1,130/$

서술형 문제

문제 1

(물음 1) 자본화 할 수 있는 차입원가의 사례를 제시하시오.

(물음 2) 차입원가는 자본화 개시일부터 적격자산 원가의 일부로 자본화한다. 자본화 개시일의 조건에 대해 서술하시오.

(물음 3) 자본화이자율 계산시 고려해야 할 차입금에 대해 서술하시오.

(물음 4) 차입원가의 자본화를 위해서는 관련자산이 적격자산(qualifying assets)이어야 한다. 적격자산의 정의를 제시하고, 금융자산과 생물자산이 적격자산에 해당하지 않는 이유를 설명하시오.

(물음 5) 자본화가능차입원가의 정의를 충족시키기 위해 차입원가가 갖추어야 할 중요한 속성을 설명하시오.

해설 및 해답

(물음 1)

⑴ 유효이자율법을 사용하여 계산된 이자비용
⑵ 리스부채 관련 이자
⑶ 외화차입금과 관련되는 외환차이 중 이자원가의 조정으로 볼 수 있는 부분

(물음 2)

자본화 개시일은 최초로 다음 조건을 모두 충족시키는 날이다.
⑴ 적격자산에 대하여 지출한다.
⑵ 차입원가를 발생시킨다.
⑶ 적격자산을 의도된 용도로 사용(또는 판매) 가능하게 하는 데 필요한 활동을 수행한다.

(물음 3)

일반적인 목적으로 자금을 차입하고 이를 적격자산의 취득을 위해 사용하는 경우에 한하여 당해 자산 관련 지출액에 자본화이자율을 적용하는 방식으로 자본화가능차입원가를 결정한다. 자본화이자율은 회계기간에 존재하는 기업의 모든 차입금에서 발생된 차입원가를 가중평균하여 산정한다. 그러나 어떤 **적격자산을 의도된 용도로 사용(또는 판매) 가능하게 하는 데 필요한 대부분의 활동이 완료되기 전까지는, 그 적격자산을 취득하기 위해 특정 목적으로 차입한 자금에서 생기는 차입원가는 위에서 기술된 자본화이자율 산정에서 제외**한다. 회계기간 동안 자본화한 차입원가는 당해 기간 동안 실제 발생한 차입원가를 초과할 수 없다.

(물음 4)

- 적격자산은 의도된 용도로 사용하거나 판매가능한 상태에 이르게 하는 데 상당한 기간을 필요로 하는 자산을 의미한다. 금융자산이나 생물자산은 최초인식시 각각 공정가치와 순공정가치로 측정하므로 차입원가를 자본화하는 실익이 없다.

(물음 5)

- 적격자산의 취득, 건설 또는 생산과 직접 관련된 차입원가는 당해 적격자산과 관련된 지출이 발생하지 아니하였다면 부담하지 않았을 차입원가이다. 특정 적격자산을 취득하기 위한 목적으로 특정하여 자금을 차입하는 경우 당해 적격자산과 직접 관련된 차입원가는 쉽게 식별할 수 있다. (K-IFRS 제1023호 차입원가 문단 10)

CHAPTER 07

무형자산

출제유형

계산문제

문제 1

포털 서비스를 제공하는 ㈜코코아의 무형자산과 관련한 자료를 이용하여 다음의 독립적인 물음에 답하시오.

(물음 1) ㈜코코아는 웹포털사이트를 운영하면서 웹사이트 광고시장에 대한 지식과 노하우를 축적하였으며, 이를 통해 향후 10년간 미래경제적 효익을 획득하리라 전망한다. 미래에 유입될 경제적 효익의 현재가치는 20×1년말 현재 ₩2,000,000로 추정된다. 해당 지식과 노하우는 법적 권리에 의해 보호되지 않는다. 이 경우 해당 지식과 노하우를 무형자산으로 인식할 수 있는 지 여부를 판단하고 그 판단근거를 서술하시오.

(물음 2) 20×1년초 ㈜코코아는 사업규모가 확장됨에 따라 최고재무관리자(CFO)를 영입하였다. 영입과 동시에 계약금 ₩1,000,000을 지불하였으며, 최고재무관리자가 5년 이내로 퇴사할 경우 해당 계약금을 반환해야할 의무를 지고 있다. 따라서 ㈜코코아는 최고재무관리자의 경영능력이 높은 미래경제적효익의 유입가능성을 가지고, 법적 권리에 의해 보호된다고 판단한다.

해당 경영능력이 가져다주는 미래경제적효익의 내용연수는 5년, 잔존가치는 없으며, 미래경제적효익이 소비될 것으로 예상되는 형태는 신뢰성있게 결정할 수 없다. 20×1년과 20×2년 말 현재 경영능력의 회수가능액은 각각 ₩720,000, ₩900,000이다.

특정 경영능력과 관련한 무형자산이 20×2년 ㈜코코아의 당기손익에 미친 영향을 계산하시오.

(물음 3) 고객에게 메일서비스를 제공하는 ㈜핫초코는 경영난으로 인해 고객에게 메일서비스를 더 이상 제공할 수 없게 되었다. 이에 따라 ㈜핫초코는 메일서비스를 이용하는 고객 30만명을 ㈜코코아에게 이전하였으며, ㈜코코아는 대가로 ₩2,500,000을 ㈜핫초코에게 지불하였다. ㈜코코아는 메일유저에 대한 서비스의 제공이 비계약적인 고객관계이므로 법적권리에 의해 보호되지 않는다고 판단하였다.

비계약적인 고객관계의 내용연수는 비한정이다. 20×1년 중 비계약적 고객관계와 관련한 손상징후는 발생하지 않았으며, 20×1년과 20×2년 말 현재 고객관계의 회수가능액은 각각 ₩2,200,000과 ₩2,800,000이다.
무형자산이 20×2년 ㈜코코아의 당기손익에 미친 영향을 계산하시오.

(물음 4) 20×0년 초 ㈜코코아는 ㈜바나나의 지분 100%를 취득하는 사업결합을 수행하고 ㈜바나나가 내부적으로 창출한 메신저 브랜드 'BaNaNa™'의 공정가치를 ₩300,000으로 추정하였다. 브랜드가치의 내용연수는 비한정이라고 판단하였다.

한편, 20×1년초 해당 브랜드의 내용연수를 다시 추정한 결과, 내용연수를 5년으로 변경하였다. 내용연수 변경시점의 여타 손상징후는 없었으나, 브랜드의 가치를 높이기 위하여 ₩50,000을 광고비, 디자인비 등의 명목으로 지출하였다. 20×1년초의 회수가능액은 ₩200,000이라고 할 경우, 브랜드와 관련한 회계처리가 ㈜코코아의 20×1년도 포괄손익계산서의 당기순이익에 미치는 영향을 계산하시오. (단, 20×1년말 현재 손상환입의 징후는 발견되지 않았다.)

(물음 5) 다음은 ㈜민국의 무형자산취득과 관련한 자료이다.

㈜민국은 20×1년 1월 1일 토지사용과 관련하여 지방자치단체와 임대차계약을 체결하는 과정에서 지방자치단체 조례의 감면 요건을 충족하여, 임차료를 전액 면제받았다. ㈜민국은 면제받은 임차료의 공정가치 ₩1,000,000을 토지무상사용권으로 인식하였다. ㈜민국은 토지무상사용권이 소비되는 행태를 신뢰성 있게 결정할 수 없었으며, 토지무상사용권의 내용연수는 10년, 잔존가치는 ₩0으로 추정하였다.

토지무상사용권과 관련된 회계처리가 ㈜민국의 20×1년 당기순이익에 미치는 영향을 계산하시오. 단, 당기순이익이 감소하는 경우에는 (−)를 숫자 앞에 표시하시오.

당기순이익에 미치는 영향	①

해설 및 해답 최초인식과 후속측정

(물음 1) 무형자산의 통제

• 인식할 수 없다. 시장에 대한 지식과 기술적 지식에서도 미래경제적효익이 발생할 수 있다. 이러한 지식이 저작권, 계약상의 제약이나 법에 의한 종업원의 기밀유지의무 등과 같은 법적 권리에 의하여 보호된다면, 기업은 그러한 지식에서 얻을 수 있는 미래경제적효익을 통제하고 있는 것이다(K−IFRS 1038호 문단 14). 그러나 ㈜코코아가 보유한 시장에 대한 지식은 법적 권리에 의해 보호되지 않으므로 통제하고 있지 못하다.

(물음 2)

① 무형자산 상각비 : ₩720,000(전기말 회수가능액)÷4년(기초 잔존내용연수)=₩180,000

② 손상차손환입

손상차손환입 한도	min[₩900,000(회수가능액), ₩600,000(상각후원가)]=	₩600,000
장부금액	₩720,000(전기말 회수가능액)−180,000(상각비)=	(540,000)
손상차손환입		₩60,000

③ 당기손익에 미친 영향 : (−)₩180,000+60,000=₩120,000

(물음 3) 비계약적 고객관계

① 고객관계를 보호할 법적 권리가 없는 경우에도, 동일하거나 유사한, 비계약적 고객관계를 교환하는 거래는 고객관계로부터 기대되는 미래경제적효익을 통제할 수 있다는 증거를 제공하므로 자산으로 인식할 수 있다(K-IFRS 1038호 문단 16). 한편, 내용연수가 비한정인 무형자산의 손상검사는 (1) 매년 그리고 (2) 손상을 시사하는 징후가 있을 때 수행하므로, 손상징후가 발견되지 않더라도 손상검사를 수행한다(K-IFRS 1038호 문단 108).

② 손상차손환입 : min[₩2,800,000(회수가능액), ₩2,500,000(취득원가)]−2,200,000(장부금액)=₩300,000

(물음 4) 브랜드 및 이와 유사한 항목

① 외부로부터 취득한 브랜드의 가치는 무형자산의 인식요건을 충족하며, 사업결합을 통해 취득하는 경우 취득시점의 공정가치로 측정한다. 그러나 브랜드, 제호, 출판표제, 고객목록, 그리고 이와 실질이 유사한 항목에 대한 취득이나 완성 후의 지출은 발생시점에 항상 당기손익으로 인식한다(K-IFRS 1038호 문단 20).

② 당기손익에 미치는 영향 : [₩200,000−300,000](무형자산손상차손)−50,000(브랜드에 대한 후속지출) −200,000÷5년(무형자산 상각비)=₩190,000

(물음 5) 정부보조로 인한 취득 (2020년 회계사)

① 정부보조로 무형자산을 무상이나 낮은 대가로 취득할 수 있다. 예를 들면, 정부가 공항 착륙권, 라디오나 텔레비전 방송국 운영권, 수입면허 또는 수입할당이나 기타 제한된 자원을 이용할 수 있는 권리를 기업에게 이전하거나 할당하는 경우이다. 이 경우, 무형자산과 정부보조금 모두를 최초에 공정가치로 인식할 수 있다. 최초에 자산을 공정가치로 인식하지 않기로 선택하는 경우에는, 자산을 명목상 금액과 자산을 의도한 용도로 사용할 수 있도록 준비하는 데 직접 관련되는 지출을 합한 금액으로 인식한다.

② 토지사용권의 취득원가 : ₩1,000,000(면제받은 임차료의 공정가치)

③ 당기순이익에 미치는 영향 : (−)₩100,000(토지사용권 상각비)+100,000(정부보조금 상각액)=₩0

④ 회계처리

20×1년 1월 1일	(차) 무형자산	1,000,000	(대) 정부보조금	1,000,000
20×1년 12월 31일	(차) 무형자산상각비	100,000	(대) 무형자산	100,000
	(차) 정부보조금	100,000	(대) 무형자산상각비	100,000

문제 2

다음의 각 독립적인 물음에 답하시오.

(물음 1) ㈜대한은 20×1년 중에 〈보기〉와 같은 지출을 하였다. 개발활동에 해당하는 지출이 무형자산(개발비)으로 인식되기 위한 6가지 사항을 모두 제시할 수 있을 때, ㈜대한의 20×1년 말 재무상태표에 표시되는 무형자산(개발비) 금액을 계산하시오. (단, 상각은 고려하지 않는다.)

보 기

가. 신규 또는 개선된 재료, 장치, 제품, 공정, 시스템이나 용역에 대하여 최종적으로 선정된 안을 설계, 제작, 시험하는 활동과 관련된 지출 :	₩10,000
나. 생산이나 사용 전의 시제품과 모형을 설계, 제작, 시험과 관련된 지출 :	₩3,000
다. 연구결과나 기타 지식을 탐색, 평가, 최종 선택, 응용하는 활동과 관련된 지출 :	₩5,000
라. 재료, 장치, 제품, 공정, 시스템이나 용역에 대한 여러 가지 대체안을 탐색하는 활동과 관련된 지출 :	₩5,000
마. 새로운 기술과 관련된 공구, 지그, 주형, 금형 등을 설계하는 활동과 관련된 지출 :	₩1,000
바. 새로운 지식을 얻고자 하는 지출 :	₩2,000

(물음 2) ㈜나라는 차세대 통신기술에 대한 연구개발 활동을 진행하여 다음과 같은 항목을 지출하였다. 단, 아래 표의 금액은 각 단계에서 발생한 총 지출액이며, 매월 균등하게 발생한다고 가정한다. 개발단계에서의 지출은 20×1년 4월 1일부터 무형자산의 인식요건을 모두 충족한다.

항목	개발단계 (20×1.1.1 ~ 6.30)	생산단계 (20×1.7.1 ~ 12.31)
연구원의 인건비	₩30,000	₩20,000
재료비	40,000	40,000
합리적으로 배분된 간접경비	50,000	70,000

1. 개발단계에 사용할 설비자산은 20×1년 3월 1일 ₩100,000에 구입하였다. 설비자산의 잔존가치는 영(0)이며, 내용연수는 10년이다. 감가상각방법은 정률법이며, 상각률은 0.20이다.
2. 20×1년 7월 초에 통신기술의 개발이 종료되고, 즉시 생산이 시작되었다. 개발한 통신기술에 대하여 20×1년 10월 초에 특허권을 취득하였으며, 특허권과 직접 관련된 지출은 다음과 같다.
   - 특허권 취득을 위한 비용 : ₩250,000
   - 특허권 침해방지를 위한 비용 : ₩100,000

   이러한 지출은 특허권의 미래 경제적 효익을 실질적으로 증가시킬 가능성이 매우 높다고 판단된다.
3. ㈜나라의 무형자산의 내용연수는 10년, 잔존가치는 영(0)이며, 감가상각방법은 정액법이다.

위 자료를 이용하여 20×1년도 ① 개발비상각비와 ② 특허권상각비를 계산하시오.

(물음 3) ㈜한국은 20×1년 1월 1일 활성시장에서 특허권을 ₩1,000,000에 취득하고, 매년 말 재평가모형을 적용한다. 동 특허권의 내용연수는 10년, 정액법을 사용하여 상각하며, 잔존가치는 없다. 동 특허권에 대한 연도별 공정가치 및 회수가능액이 다음과 같다고 할 경우, 특허권과 관련된 회계처리가 ㈜한국의 20×2년 및 20×3년 당기순이익에 미치는 영향을 각각 계산하시오. 단, ㈜한국은 재평가잉여금을 이익잉여금으로 대체하지 않는다.

구분	20×1년 말	20×2년 말	20×3년 말
공정가치	₩765,000	₩750,000	₩800,000
회수가능액	800,000	600,000	700,000
손상징후	없음	손상징후	손상환입 징후

(물음 4) ㈜한국은 20×1년 1월 1일 활성시장에서 특허권을 ₩1,000,000에 취득하고, 매년 말 재평가모형을 적용한다. 동 특허권의 내용연수는 10년, 정액법을 사용하여 상각하며, 잔존가치는 없다. 동 특허권에 대한 연도별 공정가치 및 회수가능액이 다음과 같다고 할 경우, 특허권과 관련된 회계처리가 ㈜한국의 20×2년 및 20×3년 당기순이익에 미치는 영향을 각각 계산하시오. 단, ㈜한국은 재평가잉여금을 이익잉여금으로 대체하지 않는다.

구분	20×1년 말	20×2년 말	20×3년 말
공정가치	₩855,000	₩840,000	₩750,000
회수가능액	900,000	680,000	720,000
손상징후	없음	손상징후	손상환입 징후

(물음 5) ㈜한국은 20×1년 1월 1일 활성시장에서 특허권을 ₩1,000,000에 취득하고, 매년 말 재평가모형을 적용한다. 취득시 동 특허권의 내용연수는 비한정으로 추정하였다. 20×3년 중 내용연수를 5년으로 추정을 변경하였으며, 잔존가치 없이 정액법으로 상각하기로 하였다. 동 특허권에 대한 연도별 공정가치가 다음과 같다고 할 경우, 특허권과 관련된 회계처리가 ㈜한국의 20×2년 및 20×3년 당기순이익에 미치는 영향을 각각 계산하시오. 단, 손상징후는 없다고 가정한다.

구분	20×1년 말	20×2년 말	20×3년 말
공정가치	₩1,200,000	₩900,000	₩850,000

해설 및 해답 내부적으로 창출한 무형자산의 최초인식 및 후속측정

(물음 1) (2015년 세무사 수정)

• 무형자산금액 : ₩10,000(가.)+3,000(나.)+1,000(마.)=₩14,000

(물음 2) (2011년 회계사)

1. 개발비의 상각비

① 개발비의 취득원가-자산인식요건 충족(4월 1일) 후의 지출

개발단계 지출액	(₩30,000+40,000+50,000)×3月/6月=	₩60,000
설비자산의 감가상각비	₩100,000×20%×3月/12月=	5,000
		₩65,000

② 개발비 상각비 : ₩65,000÷10년×6月/12月=₩3,250

2. 특허권 상각비

① 특허권의 취득원가 : ₩250,000+100,000=₩350,000

② 특허권 상각비 ; ₩350,000÷10년×3月/12月=₩8,750

(물음 3)

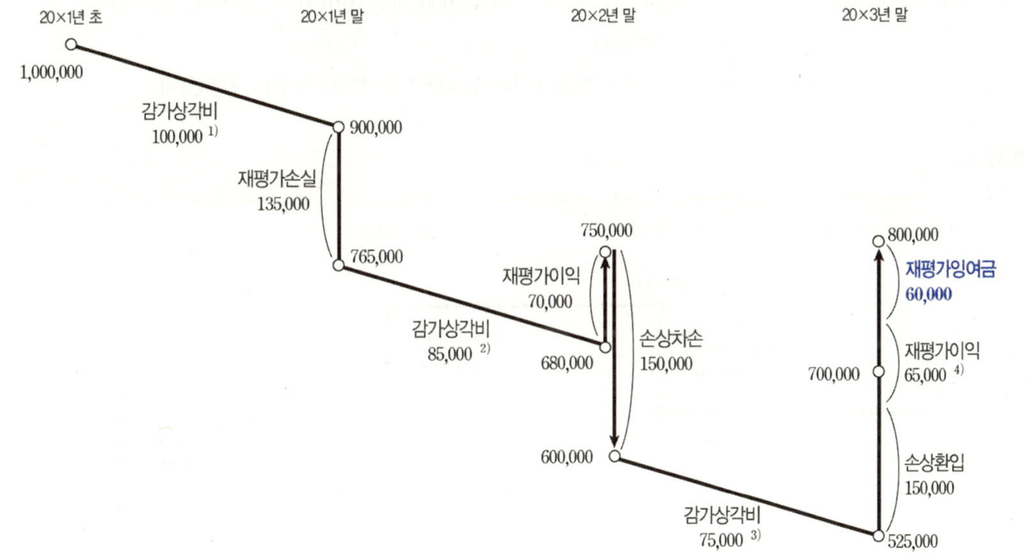

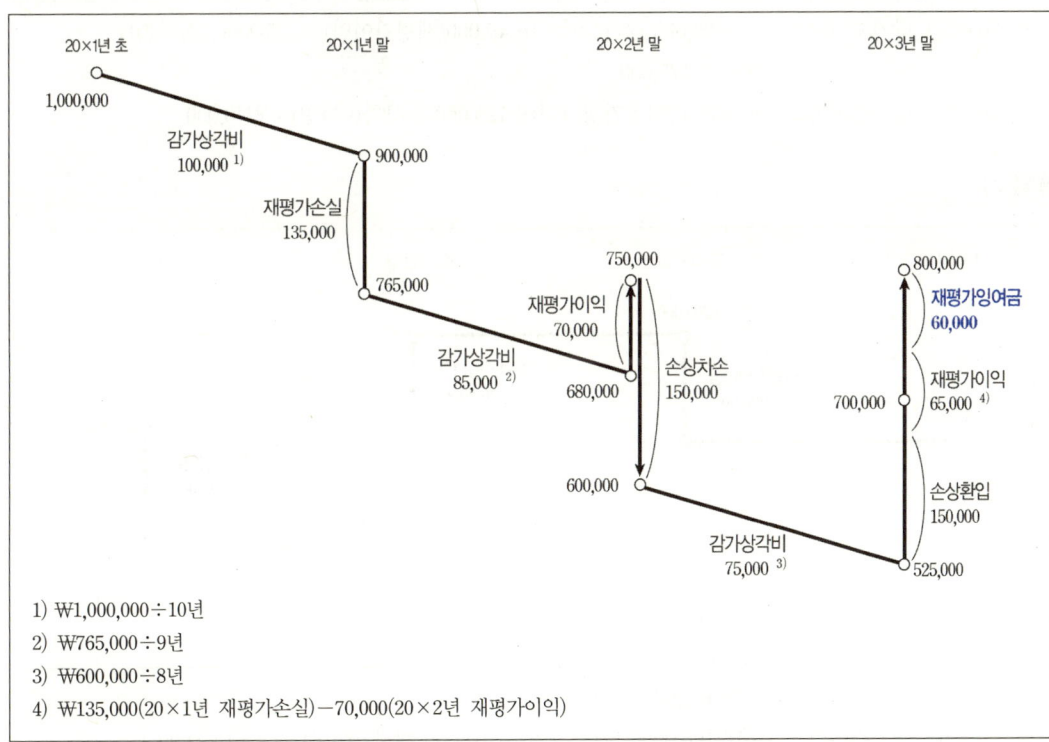

1) ₩1,000,000÷10년
2) ₩765,000÷9년
3) ₩600,000÷8년
4) ₩135,000(20×1년 재평가손실)−70,000(20×2년 재평가이익)

① 20×2년 당기순이익 : (−)₩85,000(감가상각비)+70,000(재평가이익)−150,000(손상차손)=(−)₩165,000

② 20×3년 당기순이익 : (−)₩75,000(감가상각비)+150,000(손상차손환입)+65,000(재평가이익)=₩140,000

(물음 4)

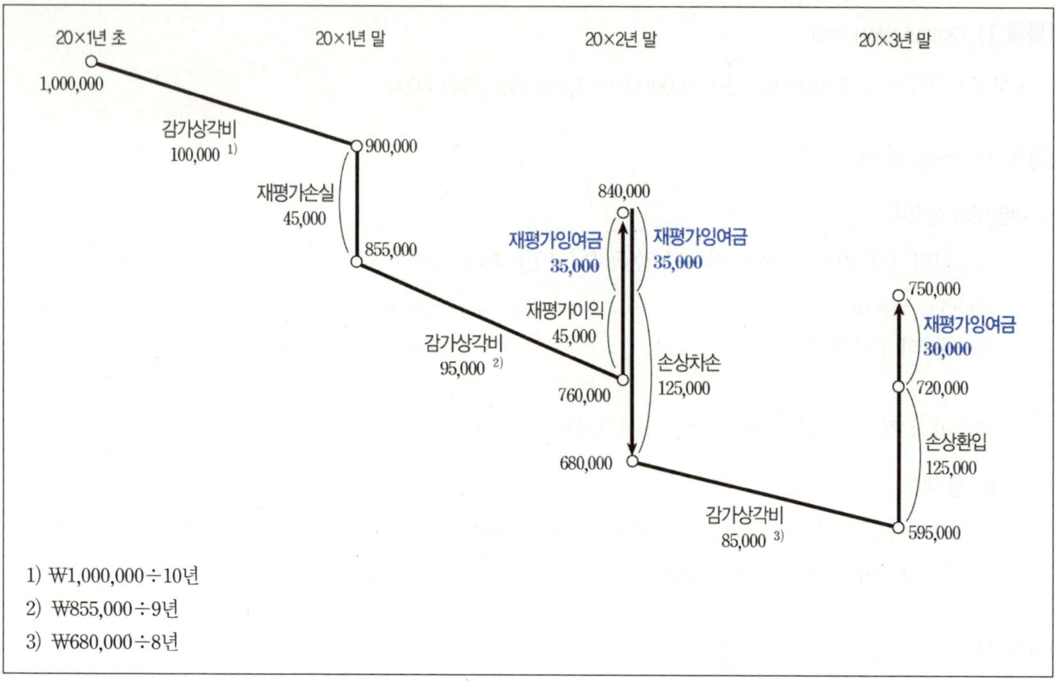

① 20×2년 당기순이익 : (−)₩95,000(감가상각비)+45,000(재평가이익)−125,000(손상차손)
=(−)₩175,000

② 20×3년 당기순이익 : (−)₩85,000(감가상각비)+125,000(손상차손환입)=₩40,000

(물음 5)

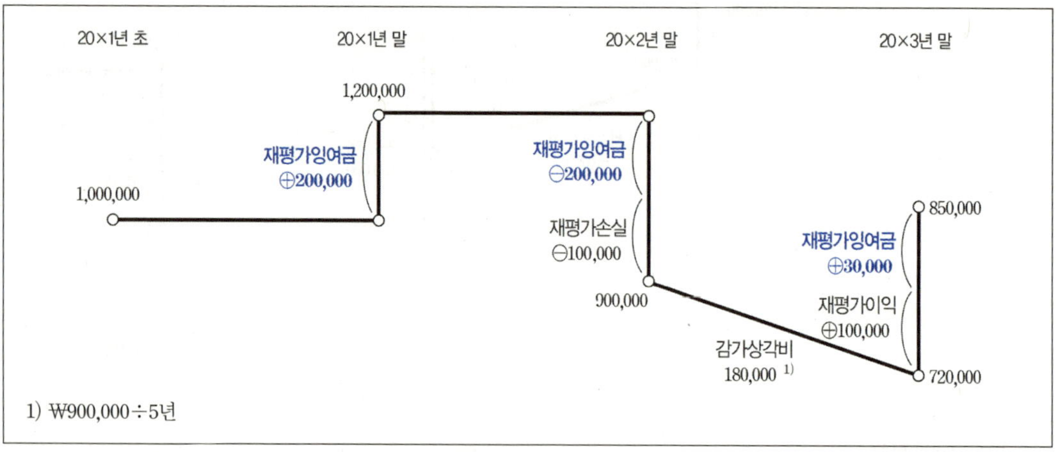

① 20×2년 당기순이익 : (−)₩100,000(재평가손실)

② 20×3년 당기순이익 : (−)₩180,000(감가상각비)+100,000(재평가이익)=(−)₩80,000

문제 3 저유

다음의 자료들을 이용하여 물음에 답하시오.

〈 기본 자료 〉

1. ㈜우리반도체는 3G CDMA 원천기술을 보유하며, 휴대폰 제조업체들로부터 받은 로열티로 수익을 얻는 회사이다. ㈜우리반도체는 4세대 통신기술인 Long Term Evolution과 관련한 원천기술을 확보하기 위하여, 4세대 통신기술을 연구개발 중에 있던 ㈜나라네트웍스을 인수합병하였다.

2. 사업결합은 20×1년 1월 1일에 수행되었으며, 이전대가로 ㈜나라네트웍스의 기존주주들에게 현금 ₩8,000,000을 지급하였다. 취득일 현재 ㈜나라네트웍스의 자산 및 부채의 장부금액은 다음과 같으며, 이미 인식된 개별자산들의 장부금액과 공정가치는 모두 일치하였다.

재무상태표

20×1년 1월 1일 현재

과목	장부금액	과목	장부금액
현 금	₩900,000	매 입 채 무	₩1,800,000
매 출 채 권	1,200,000	차 입 금	5,000,000
유 형 자 산	2,500,000	자 본	(2,200,000)
자 산 총 계	₩4,600,000	부 채 와 자 본 총 계	₩4,600,000

3. 한편, 사업결합과 관련하여 ㈜나라네트웍스의 자산과 부채의 공정가치 결정에서 고려되지 않은 항목들은 하기와 같다.

① 내부적으로 창출한 무형자산(개발비) : ㈜나라네트웍스는 LTE 원천기술의 자체개발을 진행하고 있다. 그러나 LTE 원천기술의 개발이 연구단계에 머물러 있으므로 이에 대한 지출을 전액 비용으로 처리하였다. ㈜우리반도체는 해당 개발비(LTE 원천기술)가 무형자산의 정의를 충족한다고 판단하고 개발비의 공정가치를 ₩6,800,000로 측정하였다. 다만, ㈜우리반도체는 해당 개발비로부터 미래경제적 효익의 유입가능성이 높은지 여부에 대해 확신할 수 없었다.

② 라이선스 계약 : ㈜나라네트웍스는 ①에서 언급한 LTE 원천기술의 개발에 필요한 특허기술을 이용할 수 있는 라이선스 계약을 체결하였다. 취득일 현재 라이선스 계약의 잔존만기는 5년이며, 라이선스 계약의 공정가치는 ₩1,000,000이다.

(물음 1) 20×1년 1월 1일 사업결합 직후, ㈜우리반도체의 무형자산 및 영업권의 장부금액을 계산하시오. (단, 사업결합직전 ㈜우리반도체의 기존 무형자산은 모두 상각 완료되어 잔액이 없다고 가정한다.)

(LTE 원천기술관련) 개발비	①
(특허기술 이용관련) 라이선스 계약	②
영업권	③

다음의 추가자료를 이용하여 **(물음 2)**에 답하시오.

〈 추가 자료 〉

1. 20×1년, ㈜우리반도체는 사업결합을 통해 취득한 LTE 원천기술(〈기본자료〉 3-①)의 개발을 진행 중에 있다. 이를 위해 라이선스계약(〈기본자료〉 3-②)의 특허기술을 사용하고 있으며 하기의 추가지출을 하였다.

일자	지출내역	금액
20×1년 1월 15일	㈜나라네트웍스의 통신기술 알고리즘에 대한 대체안 및 개선안을 탐색	₩800,000
20×1년 3월 12일	개선된 통신기술의 대체안을 제안, 설계하는 활동, 평가, 최종 선택	500,000
20×1년 5월 1일	통신기술이 탑재된 프로세서의 시제품과 모형을 설계, 시험하는 활동	200,000
20×1년 6월 20일	프로세서의 모듈을 설계, 개선하는 활동	250,000
20×1년 7월 24일	상업적 생산 목적의 규모가 아닌 시험공장을 건설	500,000
20×1년 8월 10일	최종적으로 선정된 안을 통해 프로세서를 설계, 제작, 시험하는 활동	300,000
20×1년 10월 31일	원천기술의 법적 권리에 대한 수수료	200,000
20×1년 12월 15일	상업적 생산 목적의 규모인 시험공장을 건설	5,000,000
20×1년 12월 31일	원천기술의 개발을 위하여 발생한 20×1년도 종업원급여	100,000

개발활동과 관련한 지출이 발생한 날부터 자산인식요건을 충족한다고 가정한다. LTE 원천기술은 20×1년 10월 31일에 상용화되어 상업적인 생산이 개시되었다. 해당 원천기술의 내용연수는 비한정이며, 기말 회수가능액은 장부금액보다 크다.

2. 20×1년 4월 1일, ㈜우리반도체는 LTE 원천기술의 개발을 위해 한국전자통신연구원으로부터 상용화 통신기술의 특허권을 ₩1,500,000에 취득하였으며, 취득 즉시 LTE 원천기술의 개발을 위해 사용하였다. 취득일 현재 법적 내용연수는 5년이나, 경제적 내용연수는 3년이다.

(물음 2) 사업결합을 통해 취득한 라이선스 계약과 20×1년 4월 1일 취득한 통신기술 특허권이 LTE원천기술의 개발을 위해 사용되고 있다고 할 경우, 20×1년 ㈜우리반도체의 재무제표에 표시될 다음의 금액들을 계산하시오. 단, ㈜우리반도체가 보유한 유한 내용연수 무형자산의 미래경제적 효익의 유입 형태는 신뢰성 있게 추정할 수 없었다.

재무상태표	(LTE 원천기술관련) 개발비	①
	(특허기술 이용관련) 라이선스 계약	②
	(상용화 통신기술) 특허권	③
포괄손익계산서	무형자산 상각비	④

해설 및 해답 사업결합으로 취득한 무형자산

(물음 1) 사업결합 - 무형자산의 취득원가

• 사업결합으로 취득하는 무형자산의 원가는 기업회계기준서 제1103호 '사업결합'에 따라 취득일 공정가치로 한다. 사업결합으로 취득하는 무형자산은 발생가능성 인식기준과 신뢰성 있는 측정 기준을 충족하는 것으로 항상 간주된다(K-IFRS 1038호 문단 33).

① 개발비 : ₩6,800,000 (공정가치로 인식)
② 라이선스계약 : ₩1,000,000 (공정가치로 인식)
③ 영업권

이전대가		₩8,000,000
순자산 공정가치	(-)₩2,200,000(순자산 장부금액)+6,800,000+1,000,000=	(5,600,000)
영업권		₩2,400,000

[별해] 회계처리

20×1년 1월 1일	(차) 현금	900,000	(대) 매입채무	1,800,000
	매출채권	1,200,000	차입금	5,000,000
	유형자산	2,500,000	현금	8,000,000
	개발비	6,800,000		
	라이선스계약	1,000,000		
	영업권	**2,400,000**		

(물음 2) 무형자산의 후속측정

• 내부적으로 창출한 무형자산의 원가는 그 자산의 창출, 제조 및 경영자가 의도하는 방식으로 운영될 수 있게 준비하는 데 필요한 직접 관련된 모든 원가를 포함한다. 직접 관련된 원가의 예는 다음과 같다(K-IFRS 1038호 문단 34).

(1) 무형자산의 창출에 사용되었거나 소비된 재료원가, 용역원가 등
(2) 무형자산의 창출을 위하여 발생한 종업원급여
(3) 법적 권리를 등록하기 위한 수수료
(4) 무형자산의 창출에 사용된 **특허권과 라이선스의 상각비**

① 개발비

사업결합 취득	해답 1. 참조=	₩6,800,000
개발단계 지출	₩200,000+250,000+500,000+300,000+200,000=	1,450,000
라이선스 상각비	₩1,000,000÷5년×6月[1)]/12月=	100,000
종업원급여	₩100,000×6月[1)]/12月=	50,000
특허권 상각비	₩1,500,000÷min(3년, 5년)×6月[1)]/12月=	250,000
취득금액		₩8,650,000

1) 자산인식요건 충족기간 : 20×1년 5월 1일 ~ 20×1년 10월 31일

② 라이선스계약

취득금액	사업결합으로 인한 취득 (해답 1. 참조)=	₩1,000,000
무형자산 상각비	₩1,000,000÷5년=	(200,000)
기말 장부금액		₩800,000

③ 특허권

취득금액	개별취득=	₩1,500,000
무형자산 상각비	₩1,500,000÷min(3년, 5년)×9/12=	(375,000)
기말 장부금액		₩1,125,000

④ 20×1년 무형자산 상각비

라이선스계약	₩200,000(무형자산 상각비)−100,000(자본화된 무형자산 상각비)=	₩100,000
특허권	₩375,000(무형자산 상각비)−250,000(자본화된 무형자산 상각비)=	125,000
		₩225,000

문제 4

※ 다음의 물음은 독립적이다.

(물음 1) ㈜대한은 기능성 운동복을 생산하여 판매하는 회사이다. ㈜대한이 인식하는 무형자산은 자산의 경제적 효익이 소비될 것으로 예상되는 형태를 신뢰성있게 결정할 수 없으며, ㈜대한은 원가모형을 적용하고 있다. 다음의 〈자 료〉를 이용하여 〈요구사항〉에 답하시오.

〈자 료〉

1. ㈜대한은 20×1년 1월 1일 경쟁입찰을 통해 특허권을 ₩500,000에 취득하였다. 이 특허권은 향후 10년 간 현금유입에 기여할 것으로 추정된다. ㈜대한은 5년 후 업종변경을 계획하고 있어 변경하기 전까지 이 특허권을 사용할 계획이다. 이에 경쟁입찰에서 탈락한 ㈜민국은 5년 후 본 특허권을 양도할 것을 제안하였고, ㈜대한은 특허권 구입과 동시에 5년 후 ㈜민국에게 취득가액의 50%에 매도하기로 약정하였다. 20×3년에 특허권 침해사건으로 인해 법적소송이 발생하였으나 소송에서 승소하여 특허권의 미래경제적효익은 유지되었다. 본 소송과 관련하여 ₩150,000의 법률대리인비용을 20×3년 1월 1일에 지출하였다.
2. ㈜대한이 생산하는 제품과 유사한 제품을 생산하는 ㈜한국이 보유하고 있던 고객목록을 20×1년 1월 1일 ₩200,000에 구입하였다. 의류는 5년을 주기로 소비자의 취향이 바뀌는 관계로 본 고객목록은 구입시점으로부터 5년 간 사용할 수 있을 것으로 추정하였다. 다만, ㈜한국의 고객목록을 ㈜대한이 활용하기 위해서는 고객목록 데이터의 보정이 필요하여 구입시점부터 1년 간 보정작업을 수행하였다.
3. 20×2년 1월 1일 ㈜대한은 의류생산기계를 기계가동을 위해 필요한 2개의 소프트웨어와 함께 ₩10,000,000에 일괄구입하였다. 기계와 소프트웨어 A, B의 공정가치는 각각 ₩7,000,000, ₩3,000,000, ₩2,000,000이다. 다만 소프트웨어 A가 없더라도 의류생산기계의 사용은 가능하나 소프트웨어 A를 사용할 경우 기계의 효율성이 높아진다. 반면에 소프트웨어 B 없이는 의류생산기계의 가동이 불가능하며 소프트웨어 B로부터 발생하는 미래경제적효익은 확인할 수 없다. 동종업종에서 10년 전 소프트웨어 A, B를 모두 사용해 본 결과 각각 3년 간 경제적효익이 발생하였으나, ㈜대한이 20×2년 1월 1일 진부화를 고려하여 추정한 결과 2년 간 경제적효익이 발생할 것으로 예상되었다. 그러나 본 소프트웨어의 효익에 대한 제3자의 접근을 법적으로 통제할 수 있는 기간은 5년이다.
4. ㈜대한은 20×3년 1월 1일 자체 생산한 의류의 판매촉진과 광고를 위해 웹 사이트를 개발하였다. 개발에 들어간 금액은 ₩300,000이며, 웹 사이트를 운영하기 위한 직원의 훈련비 ₩100,000이 지출되었다. 이 웹 사이트는 3년 간 사용가능할 것으로 추정하였다.

〈요구사항 1〉 ㈜대한이 20×1년, 20×2년, 20×3년에 인식할 무형자산상각비를 각각 계산하시오.

20×1년 무형자산상각비	①
20×2년 무형자산상각비	②
20×3년 무형자산상각비	③

< 요구사항 2 > ㈜대한은 20×3년에 자체 브랜드인 바바패션을 런칭하였다. 브랜드 개발에 지출된 금액은 ₩200,000이다. ㈜대한이 지출한 브랜드 개발금액 ₩200,000을 무형자산으로 인식할 수 있는지 여부와 그 이유를 각각 서술하시오.

인식 여부	①
이유	②

해설 및 해답 **무형자산** (2024년 회계사)

〈 요구사항 1 〉

20×1년 무형자산상각비	① ₩50,000
20×2년 무형자산상각비	② ₩1,350,000
20×3년 무형자산상각비	③ ₩1,350,000

1. 특허권

• 상각비 : [₩500,000−250,000(잔존가치)]/5년 = ₩50,000

2. 고객목록

• 상각비 : ₩200,000/4년(20×2년 초부터 사용가능) = ₩50,000

3. 소프트웨어

① 취득원가의 구분

구분	공정가치	취득원가
기계장치	7,000,000	5,833,333
소프트웨어 A	3,000,000	2,500,000
소프트웨어 B*	2,000,000	1,666,667
합 계	12,000,000	10,000,000

* 소프트웨어 B와 기계장치는 분리할 수 없는 자산이므로 소프트웨어 B의 원가는 기계장치의 원가에 포함

② 소프트웨어 A의 상각비 : ₩2,500,000/min[2년, 5년]=₩1,250,000

4. 웹사이트 개발원가

- 기업이 주로 자체의 재화와 용역의 판매촉진과 광고를 위해 웹 사이트를 개발한 경우에는 그 웹 사이트가 어떻게 미래경제적효익을 창출할지를 제시할 수 없다. 따라서 이러한 웹 사이트 개발에 대한 모든 지출은 발생시점에 비용으로 인식한다.(K-IFRS 제2032호 문단 8)
- 상각비 : 없음

5. 무형자산 상각비

구분	20×1년	20×2년	20×3년
1. 특허권	₩50,000	₩50,000	₩50,000
2. 고객목록		50,000	50,000
3. 소프트웨어 A		1,250,000	1,250,000
합계	₩50,000	₩1,350,000	₩1,350,000

〈 요구사항 2 〉

인식여부	① 인식할 수 없음
이유	② 내부적으로 창출한 브랜드, 제호, 출판표제, 고객 목록과 이와 실질이 유사한 항목은 사업을 전체적으로 개발하는 데 발생한 원가와 구별할 수 없으므로 무형자산으로 인식하지 아니함

문제 5 저유

12월말 결산법인인 ㈜우리광업은 20×1년 사하공화국 정부로부터 우다치니 지역의 다이아몬드 탐사개발권을 획득하였다. 이와 관련한 다음의 자료를 읽고 물음에 답하시오.

1. 탐사활동과 관련하여 발생한 지출은 하기와 같다.

일자	구분	금액
20×1년 1월 20일	탐사지역 선정을 위한 정보수집비용	₩20,000
20×1년 2월 1일	개발권 취득허가비용	40,000
20×1년 3월 12일	지질학적 연구비용	30,000
20×1년 6월 30일	탐사를 위한 시추 비용	50,000
20×1년 7월 10일	표본추출관련 비용	20,000
20×1년 9월 25일	광물자원 추출의 기술적 실현가능성과 상업화가능성에 대한 평가 관련 비용	40,000

2. 다이아몬드의 채굴이 끝나면 광산 주변지역의 환경복구와 관련하여 복구의무가 발생할 가능성이 높다. 해당 복구 지출예상액의 현재가치는 20×1년말 현재 ₩70,000으로 예상된다. 복구충당부채와 관련된 이자비용은 어떠한 자산에도 별도로 자본화하지 않는다.

3. 20×1년 7월 1일에 탐사 및 박토, 채굴(생산)을 위한 전용 채굴장비를 ₩1,000,000에 구입하였다. 채굴장비의 내용연수는 10년이며, 잔존가치는 없고 정액법으로 감가상각한다.

4. 20×1년 말 2·8 광구 매장지역이 경제성이 있는 것으로 판단되어, 생산에 대한 기술적 실현가능성과 상업화가능성을 제시할 수 있게 되었다. 따라서 탐사평가자산을 개발권(무형자산)으로 재분류하였으나, 사용가능한 상태에 이르기 위해서는 박토활동이 필요하므로 상각을 개시하지는 않았다. 재분류하기 전, 손상을 검토하였으나 손상징후는 발생하지 않았다.

5. ㈜우리광업은 20×2년 초부터 다이아몬드의 채굴을 위하여 박토활동을 시작하였다. 회사는 박토활동자산이 탐사평가활동에 의해 인식된 개발권을 보강한 것으로 판단한다. ㈜우리광업은 20×2년 6월 30일 박토활동이 종료되어 다이아몬드의 채굴을 시작하였으며, 박토활동과 관련하여 추가적으로 발생한 원가는 다음과 같다.

일자	구분	금액
20×2년 1월 20일	발파 비용	₩100,000
20×2년 2월 1일	배전시설 및 진입로 설치비용	150,000
20×2년 6월 30일	승강기 및 운반설비 설치비용	150,000
20×2년 9월 30일	다이아몬드의 채굴과 관련하여 발생한 지출	120,000

6. 광체에 접근하면서 발생하는 토사 및 잔여 다이아몬드는 외부에 판매할 수 있을 것으로 예상된다. 박토활동에서 발생하는 효익이 생산된 재고자산의 형태로 실현되는 정도는 ₩60,000으로 추정하였다.

7. 개발권의 내용연수는 30년, 잔존가치는 없으며, 정액법으로 상각한다. 생산이 개시되는 시점부터 개발권의 사용이 가능하며, 전부원가법을 사용하여 개발권을 인식한다. 개발권의 상각비는 생산된 재고자산에 모두 자본화한다.

(물음 1) ㈜우리광업이 20×1년도 말 재무상태표에 인식할 개발권의 장부금액을 구하시오.

(물음 2) ㈜우리광업이 20×2년 7월 1일 장부에 인식할 ①, ②의 금액을 계산하시오.

개발권	①
박토활동자산	②

(물음 3) ㈜우리광업의 20×2년에 발생한 무형자산 상각비를 계산하시오.

(물음 4) 자료에서 제시된 재고자산이 20×2년 말까지 모두 판매되지 않았다고 가정할 때 20×2년 말 현재 재고자산의 장부금액을 계산하시오. 단, 자료에서 제시된 원가 이외의 재고자산의 취득을 위한 지출은 없다고 가정한다.

(물음 5) (위 물음과는 독립적이다) 20×2년 6월 30일 ㈜우리광업은 광산 개발로 인해 다이아몬드를 채굴할 수 있는 권리를 취득완료하였으며, 동 광산개발권은 ₩1,000,000이라 가정한다. 동 광산개발권의 내용연수는 기간이나 채굴된 다이아몬드의 양에 기초하지 않고, 채굴에서 발생하는 총수익의 고정금액에 기초한다. 이와 관련하여 ㈜우리광업은 다이아몬드를 판매하여 창출되는 총누적수익이 20억원에 이를 때까지 광산에서 다이아몬드를 채굴하는 것이 허용된다. 상각을 결정하는 기초인 창출될 고정 총수익금액이 그 계약에 명시되었으므로, 수익이 무형자산 사용 계약의 주된 한정요소로 정해졌다고 간주한다. ㈜우리광업이 20×2년에 다이아몬드 판매로 인해 인식한 수익이 2억원이라고 할 경우, ㈜우리광업의 20×2년 포괄손익계산서에 표시될 무형자산상각비를 계산하시오.

해설 및 해답 탐사평가자산과 박토원가

(물음 1)

• 개발권의 장부금액

개발권 취득허가비용		₩40,000
지질학적 연구비용		30,000
탐사를 위한 시추 비용		50,000
표본추출관련 비용		20,000
평가와 관련된 비용		40,000
복구원가		70,000
채굴장비 상각비	₩1,000,000÷10년×6月/12月=	50,000
		₩300,000

[별해] 탐사평가자산

• 탐사평가자산으로 인식되는 지출에 대한 회계정책을 결정하여 계속 적용한다. 이러한 결정을 할 때 해당 지출이 특정 광물자원의 발견과 어느 정도 관련되는지를 고려한다. 탐사평가자산을 최초로 측정할 때 포함할 수 있는 지출의 예는 다음과 같다(K－IFRS 1106호 문단 9).

(1) 탐사 권리의 취득
(2) 지형학적, 지질학적, 지구화학적 및 지구물리학적 연구
(3) 탐사를 위한 시추
(4) 굴착
(5) 표본추출
(6) 광물자원 추출의 기술적 실현가능성과 상업화가능성에 대한 평가와 관련된 활동

• 광물자원의 탐사와 평가 활동 전에 발생한 지출과 광물자원 추출의 기술적 실현가능성과 상업화가능성을 제시할 수 있게 된 후에 발생한 지출은 탐사평가자산의 취득원가에 포함되지 않는다(K－IFRS 1106호 문단 5).

(물음 2)

① 개발권(무형자산)

20×1년말 개발권		해답 1. 참조=	₩300,000
박토활동원가[1]			
박토활동지출	₩100,000+150,000+150,000=	400,000	
재고실현부분		(60,000)[2]	
감가상각비	₩1,000,000÷10년×6/12=	50,000	390,000
			₩690,000

1) 박토활동자산은 기존 자산에 부가되거나 기존 자산을 보강한 것으로 회계처리한다. 따라서 별도의 자산으로 인식하지 않고 기존자산(개발권－탐사평가자산)의 일부로 회계처리한다.
2) 박토활동에서 발생하는 효익이 생산된 재고자산의 형태로 실현되는 정도까지는 박토활동원가를 재고자산으로 회계처리

② 박토활동자산 : 탐사평가자산의 일부로 회계처리하므로 별도로 박토활동자산으로 인식할 금액은 없다.

[별해] 박토활동자산

• 박토활동에서 발생하는 효익이 생산된 재고자산의 형태로 실현되는 정도까지는 박토활동원가를 '재고자산'의 원칙에 따라 회계처리한다. 박토활동의 자산인식기준을 충족하면 박토활동에서 발생하는 효익이 광석에 대한 접근을 개선하는 정도까지는 이 박토활동원가를 '비유동자산'으로 인식한다(K-IFRS 2120호 문단 8). 박토활동자산은 기존 자산에 부가되거나 기존 자산을 보강한 것으로 회계처리한다. 즉, 박토활동자산은 기존 자산의 일부로 회계처리한다(K-IFRS 2120호 문단 9).

(물음 3)

• 개발권 상각비 : ₩690,000÷30년×6月/12月=₩11,500

(물음 4)

채굴장비 상각비	₩1,000,000÷10년×6/12=	₩50,000
다이아몬드 채굴비용		120,000
박토활동원가	재고자산 실현분=	60,000
개발권 상각비	₩690,000÷30년×6月/12月=	11,500
		₩241,500

[별해] 회계처리

① 탐사평가활동

탐사평가지출	(차) 비용	20,000	(대) 현금	200,000
	탐사평가자산	180,000		
복구원가	(차) 탐사평가자산	70,000	(대) 복구충당부채	70,000
채굴장비 감가상각	(차) 탐사평가자산	50,000	(대) 감가상각누계액	50,000
	(차) 개발권	300,000	(대) 탐사평가자산	300,000

② 박토활동

박토활동지출	(차) 박토활동자산	340,000	(대) 현금	400,000
	재고자산	60,000		
	(차) 재고자산	120,000	(대) 현금	120,000
채굴장비 감가상각	(차) 박토원가	50,000	(대) 감가상각누계액	50,000
박토활동의 종료	(차) 개발권	390,000	(대) 박토원가	390,000
개발권의 상각	(차) 재고자산	11,500	(대) 개발권	11,500
채굴장비 감가상각	(차) 재고자산	50,000	(대) 감가상각누계액	50,000

(물음 5) 수익에 기초한 상각방법

① 무형자산이 수익의 측정치로 표현되고, 수익과 무형자산의 경제적효익 소비 간에 밀접한 상관관계가 있음을 제시할 수 있는 경우라면 수익에 기초한 상각방법은 사용가능하다.

② 무형자산 상각비 : ₩1,000,000×2억/20억=₩100,000

서술형 문제

문제 1

(물음 1) 무형자산이 식별가능한 경우에 대해 서술하시오.

(물음 2) 무형자산의 미래경제적효익에 대한 통제능력은 일반적으로 법원에서 강제할 수 있는 법적 권리에서 나오며, 법적 권리가 없는 경우에는 통제를 제시하기 어렵다. 그러나 다른 방법으로도 미래경제적효익을 통제할 수 있기 때문에 권리의 법적 집행가능성이 통제의 필요조건은 아니다. 법적 권리가 없는 경우에도 무형자산을 통제할 수 있는 경우의 사례를 서술하시오.

(물음 3) 개발활동을 통해 내부적으로 창출한 무형자산의 인식요건에 대해 서술하시오.

(물음 4) 무형자산의 사용을 포함하는 활동에서 창출되는 수익에 기초한 상각방법을 적용할 수 있는 상황을 서술하시오.

(물음 5) 내용연수가 유한한 무형자산의 잔존가치를 영(0)으로 보지 않는 경우에 대해 서술하시오.

해설 및 해답

(물음 1)

자산은 다음 중 하나에 해당하는 경우에 식별가능하다.

(1) 자산이 **분리가능**하다. 즉, 기업의 의도와는 무관하게 기업에서 분리하거나 분할할 수 있고, 개별적으로 또는 관련된 계약, 식별가능한 자산이나 부채와 함께 매각, 이전, 라이선스, 임대, 교환할 수 있다.

(2) 자산이 **계약상 권리 또는 기타 법적 권리로부터 발생**한다. 이 경우 그러한 권리가 이전가능한지 여부 또는 기업이나 기타 권리와 의무에서 분리가능한지 여부는 고려하지 아니한다.

(물음 2)

고객관계를 보호할 법적 권리가 없는 경우에도, **동일하거나 유사한, 비계약적 고객관계를 교환하는 거래**(사업결합 과정에서 발생한 것이 아닌)는 고객관계로부터 기대되는 미래경제적효익을 통제할 수 있다는 증거를 제공한다. 그러한 교환거래는 고객관계가 분리가능하다는 증거를 제공하므로 그러한 고객관계는 무형자산의 정의를 충족한다.

(물음 3)

(1) 무형자산을 사용하거나 판매하기 위해 그 자산을 완성할 수 있는 기술적 실현가능성

(2) 무형자산을 완성하여 사용하거나 판매하려는 기업의 의도

(3) 무형자산을 사용하거나 판매할 수 있는 기업의 능력

(4) 무형자산이 미래경제적효익을 창출하는 방법. 그 중에서도 특히 무형자산의 산출물이나 무형자산 자체를 거래하는 시장이 존재함을 제시할 수 있거나 또는 무형자산을 내부적으로 사용할 것이라면 그 유용성을 제시할 수 있다.

(5) 무형자산의 개발을 완료하고 그것을 판매하거나 사용하는 데 필요한 기술적, 재정적 자원 등의 입수가능성

(6) 개발과정에서 발생한 무형자산 관련 지출을 신뢰성 있게 측정할 수 있는 기업의 능력

(물음 4)

(1) 무형자산이 수익의 측정치로 표현되는 경우

(2) 수익과 무형자산의 경제적효익 소비 간에 밀접한 상관관계가 있음을 제시할 수 있는 경우

(물음 5)

내용연수가 유한한 무형자산의 잔존가치는 다음 중 하나에 해당하는 경우를 제외하고는 영(0)으로 본다.

(1) 내용연수 종료 시점에 제3자가 자산을 구입하기로 한 약정이 있다.

(2) 무형자산의 활성시장이 있고 다음을 모두 충족한다.

(가) 잔존가치를 그 활성시장에 기초하여 결정할 수 있다.

(나) 그러한 활성시장이 내용연수 종료 시점에 존재할 가능성이 높다.

문제 2

다음의 무형자산에 대해 내용연수를 결정하고, 회계처리 방법에 대해 간략히 서술하시오.

(사례 1) 취득한 특허권으로서 15년 후에 만료되는 경우

특허 기술에 의해 보호를 받는 제품이 적어도 15년 동안 순현금유입의 원천이 될 것으로 예상된다. 기업은 특허권 취득일 현재 공정가치의 60%로 5년 후에 특허권을 구매하려는 제3자와 약정하였으며 5년 후에 특허권을 매각할 의도를 가지고 있다.

(사례 2) 취득한 저작권으로서 50년의 법정 잔여연수가 있는 경우

고객의 성향과 시장동향의 분석을 통해 저작권을 가진 해당 자료가 앞으로 30년 동안만 순현금유입을 창출할 것이라는 증거가 제공된다.

(사례 3) 취득한 방송 라이선스로서 5년 후에 만료되는 경우

방송 라이선스는 기업이 적어도 통상적인 수준의 서비스를 고객에게 제공하고 관련 법적 규정을 준수한다면 매 10년마다 갱신이 가능하다. 이 라이선스는 거의 원가없이 비한정으로 갱신할 수 있으며 최근의 취득 이전에 두 번 갱신되었다. 취득 기업은 라이선스를 비한정으로 갱신하려는 의도를 가지고 있으며 갱신할 수 있는 능력을 가지고 있다는 증거도 있다. 과거에 라이선스를 갱신하는 데 어려움은 없었다. 방송하는 데 사용되는 기술은 예측가능한 미래의 어느 시점에라도 다른 기술에 의해 대체될 것으로 예상되지 않는다. 따라서 라이선스는 비한정으로 기업의 순현금유입에 기여할 것으로 기대된다.

(사례 4) (사례 3)의 방송 라이선스

라이선스발급 기관이 방송 라이선스를 더 이상 갱신해주지 않고 이를 경매에 붙이기로 결정하였다. 라이선스 발급기관의 이러한 결정이 이루어진 시점에 당해 방송 라이선스는 그 만료시점까지 3년이 남아 있다. 기업은 만료시점까지 라이선스가 순현금유입에 기여를 할 것으로 예상한다.

(사례 5) 취득한 유럽의 두 도시간 항공로 이용권으로서 3년 후에 만료되는 경우

항공로 이용권은 매 5년마다 갱신될 수 있고 취득 기업은 갱신과 관련된 법규와 규정을 준수할 의도를 가지고 있다. 항공로 이용권을 갱신하는 데 통상 미미한 원가밖에 들지 않으며 경험으로 볼 때 항공사가 적용 법규와 규정을 준수해온 경우에는 과거의 항공로 이용권이 갱신되었다. 취득 기업은 중심 공항에서부터 두 도시간에 서비스를 비한정으로 제공할 수 있을 것으로 예상하고 있으며, 기업이 항공로 이용권을 가지고 있는 한 관련 지원기반(공항 출입구, 이착륙권, 공항시설 리스)이 해당 공항에서 계속 유지될 것으로 예상하고 있다. 수요와 현금흐름에 대한 분석이 이러한 가정을 뒷받침한다.

(사례 6) 취득한 상표권으로서 과거 8년간 시장점유율이 선두인 선도소비제품을 식별하고 구별하는 데 사용되는 경우

상표권은 잔여 법정 연수가 5년이나 매 10년마다 거의 원가 없이 갱신할 수 있다. 취득 기업은 당해 상표권을 계속적으로 갱신할 의도와 갱신할 수 있는 능력이 있음을 뒷받침하는 증거가 있다. (1) 제품수명주기 연구, (2) 시장, 경쟁과 환경 동향 그리고 (3) 브랜드 확장 기회를 분석해 볼 때, 상표권으로 보호되는 당해 제품이 비한정 기간에 걸쳐 취득 기업에게 순현금유입을 창출하게 할 것이라는 증거가 제시된다.

(사례 7) 10년 전에 취득한 상표권으로서 선도소비제품으로 구별하는 경우

상표권으로 보호되는 제품이 비한정으로 순현금유입을 창출할 것이 예상되었으므로 취득 당시에 당해 상표권의 내용연수는 비한정인 것으로 간주되었다. 그러나 최근에 예상하지 못한 경쟁자가 시장에 진입하였고 이로 인하여 당해 상표 제품의 매출이 감소될 것으로 예상하고 있다. 경영진은 예측가능한 미래에 당해 제품으로 창출되는 순현금유입이 20% 정도 감소할 것으로 추정한다. 그러나 경영진은 그 제품이 이렇게 줄어든 금액의 순현금유입을 비한정으로 창출할 것이라고 예상한다.

(사례 8) 수년전 사업결합으로 취득한 하나의 제품군에 대한 상표권

사업결합 당시 피취득자는 그 상표권을 사용하여 새로운 모델을 많이 개발하여 35년간 특정 제품군을 생산해왔다. 취득일에 취득자는 그 제품군의 생산을 계속할 것으로 예상하였고, 여러 경제적 요소의 분석에 의할 때 상표권이 순현금유입에 기여하는 기간에 제한이 없는 것으로 밝혀졌다. 따라서 취득자는 상표권을 상각하지 않는다. 그러나 경영진은 제품군의 생산을 앞으로 4년 후에 중단하기로 최근에 결정하였다.

해설 및 해답

(사례 1)

- 기업은 특허권을 취득일 현재 공정가치의 60%에 대한 현재가치를 잔존가치로 하여 5년의 내용연수에 걸쳐 상각할 것이다. 특허권도 매 보고기간말마다 자산손상을 시사하는 징후가 있는지를 평가하여 손상을 검토할 것이다.

(사례 2)

- 저작권은 30년의 추정 내용연수 동안 상각될 것이다. 저작권도 매 보고기간말마다 자산손상을 시사하는 징후가 있는지를 평가하여 손상을 검토할 것이다.

(사례 3)

- 방송 라이선스는 비한정으로 기업의 순현금유입에 기여할 것으로 기대되므로 내용연수가 비한정인 것으로 회계처리한다. 따라서 당해 라이선스는 그 내용연수가 유한하다고 결정할 때까지는 상각하지 않을 것이다. 라이선스에 대하여 매년 그리고 자산손상을 시사하는 징후가 있을 때마다 손상검사를 할 것이다.

(사례 4)

- 방송 라이선스가 더 이상 갱신될 수 없으므로 그 내용연수는 더 이상 비한정이지 않다. 따라서 취득한 라이선스는 3년의 잔여내용연수 동안 상각하고 손상검사를 한다.

(사례 5)

- 제반 사실과 상황이 두 도시간 항공서비스를 비한정으로 계속하여 제공할 능력이 항공로 이용권을 취득한 기업에게 있음을 뒷받침하므로 당해 항공로 이용권과 관련된 무형자산의 내용연수는 비한정인 것으로 회계처리한다. 따라서 당해 항공로 이용권은 그 내용연수가 유한하다고 결정될 때까지 상각하지 않는다. 이 항공로 이용권은 매년 그리고 자산손상을 시사하는 징후가 있을 때마다 손상검사를 한다.

(사례 6)

- 상표권은 비한정으로 기업의 순현금유입에 기여할 것이 예상되므로 내용연수가 비한정인 것으로 회계처리한다. 따라서 상표권은 그 내용연수가 유한하다고 결정될 때까지 상각하지 않는다. 그 상표권에 대하여 매년 그리고 자산손상을 시사하는 징후가 있을 때마다 손상검사를 한다.

(사례 7)

- 추정된 미래 순현금유입 감소의 결과로 기업은 상표권의 추정 회수가능액이 장부금액에 미달하는 것으로 결정하고 손상차손을 인식한다. 그 상표권의 내용연수가 여전히 비한정인 것으로 간주되므로 상표권은 여전히 상각하지 않는다.

(사례 8)

- 취득한 상표권의 내용연수는 더 이상 비한정으로 간주되지 않으므로 당해 상표권의 장부금액은 손상검사를 하고 잔여 내용연수인 4년 동안 상각한다.

CHAPTER 08

금융부채

출제유형

▶ 계산문제

| 문제 1 | 상각후원가 측정 금융부채의 발행

| 문제 2 | 이자지급일 사이의 사채의 거래

| 문제 3 | 사채의 출자전환 및 조건변경

| 문제 4 | 특수한 현금흐름

| 문제 5 | 연속상환사채의 상환과 조건변경

| 문제 6 | 오류수정

| 문제 7 | 당기손익-공정가치 측정 금융부채

▶ 서술형문제

계산문제

문제 1

다음의 자료를 이용하여 독립적인 물음에 답하시오.

㈜우리는 다음과 같은 조건의 사채를 발행하고 상각후원가 측정 금융부채로 분류하였다.

- 액면금액 : ₩100,000
- 액면상 발행일 : 20×1년 1월 1일
- 만기상환일 : 20×3년 12월 31일
- 표시이자율 : 연 8%
- 이자지급일 : 매년 12월 31일

㈜우리가 발행한 사채의 시점별 시장이자율은 다음과 같다.

20×1년 1월 1일	20×1년 4월 1일	20×1년 7월 1일
10%	9%	8%

사채발행차금의 상각은 유효이자율법을 사용하며, 이자율 계산시 소수점 셋째 자리에서 반올림한다(예 4.226% → 4.23%). 관련 현재가치계수는 다음과 같다.

기간	단일금액 ₩1의 현가계수				정상연금 ₩1의 현가계수			
	8%	9%	10%	11%	8%	9%	10%	11%
1	0.92593	0.91743	0.90909	0.90090	0.92593	0.91743	0.90909	0.90090
2	0.85734	0.84168	0.82645	0.81162	1.78327	1.75911	1.73554	1.71252
3	0.79383	0.77218	0.75131	0.73119	2.57710	2.53129	2.48685	2.44371

(물음 1) ㈜우리는 동 사채를 액면발행일에 발행하였으며, 사채발행시 사채발행비 ₩3,503이 발생하였다. 20×1년 12월 31일 사채의 장부금액이 ₩94,048인 경우, ① 사채발행일에 적용된 유효이자율과 ② 사채 만기일까지 인식할 총 이자비용을 각각 계산하시오.

(물음 2) ㈜우리가 동 사채를 ① 액면상 발행일인 20×1년 1월 1일에 발행하는 경우와 ② 20×1년 4월 1일에 발행하는 경우 20×1년도에 인식할 이자비용을 각각 구하시오. 단, 사채발행과 관련된 비용은 발생하지 않았다고 가정한다.

(물음 3) ㈜우리가 동 사채를 20×1년 7월 1일에 발행하였으며, 사채발행비가 발생하였다. 사채발행비를 고려하였을 때 적용되는 유효이자율이 10%라고 할 경우, 동 사채발행시 발생한 사채발행비를 구하시오.

해설 및 해답 상각후원가 측정 금융부채의 발행

• 미래현금흐름 및 상각스케줄의 정리

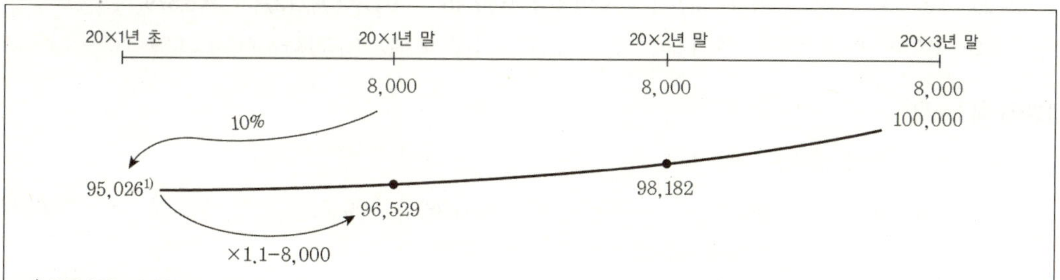

1) ₩8,000×2.48685+100,000×0.75131

(물음 1) 유효이자율의 역산과 총 이자비용 (2016년 세무사 유사)

1. 유효이자율의 계산

① 20×1년 초 사채의 공정가치 : ₩100,000×0.75131+8,000×2.48685=₩95,026

② 20×1년 초 사채발행금액 : ₩95,026(20×1년 초의 사채 공정가치)−3,503(사채 발행비)=₩91,523

③ 20×1년 이자비용 : [₩94,048(기말 장부금액)−91,523(발행금액)](사할차상각액)+8,000(표시이자) =₩10,525

④ 사채 유효이자율 : ₩10,525(실질이자)÷91,523(발행금액)=11.5%

2. 총 이자비용

• [₩8,000×3+100,000](미래 현금지급액)−91,523(발행일의 현금수령액)=₩32,477

[별해] 회계처리

20×1년 1월 1일	(차) 현 금	95,026	(대) 사 채	100,000
	사채할인발행차금	4,974		
	(차) 사채할인발행차금	3,503	(대) 현 금	3,503
20×1년 12월 31일	(차) 이 자 비 용	10,525	(대) 현 금	8,000
			사채할인발행차금	2,525

(물음 2) 금융부채의 발행 (2014년 회계사 유사)

① 액면상 발행일에 발행한 경우의 이자비용 : ₩95,026×10%=₩9,503

② 20×1년 4월 1일에 발행한 경우의 이자비용 : ₩97,468*×9%×9月/12月= ₩6,579

* 20×1년 4월 1일에 발행한 경우의 20×1년초의 현재가치 : ₩100,000×0.77218+8,000×2.53129

[별해] 회계처리

① 1월 1일에 발행한 경우

20×1년 1월 1일	(차)	현 금	95,026	(대)	사 채	100,000
		사채할인발행차금	4,974			
20×1년 12월 31일	(차)	**이 자 비 용**	**9,503**	(대)	현 금	8,000
					사채할인발행차금	1,503

② 4월 1일에 발행한 경우

20×1년 4월 1일	(차)	현 금	97,661	(대)	사 채	100,000
		사채할인발행차금	2,339			
	(차)	현 금	2,000	(대)	미 지 급 이 자	2,000
20×1년 12월 31일	(차)	**이 자 비 용**	**6,579**	(대)	현 금	6,000
					사채할인발행차금	579
	(차)	미 지 급 이 자	2,000	(대)	현 금	2,000

(물음 3) 사채발행비의 역산

① 20×1년 7월 1일 사채의 공정가치 : ₩100,000

(20×1년 7월 1일에 발행한 경우에는 표시이자율과 시장이자율이 동일하므로 사채를 액면발행한다.)

② 20×1년 7월 1일 사채발행금액

20×1년초 현재가치(10%)		₩95,026
발행일까지의 상각액	(₩95,026×10%−8,000)×6/12=	751
		₩95,777

③ 사채발행비 : ₩100,000−95,777=₩4,223

문제 2

다음의 자료를 이용하여 물음에 답하시오.

㈜느타리는 표시이자율이 연 6%인 액면금액 ₩500,000의 사채를 발행하였다. 액면상 사채발행일이 20×1년 1월 1일로 기록된 동 사채의 실제 발행일은 20×1년 7월 1일이다. 20×1년 1월 1일 사채에 적용되는 시장이자율은 연 8%이며, 20×1년 7월 1일 사채에 적용되는 시장이자율은 연 10%이다. 사채는 상각후 원가로 측정되며, 만기일은 20×3년 12월 31일이다(만기 3년). 이자지급일은 매년 말 12월 31일이며, 발행시 사채발행비는 발생하지 않았다.

사채발행차금의 상각은 유효이자율법을 사용하며, 기간별 현재가치계수는 다음과 같다.

기간	단일금액 ₩1의 현가계수			정상연금 ₩1의 현가계수		
	8%	9%	10%	8%	9%	10%
1	0.9259	0.9174	0.9091	0.9259	0.9174	0.9091
2	0.8573	0.8417	0.8264	1.7832	1.7591	1.7355
3	0.7938	0.7722	0.7513	2.5770	2.5313	2.4868

(물음 1) 실제발행일의 ① 사채발행금액과 ② 현금수령액을 계산하시오.

(물음 2) 사채와 관련해서 ㈜느타리가 ① 20×1년 포괄손익계산서에 인식할 이자비용과 ② 사채 만기일까지 인식할 총이자비용을 각각 계산하시오.

(물음 3) 20×2년 7월 1일 ㈜느타리는 사채 액면 중 50%를 ₩250,000(경과이자 포함)에 상환하였다. 이 경우 사채와 관련한 회계처리가 20×2년 ㈜느타리의 당기순이익에 미치는 영향을 계산하시오.

(물음 4) 20×2년 12월 31일 ㈜느타리는 사채 액면 중 50%를 사채의 공정가치로 재매입하면서, 거래원가가 ₩1,000이 발생하였다. 사채상환손실이 ₩3,208만큼 발생하였다고 할 경우, 20×2년 12월 31일 현재의 시장이자율을 계산하시오.

(물음 5) (물음 3)에 이어서, ㈜느타리는 사채의 액면 중 50%를 20×3년 7월 1일에 재발행하였다고 가정한다. 20×3년 7월 1일의 사채에 대한 시장이자율은 8%이며, 발행금액은 공정가치와 일치한다고 할 경우, 사채와 관련하여 ㈜느타리가 포괄손익계산서에 인식할 이자비용을 계산하시오.

해설 및 해답 이자지급일 사이의 사채의 거래

• 미래현금흐름 및 상각 스케쥴의 정리

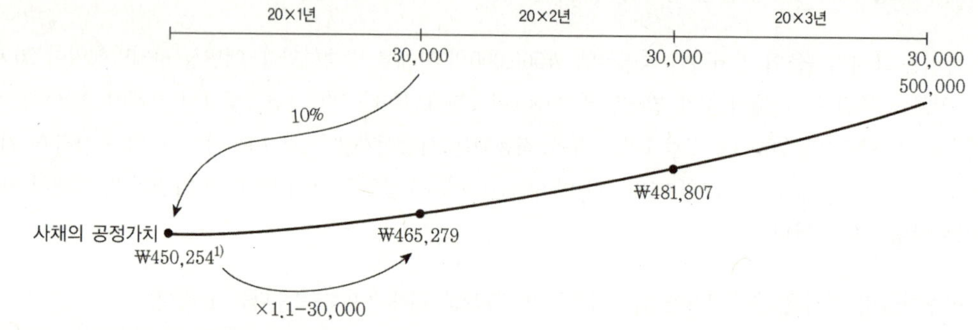

1) 20×1년 초 사채 현재가치 : ₩30,000×2.4868+500,000×0.7513

(물음 1) 이자지급일 사이의 사채 발행

① 사채의 발행금액

20×1년초 사채 현재가치	₩30,000×2.4868+500,000×0.7513=	₩450,254
7월 1일까지 사할차 상각액	(₩450,254×10%−30,000)×6/12=	7,513
		₩457,767

② 현금수령액 : ₩457,767(사채 발행금액)+30,000×6月/12月(경과이자)=₩472,767

[별해] 사채발행일의 회계처리

20×1년 7월 1일	(차) 현금	**457,767**	(대) 사채	500,000
	사채할인발행차금	42,233		
	(차) 현금	**15,000**	(대) 미지급이자	15,000

(물음 2) 이자지급일의 사이의 사채 발행 시 이자비용

① 20×1년 이자비용 : 450,254(명목상발행일의 현재가치)×10%×6月/12月=₩22,513

② 전체 이자비용 : [₩30,000×3+500,000](미래 현금지급액)− 472,767(발행일의 현금수령액) =₩117,233

[별해] 20×1년 말 회계처리

20×1년 12월 31일	(차) 이자비용	**22,513**	(대) 현금	15,000
			사채할인발행차금	7,513
	(차) 미지급이자	15,000	현금	15,000

(물음 3) 이자지급일 사이의 사채 상환

1. 사채 상환손익

① 20×2년 7월 1일 사채 장부금액

20×2년초 장부금액		₩465,279
7월 1일까지 사할차 상각액	(₩465,279×10%−30,000)×6/12=	8,264
		₩473,543

② 사채 상환손익

사채의 장부금액	₩473,543(20×2년 7월 1일 사채 장부금액)×50%=	₩236,772
사채의 상환금액	₩250,000−30,000×50%×6/12(경과이자)=	242,500
		₩(5,728)

2. 이자비용

상환분 이자비용(6개월치)	₩465,279(20×2년초 사채 장부금액)×50%×10%×6/12=	₩11,632
미상환분 이자비용(1년치)	₩465,279×50%×10%=	23,264
		₩34,896

3. 당기순이익에 미치는 영향

- ₩5,728(사채상환손실)+34,896(이자비용)=₩40,624(손실)

[별해] 사채 상환시의 회계처리

20×2년 7월 1일	(차) 이자비용	11,632	(대) 미지급이자	7,500
			사채할인발행차금	4,132
	(차) 사채	250,000[1]	(대) 사채할인발행차금	13,228[2]
	사채상환손실	5,728	현금	242,500[3]
	(차) 미지급이자	7,500	(대) 현금	7,500
20×2년 12월 31일	(차) 이자비용	23,264	(대) 현금	15,000
			사채할인발행차금	8,264

1) ₩500,000×50%
2) ₩250,000(액면금액)−236,772(장부금액)
3) ₩250,000(총 상환대가)−30,000×50%×6/12(경과이자에 대한 대가)

[별해] 당기순이익에 미치는 영향

	20×1년 말		20×2년 말
상각후원가	465,279		240,904[1]
순자산 변동		224,375	
현금수수액		(265,000)[2]	
당기순이익		(40,625)	

1) 20×2년 말 사채 잔액 : ₩481,807×50%(미상환비율)
2) ₩250,000(상환시 현금지급액)+30,000×6/12(미상환분 표시이자)

(물음 4) 이자지급일 사이의 사채 상환 (공정가치로 상환한 경우)

① 사채 상환손익

사채의 장부금액	481,807×50%=	₩240,904
사채의 상환금액	₩x(상환일의 공정가치)×50%+1,000(거래원가)=	(×××)
		₩(3,208)

⇨ x(상환일의 공정가치)=₩486,224

② 상환일의 시장이자율 : (₩30,000+500,000)(미래현금흐름)÷486,224(상환일의 공정가치)≒1.09

⇨ 시장이자율 : 9%

(물음 5) 자기 사채의 재발행

① 기존사채의 이자비용 : ₩481,807×50%×10%=₩24,090

② 재발행분 사채의 이자비용

㉠ 20×3년 1월 1일의 현재가치 : (₩30,000+500,000)×0.9259×50%=₩245,364

㉡ 재발행분 사채 이자비용 : ₩245,364(재발행분 사채 20×3년 초 현재가치*)×8%×6/12=₩9,815

* 20×3년 7월 1일에 발행하였다고 하더라도 이자비용은 직전이자지급일의 현재가치를 기준으로 계산한다.

③ 이자비용 : ₩24,090(기존사채분)+9,815(재발행분)=₩33,905

[별해] 자기사채의 재발행 회계처리

20×3년 7월 1일	(차) 현금	247,679[1]	(대) 사채	250,000[2]	
	사채할인발행차금	2,321[3]			

1) ₩245,364(20×3년 초 현재가치)+(245,364×8%−15,000)×6/12(6개월 상각액)

2) ₩500,000×50%

3) ₩25,000(액면)−247,679(발행금액)

	(차) 현금	7,500	(대) 미지급이자	7,500

20×2년 12월 31일

기존사채의 이자비용	(차) 이자비용	24,090[1]	(대) 현금	15,000
			사채할인발행차금	9,090

1) ₩481,807(20×3년 초 사채 장부금액)×50%×10%

재발행사채의 이자비용	(차) 이자비용	9,815[1]	(대) 현금	7,500
			사채할인발행차금	2,315
	(차) 미지급이자	7,500	(대) 현금	7,500

1) ₩245,364×8%×6/12

문제 3

다음의 자료를 이용하여 독립적인 물음에 답하시오.

㈜영지는 20×1년 1월 1일 표시이자율이 연 8%인 액면금액 ₩100,000의 사채를 발행하고 상각후원가로 측정하였다. 사채발행시 ₩4,976의 거래원가가 발생하였으며, 이로 인해 20×1년 이자비용으로 인식한 금액은 ₩9,502이다. 만기일은 20×3년 12월 31일이며(만기 3년), 이자지급일은 매년 말 12월 31일이다.

㈜영지가 발행한 사채의 시점별 시장이자율은 다음과 같다.

20×1년 1월 1일	20×2년 1월 1일
8%	12%

사채발행차금의 상각은 유효이자율법을 사용하며, 기간별 현재가치계수는 다음과 같다.

기간	단일금액 ₩1의 현가계수			정상연금 ₩1의 현가계수		
	8%	10%	12%	8%	10%	12%
1	0.9259	0.9091	0.8929	0.9259	0.9091	0.8929
2	0.8573	0.8264	0.7972	1.7832	1.7355	1.6901
3	0.7938	0.7513	0.7118	2.5770	2.4868	2.4019
4	0.7350	0.6830	0.6355	3.3120	3.1698	3.0374
5	0.6806	0.6209	0.5674	3.9926	3.7907	3.6048

(물음 1) 20×2년초 ㈜영지는 재무적 어려움으로 인해 사채의 투자자와 사채의 출자전환에 합의하였다. 이로 인해 사채 액면 100%를 ㈜영지의 보통주 100주(주당 액면금액 ₩500)와 교환하였다. 다음의 각 경우에 출자전환이 ㈜영지의 20×2년 당기순이익에 미치는 영향을 계산하시오.

상황 1. 보통주의 공정가치가 ₩1,000으로 명확한 경우

상황 2. 보통주의 공정가치가 명확하지 않은 경우

(물음 2) 20×2년초 ㈜영지는 재무적 어려움으로 인해 사채의 투자자와 사채의 조건변경에 합의하였다. 이로 인해 20×2년말부터 액면이자율이 8%에서 2%로 감소하였다. 조건변경과 관련하여 투자자에게 수수료 ₩500, 계약변경을 주관한 회계법인에 수수료 ₩300을 각각 지급하였다고 할 경우, 사채와 관련된 회계처리가 ㈜영지의 20×2년 당기순이익에 미치는 영향을 계산하시오.

(물음 3) 20×2년초 ㈜영지는 재무적 어려움으로 인해 사채의 투자자와 사채의 조건변경에 합의하였다. 이로 인해 만기가 20×3년말에서 20×5년말로 2년 연장되었다. 조건변경과 관련하여 투자자에게 수수료 ₩500, 계약변경을 주관한 회계법인에 수수료 ₩300을 각각 지급하였다고 할 경우, 사채와 관련된 회계처리가 ㈜영지의 20×2년 당기순이익에 미치는 영향을 계산하시오. (단, 이 경우 사채에 적용되는 유효이자율은 11%라 가정한다.)

해설 및 해답 사채의 출자전환 및 조건변경 (2014년 회계사 유사)

• 미래현금흐름 및 상각 스케쥴의 정리

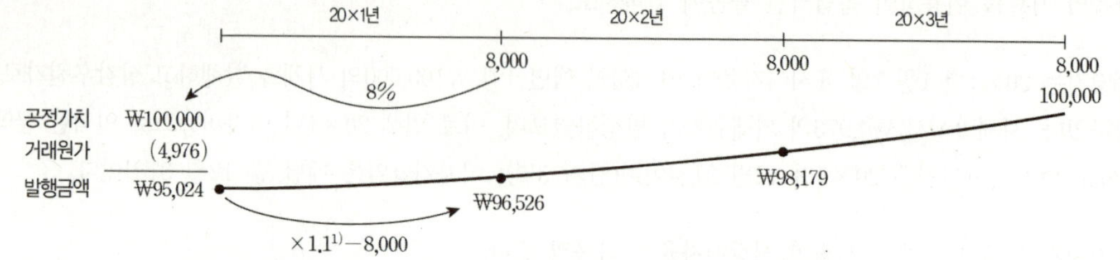

1) 유효이자율 : ₩9,502÷95,024=10%

(물음 1) 사채의 출자전환

• 금융부채의 전부 또는 일부를 소멸시키기 위하여 채권자에게 발행한 지분상품을 최초에 인식할 때, 해당 지분상품의 공정가치를 신뢰성 있게 측정할 수 없는 경우가 아니라면, 공정가치로 측정한다. 발행된 지분상품의 공정가치를 신뢰성 있게 측정할 수 없다면 소멸된 금융부채의 공정가치를 반영하여 지분상품을 측정한다(K−IFRS 2119호 문단 6, 7).

1. 보통주의 공정가치가 ₩1,000으로 명확한 경우의 출자전환손익

사채의 장부금액		₩96,526
주식의 발행금액	₩1,000×100주(발행한 주식의 공정가치)=	(100,000)
출자전환손익		₩(3,474)

[별해] 사채상환시의 회계처리

20×2년 1월 1일	(차)	사채	100,000	(대) 사채할인발행차금	3,474[1]
		출자전환손실	3,474	자본금	50,000
				주식발행초과금	50,000

1) ₩100,000(사채액면금액)−96,526(20×1년 말 사채 장부금액)

2. 보통주의 공정가치가 명확하지 않은 경우의 출자전환손익

사채의 장부금액		₩96,526
주식의 발행금액	(₩8,000×1.6901+100,000×0.7972)(사채의 공정가치)=	(93,241)
출자전환손익		₩3,285

[별해] 사채상환시의 회계처리

20×2년 1월 1일	(차)	사채	100,000	(대) 사채할인발행차금	3,474
				자본금	50,000
				주식발행초과금	43,241[1]
				출자전환이익	3,285

1) ₩93,241(주식의 발행금액)−50,000(주식의 액면금액)

(물음 2) 금융부채의 조건변경 - 실질적인 조건변경인 경우

1. 실질적 조건변경여부의 판단

① 변경된 현금흐름의 차이

기존 미래현금흐름의 현재가치	20×2년초 장부금액=	₩96,526
변경된 미래현금흐름의 현재가치(10%)	100,000×0.8264[1]+2,000×1.7355+500[2]=	(86,611)
변경된 현금흐름의 차이		₩9,915

1) 최초 발행시점의 유효이자율
2) 실질적 조건변경 여부를 판단할 때 변경된 미래현금흐름에는 투자자에게 지급하는 수수료만을 포함

② 최초미래현금흐름의 현재가치의 10%(₩9,653)보다 변경된 현금흐름의 차이(₩9,915)가 크므로 실질적 조건변경에 해당

2. 조건변경손익의 계산

조건변경시점의 사채 장부금액		₩96,526
변경된 사채의 공정가치(12%)	100,000×0.7972+2,000×1.6901=	(83,100)
지급수수료[1]	₩500+300=	(800)
조건변경손익		₩12,626

1) 조건변경손익을 계산할 때 지급한 거래수수료를 모두 포함

3. 당기손익에 미치는 영향

- ₩12,626(조건변경이익)−83,100×12%(이자비용)=₩2,654

[별해] 조건변경의 판단과 회계처리

- 기존 차입자와 대여자가 실질적으로 다른 조건으로 채무상품을 교환한 경우에 최초의 금융부채를 제거하고 새로운 금융부채를 인식한다. 이와 마찬가지로, 기존 금융부채(또는 금융부채의 일부)의 조건이 실질적으로 변경된 경우(채무자의 재무적 어려움으로 인한 경우와 그렇지 아니한 경우를 포함)에도 최초의 금융부채를 제거하고 새로운 금융부채를 인식한다(K−IFRS 1109호 문단 3.3.2).

- 문단 3.3.2를 적용할 때 새로운 조건에 따른 현금흐름의 현재가치와 최초 금융부채의 나머지 현금흐름의 현재가치의 차이가 적어도 10%이상이라면, 계약조건이 실질적으로 달라진 것이다. 이때 **새로운 조건에 따른 현금흐름에는 지급한 수수료에서 수취한 수수료를 차감한 수수료 순액이 포함**되며, 현금흐름을 할인할 때에는 최초의 유효이자율을 사용한다.

- 채무상품의 교환이나 계약조건의 변경을 금융부채의 소멸로 회계처리한다면, 발생한 **원가나 수수료는 금융부채의 소멸에 따른 손익의 일부로 인식**한다. 채무상품의 교환이나 계약조건의 변경을 금융부채의 소멸로 회계처리하지 아니한다면, 발생한 **원가나 수수료는 부채의 장부금액에서 조정**하며, 변경된 부채의 남은 기간에 상각한다(K−IFRS 1109호 문단 B3.3.6).

[별해] 회계처리

20×2년 1월 1일	(차) 구 사 채	100,000	(대) 사채할인발행차금(구)	3,474
	사채할인발행차금(신)	16,900	신 사 채	100,000
			현 금 (수 수 료)	800
			조 건 변 경 이 익	**12,626**
20×2년 12월 31일	(차) **이 자 비 용**	**9,972**	(대) 현 금	2,000
			사채할인발행차금	7,972

(물음 3) 금융부채의 조건변경 - 실질적인 조건변경이 아닌 경우

1. 실질적 조건변경여부의 판단

① 변경된 현금흐름의 차이

기존 미래현금흐름의 현재가치	20×2년초 장부금액=	₩96,526
변경된 미래현금흐름의 현재가치(10%)	100,000×0.6830+8,000×3.1698+500=	(94,158)
변경된 현금흐름의 차이		₩2,368

② 최초미래현금흐름의 현재가치의 10%(₩9,653)보다 변경된 현금흐름의 차이(₩2,368)가 작으므로 실질적 조건변경이 아님

2. 당기손익에 미치는 영향

① 조건변경손익

조건변경시점의 사채 장부금액		₩96,526
변경된 미래현금흐름의 현재가치(10%)	100,000×0.6830+8,000×3.1698=	(93,658)
변경된 현금흐름의 차이		₩2,868

② 이자비용

사채 기초장부금액	₩93,658(변경된 미래현금흐름의 현재가치)−800(거래수수료)=	₩92,858
유효이자율		× 11%
이자비용		₩10,214

③ 당기손익에 미치는 영향 : ₩2,868−10,214=(−)₩7,346

[별해] 회계처리

20×2년 1월 1일	(차) 사채할인발행차금	2,868	(대) **조 건 변 경 이 익**	**2,868**
	(차) 사채할인발행차금	800	(대) 현 금(수 수 료)	800
20×2년 12월 31일	(차) **이 자 비 용**	**10,214**	(대) 현 금	8,000
			사채할인발행차금	2,214

문제 4

다음의 자료를 이용하여 독립적인 물음에 답하시오.

㈜표고는 액면상 발행일이 20×1년 1월 1일인 사채를 액면상 발행일에 발행하였다. 표시이자율은 8%, 액면금액 ₩300,000이며, 만기는 3년이다. 이자는 매년 6월 30일, 12월 31일에 연 2회 지급하며, 액면금액은 매년 6월 30일, 12월 31일에 연 2회 ₩50,000씩 분할 상환한다. ㈜표고가 발행한 사채의 유효이자율은 10%이며 관련 현재가치계수는 다음과 같다.

기간	단일금액 ₩1의 현가계수		정상연금 ₩1의 현가계수	
	5%	10%	5%	10%
1	0.9524	0.9091	0.9524	0.9091
2	0.9070	0.8264	1.8594	1.7355
3	0.8638	0.7513	2.7232	2.4868
4	0.8227	0.6830	3.5459	3.1698
5	0.7835	0.6209	4.3294	3.7907
6	0.7462	0.5645	5.0756	4.3552

(물음 1) 위 사채와 관련하여 ㈜표고가 20×1년 재무제표에 인식할 다음의 금액들을 각각 계산하시오.

20×1년말 사채 장부금액	①
20×1년 이자비용	②

(물음 2) 다른 조건은 모두 상기 자료와 동일하고 위 사채의 실제 발행일이 20×1년 4월 1일이라고 할 경우, ㈜표고가 20×1년 재무제표에 인식할 다음의 금액들을 각각 계산하시오 (단, 20×1년 4월 1일의 유효이자율 역시 연 10%인 것으로 가정한다).

20×1년말 사채 장부금액	①
20×1년 이자비용	②

(물음 3) 다른 조건은 모두 상기 자료와 동일하고 위 사채의 액면상 발행일이 20×1년 4월 1일이며, 표시이자와 액면금액은 매년 9월 30일, 3월 31일에 연 2회 지급 한다고 가정한다. 액면상 발행일에 실제 발행하였다고 할 경우, ㈜표고가 20×1년 재무제표에 인식할 다음의 금액들을 각각 계산하시오 (단, 20×1년 4월 1일의 유효이자율 역시 연 10%인 것으로 가정한다).

20×1년말 사채 장부금액	①
20×1년 이자비용	②

해설 및 해답 특수한 현금흐름

• 미래현금흐름의 정리

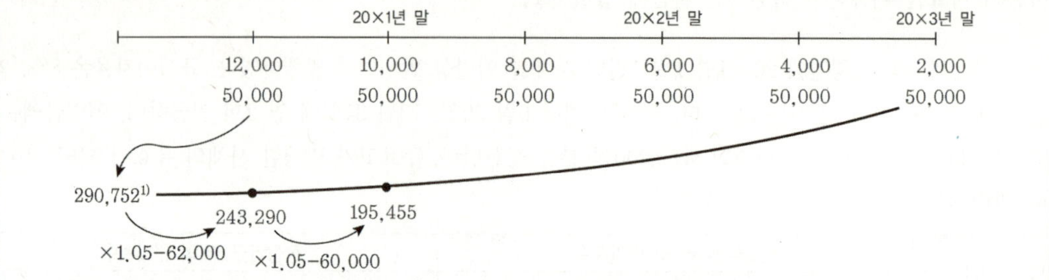

1) 발행금액 : ₩50,000×5.0756+12,000×0.9524+10,000×0.9070+8,000×0.8638+6,000×0.8227 + 4,000×0.7835+2,000×0.7462

(물음 1) 연속상환사채

① 사채의 장부금액 : ₩195,455(상각후원가 계산 참조)

② 이자비용

1월 1일 ~ 6월 30일의 이자비용	₩290,752(20×1년초의 장부금액)×5%=	₩14,538
7월 1일 ~ 12월 31일의 이자비용	₩243,290(20×1년 7월 1일 장부금액)×5%=	12,165
		₩26,703

[별해] 회계처리

20×1년 1월 1일	(차) 현금	290,752	(대) 사채	300,000
	사채할인발행차금	9,248		
20×1년 6월 30일	(차) 이자비용	**14,538**	(대) 현금	12,000
			사채할인발행차금	2,538
	(차) 사채	50,000	(대) 현금	50,000
20×1년 12월 31일	(차) 이자비용	**12,165**	(대) 현금	10,000
			사채할인발행차금	2,165
	(차) 사채	50,000	(대) 현금	50,000

(물음 2) 이자지급일 사이의 사채발행

① 사채의 장부금액 : ₩195,455(상각후원가 계산 참조)

② 이자비용

4월 1일 ~ 6월 30일의 이자비용	₩290,752(20×1년초의 현재가치)×5%×3月/6月=	₩7,269
7월 1일 ~ 12월 31일의 이자비용	₩243,290(20×1년 7월 1일 장부금액)×5%=	12,165
		₩19,434

[별해] 회계처리

20×1년 4월 1일	(차) 현금	292,021[1]	(대) 사채	300,000
	사채할인발행차금	7,979		
	(차) 현금	6,000	(대) 미지급이자	6,000
	1) ₩290,752+(290,752×5%−12,000)×3/6			
20×1년 6월 30일	(차) **이자비용**	**7,269**	(대) 현금	6,000
			사채할인발행차금	1,269
	(차) 미지급이자	6,000	(대) 현금	6,000
	(차) 사채	50,000	(대) 현금	50,000
20×1년 12월 31일	(차) **이자비용**	**12,156**	(대) 현금	10,000
			사채할인발행차금	2,156
	(차) 사채	50,000	(대) 현금	50,000

(물음 3) 이자지급일과 회계기간이 상이한 경우

① 사채의 장부금액

20×1년 10월 1일의 장부금액	₩290,752×1.05−(12,000+50,000)=	₩243,290
10월 1일 ~ 12월 31일의 상각액	(₩243,290×5%−10,000)(6月치 상각액)×3月/6月=	1,082
		₩244,372

② 이자비용

4월 1일 ~ 9월 30일의 이자비용	₩290,752(발행금액)×5%=	₩14,538
10월 1일 ~ 12월 31일의 이자비용	₩243,290×5%×3月/6月=	6,082
		₩20,620

[별해] 회계처리

20×1년 4월 1일	(차) 현금	290,752	(대) 사채	300,000
	사채할인발행차금	9,248		
20×1년 9월 30일	(차) **이자비용**	**14,538**	(대) 현금	12,000
			사채할인발행차금	2,538
	(차) 사채	50,000	(대) 현금	50,000
20×1년 12월 31일	(차) **이자비용**	**6,082**	(대) 미지급이자	5,000
			사채할인발행차금	1,082

문제 5

※ 다음의 각 물음은 독립적이다.

다음의 〈자료 1〉을 이용하여 (물음 1)부터 (물음 3)까지 답하시오.

〈 자료 1 〉

㈜대한은 다음 조건의 사채를 20×1년 4월 1일 ㈜민국에게 발행(판매)하였다.

1. 사채의 액면금액은 ₩2,000,000이며, 사채 권면상의 발행일은 20×1년 1월 1일, 표시이자율은 연 5%, 이자지급시기는 매년 12월 31일이다.

2. 사채의 액면금액은 분할상환하며, 분할상환 내역은 다음과 같다.

20×1년 말	20×2년 말	20×3년 말
₩600,000	₩600,000	₩800,000

3. 사채 발행 시 거래원가는 발생하지 않았으며, 사채발행일의 시장(유효)이자율은 연 9%이다. ㈜대한은 동 사채를 상각후원가로 측정하는 금융부채로 분류하였다.

4. 사채의 잔여 계약상 현금흐름을 현행 시장이자율로 할인한 현재가치는 공정가치와 동일하다.

5. 현재가치 계산 시 아래의 현가계수를 이용하고, 답안 작성 시 원 미만은 반올림한다.

기간	단일금액 ₩1의 현가계수			정상연금 ₩1의 현가계수		
	7%	9%	12%	7%	9%	12%
1	0.9346	0.9174	0.8929	0.9346	0.9174	0.8929
2	0.8734	0.8417	0.7972	1.8080	1.7591	1.6901
3	0.8163	0.7722	0.7117	2.6243	2.5313	2.4018

(물음 1) ㈜대한이 발행한 ① 사채의 발행금액과 동 사채와 관련하여 ㈜대한이 20×1년도에 인식해야 하는 ② 이자비용을 각각 계산하시오.

사채발행금액	①
이자비용	②

(물음 2) ㈜대한은 20×2년 7월 1일에 위 사채 전부를 공정가치로 재취득(매입)하여 자기사채로 처리한 후 즉시 소각하였다. 재취득(매입) 시점의 현행 시장이자율은 연 7%이다. ㈜대한이 자기사채를 취득하기 위해 지급해야 하는 ① 총금액과 동 사채와 관련한 회계처리가 ㈜대한의 20×2년도 포괄손익계산서 상 ② 당기순이익에 미치는 영향을 각각 계산하시오. 단, 당기순이익이 감소하는 경우에는 금액 앞에 (−)를 표시하시오.

자기사채 취득 시 지급해야 할 총금액	①
당기순이익에 미치는 영향	②

(물음 3) (물음 2)와 관계없이 ㈜대한은 20×1년 말과 20×2년 말 원금과 이자는 정상적으로 지급하였으나 20×3년 초 재무위기가 발생하여 채권자들의 동의를 받아 사채의 조건을 변경(무이자로 20×5년 말 원금 ₩800,000 일시 상환)하였다. 20×3년 초 시장이자율이 12%이고 조건변경과 관련한 수수료는 발생하지 않았을 때, 동 사채와 관련하여 ㈜대한이 20×3년 포괄손익계산서에 인식할 당기손익을 계산하시오.

해설 및 해답 연속상환사채의 상환과 조건변경 (2024년 회계사 수정)

• 미래현금흐름 정리

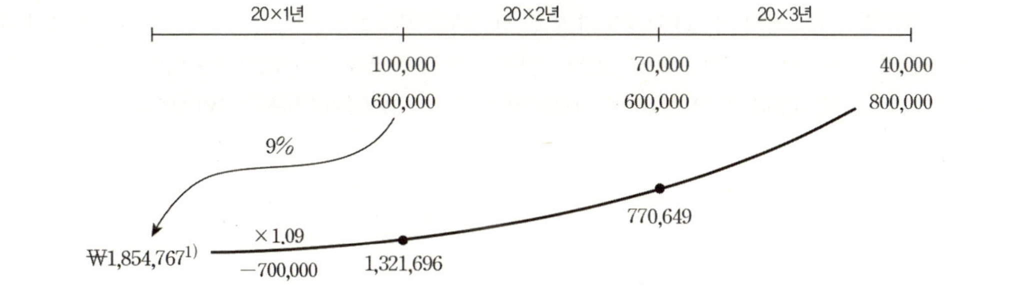

1) (₩600,000+100,000)×0.9174+(600,000+70,000)×0.8417+(800,000+40,000)×0.7722

(물음 1) 이자지급일 사이의 사채 발행

사채발행금액	① ₩1,871,499
이자비용	② ₩125,197

① 사채발행금액 : ₩1,854,767(20×1년초 현재가치)+(1,854,767×9%−100,000)×3/12=₩1,871,499

② 이자비용 : ₩1,854,767(20×1년초 현재가치)×9%×9/12=₩125,197

(물음 2) 조기상환

자기사채 취득 시 지급해야 할 총금액	① ₩1,407,432
당기순이익에 미치는 영향	② (−)₩85,736

1. 지급 총액

① 20×2년초 현재가치(7%) : (₩600,000+70,000)×0.9346+(800,000+40,000)×0.8734=₩1,359,838

② 20×2년 7/1 지급해야 할 총금액 : ₩1,359,838+1,359,838×7%×6/12=₩1,407,432

2. 당기순이익

① 이자비용 : ₩1,321,696(20×2년초 총장부금액)×9%×6/12=₩59,476

② 상환손익

사채 장부금액	₩1,321,696+(1,321,696×9%−70,000)×6/12=	₩1,346,172
사채 상환금액	₩1,407,432−70,000×6/12(경과이자)=	(1,372,432)
		(26,260)

③ 당기순이익 : (−)₩59,476(이자비용)−26,260(상환손실)=(−)₩85,736

(물음 3) 조건변경

① 실질적 조건변경 여부의 판단 : ₩770,649(변경 전 장부금액)−800,000×0.7722(변경된 현금흐름의 현재가치)=₩152,889

∴ 변경된 현금흐름의 차이(152,889)가 변경 전 장부금액의 10% 이상이므로 실질적 조건변경에 해당

② 변경손익 : ₩770,649−800,000×0.7117(변경된 사채의 공정가치)=₩201,289 이익

③ 당기손익 : ₩201,289(조건변경손익)−800,000×0.7117×12%(이자비용)=₩132,966

문제 6

※ 다음의 각 물음은 독립적이다.

다음은 20×1년 1월 1일 ㈜대한이 발행한 사채에 대한 〈자 료〉이다.

〈자 료〉

1. ㈜대한이 발행한 사채의 조건은 다음과 같다.

• 액면금액 : ₩1,000,000
• 만기상환일 : 20×3년 12월 31일 일시상환
• 표시이자율 : 연 5%
• 이자지급일 : 매년 12월 31일
• 사채발행일 유효이자율: 연 ?%

2. ㈜대한은 동 사채를 발행하고 상각후원가로 측정하는 금융부채로 분류하였다.

(물음 1) 상기 사채의 20×1년 1월 1일 최초 발행금액은 ₩947,515이라고 가정한다. ㈜대한은 동 사채와 관련하여 사채발행기간(3년) 동안 인식해야할 총 이자비용을 3년으로 나누어 매년 균등한 금액으로 인식하였다. ㈜대한의 이러한 회계처리는 중요한 오류로 간주된다. ㈜대한의 사채 이자비용에 대한 상기 오류를 20×2년 장부 마감 전에 발견하여 올바르게 수정하면, 20×2년 전기이월이익잉여금이 ₩1,169 증가한다. 이 경우, ① 20×1년 1월 1일 ㈜대한이 발행한 사채에 적용된 유효이자율을 구하고, ② 이러한 오류수정이 20×2년도 당기순이익에 미치는 영향을 계산하시오. 단, 당기순이익이 감소하는 경우 금액 앞에 (−)를 표시하시오.

사채 최초 발행 시 적용된 유효이자율(%)	①
20×2년도 당기순이익에 미치는 영향	②

(물음 2) 20×2년 12월 31일 현재 ㈜대한의 상기 사채의 장부금액은 ₩954,555이라고 가정한다. 20×3년 1월 1일에 ㈜대한은 사채의 채권자와 다음과 같은 조건변경을 합의하였다.

〈 조건변경 관련 정보 〉

1. ㈜대한이 발행한 사채의 조건변경 전후 정보는 다음과 같다.

항목	변경 전	변경 후
만기	20×3.12.31	20×5.12.31
표시이자율	연 5%	연 1%
액면금액	₩1,000,000	₩900,000

2. 동 사채의 조건변경 과정에서 ㈜대한은 채권자에게 채무조정수수료 ₩18,478을 지급하였다.
3. 20×3년 1월 1일 상기 사채의 변경된 미래현금흐름을 시장이자율로 할인한 현재가치는 다음과 같다. 동 사채의 미래현금흐름의 현재가치는 공정가치와 동일한 것으로 본다.

시장이자율	20×3년 1월 1일
연 10%	₩698,551
연 11%	₩680,073
연 12%	₩662,237

4. 20×3년 1월 1일 현재 ㈜대한의 동 사채에 대한 시장이자율은 연 12%이다.
5. ㈜대한은 상기 계약조건의 변경이 실질적 조건변경에 해당하지 않는 것으로 판단하여 회계처리하였다.

㈜대한은 20×3년 장부 마감 전에 상기 계약조건의 변경이 실질적 조건변경에 해당됨을 알게 되었으며, 기존의 회계처리는 중요한 오류로 간주되었다. 이를 올바르게 수정하였을 때, 아래 양식을 이용하여 수정표를 완성하시오. 단, 감소하는 경우 금액 앞에 (−)를 표시하시오.

항목	수정전 금액	수정금액	수정후 금액
사채 장부금액	?	①	?
이자비용	?	②	?
금융부채 조정이익	?	③	?

〈 답안작성 예시 〉

사채 장부금액, 이자비용, 금융부채조정이익의 수정전금액이 각각 ₩10,000, ₩200, ₩100이고 수정후금액이 각각 ₩8,000, ₩350, ₩60인 경우, 아래와 같이 작성한다.

항목	수정전 금액	수정금액	수정후 금액
사채 장부금액	?	① (−)2,000	?
이자비용	?	② 150	?
금융부채 조정이익	?	③ (−)40	?

해설 및 해답 오류수정 (2022년 회계사)

(물음 1) 이자비용

사채 최초 발행 시 적용된 유효이자율(%)	① 7%
20×2년도 당기순이익에 미치는 영향	② ₩26 증가

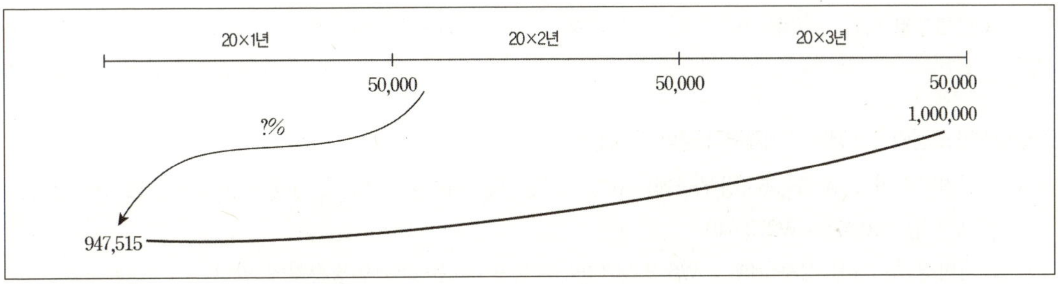

1. 유효이자율 역산

① 정액법에 따른 이자비용 : [₩947,515−(1,000,000+50,000×3년)](총이자비용) / 3년=₩67,495

② 유효이자율법에 따른 이자비용 : ₩67,495−1,169*=₩66,326

* 수정하는 경우 20×1년 말 이익잉여금 증가=당기손익 증가=이자비용 감소

③ 유효이자율 : ₩66,326÷947,515(기초장부금액)=**7%**

2. 20×2년 당기순이익

① 20×2년 초 장부금액 : ₩947,515×(1+7%)−50,000=₩963,841

② 20×2년 유효이자율법 이자비용 : ₩963,841(20×2년 초 장부금액)×7%=₩67,469

③ 20×2년 당기순이익에 미치는 영향 : ₩67,495(정액법 기준 이자비용)−67,469(유효이자율법 기준 이자비용)=**₩26 증가**

(물음 2) 조건변경

항목	수정전 금액	수정금액	수정후 금액
사채 장부금액	?	① (−)₩13,176	?
이자비용	?	② 4,660	?
금융부채 조정이익	?	③ 17,836	?

1. 실질적인 조건변경에 해당하지 않는 경우의 회계처리(회사의 회계처리)

① 조건변경손익 : ₩954,555(장부금액)−698,551(변경된 미래현금흐름을 최초의 유효이자율 10%*로 할인한 현재가치)=₩256,004

* 유효이자율 : (₩50,000+1,000,000)(미래 현금흐름)÷954,555(장부금액)

② 조건변경 후 사채 장부금액 : ₩698,551−18,478(채무조정수수료)=₩680,073

③ 이자비용 : ₩680,073×11%(변경후 사채 장부금액에 적용될 유효이자율)=₩74,808

④ 20×3년 말 사채 장부금액 : ₩680,073×(1+11%)−9,000=₩745,881

⑤ 회계처리

20×3년 1월 1일	(차) 기존사채(순액)	954,555	(대) 새로운사채(순액)	698,551
			조건변경손익	256,004
	(차) 새로운사채(순액)	18,478	(대) 현금(수수료)	18,478
20×3년 12월 31일	(차) 이자비용	74,808	(대) 현금	9,000
			사채할인발행차금	65,808

2. 실질적인 조건변경인 경우의 회계처리(올바른 회계처리)

① 조건변경손익 : ₩954,555(장부금액)−662,237(변경된 미래현금흐름을 현행시장이자율 12%로 할인한 현재가치)−18,478=₩273,840

② 조건변경 후 사채 장부금액 : ₩662,237(채무조정수수료는 조건변경손익에 반영)

③ 이자비용 : ₩662,237×12%(변경후 사채 장부금액에 적용될 유효이자율)=₩79,468

④ 20×3년 말 사채 장부금액 : ₩662,237×(1+12%)−9,000=₩732,705

⑤ 회계처리

20×3년 1월 1일	(차) 기존사채(순액)	954,555	(대) 새로운사채(순액)	662,237
			현금(수수료)	18,478
			조건변경손익	273,840
20×3년 12월 31일	(차) 이자비용	79,468	(대) 현금	9,000
			사채할인발행차금	79,468

3. 수정사항

항목	수정전 금액	수정금액	수정후 금액
사채 장부금액	₩745,881	① (−)₩13,176	₩732,705
이자비용	74,808	② 4,660	79,468
금융부채 조정이익	256,004	③ 17,836	273,840

[별해] 수정분개

20×3년 1월 1일	(차) 새로운사채(순액)	36,314[1)]	(대) 조건변경손익	36,314
	(차) 조건변경손익	18,478	(대) 새로운사채(순액)	18,478[2)]

1) 변경된 미래현금흐름의 현재가치(10%)와 공정가치의 차이 : ₩698,551−662,237

2) 채무조정수수료 수정 : 사채장부금액차감 → 조건변경손익 가감

20×3년 12월 31일	(차) 이자비용	4,660	(대) 사채할인발행차금	4,660

문제 7 저유

㈜우리는 액면상 발행일인 20×1년 1월 1일에 사채를 실제로 발행하였다. 사채의 액면금액은 ₩100,000이고, 표시이자율은 연 8%이며, 이자지급일은 매년 말 12월 31일이다. 사채의 만기일은 20×3년 12월 31일이다(만기 3년).

㈜우리가 발행한 사채의 시점별 시장이자율은 다음과 같다.

20×1년 1월 1일	20×1년 7월 1일	20×1년 12월 31일
10%	8%	9%

사채발행차금의 상각은 유효이자율법을 사용하며, 이자율 계산시 소수점 셋째 자리에서 반올림한다(예 4.226% → 4.23%). 관련 현재가치계수는 다음과 같다.

기간	단일금액 ₩1의 현가계수				정상연금 ₩1의 현가계수			
	8%	9%	10%	11%	8%	9%	10%	11%
1	0.92593	0.91743	0.90909	0.90090	0.92593	0.91743	0.90909	0.90090
2	0.85734	0.84168	0.82645	0.81162	1.78327	1.75911	1.73554	1.71252
3	0.79383	0.77218	0.75131	0.73119	2.57710	2.53129	2.48685	2.44371

(물음 1) ㈜우리가 동 사채를 발행 후 ① 당기손익 – 공정가치 측정 금융부채로 분류하는 경우와 ② 상각후원가 측정 금융부채로 분류하는 경우에 ㈜우리의 20×1년 대한의 당기순이익에 미치는 영향을 각각 계산하시오. 단, 당기손익 – 공정가치 측정 금융부채는 단기매매 항목에 해당한다고 가정한다.

(물음 2) 자료에서 주어진 바와 달리 ㈜우리는 사채를 당기손익–공정가치 측정 금융부채로 지정했다고 가정한다. 상기자료에서 제시된 20×1년 초와 20×1년 말의 시장이자율은 다음과 같이 구성된다.

구분	20×1년 1월 1일	20×1년 12월 31일
기준금리 (시장위험 반영)	5%	6%
위험프리미엄 (신용위험 반영)	5%	3%

금융부채와 관련된 시장상황의 유의적인 변동요인이 관측된 (기준)금리의 변동에 국한되고, 신용위험 변동에 따른 금융부채의 공정가치 변동을 기타포괄손익으로 표시하는 것이 회계불일치를 일으키거나 확대하지 않는다. 이 경우, 20×1년 말 ㈜우리가 수행해야 할 회계처리를 제시하시오. 단, 이자의 지급과 관련한 회계처리는 생략한다.

(물음 3) (위 물음과는 독립적이다) 다음의 〈자 료〉를 이용하여 물음에 답하시오.

〈자 료〉

1. ㈜대한은 20×1년 11월 1일에 상장회사인 A사 주식의 주가하락을 예상하고, 단기간의 매매차익을 얻기 위하여 ㈜민국이 보유한 A사 주식 200주를 공정가치(1주당 ₩1,000)로 차입하여 시장에 미리 매도(공매도)하였다.
2. ㈜대한은 20×1년 11월 1일 공매도를 위한 거래원가로 ₩15,000을 현금지급하였다.
3. 20×1년 12월 31일 A사 주식의 1주당 공정가치는 ₩1,200이다.
4. 20×2년 1월 31일 A사 주식의 1주당 공정가치는 ₩1,500이며, ㈜대한은 A사 주식을 매입하여 ㈜민국에게 상환하였다.

위 거래와 관련하여 ㈜대한의 20×1년 말 재무상태표에 표시될 ① 금융부채의 금액과 20×1년도 포괄손익계산서 상 ② 당기순이익에 미치는 영향을 각각 계산하시오. 단, 당기순이익이 감소하는 경우에는 금액 앞에 (−)를 표시하시오.

금융부채	①
당기순이익에 미치는 영향	②

해설 및 해답 당기손익-공정가치 측정 금융부채

• 미래현금흐름 및 상각스케줄의 정리

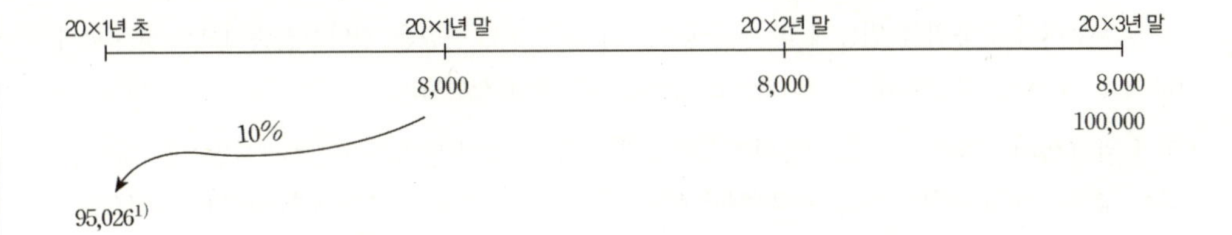

1) ₩8,000×2.48685+100,000×0.75131

(물음 1) 금융부채의 분류별 인식

① 당기손익 – 공정가치 측정 금융부채로 분류한 경우

이자비용	표시이자=	₩8,000
공정가치평가손실[1]	₩98,241(20×1년 말 공정가치[2])–95,026(장부금액)=	3,215
		₩11,215

1) 단기매매항목의 평가손익은 모두 당기손익으로 인식한다.
2) ₩8,000×1.75911+100,000×0.84168

② 상각후원가인식금융부채로 분류한 경우 : ₩95,026×10%=₩9,503(이자비용)

(물음 2) 당기손익-공정가치 측정 금융부채의 후속측정

1. 시장위험의 변동을 반영한 현재가치

① 시장위험의 변동만을 반영한 할인율 : 6%(기말 기준금리)+5%(기초 위험프리미엄)=11%

② 시장위험의 변동을 반영한 현재가치 : ₩8,000×1.71252+100,000×0.81162=₩94,862

2. 평가손익 인식

① 시장위험의 변동으로 인한 공정가치의 변동 : ₩95,026(장부금액)–94,862(시장위험의 변동만을 반영한 현재가치)=₩164(평가이익–당기손익인식)

② 신용위험의 변동으로 인한 공정가치의 변동 : ₩94,862(시장위험의 변동만을 반영한 현재가치) –98,241(공정가치)=(–)₩3,379(평가손실–기타포괄손익인식)

3. 회계처리

20×1년 12월 31일	(차) FVPL금융부채	164	(대) 평가이익(당기손익)	164
	(차) 평가손실(기포익)	3,379	(대) FVPL금융부채	3,379

[별해] K-IFRS 1109호 금융상품 기준서

• 당기손익-공정가치 측정 항목으로 지정한 금융부채의 손익은 다음과 같이 표시한다(K-IFRS 1109호 문단 5.7.7).

(1) 금융부채의 신용위험 변동에 따른 금융부채의 공정가치 변동은 기타포괄손익으로 표시한다.

(2) 해당 부채의 나머지 공정가치 변동은 당기손익으로 표시한다.

• 다만 위 (1)에서 설명한 부채의 신용위험 변동효과의 회계처리가 당기손익의 회계불일치를 일으키거나 확대하는 경우는 해당 부채의 모든 손익(해당 부채의 신용위험 변동 효과를 포함)을 당기손익으로 표시한다(K-IFRS 1109호 문단 5.7.8).

• 부채와 관련된 시장상황의 유의적인 변동요인이 관측된 (기준)금리의 변동에 국한된다면, '부채의 공정가치 변동금액 중 시장위험을 일으키는 시장상황의 변동으로 인한 것이 아닌 변동금액'은 다음과 같이 추정할 수 있다(K-IFRS 1109호 문단 B5.7.18).

(1) 먼저, 기초의 부채의 공정가치와 부채의 계약상 현금흐름을 이용하여 기초시점의 부채의 내부수익률을 계산한다. 이 수익률에서 기초에 관측된 (기준)금리를 차감하여 당해 금융상품 특유의 내부수익률 요소를 구한다.

(2) 다음으로, 다음 (가)와 (나)의 합계인 할인율과 기말의 부채의 계약상 현금흐름을 사용하여 부채와 관련된 현금흐름의 현재가치를 산출한다.

(가) 기말에 관측된 (기준)금리

(나) 위 (1)에서 결정한 금융상품 특유의 내부수익률 요소

(3) 기말의 부채의 공정가치와 위의 (2)에서 결정한 금액의 차이는 관측된 (기준)금리의 변동과 관련되지 않은 공정가치 변동금액이며, 이 금액을 기타포괄손익으로 표시한다.

(물음 3) 공매도 (2024년 회계사)

금융부채	① ₩240,000
당기순이익에 미치는 영향	② (－)₩55,000

1. 회계처리

20×1년 11월 1일	(차) 금융자산	200,000	(대) FVPL금융부채	200,000
	(차) 비용	**15,000**[1]	(대) 현금	15,000
	(차) 현금	???	(대) 금융자산	200,000
			처분이익	???

1) FVPL의 취득원가는 취득시점의 공정가치로 하며, 거래원가와의 차이는 당기손익으로 처리

20×1년 12월 31일	(차) 평가손실	**40,000**[1]	(대) FVPL금융부채	40,000

1) 200주×@1,000－200주×@1,200

20×2년 1월 31일	(차) 평가손실	60,000[1]	(대) FVPL금융부채	60,000
	(차) FVPL금융자산	300,000[2]	(대) 현금	300,000
	(차) FVPL금융부채	300,000	(대) FVPL금융자산	300,000

1) 200주×@1,500－200주×@1,200
2) 200주×@1,500

2. 답안의 계산

① 금융부채 : 200주×@1,200＝₩240,000
② 당기순이익에 미치는 영향 : (－)₩15,000－40,000＝(－)₩55,000

[별해] 선물시장에서 거래하여 순액결제가 가능한 경우

20×1년 11월 1일	(차) 비용	**15,000**[1]	(대) 현금	15,000

* 금융자산의 위험과 보상을 보유하지 않으므로 계약상의 권리, 의무만 순액으로 인식

20×1년 12월 31일	(차) 평가손실	**40,000**[1]	(대) FVPL금융부채	40,000
20×2년 1월 31일	(차) 평가손실	60,000[1]	(대) FVPL금융부채	60,000
	(차) FVPL금융부채	100,000	(대) 현금	100,000

서술형 문제

문제 1

(물음 1) 자기지분상품으로 결제하거나 결제할 수 있는 다음 중 하나의 계약이 금융부채로 분류될 수 있는 조건을 서술하시오.

(물음 2) 금융상품이 단기매매항목인 경우 세 가지를 서술하시오.

해설 및 해답

(물음 1)

㈎ 인도할 자기지분상품의 수량이 변동 가능한 비파생상품

㈏ 확정 수량의 자기지분상품을 확정 금액의 현금 등 금융자산과 교환하여 결제하는 방법외의 방법으로 결제하거나 결제할 수 있는 파생상품

(물음 2)

(1) 주로 단기간에 매각하거나 재매입할 목적으로 취득하거나 부담한다.

(2) 최초 인식시점에 공동으로 관리하는 특정 금융상품 포트폴리오의 일부로 운용 형태가 단기적 이익 획득 목적이라는 증거가 있다.

(3) 파생상품이다(다만 금융보증계약인 파생상품이나 위험회피수단으로 지정되고 위험회피에 효과적인 파생상품은 제외한다).

CHAPTER 09

충당부채와 보고기간후 사건

출제유형

▶ 계산문제

| 문제 1 | 충당부채의 인식여부의 판단

| 문제 2 | 종류별 충당부채의 측정

| 문제 3 | 금융보증부채

| 문제 4 | 복구충당부채와 변제자산

| 문제 5 | 충당부채의 계산

▶ 서술형문제

계산문제

문제 1

다음은 결산일이 12월 31일인 ㈜입춘의 20×1년도 재무제표에 반영되어 있지 않은 사항이다. ㈜입춘의 20×1년도 재무제표는 20×2년 2월 20일에 이사회에서 발행을 승인받는다.

(사례 1) ㈜입춘은 양돈장을 운영하면서 지난 몇 년에 걸쳐 토지를 오염시켜왔다. 이와 관련하여 관련법규에 의해 지방자치단체로부터 ₩10,000의 범칙금을 부과 받을 가능성이 매우 높다. ㈜입춘은 양돈장 사업을 접고 해당 토지를 처분하여 범칙금을 납부할 계획을 가지고 있다. 양돈장 사업의 정리에 의해 발생하리라 예상되는 영업손실은 ₩5,000이며, 토지의 장부금액은 ₩3,000, 처분예상금액은 ₩7,000이다.

(사례 2) ㈜입춘은 양돈장을 운영하면서 법률이 요구하는 경우에만 오염된 토지를 정화하는 정책을 가지고 있다. 이제까지는 오염된 토지를 정화해야 한다는 법규가 없었고, 따라서 ㈜입춘은 지난 몇 년에 걸쳐 토지를 오염시켜 왔다. 그런데 이미 오염된 토지를 정화하는 것을 의무화하는 관계 법률이 20×2년 중 제정될 것으로 예상된다. 제정될 법률에 따라 오염된 토지를 정화하기 위한 추가금액이 ₩20,000만큼 소요될 것으로 예상된다. 다음의 각 경우에 대해 물음에 답하시오.

상황 1. 법규의 세부사항이 확정되지는 않았으나, 관계 법규가 20×2년 중에 제정될 것으로 예상된다.

상황 2. 관계 법규가 연말 후에 곧 제정될 것이 20×1년 12월 31일 현재 거의 확실하다.

(사례 3) ㈜입춘은 양돈장을 운영하면서 기존의 법규에 따라 적정한 폐수처리시설을 운용하고 있다. 그런데 기존의 법규상 기준치보다 더 강화된 새로운 폐수처리에 대한 법규가 연말 이후에 곧 제정될 것이 20×1년 12월 31일 현재 거의 확실하다. 개정될 법규에 따라 추가 시설투자가 필요할 것으로 예상한다. 추가 시설투자에 대한 지출액은 ₩30,000으로 예상한다.

(사례 4) 20×1년 정부는 지방자치 예산 제도의 전면개정을 실시하여 20×2년에 도입될 예정이다. 이로 인해 ㈜입춘은 원활한 정부보조금의 수령을 위하여 다수의 종업원에게 국가회계 관련 교육훈련을 할 필요가 있다. 보고기간말 현재 종업원에 대해 어떠한 교육훈련도 하지 않고 있다. 종업원 교육훈련비는 ₩3,000으로 예상하고 있다.

(사례 5) 20×1년에 피로연 후에 10명이 입원하였는데, ㈜입춘이 판매한 불량 식자재로 인하여 식중독이 일어났을 가능성이 있다. ㈜입춘에게 손해배상을 청구하는 법적절차가 시작되었으며, 20×1년말 현재 식약청의 역학조사가 진행중에 있다. 식중독 사고의 원인은 아직 판명되지 않았다. ㈜입춘의 자문변호사에 의하면 패소할 경우 손해배상할 금액은 10억원으로 추정되지만, 20×1년 12월 31일로 종료하는 연차재무제표의 발행승인일까지는 기업의 책임이 밝혀지지 않을 가능성이 높다고 조언하였다.

(사례 6) ㈜입춘은 안정적 수익확보 목적으로 항공사 이용고객에게 비행거리에 해당하는 마일리지 포인트를 부여하고 차후 해당 항공사를 이용시 마일리지 포인트 100점당 1원의 비율로 요금을 할인해 주고 있다. ㈜입춘의 과거 경험에 의하면 마일리지 포인트를 제공받은 고객 중에서 60%가 마일리지 포인트를 이용하고 있으며, 100마일리지 포인트의 공정가치는 0.6원이다. 20×1년 ㈜입춘이 탑승고객에게 부여한 총 마일리지는 5,000,000점이며, 이중 고객이 사용한 마일리지는 1,000,000점이다.

(사례 7) 20×1년말 현재 ㈜입춘은 20×1년초에 구입한 컨테이너선 5척을 보유하고 있다. 관련 법규에 의하면 선박회사는 운항중인 선박에 대하여 매 5년마다 대수선을 실시하도록 규정되어 있다. 선박 1척당 대수선비는 ₩2,000으로 추정된다.

(사례 8) ㈜입춘의 20×2년 1월 11일에 물품창고에 화재가 발생하여 건물과 물품이 전소되었다. 화재손실액은 ₩2,500으로 추정되며, 이 가운데 ₩1,000은 화재보험금으로 충당될 것으로 예상된다.

(사례 9) ㈜입춘은 20×1년 말 매출채권에 대하여 ₩1,000의 손실충당금을 인식하였다. 그런데 보고기간말 이후에 매출채권의 회수가능액이 추가로 ₩3,000 하락하였다. 또한 20×1년말 현재 회사가 보유하고 있던 단기매매금융자산은 보고기간말 이후에 시장가격 하락으로 ₩2,500의 평가손실이 추가로 발생하였다. 이상의 공정가치 변화는 모두 20×2년 2월 20일 이전에 확인된 자료이다.

(물 음)

각 독립적 사례의 회계처리결과로 ㈜입춘이 20×1년도 재무제표에 충당부채와 우발부채 여부의 판단근거와 인식할 금액을 다음의 항목으로 구분하여 제시하시오. 인식할 금액이 없으면 '없음'으로 기재하시오(단, 당해 의무의 이행에 소요되는 금액은 신뢰성 있게 추정할 수 있다고 가정한다).

① 현재의무 존재여부의 판단
② 충당부채로 인식할 금액

해설 및 해답 충당부채의 인식여부의 판단

(사례 1)

① 기업의 미래 행위(미래 사업행위)와 관계없이 존재하는 과거사건에서 생긴 의무만을 충당부채로 인식한다. 예를 들면 불법적인 환경오염으로 인한 범칙금이나 환경정화비용은 기업의 미래 행위에 관계없이 해당 의무의 이행에 경제적 효익이 있는 자원의 유출을 불러온다. 이와 마찬가지로 유류보관시설이나 원자력 발전소 때문에 이미 일어난 피해에 대하여 기업은 복구할 의무가 있는 범위에서 유류보관시설이나 원자력 발전소의 사후처리원가와 관련된 충당부채를 인식한다(K-IFRS 1037호 문단 19). 따라서 토지의 오염과 법규의 위반으로 인해 범칙금을 부여받았으므로 범칙금을 납부해야할 법적의무가 발생한다.

② 충당부채 : ₩10,000 (예상되는 영업손실이나 관련된 자산의 미래처분손익은 충당부채의 측정시 고려하지 않음)

(사례 2) 상황 ①

① 상업적 압력이나 법률 규정 때문에 공장에 특정 정화장치를 설치하는 지출을 계획하고 있거나 그런 지출이 필요한 경우에는 공장 운영방식을 바꾸는 등의 미래 행위로 미래의 지출을 회피할 수 있으므로 미래에 지출을 해야 할 현재의무는 없으며 충당부채도 인식하지 아니한다(K-IFRS 1037호 문단 19).따라서 토지를 오염시켰으나 관련 법규가 존재하지도 않고 제정될 것이 거의 확실하지도 않으므로 법적의무는 존재하지 않는다.

② 없음(잠재적 의무이며, 20×2년에 관련 법규가 제정될 것으로 예상하고 있어 미래경제적효익의 유출가능성이 아주 낮은 것은 아니므로 우발부채로 주석공시)

(사례 2) 상황 ②

① 입법 예고된 법률의 세부 사항이 아직 확정되지 않은 경우에는 해당 법안대로 제정될 것이 거의 확실한 (virtually certain) 때에만 의무가 생긴 것으로 본다. 그러한 의무는 법적의무로 본다(K-IFRS 1037호 문단 22). 따라서 토지를 오염시켰으며, 관련 법규가 제정될 것이 거의 확실한 경우에는 법적의무가 발생한 것으로 본다.

② 충당부채 : ₩20,000

(사례 3)

① 폐수를 방류하는 것은 미래의 사건이므로 의무발생사건이 존재하지 않는다. (현재의무가 아님)

② 없음

(사례 4) 기업회계기준서 사례

① 외부 컨설팅업체의 활용 등 다른 방안을 통해 정부보조금제도를 활용할 수 있으므로 의무발생사건(교육훈련)이 발생하지 않는다.

② 없음 (회사가 종업원 교육훈련을 하지 않을 경우 자원의 유출가능성은 없으므로 우발부채로도 공시하지 아니함)

(사례 5) 기업회계기준서 사례

① 식중독 사고의 원인이 밝혀지지 않았으므로 과거 사건에 따른 의무는 없다.

② 없음(유출될 가능성이 희박하지 않다면 그러한 사항을 우발부채로 공시할 수 있음)

(사례 6) (2006년 회계사 수정)

① 마일리지 포인트를 제공하면서 대가를 수령하였으므로 미래에 포인트 관련 경제적 효익을 제공해야하는 의무는 존재한다. 그러나 해당 의무는 수익을 이연하여 계약부채를 인식하게 되므로 거래가격 수령시점에 충당부채로 인식할 금액은 없다.

② 없음 (고객충성제도 관련 이연수익은 충당부채가 아님.)

(사례 7) (2006년 회계사 수정)

① 보고기간 말에는 컨테이너선을 수선할 의무가 기업의 미래 행위와 관계없이 존재하지 않기 때문에 수선비용을 인식하지 아니한다. 지출하려는 의도는 선박을 그대로 계속 운영할지 아니면 대수선을 진행할지에 대한 기업의 의사결정에 달려 있다. 충당부채로 인식하는 대신에 5년에 걸쳐 감가상각하는 것이 수선원가의 사용을 반영해 준다. 수선원가가 생기면 이를 자본화하고, 이후 5년에 걸쳐 감가상각하여 각각의 새로운 수선원가의 사용을 보여준다. 따라서 수선은 미래사건이므로 현재의무가 존재하지 않는다.

② 없음 (수선을 하지 않을 경우 자원의 유출가능성은 없으므로 우발부채로도 보고할 금액은 없음)

(사례 8) (2007년 회계사 수정)

① 화재는 보고기간 후에 발생한 사건이므로 20×1년말에는 현재 의무가 존재하지 않는다(수정을 요하는 보고기간후 사건이 아님).

② 없음 (20×2년 재무제표에 관련 손실과 부채를 인식할 수 있음)

(사례 9) (2007년 회계사 수정)

① 매출채권의 회수가능액 하락은 20×1년말 현재 존재하는 사건이나, 단기매매금융자산의 가치하락은 20×1년말 이후에 발생한 사건에 의해 징후가 포착된 것이므로 매출채권의 가치하락에 대해서만 20×1년말 현재의무가 존재한다.

② 없음 (매출채권의 회수가능액 하락은 매출채권의 손상(손실충당금)으로 인식하며 별도로 충당부채를 인식하지는 않음)

문제 2

㈜우수는 20×1년말 현재 다음과 같은 사항에 대한 회계처리를 재무제표에 반영하려고 한다. 각 독립적인 상황별로 ㈜우수가 20×1년말 재무상태표에 계상하여야 할 충당부채의 금액을 계산하시오.

(물음 1) ㈜우수는 20×1년간 제품 100개를 생산하여 개당 ₩10,000에 현금판매하였다. ㈜우수는 관련 법규에 따라 판매시점부터 1년간 무상으로 제품수리보증을 해 주고 있다. 판매한 제품에 대해 유형별로 보증이 발생할 확률과 대당 보증수리비용은 다음과 같다. 20×1년 중 발생한 보증비용은 ₩50이다.

보증수리유형	보증수리 건당 추정비용	보증수리 발생확률
변색	₩10	14%
기능불량	20	9%
파손	50	1%

(물음 2) ㈜우수는 공장을 운영하고 있으며, 그에 관한 면허계약에 의하면 공장 운영 종료시에는 관련 기계장치를 제거하고 공장부지를 원상 복구하여야 한다. 최종적인 원상 복구원가의 90%는 기계장치를 제거하고, 그 장치의 건설로 인해 발생한 공장부지 부분을 원상 복구하는 데 관련된다. 나머지 10%의 원상 복구원가는 제품의 생산으로 인해 발생한다. 보고기간말에 기계장치는 건설되었으나 제품은 생산되지 않은 상태이다.

원상복구시점은 20×5년말이며, 미래 예상 지출액은 ₩100,000이다. 법인세율은 20%, 충당부채 계산과 관련된 적절한 세전할인율은 10%이다. 관련 현재가치계수는 다음과 같다.

기간	8%	10%
4	0.7350	0.6830
5	0.6806	0.6209

(물음 3) 다음의 〈자료 2〉를 이용하여 물음에 답하시오.

〈자료2〉

1. ㈜대한은 20×1년 말 A사업부의 폐쇄 및 이전(구조조정)에 대한 구체적인 계획을 수립하고 이를 종업원 등의 이해관계자들에게 공표한 후 즉시 이행하였다. A사업부에 대한 구조조정은 20×3년 말에 완료될 것으로 예상된다.
2. 20×1년 말 현재 구조조정과 관련하여 발생할 것으로 예상되는 항목별 금액은 다음과 같다. 단, A사업부에 대한 외부 컨설팅은 구조조정을 위한 필수적 활동이며, 아래 표에 제시된 지출과 손익은 모두 해당 연도의 기말에 발생한 것으로 가정한다.

구분	20×2년 말	20×3년 말
A사업부 종업원 해고급여	₩100,000	₩200,000
A사업부 외부 컨설팅비	80,000	50,000
A사업부 예상 영업손실	10,000	12,000
기존 직원 교육훈련비	20,000	30,000
구조조정 관련 자산 처분이익	3,000	2,000

3. 20×1년 말 충당부채 계산 시 적용할 할인율은 연 10%이며, 이후 할인율의 변동은 없다. 관련 현가계수는 아래와 같으며, 답안 작성 시 원 미만은 반올림한다.

기간	1	2
단일금액 ₩1의 현가계수	0.9091	0.8265

4. 구조조정과 관련한 모든 지출과 손익은 예상과 동일하게 발생하였다.

A사업부 구조조정과 관련한 회계처리가 ㈜대한의 ① 20×1년도 당기순이익과 ② 20×2년도 당기순이익에 미치는 영향을 각각 계산하시오. 단, 당기순이익이 감소하는 경우에는 금액 앞에 (−)를 표시하시오.

20×1년도 당기순이익에 미치는 영향	①
20×2년도 당기순이익에 미치는 영향	②

해설 및 해답 종류별 충당부채의 측정

(물음 1) 제품보증충당부채

① 법률에 따라 기업이 보증을 제공하여야 한다면 그 법률의 존재는 약속한 보증이 수행의무가 아님을 나타낸다. 그러한 규정은 보통 결함이 있는 제품을 구매할 위험에서 고객을 보호하기 위해 존재하기 때문이다. 따라서 확신유형의 보증의무로써 충당부채를 인식한다.

② 충당부채 : (₩10×14%+20×9%+50×1%)×100개−50=₩320

(물음 2) 복구충당부채

① 충당부채 계산시에는 세전 미래현금흐름을 세전 할인율을 통하여 계산하며, 90%의 복구원가만 기계장치에 대한 충당부채로 설정한다. 나머지 10%에 대한 충당부채는 제품 생산시에 인식한다.

② 충당부채 : ₩100,000×0.6830(10%, 4기간 현가계수)×90%=₩61,470

(물음 3) 구조조정 충당부채 (2024년 회계사)

20×1년도 당기순이익에 미치는 영향	① (−)₩370,263
20×2년도 당기순이익에 미치는 영향	② (−)₩64,026

1. 구조조정 충당부채의 계산

① 구조조정충당부채 계산시 포함되는 지출 : 종업원 해고급여 및 외부컨설팅비
(예상 영업손실 및 직원 교육훈련비, 자산 처분이익은 구조조정과 관련하여 필수적으로 발생하는 지출이 아님)

② 구조조정충당부채 : (₩100,000+80,000)×0.9091+(200,000+50,000)×0.8265=₩370,263

2. 답안의 계산

① 20×1년 당기순이익 : (−)₩370,263(구조조정충당부채 인식시 비용)

② 20×2년 당기순이익 : (−)₩370,263×10%(이자비용)−10,000(예상영업손실)−20,000(교육훈련비) +3,000(처분이익) =(−)₩64,026

문제 3

12월말 결산법인인 ㈜청명건설은 20×1년 1월 1일, 서울시 서초구 세곡동에 대형주상복합 오피스텔 단지를 건축하기 위하여 ㈜춘분저축은행으로부터 만기 3년의 차입금 ₩1,000,000을 차입하였다.

해당 차입금은 위험도가 높은 PF이므로 ㈜춘분저축은행은 차입 시 보증보험을 요구하였다. 이에 따라 ㈜청명건설은 ㈜곡우보증에게 ₩30,000을 지급하고 3년간 금융보증계약을 체결하였다.

각 물음은 독립적이라고 할 경우, 다음의 물음에 답하시오. (단, 이자비용과 관련된 효과는 무시한다.)

(물음 1) 해당 지급보증과 관련하여 ㈜곡우보증이 ① 20×1년 12월 31일 재무상태표에 인식할 부채와 ② 20×1년 포괄손익계산서에 미치는 영향을 구하시오.

(물음 2) 20×2년 1월 1일, 부동산 경기의 침체로 인하여 ㈜청명건설이 부도처리되었다고 가정한다. 따라서 ㈜곡우보증은 ㈜우리저축은행에게 차입금 전액인 ₩1,000,000을 변제할 의무가 발생하였다고 할 경우, 해당 지급보증과 관련하여 ㈜곡우보증의 ① 20×2년 12월 31일 재무상태표에 인식할 부채와 ② 20×2년 포괄손익계산서에 미치는 영향을 구하시오. (단, 20×2년 12월 31일 현재 아직 변제가 완료되지는 않았다.)

(물음 3) 다른 자료는 모두 동일하고 ㈜청명건설의 차입금에 대하여 ㈜곡우보증이 ㈜입하보험과 연대보증을 하고 있다고 가정한다. 따라서 ㈜청명건설의 부도가 발생한다면 ㈜곡우보증은 ㈜입하보험과 5:5의 비율로 변제해야할 의무가 발생한다. 20×2년 1월 1일, 부동산 경기의 침체로 인하여 ㈜청명건설이 부도 처리되었다고 할 경우 해당 지급보증 관련하여 ㈜곡우보증의 ① 20×2년 12월 31일 재무상태표에 인식할 부채와 ② 20×2년 포괄손익계산서에 미치는 영향을 구하시오.

(물음 4) 20×2년 1월 1일, 부동산 경기의 침체로 인하여 ㈜청명건설이 부도 처리되었으며, ㈜곡우보증이 ㈜청명건설의 부도를 예상하고 ㈜소만RE에 재보험을 가입하였다고 가정한다. 따라서 보증의 상황이 발생할 경우 ㈜곡우보증은 ㈜소만RE로부터 ₩800,000를 변제받을 수 있다. 보증의무가 발생함과 동시에 변제받을 것이 거의 확실하다고 할 경우, 해당 지급보증 및 변제자산과 관련하여 ㈜곡우보증의 ① 20×2년 12월 31일 재무상태표에 인식할 부채와 ② 20×2년 포괄손익계산서에 미치는 영향을 구하시오.

(물음 5) ㈜대한은 20×2년 1월 1일 추가 운영자금을 나라은행으로부터 차입(차입금A)하고자 하였는데, 나라은행은 ㈜대한의 지급불능 위험을 회피하기 위하여 제3자 보증을 요구하였다. 이에 20×2년 1월 1일 ㈜만세가 ㈜대한으로부터 지급보증의 공정가치인 ₩6,000을 보증료로 수취하고 나라은행에 보증을 제공하기로 하였다. 동 금융보증계약에 따라 ㈜만세는 ㈜대한이 보유한 차입금A의 지급불이행으로 나라은행이 손실을 입을 경우 이를 보상한다. 금융보증기간은 20×2년 1월 1일부터 20×5년 12월 31일까지이며, ㈜만세는 수취한 보증료를 보증기간 4년 동안 매년 균등하게 수익으로 인식한다. ㈜만세가 연도별로 추정한 ㈜대한의 차입금A에 대한 손실충당금 잔액은 다음과 같으며, 이는 나라은행이 추정한 금액과 동일하다.

20×2년 말	20×3년 말	20×4년 말	20×5년 말
₩1,000	₩3,500	₩3,700	₩3,700

㈜만세가 ㈜대한을 위해 20×2년 1월 1일 나라은행과 체결한 금융보증계약이 ㈜만세의 20×3년도와 20×4년도의 포괄손익계산서 상 당기순이익에 미치는 영향을 각각 계산하시오. 단, 당기순이익이 감소하는 경우에는 금액 앞에 (−)를 표시하시오.

20×3년 당기순이익에 미치는 영향	①
20×4년 당기순이익에 미치는 영향	②

해설 및 해답 금융보증부채

(물음 1) 금융보증부채

• 최초 인식 후에 금융보증계약의 발행자는 해당 계약을 후속적으로 '㈎ 기대신용손실 규정에 따른 손실충당금과 ㈏ 최초 인식금액(공정가치)에서 인식한 이익누계액을 차감한 금액' 중 큰 금액으로 측정한다(K-IFRS 1109호 문단 4.2.1).

① 20×1년말 금융보증부채 : ₩30,000(총 보증대가)−30,000÷3년(수익인식액)=₩20,000

② 20×1년 당기손익에 미친 영향 : ₩10,000 (보증용역수익)

③ 회계처리

20×1년 1월 1일	(차) 현 금	30,000	(대) 금융보증부채(이연수익)	30,000
20×1년 12월 31일	(차) 금융보증부채(이연수익)	10,000	(대) 보 증 용 역 수 익	10,000

(물음 2) 금융보증부채 - 보증의무의 발생

① 금융보증부채 : max[₩1,000,000(보증금액), ₩30,000−30,000÷3년]=₩1,000,000

② 당기손익에 미친 영향 : (−)₩1,000,000(보증예상액)+20,000(이연수익 잔액)=(−)₩980,000

③ 회계처리

20×2년 1월 1일	(차) 금융보증부채(이연수익)	20,000	(대) 금융보증부채(보증부채)	1,000,000
	보 증 손 실	980,000		

(물음 3) 연대보증

• 제삼자와 연대하여 의무를 지는 경우에는 이행할 전체 의무 중 제삼자가 이행할 것으로 예상되는 부분을 우발부채로 처리한다. 해당 의무 중에서 경제적 효익이 있는 자원의 유출 가능성이 높은 부분에 대하여 충당부채를 인식한다(K-IFRS 1037호 문단 29).

① 금융보증부채 : max[₩1,000,000×50%(보증금액), ₩30,000−30,000÷3년]=₩500,000

* 제3자가 보증할 ₩500,000은 우발부채로서 주석에 공시한다.

② 당기손익에 미친 영향 : (−)₩500,000(보증예상액)+20,000(이연수익 잔액)=(−)₩480,000

③ 회계처리

20×2년 1월 1일	(차) 금융보증부채(이연수익)	20,000	(대) 금융보증부채(보증부채)	500,000
	보 증 손 실	480,000		

(물음 4) 변제자산

- 충당부채를 결제하기 위하여 필요한 지출액의 일부나 전부를 제삼자가 변제할 것으로 예상되는 경우에는 기업이 의무를 이행한다면 변제를 받을 것이 거의 확실하게 되는 때에만 변제금액을 별도의 자산으로 인식하고 회계처리한다. 충당부채와 관련하여 포괄손익계산서에 인식한 비용은 제삼자의 변제와 관련하여 인식한 금액과 상계하여 표시할 수 있다(K-IFRS 1037호 문단 53, 54).

  ① 금융보증부채 : ₩1,000,000 (변제자산은 별도의 자산으로 인식하므로 부채와 상계하지 않는다)

  ② 당기손익에 미친 영향 : (-)₩980,000(보증손실)+800,000(변제이익)=(-)₩180,000

  ③ 회계처리

20×2년 1월 1일	(차) 금융보증부채(이연수익)	20,000	(대) 금융보증부채(보증부채)	1,000,000
	보증손실	980,000		
	(차) 변제자산	800,000	(대) 보증손실	800,000

(물음 5) 금융보증부채의 후속측정 (2021년 회계사)

20×3년 당기순이익에 미치는 영향	① ₩1,000
20×4년 당기순이익에 미치는 영향	② (-)200

1. 금융보증부채의 측정

구분	20×2년 말	20×3년 말	20×4년 말	20×5년 말
손실충당금	₩1,000	₩3,500	₩3,700	₩3,700
이연수익잔액	4,500	3,000	1,500	-

2. 회계처리

20×2년 1월 1일	(차) 현금	6,000	(대) 관련부채	6,000
20×2년 12월 31일	(차) 관련부채	1,500	(대) 보증수익	1,500
20×3년 12월 31일	(차) 관련부채	1,000	(대) 보증수익	1,000
20×4년 12월 31일	(차) 보증손실	200	(대) 관련부채	200

문제 4

20×1년 1월 1일에 ㈜대한은 해저유전 관련 플랫폼을 ₩800,000에 취득하여 4년 동안 운영하기로 하였다. ㈜대한은 해저유전 관련 플랫폼을 사용한 마지막 년도에 플랫폼을 완벽히 해체하고, 해저를 밀봉해야 하는 법적인 의무를 가지고 있다. 불가피한 위험과 불확실성을 고려하여 최선의 추정치를 계산한 결과,이와 관련된 복구비용은 ₩200,000이 될 것으로 예측하고 있다. 복구비용의 현재가치 계산 시 적용할 유효이자율은 연 10%이며, ㈜대한은 정액법(추정 잔존가치는 ₩0)을 적용하여 감가상각하기로 하였다.

다음의 물음에 답하시오. 단, 원 이하는 반올림하고, 현재가치 계산 시 아래의 현가계수를 이용하시오.

기간	10%의 현가계수	
	단일금액 ₩1	정상연금 ₩1
1	0.9091	0.9091
2	0.8264	1.7355
3	0.7513	2.4868
4	0.6830	3.1698

(물음 1) ㈜대한이 ① 20×1년 1월 1일에 수행해야 할 회계처리와 ② 20×1년 12월 31일에 수행해야 할 회계처리를 제시하시오.

(물음 2) 20×4년 12월 31일에 ㈜대한은 플랫폼의 이전과 해저를 밀봉하는 비용으로 ₩220,000을 지불하였다. 20×4년 12월 31일에 수행해야 할 회계처리를 제시하시오.

(물음 3) (물음 1), (물음 2)와 독립적으로 20×1년 말에 ㈜대한의 플랫폼과 관련된 복구비용의 일부를 제3자(A)가 변제할 것이 거의 확실하게 되었고, 해당 금액의 현재가치는 ₩100,000으로 예상된다. 20×1년 말 ㈜대한이 복구비용 변제와 관련하여 수행해야 할 회계처리를 제시하시오.

(물음 4) 위 물음들과는 독립적으로 ㈜대한은 취득 시에 플랫폼과 관련된 복구비용을 제3자(B)와 연대하여 부담하기로 하였다. 전체 복구 의무 중 ㈜대한이 부담해야 할 부분의 현재가치는 ₩100,000이고, 제3자(B)가 이행할 것으로 기대되는 부분의 현재가치는 ₩100,000이다. ㈜대한이 20×1년 1월 1일에 해저유전 관련 플랫폼 취득과 관련하여 수행해야 할 회계처리를 제시하고 그 이유를 간략하게 설명하시오.

해설 및 해답 복구충당부채와 변제자산 (2018년 회계사)

(물음 1)

20×1년 1월 1일	(차) 구축물	936,600	(대) 현금	800,000
			복구충당부채	136,600[1)]

1) ₩200,000 × 0.6830

20×1년 12월 31일	(차) 감가상각비	234,150[1)]	(대) 감가상각누계액	234,150
	(차) 이자비용	13,660[2)]	(대) 복구충당부채	13,660

1) ₩936,600 ÷ 4년

2) ₩136,600 × 10%

(물음 2)

20×4년 12월 31일	(차) 감가상각비	234,150	(대) 감가상각누계액	234,150
	(차) 이자비용	18,181[1)]	(대) 복구충당부채	18,181
	(차) 복구충당부채	200,000	(대) 현금	220,000
	복구손실	20,000		

1) ₩136,600 × 1.1^3 × 10%

(물음 3)

20×1년 12월 31일	(차) 변제자산	100,000	(대) 이연수익	100,000

1) 충당부채와 관련하여 포괄손익계산서에 인식한 비용은 제삼자의 변제와 관련하여 인식한 금액과 상계하여 표시할 수 있다. 따라서 이연수익은 복구충당부채와 관련하여 인식되는 비용(감가상각비 또는 이자비용)을 상계하는 방식을 통해 수익으로 상각한다.

(물음 4)

- ㈜대한이 부담할 부분의 현재가치 ₩100,000은 복구충당부채로 인식하며 유형자산의 취득원가에 포함한다. 한편 제3자(B)가 이행할 것으로 기대되는 부분의 현재가치 ₩100,000은 우발부채로서 주석에 공시한다.

문제 5

(물음 1) ㈜망종은 20×1년부터 판매한 제품의 결함에 대해 2년간 무상보증을 해주고 있다. ㈜망종이 제공하는 제품보증은 확신유형에 해당한다. 개당 보증비용은 20×1년 판매분과 20×2년 판매분에 대해 각각 ₩1,200과 ₩1,500으로 추정되었다. 보증에 관한 자료는 다음과 같다.

연도	판매량	예상 보증비율	보증비용 지출액
20×1년	600개	5%	₩15,000
20×2년	800개	4%	₩17,000(전기 판매분) ₩30,000(당기 판매분)

이와 관련하여 ㈜망종의 20×2년도 재무제표에 인식될 다음의 금액을 계산하시오.

20×2년말 재무상태표 제품보증충당부채	①
20×2년 포괄손익계산서 제품보증비	②

(물음 2) ㈜우리는 20×1년 초에 한정 생산·판매한 제품에 대하여 3년 동안 품질을 보증하기로 하였다. 20×1년 중 실제 발생한 품질보증비는 ₩10,000이다. ㈜우리는 기대가치를 계산하는 방식으로 최선의 추정치 개념을 사용하여 충당부채를 인식한다. ㈜우리는 이 제품의 품질보증과 관련하여 20×1년 말에 20×2년 및 20×3년에 발생할 것으로 예상되는 품질보증비 및 예상확률을 다음과 같이 추정하였다.

20×2년		20×3년	
품질보증비	예상확률	품질보증비	예상확률
₩1,800	20%	₩3,000	30%
3,000	50%	4,000	60%
7,000	30%	5,000	10%

㈜우리는 20×2년 및 20×3년에 발생할 것으로 예상되는 품질보증비에 대해 설정하는 충당부채를 10%의 할인율을 적용하여 현재가치로 측정하기로 하였다. 또한 ㈜우리는 교체로 회수한 제품을 폐기물로 처분하여 ₩2,000의 처분이익이 발생할 것으로 예상하고 있으며, 20×2년도에 ₩1,000의 영업손실이 발생할 것으로 예상하고 있다. ㈜우리의 20×1년 말 재무상태표에 보고될 제품보증충당부채를 계산하시오.

(물음 3) ㈜소서는 고객에게 제품을 판매하며 경품권을 제공하고 있다. ㈜소서는 고객이 경품권 10매를 제시할 경우, 판매가격 ₩10,000(원가 ₩8,000)의 와인을 제공한다. 20×1년 중 고객에게 제공된 경품권은 93매이며, 이 중 90매의 경품권이 회수될 것이라 예상된다. 20×1년말까지 실제로 회수된 경품권은 20매라고 할 경우, ㈜소서가 20×1년말 현재 재무상태표에 인식할 경품충당부채 금액을 구하시오.

(물음 4) 다음은 ㈜세무의 결산일(20×1년 12월 31일) 이후, 이사회가 재무제표를 승인하기 전에 발생한 사건들이다. 아래의 사건들이 개별적으로 ㈜세무의 20×1년 당기순손익에 미치는 영향은 각각 얼마인가? (단, 각 사건들은 상호 독립적이고, 금액적으로 중요하며, 당기순이익을 증가시키면 '이익'으로, 감소시키면 '손실'로 표시하시오.)

> 사건 1. 20×1년 1월 12일 : 20×1년 말에 회사가 보유하는 단기매매목적의 금융자산을 적절히 공정가치로 평가하였다. 동 금융자산의 공정가치가 보고기간 후 추가로 ₩10,000만큼 상승하였다.
>
> 사건 2. 20×2년 1월 31일 : 20×1년 말 현재 자산손상의 징후가 있었으나, 손상금액의 추정이 어려워서 자산손상을 인식하지 않았던 매출거래처 A가 파산되어 매출채권 ₩100,000의 회수가 불가능하게 되었다.
>
> 사건 3. 20×2년 2월 1일 : 보유하던 기계장치(20×1년 말 장부금액 ₩500,000)가 지진으로 파손되었으며, 고철판매 등으로 ₩8,000을 회수할 수 있을 것으로 파악되었다.
>
> 사건 4. 20×2년 2월 5일 : 인근 국가에서의 전쟁 발발로 환율이 비정상적으로 급등하였다. 이러한 환율변동을 20×1년 말 재무제표에 반영할 경우, ㈜세무가 추가로 인식해야 할 외환손실은 ₩300,000이다.
>
> 사건 5. 20×2년 2월 7일 : ㈜세무는 소송 중이던 사건의 판결 확정으로 ₩150,000의 배상금을 지급하게 되었다. ㈜세무는 이사회 승인 전 20×1년 말 재무상태표에 동 사건과 관련하여 충당부채 ₩170,000을 계상하고 있었다.

구분	금액 및 이익/손실
사건 1	①
사건 2	②
사건 3	③
사건 4	④
사건 5	⑤

해설 및 해답 충당부채의 계산

(물음 1)

20×2년 말 재무상태표 제품보증충당부채	① ₩22,000
20×2년 포괄손익계산서 제품보증비	② ₩48,000

1. 보증충당부채의 변동 및 잔액

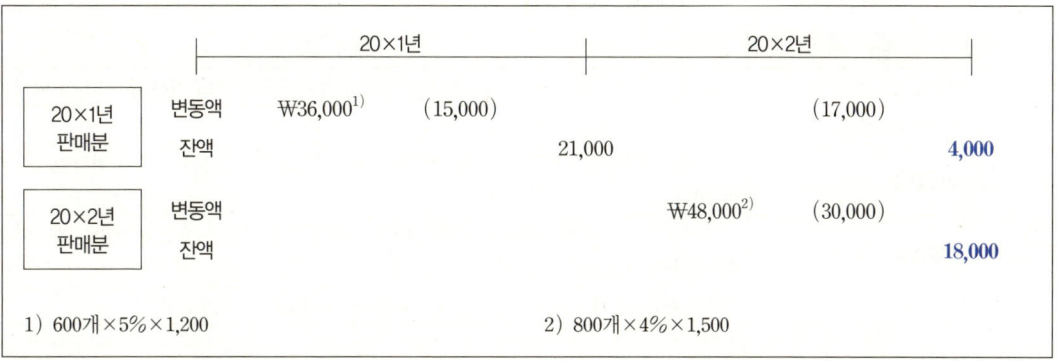

		20×1년			20×2년		
20×1년 판매분	변동액	₩36,000[1)]	(15,000)			(17,000)	
	잔액			21,000			**4,000**
20×2년 판매분	변동액				₩48,000[2)]	(30,000)	
	잔액						**18,000**

1) 600개×5%×1,200　　2) 800개×4%×1,500

2. 회계처리

20×1년	(차) 제 품 보 증 비	36,000[2)]	(대) 제 품 보 증 충 당 부 채	21,000[1)]
			현　　　　금	15,000

1) ₩21,000(20×1년 말 잔액=20×1년 판매분)−0(20×1년 초 잔액)
2) 잔액

20×2년	(차) **제 품 보 증 비**	**48,000**[2)]	(대) 제 품 보 증 충 당 부 채	1,000[1)]
			현　　　　금	47,000

1) ₩22,000(20×2년 말 잔액−20×1년, 20×2년 판매분)−21,000(20×1년 말 잔액)
2) 잔액

(물음 2) 제품보증충당부채 - 현재가치계산

• 일반적으로 제품보증 지출예상액은 보증기간동안 연속적으로 발생하므로 현재가치 계산을 할 수 없다. 그러나 동 문제처럼 특정 시점에 보증지출이 발생한다면, 현재가치로 할인할 수 있다.

① 20×2년 예상 제품보증비 : ₩1,800×20%+3,000×50%+7,000×30%=₩3,960

② 20×3년 예상 제품보증비 : ₩3,000×30%+4,000×60%+5,000×10%=₩3,800

③ 제품보증충당부채 : ₩3,960÷(1+10%)+3,800÷$(1+10\%)^2$=₩6,740
(자산의 예상처분손익이나 예상영업손실은 고려하지 않음)

(물음 3) 경품충당부채

총 경품제공예상액	90매(회수예상 경품권매수)/10매×8,000=	₩72,000
실제경품제공액	20매(실제 회수매수)/10매×8,000=	(16,000)
충당부채 잔액		₩56,000

(물음 4) 보고기간후 사건 (2022년 세무사)

답안	설명
① 영향없음	보고기간 후 발생한 자산가격의 변동이므로 수정을 요하는 보고기간 후 사건이 아니다.
② ₩100,000 손실	매출채권의 손상은 수정을 요하는 보고기간 후 사건이다.
③ 영향없음	보고기간 후 발생한 사건으로 자산이 파손된 것이므로 20×2년에 사건의 영향을 반영해야 한다.
④ 영향없음	보고기간 후에 발생한 자산 가격이나 환율의 비정상적 변동은 수정을 요하는 보고기간 후 사건이 아니다.
⑤ ₩20,000 이익	₩170,000으로 계상하고 있던 충당부채를 ₩150,000으로 조정한다.

서술형 문제

문제 1

(물음 1) 충당부채의 인식요건을 서술하시오.

(물음 2) 의제의무가 발생하기 위해서 충족해야 하는 조건을 서술하시오.

(물음 3) 구조조정에 대한 의제의무가 발생하기 위한 요건을 서술하시오.

(물음 4) 극히 드문 경우이지만 부채와 관련된 사항에 대한 공시를 생략할 수 있는 경우에 대해 서술하고, 이 경우에도 공시를 해야하는 항목에 대해 서술하시오.

해설 및 해답

(물음 1)

충당부채는 지출하는 시기 또는 금액이 불확실한 부채로서 다음의 요건을 모두 충족하는 경우에 인식한다.

(1) 과거사건의 결과로 현재의무(법적의무나 의제의무)가 존재한다.

(2) 해당 의무를 이행하기 위하여 경제적 효익이 있는 자원을 유출할 가능성이 높다.

(3) 해당 의무를 이행하기 위하여 필요한 금액을 신뢰성 있게 추정할 수 있다.

위의 요건을 충족하지 못할 경우에는 충당부채로 인식할 수 없다.

(물음 2)

의제의무란 다음 조건을 모두 충족하는 기업의 행위에 따라 생기는 의무를 말한다.

(1) 과거의 실무관행, 발표된 경영방침, 구체적이고 유효한 약속 등으로 기업이 특정 책임을 부담할 것이라고 상대방에게 표명함

(2) 위 (1)의 결과로 기업이 해당 책임을 이행할 것이라는 정당한 기대를 상대방이 갖도록 함

(물음 3)

구조조정에 대한 의제의무는 다음의 요건을 모두 충족하는 경우에만 생긴다.

(1) 기업이 구조조정에 대한 구체적인 공식 계획을 가지고 있으며, 이 계획에서 적어도 아래에 열거하는 내용을 모두 확인할 수 있어야 한다.

㈎ 구조조정 대상이 되는 사업이나 사업의 일부

㈏ 구조조정의 영향을 받는 주사업장 소재지

㈐ 해고에 대한 보상을 받는 종업원의 근무지, 역할, 대략적인 인원수

㈑ 구조조정에 필요한 지출

㈒ 구조조정 계획의 실행 시기

(2) 기업이 구조조정 계획의 실행에 착수하였거나 구조조정의 주요 내용을 공표함으로써 구조조정의 영향을 받을 당사자가 기업이 구조조정을 실행할 것이라는 정당한 기대를 갖게 한다.

(물음 4)

공시하는 것이 해당 충당부채, 우발부채, 우발자산과 관련하여 진행 중인 상대방과의 분쟁에 현저하게 불리한 영향을 미칠 것으로 예상되는 경우에는 그에 관한 공시를 생략할 수 있다. 다만 해당 분쟁의 전반적인 특성과 공시를 생략한 사실 및 사유는 공시하여야 한다.

CHAPTER 10

확정급여 제도

출제유형
▸ **계산문제**
│문제 1│ 순확정급여부채(자산)의 측정
│문제 2│ 자산인식 상한효과
│문제 3│ 종합문제
│문제 4│ 과거 근무원가와 재측정요소
▸ **서술형문제**

계산문제

문제 1

다음에 제시되는 물음은 각각 독립된 상황이다.

(물음 1) ㈜대한은 종업원이 퇴직한 시점에 일시불급여를 지급하며, 종업원은 4차 연도말에 퇴직할 것으로 예상한다. 일시불급여는 종업원의 퇴직 전 최종 임금의 2%에 근무연수를 곱하여 산정한다. 종업원의 연간 임금은 1차 연도에 ₩10,000,000이며 앞으로 매년 8%(복리)씩 상승한다. 연간 할인율은 12%이다. 보험수리적 가정에 변화는 없으며, 종업원이 예상보다 일찍 또는 늦게 퇴직할 가능성을 반영하기 위해 필요한 추가 조정은 없다고 가정한다. ㈜대한의 ① 1차 연도 당기근무원가와 ② 2차 연도말 확정급여채무를 각각 제시하시오. 계산 과정에서 금액은 소수점 아래 첫째자리에서 반올림한다.

1차 연도 당기근무원가	①
2차 연도말 확정급여채무	②

(물음 2) ㈜부여는 퇴직급여제도로 확정급여제도를 채택하고 있다. 다음은 확정급여제도와 관련된 ㈜부여의 20×1년 자료이다. 퇴직금의 지급은 20×1년 7월 1일에, 사외적립자산의 추가납입은 20×1년말에 발생하였으며, 20×1년초 현재 우량회사채의 시장이자율은 연5%이다.

• 20×1년초 확정급여채무 장부금액	₩500,000
• 20×1년초 사외적립자산 공정가치	400,000
• 당기근무원가	20,000
• 퇴직금지급액(사외적립자산에서 지급함)	72,000
• 사외적립자산 추가납입액	90,000
• 확정급여채무의 20×1년말 현재가치	500,000
• 사외적립자산의 실제 수익률	8%

(1) 위 확정급여제도와 관련하여 ㈜부여가 20×1년 ① 당기순이익 및 ② 기타포괄손익으로 인식할 금액을 계산하시오.

(2) 위 확정급여제도와 관련하여 ㈜부여가 20×1년에 해야할 회계처리를 제시하시오.

(물음 3) ㈜대한의 확정급여제도와 관련된 자료는 다음과 같다.

〈 관련 자료 〉

1. 20×1년 1월 1일 확정급여채무 현재가치는 ₩90,000이다.
2. 20×1년 1월 1일 사외적립자산의 공정가치는 ₩88,000이다.
3. 20×1년말에 퇴직종업원에게 ₩2,000의 현금이 사외적립자산에서 지급되었다.
4. 20×1년 당기근무원가는 ₩105,000이다.
5. 20×1년말에 제도 개정으로 인한 과거근무원가는 ₩20,000이다.
6. 20×1년말에 사외적립자산에 ₩70,000을 현금으로 출연하였다.
7. 20×1년 확정급여채무에서 발생한 보험수리적손실(재측정요소)은 ₩8,000이다.
8. 20×1년 사외적립자산의 실제수익은 ₩14,000이다.
9. 보험수리적 가정의 변동을 반영한 20×1년말 확정급여채무는 ₩230,000이다.

이와 관련하여 ① ㈜대한이 확정급여채무의 이자원가 계산에 적용한 할인율을 계산하시오. ② 확정급여제도가 ㈜대한의 20×1년 당기순이익에 미친 영향을 계산하시오. 단, 감소의 경우에는 금액 앞에 '(−)'를 표시하시오. ③ 20×1년 12월 31일 사외적립자산의 공정가치를 계산하시오.

확정급여채무의 이자원가 계산에 적용한 할인율	①
당기순이익에 미친 영향	②
20×1년말 사외적립자산의 공정가치	③

(물음 4) ㈜고려는 퇴직급여제도로 확정급여제도를 채택하고 있다. 다음의 자료를 이용하여 물음에 답하시오. 퇴직금의 지급 및 사외적립자산의 납입은 20×2년말에 발생하였다.

• 20×2년초 확정급여채무 장부금액	₩500,000
• 20×2년초 사외적립자산 공정가치	400,000
• 당기근무원가	140,000
• 퇴직금지급액(사외적립자산에서 지급함)	100,000
• 사외적립자산 추가납입액	180,000
• 확정급여채무의 20×2년말 현재가치	600,000
• 사외적립자산의 20×2년말 공정가치	540,000

(1) ㈜고려가 20×2년 포괄손익계산서에 인식한 퇴직급여관련 기타포괄이익은 ₩8,000이라고 할 경우, 20×2년초 확정급여채무의 현재가치 측정에 적용한 할인율을 계산하시오.

(2) 순확정급여부채와 관련한 회계처리가 ㈜고려의 20×2년 당기순이익에 미친 영향을 계산하시오.

(3) 20×2년 사외적립자산에서 발생한 실제 수익률을 계산하시오.

해설 및 해답 순확정급여부채(자산)의 측정

(물음 1) 예측단위적립방식 (2016년 회계사)

• 예측단위적립방식에 따르면 당기근무원가를 결정하기 위해 급여를 당기에 배분하며, 확정급여채무의 현재가치를 결정하기 위해 확정급여제도의 급여를 당기와 과거 기간에 배분한다. 급여는 기업이 퇴직급여를 지급하여야 할 채무가 생기는 기간에 배분한다. 이 채무는 종업원이 근무용역을 제공할 때 생기며, 그 근무용역은 기업이 미래 보고기간에 지급할 것으로 예상하는 퇴직급여의 대가이다(K-IFRS 1019호 문단 71).

1. 퇴직급여 지급액의 정리

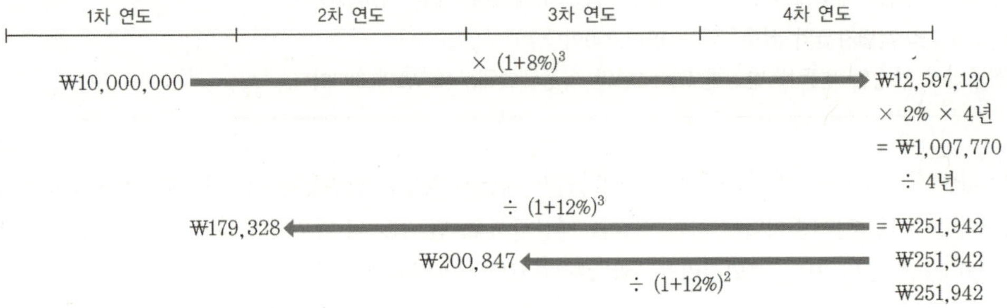

2. 금액의 계산

① 1차 연도 당기근무원가 : ₩179,328

② 2차 연도말 확정급여채무 : ₩179,328×(1+12%)+₩200,847 또는 ₩200,847×2=₩401,694

(물음 2) 확정급여채무의 기중변동

• 순확정급여부채(자산)의 금액 정리

	기초	지급	적립	순이자	근무원가	수정전잔액	재측정	기말
⊖ 확정	500,000	(72,000)		23,200 1)	20,000	471,200	28,800 3)	500,000
⊕ 사외	400,000	(72,000)	90,000	18,200 2)		436,200	10,920 4)	447,120
=순부채(자산)	(100,000)	–	90,000	**(5,000)**	**(20,000)**	(35,000)	**(17,880)**	(52,880)

1) ₩464,000(확정급여채무의 적수*)× 5%(할인율)

　* 확정급여채무의 적수 : [₩500,000(기초장부금액)×12月/12月−72,000(지급액)×6月/12月]

2) ₩364,000(사외적립자산의 적수*)× 5%(할인율)

　* 사외적립자산의 적수 : [₩400,000(기초장부금액)×12月/12月−72,000(지급액)×6月/12月+90,000(적립액)×0月/12月]

3) ₩500,000(기말 현재가치)−471,200(수정전잔액)

4) [₩364,000(사외적립자산의 적수)× 8%(실제 수익률)](실제수익)−18,200(순이자)

(1) 금액의 계산

① 당기순이익 : ₩5,000(순이자)+20,000(근무원가)=₩25,000(비용)

② 기타포괄손익 : ₩28,800(보험수리적손익)−10,920(사외적립자산의 재측정요소)
=₩17,880(기타포괄손실)

(2) 회계처리

20×1년 7월 1일	(차) 확 정 급 여 채 무	72,000	(대) 사 외 적 립 자 산	72,000
20×1년 12월 31일				
적립	(차) 사 외 적 립 자 산	90,000	(대) 현 금	90,000
순이자	(차) 사 외 적 립 자 산	18,200	(대) 확 정 급 여 채 무	23,200
	순 이 자	5,000		
근무원가	(차) 퇴 직 급 여	20,000	(대) 확 정 급 여 채 무	20,000
재측정	(차) 사 외 적 립 자 산	10,920	확 정 급 여 채 무	28,800
	재 측 정 요 소	17,880		

[별해] 확정급여제도의 회계처리

- 확정급여제도와 관련하여 당기손익으로 인식되는 다음의 금액을 결정한다(K−IFRS 1019호 문단 57).
  - ㈎ 당기근무원가
  - ㈏ 과거근무원가와 정산 손익
  - ㈐ 순확정급여부채(자산)의 순이자
- 순확정급여부채(자산)의 순이자는 사외적립자산의 이자수익, 확정급여채무의 이자원가, 자산인식상한효과의 이자로 구성되는 것으로 볼 수 있다(K−IFRS 1019호 문단 124).
- 순확정급여부채(자산)의 순이자는 순확정급여부채(자산)에 문단 83에서 정한 할인율을 곱하여 결정하며(순확정급여부채(자산)와 할인율은 연차 보고기간 초에 결정함) 보고기간의 기여금 납부와 급여 지급으로 생기는 순확정급여부채(자산)의 변동을 고려한다(K−IFRS 1019호 문단 123).
- 확정급여제도와 관련하여 기타포괄손익으로 인식되는 순확정급여부채(자산)의 재측정요소를 결정한다. 재측정요소는 다음 항목으로 구성된다(K−IFRS 1019호 문단 57).
  - ㈎ 보험수리적손익
  - ㈏ 순확정급여부채(자산)의 순이자에 포함된 금액을 제외한 사외적립자산의 수익
  - ㈐ 순확정급여부채(자산)의 순이자에 포함된 금액을 제외한 자산인식상한효과의 변동
- 기타포괄손익에 인식되는 순확정급여부채(자산)의 재측정요소는 후속 기간에 당기손익으로 재분류하지 아니한다. 그러나 기타포괄손익에 인식된 금액을 자본 내에서 대체할 수 있다(K−IFRS 1019호 문단 122).

(물음 3) 확정급여채무의 역산 (2016년 회계사)

1. 순확정급여부채(자산)의 금액 정리

	기초	지급	적립	순이자	근무원가	수정전잔액	재측정	기말
⊖ 확정	90,000	(2,000)		9,000 3)	125,000 1)	222,000 2)	8,000	230,000
⊕ 사외	88,000	(2,000)	70,000	8,800 4)		164,800 5)	5,200 6)	170,000 7)
=순부채(자산)	(2,000)	−	70,000	(200)	(125,000)	(57,200)	(2,800)	(60,000)

1) 근무원가 : ₩105,000(당기근무원가)+20,000(과거근무원가)
2) 확정급여채무의 수정전 잔액 : ₩230,000(확정급여채무의 현재가치)−8,000(보험수리적손실)
3) 확정급여채무의 순이자 : ₩222,000(기말수정전잔액)−[90,000(기초금액)−2,000(지급액)+125,000(근무원가)]
4) 사외적립자산의 순이자 : ₩88,000(기초장부금액)×10%(할인율*)
   * 할인율 : ₩9,000(확정급여채무의 순이자)÷₩90,000(확정급여채무의 기초장부금액)
5) 사외적립자산의 수정전잔액 : ₩88,000(기초장부금액)−2,000(지급액)+70,000(적립금액)+8,800(순이자)
6) 사외적립자산의 재측정요소 : ₩14,000(실제수익)−8,800(순이자)
7) 사외적립자산의 공정가치 : ₩164,800(수정전잔액)+5,200(재측정요소)

2. 금액의 계산

① 확정급여채무의 이자원가 계산에 적용한 할인율 : ₩9,000÷90,000=10%
② 당기순이익에 미친 영향 : (₩9,000−8,800)(순이자)+125,000(근무원가)=₩125,200(비용)
③ 20×1년말 사외적립자산의 공정가치 : ₩170,000

(물음 4)

1. 순확정급여부채(자산)의 금액 정리

	기초	지급	적립	순이자	근무원가	수정전잔액	재측정	기말
⊖ 확정	500,000	(100,000)		40,000 4)	140,000	580,000	20,000	600,000
⊕ 사외	400,000	(100,000)	180,000	32,000 4)		512,000	28,000 5)	540,000
=순부채(자산)	(100,000)	−	180,000	**(8,000)** 3)	(140,000)	(68,000) 2)	8,000 1)	(60,000)

1) 기타포괄이익
2) ₩60,000(기말 순확정급여부채)+8,000(재측정요소)
3) ₩68,000(수정전 잔액)−[100,000(기초 순확정급여부채)−180,000(사외적립자산적립액)+140,000(당기근무원가)]
4) 기초장부금액×8%(할인율)
5) ₩540,000(기말 사외적립자산)−512,000(수정전잔액)

2. 금액의 계산

① 할인율의 계산 : **₩8,000**(순이자)÷100,000(기초 순확정급여자산)=8%
② 20×2년 당기순이익에 미친 영향 : ₩8,000(순이자)+140,000(당기근무원가)=₩148,000
③ 실제수익률 : [₩28,000(사외적립자산의 재측정요소)+32,000(순이자)]÷400,000(기초사외적립자산)=15%

문제 2

다음의 자료를 이용하여 물음에 답하시오.

㈜삼한은 확정급여제도를 채택하고 있으며, 20×1년 1월 1일 현재, ㈜삼한의 확정급여채무의 장부금액은 ₩800,000, 사외적립자산의 공정가치는 ₩600,000이다. 20×1년초의 순확정급여부채를 계산하기 위하여 사용된 할인율은 10%이다.

㈜삼한은 20×1년 12월 31일 퇴직하는 종업원에게 사외적립자산에서 퇴직급여로 ₩200,000을 지급하였고 기여금 ₩500,000을 납부하였다. 20×1년 12월 31일 현재, 사외적립자산의 공정가치는 ₩1,000,000이며 확정급여채무의 현재가치는 ₩900,000이다. 20×1년에 종업원이 근무용역을 제공함에 따라 증가하는 예상미래퇴직급여지급액의 현재가치는 ₩300,000이다. 20×1년말 현재 순확정급여자산의 자산인식상한은 ₩40,000이며, 할인율은 12%이다.

㈜삼한은 20×2년 12월 31일 퇴직하는 종업원에게 사외적립자산에서 퇴직급여로 ₩150,000을 지급하였고 기여금 ₩400,000을 납부하였다. 20×2년 12월 31일 현재, 사외적립자산의 공정가치는 ₩1,350,000이며, 확정급여채무의 현재가치는 ₩1,300,000이다. 20×2년에 종업원이 근무용역을 제공함에 따라 증가하는 예상미래퇴직급여지급액의 현재가치는 ₩400,000이며, 20×2년말 현재 순확정급여자산의 자산인식상한은 ₩20,000이다.

(물음 1) 위 상황과 관련하여 ㈜삼한의 20×1년 재무제표에 인식될 다음의 금액들을 계산하시오.

구분		금액
20×1년말 재무상태표	순확정급여부채(자산)	①
20×1년 포괄손익계산서	당기손익에 미치는 영향	②
	기타포괄손익에 미치는 영향	③

(물음 2) 위 상황과 관련하여 ㈜삼한의 20×2년 재무제표에 인식될 다음의 금액들을 계산하시오.

구분		금액
20×2년말 재무상태표	순확정급여부채(자산)	①
20×2년 포괄손익계산서	당기손익에 미치는 영향	②
	기타포괄손익에 미치는 영향	③

해설 및 해답 자산인식 상한효과

(물음 1)

1. 20×1년 순확정급여부채(자산)의 변동

	기초	지급	납입	순이자	근무원가	수정전잔액	재측정	기말
⊖ 확정	800,000	(200,000)		80,000[1)]	300,000	980,000	(80,000)[2)]	900,000
⊕ 사외	600,000	(200,000)	500,000	60,000[1)]		960,000	40,000[3)]	1,000,000
⊖ 상한효과	–			–		–	60,000[6)]	60,000[5)]
=순부채(자산)	(200,000)	–	500,000	(20,000)	(300,000)	(20,000)	60,000	40,000[4)]

1) 기초장부금액×10%
2) ₩900,000(확정급여채무의 기말 현재가치)－980,000(수정전잔액)
3) ₩1,000,000(사외적립자산의 기말 공정가치)－960,000(수정전잔액)
4) 자산인식상한
5) (－)₩900,000(확정급여채무)＋1,000,000(사외적립자산)－60,000(**자산인식상한효과－역산**)＝₩40,000(자산인식상한)
6) ₩60,000(자산인식상한효과의 기말 장부금액)－0(자산인식상한의 수정전잔액)

2. 금액의 정리

① 순확정급여부채(자산) : 자산 ₩40,000
② 당기손익에 미치는 영향 : ₩20,000(순이자)＋300,000(근무원가)＝₩320,000(손실)
③ 기타포괄손익에 미치는 영향 : ₩80,000(확정급여채무의 재측정요소)＋40,000(사외적립자산의 재측정요소)－60,000(자산인식상한효과의 재측정요소)＝₩60,000(이익)

[별해] 회계처리

지급	(차) 확정급여채무	200,000	(대) 사외적립자산	200,000
납입	(차) 사외적립자산	500,000	(대) 현금	500,000
순이자	(차) 사외적립자산	60,000	(대) 확정급여채무	80,000
	순이자	20,000		
근무원가	(차) 퇴직급여	300,000	(대) 확정급여채무	300,000
재측정요소	(차) 확정급여채무	80,000	(대) 자산인식상한효과	60,000
	사외적립자산	40,000	재측정요소	60,000

(물음 2)

1. 20×2년 순확정급여부채(자산)의 변동

	기초	지급	납입	순이자	근무원가	수정전잔액	재측정	기말
⊖ 확정	900,000	(150,000)		108,000[1]	400,000	1,258,000	42,000[2]	1,300,000
⊕ 사외	1,000,000	(150,000)	400,000	120,000[1]		1,370,000	(20,000)[3]	1,350,000
⊖ 상한효과	60,000			7,200[1]		67,200	(37,200)[6]	30,000[5]
=순부채(자산)	40,000	–	(400,000)	4,800	(400,000)	44,800	(24,800)	20,000[4]

1) 기초장부금액×12%
2) ₩1,300,000(확정급여채무의 기말 현재가치)－1,258,000(수정전잔액)
3) ₩1,350,000(사외적립자산의 기말 공정가치)－1,370,000(수정전잔액)
4) 자산인식상한
5) (－)₩1,300,000(확정급여채무)＋1,350,000(사외적립자산)－30,000(**자산인식상한효과－역산**)＝₩20,000(자산인식상한)
6) ₩30,000(자산인식상한효과의 기말 장부금액)－67,200(자산인식상한의 수정전잔액)

2. 금액의 정리

① 순확정급여부채(자산) : 자산 ₩20,000

② 당기손익에 미치는 영향 : (－)₩4,800(순이자)＋400,000(근무원가)＝₩395,200(손실)

③ 기타포괄손익에 미치는 영향 : (－)₩42,000(확정급여채무의 재측정요소)－20,000(사외적립자산의 재측정요소)＋37,200(자산인식상한효과의 재측정요소)＝(－)₩24,800(손실)

[별해] 회계처리

지급	(차) 확정급여채무	150,000	(대) 사외적립자산	150,000
납입	(차) 사외적립자산	400,000	(대) 현금	400,000
순이자	(차) 사외적립자산	120,000	(대) 확정급여채무	108,000
			자산인식상한효과	7,200
			순이자	4,800
근무원가	(차) 퇴직급여	400,000	(대) 확정급여채무	400,000
재측정요소	(차) 자산인식상한효과	37,200	(대) 확정급여채무	42,000
	재측정요소	24,800	사외적립자산	20,000

문제 3

다음의 각 물음은 독립적이다.

20×1년 1월 1일에 설립된 ㈜대한은 20×1년 말에 확정급여제도를 도입하였으며, 이와 관련된 〈자료〉는 다음과 같다. 단, 20×1년도 확정급여채무 계산 시 적용한 할인율은 연 10%이며, 20×1년 이후 할인율의 변동은 없다.

〈20×1년〉

1. 20×1년 말 확정급여채무 장부금액은 ₩80,000이다.
2. 20×1년 말에 사외적립자산에 ₩79,000을 현금으로 출연하였다.

〈20×2년〉

1. 20×2년 6월 30일에 퇴직종업원에게 ₩1,000의 현금이 사외적립자산에서 지급되었다.
2. 20×2년 11월 1일에 사외적립자산에 ₩81,000을 현금으로 출연하였다.
3. 당기근무원가는 ₩75,000이다.
4. 20×2년 말 현재 사외적립자산의 공정가치는 ₩171,700이며, 보험수리적 가정의 변동을 반영한 확정급여채무는 ₩165,000이다.
5. 자산인식상한은 ₩5,000이다.

〈20×3년〉

1. 20×3년 말에 퇴직종업원에게 ₩2,000의 현금이 사외적립자산에서 지급되었다.
2. 20×3년 말에 사외적립자산에 ₩80,000을 현금으로 출연하였다.
3. 당기근무원가는 ₩110,000이다.
4. 20×3년 말에 제도 정산이 이루어졌으며, 정산일에 결정되는 확정급여채무의 현재가치는 ₩80,000, 정산가격은 ₩85,000(이전되는 사외적립자산 ₩60,000, 정산 관련 기업 직접 지급액 ₩25,000)이다.
5. 20×3년 말 제도 정산 직후 사외적립자산의 공정가치는 ₩220,000이며, 보험수리적 가정의 변동을 반영한 확정급여채무는 ₩215,000이다.
6. 자산인식상한은 ₩3,500이다.

(물음 1) ㈜대한의 확정급여제도와 관련하여 20×2년 말 현재 재무상태표에 표시될 ① 순확정급여부채(자산)와 20×2년도 포괄손익계산서 상 ② 기타포괄이익에 미치는 영향 및 ③ 당기순이익에 미치는 영향을 각각 계산하시오. 단, 순확정급여자산인 경우에는 괄호 안에 금액(예시: (1,000))을 표시하고, 기타포괄이익이나 당기순이익이 감소하는 경우에는 금액 앞에 (−)를 표시하시오.

순확정급여부채(자산)	①
기타포괄이익에 미치는 영향	②
당기순이익에 미치는 영향	③

(물음 2) ㈜대한의 확정급여제도와 관련하여 20×3년 말 현재 재무상태표에 표시될 ① 순확정급여부채(자산), ② 기타포괄손익누계액 및 20×3년도 포괄손익계산서 상 ③ 당기순이익에 미치는 영향을 계산하시오. 단, 기타포괄손익에 포함되는 재측정요소의 경우 재무상태표에 통합하여 표시하며, 순확정급여자산인 경우와 기타포괄손익누계액이 차변 잔액일 경우에는 괄호 안에 금액(예시: (1,000))을 표시하고, 당기순이익이 감소하는 경우에는 금액 앞에 (−)를 표시하시오.

순확정급여부채(자산)	①
기타포괄손익누계액	②
당기순이익에 미치는 영향	③

해설 및 해답 종합문제 (2021년 회계사)

(물음 1)

1. 20×2년 순확정급여부채(자산)의 변동

	기초	지급	납입	순이자	근무원가	수정전잔액	재측정	기말
⊖ 확정	80,000	(1,000)		7,950[1]	75,000	161,950	3,050	165,000
⊕ 사외	79,000	(1,000)	81,000	9,200[2]		168,200	3,500	171,700
⊖ 상한효과	−			−		−	1,700	1,700
=순부채(자산)	(1,000)	−	81,000	1,250	(75,000)	6,250	(1,250)	5,000

1) 확정급여채무의 순이자 : ₩79,500(연평균적수)×10%(기초 할인율)

구분	일자	금액	월수	연평균 적수
기초금액	1/ 1	₩80,000	12/12	₩80,000
퇴직금 지급	6/30	(1,000)	6/12	(500)
합계				₩79,500

2) 사외적립자산의 순이자 : ₩92,000(연평균적수)×10%(기초 할인율)

구분	일자	금액	월수	연평균 적수
기초금액	1/ 1	₩79,000	12/12	₩79,000
퇴직금 지급	6/30	(1,000)	6/12	(500)
현금출연	11/ 1	81,000	2/12	13,500
합계				₩92,000

2. 금액의 정리

① 순확정급여부채(자산) : 자산 ₩5,000

② 기타포괄손익에 미치는 영향 : (−)₩3,050(확정급여채무의 재측정요소)+3,500(사외적립자산의 재측정요소)−1,700(자산인식상한효과의 재측정요소)=(−)₩1,250(손실)

③ 당기손익에 미치는 영향 : ₩1,250(순이자)−75,000(근무원가)=(−)₩73,750(손실)

[별해] 회계처리

지급	(차) 확정급여채무	1,000	(대) 사외적립자산	1,000
납입	(차) 사외적립자산	81,000	(대) 현금	81,000
순이자	(차) 사외적립자산	9,200	(대) 확정급여채무	7,950
			순이자	1,250
근무원가	(차) 퇴직급여	75,000	(대) 확정급여채무	75,000
재측정요소	(차) 사외적립자산	3,500	(대) 확정급여채무	3,050
	재측정요소	1,250	자산인식상한효과	1,700

(물음 2)

1. 20×3년 순확정급여부채(자산)의 변동

	기초	지급	납입	정산	순이자	근무원가	수정전잔액	재측정	기말
⊖ 확정	165,000	(2,000)		(80,000)	16,500[1]	110,000	209,500	5,500	215,000
⊕ 사외	171,700	(2,000)	80,000	(60,000)	17,170[1]		206,870	13,130	220,000
⊖ 상한효과	1,700				170[1]		1,870	(370)	1,500
= 순부채(자산)	5,000	–	80,000	(5,000)[2]	500	(110,000)	(4,500)	8,000	3,500

1) 기초장부금액×10%

2) 정산손실 : ₩80,000(확정급여채무 정산)−60,000(사외적립자산 지급)−25,000(현금지급액)

2. 금액의 정리

① 순확정급여부채(자산) : 자산 ₩3,500

② 기타포괄손익누계액 : (−)₩1,250(전기 손실)+8,000(당기이익)=₩6,750

③ 당기손익에 미치는 영향 : (−)₩5,000(정산손실)+500(순이자)−110,000(근무원가)=₩114,500(손실)

[별해] 회계처리

지급	(차) 확정급여채무	2,000	(대) 사외적립자산	2,000
납입	(차) 사외적립자산	80,000	(대) 현금	80,000
정산	(차) 확정급여채무	80,000	(대) 사외적립자산	60,000
	정산손실	5,000	현금	25,000
순이자	(차) 사외적립자산	17,170	(대) 확정급여채무	16,500
			자산인식상한효과	170
			순이자	500
근무원가	(차) 퇴직급여	110,000	(대) 확정급여채무	110,000
재측정요소	(차) 사외적립자산	13,130	(대) 확정급여채무	5,500
	자산인식상한효과	370	재측정요소	8,000

문제 4 저유

(물 음) 다음의 〈자료〉를 이용하여 물음에 답하시오.

〈 자 료 〉

㈜대한은 퇴직급여제도로 확정급여제도를 도입·운영하고 있으며 20×1년 말 순확정급여부채는 ₩20,000(확정급여채무 ₩120,000, 사외적립자산 ₩100,000)이다. 20×2년 퇴직급여와 관련한 정보는 다음과 같다.

1. 20×2년 초 확정급여채무의 현재가치 계산 시 적용할 할인율을 연 10%로 결정하였다.
2. 20×2년 7월 1일에 보험계약의 체결을 통해 일부 종업원에 대한 유의적인 확정급여채무와 사외적립자산을 보험회사에 일시에 이전하였다. 이전된 확정급여채무의 현재가치와 사외적립자산은 각각 ₩20,000과 ₩15,000이다. 또한 ㈜대한은 이러한 제도의 일부 정산과 관련하여 보험회사에 현금 ₩7,000을 추가로 지급하였다. 정산 시점에 할인율과 보험수리적 가정 및 사외적립자산의 공정가치 변동은 없다.
3. 20×2년 10월 1일 확정급여제도의 일부를 개정(지급될 급여 증가)하여 20×2년 10월 1일 현재 할인율을 연 8%로 다시 결정하였고, 할인율 이외의 보험수리적 가정도 일부 변경하였다.
4. 20×2년 10월 1일 현재 보험수리적 가정의 변동을 반영한 제도 개정 전 확정급여채무는 ₩120,000이고, 여기에 제도 개정을 반영한 확정급여채무는 ₩130,000이다. 한편, 20×2년 10월 1일 현재 사외적립자산의 공정가치는 ₩97,000이다.
5. 20×2년 10월 1일 제도 개정 이전 기간에 인식한 당기근무원가는 ₩7,500이며, 이후 기간에 인식한 당기근무원가는 ₩3,000이다.
6. 20×2년 말 현재 사외적립자산의 공정가치는 ₩145,000이며, 보험수리적 가정의 변동을 반영한 확정급여채무는 ₩140,000이다.
7. 자산인식상한은 ₩3,000이다.

㈜대한이 20×2년도에 확정급여제도와 관련하여 인식할 ① 순이자비용을 계산하고, 동 제도와 관련한 회계처리가 20×2년도 포괄손익계산서 상 ② 당기순이익과 ③ 기타포괄이익에 미치는 영향을 각각 계산하시오. 단, 당기순이익이나 기타포괄이익이 감소하는 경우에는 금액 앞에 (−)를 표시하시오.

순이자비용	①
당기순이익에 미치는 영향	②
기타포괄이익에 미치는 영향	③

해설 및 해답 과거 근무원가와 재측정요소 (2024년 회계사)

(물 음) 확정급여제도

순이자비용	① ₩2,035
당기순이익에 미치는 영향	② (−)₩24,535
기타포괄이익에 미치는 영향	③ ₩40,535

1. 20×2년 1월 1일부터 20×2년 10월 1일까지의 순확정급여부채(자산)의 변동

구분	기초	순이자	근무원가	정산	수정전잔액	재측정	10월 1일
⊖ 확정	120,000	8,500[1]	7,500[3]	(20,000)	116,000	4,000	120,000
⊕ 사외	100,000	7,125[2]		(15,000)	92,125	4,875	97,000
⊖ 상한효과					−	−	−
=순부채(자산)	(20,000)	(1,375)	(7,500)		(23,875)	875	(23,000)

1) 확정급여채무의 순이자 : [(₩120,000×9/12−20,000×3/12(정산)]×10%
2) 사외적립자산의 순이자 : [(₩100,000×9/12−15,000×3/12(정산)]×10%
3) ₩7,500(10월 1일전까지의 당기근무원가)

2. 20×2년 10월 1일부터 20×2년 12월 31일까지의 순확정급여부채(자산)의 변동

구분	10월1일	순이자	근무원가	수정전잔액	재측정	기말
⊖ 확정	120,000	2,600[1]	13,000[3]	135,600	4,400	140,000
⊕ 사외	97,000	1,940[2]		98,940	46,060	145,000
⊖ 상한효과	−			−	2,000	2,000
=순부채(자산)	(23,000)	(660)	(13,000)	(36,660)	39,660	3,000

1) 확정급여채무의 순이자 : [₩120,000+10,000(과거근무원가)]×3/12×8%
2) 사외적립자산의 순이자 : ₩97,000×3/12×8%
3) ₩3,000(당기근무원가)+10,000(과거근무원가)

3. 답안의 계산

① 순이자비용 : ₩1,375+660=₩2,035
② 당기순이익에 미치는 영향 : (₩1,375+660)(순이자)+2,000(정산손익)+(7,500+13,000)(근무원가)=₩24,535 손실
③ 기타포괄이익에 미치는 영향 : ₩875+39,660=₩40,535(이익)

[별해] 회계처리

20×2년 7월 1일	(차)	확정급여채무	20,000	(대)	사외적립자산	15,000
		정산손실	2,000		현금	7,000
20×2년 10월 1일						
순이자	(차)	사외적립자산	7,125	(대)	확정급여채무	8,500
		순이자	1,375			
당기근무원가	(차)	퇴직급여	7,500	(대)	확정급여채무	7,500
재측정요소	(차)	사외적립자산	4,875	(대)	확정급여채무	4,000
					재측정요소	875
과거근무원가	(대)	퇴직급여	10,000	(대)	확정급여채무	10,000
20×2년 12월 31일						
순이자	(차)	사외적립자산	1,940	(대)	확정급여채무	2,600
		순이자	660			
당기근무원가	(차)	퇴직급여	3,000	(대)	확정급여채무	3,000
재측정요소	(차)	사외적립자산	46,060	(대)	확정급여채무	4,400
					자산인식상한효과	2,000
					재측정요소	39,660

서술형 문제

문제 1

(물음 1) 누적 유급휴가와 비누적 유급휴가의 인식시점에 대해 설명하시오.

(물음 2) 이익분배금과 상여금의 인식시점에 대해 설명하시오.

(물음 3) 해고급여의 정의와 인식시점에 대해 서술하시오.

(물음 4) 기타포괄손익으로 인식되는 순확정급여부채(자산)의 재측정요소의 구성요소 세가지를 서술하시오.

(물음 5) 자산인식상한의 정의에 대해 서술하시오.

해설 및 해답

(물음 1)

유급휴가 형식의 단기종업원급여의 예상원가는 다음과 같이 회계처리한다.

(1) 누적 유급휴가는 종업원이 미래 유급휴가 권리를 확대하는 **근무용역을 제공**할 때 인식한다.

(2) 비누적 유급휴가는 종업원이 휴가를 **실제로 사용**할 때 인식한다.

(물음 2)

다음을 모두 충족하는 경우 문단 이익분배금과 상여금의 예상원가를 인식한다.

(1) 과거 사건의 결과로 현재의 **지급의무**(법적의무나 의제의무)가 생긴다. 현재 의무는 급여를 지급하는 방법 외에 다른 현실적인 대안이 없을 때 존재한다.

(2) 채무금액을 **신뢰성 있게 추정**할 수 있다.

(물음 3)

해고급여란 다음 중 어느 하나의 결과로서, 종업원을 해고하는 대가로 제공하는 종업원급여를 말한다.

(1) 기업이 통상적인 퇴직시점 전에 종업원을 해고하는 결정

(2) 종업원이 해고의 대가로 기업에서 제안하는 급여를 받아들이는 결정

다음 중 이른 날에 해고급여에 대한 부채와 비용을 인식한다.

(1) 기업이 해고급여의 제안을 더는 철회할 수 없을 때

(2) 기업이 해고급여의 지급을 포함하는 구조조정 원가를 인식할 때

(물음 4)

(1) 보험수리적손익

(2) 순확정급여부채(자산)의 순이자에 포함된 금액을 제외한 사외적립자산의 수익

(3) 순확정급여부채(자산)의 순이자에 포함된 금액을 제외한 자산인식상한효과의 변동

(물음 5)

자산인식상한은 제도에서 환급받는 형태로 또는 제도에 납부할 미래기여금을 절감하는 형태로 얻을 수 있는 경제적 효익의 현재가치이다.

CHAPTER 11

자 본

출제유형

▶ 계산문제

▶ 서술형문제

계산문제

문제 1

다음에 제시되는 물음은 각각 독립된 상황이다.

(물음 1) 다음의 자료를 이용하여 물음에 답하시오.

1. ㈜대한은 20×1년 초에 설립되었으며, 20×3년 1월 1일 현재 자본부분은 다음과 같다.

Ⅰ. 자본금		₩7,500,000
1. 보통주자본금	₩5,000,000	
2. 우선주자본금	2,500,000	
Ⅱ. 자본잉여금		1,500,000
1. 보통주주식발행초과금	1,500,000	
Ⅲ. 기타포괄손익누계액		(20,000)
1. 금융자산평가손익	(20,000)	
Ⅳ. 이익잉여금		3,000,000
1. 이익준비금	1,000,000	
2. 미처분이익잉여금	2,000,000	
자본총계		₩11,980,000

2. ㈜대한의 자본금은 설립 이후 20×3년 초까지 변화가 없었으며, 보통주와 우선주의 1주당 액면금액은 각각 ₩1,000과 ₩2,000이다.
3. ㈜대한은 20×2년 경영성과에 대해 20×3년 3월 25일 주주총회에서 현금배당 ₩1,050,000을 원안대로 승인하고 지급하였으며, 이익준비금은 상법 규정에 따라 최소 금액만을 적립하기로 결의하였다.
4. ㈜대한은 20×3년 4월 1일 보통주 5,000주를 1주당 ₩950에 현금 발행하였다.
5. ㈜대한은 20×3년 5월 1일 주가 안정화를 위해 현재 유통 중인 보통주 1,000주를 1주당 ₩900에 취득하였으며, 자본조정으로 분류한 자기주식의 취득은 원가법으로 회계처리하였다.
6. ㈜대한은 20×3년 7월 1일 자본잉여금 ₩1,000,000과 이익준비금 ₩500,000을 재원으로 하여 보통주에 대한 무상증자를 실시하였다. 단, 자기주식에 대한 무상증자는 실시하지 않았다.
7. ㈜대한은 20×3년 10월 1일 보유 중인 자기주식 500주를 1주당 ₩1,300에 재발행하였다.
8. ㈜대한의 20×3년도 당기순이익은 ₩1,200,000이다.

㈜대한의 20×3년 말 재무상태표에 표시되는 자본금, 자본잉여금, 자본조정 및 이익잉여금의 금액을 계산하시오. 단, 음의 값은 (−)를 숫자 앞에 표시하시오

자본금	①
자본잉여금	②
자본조정	③
이익잉여금	④

(물음 2) ㈜거제는 20×1년 1월 1일에 주당 액면금액 ₩500인 보통주 1,000주를 주당 ₩1,500에 발행하여 설립되었다. 20×2년 중 다음과 같은 자기주식 거래가 발생하였다.

일자	내용
2월 14일	200주의 보통주를 주당 ₩1,400에 재취득
3월 14일	120주의 자기주식을 주당 ₩1,800에 재발행
5월 14일	80주의 보통주를 주당 ₩1,600에 재취득
11월 21일	40주의 보통주를 무상으로 증여받음
12월 1일	120주의 자기주식을 주당 ₩1,000에 재발행
12월 31일	40주의 자기주식을 소각

20×1년 중 자기주식 거래는 없었으며, ㈜거제는 자기주식의 회계처리에 이동평균법에 따른 원가법을 적용하고 있다. 20×2년말 ㈜거제의 재무상태표에 표시될 ① 자기주식처분손익과 ② 자기주식 잔액을 각각 계산하시오.

(물음 3) ㈜흥덕은 20×1년 1월 1일 액면금액 ₩1,000,000, 표시이자율 연 8%(12월 말 지급), 만기 3년인 사채를 시장이자율 연 10%에 발행하였다. 20×2년 7월 1일 시장이자율이 연 12%로 상승하였을 때 동 사채의 액면금액 중 50%를 시장에서 경과기간 동안의 액면이자를 포함하여 조기상환하였다. ㈜흥덕은 조기상환의 대가로 주당 공정가치 ₩10,000의 주식 50주(주당 액면금액 ₩5,000)를 발행하였다. 이 경우 ㈜흥덕이 20×2년 7월 1일 인식할 조기상환손익을 계산하시오. 단, 현가계수는 다음과 같다.

기간	10%		12%	
	단일금액	정상연금	단일금액	정상연금
1	0.9091	0.9091	0.8929	0.8929
2	0.8264	1.7355	0.7972	1.6901
3	0.7513	2.4868	0.7118	2.4019

(물음 4) ㈜한국은 사업확장을 위하여 20×3년 1월 15일에 ㈜민국으로부터 공정가치가 ₩1,200,000인 공장부지를 수취하고 보통주 3,000주(주당액면금액 ₩500)를 발행하여 지급하였다. ㈜한국의 동 발행 보통주 신주의 공정가치는 ₩1,800,000으로 추정된다. 이상의 보통주 신주발행이 ㈜한국의 자본총계에 미치는 영향을 계산하시오.

(물음 5) ㈜한국은 20×3년 5월 1일 사업확장과 운영자금 조달을 위하여 보통주 신주 2,000주를 임직원과 일반인에게 청약을 받아 발행하기로 이사회에서 의결하였다. ㈜한국이 발행하고자 하는 보통주 신주는 주당 액면금액이 ₩500이고 신주발행금액은 주당 ₩12,000이다. 청약자는 주식청약일에 청약한 주식대금의 30%를 납입하고, 주식대금잔액은 1개월 후에 납입하며, 청약된 주식은 주식대금잔액 납부 2개월 후 발행된다. 청약계약이 해약되는 경우 ㈜한국은 이미 납입된 주식대금을 상환할 의무가 없으며, 청약자가 청약한 주식대금의 잔액을 납부하지 않는 경우 이미 납입한 주식대금에 대해서는 비례기준(납입한 주식대금/신주의 발행금액)에 의거하여 청약자에게 주식을 발행교부한다. ㈜한국의 보통주 신주에 대한 청약이 주식청약일에 2,000주가 청약되었으나 이후 주식시장의 상황악화로 인하여 청약된 주식대금 잔액의 80%만 납입되었다. 주식청약을 미이행계약의 관점에서 회계처리하는 경우 청약된 주식대금 잔액의 납입직후 주식청약이 ㈜한국의 부채와 자본에 미친 영향과 이러한 주식청약으로 ㈜한국이 발행교부할 보통주 신주의 수를 계산하시오. 단, 감소의 경우에는 금액 앞에 (−)를 표시하고, 변동이 없으면 '변동없음'으로 표시하시오.

항목	금액/신주의 수
부채	①
자본	②
발행 교부할 신주의 수	③

해설 및 해답 종류별 자본거래

(물음 1) 자본거래에 따른 자본계정의 변동 (2020년 회계사)

1. 기중거래의 회계처리

20×3년 3월 25일	(차) 미처분R/E	1,050,000	(대) 미지급배당금	1,050,000
	(차) 미처분R/E	105,000	(대) 이익준비금	105,000
20×3년 4월 1일	(차) 현금	5,000주×@950	(대) 자본금	5,000주×@1,000
	주식발행초과금	250,000		
20×3년 5월 1일	(차) 자기주식	1,000주×@900	(대) 현금	1,000주×@900
20×3년 7월 1일	(차) 주식발행초과금	1,000,000	(대) 자본금	1,500,000
	이익준비금	500,000		
20×3년 10월 1일	(차) 현금	500주×@1,300	(대) 자기주식	500주×@900
			자기주식처분익	200,000
20×3년 12월 31일	(차) 집합손익	1,200,000	(대) 미처분R/E	1,200,000

2. 각 금액별 계산

구분	자본금	자본잉여금	자본조정	이익잉여금
20×3년 1월 1일	₩7,500,000	₩1,500,000	–	₩3,000,000
3월 25일				(1,050,000)*
4월 1일	5,000,000	(250,000)		
5월 1일			(900,000)	
7월 1일	1,500,000	(1,000,000)		(500,000)
10월 1일		200,000	450,000	
당기순이익				1,200,000
12월 31일	₩14,000,000	₩450,000	₩(450,000)	₩2,650,000

* 이익준비금도 이익잉여금에 포함되므로 이익준비금의 적립은 이익잉여금 총액에 영향을 미치지 못함

(물음 2) 자기주식 거래

1. 자기주식 원가흐름

일자	적요	변동			잔고		
		수량	단가	총액	수량	단가	총액
2월 14일	취득	200주	@1,400	₩280,000	200주	1,400	₩280,000
3월 14일	발행	(120)주			80주	1,400	112,000
5월 14일	취득	80주	1,600	128,000	160주	1,500	240,000
11월 21일	무상증여	40주	0	0	200주	1,200	240,000
12월 1일	발행	(120)주			80주	1,200	96,000
12월 31일	소각	(40)주			40주	1,200	48,000

2. 금액의 계산

① 자기주식 처분손익

3월 14일자	120주×@1,800－120주×@1,400＝	₩48,000
12월 1일자	120주×@1,000－120주×@1,200＝	(24,000)
자기주식 처분이익		₩24,000

② 자기주식 : 40주×@1,200＝₩48,000

[별해] 회계처리

20×1년 2월 14일	(차) 자기주식	280,000	(대) 현금	280,000
20×1년 3월 14일	(차) 현금	216,000[1]	(대) 자기주식	168,000
			자기주식처분이익	48,000
	1) 120주×@1,800			
20×1년 5월 14일	(차) 자기주식	128,000	(대) 현금	128,000
20×1년 11월 21일		회계처리 없음 (비망기록)		
20×1년 12월 1일	(차) 현금	120,000[1]	(대) 자기주식	144,000
	자기주식처분이익	24,000		
	1) 120주×@1,000			
20×1년 12월 31일	(차) 자본금	20,000	(대) 자기주식	48,000
	감자차손	28,000		

(물음 3) 출자전환

1. 미래현금흐름 및 상각후원가의 계산

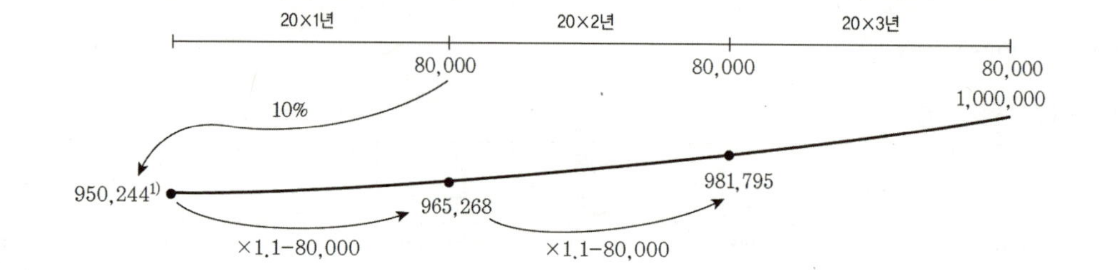

1) ₩80,000×2.4868＋1,000,000×0.7513

2. 출자전환손익

사채와 경과이자의 장부금액	(₩965,268＋965,268×10%×6月/12月)×50%＝	₩506,766
주식의 공정가치	50주×₩10,000＝	(500,000)
		₩6,766

[별해] 출자전환시 회계처리

20×1년 7월 1일	(차) 이 자 비 용	24,132[1)]	(대) 미 지 급 이 자	20,000
			사채할인발행차금	4,132
	(차) 사 채	500,000	(대) 사채할인발행차금	13,234[2)]
	미 지 급 이 자	20,000	자 본 금	250,000
			주식발행초과금	250,000
			출 자 전 환 이 익	**6,766**

1) ₩965,268×10%×6月/12月×50%
2) (₩49,756－15,024)×50%－,4132

(물음 4) 현물출자 (2013년 회계사 수정)

① 자본총계에 영향 : ₩1,200,000(토지의 공정가치)

② 회계처리

현물출자	(차) 토 지	1,200,000	(대) 자 본 금	₩500×3,000주
	주식할인발행차금	300,000		

(물음 5) 청약발행 (2013년 회계사)

1. 금액의 계산

① 부채 : 변동없음

② 자본 : 2,000주 × ₩12,000 × 30%(청약증거금)+2,000주 × ₩12,000 × 70% × 80%(잔금) ＝₩20,640,000*

* 청약증거금을 제외한 잔금의 납입만을 생각한다면 자본에 미치는 영향은 ₩13,440,000이 될 수 있다.

③ 발행 교부할 신주의 수 : ₩20,640,000(총 현금납입액)÷₩12,000＝1,720주

2. 회계처리

청약일	(차) **현 금**	**7,200,000**[1)]	(대) 신주청약증거금	7,200,000

1) 2,000주 ×@12,000×30%

납입 및 발행일	(차) **현 금**	**13,440,000**[1)]	(대) 자 본 금	800,000[3)]
	신주청약증거금	5,760,000[2)]	주식발행초과금	18,400,000[4)]
	(차) 신주청약증거금	1,440,000[5)]	(대) 자 본 금	60,000[6)]
			주식발행초과금	1,380,000[7)]

1) 잔금 납입액 : 2,000주×80%×@12,000×70%
2) 납입분 증거금 : 2,000주×80%×@12,000×30%
3) 2,000주×80%×@500(주당액면금액)
4) (₩13,440,000+5,760,000)(주식발행금액)－800,000(발행주식 액면금액)
5) 미납입분 증거금 : 2,000주×20%×@12,000×30%
6) [₩1,440,000÷@12,000(주당발행금액)](발행주식수)×@500(주당액면금액)
7) ₩1,440,000(주식발행금액)－60,000(발행주식 액면금액)

문제 2

다음은 결산일이 12월 31일인 ㈜약수의 20×0년 말 자본계정 및 20×1년 중 자본거래 내역이다.

〈 자본계정 〉

구 분(단위 : 원)		
I. 자본금		5,000,000
1. 보통주자본금 (주당액면가액 ₩5,000)	5,000,000	
II. 자본잉여금		2,023,000
1. 주식발행초과금	2,000,000	
2. 자기주식처분이익	23,000	
III. 이익잉여금		11,038,000
1. 이익준비금	500,000	
2. 재무구조개선적립금	3,600,000	
3. 기업합리화적립금	1,138,000	
4. 미처분이익잉여금	5,800,000	
IV. 자본조정		4,374,000
1. 주식매입선택권	4,374,000	
자 본 총 계		22,435,000

〈 자본거래내역 〉

1. 20×0년 경영성과에 대한 이익처분계획은 20×1년 2월 25일 주주총회에서 다음과 같이 원안대로 승인되었다.

구 분	금액
이익준비금의 적립	₩180,000
기업합리화적립금의 적립	300,000
현금배당	1,800,000
주식배당	400,000

2. ㈜약수는 유상증자 20%를 실시하기로 하고 20×1년 3월 21일 청약증거금을 발행금액의 50%를 수령하였다. 유상신주의 발행가액은 주당 ₩6,500이며, 20×1년 4월 1일 발행수수료 ₩45,000을 현금지급하고 나머지 유상증자대금을 전액 납입 받아 증자를 완료하였다.

3. ㈜약수는 20×1년 6월 15일 주식발행초과금을 재원으로 하여 무상증자 10%를 실시하였다. 소수점이하 주식수는 절삭한다.

4. ㈜약수는 20×1년 7월 2일에 자기주식 50주를 주당 ₩9,000에 구입하였으며, 20×1년 7월 23일에는 자기주식 10주를 무상으로 증여받았다. 20×1년 8월 10일에 이 중 40주를 주당 ₩6,000에 매각하였고 20×1년 9월 23일에 10주를 소각하였다. ㈜약수는 자기주식 평가와 관련하여 이동평균법을 적용한다.

5. ㈜약수는 20×0년 1월 1일 임직원에게 주식교부형 주식매입선택권 1,000개를 부여하였다. 기본조건은 20×0년 12월 31일까지 근무하여야 하며, 행사가격은 ₩8,000이고 권리부여일 주가는 ₩7,000이었다. 옵션의 공정가액은 ₩6,000이다. 20×1년 12월 31일 주식매입선택권 중 일부가 행사되고 나머지는 소멸되었다.

6. ㈜약수는 20×1년 10월 15일 중간배당 ₩280,000을 지급하였으며, 결산배당으로 ₩670,000(현금배당 ₩650,000, 주식배당 ₩20,000)을 지급할 예정이다.

7. ㈜약수는 20×1년 당기순이익을 ₩3,000,000으로 보고하였으며, 주주총회예정일은 20×2년 2월 23일이다.

(물음 1) ㈜약수가 자기주식처분손실과 감자차손에 대해 20×1년 말에 기록할 금액은 각각 얼마인가?

(물음 2) 주식매입선택권이 20×1년 말까지 행사되지 않고 소멸되어 기타자본잉여금으로 대체된 금액이 ₩174,000이라고 할 때 행사된 주식매입선택권은 몇 개인가?

(물음 3) ㈜약수의 주식발행초과금 20×1년 기말 잔액을 구하시오.

(물음 4) ㈜약수의 20×1년말 재무상태표상 미처분이익잉여금 잔액을 구하시오.

(물음 5) ㈜약수의 20×1년 자본변동표에 표시될 다음의 ①~⑤의 금액들을 계산하시오.

구분	납입자본		이익잉여금	기타자본요소	합계
	자본금	자본잉여금		자본조정	
20×1년 1월 1일	₩5,000,000	₩2,023,000	₩11,038,000	₩4,374,000	₩22,435,000
현금배당			(1,800,000)		(1,800,000)
주식배당	400,000		(400,000)		–
유상증자	1,080,000	279,000			1,359,000
무상증자	645,000	(645,000)			–
자기주식의 취득				(450,000)	(450,000)
자기주식의 처분		(23,000)		①	???
자기주식의 소각	②			③	–
주식선택권의 행사	④	6,300,000		⑤	5,600,000
중간배당			(280,000)		(280,000)
당기순이익			3,000,000		3,000,000
20×1년 12월 31일	₩10,575,000	₩7,934,000	₩11,558,000	₩37,000	???

(물음 6) ㈜약수는 주주총회에서 예정한 배당과 동일한 금액을 선언하였으며, 법정자본거래로 인한 손실을 모두 이익잉여금의 처분으로 소각하기로 결정하였다. 또한, 기업합리화 적립금 중 ₩138,000은 적립목적을 달성하였으므로 미처분이익잉여금으로 다시 이입하기로 결정하였다. 이 경우 ㈜약수가 20×1년 주석으로 공시할 이익잉여금 처분계산서에서 표시될 다음의 ①~⑤의 금액들을 계산하시오.

〈 이익잉여금처분계산서 〉

I. 미처분이익잉여금		
1. 전기이월미처분이익잉여금	①	
2. 중간배당	(280,000)	
3. 당기순이익	3,000,000	???
II. 임의적립금 이입액		
1. 기업합리화적립금 이입	138,000	138,000
III 이익잉여금 처분액		
1. 자기주식처분손실 상계	②	
2. 감자차손 상계	(25,000)	
3. 이익준비금 적립	③	
4. 현금배당	(650,000)	
5. 주식배당	(20,000)	④
IV 차기이월미처분이익잉여금		⑤

해설 및 해답 **자본거래에 따른 자본계정의 변동** (2004년 회계사 수정)

• 자본거래에 대한 회계처리

일자	차변	금액	대변	금액
20×1년 주주총회	(차) 미처분이익잉여금	180,000	(대) 이 익 준 비 금	180,000
	(차) 미처분이익잉여금	300,000	(대) 기업합리화적립금	300,000
	(차) 미처분이익잉여금	1,800,000	(대) 미 지 급 배 당 금	1,800,000
	(차) 미처분이익잉여금	400,000	(대) 미 교 부 주 식	400,000
	(차) 미처분이익잉여금	3,120,000	(대) 이월이익잉여금	3,120,000
20×1년 3월 21일	(차) 현 금	702,000 [1]	(대) 신주청약증거금	702,000

1) ₩6,500×50%×1,080주×20%

일자	차변	금액	대변	금액
20×1년 4월 1일	(차) 현 금	702,000	(대) 자 본 금	1,080,000 [1]
	신주청약증거금	702,000	주식발행초과금	324,000 [2]
	(차) 주식발행초과금	45,000	(대) 현 금	45,000

1) ₩5,000(주당 액면금액)×1,080주×20%(유상증자 주식수)

2) ₩6,500×1,080주×20%(주식 총 발행금액)−@5,000×216주(액면금액)

일자	차변	금액	대변	금액
20×1년 6월 15일	(차) 주식발행초과금	645,000 [1]	(대) 자 본 금	645,000

1) 5,000×129주*

* [1,000주+80주(주식배당)+1,080주×20%(유상증자)]×10% (소수점이하 절삭)

일자	차변	금액	대변	금액
20×1년 7월 1일	(차) 자 기 주 식	450,000	(대) 현 금	450,000
20×1년 7월 23일	회계처리 없음 (자기주식의 단가 변경)			
20×1년 8월 10일	(차) 현 금	240,000	(대) 자 기 주 식	300,000 [1]
	자기주식처분이익	23,000		
	자기주식처분손실	37,000 [2]		

1) (50주×9,000) / (50주+10주)×40주

2) ₩1,500×40주−23,000(자기주식처분이익 잔액)

일자	차변	금액	대변	금액
20×1년 9월 23일	(차) 자 본 금	50,000	(대) 자 기 주 식	75,000
	감 자 차 손	25,000		
20×1년 10월 15일	(차) 중 간 배 당	280,000	(대) 현 금	280,000
	(결산배당은 20×2년 2월 23일 주총에서 선언시 회계처리)			
20×1년 12월 31일	(차) 집 합 손 익	3,000,000	(대) 중 간 배 당	280,000
	이월이익잉여금	3,120,000	미처분이익잉여금	5,840,000

(물음 1) 자기주식거래

① 자기주식처분손실 : ₩23,000(기초 자기주식처분이익)－60,000(자기주식의 처분)＝(－)₩37,000

② 감자차손 : (7,500－5,000)×10주＝₩25,000(자기주식의 소각)

(물음 2) 주식선택권의 행사

총 발행수량	₩4,374,000(기초 주식선택권)÷6,000＝	729개
소멸된 수량	₩174,000÷6,000(부여일의 옵션 공정가치)＝	(29개)
행사된 수량		700개

[별해] 회계처리

주식선택권 행사	(차) 현 금	₩8,000×700개	(대) 자 본 금	₩5,000×700주
	주 식 선 택 권	₩6,000×700개	주식발행초과금	₩9,000×700주
주식선택권의 소멸	(차) 주 식 선 택 권	174,000	(대) 소멸이익(자본)	174,000

(물음 3) 주식발행초과금의 변동

기초 주식발행초과금		₩2,000,000
유상증자	₩324,000－45,000＝	279,000
무상증자	₩5,000×129주＝	(645,000)
주식선택권의 행사	₩9,000×700주＝	6,300,000
		₩7,934,000

(물음 4) 이익잉여금의 변동

기초 미처분이익잉여금		₩5,800,000
이익잉여금의 처분(주총)	₩180,000＋300,000＋1,800,000＋400,000＝	(2,680,000)
당기순이익		3,000,000
중간배당		(280,000)
		₩5,840,000

(물음 5) 자본변동표

구분	납입자본		이익잉여금	기타자본요소	합계
	자본금	자본잉여금		자본조정	
20×1년 1월 1일	₩5,000,000	₩2,023,000	₩11,038,000	₩4,374,000	₩22,435,000
현금배당			(1,800,000)		(1,800,000)
주식배당	400,000		(400,000)		–
유상증자	1,080,000	279,000			1,359,000
무상증자	645,000	(645,000)			–
자기주식의 취득				(450,000)	(450,000)
자기주식의 처분		(23,000)		① 263,000[1)]	240,000
자기주식의 소각	② (50,000)			③ 50,000[2)]	–
주식선택권의 행사	④ 3,500,000	6,300,000		⑤ (4,200,000)[3)]	5,600,000
중간배당			(280,000)		(282,000)
당기순이익			3,000,000		3,000,000
20×1년 12월 31일	₩10,575,000	₩7,934,000	₩11,558,000	₩37,000	₩30,104,000

1) ₩7,500×40주(처분한 자기주식의 취득원가)−37,000(자기주식 처분손실)
2) ₩7,500×10주(소각한 자기주식의 취득원가)−25,000(감자차손)
3) (−)₩4,200,000(행사된 주식선택권)−174,000(소멸된 주식선택권)+174,000(주식선택권 소멸이익)

(물음 6) 이익잉여금처분계산서

〈 이익잉여금처분계산서 〉

I. 미처분이익잉여금		
1. 전기이월미처분이익잉여금	① 3,120,000[1)]	
2. 중간배당	(280,000)	
3. 당기순이익	3,000,000	5,840,000
II. 임의적립금 이입액		
1. 기업합리화적립금 이입	138,000	138,000
III. 이익잉여금 처분액		
1. 자기주식처분손실 상계	② (37,000)	
2. 감자차손 상계	(25,000)	
3. 이익준비금 적립	③ (93,000)[2)]	
4. 현금배당	(650,000)	
5. 주식배당	(20,000)	④ (825,000)
IV. 차기이월미처분이익잉여금		⑤ 5,153,000

1) 전기 주총 종료 후 미처분이익잉여금
2) 이익준비금의 적립 : [₩650,000(현금배당)+280,000(중간배당)]×10%

문제 3

다음의 독립적인 물음에 답하시오.

(물음 1) ㈜한국은 20×3년 4월 25일에 20×2년에 대한 주주총회를 개최하였으며 20×2년 12월 31일을 기준일로 현물배당을 선언하였다. 주주총회일 현재 배당하는 자산의 공정가치는 ₩60,000이었다. 현물배당은 20×3년 5월 20일에 지급되었으며, 지급일의 현물의 장부금액은 ₩45,000, 공정가치는 ₩80,000이라고 할 경우, 현물배당과 관련한 20×3년의 회계처리가 ㈜한국의 이익잉여금에 미친 영향을 계산하시오.

(물음 2) ㈜한국은 보통주와 우선주 두 종류의 주식을 보유하고 있다. 우선주는 배당률 7%의 비누적적·비참가적 주식이다. ㈜한국이 발행한 주식들의 기중 변동내역은 다음과 같다.

구 분	보통주자본금		우선주자본금	
기초 (1월 1일)	10,000주	₩50,000,000	1,000주	₩5,000,000
7월 1일 유상증자(납입) 25%	2,500주	12,500,000	250주	1,250,000
8월 1일 무상증자 6%	750주	3,750,000	75주	375,000

유상신주의 배당기산일은 납입한 때이며, 무상신주의 배당기산일은 원래의 구주에 따른다. 우선주에 대해 최소배당금을 선연할 예정이라고 할 때, 우선주에 대해서 배당금으로 지급할 금액을 계산하시오.

(물음 3) 다음은 ㈜한국의 발행주식과 관련된 자료이다.

〈 추가자료 〉

1. 보통주는 20×3년 1월 1일 현재 10,000주가 발행되어 있으며 주당 발행가는 ₩5,000이었고, 주당 액면금액은 ₩500이다. 우선주는 20×3년 1월 1일 현재 1,000주가 발행되어 있으며 주당 액면금액은 ₩1,000이다.
2. 우선주는 1종류만 발행되었으며, 최소 배당률은 연 8%이다.

㈜한국은 20×0년 1월 1일에 설립되었으며, ㈜한국의 보통주와 우선주는 설립과 동시에 발행되었다. ㈜한국은 설립 이래 처음으로 20×3년 4월 20일에 20×2년 12월 31일을 기준일로 하는 ₩700,000의 현금배당을 선언하였다. 다음의 각 경우에 따라 ㈜한국의 우선주와 보통주에 각각 배분되는 배당금을 계산하시오.

상황 1. 우선주가 비누적적, 부분참가적(10%) 우선주인 경우

상황 2. 우선주가 누적적, 완전참가적 우선주인 경우

상황 3. 우선주가 누적적, 부분참가적(10%) 우선주인 경우

상황 4. 우선주가 누적적, 완전참가적 우선주이며, 보통주에 대한 배당률이 2%인 경우

해설 및 해답 종류별 배당금의 계산

(물음 1) 현물배당

① 현물배당의 회계처리

20×3년 4월 25일	(차) 이 익 잉 여 금	60,000	(대) 미 지 급 배 당 금	60,000
20×3년 5월 20일	(차) 이 익 잉 여 금	20,000	(대) 미 지 급 배 당 금	20,000
	(차) 미 지 급 배 당 금	80,000	(대) 자 산	45,000
			처 분 이 익	35,000

② 이익잉여금에 미친 영향 : (−)₩80,000(배당)+35,000(처분이익)=(−)₩45,000

(물음 2) 일반우선주의 배당금 (유상증자)

구주분 우선주배당금	1,000주×1.06×₩5,000(액면금액)×7%=	₩371,000
유상신주분 우선주배당금	250주×1.06×₩5,000(액면금액)×7%×6월/12월=	46,375
		₩417,375

(물음 3) 종류별 우선주의 배당금

1. [상황 1] 우선주가 비누적적, 부분참가적(10%) 우선주인 경우

① 참가적 우선주의 배당금 배분

₩700,000

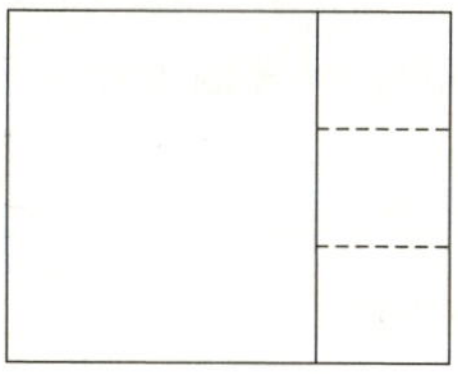

완전 참가적 우선주배당금 : ₩700,000×1/6=₩116,667

부분 참가적 우선주배당금 : ₩1,000,000×10%=**₩100,000**

최소 배당금 : ₩1,000,000×8%=₩80,000

* 참가적 우선주의 배당금은 자본금을 기준으로 배분한다.

② 우선주 배당금 : ₩100,000

③ 보통주 배당금 : ₩700,000(전체 배당금)−100,000(우선주 배당금)=₩600,000

2. [상황 2] 우선주가 누적적, 완전참가적 우선주인 경우

① 전기 이전 배당금 미지급액 : ₩1,000,000×8%×2년=₩160,0000

② 참가적 우선주의 배당금 배분

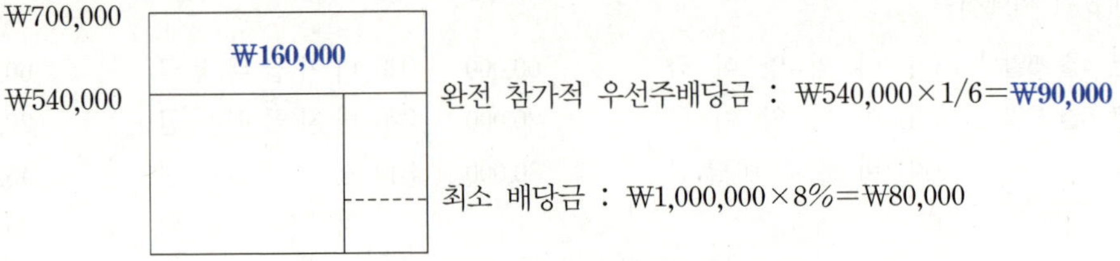

③ 우선주 배당금 : ₩160,000(전기 누적 배당금)+90,000(당기분 배당금)=₩250,000

④ 보통주 배당금 : ₩700,000(전체 배당금)−250,000(우선주 배당금)=₩450,000

3. [상황 3] 우선주가 누적적, 부분참가적(10%) 우선주인 경우

① 전기 이전 배당금 미지급액 : ₩1,000,000×8%×2년=₩160,000

② 참가적 우선주의 배당금 배분

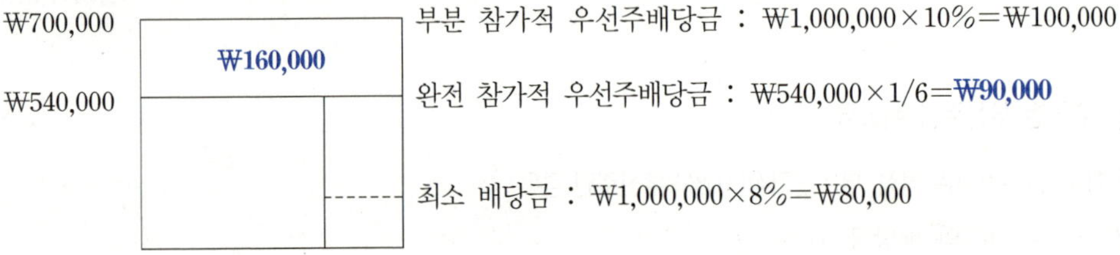

③ 우선주 배당금 : ₩160,000(전기 누적 배당금)+90,000(당기분 배당금)=₩250,000

④ 보통주 배당금 : ₩700,000(전체 배당금)−250,000(우선주 배당금)=₩450,000

4. [상황 4] 보통주에 대한 배당률이 있는 경우

① 전기 이전 배당금 미지급액 : ₩1,000,000×8%×2년=₩160,000

② 참가적 우선주의 배당금 배분

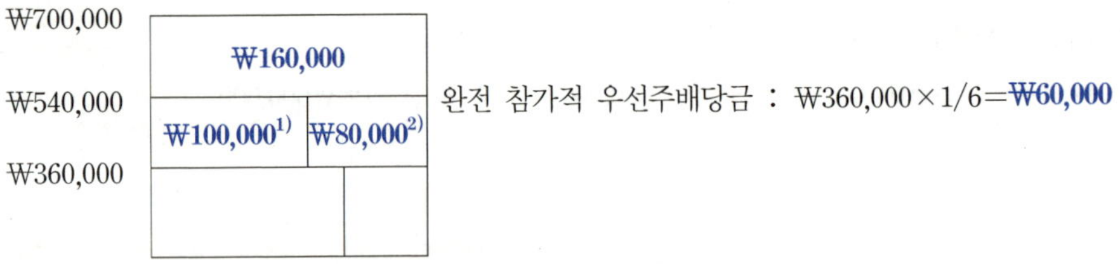

1) 보통주 당기분 배당금 : ₩500×10,000주×2%

2) 우선주 당기분 최소배당금 : ₩1,000,000×8%

③ 우선주 배당금 : ₩160,000(전기분)+80,000(당기분)+60,000(참가분)=₩300,000

④ 보통주 배당금 : ₩700,000(전체 배당금)−300,000(우선주 배당금)=₩400,000

문제 4

다음에 제시되는 **(물음)**은 각각 독립된 상황이다.

> **〈 공통자료 〉**
>
> 1. ㈜민국의 상환우선주 발행 및 상환 등에 관련된 거래는 아래와 같다.
>   - 20×1년 4월 1일 : 우선주 100주 발행 (주당 액면금액 ₩5,000)
>   - 20×2년 3월 31일 : 우선주에 대한 배당금 지급
>   - 20×3년 3월 31일 : 우선주에 대한 배당금 지급
>   - 20×3년 4월 1일 : 우선주에 대한 상환 절차 완료 (주당 상환금액 ₩15,000)
> 2. 우선주 발행시 유효이자율 : 연 6%
> 3. ㈜민국의 주주총회는 매년 3월 31일에 열리며, 위 우선주의 연 배당률은 4%로 고정되어 있고 주주총회에서 배당결의 후 즉시 배당금을 지급한다.

(물음 1) ㈜민국이 발행한 우선주는 비누적적 우선주이며, 주당 ₩13,350에 발행하였다. 우선주의 보유자가 20×3년 4월 1일에 상환을 청구할 수 있는 권리를 가지고 있다.

(1) ㈜민국이 20×1년에 해야 할 모든 회계처리(분개)를 하시오.

(2) ㈜민국의 20×3년도 재무상태표의 자본에 영향을 미치는 금액을 구하시오. 단, 감소의 경우에는 금액 앞에 (−)를 표시하시오.

(물음 2) ㈜민국이 발행한 우선주는 누적적 우선주이며, 주당 ₩13,717에 발행하였다. 우선주의 보유자가 20×3년 4월 1일에 상환을 청구할 수 있는 권리를 가지고 있다.

(1) ㈜민국이 20×1년에 해야 할 모든 회계처리(분개)를 하시오.

(2) ㈜민국의 20×3년도 재무상태표의 자본에 영향을 미치는 금액을 구하시오. 단, 감소의 경우에는 금액 앞에 (−)를 표시하시오.

(물음 3) ㈜민국이 발행한 우선주는 누적적 우선주이며, 주당 ₩13,350에 발행하였다. 발행자인 ㈜민국이 20×3년 4월 1일까지 상환할 수 있는 권리를 가지고 있다.

(1) ㈜민국이 20×1년에 해야 할 모든 회계처리(분개)를 하시오.

(2) ㈜민국의 20×3년도 재무상태표의 자본에 영향을 미치는 금액을 구하시오. 단, 감소의 경우에는 금액 앞에 (−)를 표시하시오.

(물음 4) 어떤 금융상품의 경우 지분상품의 형식을 가지고 있지만 경제적 실질에 따라 금융부채로 보고된다. 상환우선주가 금융부채로 분류되는 조건을 제시하시오.

해설 및 해답 상환우선주 (2014년 회계사 수정)

(물음 1) 금융부채 - 비누적적 상환우선주

① 미래현금흐름의 정리 및 상각스케쥴

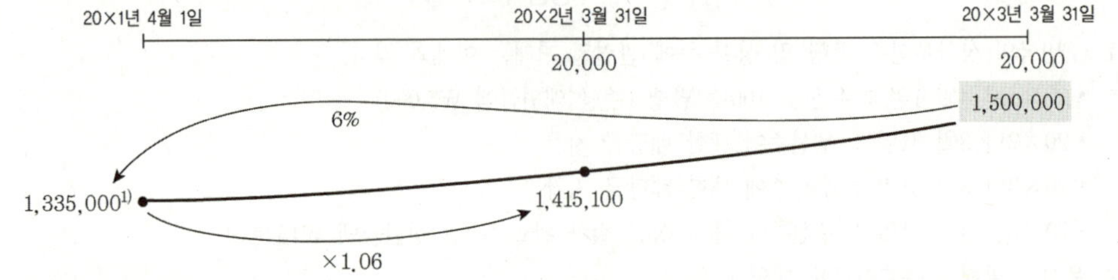

1) ₩13,350×100주

② 20×1년의 회계처리

20×1년 4월 1일	(차) 현 금	1,335,000	(대) 금융부채(상환우선주)	1,500,000
	현재가치할인차금	165,000		
20×1년 12월 31일	(차) 이 자 비 용	60,075[1]	(대) 현재가치할인차금	60,075

1) 1,335,000×6%×9月/12月

③ 20×3년 재무상태표의 자본에 미치는 영향

이자비용	₩1,415,000×6%×3月/12月=	₩(21,227)
배당금	100주×₩5,000×4%=	(20,000)
		₩(41,227)

* 우선주의 상환은 부채의 상환이므로 자본에 미치는 영향은 없다.

(물음 2) 금융부채 - 누적적 상환우선주

① 미래현금흐름의 정리 및 상각스케쥴

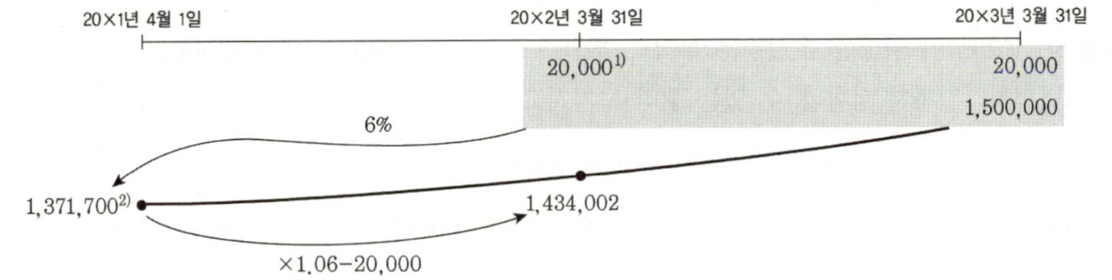

1) ₩5,000(액면금액)×100주×4%
2) ₩13,717×100주

② 20×1년의 회계처리

20×1년 4월 1일	(차) 현금	1,371,700	(대) 금융부채(상환우선주)	1,500,000
	현재가치할인차금	128,300		
20×1년 12월 31일	(차) 이자비용	61,727[1]	(대) 미지급이자	15,000[2]
			현재가치할인차금	46,727

1) ₩1,371,700× 6%×9月/12月

2) ₩20,000×9月/12月

③ 20×3년 재무상태표의 자본에 미치는 영향

- 이자비용(20×2년 4월 1일의 장부금액) : ₩1,434,002×6%×3月/12月=(−)₩21,510

[별해] 금융부채로 분류되는 상환우선주의 회계처리 (K-IFRS 1032호 문단 AG37)

- 만기에 현금으로 상환되어야 하지만 배당은 상환 전까지 발행자의 재량에 따라 지급하는 비누적적 우선주는 상환금액의 현재가치에 상당하는 부채요소가 있는 복합금융상품에 해당한다. 부채요소에 관련된 현재가치할인차금의 상각액은 당기손익으로 인식하고 이자비용으로 분류한다. 배당은 자본요소와 관련되므로 당기손익의 분배로 인식한다.
- 그러나 지급되지 않은 배당을 상환금액에 가산하는 경우(저자 주: 누적적 우선주)에는 금융상품 전체가 부채에 해당하고 배당을 이자비용으로 분류한다.

(물음 3) 자본 - 누적적 상환우선주

① 20×1년의 회계처리

20×1년 4월 1일	(차) 현금	1,335,000	(대) 자본금(상환우선주)	500,000
			주식발행초과금	835,000
20×1년 12월 31일		n/a		

② 20×3년 재무상태표의 자본에 미치는 영향

배당금	100주×₩5,000×4%=	₩(20,000)
우선주의 상환	100주×₩15,000=	(1,500,000)
		₩(1,520,000)

(물음 4)

- 확정되었거나 결정 가능한 미래의 시점에 확정되었거나 결정 가능한 금액을 ① 발행자가 보유자에게 의무적으로 상환해야하는 우선주나 ② 보유자가 발행자에게 특정일이나 그 후에 확정되었거나 결정 가능한 금액으로 상환해줄 것을 청구할 수 있는 권리가 있는 우선주는 금융부채이다(K−IFRS 1032호 문단 18).

문제 5

※ 다음의 각 물음은 독립적이다.

다음은 ㈜대한의 자료이고, 각 물음에 답하시오.

〈 공통자료 〉

1. 다음은 20×4년 1월 1일 ㈜대한의 부분 재무상태표이다.

〈부분 재무상태표〉

자본금		₩6,000,000
1. 보통주자본금	₩4,000,000	
2. 우선주자본금	2,000,000	
자본잉여금		9,800,000
1. 주식발행초과금	6,800,000	
2. 감자차익	3,000,000	
자본조정		(1,000,000)
1. 자기주식(보통주)	(1,000,000)	
기타포괄손익누계액		4,000,000
1. 재평가잉여금	4,000,000	
이익잉여금		8,000,000
1. 이익준비금	3,000,000	
2. 미처분이익잉여금	5,000,000	
자본총계		₩26,800,000

2. 20×4년 1월 1일 자본의 구성항목은 다음과 같다.
   - 20×4년 1월 1일 현재 발행된 보통주(주당 액면금액 : ₩5,000, 주당 발행금액 : ₩10,000)는 800주이고, 우선주(주당 액면금액 : ₩5,000, 주당 발행금액 : ₩12,000)는 400주이다.
   - 우선주는 20×4년 1월 1일 현재 한 종류만 발행되었으며, 우선주는 누적적 우선주로 10%까지 부분참가적 우선주이다.
   - 보통주배당률은 연 3%이고, 우선주배당률은 연 4%이다.
   - ㈜대한이 20×4년 1월 1일 현재 보유하고 있는 자기주식의 수량은 100주이다.

(물음 1) 〈공통자료〉와 〈추가자료 1〉을 활용하여 물음에 답하시오.

〈 추가자료 1 〉

1. ㈜대한은 자본금을 확충하기 위하여 20×4년 2월 1일에 주식발행초과금을 재원으로 하여 현재 유통중인 보통주를 대상으로 20%의 무상증자를 실시하였다.
2. ㈜대한은 유상증자로 보통주 신주(주당 액면금액: ₩5,000, 주당 신주발행금액 : ₩12,000) 105주를 발행하기로 하고, 20×4년 2월 15일에 청약증거금 ₩250,000을 수령하였다. 20×4년 4월 1일 신주발행관련 직접비용 ₩200,000을 현금지급하고 나머지 유상증자대금을 전액 납입 받아 유상증자를 완료하였다.
3. ㈜대한은 재무전략의 일환으로 20×4년 9월 1일에 보통주 200주(주당 액면금액 : ₩5,000)를 발행하고 그 대가로 공정가치가 ₩1,200,000인 토지를 취득하였다. 단, 현물출자로 인한 자산의 취득원가는 해당 자산의 공정가치로 한다.
4. ㈜대한의 20×4년 당기순이익은 ₩1,500,000이다. ㈜대한은 20×4년 경영성과에 대해서 20×5년 2월 15일 주주총회에서 20×4년도 재무제표에 대한 결산승인을 수행하였으며 현금배당(₩500,000), 이익준비금 적립(₩500,000)을 원안대로 승인하고 이를 지급하였다.

㈜대한의 20×4년 말 재무상태표에 표시되는 자본금, 자본잉여금 그리고 이익잉여금의 금액을 각각 계산하시오.

자본금	①
자본잉여금	②
이익잉여금	③

(물음 2) 〈공통자료〉와 〈추가자료 2〉를 활용하여 다음의 〈요구사항〉에 답하시오. 단, 회계처리는 대한민국의 상법규정에 근거하여 수행하였다.

〈 추가자료 2 〉

1. ㈜대한은 20×4년 3월 1일 지분상품으로 분류되는 전환우선주 100주(주당 액면금액 : ₩5,000, 주당 발행가액 : ₩12,000)를 유상증자하였다. 유상증자 시 신주발행관련 직접비용 ₩10,000이 발생하였다. 전환우선주는 발행일로부터 3개월이 경과한 후부터 보통주로 전환이 가능하며, 우선주 1주가 보통주 1.4주(주당 액면금액 : ₩5,000)로 전환되는 조건이다.
2. ㈜대한이 20×4년 3월 1일 발행한 전환우선주 중 40주가 20×4년 9월 1일 보통주로 전환되었다.
3. ㈜대한은 20×4년 4월 1일에 지분상품으로 분류되는 상환우선주 100주(주당 액면금액: ₩5,000)를 주당 ₩12,500에 발행하였다.
4. 20×4년 6월 1일에 지분상품으로 분류되는 상환우선주 100주를 주당 ₩13,000에 취득하였다.
5. 20×4년 8월 1일에 20×4년 6월 1일에 취득한 상환우선주를 소각하였다. ㈜대한은 상환우선주의 상환을 위하여 별도의 임의적립금을 적립하지 않았다.

< 요구사항 1 >

㈜대한의 20×4년 9월 1일 전환우선주 전환과 관련된 회계처리를 수행하시오.

< 요구사항 2 >

㈜대한의 20×4년 말 재무상태표에 표시되는 자본금과 자본잉여금의 금액을 각각 계산하시오.

자본금	①
자본잉여금	②

(물음 3) ㈜대한은 20×1년 1월 1일 설립되었으며, ㈜대한의 보통주와 우선주는 설립과 동시에 발행되었다. ㈜대한은 설립 이래 배당금을 지급하지 못하다가 처음으로 20×4년 4월 1일에 20×3년 12월 31일을 기준으로 하는 ₩500,000의 현금배당을 선언하였다. ㈜대한의 우선주와 보통주에 배분되는 배당금을 각각 계산하시오. 단, 답안 작성 시 원 이하는 반올림한다.

우선주에 배분되는 배당금	①
보통주에 배분되는 배당금	②

해설 및 해답 자본 종합 (2022년 회계사)

(물음 1) 자본거래

자본금	① ₩8,225,000
자본잉여금	② ₩9,835,000
이익잉여금	③ ₩9,500,000

1. 자본거래 회계처리

일자	차변	금액	대변	금액
20×4년 2월 1일	(차) 주식발행초과금	140주[1]×5,000	(대) 자본금	700,000

1) [800주−100주(자기주식)](유통주식수)×20%

일자	차변	금액	대변	금액
20×4년 2월 15일	(차) 현금	250,000	(대) 신주청약증거금	250,000
20×4년 4월 1일	(차) 현금	1,010,000[1]	(대) 자본금	105주×5,000
	신주청약증거금	250,000	주식발행초과금	735,000
	(차) 주식발행초과금	200,000	(대) 현금	200,000

1) 105주×12,000−250,000(신주청약증거금)

일자	차변	금액	대변	금액
20×4년 9월 1일	(차) 토지	1,200,000	(대) 자본금	200주×5,000
			주식발행초과금	200,000
20×4년 당기순이익	(차) 순자산	1,500,000	(대) 이익잉여금	1,500,000

2. 자본 잔액

구분	자본금	자본잉여금	이익잉여금	합계
20×4년 초	₩6,000,000	₩9,800,000	₩8,000,000	₩26,800,000
2/1 무상증자	700,000	(700,000)		−
4/1 유상증자	525,000	535,000		1,060,000
9/1 현물출자	1,000,000	200,000		1,200,000
당기순이익			1,500,000	1,500,000
20×4년 말	₩8,225,000	₩9,835,000	₩9,500,000	₩30,560,000

(물음 2) 종류별 주식

• 우선주 거래 관련 회계처리

20×4년 3월 1일	(차) 현금	100주×12,000	(대) 전환우선주자본금	100주×5,000
			주식발행초과금	700,000
	(차) 주식발행초과금	10,000	(대) 현금	10,000
20×4년 9월 1일	(차) 전환우선주자본금	40주×5,000	(대) 보통주자본금	56주×5,000
	주식발행초과금	80,000[1]		

1) 전환시 자본금의 차이에 대한 처리방법은 기준서 규정이 없다. 임의대로 주식발행초과금을 차감하였다.

20×4년 4월 1일	(차) 현금	100주×12,500	(대) 상환우선주자본금	100주×5,000
			주식발행초과금	750,000
20×4년 6월 1일	(차) 자기주식(우선주)	100주×13,000	(대) 현금	1,300,000
20×4년 8월 1일	(차) 이익잉여금	1,300,000[1]	(대) 자기주식(우선주)	1,300,000

1) 상법 345조 1항에 따르면 주식을 회사의 이익(이익잉여금)으로 소각할 수 있다. 따라서 자본금을 없애는 대신 이익잉여금을 차감한다.

[별해] 자기주식의 소각시 자본금을 제거하는 경우

20×4년 8월 1일	(차) 상환우선주자본금	500,000	(대) 자기주식(우선주)	1,300,000
	감자차익	800,000		

〈 요구사항 1 〉

20×4년 9월 1일	(차) 전환우선주자본금	40주×5,000	(대) 보통주자본금	56주×5,000
	주식발행초과금	80,000		

〈 요구사항 2 〉

자본금	① ₩7,080,000
자본잉여금	② ₩11,160,000

구분	자본금	자본잉여금	합계
20×4년 초	₩6,000,000	₩9,800,000	₩26,800,000
3/1 전환우선주 발행	500,000	690,000	1,190,000
9/1 전환우선주 행사	80,000	(80,000)	–
4/1 상환우선주 발행	500,000	750,000	1,250,000
6/1 상환우선주 취득	–	–	(1,300,000)
8/1 상환우선주 소각	–	–	–
20×4년 말	₩7,080,000	₩11,160,000	₩27,940,000

(물음 3) 누적적, 부분참가적 우선주 배당금

우선주에 배분되는 배당금	① ₩296,364
보통주에 배분되는 배당금	② ₩203,636

1. 누적적우선주 배당금

① 20×3년의 우선주배당금은 20×4년에 개최되는 주주총회에서 지급하므로 지급하지 못한 전기분 배당금은 2개년(20×1년, 20×2년)치이다.

② 전기이전 미지급 배당금 : ₩2,000,000(우선주 자본금)×4%×2년=₩160,000

2. 참가적 우선주 배당금 배분

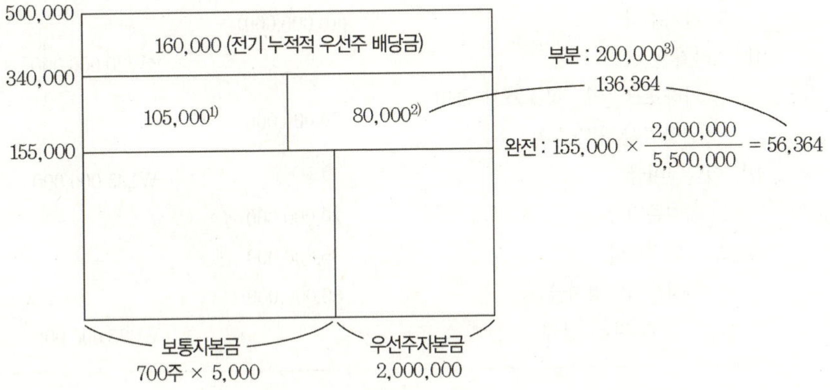

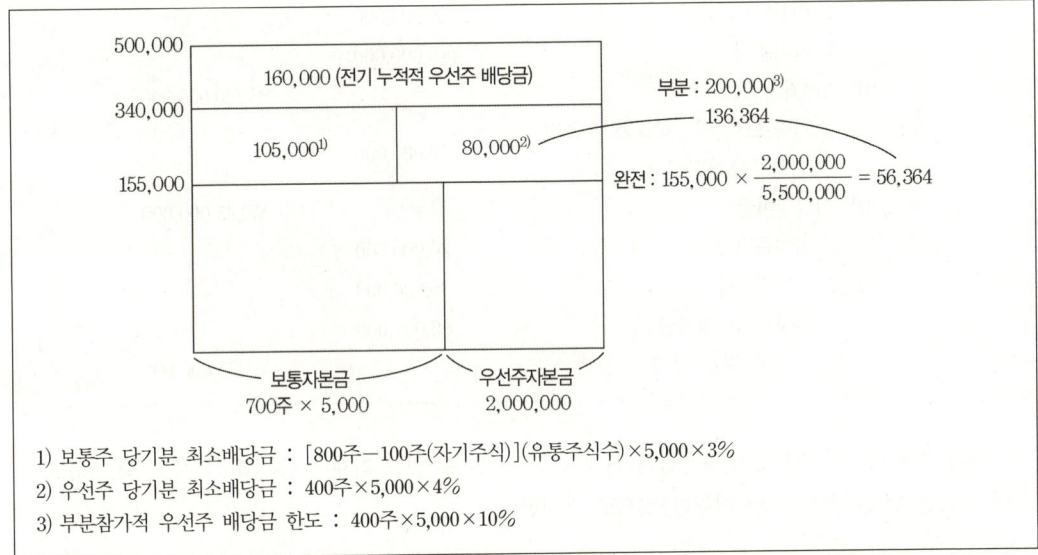

1) 보통주 당기분 최소배당금 : [800주−100주(자기주식)](유통주식수)×5,000×3%
2) 우선주 당기분 최소배당금 : 400주×5,000×4%
3) 부분참가적 우선주 배당금 한도 : 400주×5,000×10%

① 우선주 배당금 : ₩160,000(전기분 배당금)+80,000(당기분 최소배당금)+56,364(참가적 우선주 배당금) =₩296,364

② 보통주 배당금 : ₩500,000−296,364(우선주배당금)=₩203,636

문제 6

다음 각 물음에 답하시오. 제시된 물음은 독립적이다.

(물음 1) 재무상태표상 자본 합계의 변동없이 자본금을 증가시킬 수 있는 방법을 모두 제시하시오.

(물음 2) 다음은 ㈜한국의 20×1년 12월 31일 현재 자본구성을 보고하고 있는 부분재무상태표이다.

〈부분재무상태표〉

Ⅰ. 납입자본		₩70,000,000
1. 보통주 자본금	30,000,000	
2. 주식발행초과금	50,000,000	
3. 자기주식	(10,000,000)	
Ⅱ. 기타자본		₩20,000,000
1. 기타포괄손익－공정가치 측정 금융자산 평가손익	20,000,000	
Ⅲ. 이익잉여금		₩135,000,000
1. 이익준비금	20,000,000	
2. 임의적립금	35,000,000	
3. 미처분이익잉여금	80,000,000	
자본 합계		₩225,000,000

㈜한국이 자본 합계의 변동없이 자본금을 최대로 증가시킬 수 있는 회계처리를 제시하시오. 단, 물음과 관련하여 필요한 법적절차는 모두 이행한 것으로 가정한다.

해설 및 해답 자본금 증가의 방법 (2017년 회계사)

(물음 1)

- 무상증자와 주식배당이 자본합계의 변동 없이 자본금을 증가시킬 수 있는 방법이다.

(물음 2)

① 무상증자

무상증자	(차) 주식발행초과금	50,000,000	(대) 자본금	70,000,000
	이익준비금	20,000,000		

② 주식배당

임의적립금의 이입	(차) 임의적립금	35,000,000	(대) 미처분이익잉여금	35,000,000
주식배당	(차) 미처분이익잉여금	115,000,000[1]	(대) 자본금	115,000,000

1) ₩80,000,000(기존 미처분이익잉여금)+35,000,000(임의적립금의 이입)

서술형 문제

문제 1

(물음 1)

어떤 금융상품은 지분상품의 법적 형식을 가지고 있지만 실질적으로는 금융부채에 해당되는 경우가 있다. 상환우선주가 금융부채로 분류되는 경우를 서술하시오.

(물음 2)

풋가능 금융상품은 풋이 행사되면 발행자가 현금 등 금융자산으로 그 금융상품을 재매입하거나 상환해야 하는 계약상 의무를 포함한다. 금융부채 정의의 예외로서, 지분상품으로 분류되는 경우를 서술하시오.

해설 및 해답

(물음 1)

(1) 확정되었거나 결정 가능한 미래의 시점에 확정되었거나 결정 가능한 금액을 발행자가 보유자에게 의무적으로 상환해야 하는 우선주

(2) 보유자가 발행자에게 특정일이나 그 후에 확정되었거나 결정 가능한 금액으로 상환해줄 것을 청구할 수 있는 권리가 있는 우선주

(물음 2)

금융상품이 다음의 특성을 모두 갖추고 있다면 지분상품으로 분류된다.

(1) 발행자가 청산하는 경우, 보유자가 지분비율에 따라 발행자 순자산에 대한 권리를 가진다. 발행자 순자산은 발행자의 자산에 대한 그 밖의 모든 청구권을 차감한 후의 나머지 자산이다. 지분비율은 다음에 따라 결정된다.

(가) 청산할 때 발행자 순자산을 같은 금액의 단위로 나눈 후,

(나) 그 금액에 금융상품 보유자가 보유한 단위 수를 곱한다.

(2) 그 금융상품은 그 밖의 모든 종류의 금융상품보다 후순위인 금융상품의 종류에 포함된다. 그러한 금융상품의 종류에 포함되기 위해서는 해당 금융상품이 다음의 조건을 모두 충족해야 한다.

(가) 청산할 때 발행자의 자산에 대한 그 밖의 청구권에 우선하지 않는다.

(나) 그 밖의 모든 종류의 금융상품보다 후순위인 금융상품의 종류에 포함되기 전에 또 다른 금융상품으로 전환할 필요가 없다.

(3) 그 밖의 모든 종류의 금융상품보다 후순위인 금융상품의 종류에 포함되는 모든 금융상품은 같은 특성을 갖는다. 예를 들면 해당 금융상품이 모두 풋가능해야 하며, 해당 종류의 모든 금융상품은 재매입가격이나 상환가격을 계산하기 위해 사용된 공식이나 그 밖의 방법이 같다.

(4) 발행자가 현금 등 금융자산으로 그 금융상품을 재매입하거나 상환해야 하는 계약상 의무를 제외하고는, 그 금융상품은 거래상대방에게 현금 등 금융자산을 인도하거나 발행자에게 잠재적으로 불리한 조건으로 거래상대방과 금융자산이나 금융부채를 교환하는 계약상 의무를 포함하지 않으며, 금융부채 정의의 문단 (2)에서 설명한 자기지분상품으로 결제하거나 결제할 수 있는 계약이 아니다.

(5) 금융상품의 존속 기간에 걸쳐 그 금융상품에 귀속되는 총 예상현금흐름은 실질적으로 그 기간에 걸친 발행자의 당기손익, 인식된 순자산의 변동, 인식되었거나 인식되지 않은 순자산의 공정가치 변동에 기초한다.(해당 금융상품의 영향은 제외)

CHAPTER 12

금융자산(1) - 지분상품과 채무상품

출제유형

▶ 계산문제

| 문제 1 | 지분상품의 비교

| 문제 2 | 채무상품의 평가와 처분 (신용손상이 발생하지 않은 경우)

| 문제 3 | 채무상품의 신용손상

| 문제 4 | 채무상품의 신용손상

| 문제 5 | 금융자산의 재분류

| 문제 6 | 금융상품의 발행자 보유자-계약상현금흐름의 변경과 조건변경

| 문제 7 | 금융상품의 발행자와 보유자

| 문제 8 | 채무상품 종합

| 문제 9 | 채무상품 종합

| 문제 10 | 금융자산 채무상품 종합

| 문제 11 | 지분상품과 채무상품 일반

| 문제 12 | 금융자산의 기타사항

▶ 서술형문제

계산문제

문제 1

다음은 ㈜대한의 금융자산과 관련한 자료이다. 자료를 이용하여 독립적인 물음에 답하시오.

1. 20×1년 7월 1일, ㈜대한은 ㈜민국의 주식 100주를 주당 ₩100에 취득하며, 구입과 관련하여 거래수수료 ₩500을 현금으로 지급하였다. 취득일 현재 주식의 1주당 공정가치는 ₩110, 주당 액면금액은 ₩50이다.
2. 20×1년 12월 31일, ㈜민국의 주식 1주당 공정가치는 ₩120이다.
3. 20×2년 3월 21일, ㈜민국으로부터 현금배당 8%와 주식배당 20%를 수령하였다.
4. 20×2년 5월 30일, ㈜대한은 ㈜민국의 주식 40주를 주당 ₩150에 처분하였다. 처분시 주식의 1주당 공정가치는 ₩160이며, 1주당 ₩5의 수수료가 발생하였다.
5. 20×2년 12월 31일, 잔여주식의 주당 공정가치는 ₩140이다.

(물음 1) ㈜대한이 해당 지분상품을 당기손익－공정가치 측정 금융자산으로 분류했다고 할 경우, 해당 지분상품이 20×1년과 20×2년 당기순이익에 미치는 영향을 구하시오.

(물음 2) ㈜대한이 해당 지분상품의 평가손익을 기타포괄손익으로 인식하기로 선택했다고 할 경우, 해당 지분상품이 20×1년과 20×2년 기타포괄손익에 미치는 영향을 구하시오. 단, ㈜대한은 처분시 기타포괄손익누계액을 이익잉여금으로 대체하는 정책을 채택한다.

(물음 3) [(물음 1), (물음 2)와는 독립적이다.] 금융자산의 기대신용손실모형을 지분상품에 적용하지 않는 이유를 3줄 이내로 간략히 서술하시오.

해설 및 해답 지분상품의 비교

• 시점별 사건 및 금액들의 정리

20×1년 7월 1일	20×1년 말	20×2년 3월 18일	20×2년 5월 30일	20×2년 말
취득금액 @100 공정가치 @110[1)] 거래수수료 ₩500[1)]	공정가치 @120[2)]	현금배당 8% 주식배당 20%	처분금액 @150 공정가치 @160 거래수수료 @5	공정가치 @140

1) 최초 인식시점에 금융자산을 공정가치로 측정하며, 당기손익-공정가치 측정 금융자산이 아닌 경우에 해당 금융자산의 취득과 직접 관련되는 거래원가는 공정가치에 가감한다(K-IFRS 1109호 문단 5.1.1).
2) 자산이나 부채의 공정가치를 측정하기 위하여 사용하는 주된 (또는 가장 유리한) 시장의 가격에는 거래원가를 조정하지 않는다. 거래원가는 다른 기준서에 따라 회계처리한다. 거래원가는 자산이나 부채의 특성이 아니라 거래에 특정된 것이어서 자산이나 부채를 어떻게 거래하는지에 따라 달라진다(K-IFRS 1113호 문단 25).

(물음 1) 당기손익-공정가치 측정 금융자산(지분상품)

1. 20×1년 당기손익에 미치는 영향

취득 시 평가손익	(₩110-100)×100주=	₩1,000
취득 시 거래원가		(500)
기말 평가손익	(₩120-110)×100주=	1,000
		₩1,500

2. 20×2년 당기손익에 미치는 영향

배당수익	₩50×100주×8%=	₩400
처분이익	₩145×40주(순처분금액)-₩100[1)]×40주(장부금액)=	1,800
평가이익	₩140×80주[2)](공정가치)-₩100×80주(장부금액)=	3,200
		₩5,400

1) [100주×₩120](보유중 주식의 장부금액 총액)/[100주×(1+20%)](주식배당 후 보유주식수)
2) 120주(주식배당 후 보유주식수)-40주(처분수량)

[별해] 회계처리

20×1년 1월 1일	(차) FVPL금융자산	11,000	(대) 현금	10,000
			평가이익(당기손익)	1,000
	(차) 지급수수료	500	(대) 현금	500
20×1년 12월 31일	(차) FVPL금융자산	1,000	(대) 평가이익(당기손익)	1,000
20×2년 3월 21일	(차) 현금	400	(대) 배당수익	400
20×2년 5월 30일	(차) 현금	5,800[1)]	(대) FVPL금융자산	4,000
			처분이익	1,800

1) (₩150-5)(순매각금액)×40주

20×2년 12월 31일	(차) FVPL금융자산	3,200	(대) 평가이익(당기손익)	3,200

(물음 2) 기타포괄손익-공정가치 측정 금융자산(지분상품)

1. 20×1년 기타포괄손익에 미치는 영향

- 기말평가손익 : ₩120×100주－(110×100주＋500)(취득원가)＝₩500

2. 20×2년 기타포괄손익에 미치는 영향

처분시 평가손익	₩160×40주(처분시 공정가치)－100[1]×40주(장부금액)＝	₩2,400
기말 평가손익	₩140×80주[2](공정가치)－₩100×80주(장부금액)＝	3,200
		₩5,600

1) [100주×₩120](보유중 주식의 장부금액 총액)/[100주×(1＋20%)](주식배당 후 보유주식수)
2) 120주(주식배당 후 보유주식수)－40주(처분수량)

[별해] 회계처리

20×1년 1월 1일	(차) FVOCI지분상품	11,000	(대) 현금	10,000
			평가이익(당기손익)	1,000
	(차) FVOCI지분상품	500	(대) 현금	500
20×1년 12월 31일	(차) FVOCI지분상품	500	(대) 평가이익(기포익)	500
20×2년 3월 21일	(차) 현금	400	(대) 배당수익	400
20×2년 5월 30일	(차) FVOCI지분상품	2,400	(대) 평가이익(기포익)	2,400[1]
	(차) 현금	6,000	(대) FVOCI지분상품	6,400
	처분손실(당기손익)	400[2]		
	(차) 거래비용	200[3]	(대) 현금	200
	(차) 기포익누계액	2,567[4]	이익잉여금	2,567

1) (₩160(처분시 공정가치)－100)×40주
2) 처분금액과 공정가치의 차이는 당기손익 인식 : (₩150(처분금액)－160(처분시 공정가치)×40주
3) FVOCI지분상품의 처분시 거래비용은 별도로 당기손익 인식 : 40주×5
4) ₩500×40주/120주(전기인식 평가손익)＋2,400(처분시 평가손익)

20×2년 12월 31일	(차) FVOCI지분상품	3,200	(대) 평가이익(기포익)	3,200

[별해] 공정가치 변동을 기타포괄손익으로 인식하는 지분상품에 대한 투자

- 기타포괄손익으로 표시하는 금액은 후속적으로 당기손익으로 이전되지 않는다. 그러나 자본 내에서 누적손익을 이전할 수는 있다 (K－IFRS 1109호 문단 B5.7.1).

(물음 3)

- 금융자산 기준서에서 정의하는 신용손실이란 계약에 따라 지급받기로 한 모든 계약상 현금흐름과 수취할 것으로 예상하는 모든 계약상 현금흐름의 차이(모든 현금 부족액)를 최초 유효이자율로 할인한 금액을 말한다. 그러나 지분상품에는 계약상 현금흐름이 존재하지 않으므로 신용손실을 측정할 수 없다. 따라서 손상의 규정을 적용하지 않는다.

문제 2

㈜옵티멈은 20×1년 1월 1일에 다음과 같은 조건의 사채를 취득하였다.

• 발 행 일 : 20×1년 1월 1일	• 액면금액 : ₩1,000,000
• 표시이자율 : 연 8%	• 이자지급 : 매년 12월 31일
• 만 기 일 : 20×4년 12월 31일	• 상환조건 : 만기일에 일시상환

취득시점의 시장이자율은 연 10%이며, 각 연도말의 기대신용손실은 다음과 같다.

구분	20×1년 말	20×2년 말
신용위험	유의적으로 증가하지 않음	유의적으로 증가함
12개월 기대신용손실	₩3,000	₩4,000
전체기간 기대신용손실	6,000	8,000

해당 사채의 20×1년말 및 20×2년말 공정가치는 각각 ₩960,000, ₩950,000이다.

관련 현재가치 계수는 다음과 같다. 소수점 이하 첫째자리에서 반올림하시오.

기간	단일금액 ₩1의 현가계수			정상연금 ₩1의 현가계수		
	8%	10%	12%	8%	10%	12%
1	0.9259	0.9091	0.8929	0.9259	0.9091	0.8929
2	0.8573	0.8264	0.7972	1.7832	1.7355	1.6901
3	0.7938	0.7513	0.7118	2.5770	2.4868	2.4019
4	0.7350	0.6830	0.6355	3.3120	3.1698	3.0374

[물음 1] ㈜옵티멈이 해당 채무상품을 당기손익-공정가치 측정 금융자산으로 분류하였다고 할 경우 다음의 물음에 답하시오.

(물음 1-1) 동 채무상품와 관련하여 ㈜옵티멈이 20×2년 재무제표에 인식할 다음의 금액들을 계산하시오.

구분		금액
재무상태표	당기손익-공정가치 측정 금융자산	①
포괄손익계산서	이자수익	②
	손상차손	③

(물음 1-2) 20×3년 9월 30일 ㈜옵티멈이 해당 채무상품을 ₩1,050,000(경과이자 포함)에 처분하였다고 할 경우 채무상품과 관련하여 ㈜옵티멈이 20×3년 포괄손익계산서에 인식할 ① 이자수익과 ② 당기손익-공정가치 측정 금융자산 처분손익을 각각 계산하시오.

[물음 2] ㈜옵티멈이 해당 채무상품을 상각후원가 측정 금융자산으로 분류하였다고 할 경우 다음의 물음에 답하시오.

(물음 2-1) 동 채무상품와 관련하여 ㈜옵티멈이 20×2년 재무제표에 인식할 다음의 금액들을 계산하시오.

구분		금액
재무상태표	상각후원가 측정 금융자산(순액)	①
포괄손익계산서	이자수익	②
	손상차손	③

(물음 2-2) 20×3년 9월 30일 ㈜옵티멈이 해당 채무상품을 ₩1,050,000(경과이자 포함)에 처분하였다고 할 경우 채무상품과 관련하여 ㈜옵티멈이 20×3년 포괄손익계산서에 인식할 ① 이자수익과 ② 상각후원가 측정 금융자산 처분손익을 각각 계산하시오.

[물음 3] ㈜옵티멈이 해당 채무상품을 기타포괄손익－공정가치 측정 금융자산으로 분류하였다고 할 경우 다음의 물음에 답하시오.

(물음 3-1) 동 채무상품와 관련하여 ㈜옵티멈이 20×2년 재무제표에 인식할 다음의 금액들을 계산하시오.

구분		금액
재무상태표	기타포괄손익－공정가치 측정 금융자산	①
	기타포괄손익누계액	②
포괄손익계산서	이자수익	③
	손상차손	④
	기타포괄손익 인식액	⑤

(물음 3-2) 20×3년 9월 30일 ㈜옵티멈이 해당 채무상품을 ₩1,050,000(경과이자 포함)에 처분하였다고 할 경우 채무상품과 관련하여 ㈜옵티멈이 20×3년 포괄손익계산서에 인식할 ① 이자수익과 ② 기타포괄손익－공정가치 측정 금융자산 처분손익을 각각 계산하시오.

해설 및 해답 채무상품의 평가와 처분 (신용손상이 발생하지 않은 경우)

• 미래현금흐름 및 상각후원가의 정리

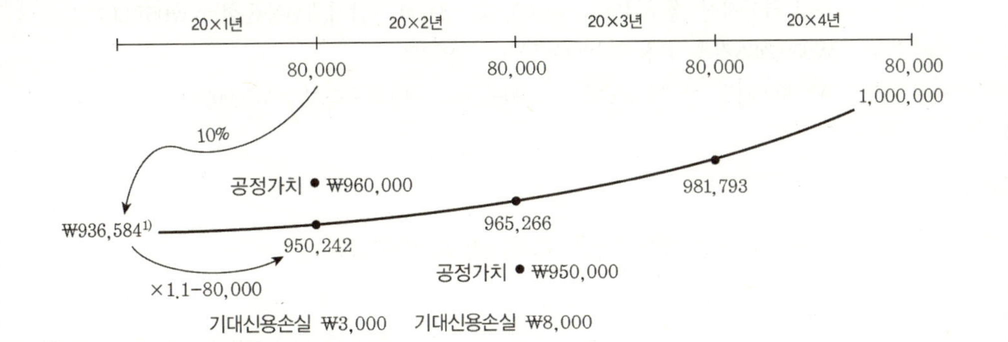

1) 20×1년 1월 1일 채무상품의 현재가치(유효이자율 할인) : ₩1,000,000×0.6830+80,000×3.1698

(물음 1) 당기손익-공정가치 측정 금융자산(채무상품)의 평가

(물음 1-1)

① 당기손익−공정가치 측정 금융자산의 장부금액 : ₩950,000(당기말 공정가치)

② 이자수익 : ₩80,000 (당기손익−공정가치 측정 금융자산은 유효이자율법 적용의 실익이 없으므로 표시이자만 이자수익으로 인식)

③ 손상차손 : 없음 (당기손익−공정가치 측정 금융자산은 손상의 규정을 적용하지 않음)

(물음 1-2)

① 이자수익 : ₩80,000(표시이자)×9月/12月=₩60,000

② 처분손익 : [₩1,050,000−60,000(경과이자)](처분대가)−950,000(장부금액−전기말 공정가치)=₩40,000

[별해] 회계처리

20×1년 1월 1일	(차) FVPL금융자산	936,584	(대) 현금	936,584
20×1년 12월 31일	(차) 현금	80,000	(대) 이자수익	**80,000**
	(차) FVPL금융자산	23,416	(대) 평가이익(당기손익)	23,416
20×2년 12월 31일	(차) 현금	80,000	(대) 이자수익	80,000
	(차) 평가손실(당기손익)	10,000	(대) FVPL금융자산	10,000
20×2년 9월 30일	(차) 미수이자	60,000	(대) 이자수익	**60,000**
	(차) 현금	990,000	(대) FVPL금융자산	950,000
			처분이익	**40,000**
	(차) 현금	60,000	(대) 미수이자	60,000

(물음 2) 상각후원가 측정 금융자산(채무상품)의 평가

(물음 2-1)

① 상각후원가 측정 금융자산 장부금액 : ₩965,267−8,000(기말기대신용손실)=₩957,267
② 이자수익 : ₩950,242(기초 총장부금액)×10%=₩95,024
③ 손상차손 : ₩8,000(기말 기대신용손실)−3,000(기초 기대신용손실)=₩5,000

(물음 2-2)

① 이자수익 : ₩965,266(기초 총장부금액)×10%×9/12=₩72,395
② 처분손익

처분금액	₩1,050,000−80,000×9/12=	₩990,000
상각후원가	[₩965,266+(965,266×10%−80,000)×9/12]−8,000=	(969,661)
처분손익		₩20,339

[별해] 회계처리

20×1년 1월 1일	(차) AC금융자산	936,584	(대) 현금	936,584
20×1년 12월 31일	(차) 현금	80,000	(대) 이자수익	93,658
	AC금융자산	13,658		
	(차) 손상차손	3,000	(대) 손실충당금	3,000
20×2년 12월 31일	(차) 현금	80,000	(대) 이자수익	95,024
	AC금융자산	15,024		
	(차) 손상차손	5,000	(대) 손실충당금	5,000
20×2년 9월 30일	(차) 미수이자	60,000	(대) 이자수익	72,395
	AC금융자산	12,395		
	(차) 현금	990,000	(대) AC금융자산	977,661
	손실충당금	8,000	처분이익	20,339
	(차) 현금	60,000	(대) 미수이자	60,000

[별해] 당기손익에 미치는 영향

	20×1년 초	20×1년 말	20×2년 말	20×3년 말
총장부금액	₩936,584	₩950,242	₩965,266	−
기대신용손실	−	3,000	8,000	−
상각후원가	₩936,584	₩947,242	₩957,266	−

	20×1년	20×2년	20×3년
순자산 변동	₩10,658	₩10,024	₩(957,266)
현금수수액	80,000	80,000	1,050,000
당기순이익	₩90,658	₩90,024	₩92,734

(물음 3) 기타포괄손익-공정가치 측정 금융자산(채무상품)의 평가

(물음 3-1)

① 기타포괄손익-공정가치 측정 금융자산 : ₩950,000(기말 공정가치)

② 기타포괄손익 누계액 : ₩950,000(공정가치)-(965,266(총장부금액)-8,000(손실충당금))(상각후원가) =(-)₩7,266

③ 이자수익 : ₩950,242(기초 총장부금액)×10%=₩95,024

④ 손상차손 : ₩8,000(기말 기대신용손실)-3,000(기초 기대신용손실)=₩5,000

⑤ 기타포괄손익 인식액

	20×1년 말	20×2년 말
공정가치	₩960,000	₩950,000
총장부금액	(950,242)	(965,266)
기대신용손실	3,000	8,000
기포익누계액	₩12,758	₩(7,266)
기포익인식액	₩(20,024)	

(물음 3-2)

① 이자수익 : ₩72,395(상각후원가 측정 금융자산과 동일)

② 처분손익 : ₩20,399(상각후원가 측정 금융자산과 동일))

[별해] 회계처리

일자	차변	금액	대변	금액
20×1년 1월 1일	(차) FVOCI금융자산	936,584	(대) 현금	936,584
20×1년 12월 31일	(차) 현금	80,000	(대) 이자수익	93,658
	FVOCI금융자산	13,658		
	(차) FVOCI금융자산	9,758	(대) 평가이익(기포익)	9,758
	(차) 손상차손	3,000	(대) 평가이익(기포익)	3,000
20×2년 12월 31일	(차) 현금	80,000	(대) 이자수익	95,024
	FVOCI금융자산	15,024		
	(차) 평가이익(기포익)	25,024	(대) FVOCI금융자산	25,024
	(차) 손상차손	5,000	(대) 평가이익(기포익)	5,000

20×2년 9월 30일	(차) 미 수 이 자	60,000	(대) 이 자 수 익	72,395
	FVOCI금융자산	12,395		
	(차) FVOCI금융자산	27,605[1]	(대) 평가이익(기포익)	27,605
	(차) 현 금	990,000	(대) FVOCI금융자산	990,000
	(차) 재분류조정(기포익)	20,339[2]	(대) 처 분 이 익	20,339
	(차) 현 금	60,000	(대) 미 수 이 자	60,000

1) 처분전 평가 : ₩990,000(처분금액) − [950,000 + (965,267(총장부금액) × 10% − 80,000) × 9/12](처분직전 장부금액)

2) (−)₩7,266(전기말 기타포괄손익 누계액) + 27,605(처분직전 평가손익)

[별해] 20×3년 기타포괄손익에 미친 영향

- ₩27,605(처분전 평가) − 20,339(재분류조정) = ₩7,266(전기말 기타포괄손익누계액의 반대부호와 동일)

[별해] 기대신용손실의 회계처리(K-IFRS 1109호 문단 5.5.1 ~ 5.5.5)

- 상각후원가 측정 금융자산, 기타포괄손익−공정가치 측정 금융자산, 손상 요구사항을 적용하는 리스채권, 계약자산, 대출약정, 금융보증계약의 기대신용손실을 손실충당금으로 인식한다.
- 기타포괄손익−공정가치 측정 금융자산의 손실충당금을 인식하고 측정하는 데 손상 요구사항을 적용한다. 그러나 해당 손실충당금은 기타포괄손익에서 인식하고 재무상태표에서 금융자산의 장부금액을 줄이지 아니한다.
- 최초 인식 후에 금융상품의 신용위험이 유의적으로 증가한 경우에는 매 보고기간 말에 전체기간 기대신용손실에 해당하는 금액으로 손실충당금을 측정한다.
- 최초 인식 후에 금융상품의 신용위험이 유의적으로 증가하지 아니한 경우에는 보고기간 말에 12개월 기대신용손실에 해당하는 금액으로 손실충당금을 측정한다.

문제 3

㈜대한은 ㈜만세가 20×1년 1월 1일에 발행한 사채를 다음과 같은 조건으로 동 일자에 현금 취득하였다. 사채발행 및 취득과 직접적으로 관련되는 비용은 없다. 답안 작성시 금액은 소수점 아래 첫째 자리에서 반올림한다.

- 사채액면금액 : ₩1,000,000
- 표시이자율 : 연 10%
- 사채의 만기 : 20×5년 12월 31일
- 이자지급 : 매년 12월 31일(연 1회)

다음은 각 물음에 공통으로 적용되는 자료이다.

〈 공통 자료 〉

1. 각 일자의 동종사채에 대한 시장이자율은 다음과 같다. 한편, 미래현금흐름을 시장이자율로 할인한 현재가치는 공정가치와 동일한 것으로 본다.

일자	20×1년 1월 1일	20×1년 12월 31일	20×2년 12월 31일	20×3년 12월 31일
시장이자율	8%	9%	12%	11%

2. 각 물음의 현재가치 계산시 아래의 현가계수를 반드시 이용하시오.

기간	단일금액 ₩1의 현가계수					정상연금 ₩1의 현가계수				
	8%	9%	10%	11%	12%	8%	9%	10%	11%	12%
1	0.9259	0.9174	0.9091	0.9009	0.8929	0.9259	0.9174	0.9091	0.9009	0.8929
2	0.8573	0.8417	0.8264	0.8116	0.7972	1.7832	1.7591	1.7355	1.7125	1.6901
3	0.7938	0.7722	0.7513	0.7312	0.7118	2.5770	2.5313	2.4868	2.4437	2.4019
4	0.7350	0.7084	0.6830	0.6587	0.6355	3.3120	3.2397	3.1698	3.1024	3.0374
5	0.6806	0.6499	0.6209	0.5935	0.5674	3.9926	3.8896	3.7907	3.6959	3.6048

3. 20×1년말 기대신용손실은 ₩20,000인 것으로 추정되었다.
4. ㈜대한이 20×2년말에 이자 ₩100,000을 수령한 직후 ㈜만세의 재무상태 악화로 20×3년부터 이자는 매년 ₩30,000씩, 만기에 원금회수는 ₩300,000이 될 것으로 추정하였다. 이러한 추정은 신용이 손상된 경우에 해당한다.
5. ㈜대한이 20×3년말에 이자 ₩30,000을 회수한 직후 ㈜만세의 재무상태 회복으로 20×4년부터 이자는 매년 ₩60,000씩, 만기에 원금 회수는 ₩600,000이 될 것으로 추정하였다. 이러한 추정은 신용이 손상된 것이 일부 회복된 경우에 해당한다.

(물음 1) ㈜대한이 동 사채를 취득시부터 당기손익－공정가치 측정 금융자산으로 분류한 경우, 동 채무상품이 20×2년과 20×3년에 당기손익에 미친 영향을 각각 계산하시오.

(물음 2) ㈜대한이 동 사채를 취득시부터 상각후원가 측정 금융자산으로 분류한 것으로 가정한다.

1. ㈜대한이 20×2년 포괄손익계산서에 인식해야 할 손상차손을 계산하시오.

2. ㈜대한이 20×3년 포괄손익계산서에 인식해야 할 손상차손 환입을 계산하시오.

3. ㈜대한이 20×3년말 재무상태표에 표시될 다음의 금액들을 계산하시오.

〈㈜대한의 재무상태표〉

상각후원가측정금융자산	①
손실충당금	②
순장부금액	③

(물음 3) ㈜대한이 동 사채를 취득시부터 기타포괄손익－공정가치 측정 금융자산으로 분류한 것으로 가정한다.

1. ㈜대한이 20×2년 포괄손익계산서에 인식해야 할 기타포괄손익－공정가치 측정 금융자산 평가손익을 계산하시오.

2. ㈜대한이 20×3년 포괄손익계산서에 인식해야 할 기타포괄손익－공정가치 측정 금융자산 평가손익을 계산하시오.

해설 및 해답 채무상품의 신용손상 (2016년 회계사 수정)

• 미래현금흐름 및 상각후원가의 정리

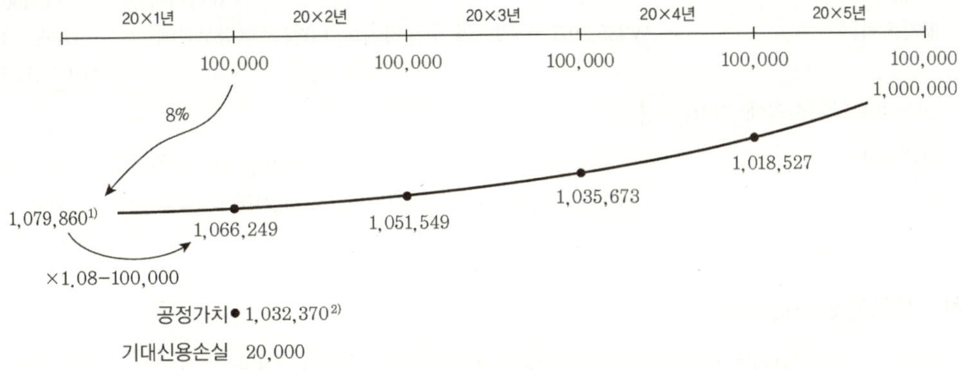

1) 20×1년 1월 1일 채무상품의 현재가치(유효이자율 할인) : ₩1,000,000×0.6806+100,000×3.9926

2) 20×1년 말 채무상품의 공정가치 : ₩1,000,000×0.7084+100,000×3.2397

• 20×2년말 변경된 현금흐름

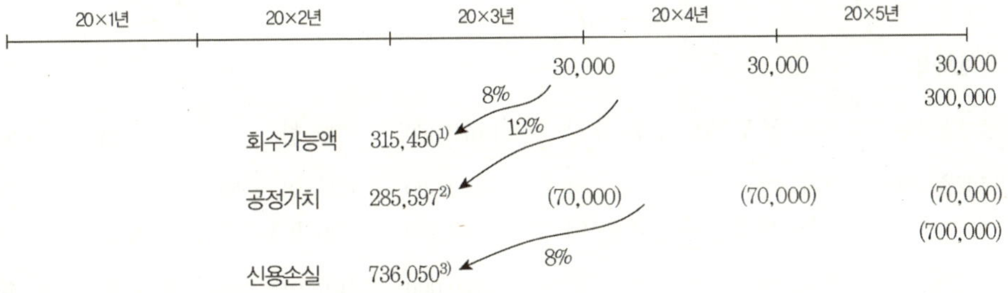

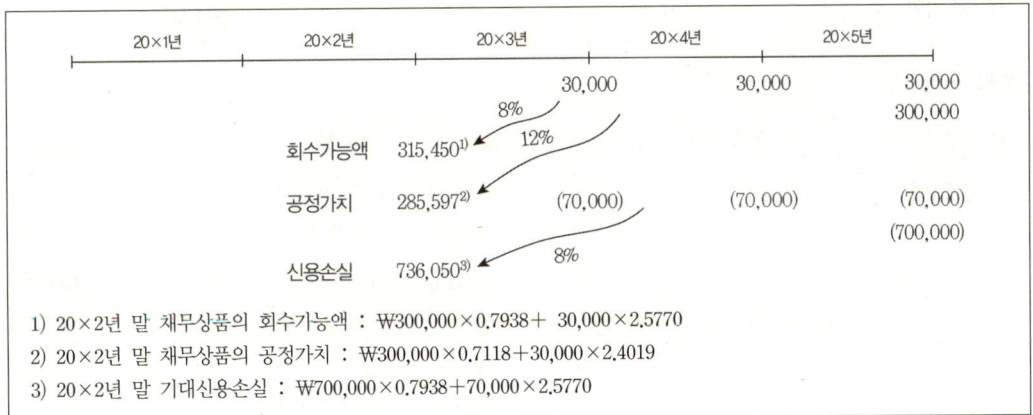

1) 20×2년 말 채무상품의 회수가능액 : ₩300,000×0.7938+ 30,000×2.5770

2) 20×2년 말 채무상품의 공정가치 : ₩300,000×0.7118+30,000×2.4019

3) 20×2년 말 기대신용손실 : ₩700,000×0.7938+70,000×2.5770

• 20×3년말 변경된 현금흐름

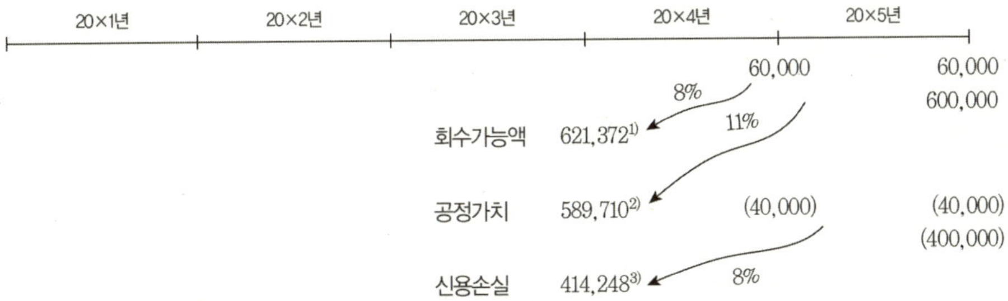

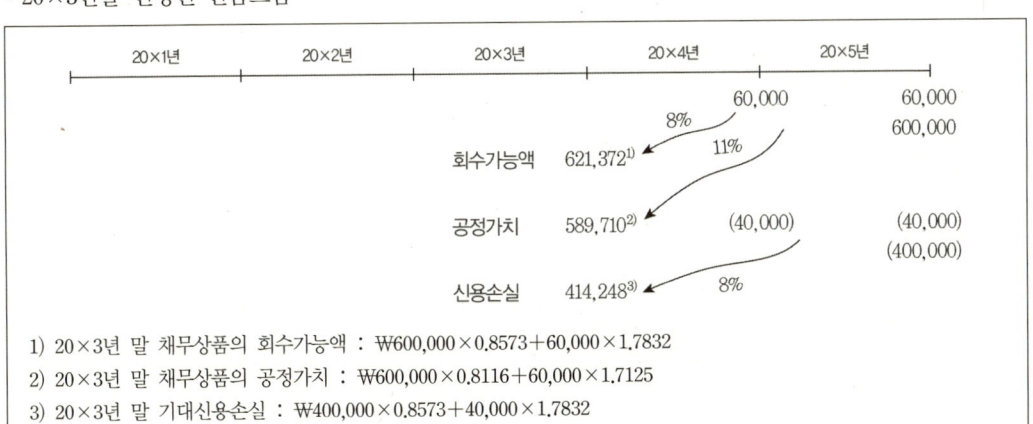

1) 20×3년 말 채무상품의 회수가능액 : ₩600,000×0.8573+60,000×1.7832

2) 20×3년 말 채무상품의 공정가치 : ₩600,000×0.8116+60,000×1.7125

3) 20×3년 말 기대신용손실 : ₩400,000×0.8573+40,000×1.7832

(물음 1) 당기손익-공정가치 측정 금융자산(채무상품)

① 20×2년 당기손익에 미치는 영향

이자수익	표시이자=	₩100,000
평가손익	₩285,597(20×2년말 공정가치)−1,032,370(장부금액)=	(746,773)
		₩(646,773)

② 20×3년 당기손익에 미치는 영향

이자수익	손상된 표시이자=	₩30,000
평가손익	₩589,710(20×3년말 공정가치)−285,597(장부금액)=	304,113
		₩334,113

[별해] 당기손익에 미치는 영향

	20×1년 초		20×1년 말		20×2년 말		20×3년 말
공정가치	₩1,079,860		₩1,032,370		₩285,597		₩589,710
순자산 변동		47,490		(746,773)		304,113	
현금수수액		100,000		100,000		30,000	
당기순이익		147,490		(646,773)		334,113	

[별해] 회계처리

20×1년 1월 1일	(차) FVPL금융자산	1,079,860	(대) 현금	1,079,860
20×1년 12월 31일	(차) 현금	100,000	(대) 이자수익	100,000
	(차) 평가손실(당기손익)	47,490	(대) FVPL금융자산	47,490
20×2년 12월 31일	(차) 현금	100,000	(대) 이자수익	100,000
	(차) 평가손실(당기손익)	746,773	(대) FVPL금융자산	746,773
20×3년 12월 31일	(차) 현금	30,000	(대) 이자수익	30,000
	(차) FVPL금융자산	304,113	(대) 평가이익(당기손익)	304,113

(물음 2) 상각후원가 측정 금융자산(채무상품)의 손상

1. 20×2년말 손상차손

기말 기대신용손실*	₩70,000×2.5770+700,000×0.7938=	₩736,050
장부상 손실충당금		(20,000)
		₩716,050

* 보고기간 말에 신용이 손상된 금융자산(취득시 신용이 손상되어 있는 금융자산은 제외)의 기대신용손실은 (1) 해당 자산의 총 장부금액과 (2) 추정미래현금흐름을 최초 유효이자율로 할인한 현재가치의 차이로 측정한다. 조정금액은 손상차손(환입)으로 당기손익에 인식한다(K-IFRS 1109호 문단 B5.5.33).

2. 20×3년말 손상차손환입

기말 기대신용손실	₩40,000×1.7832+400,000×0.8573=	₩414,248
장부상 손실충당금*	₩736,050(전기말 기대신용손실)×1.08−70,000(대손 발생액)=	(724,934)
		₩(310,686)

* 신용손상이 발생한 이후 이자수익은 상각후원가(=총장부금액−손실충당금)를 기준으로 측정한다. 이는 손실충당금에 대해서도 유효이자율법 상각을 반영한다는 의미로 해석한다. 따라서 유효이자율법 상각후, 손상환입 전 손실충당금은 '기초 손실충당금×(1+유효이자율)−대손 발생액'으로 계산된다.

3. 손상환입 후 재무상태표의 상각후원가 측정 금융자산

① 총 장부금액 : ₩1,051,549(20×2년말 총장부금액)−15,876 (20×3년 상각액)=₩1,035,673

② 손실충당금 : ₩20,000(20×1년 손상차손)+716,050(20×2년 손상차손)−70,000(20×3년 대손)
+58,884(20×3년 상각액)−310,686(20×3년 손실충당금 환입)=₩414,248(기말 기대신용손실)

③ 순장부금액 : ₩1,035,673−424,248=₩621,425 (회수가능액과 일치−단수차이)

[별해] 당기손익에 미치는 영향

	20×1년 초	20×1년 말	20×2년 말	20×3년 말
총장부금액	₩1,079,860	₩1,066,249	₩1,051,549	₩1,035,673
기대신용손실	−	(20,000)	(736,050)	(414,248)
상각후원가	₩1,079,860	₩1,046,249	₩315,499	₩621,425
순자산 변동	(33,611)	(730,750)	305,926	
현금수수액	100,000	100,000	30,000	
당기순이익	66,389	(630,750)	335,926	

[별해] 회계처리

20×1년 1월 1일	(차)	A C 금 융 자 산	1,079,860	(대)	현 금	1,079,860
20×1년 12월 31일	(차)	현 금	100,000	(대)	이 자 수 익	86,389
					A C 금 융 자 산	13,611
	(차)	손 상 차 손	20,000	(대)	손 실 충 당 금	20,000
20×2년 12월 31일	(차)	현 금	100,000	(대)	이 자 수 익	85,300
					A C 금 융 자 산	14,700
	(차)	손 상 차 손	716,050	(대)	손 실 충 당 금	716,050
20×3년 12월 31일	(차)	현 금	100,000	(대)	이 자 수 익	84,124[1]
					A C 금 융 자 산	15,876
	(차)	이 자 수 익	58,884[3]	(대)	현 금	70,000[2]
		손 실 충 당 금	11,116			
	(차)	손 실 충 당 금	310,686	(대)	손 상 차 손 환 입	310,686

1) ₩1,051,549(20×3년 초 총장부금액)×8%

2) 신용손실 발생액

3) 손실충당금에 대한 유효이자율법 상각: ₩736,050(기초 손실충당금)×8%

[별해] 신용손상의 다른 계산방법

• 아래와 같은 방법으로도 손상차손, 환입이 계산가능하나, 금융자산의 총장부금액은 계약상현금흐름의 현재가치를 반영하지 못하며, 손실충당금은 신용손실(=현금부족액의 현재가치)을 반영하지 못한다는 문제점이 존재한다.

① 20×2년 손상차손

회수가능액		₩315,450
손상전 상각후원가	₩1,051,549(기초 총장부금액)−20,000(손실충당금)=	(1,031,549)
		₩(716,099)

② 20×3년 손상차손환입

회수가능액		₩621,372
환입전 상각후원가	₩315,450(기초 상각후원가)×1.08−30,000=	(310,686)
		₩310,686

③ 20×3년 말 부분재무상태표

㉠ 총 장부금액 : ₩1,051,549(20×2년말 총장부금액)+[₩315,450×8%−30,000](상각후원가로 계산한 20×3년 상각액)
=₩1,046,785

㉡ 손실충당금 : ₩20,000(20×1년 손상차손)+716,099(20×2년 손상차손)−310,686(20×3년 손상차손환입)=₩425,413

㉢ 순장부금액 : ₩1,046,785−425,413=₩621,372(회수가능액과 일치)

(물음 3) 기타포괄손익-공정가치 측정 금융자산(채무상품)의 손상 (2013년 회계사 유사)

	20×1년 말	20×2년 말	20×3년 말
공정가치	₩1,032,370	₩285,597	₩589,710
총장부금액	(1,066,249)	(1,051,549)	(1,035,673)
기대신용손실	20,000	736,050	414,248
기포익누계액	₩(13,879)	₩(29,902)	₩(31,715)
기포익인식액		**₩(16,023)**	**₩(1,813)**

[별해] 회계처리

20×1년 1월 1일	(차) FVOCI금융자산	1,079,860	(대) 현금	1,079,860
20×1년 12월 31일	(차) 현금	100,000	(대) 이자수익	86,389
			FVOCI금융자산	13,611
	(차) **평가손실(기포익)**	**33,879**	(대) FVOCI금융자산	33,879[1]
	(차) 손상차손	20,000	(대) **평가이익(기포익)**	**20,000**[2]

1) ₩1,032,370(공정가치)−1,066,249(장부금액)

2) 기말 기대신용손실

20×2년 12월 31일	(차) 현금	100,000	(대) 이자수익	85,300
			FVOCI금융자산	14,700
	(차) 평가손실(기포익)	732,073	(대) FVOCI금융자산	732,073
	(차) 손상차손	716,050	(대) 평가이익(기포익)	716,050
20×3년 12월 31일	(차) 현금	30,000	(대) 이자수익	25,240[1]
			FVOCI금융자산	4,760
	(차) FVOCI금융자산	308,873	(대) **평가이익(기포익)**	**308,873**
	(차) **평가이익(기포익)**	**310,686**	(대) 손상차손환입	310,686

1) (₩1,051,549−736,050)×8%

[별해] 회계처리 간편법

20×2년 평가 및 손상	(차) 손상차손	716,050	(대) FVOCI금융자산	732,073[1]
	평가손실(기포익)	16,023		

1) 잔액

20×3년 평가 및 손상	(차) 평가손실(기포익)	1,813	(대) 손상차손환입	310,686
	FVOCI금융자산	308,873		

문제 4

㈜대한은 20×1년 1월 1일에 발행된 ㈜민국의 사채를 동 일자에 취득하였으며, 취득 시에 신용이 손상되어 있지는 않았다. ㈜대한이 취득한 사채와 관련된 조건은 다음과 같다.

- 액면금액 : ₩3,000,000
- 이자지급 : 액면금액의 8%를 매년 12월 31일에 지급
- 상 환 일 : 20×4년 12월 31일에 일시 상환
- 사채발행 시 유효이자율 : 연 12%
- 사채발행 및 취득과 직접적으로 관련된 비용은 없음

기간	8% 의 현가계수		12% 의 현가계수	
	단일금액 ₩1	정상연금 ₩1	단일금액 ₩1	정상연금 ₩1
1	0.9259	0.9259	0.8929	0.8929
2	0.8574	1.7833	0.7972	1.6901
3	0.7938	2.5771	0.7117	2.4018
4	0.7350	3.3121	0.6356	3.0374

단, 현재가치 계산 시 위의 현가계수를 이용하고,원 이하는 반올림한다.

(물음 1) ㈜대한은 취득한 사채를 상각후원가 측정 금융자산으로 분류하였다. ㈜대한은 20×1년도 이자는 정상적으로 수취하였으나, 20×1년 말에 상각후원가 측정 금융자산의 신용이 후속적으로 심각하게 손상되었다고 판단하였다. ㈜대한은 해당 상각후원가 측정 금융자산의 채무불이행 발생확률을 고려하여, 20×2년부터 20×4년까지 매년 말에 수취할 이자의 현금흐름을 각각 ₩80,000으로, 만기에 수취할 원금의 현금흐름을 ₩2,200,000으로 추정하였다.

㈜대한이 상각후원가 측정 금융자산에 대하여 20×1년 말에 수행해야 할 회계처리를 제시하시오.

(물음 2) (물음 1)과 관련하여, ㈜대한은 20×2년 ₩80,000의 이자를 회수하였다. ㈜대한은 20×2년 말에 상각후원가 측정 금융자산의 채무불이행 발생확률을 고려하여 20×3년부터 20×4년까지 매년 말에 수취할 이자의 현금흐름을 각각 ₩160,000으로, 만기에 수취할 원금의 현금흐름을 ₩2,400,000으로 추정하였다.

㈜대한이 상각후원가 측정 금융자산에 대하여 20×2년 말에 수행해야 할 회계처리를 제시하시오.

(물음 3) 위 물음들과는 독립적으로 20×1년 말에 ㈜대한은 상각후원가 측정 금융자산의 신용위험이 유의하게 증가하지 않았다고 가정한다. ㈜대한의 채무가 불이행되어 예상되는 향후 12개월의 신용손실금액(현재가치)과 확률은 아래와 같다.

향후 12개월 신용손실금액(현재가치)	확률
₩100,000	20%
200,000	40%
300,000	40%

그리고 향후 12개월의 개별 채무불이행 발생위험(발생확률)이 10%라고 추정하였다.

㈜대한의 기대신용손실금액을 가중평균 방법을 활용하여 추정하시오.

(물음 4) ㈜대한이 취득한 사채를 기타포괄손익－공정가치 측정 금융자산으로 분류한 것을 제외하고, 손상과 관련된 모든 자료는 **(물음 1)**과 동일하다고 가정한다.

20×1년 말 사채의 공정가치가 ₩1,600,000일 때, ㈜대한이 기타포괄손익－공정가치 측정 금융자산에 대하여 (1) 20×1년 말에 수행해야 할 회계처리를 제시하시오. 또한, (2) 20×1년 ① 당기순이익과 ② 기타포괄이익에 미치는 영향을 계산하시오. 단, 당기순이익과 기타포괄이익이 감소하는 경우에는 (－)를 숫자 앞에 표시하시오.

(1)	회계처리	
(2)	당기순이익	①
	기타포괄이익	②

(물음 5) **(물음 4)**와 관련하여, ㈜대한이 취득한 사채를 기타포괄손익－공정가치 측정 금융자산으로 분류한 것을 제외하고, 손상과 관련된 모든 자료는 **(물음 2)**과 동일하다고 가정한다.

20×2년 말 사채의 공정가치가 ₩2,200,000일 때, ㈜대한이 기타포괄손익－공정가치 측정 금융자산에 대하여 (1) 20×2년 말에 수행해야 할 회계처리를 제시하시오. 또한, (2) 20×2년 ① 당기순이익과 ② 기타포괄이익에 미치는 영향을 계산하시오. 단, 당기순이익과 기타포괄이익이 감소하는 경우에는 (－)를 숫자 앞에 표시하시오.

(1)	회계처리	
(2)	당기순이익	①
	기타포괄이익	②

해설 및 해답 채무상품의 신용손상 (2018년 회계사 수정)

• 총장부금액의 정리

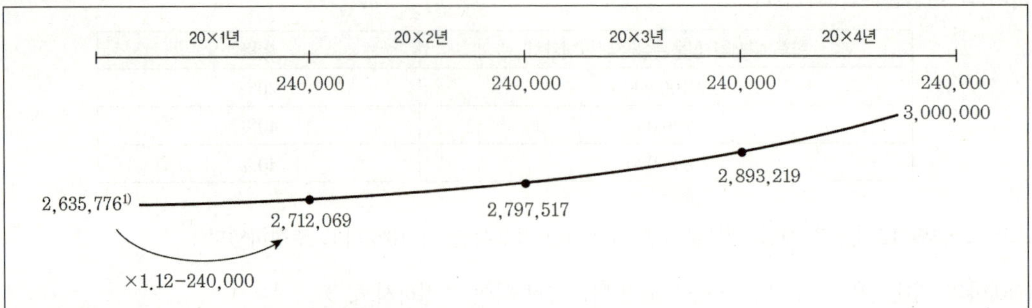

1) ₩240,000×3.0374+ 3,000,000×0.6356

(물음 1)

1. 기말 기대신용손실의 계산

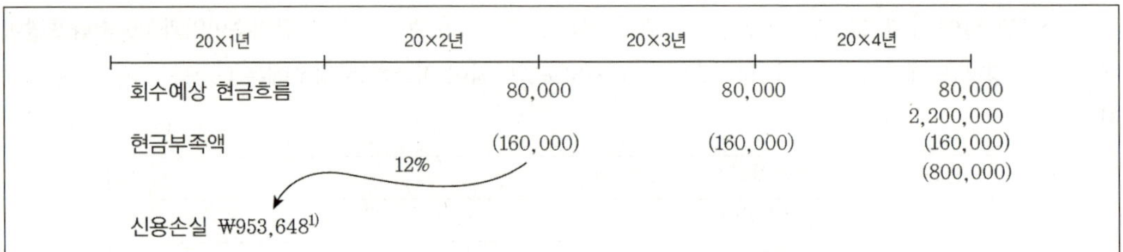

1) 현금부족액의 현재가치 : ₩160,000×2.4018+800,000×0.7117

2. 회계처리

20×1년 12월 31일	(차) 현 금	240,000	(대) 이 자 수 익	316,293
	A C 금 융 자 산	76,293		
	(차) 손 상 차 손	953,648[1]	(대) 손 실 충 당 금	953,648

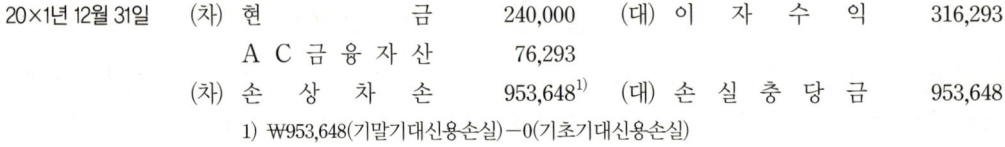

1) ₩953,648(기말기대신용손실)−0(기초기대신용손실)

(물음 2)

1.기말 기대신용손실의 계산

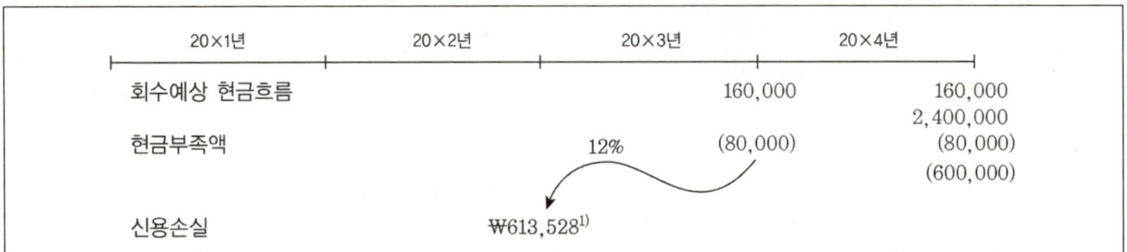

1) 현금부족액의 현재가치 : ₩80,000×1.6901+600,000×0.7972

2. 회계처리

20×2년 12월 31일	(차)	현금	240,000	(대)	이자수익	325,448[1]
		AC금융자산	85,448			
	(차)	이자수익	114,438[2]	(대)	현금	160,000
		손실충당금	45,562			
	(차)	손실충당금	294,558[3]	(대)	손상차손환입	294,558

1) ₩2,712,069(총장부금액)×12%
2) ₩953,648(기초손실충당금)×12%
3) ₩613,528(기말기대신용손실)−(953,648×1.12−160,000)(장부상기대신용손실)

(물음 3)

• (₩100,000×20%+200,000×40%+300,000×40%)×10%=₩22,000

(물음 4)

• 기타포괄손익 누계액의 정리

	20×1년 말	20×2년 말
공정가치	₩1,600,000	₩2,200,000
총장부금액	(2,712,069)	(2,797,517)
기대신용손실	953,648	613,528
기포익누계액	₩(158,421)	₩16,011
기포익인식액	₩174,432	

1. 회계처리

20×1년 12월 31일	(차)	현금	240,000	(대)	이자수익	316,293
		FVOCI금융자산	76,293			
	(차)	평가손실(OCI)	158,421	(대)	FVOCI금융자산	1,112,069[2]
		손상차손	953,648[1]			

1) 상각후원가 측정 금융자산과 동일
2) 잔액

2. 손익에 미치는 영향

당기순이익	① (−)₩637,355
기타포괄이익	② (−)₩158,421

① 당기순이익 : ₩316,293(이자수익)−953,648(손상차손)=(−)₩637,355
② 기타포괄이익(=20×1년 말 기타포괄손익누계액) : (−)₩158,421

(물음 5)

1. 회계처리

20×2년 12월 31일	(차) 현금	80,000	(대) 이자수익	211,010[1]
	FVOCI금융자산	131,010		
	(차) FVOCI금융자산	468,990[2]	(대) 평가이익(OCI)	174,432
			손상차손환입	294,558

1) [₩2,797,517(총장부금액) − 953,648(기초손실충당금)](상각후원가) × 12%
2) 잔액

2. 손익에 미치는 영향

당기순이익	① ₩505,568
기타포괄이익	② ₩174,432

① 당기순이익 : ₩211,010(이자수익) + 294,558(손상차손환입) = ₩505,568
② 기타포괄이익 : ₩174,432

문제 5

다음의 기본자료를 이용하여 독립적인 물음에 답하시오.

〈 기본자료 〉

1. ㈜크레는 20×1년 초 ㈜아틴이 발행한 3년 만기 사채A를 ₩285,597(액면금액 ₩300,000)에 취득하였다. 사채A의 액면이자율은 연 10%(매년 말 후급)이다.

2. 각 시점별 사채 A에 대한 시장이자율은 다음과 같다.

20×1년초	20×1년말	20×2년말
12%	14%	10%

3. 20×1년말 기대신용손실은 ₩2,000, 20×2년말 기대신용손실은 ₩5,000이다.

4. 관련 현재가치계수는 다음과 같으며, 소수점 첫째자리에서 반올림하여 계산한다.

기간	단일금액 ₩1의 현가계수			정상연금 ₩1의 현가계수		
	10%	12%	14%	10%	12%	14%
1	0.9091	0.8929	0.8772	0.9091	0.8929	0.8772
2	0.8264	0.7972	0.7695	1.7355	1.6901	1.6467
3	0.7513	0.7118	0.6749	2.4868	2.4019	2.3216

(물음 1) ㈜크레는 취득한 사채A를 당기손익－공정가치 측정 금융자산으로 분류하였다고 할 경우 다음의 각 독립적인 질문에 답하시오.

(물음 1-1) ㈜크레는 사업모형의 변경으로 인해 20×2년초 사채A를 상각후원가 측정 금융자산으로 재분류하였다. 이 경우, 사채A와 관련된 회계처리가 ㈜크레의 20×2년 당기순이익에 미친 영향을 계산하시오.

(물음 1-2) ㈜크레는 사업모형의 변경으로 인해 20×2년초 사채A를 기타포괄손익－공정가치 측정 금융자산으로 재분류하였다. 이 경우, 사채A와 관련된 회계처리가 ㈜크레의 20×2년 기타포괄손익에 미친 영향을 계산하시오.

(물음 2) ㈜크레는 취득한 사채A를 기타포괄손익-공정가치 측정 금융자산으로 분류하였고 할 경우 다음의 각 독립적인 질문에 답하시오.

(물음 2-1) ㈜크레는 사업모형의 변경으로 인해 20×2년초 사채A를 당기손익-공정가치 측정 금융자산으로 재분류하였다. 이 경우, 사채A와 관련된 회계처리가 ㈜크레의 20×2년 당기순이익에 미친 영향을 계산하시오.

(물음 2-2) ㈜크레는 사업모형의 변경으로 인해 20×2년초 사채A를 상각후원가 측정 금융자산으로 재분류하였다. 이 경우, 사채A와 관련된 회계처리가 ㈜크레의 20×2년 당기순이익에 미친 영향을 계산하시오.

(물음 3) ㈜크레는 취득한 사채A를 상각후원가 측정 금융자산으로 분류하였다고 할 경우 다음의 각 독립적인 질문에 답하시오.

(물음 3-1) ㈜크레는 사업모형의 변경으로 인해 20×2년초 사채A를 당기손익-공정가치 측정 금융자산으로 재분류하였다. 이 경우 사채A와 관련된 회계처리가 ㈜크레의 20×2년 당기순이익에 미친 영향을 계산하시오.

(물음 3-2) ㈜크레는 사업모형의 변경으로 인해 20×2년초 사채A를 기타포괄손익-공정가치 측정 금융자산으로 재분류하였다. 이 경우 사채A와 관련된 회계처리가 ㈜크레의 20×2년 기타포괄손익에 미친 영향을 계산하시오.

해설 및 해답 금융자산의 재분류

• 미래현금흐름 및 상각후원가의 정리

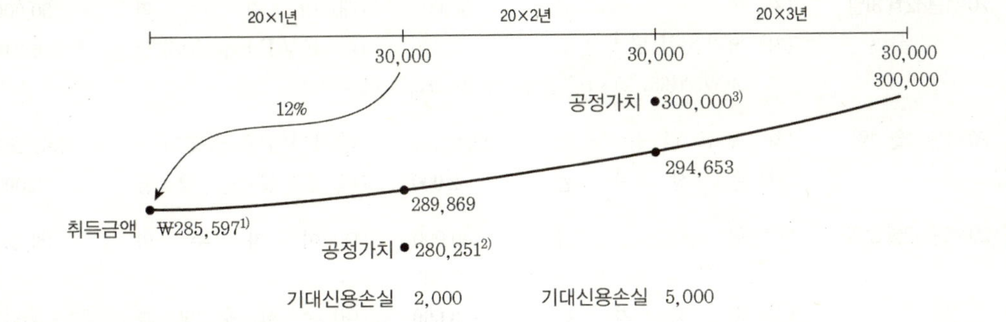

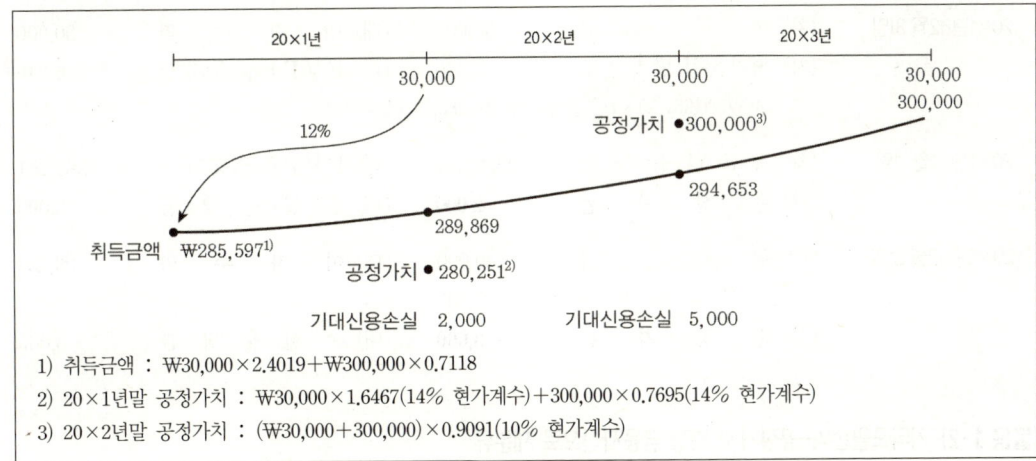

1) 취득금액 : ₩30,000×2.4019+₩300,000×0.7118
2) 20×1년말 공정가치 : ₩30,000×1.6467(14% 현가계수)+300,000×0.7695(14% 현가계수)
3) 20×2년말 공정가치 : (₩30,000+300,000)×0.9091(10% 현가계수)

• 금융자산을 관리하는 사업모형을 변경하는 경우에만, 영향 받는 모든 금융자산을 재분류한다. 금융자산을 재분류하는 경우에 그 재분류를 재분류일부터 전진적으로 적용한다. 재분류 전에 인식한 손익[손상차손(환입) 포함]이나 이자는 다시 작성하지 않는다. 금융자산의 재분류일은 금융자산의 재분류를 초래하는 사업모형의 변경 후 첫 번째 보고기간의 첫 번째 날이어야 한다(K-IFRS 1109호 문단 4.4.1, 문단, 5.6.1, 부록 A).

(물음 1) 당기손익-공정가치 측정 금융자산의 재분류

(물음 1-1) 상각후원가 측정 금융자산으로 재분류

• 금융자산을 당기손익-공정가치 측정 범주에서 상각후원가 측정 범주로 재분류하는 경우에 재분류일의 공정가치가 새로운 총장부금액이 된다. 금융자산을 당기손익-공정가치 측정 범주에서 다른 측정 범주로 재분류하는 경우의 유효이자율은 재분류일의 금융자산 공정가치에 기초하여 산정한다. 또 손상의 규정을 재분류일의 금융자산에 적용할 때 재분류일을 최초 인식일로 본다(K-IFRS 1109호 문단5.6.3, B5.6.2).

• 20×2년 당기순이익에 미친 영향

이자수익	₩280,251(20×2년초 공정가치-새로운 총장부금액)×14%=	₩39,235
손상차손	기말기대신용손실=	(5,000)
		₩34,235

[별해] 회계처리

20×1년 1월 1일	(차) FVPL금융자산	285,597	(대) 현금	285,597
20×1년 12월 31일	(차) 현금	30,000	(대) 이자수익	30,000
	(차) 평가손실(당기손익)	5,346	(대) FVPL금융자산	5,346[1)]
	1) ₩280,251(20×1년말 공정가치)−285,597(장부금액)			
20×2년 1월 1일	(차) AC금융자산	280,251	(대) FVPL금융자산	280,251
	(차) 손상차손	**2,000**	(대) 손실충당금	2,000
20×2년 12월 31일	(차) 현금	30,000	(대) 이자수익	**39,235**
	AC금융자산	9,235		
	(차) 손상차손	**3,000**	(대) 손실충당금	3,000

(물음 1-2) 기타포괄손익-공정가치 측정 금융자산으로 재분류

- 금융자산을 당기손익−공정가치 측정 범주에서 기타포괄손익−공정가치 측정 범주로 재분류하는 경우에 계속 공정가치로 측정한다(K−IFRS 1109호 문단5.6.6).
- 20×2년 기타포괄손익에 미친 영향

① 장부금액의 변동으로 인한 평가손익

공정가치	20×2년말 공정가치=	₩300,000
평가전 장부금액	₩280,251(재분류 시 공정가치)×1.14−30,000=	(289,486)
		₩10,514

② 기대신용손실의 변동으로 인한 평가손익 : ₩5,000(기말 기대신용손실)

③ 평가손익 : ₩10,514+5,000=₩15,514

[별해] 회계처리

20×2년 1월 1일	(차) FVOCI금융자산	280,251	(대) FVPL금융자산	280,251
	(차) 손상차손	2,000	(대) 평가이익(기포익)	**2,000**
20×2년 12월 31일	(차) 현금	30,000	(대) 이자수익	**39,235**
	FVOCI금융자산	9,235		
	(차) FVOCI금융자산	10,514	(대) 평가이익(기포익)	**10,514**
	(차) 손상차손	3,000	(대) 평가이익(기포익)	**3,000**

(물음 2) 기타포괄손익-공정가치 측정 금융자산의 재분류

(물음 2-1) 당기손익-공정가치 측정 금융자산으로 재분류

• 금융자산을 기타포괄손익–공정가치 측정 범주에서 당기손익–공정가치 측정 범주로 재분류하는 경우에 계속 공정가치로 측정한다. 재분류 전에 인식한 기타포괄손익누계액은 재분류일에 재분류조정(기업회계기준서 제1001호 참조)으로 자본에서 당기손익으로 재분류한다(K–IFRS 1109호 문단5.6.7).

• 20×2년 당기순이익에 미친 영향

재분류시 재분류조정	₩280,251(전기말 공정가치)–(289,869–2,000)(상각후원가)=	₩(7,618)
이자수익	표시이자=	30,000
기말평가손익	₩300,000(공정가치)–280,251(장부금액)=	19,749
		₩42,131

[별해] 회계처리

20×1년 1월 1일	(차) FVOCI금융자산	285,597	(대) 현금	285,597
20×1년 12월 31일	(차) 현금	30,000	(대) 이자수익	34,272
	FVOCI금융자산	4,272		
	(차) 평가손실(기포익)	9,618	(대) FVOCI금융자산	9,618[1]
	(차) 손상차손	2,000	(대) 평가이익(기포익)	2,000
20×2년 1월 1일	(차) FVPL금융자산	280,251	(대) FVOCI금융자산	280,251
	(차) **평가손실(당기손익)**	**7,618**	(대) 재분류조정(기포익)	7,618
20×2년 12월 31일	(차) 현금	30,000	(대) **이자수익**	**30,000**
	(차) FVPL금융자산	19,749	(대) **평가이익(당기손익)**	**19,749**

1) ₩280,251(공정가치)–289,869(장부금액)

(물음 2-2) 상각후원가 측정 금융자산으로 재분류

• 금융자산을 기타포괄손익–공정가치 측정 범주에서 상각후원가 측정 범주로 재분류하는 경우에 재분류일의 공정가치로 측정한다. 그러나 재분류 전에 인식한 기타포괄손익누계액은 자본에서 제거하고 재분류일의 금융자산의 공정가치에서 조정한다. 따라서 최초 인식시점부터 상각후원가로 측정했었던 것처럼 재분류일에 금융자산을 측정한다. 이러한 조정은 기타포괄손익에 영향을 미치지만 당기손익에는 영향을 미치지 아니하므로 재분류조정에 해당하지 아니한다 재분류에 따라 유효이자율과 기대신용손실 측정치는 조정하지 않는다(K–IFRS 1109호 문단5.6.5).

• 20×2년 당기순이익에 미친 영향

이자수익	₩289,869(총장부금액)×12%=	₩34,784
손상차손	₩5,000(기말기대신용손실)–2,000(기초 기대신용손실)=	(3,000)
		₩31,784

[별해] 회계처리

20×2년 1월 1일	(차) A C 금 융 자 산	280,251	(대) FVOCI금융자산	280,251
	(차) A C 금 융 자 산	9,618	(대) 평가이익(기포익)	9,618[1]
	(차) 평가손실(기포익)	2,000[2]	(대) 손 실 충 당 금	2,000
20×2년 12월 31일	(차) 현 금	30,000	(대) 이 자 수 익	**34,784**
	A C 금 융 자 산	4,784		
	(차) 손 상 차 손	**3,000**	(대) 손 실 충 당 금	3,000

1) 장부금액의 변동에 의한 평가손익 : ₩280,251(전기말 공정가치)−289,869(총장부금액)

2) 기대신용손실의 변동에 의한 평가손익 : ₩2,000(전기말 기대신용손실)

[별해] 상각후원가 측정 범주와 기타포괄손익-공정가치 측정 범주간의 재분류

• 상각후원가 측정 범주와 기타포괄손익−공정가치 측정 범주에서는 최초 인식시점에 유효이자율을 산정해야 한다. 또 이러한 측정 범주에 대해서는 같은 방식으로 손상 요구사항을 적용한다. 따라서 상각후원가 측정 범주와 기타포괄손익−공정가치 측정 범주 간에 금융자산을 재분류하는 경우에는 다음과 같이 회계처리 한다(K−IFRS 1109호 문단 B5.6.1).

(1) 이자수익의 인식은 변경하지 않으며 계속 같은 유효이자율을 사용한다.

(2) 두 가지 측정 범주가 같은 손상 방식을 적용하므로 기대신용손실의 측정은 변경하지 아니한다. 그러나 금융자산을 기타포괄손익−공정가치 측정 범주에서 상각후원가 측정 범주로 재분류하는 경우의 손실충당금은 재분류일부터 금융자산의 **총장부금액에 대한 조정**으로 인식한다. 금융자산을 상각후원가 측정 범주에서 기타포괄손익−공정가치 측정 범주로 재분류하는 경우 손실충당금은 제거(즉, 총장부금액에 대한 조정으로 더 이상 인식하지 않는다)하는 대신에 (같은 금액의) 누적손상금액을 **기타포괄손익**으로 인식하고 재분류일부터 공시한다.

(물음 3) 상각후원가 측정 금융자산의 재분류

(물음 3-1) 당기손익-공정가치 측정 금융자산으로 재분류

• 금융자산을 상각후원가 측정 범주에서 당기손익−공정가치 측정 범주로 재분류하는 경우에 재분류일의 공정가치로 측정한다. 금융자산의 재분류 전 상각후원가와 공정가치의 차이에 따른 손익은 당기손익으로 인식한다(K−IFRS 1109호 문단5.6.2).

• 20×2년 당기순이익에 미친 영향

재분류시 평가손익	₩280,251(20×2년초 공정가치)−(289,869−2,000)(상각후원가)=	₩(7,618)
이자수익	표시이자=	30,000
기말평가손익	₩300,000(공정가치)−280,251(장부금액)=	19,749
		₩42,131

[별해] 회계처리

20×1년 1월 1일	(차) A C 금 융 자 산	285,597	(대) 현 금	285,597
20×1년 12월 31일	(차) 현 금	30,000	(대) 이 자 수 익	34,272[1]
	A C 금 융 자 산	4,272		
	(차) 손 상 차 손	2,000	(대) 손 실 충 당 금	2,000

1) ₩285,597 × 12%

20×2년 1월 1일	(차) F V P L 금 융 자 산	280,251	(대) A C 금 융 자 산	289,869
	손 실 충 당 금	2,000		
	평가손실(당기손익)	**7,618**		
20×2년 12월 31일	(차) 현 금	30,000	(대) **이 자 수 익**	**30,000**
	(차) F V P L 금 융 자 산	19,749	(대) **평가이익(당기손익)**	**19,749**

(물음 3-2) 기타포괄손익-공정가치 측정 금융자산으로 재분류

- 금융자산을 상각후원가 측정 범주에서 기타포괄손익－공정가치 측정 범주로 재분류하는 경우에 재분류일의 공정가치로 측정한다. 금융자산의 재분류 전 상각후원가와 공정가치의 차이에 따른 손익은 기타포괄손익으로 인식한다. 유효이자율과 기대신용손실 측정치는 재분류로 인해 조정되지 않는다(K－IFRS 1109호 문단5.6.4).
- 20×2년 기타포괄손익에 미친 영향

재분류시 평가손익	₩280,251(20×2년 초 공정가치)－(289,869－2,000)(상각후원가)＝	₩(7,618)
장부금액의 변동	₩300,000(공정가치)－285,035(평가전 장부금액*)＝	14,965
기대신용손실 변동	₩5,000(기말 기대신용손실)－2,000(기초 기대신용손실)＝	3,000
		₩10,347

* 평가전 장부금액 : ₩280,251(재분류 시 공정가치)＋(294,653－289,869)(20×2년 상각액)

[별해] 회계처리

20×2년 1월 1일	(차) F V O C I 금 융 자 산	280,251	(대) A C 금 융 자 산	289,869
	손 실 충 당 금	2,000		
	평가손실(기포익)	**7,618**		
20×2년 12월 31일	(차) 현 금	30,000	(대) 이 자 수 익	34,784[1]
	F V O C I 금 융 자 산	4,784		
	(차) F V O C I 금 융 자 산	14,965	(대) **평가이익(기포익)**	**14,965**
	(차) 손 상 차 손	3,000	(대) **평가이익(기포익)**	**3,000**

1) ₩289,869(총장부금액) × 12%(최초의 유효이자율)

[별해] 당기손익에 미치는 영향

① FVPL에서 다른 범주로 재분류

	20×1년 초		20×1년 말		20×2년 말
장부금액	₩285,597		₩280,251[1)]		₩284,486[2)]
순자산 변동		(5,346)		4,235	
현금수수액		30,000		30,000	
당기순이익		24,654		34,235	

1) 공정가치

2) 상각후원가 : (₩280,251×1.1−30,000)(총장부금액)−5,000

② 다른 범주에서 FVPL로 재분류

	20×1년 초		20×1년 말		20×2년 말
장부금액	₩285,597		₩287,869[1)]		₩300,000[2)]
순자산 변동		2,272		12,131	
현금수수액		30,000		30,000	
당기순이익		32,272		42,131	

1) 상각후원가 : ₩289,869−2,000

2) 공정가치

③ AC와 FVOCI 간의 재분류

	20×1년 초		20×1년 말		20×2년 말
장부금액	₩285,597		₩287,869[1)]		₩289,653[1)]
순자산 변동		2,272		1,784	
현금수수액		30,000		30,000	
당기순이익		32,272		31,784	

1) FVOCI로 분류하는 경우의 당기순이익은 AC를 가정하여 상각후원가의 변동으로 계산

문제 6

다음의 각 독립적인 물음에 답하시오. (단, 현재가치계산이 필요할 경우 다음의 현가계수를 이용하고, 금액은 소수점 첫째자리에서 반올림하여 계산한다.)

기간	단일금액 ₩1의 현가계수			정상연금 ₩1의 현가계수		
	8%	10%	12%	8%	10%	12%
1	0.9259	0.9091	0.8929	0.9259	0.9091	0.8929
2	0.8573	0.8264	0.7972	1.7833	1.7355	1.6901
3	0.7938	0.7513	0.7118	2.5771	2.4868	2.4018
4	0.7350	0.6830	0.6355	3.3121	3.1699	3.0373
5	0.6806	0.6209	0.5674	3.9927	3.7908	3.6048

㈜세무는 20×1년 1월 1일에 ㈜한국이 발행한 A사채(액면금액 ₩1,000,000, 표시이자율 연 6%, 만기 3년, 매년 말 이자지급)를 취득하고 '상각후원가 측정 금융자산'으로 분류하였으며, ㈜한국은 A사채를 '상각후원가 측정 금융부채'로 분류하였다. 발행시점의 유효이자율은 연 10%이다.

20×2년 12월 31일에 ㈜세무와 ㈜한국은 A사채의 만기를 20×5년 12월 31일로 연장하고, 표시이자율을 연 4%로 낮추어 매년 말에 이자를 지급하는 것으로 계약변경(조건변경)에 합의하였다. 이 과정에서 ㈜한국은 ㈜세무에게 수수료 ₩12,000을 지급하였다. 계약상 현금흐름 변경일(20×2년 12월 31일)의 현행이자율은 연 8%이다. (단, ㈜세무는 계약변경 합의 전에 20×2년도 이자를 수령하였다고 가정하며, A사채와 관련된 신용위험은 고려하지 않는다.)

(물음 1) 다음의 각 상황별로 ㈜세무가 계약변경시점에 인식할 계약변경손익을 계산하시오.(단, 계약변경손실의 경우 금액 앞에 '(−)'를 표시하며, 계약변경손익이 없는 경우에는 '없음'으로 표시하시오.)

상황 1. A사채와 관련된 계약변경이 금융자산의 제거조건을 충족하는 경우

상황 2. A사채와 관련된 계약변경이 금융자산의 제거조건을 충족하지 않는 경우

(물음 2) 20×2년 12월 31일 A사채와 관련하여 ㈜한국이 계약변경시점에 인식할 계약변경손익을 계산하시오.(단, 계약변경손실의 경우 금액 앞에 '(−)'를 표시하며, 계약변경손익이 없는 경우에는 '없음'으로 표시하시오.)

해설 및 해답 금융상품의 발행자 보유자-계약상 현금흐름의 변경과 조건변경 (2023년 세무사 수정)

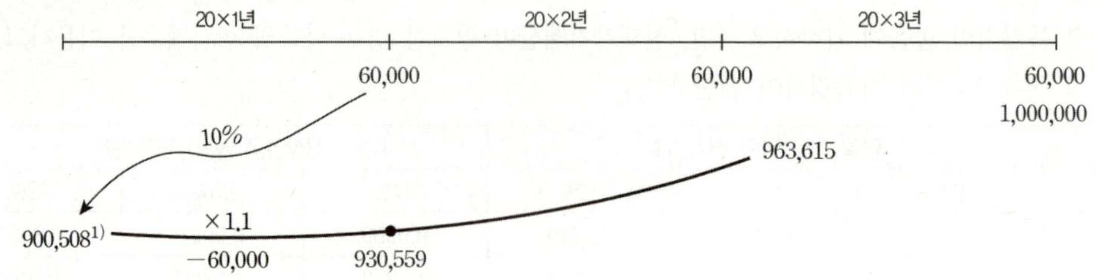

1) 취득원가(10%) : 60,000×2.4868+1,000,000×0.7513

(물음 1)

(상황 1)

① 변경 후 미래현금흐름 공정가치(현행시장이자율 8%) : ₩40,000×2.5771+1,000,000×0.7938 =₩896,884

② 변경손실 : ₩896,884−963,615+12,000(거래수수료 수령)=(−)₩54,731

③ 변경시 회계처리

20×2년 말	(차) 신AC금융자산	896,884	(대) 구AC금융자산	963,615
	현 금	12,000		
	변 경 손 실	**54,731**		

(상황 2)

① 변경 후 미래현금흐름 현재가치(최초 유효이자율 10%) : ₩40,000×2.4868+1,000,000×0.7513 =₩850,772

② 변경손실(총장부금액 감소) : ₩850,772−963,615=(−)₩112,843

③ 변경시 회계처리

20×2년 말	(차) 변 경 손 실	**112,843**	(대) 구AC금융자산	112,843
	(차) 현 금	12,000	(대) 구AC금융자산	12,000[1)]

1) 발생한 원가나 수수료는 변경된 금융자산의 장부금액에 반영

(물음 2)

① 변경된 현금흐름의 현재가치(10%) : ₩40,000×2,4868+1,000,000×0.7513+12,000=₩862,772

② 실질적 조건변경 여부의 판단 : 새로운 미래현금흐름 현재가치(최초 유효이자율 10%) ₩862,772와 금융부채의 장부금액 ₩963,615의 차이 ₩100,843이 기존 금융부채의 장부금액의 10%(₩96,362)이상이므로 실질적 조건변경에 해당한다.

③ 변경이익 : ₩963,615−896,884(변경된 사채의 공정가치)−12,000(거래수수료 지급)=₩54,731

④ 조건변경시 회계처리

20×2년 말	(차) 구 사 채 (순 액)	963,615	(대) 신 사 채 (순 액)	896,884
			현 금	12,000
			변 경 이 익	**54,731**

문제 7

㈜대한은 사채 액면상 발행일이 20×1년 1월 1일이고 액면금액 ₩1,000,000(표시이자율 연 6%, 이자는 매년 12월 31일 지급, 만기일 20×5년 12월 31일)인 회사채를 20×1년 1월 1일에 발행하였다.

〈공통자료〉

1. 각 일자의 동 사채에 대한 시장이자율은 다음과 같다. 단, 미래현금흐름의 현재가치는 공정가치와 동일한 것으로 본다.

일자	시장이자율
20×1년 1월 1일	6%
20×1년 7월 1일	8%
20×1년 12월 31일	10%
20×2년 1월 1일	10%
20×2년 12월 31일	12%
20×3년 1월 1일	12%

2. 각 물음의 현재가치 계산시 아래의 현가계수를 반드시 이용하시오.

기간	단일금액 ₩1의 현가계수				정상연금 ₩1의 현가계수			
	6%	8%	10%	12%	6%	8%	10%	12%
1	0.94340	0.92593	0.90909	0.89286	0.94340	0.92593	0.90909	0.89286
2	0.89000	0.85734	0.82645	0.79719	1.83340	1.78327	1.73554	1.69005
3	0.83962	0.79383	0.75131	0.71178	2.67302	2.57710	2.48685	2.40183
4	0.79209	0.73503	0.68301	0.63552	3.46511	3.31213	3.16986	3.03735
5	0.74726	0.68058	0.62092	0.56743	4.21237	3.99271	3.79078	3.60478

3. ㈜민국은 20×1년 7월 1일 동 사채를 100% 취득하고, 상각후원가 측정 금융자산으로 분류하였다. 취득관련 비용은 발생하지 않았다.

4. ㈜대한이 발행한 사채에 대한 20×1년말 기대신용손실은 ₩0이라고 가정한다.

5. 다음의 (물음)은 각각 독립적인 상황이다. 모든 (물음)의 답은 소수점 첫째 자리에서 반올림한다.

(물음 1) ㈜대한은 20×2년 12월 31일 동 사채를 ㈜민국으로부터 공정가치에 상환하였다.

(1) ㈜대한의 20×2년 사채상환손익으로 인식할 금액을 구하시오. 단, 감소의 경우에는 금액 앞에 (−)를 표시하시오.

(2) ㈜민국의 20×2년 상각후원가 측정 금융자산 처분손익으로 인식할 금액을 구하시오. 단, 감소의 경우에는 금액 앞에 (−)를 표시하시오.

(물음 2) ㈜민국은 사채의 액면 중 ₩500,000을 20×3년 말에 조기상환받을 수 있는 옵션을 계약상 보유하고 있다고 가정한다. 만약 옵션을 행사할 경우, 사채의 미래현금흐름은 다음과 같다.

일자	20×3년 말	20×4년 말	20×5년 말
표시이자	₩60,000	₩30,000	₩30,000
액면금액	500,000		500,000

20×3년 1월 1일 ㈜민국은 옵션을 행사하였고, 실제로 20×3년 말 액면금액 중 ₩500,000을 상환하였다. 동 계약상 현금흐름의 변경이 ㈜민국의 입장에서 금융자산의 제거요건을 충족하지 못한다고 할 경우, 해당 사채와 관련된 회계처리가 ㈜민국의 20×3년 당기손익에 미치는 영향을 계산하시오. 단, 해당 조기상환 옵션의 가치는 중요치 않아 구분하여 회계처리하지 않는다고 가정한다.

(물음 3) ㈜대한은 기존의 사채를 새로운 사채와 교환할 수 있는 옵션을 보유하고 있다. 교환되는 새로운 사채의 액면금액은 ₩1,000,000이며, 표시이자율 연 6%, 이자는 매년 12월 31일 지급, 만기는 5년이다. 20×3년 1월 1일 ㈜대한은 옵션을 행사하여, 새로운 사채가 발행되었다. 동 계약상 현금흐름의 변경이 ㈜민국의 입장에서 금융자산의 제거요건을 충족한다고 할 경우, 해당 사채와 관련된 회계처리가 ㈜민국의 20×3년 당기손익에 미치는 영향을 계산하시오. 단, 해당 옵션의 가치는 중요치 않아 구분하여 회계처리하지 않는다고 가정한다.

해설 및 해답 금융상품의 발행자와 보유자 (2014년 회계사 수정)

• ㈜대한이 사채를 발행한 일자와 ㈜민국이 사채를 취득한 날짜가 상이하다. 즉, ㈜대한은 20×1년 1월 1일 ㈜민국이 아닌 제3자에게 사채를 발행한 것이며, ㈜민국은 제3자로부터 20×1년 7월 1일에 취득한 것이다. 따라서 ㈜대한이 사채에 적용하는 유효이자율, 장부금액과 ㈜민국이 금융자산에 적용하는 유효이자율, 장부금액은 다르다.

• ㈜민국의 미래현금흐름 및 상각후원가의 정리

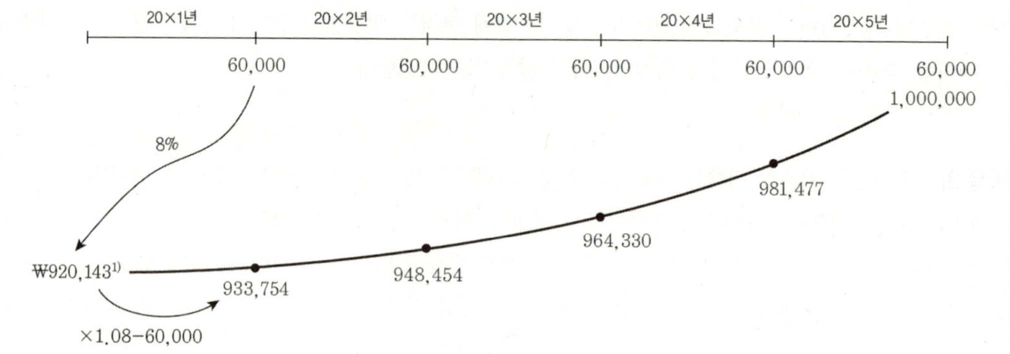

1) ₩1,000,000×0.68058+60,000×3.99271

(물음 1) 금융상품의 상환

(1) ㈜대한의 사채의 상환손익

사채 장부금액*		₩1,000,000
사채 상환대가	₩1,000,000×0.71178(12% 현가계수)+60,000×2.40183=	(855,890)
		₩144,110

* 발행일 현재 표시이자율과 시장이자율이 동일하므로 액면발행함.

(2) ㈜민국의 상각후원가 측정 금융자산 처분손익

• ₩855,890(처분금액)−948,454(총장부금액=상각후원가)=(−)₩92,564

[별해] 상환시(처분시) 회계처리

① ㈜대한의 회계처리

20×2년 12월 31일	(차) 사채	1,000,000	(차) 현금	855,890
			상환이익	144,110

② ㈜민국의 회계처리

20×2년 12월 31일	(차) 현금	855,890	(차) AC금융자산	948,454
	처분손실	92,564		

(물음 2) 계약상 현금흐름의 변경 (금융자산의 보유)

• 금융자산의 계약상 현금흐름이 재협상되거나 변경되었으나 그 금융자산이 이 기준서에 따라 제거되지 아니하는 경우에는 해당 금융자산의 총 장부금액을 재계산하고 변경손익을 당기손익으로 인식한다. 발생한 원가나 수수료는 변경된 금융자산의 장부금액에 반영하여 해당 금융자산의 남은 존속기간에 상각한다 (K-IFRS 1109호 문단 5.4.3).

① 계약상 현금흐름 변경시 손익인식액

현재가치	₩560,000×0.92593+30,000×0.85734+530,000×0.79383=	₩964,971
장부금액		(948,455)
		₩16,517

② 이자수익 : ₩964,971×8%=₩77,198

③ 당기손익 : ₩16,517+77,198=₩93,715

[별해] 회계처리

20×3년 1월 1일	(차) A C 금 융 자 산	16,517	(차) 변 경 손 익	16,517
20×3년 12월 31일	(차) 현 금	60,000	(차) 이 자 수 익	77,198[1]
	A C 금 융 자 산	17,198		
	(차) 현 금	500,000	(대) A C 금 융 자 산	500,000

1) ₩964,971(조건변경 후 금융자산 장부금액)×8%

(물음 3) 계약상 현금흐름의 변경 (금융자산의 제거)

① 계약상 현금흐름 변경시 손익인식액

공정가치	₩1,000,000×0.56743(12% 현가계수)+60,000×3.60478=	₩783,717
장부금액		(948,454)
		₩(164,737)

② 이자수익 : ₩783,717×12%=₩94,046

③ 당기손익 : (−)₩164,737+94,046=(−)₩70,691

[별해] 회계처리

20×3년 1월 1일	(차) A C 금 융 자 산(신)	783,717	(차) A C 금 융 자 산(구)	948,454
	처 분 손 실	164,737		
20×3년 12월 31일	(차) 현 금	60,000	(차) 이 자 수 익	94,046[1]
	A C 금 융 자 산	34,046		

1) ₩783,717(조건변경 후 금융자산 장부금액)×12%

문제 8

㈜대한은 20×1년 1월 1일에 발행된 ㈜민국의 A사채를 공정가치로 동 일자에 현금으로 취득하였으며, 취득 시 동 사채의 신용이 손상되어 있지 않았다. 다음의 〈공통 자료〉를 이용하여 각 물음에 답하며, 각 물음은 독립적이다.

〈공통 자료〉

1. ㈜대한이 취득한 A사채와 관련된 조건은 다음과 같다.
   - 액면금액 : ₩1,000,000
   - 표시이자율 : 연 6% (매년 말 지급)
   - 이자지급일 : 매년 12월 31일
   - 만기일 : 20×4년 12월 31일
   - 사채발행 시 시장이자율 : 연 4%
   - 사채취득 관련 거래원가는 없음
2. 시장이자율로 할인된 미래현금흐름의 현재가치는 공정가치와 동일하다.
3. 현재가치 계산 시 아래의 현가계수를 이용하고, 답안 작성 시 원 이하는 반올림한다.

구분	1	2	3	4
단일금액현가계수	0.9615	0.9246	0.8890	0.8548
정상연금현가계수	0.9615	1.8861	2.7751	3.6299

(물음 1) 다음의 〈추가 자료〉를 이용하여 〈요구사항〉에 답하시오.

〈추가 자료〉

1. ㈜대한은 20×1년도 이자는 정상적으로 수취하였으나, 20×1년 말에 동 사채의 신용이 후속적으로 심각하게 손상되어 신용위험이 유의적으로 증가하였다고 판단하였다. ㈜대한은 해당 사채의 채무불이행 발생확률을 고려하여, 20×2년부터 20×4년까지 매년 말에 수취할 이자의 현금흐름을 각각 ₩30,000으로, 만기에 수취할 원금의 현금흐름을 ₩700,000으로 추정하였다.
2. ㈜대한은 20×2년 ₩30,000의 이자를 수취하였다. ㈜대한은 20×2년 말에 동 사채의 신용손상이 일부 회복되어 20×3년부터 20×4년까지 매년 말에 수취할 이자의 현금흐름을 각각 ₩50,000으로, 만기에 수취할 원금의 현금흐름을 ₩900,000으로 추정하였다.
3. 동 사채의 20×1년 말 공정가치는 ₩700,000이고, 20×2년 말 공정가치는 ₩800,000이다.
4. ㈜대한은 20×3년 7월 1일에 동 사채를 ₩1,050,000(미수이자 ₩25,000 포함)에 처분하였다.
5. ㈜대한은 금융자산을 기타포괄손익－공정가치 측정 금융자산으로 분류 시 이자수익의 인식은 유효이자율법에 의하며, 당기손익－공정가치 측정 금융자산으로 분류 시 표시이자를 이자수익으로 인식한다.

< 요구사항 1 >

㈜대한이 취득한 A사채를 기타포괄손익－공정가치 측정 금융자산으로 분류하였을 경우, 20×2년도와 20×3년도 포괄손익계산서의 당기순이익과 기타포괄이익에 미치는 영향을 각각 계산하시오. 단, 당기순이익과 기타포괄이익이 감소하는 경우에는 (－)를 숫자 앞에 표시하시오.

항 목	20×2년	20×3년
당기순이익에 미치는 영향	①	②
기타포괄이익에 미치는 영향	③	④

< 요구사항 2 >

㈜대한이 취득한 A사채를 당기손익－공정가치 측정 금융자산으로 분류하였을 경우, 20×1년도, 20×2년도, 20×3년도 포괄손익계산서의 당기순이익에 미치는 영향의 총 합계액을 계산하시오. 단, 당기순이익이 감소하는 경우에는 (－)를 숫자 앞에 표시하시오.

(물음 2) 다음의 〈추가 자료〉를 이용하여 답하시오.

〈 추가 자료 〉

1. 금융자산 재분류 시 재분류조건을 충족한다고 가정한다.
2. A사채의 일자별 공정가치는 다음과 같다.

일자	20×1년 12월 31일	20×2년 7월 1일	20×2년 12월 31일	20×3년 1월 1일	20×3년 12월 31일
공정가치	₩1,060,000	₩950,000	₩1,000,000	₩1,000,000	₩980,000

㈜대한은 20×1년 1월 1일 A사채를 당기손익－공정가치 측정 금융자산으로 분류하였으나 20×2년 7월 1일에 사업모형을 변경하여 기타포괄손익－공정가치 측정 금융자산으로 재분류하였다. A사채와 관련한 회계처리가 ㈜대한의 20×2년도와 20×3년도 포괄손익계산서의 당기순이익과 기타포괄이익에 미치는 영향을 각각 계산하시오. 단, 당기순이익과 기타포괄이익이 감소하는 경우에는 (－)를 숫자 앞에 표시하시오.

항 목	20×2년	20×3년
당기순이익에 미치는 영향	①	②
기타포괄이익에 미치는 영향	③	④

해설 및 해답 채무상품 종합 (2019년 회계사)

(물음 1)

• 미래현금흐름 및 상각후원가의 정리

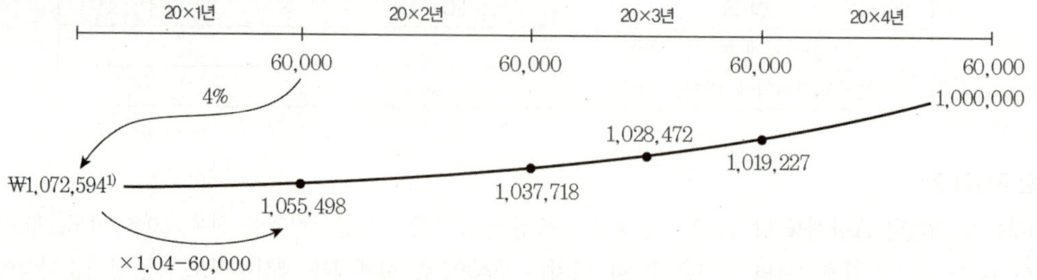

1) 20×1년 1월 1일 채무상품의 현재가치(유효이자율 할인) : ₩1,000,000×0.8548+60,000×3.6299

• 20×1년말 변경된 현금흐름

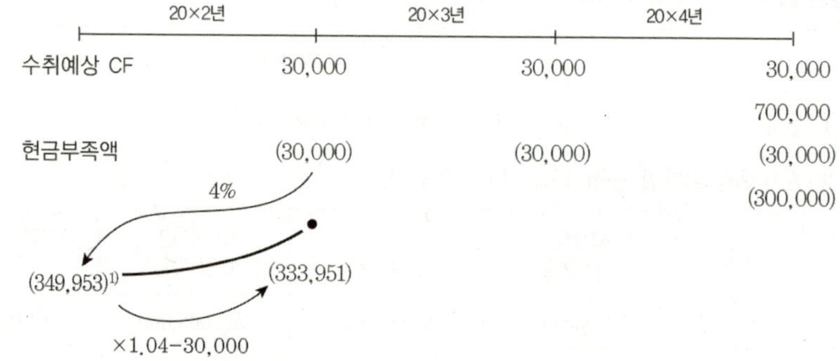

1) 20×1년 말 기대신용손실(신용손실) : ₩300,000×0.8890+30,000×2.7751

• 20×2년말 변경된 현금흐름

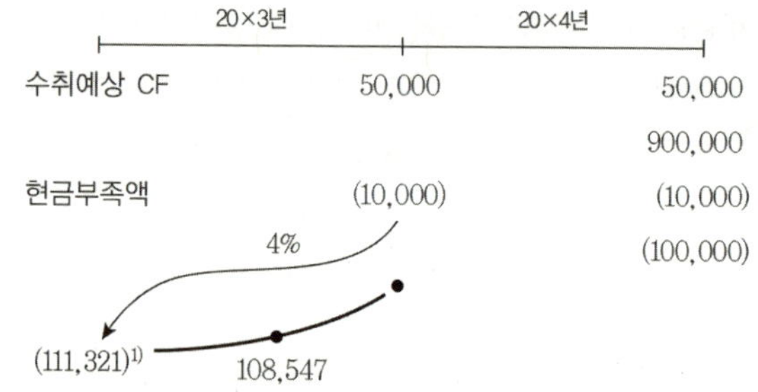

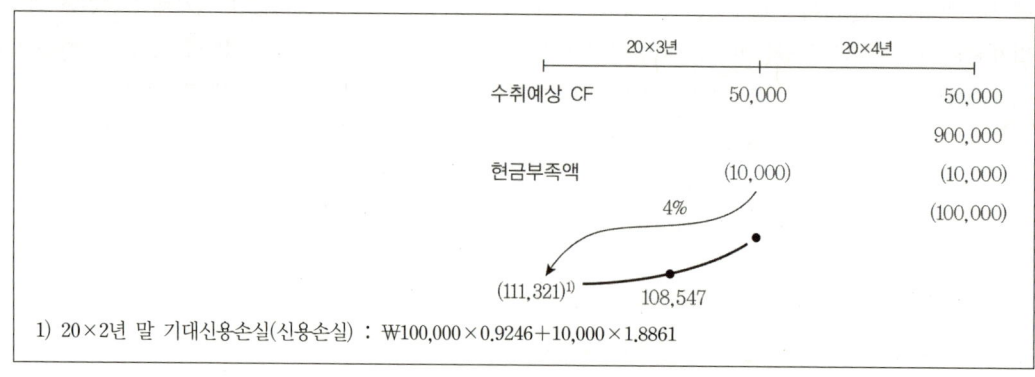

1) 20×2년 말 기대신용손실(신용손실) : ₩100,000×0.9246+10,000×1.8861

< 요구사항 1 > 기타포괄손익-공정가치 측정 금융자산

항 목	20×2년	20×3년
당기순이익에 미치는 영향	① ₩250,852	② ₩123,603
기타포괄이익에 미치는 영향	③ (−)120,852	④ 126,397

1. 20×2년 당기순이익에 미치는 영향

① 이자수익 : (₩1,055,498−349,953)×4%=₩28,222

② 손상차손(환입) : ₩111,321(기말 신용손실)−333,951(장부상 손실충당금)=₩222,630(손상차손환입)

③ 당기순이익에 미치는 영향 : ₩28,222+222,630=₩250,852

2. 20×3년 당기순이익에 미치는 영향

① 이자수익 : (₩1,037,718−111,321)×4%×6/12=₩18,528

② 처분손익

처분금액	₩1,050,000−25,000=	₩1,025,000
총장부금액	₩1,037,718+(1,037,718×4%−60,000)×6/12=	(1,028,472)
손실충당금*	₩111,321+(111,321×4%−10,000)×6/12=	108,547
		₩105,075

* 처분시점까지 상각후원가에 (총장부금액과 손실충당금 모두) 유효이자율법 상각을 적용한다.

③ 당기순이익에 미치는 영향 : ₩18,528+105,075=₩123,603

3. 기타포괄손익에 미치는 영향

	20×1년 말	20×2년 말	20×3년 말
공정가치	₩700,000	₩800,000	
총장부금액	(1,055,498)	(1,037,718)	
기대신용손실	349,953	111,321	
기포익누계액	₩(5,545)	₩(126,397)	−
기포익인식액	₩(120,852) (20×1년 말~20×2년 말)	₩126,397 (20×2년 말~20×3년 말)	

[별해] 당기순이익에 미치는 영향

	20×1년 초	20×1년 말	20×2년 말	20×3년 말
총장부금액	₩1,072,594	₩1,055,498	₩1,037,718	−
손실충당금	−	(349,953)	(111,321)	−
상각후원가	₩1,072,594	₩705,545	₩926,397	−

	20×1년 초~20×1년 말	20×1년 말~20×2년 말	20×2년 말~20×3년 말
순자산 변동	₩(367,049)	₩220,852	₩(926,397)
현금수수액	60,000	30,000	1,050,000
당기순이익	₩(307,049)	₩250,852	₩123,603

[별해] 회계처리

20×1년 1월 1일	(차) FVOCI금융자산	1,072,594	(대) 현금	1,072,594
20×1년 12월 31일	(차) 현금	60,000	(대) 이자수익	42,904
			FVOCI금융자산	17,096
	(차) 평가손실(기포익)	5,545	(대) FVOCI금융자산	355,498[1]
	손상차손	349,953		
	1) 대차 잔액			
20×2년 12월 31일	(차) 현금	30,000	(대) 이자수익	28,222
			FVOCI금융자산	1,778
	(차) 평가손실(기포익)	120,852	(대) 손상차손환입	222,630
	FVOCI금융자산	101,778[1]		
	1) 대차 잔액			
20×3년 7월 1일	(차) 미수이자	25,000	(대) 이자수익	18,528
			FVOCI금융자산	6,472
	(차) FVOCI금융자산	231,472[1]	(대) 평가이익(기포익)	231,472
	(차) 현금	1,025,000	(대) FVOCI금융자산	1,025,000
	(차) 평가이익(재분류조정)	105,075[2]	(대) 처분이익	105,075
	(차) 현금	25,000	(대) 미수이자	25,000

1) ₩1,025,000(처분금액)−[800,000(전기말공정가치)−6,472](처분직전 장부금액)

2) 평가손익 누계액 : (−)₩5,545−120,852+231,472

< 요구사항 2 > 당기손익-공정가치 측정 금융자산

1. 20×1년 당기순이익에 미치는 영향

① 이자수익 : ₩60,000(표시이자)

② 평가손익 : ₩700,000−1,072,594=(−)₩372,594

2. 20×2년 당기순이익에 미치는 영향

① 이자수익 : ₩30,000(손상된 표시이자)

② 평가손익 : ₩800,000−700,000=₩100,000

3. 20×3년 당기순이익에 미치는 영향

① 이자수익 : ₩50,000×6/12=₩25,000(손상된 표시이자)

② 처분손익 : ₩1,025,000−800,000=₩225,000

4. 당기순이익 합계

- ₩60,000−372,594+30,000+100,000+25,000+225,000=₩67,406
  또는 (₩60,000+30,000+25,000)(이자수익합계)+[1,025,000(처분금액)−1,072,594(취득금액)]=₩67,406

(물음 2)

항 목	20×2년	20×3년
당기순이익에 미치는 영향	① ₩0	② ₩60,000
기타포괄이익에 미치는 영향	③ ₩0	④ (−)₩20,000

1. 당기순이익에 미치는 영향

① 20×2년 당기순이익

이자수익	표시이자	₩60,000
평가손익	₩1,000,000−1,060,000=	(60,000)
		₩0

② 20×3년 당기순이익(이자수익) : ₩1,000,000×6%* =₩60,000

* 재분류시점 공정가치가 액면금액과 동일하므로 시장이자율은 표시이자율과 동일할 것이다.

2. 기타포괄손익에 미치는 영향

① 20×2년 기타포괄손익 : 없음

② 20×3년 기타포괄손익 : ₩980,000(공정가치)−1,000,000(장부금액)=(−)₩20,000

[별해] 회계처리

20×1년 1월 1일	(차) FVPL금융자산	1,072,594	(대) 현 금	1,072,594
20×1년 12월 31일	(차) 현 금	60,000	(대) 이 자 수 익	60,000
	(차) 평가손실(NI)	12,594	(대) FVPL금융자산	12,594
20×2년 12월 31일	(차) 현 금	60,000	(대) 이 자 수 익	60,000
	(차) 평가손실(NI)	60,000	(대) FVPL금융자산	60,000
20×3년 1월 1일	(차) FVOCI금융자산	1,000,000	(대) FVPL금융자산	1,000,000
20×3년 12월 31일	(차) 현 금	60,000	(대) 이 자 수 익	60,000
	(차) 평가손실(OCI)	20,000	(대) FVOCI금융자산	20,000

문제 9

20×1년 1월 1일, ㈜우리는 ㈜나라가 발행한 A사채를 동 일자에 공정가치로 취득하였다. 아래의 자료를 이용하여 물음에 답하시오.

1. A사채의 액면금액은 ₩1,000,000, 액면이자율은 연 8%(매년 말 지급)이며, 만기는 20×5년 12월 31이다. 사채 취득일의 시장이자율은 10%이다. 취득시, ㈜우리는 A사채를 당기손익－공정가치 측정 금융자산으로 분류하였다. 사채취득과 직접적으로 관련되는 비용은 발생하지 않았다.
2. 20×1년 7월 1일 ㈜우리는 사업모형 변경을 하였으며, A사채를 당기손익－공정가치 측정 금융자산에서 기타포괄손익－공정가치 측정 금융자산으로 재분류하기로 결정하였다. A사채의 재분류는 20×2년 1월 1일 적절히 수행되었다.
3. 20×1년말과 20×2년말의 기대신용손실은 각각 ₩10,000, ₩30,000으로 추정되었다. 20×1년 말 현재 사채에 적용되는 시장이자율은 12%이며, 공정가치는 ₩878,492이다. 20×2년 말의 A사채의 공정가치는 ₩920,000이라고 가정한다.
4. ㈜우리가 20×3년 말에 이자 ₩80,000을 수령한 직후 ㈜민국의 재무상태 악화로 만기까지 액면이자 ₩30,000과 원금 ₩600,000씩만 회수될 것으로 추정하였다. 이러한 추정은 신용손상 발생의 객관적인 증거에 해당한다. 20×3년 말 현재 A사채에 적용되는 시장이자율은 14%이며, 공정가치는 ₩511,101이다.
5. ㈜우리가 20×4년 말에 이자 ₩30,000을 수령한 직후 ㈜나라의 재무상태가 호전되어 만기시 액면이자는 ₩40,000, 원금 ₩800,000이 회수될 것으로 추정하였다. 이러한 회복은 손상차손을 인식한 이후에 발생한 사건과 객관적으로 관련이 있다. 20×4년 말 현재 A사채에 적용되는 시장이자율은 10%이며, 공정가치는 ₩763,644이다.
6. 각 물음의 현재가치 계산시 아래의 현가계수를 이용하시오.

기간	단일금액 ₩1의 현가계수				정상연금 ₩1의 현가계수			
	8%	10%	12%	14%	8%	10%	12%	14%
1	0.9259	0.9091	0.8929	0.8772	0.9259	0.9091	0.8929	0.8772
2	0.8573	0.8264	0.7972	0.7695	1.7832	1.7355	1.6901	1.6467
3	0.7938	0.7513	0.7118	0.6750	2.5770	2.4868	2.4019	2.3217
4	0.7350	0.6830	0.6355	0.5921	3.3120	3.1698	3.0374	2.9138
5	0.6806	0.6209	0.5674	0.5194	3.9926	3.7907	3.6048	3.4332

(물 음) A사채와 관련하여 ㈜우리가 연도별 포괄손익계산서에 인식할 다음의 금액들을 각각 계산하시오. 단, 금액이 없다면 '0'으로 표시하고 손실의 경우, (−)로 표시한다. 계산시 금액(₩)은 소수점 첫째 자리에서 반올림한다.

구분	당기손익	기타포괄손익
20×1년	①	②
20×2년	③	④
20×3년	⑤	⑥
20×4년	⑦	⑧

해설 및 해답 채무상품 종합

구분	당기손익	기타포괄손익
20×1년	① ₩ 34,336	② ₩ 0
20×2년	③ 75,419	④ 46,089
20×3년	⑤ (264,916)	⑥ (63,983)
20×4년	⑦ 250,974	⑧ 31,568

• 미래현금흐름의 정리

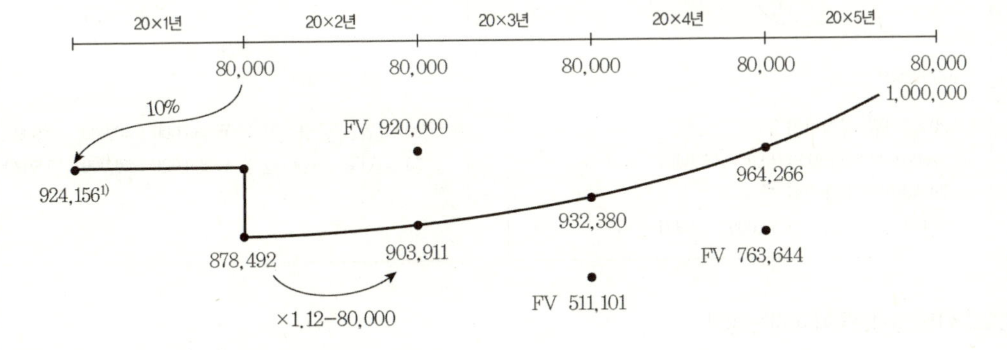

1) 취득원가 : ₩80,000×3.7907+1,000,000×0.6209

• 기대신용손실의 정리

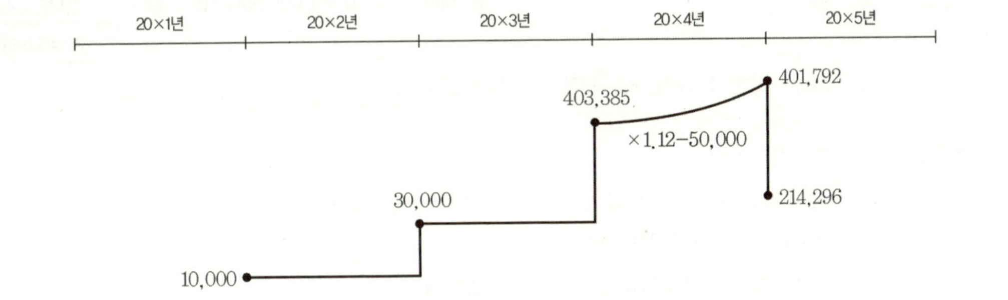

• 신용손상 및 회복

① 20×3년말 신용손상

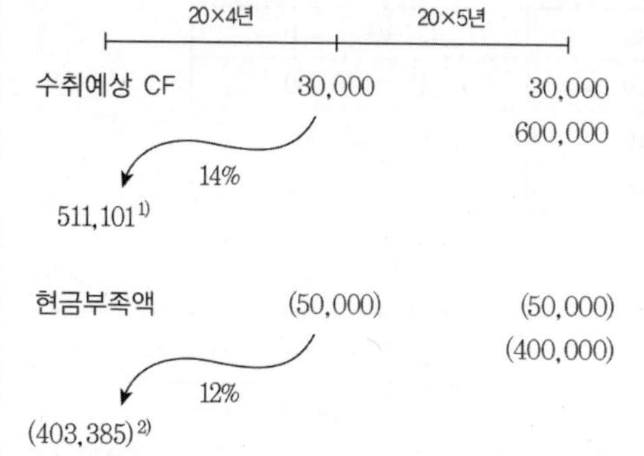

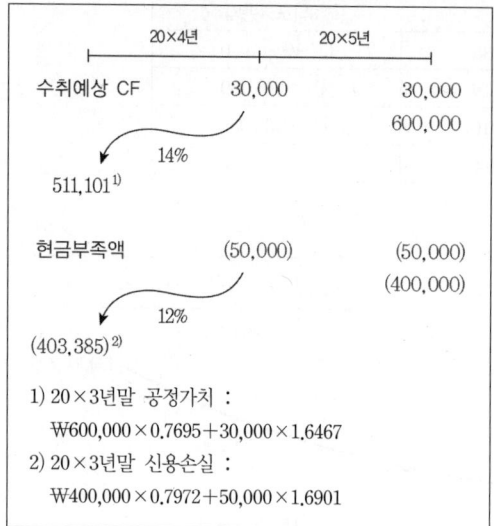

1) 20×3년말 공정가치 : ₩600,000×0.7695+30,000×1.6467

2) 20×3년말 신용손실 : ₩400,000×0.7972+50,000×1.6901

② 20×4년말 신용손상 회복

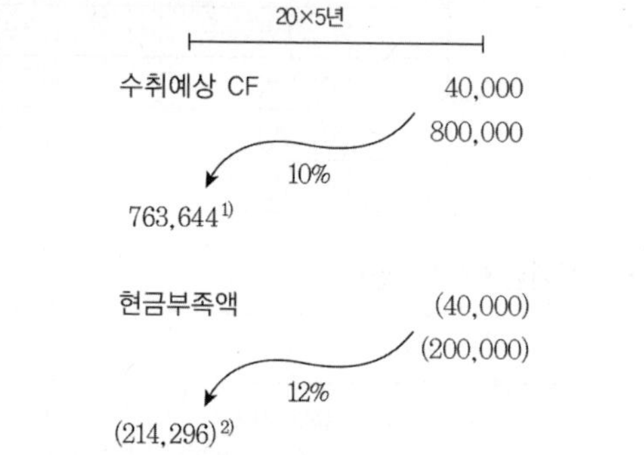

1) 20×4년말 공정가치 : (₩800,000+40,000)×0.9091

2) 20×4년말 신용손실 : (₩200,000+40,000)×0.8929

1. 20×1년 당기손익에 미치는 영향

① 이자수익 : ₩80,000

② FVPL평가손익

공정가치	80,000×3.0374+1,000,000×0.6355=	₩878,492
장부금액(취득원가)	80,000×3.7907+1,000,000×0.6209=	(924,156)
		₩(45,664)

③ 당기손익에 미치는 영향 : ₩80,000−45,664=₩34,336

2. 20×2년 당기손익에 미치는 영향

① 이자수익 : ₩878,492(20×2년 초 재분류금액)×12%=₩105,419

② 손상차손 : ₩30,000(기말기대신용손실)

③ 당기손익에 미치는 영향 : ₩105,419−30,000= ₩75,419

3. 20×3년 당기손익에 미치는 영향

① 이자수익 : ₩903,911(20×3년 초 총장부금액)×12%(재분류시점의 유효이자율)=₩108,469

② 손상차손

기말기대신용손실	₩400,000×0.7972+50,000×1.6901=	₩403,385
장부상 손실충당금	전기말 손실충당금=	(30,000)
손상차손(환입)		₩373,385

③ 당기손익에 미치는 영향 : ₩108,469−373,385=(−)₩264,916

4. 20×4년 당기손익에 미치는 영향

① 이자수익 : [₩932,380(기초 총장부금액) − 403,385(기초기대신용손실)](20×4년 초 상각후원가) × 12%
= ₩63,479

② 손상차손환입

기말기대신용손실	₩240,000 × 0.8929 =	₩214,296
장부상 손실충당금	403,385 × 1.12 − 50,000(표시이자 미회수금액) =	(401,791)
손상차손(환입)		₩(187,495)

③ 당기손익에 미치는 영향 : ₩63,479 + 187,495 = ₩250,974

5. 기타포괄손익에 미치는 영향

	20×1년 말	20×2년 말	20×3년 말	20×4년 말
공정가치		₩920,000	₩511,101	₩763,644
총장부금액		(903,911)	(932,380)	(964,266)
기대신용손실		30,000	403,385	214,296
기포익누계액	−	₩46,089	₩(17,894)	₩13,674
기포익인식액		₩46,089	(63,983)	₩31,568

[별해] 당기순이익에 미치는 영향

	20×1년 초	20×1년 말	20×2년 말	20×3년 말	20×4년 말
총장부금액	924,156	878,492	903,911	932,380	964,266
손실충당금			(30,000)	(403,385)	(214,296)
상각후원가	924,156	878,492	873,911	528,995	749,970
순자산 변동		(45,664)	(4,581)	(344,916)	220,975
현금수수액		80,000	80,000	80,000	30,000
당기순이익		34,336	75,419	(264,916)	250,975

문제 10

※ 다음의 각 물음은 독립적이다.

㈜대한은 20×1년 초에 발행된 ㈜민국의 사채를 20×1년 5월 1일에 현금으로 취득하였다. 취득 시 동 사채의 신용이 손상되어 있지 않았으며, 사채의 발행일과 취득일의 시장이자율은 동일하였다. 아래의 〈자 료〉를 이용하여 각 물음에 답하시오.

〈자 료〉

1. ㈜민국이 발행한 사채의 조건은 다음과 같다.

- 액면금액 : ₩1,000,000
- 이자지급일 : 매년 12월 31일
- 만기일 : 20×5년 12월 31일 일시상환
- 표시이자율 : 연 6%
- 사채발행일 시장이자율 : 연 9%

2. ㈜대한은 20×1년도 이자는 정상적으로 수취하였으나, 20×1년 말에 동 사채의 신용이 후속적으로 손상되었다고 판단하였다. ㈜대한은 채무불이행 발생확률을 고려하여 20×2년부터 20×5년까지 매년 말에 수취할 이자의 현금흐름을 ₩20,000으로, 만기에 수취할 원금의 현금흐름을 ₩700,000으로 추정하였다.

3. ㈜대한은 20×2년 말에 이자 ₩20,000을 수취하였으며, 20×2년 말에 동 사채의 채무불이행 발생확률을 고려하여 20×3년부터 20×5년까지 매년 말에 수취할 이자의 현금흐름을 ₩40,000으로, 만기에 수취할 원금의 현금흐름을 ₩800,000으로 추정하였다.

4. 동 사채와 관련하여 이자계산 시 월할계산한다.

5. 현재가치 계산 시 아래의 현가계수를 이용하고, 답안 작성 시 원 이하는 반올림한다.

기간	단일금액 ₩1의 현가계수		정상연금 ₩1의 현가계수	
	7%	9%	7%	9%
1	0.9346	0.9174	0.9346	0.9174
2	0.8734	0.8417	1.8080	1.7591
3	0.8163	0.7722	2.6243	2.5313
4	0.7629	0.7084	3.3872	3.2397
5	0.7130	0.6499	4.1002	3.8896

(물음 1) ㈜대한이 사채 취득 시 상각후원가 측정 금융자산으로 분류한 경우, 다음의 <요구사항>에 답하시오.

< 요구사항 1 >

㈜대한의 회계처리가 20×1년도 현금에 미치는 영향과 20×1년도와 20×2년도 포괄손익계산서 상 당기순이익에 미치는 영향을 계산하시오. 단, 현금과 당기순이익이 감소하는 경우 금액 앞에 (−)를 표시하시오.

구분	20×1년도	20×2년도
현금에 미치는 영향	①	
당기순이익에 미치는 영향	②	③

< 요구사항 2 >

㈜대한이 20×2년 중에 사업모형을 변경하여 상각후원가 측정 금융자산을 당기손익−공정가치 측정 금융자산으로 재분류하였다. 재분류일 현재 현행 시장이자율은 연 7%이며, 재분류일에 추정한 현금흐름은 20×2년 말에 추정한 현금흐름(<자료> 3. 참조)과 동일하다. 재분류일의 회계처리가 20×3년도 당기순이익에 미치는 영향을 계산하시오. 단, 당기순이익이 감소하는 경우 금액 앞에 (−)를 표시하시오.

당기순이익에 미치는 영향	①

(물음 2) ㈜대한이 사채 취득 시 기타포괄손익−공정가치 측정 금융자산으로 분류하였다. 다음의 〈요구사항〉에 답하시오. 단, 사채의 공정가치는 다음과 같다고 가정한다.

구분	20×1년 말	20×2년 말
공정가치	₩500,000	₩700,000

< 요구사항 1 >

㈜대한의 회계처리가 20×1년도와 20×2년도 포괄손익계산서 상 기타포괄이익에 미치는 영향을 각각 계산하시오. 단, 기타포괄이익이 감소하는 경우 금액 앞에 (−)를 표시하시오.

구분	20×1년 말	20×2년 말
기타포괄이익에 미치는 영향	①	②

< 요구사항 2 >

㈜대한이 20×2년 말에 사업모형을 변경하여 기타포괄손익−공정가치 측정 금융자산을 상각후원가 측정 금융자산으로 재분류하였다. 재분류일의 회계처리가 20×3년도 기타포괄이익에 미치는 영향을 계산하시오. 단, 재분류일의 공정가치는 20×2년 말과 동일하며, 기타포괄이익이 감소하는 경우 금액 앞에 (−)를 표시하시오.

기타포괄이익에 미치는 영향	①

해설 및 해답 금융자산 채무상품 종합 (2022년 회계사)

• 미래현금흐름의 현재가치 및 유효이자율법 상각

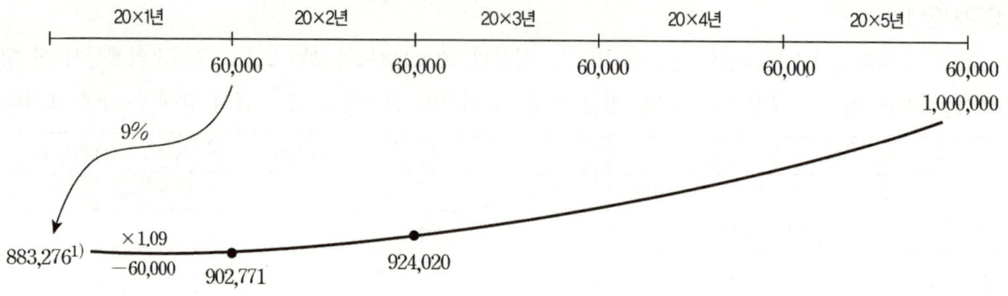

1) 명목상발행일의 현재가치(5/1 시장이자율 9% 적용) : ₩60,000×3.8896+1,000,000×0.6499

• 20×1년 말 신용손실 : ₩40,000×3.2397+300,000×0.7084=₩342,108
• 20×2년 말 신용손실 : ₩20,000×2.5313+200,000×0.7722=₩205,066

(물음 1)

〈 요구사항 1 〉 AC금융자산의 손상과 환입

구분	20×1년도	20×2년도
현금에 미치는 영향	① (−) ₩849,774	
당기순이익에 미치는 영향	② (−) ₩289,111	③ ₩178,292

1. 20×1년 현금에 미치는 영향

① 20×1년 5월 1일 현금지급액 : ₩883,276+883,276×9%×4/12=₩909,774
② 20×1년 현금에 미치는 영향 : (−)₩909,774+60,000(기말 표시이자 수령액)=(−)₩849,774

2. 20×1년 당기손익효과

① 20×1년 이자수익 : ₩883,276(20×1년 초 현재가치)×9%×8/12=₩52,997
② 20×1년 말 기대신용손실(=신용손실=현금부족액의 현재가치) : ₩342,108
③ 20×1년 당기손익 : ₩52,997−342,108(손상차손)=(−)₩289,111

3. 20×2년 당기손익효과

① 20×2년 이자수익 : [₩902,771(총장부금액)−342,108(전기말 손실충당금)](상각후원가)×9%
=₩50,460
② 20×2년 손상환입 : ₩205,066−332,898(장부상 기대신용손실*)=(−)₩127,832(환입)
* 장부상 기대신용손실(전기말 손실충당금의 상각) : ₩342,108×1.09−40,000
③ 20×2년 당기손익 : ₩50,460+127,832=₩178,292

[별해] 당기손익에 미치는 영향

	20×1년 초		20×1년 말		20×2년 말
총장부금액	₩889,774		₩902,771		₩924,020
기대신용손실	—		(342,108)		(205,066)
상각후원가	₩889,774		₩560,663		₩718,954
순자산 변동		(329,111)		158,291	
현금수수액		40,000[1]		20,000	—
당기순이익		(289,111)		178,291	

1) ₩60,000(표시이자)−20,000(취득시 경과이자)

〈 요구사항 2 〉 AC → FVPL 재분류

당기순이익에 미치는 영향	① ₩39,058

① 20×3년 초 공정가치(미래현금흐름을 시장이자율로 할인한 현재가치) : ₩800,000×0.8163+40,000×2.6243=₩758,012

② 20×3년 초 재분류시 평가손익(당기손익) : ₩758,012−(924,020−205,066)(상각후원가)=₩39,058

[별해] 분류일 회계처리

20×3년 1월 1일	(차) FVPL금융자산	758,012	(대) AC금융자산	924,020
	손실충당금	205,066	평가이익	39,058

(물음 2)

〈 요구사항 1 〉 FVOCI금융자산 신용손상과 환입

구분	20×1년도	20×2년도
기타포괄이익에 미치는 영향	① (−)₩60,663	② ₩41,709

• 기타포괄손익에 미치는 영향

		20×1년 말		20×2년 말
공정가치		₩500,000		₩700,000
총장부금액		(902,771)		(924,020)
기대신용손실		342,108		205,066
기포익누계액		₩(60,663)		₩(18,954)
기포익인식액	(60,663)		₩41,709	

〈 요구사항 2 〉 FVOCI → AC 재분류

기타포괄이익에 미치는 영향	① ₩18,954

• ₩18,954(20×2년말 기타포괄손실 잔액이 재분류로 인하여 모두 조정됨 : 손실 → 이익)

[별해] 분류일 회계처리

20×3년 1월 1일	(차) AC금융자산	700,000	(대) FVOCI금융자산	700,000
	(차) AC금융자산	224,020	(대) 평가이익(기포익)	18,954
			손실충당금	205,066

문제 11

㈜세무는 ㈜국세가 발행한 주식과 ㈜나라가 발행한 사채를 취득하였다. ㈜세무가 취득한 주식과 사채에 관한 자료는 다음과 같으며, 주어진 자료를 이용하여 각각의 물음에 답하시오.

〈자료 1〉 ㈜세무는 20×1년 중에 ㈜국세가 발행한 주식을 취득하면서 취득원가 ₩300,000과 거래수수료 ₩5,000을 지급하였다. 주식에 대한 공정가치는 신뢰성 있게 측정할 수 있으며 취득일 이후 공정가치는 다음과 같다.

	20×1년 말	20×2년 말	20×3년 말
공정가치	₩250,000	₩100,000	₩160,000

㈜세무는 20×2년 말에 ㈜국세의 주식에 대해 손상의 징후가 발생하였다고 판단하였다.

〈자료 2〉 ㈜세무는 20×1년 1월 1일에 ㈜나라가 다음과 같은 조건으로 발행한 사채를 취득하였으며, 취득시점의 유효이자율은 연 8%이었다.

• 발 행 일 : 20×1년 1월 1일	• 액면금액 : ₩500,000
• 표시이자율 : 연 6%	• 이자지급 : 매년 12월 31일
• 만 기 일 : 20×4년 12월 31일	• 상환조건 : 만기일에 일시상환

1) 20×1년말 동 사채의 12개월 기대신용손실은 ₩10,000, 전체기간 기대신용손실은 ₩20,000이다. 20×1년 말 사채의 신용위험은 유의적으로 증가하지 않았으며, 공정가치는 ₩480,000으로 측정되었다.

2) ㈜세무는 20×2년 말 이자수취 후 ㈜나라의 신용이 손상되어 20×3년부터 이자는 매년 말 ₩10,000씩, 그리고 만기에 원금 ₩300,000이 회수될 것으로 추정하였는데, 이러한 추정은 손상발생의 객관적 증거에 기초한 것이다. 20×2년 말 유효이자율은 연 12%이다.

3) ㈜세무는 20×3년 말에 ㈜나라의 신용손상이 회복되어 20×4년 말에 이자 ₩20,000과 원금 ₩400,000이 회수될 것으로 추정하였다. 단, 20×3년 말에 실제로 이자는 ₩10,000을 수취하였으며, 20×3년 말 유효이자율은 연 10%이다.

〈 추가정보 〉

현재가치 계산이 필요할 경우 반드시 다음의 현가계수를 이용하고 금액은 소수점 첫째자리에서 반올림한다. (예를 들어, 12.345 → 12로, 78.9 → 79로 표시)

기간	〈단일금액 ₩1의 현가계수〉				〈정상연금 ₩1의 현가계수〉			
	6%	8%	10%	12%	6%	8%	10%	12%
1	0.94340	0.92593	0.90909	0.89286	0.94340	0.92593	0.90909	0.89286
2	0.89000	0.85734	0.82645	0.79719	1.83340	1.78327	1.73554	1.69005
3	0.83962	0.79383	0.75131	0.71178	2.67302	2.57710	2.48685	2.40183
4	0.79209	0.73503	0.68301	0.63552	3.46511	3.31213	3.16986	3.03735

(물음 1) ㈜세무가 20×1년도에 취득한 주식을 당기손익 – 공정가치 측정 금융자산으로, 그리고 사채를 상각후원가 측정 금융자산으로 분류한 경우 아래의 물음에 답하시오.

(1) ㈜세무가 20×1년 말에 해야 할 회계처리를 제시하시오. (단, 주식과 사채를 구분하여 각각 회계처리 할 것)

(2) ㈜세무가 20×2년도에 손상차손으로 인식해야 할 금액을 계산하시오.

(3) ㈜세무가 20×3년도에 손상차손환입으로 인식해야 할 금액을 계산하시오.

(물음 2) ㈜세무가 20×1년도에 취득한 주식과 사채를 모두 기타포괄손익 – 공정가치 측정 금융자산으로 분류한 경우 아래의 물음에 답하시오. 단, ㈜나라의 20×1년 말 현재 사채의 공정가치는 ₩480,000이며, 이후 공정가치는 추정미래현금흐름을 현행 유효이자율로 할인한 현재가치와 동일하다고 가정한다. 물음에 답하시오.

(1) ㈜세무가 20×1년 말에 해야 할 회계처리를 제시하시오. (단, 주식과 사채를 구분하여 각각 회계처리 할 것)

(2) ㈜세무가 20×2년도에 기타포괄손익으로 인식해야 할 금액을 계산하시오.

(3) ㈜세무가 20×3년도에 기타포괄손익으로 인식해야 할 금액을 계산하시오.

해설 및 해답 지분상품과 채무상품 일반 (2015년 세무사 수정)

• 지분상품의 시점별 금액정리

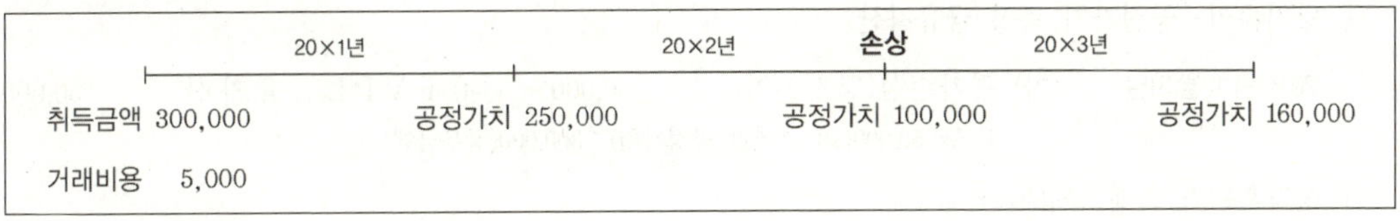

• 채무상품의 미래현금흐름 및 상각후원가의 정리

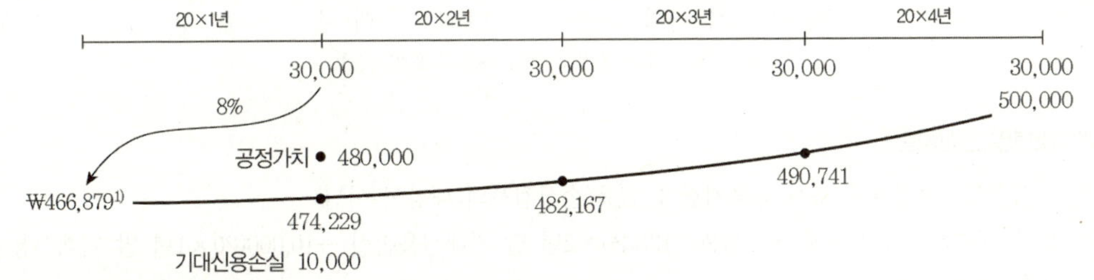

1) 취득시점의 공정가치 : ₩500,000×0.73503+30,000×3.31213

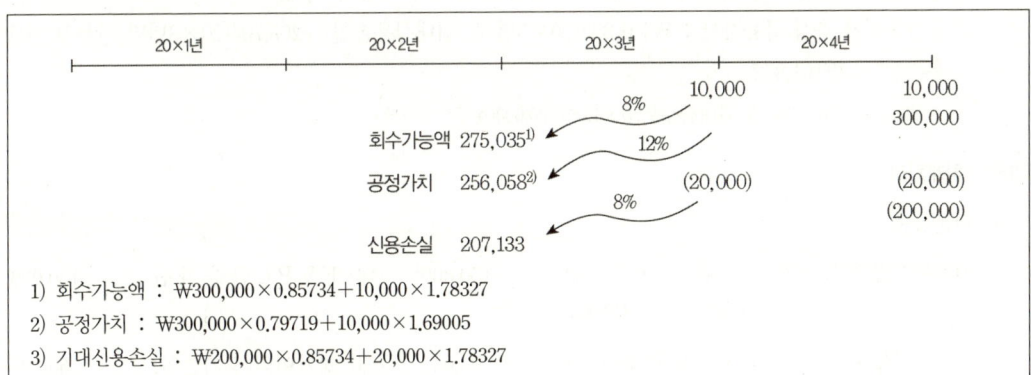

• 20×2년 말 손상 후 미래현금흐름

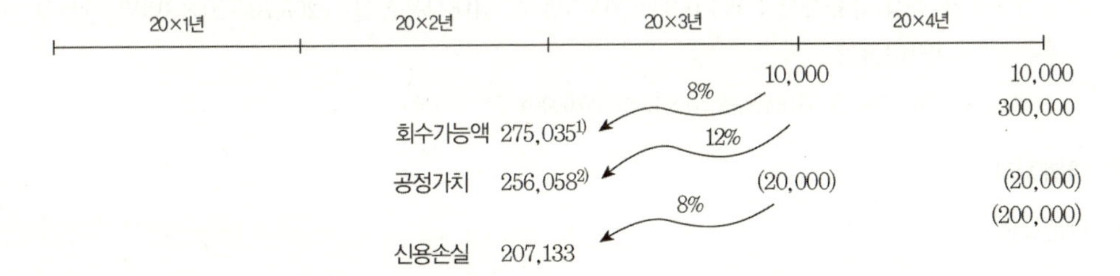

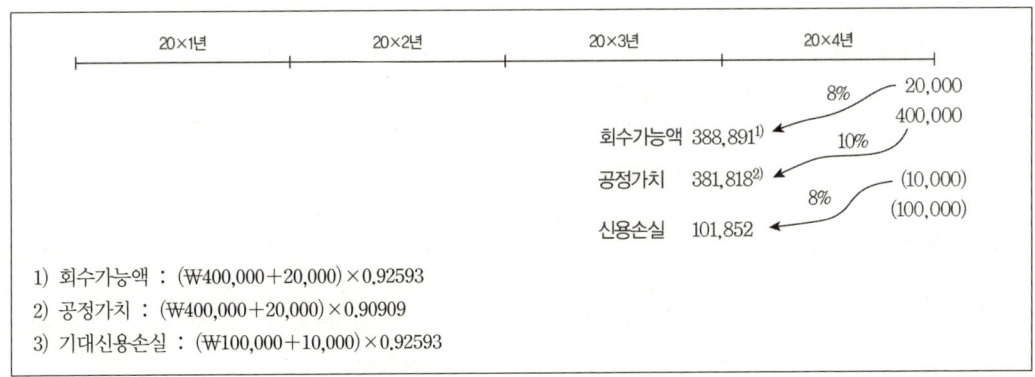

1) 회수가능액 : ₩300,000×0.85734+10,000×1.78327
2) 공정가치 : ₩300,000×0.79719+10,000×1.69005
3) 기대신용손실 : ₩200,000×0.85734+20,000×1.78327

• 20×3년 말 손상 회복 후 미래현금흐름

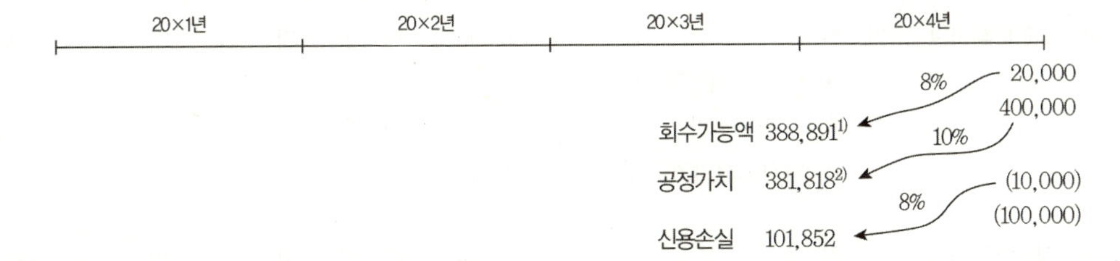

1) 회수가능액 : (₩400,000+20,000)×0.92593
2) 공정가치 : (₩400,000+20,000)×0.90909
3) 기대신용손실 : (₩100,000+10,000)×0.92593

(물음 1) 당기손익-공정가치 측정 금융자산(지분상품)과 상각후원가 측정 금융자산(채무상품)

1. 20×1년말 회계처리

① 당기손익－공정가치 측정 금융자산

20×1년 12월 31일	(차) 평가손실(당기손익)	50,000[1]	(대) FVPL금융자산	50,000

1) ₩250,000(20×1년말 공정가치)－300,000(장부금액)

② 상각후원가 측정 금융자산

20×1년 12월 31일	(차) 현금	30,000	(대) 이자수익	37,350[1]
	AC금융자산	7,350		
	(차) 손상차손	10,000	(대) 손실충당금	10,000

1) ₩466,879(기초 총장부금액)×8%(유효이자율)

2. 20×2년말 손상차손

① 당기손익－공정가치 측정 금융자산 : 없음(손상검사의 대상이 아님)

② 상각후원가 측정 금융자산 : ₩207,133(20×2년 말 기대신용손실)－10,000(20×1년 말 기대신용손실) =(－)₩197,133

(3) 20×3년말 손상차손환입

① 당기손익－공정가치 측정 금융자산 : 없음(손상검사의 대상이 아님)

② 상각후원가 측정 금융자산 : ₩101,852(20×3년 말 기대신용손실)－203,704(20×3년말 장부상 기대신용손실*)=₩101,852

* ₩207,133(20×2년 말 기대신용손실)×1.08－20,000(현금미수령액)

[별해] 회계처리

① 지분상품

20×2년 12월 31일	(차) 평가손실(당기손익)	150,000[1]	(대) FVPL금융자산	150,000

1) ₩100,000－250,000

20×3년 12월 31일	(차) FVPL금융자산	60,000	(대) 평가이익(당기손익)	60,000[1]

1) ₩160,000－100,000

② 채무상품

20×2년 12월 31일	(차) 현금	30,000	(대) 이자수익	37,938[1]
	AC금융자산	7,938		
	(차) 손상차손	197,133	(대) 손실충당금	197,133

1) ₩474,229(기초 총장부금액)×8%(유효이자율)

20×3년 12월 31일	(차) 현금	10,000	(대) 이자수익	22,003[1]
	AC금융자산	12,003		
	(차) 손실충당금	101,852	(대) 손상차손환입	101,852

1) ₩275,035(기초 상각후원가)×8%(유효이자율)

(물음 2) 기타포괄손익-공정가치 측정 금융자산 (지분상품과 채무상품)

(1) 20×1년 말 회계처리

① 기타포괄손익－공정가치 측정 금융자산(지분상품)

20×1년 12월 31일	(차) 평가손실(기포익)	55,000[1]	(대) FVOCI금융자산	55,000

1) ₩250,000(20×1년말 공정가치)－305,000(장부금액)

② 기타포괄손익－공정가치 측정 금융자산(채무상품)

20×1년 12월 31일	(차) 현금	30,000	(대) 이자수익	37,350[1]
	FVOCI금융자산	7,350		
	(차) FVCOI금융자산	5,771	(대) 평가이익(기포익)	5,771[2]
	(차) 손상차손	10,000	(대) 평가이익(기포익)	10,000

1) ₩466,879(기초장부금액)×8%(유효이자율)
2) ₩480,000(공정가치)－474,229(20×1년말 장부금액)

(2) 20×2년 기타포괄손익

① 기타포괄손익－공정가치 측정 금융자산(지분상품) 기타포괄손익 : ₩100,000－250,000 =(－)₩150,000

② 기타포괄손익－공정가치 측정 금융자산(채무상품) 기타포괄손익

	20×1년 말	20×2년 말
공정가치	₩480,000	₩256,058
총장부금액	(474,229)	(482,167)
기대신용손실	10,000	207,133
기포익누계액	₩15,771	₩(18,976)
기포익인식액	₩(34,747)	

③ 기타포괄손익 인식액 : (－)₩150,000－34,747=(－)₩184,747

(3) 20×3년 기타포괄손익

① 기타포괄손익－공정가치 측정 금융자산(지분상품) 기타포괄손익 : ₩160,000－100,000=₩60,000

② 기타포괄손익－공정가치 측정 금융자산(채무상품) 기타포괄손익

	20×2년 말	20×3년 말
공정가치	₩256,058	₩381,818
총장부금액	(482,167)	(490,741)
기대신용손실	207,133	101,852
기포익누계액	₩(18,976)	₩(7,071)
기포익인식액 ₩(34,747)	₩11,905	

③ 기타포괄손익 인식액 : ₩60,000+11,905=₩71,905

[별해] 회계처리

① 지분상품

20×2년 12월 31일	(차) 평가손실(기포익)	150,000	(대) FVOCI금융자산	150,000
20×3년 12월 31일	(차) FVOCI금융자산	60,000	(대) 평가이익(기포익)	60,000

② 채무상품

20×2년 12월 31일	(차) 현금	30,000	(대) 이자수익	37,938[1)]
	FVOCI금융자산	7,938		
	(차) 평가손실(기포익)	231,880	(대) FVOCI금융자산	231,880
	(차) 손상차손	197,133	(대) 평가이익(기포익)	197,133

1) ₩474,229(기초 총장부금액)×8%(유효이자율)

20×3년 12월 31일	(차) 현금	10,000	(대) 이자수익	22,003[1)]
	FVOCI금융자산	12,003		
	(차) FVOCI금융자산	113,757	(대) 평가이익(기포익)	113,757
	(차) 평가손실(기포익)	101,852	(대) 손상차손환입	101,853[2]

1) ₩275,035(기초 상각후원가)×8%(유효이자율)

문제 12 저유

다음의 각각 독립적인 물음에 답하시오.

(물음 1) ㈜대한은 20×1년 1월 1일에 발행된 ㈜민국의 사채를 동 일자에 취득하였으며, 취득 시에 신용이 손상되어 있지는 않았다. ㈜대한이 취득한 사채와 관련된 조건은 다음과 같다.

- 액면금액 : ₩1,000,000
- 이자지급 : 액면금액의 8%를 매년 12월 31일에 지급
- 상 환 일 : 20×4년 12월 31일에 일시 상환
- 사채발행 시 유효이자율 : 연 12%
- 동 사채에서 신용손실이 발생할 경우 각 시나리오별로 예상되는 표시이자와 액면금액의 손실예상액과 발생확률은 각각 다음과 같다.

시나리오	표시이자 신용손실예상액	액면금액 신용손실예상액	확률
시나리오 1	₩10,000	₩100,000	20%
시나리오 2	20,000	200,000	40%
시나리오 3	30,000	300,000	40%

- 사채발행 및 취득과 직접적으로 관련된 비용은 없음

기간	8%의 현가계수		12%의 현가계수	
	단일금액 ₩1	정상연금 ₩1	단일금액 ₩1	정상연금 ₩1
1	0.9259	0.9259	0.8929	0.8929
2	0.8574	1.7833	0.7972	1.6901
3	0.7938	2.5771	0.7117	2.4018
4	0.7350	3.3121	0.6356	3.0374

단, 현재가치 계산 시 위의 현가계수를 이용하고,원 이하는 반올림한다.

<요구사항 1> 20×1년 말에 ㈜대한은 상각후원가 측정 금융자산의 신용위험이 유의하게 증가하지 않았다고 가정한다. 향후 12개월의 개별 채무불이행 발생위험(발생확률)이 10%라고 추정하였다. 이 경우 ㈜대한의 20×1년 말 기대신용손실금액을 가중평균 방법을 활용하여 추정하시오.

<요구사항 2> 20×1년 말에 ㈜대한은 상각후원가 측정 금융자산의 신용위험이 유의하게 증가하였다고 가정한다. 전체기간의 개별 채무불이행 발생위험(발생확률)이 20%라고 추정하였다. 이 경우 ㈜대한의 20×1년 말 기대신용손실금액을 가중평균 방법을 활용하여 추정하시오.

(물음 2) ㈜대한은 20×1년 12월 29일에 금융자산을 약정(매매)일의 공정가치인 ₩1,000에 매입하는 계약을 체결하였다. 20×1년 12월 31일(회계연도말)과 20×2년 1월 4일(결제일)에 자산의 공정가치는 각각 ₩1,002과 ₩1,003이다. 다음의 각 경우에 해당 금융자산과 관련하여 ㈜대한이 취득일부터 20×2년 1월 4일까지 해야 할 회계처리를 제시하시오.

구분	매매일의 회계처리를 선택한 경우	결제일의 회계처리를 선택한 경우
상각후원가 측정 금융자산으로 분류한 경우	①	②
기타포괄손익-공정가치 측정 금융자산으로 분류한 경우	③	④
당기손익-공정가치 측정 금융자산으로 분류한 경우	⑤	⑥

해설 및 해답 금융자산의 기타사항

(물음 1) 기대신용손실의 직접계산

< 요구사항 1 >

① 신용위험이 유의적으로 증가하지 않은 경우에는 12개월 기대신용손실만을 검토한다. 12개월 기대신용손실이란 보고기간 말 후 **12개월 내에 채무불이행이 발생**한다면 초래될 **전체기간 현금 부족액**을 채무불이행 발생 확률로 가중한 것을 의미한다.

② 신용손실이 발생할 경우 예상 신용손실(현재가치)

시나리오 1	(₩10,000×2.4018+100,000×0.7117)×20%	₩19,038
시나리오 2	(₩20,000×2.4018+200,000×0.7117)×40%	76,150
시나리오 3	(₩30,000×2.4018+300,000×0.7117)×40%	114,226
		₩209,414

③ 12개월 기대신용손실 : ₩209,414×10%=₩20,941

< 요구사항 2 >

① 신용위험이 유의적으로 증가한 경우에는 전체기간 기대신용손실을 검토한다.

② 전체기간 기대신용손실 : ₩209,414×20%=₩41,883

(물음 2) 정형화된 매입거래

① 상각후원가 측정 금융자산 - 매매일의 회계처리

20×1년 12월 29일	(차) A C 금 융 자 산	1,000	(대) 미 지 급 금	1,000
20×1년 12월 31일		n/a		
20×2년 1월 4일	(차) 미 지 급 금	1,000	(대) 현 금	1,000

② 상각후원가 측정 금융자산 - 결제일의 회계처리

20×1년 12월 29일		n/a		
20×1년 12월 31일		n/a		
20×2년 1월 4일	(차) A C 금 융 자 산	1,000	(대) 현 금	1,000

③ 기타포괄손익-공정가치 측정 금융자산 - 매매일의 회계처리

20×1년 12월 29일	(차) FVOCI금융자산	1,000	(대) 미 지 급 금	1,000
20×1년 12월 31일	(차) FVOCI금융자산	2	(대) 평가이익(기포익)	2
20×2년 1월 4일	(차) 미 지 급 금	1,000	(대) 현 금	1,000
	(차) FVOCI금융자산	1	(대) 평가이익(기포익)	1

④ 기타포괄손익-공정가치 측정 금융자산 - 결제일의 회계처리

20×1년 12월 29일		n/a		
20×1년 12월 31일	(차) 미 수 금	2	(대) 평가이익(기포익)	2
20×2년 1월 4일	(차) FVOCI금융자산	1,003	(대) 현 금	1,000
			미 수 금	2
			평가이익(기포익)	1

⑤ 당기손익-공정가치 측정 금융자산 - 매매일의 회계처리

20×1년 12월 29일	(차) F V P L 금 융 자 산	1,000	(대) 미 지 급 금	1,000
20×1년 12월 31일	(차) F V P L 금 융 자 산	2	(대) 평가이익(당기손익)	2
20×2년 1월 4일	(차) 미 지 급 금	1,000	(대) 현 금	1,000
	(차) F V P L 금 융 자 산	1	(대) 평가이익(당기손익)	1

⑥ 당기손익-공정가치 측정 금융자산 - 결제일의 회계처리

20×1년 12월 29일		n/a		
20×1년 12월 31일	(차) 미 수 금	2	(대) 평가이익(당기손익)	2
20×2년 1월 4일	(차) F V P L 금 융 자 산	1,003	(대) 현 금	1,000
			미 수 금	2
			평가이익(당기손익)	1

서술형 문제

문제 1

아래에서 제시되는 **(물음)**은 각각 독립적인 상황이고, 〈공통자료〉는 모든 **(물음)**에 적용된다.

㈜대한은 ㈜민국이 발행한 부채와 자본의 속성을 모두 가지고 있는 아래와 같은 조건의 채권형 신종자본증권을 장기보유목적으로 발행일에 액면취득했다. 발행자인 ㈜민국은 동 조건으로 발행한 신종자본증권을 기준서에 따라 자본으로 분류했다.

〈 공통자료 〉

- 액면금액 : ₩100,000
- 만기 : 20년
- 액면이자율 : 연4%(1년~5년), 연9%(6년~20년)
- 이자지급 : 1년 후급. 단, 발행자의 선택에 의해 이자 지급 연기 가능
- 원금지급순위 : 무담보채무(선순위)와 동순위
- 콜옵션 : 발행자는 발행 5년 후 액면금액으로 중도상환 가능
- 만기연장옵션 : 만기시마다 발행자 재량으로 20년 단위로 연장가능
- 20년 만기 일반채권 시장이자율 : 연3%
- 신종자본증권 시장이자율 : 연4%
- 이자지급 정지권 : 발행자의 주주총회에서 보통주에 대해 배당을 실시하지 않는 경우 이자를 지급하지 않으며, 이 경우 지급이 정지된 이자에 대한 발행자의 의무는 소멸함

(물음 1) ㈜대한이 취득한 신종자본증권을 지분상품으로 보아야 한다는 주장과 채무상품으로 보아야 한다는 주장이 대립된다. 둘 중 하나의 주장을 선택하고 이를 뒷받침할 수 있는 논거를 5줄 이내로 제시하시오.

(물음 2) ㈜대한이 취득한 신종자본증권을 지분상품으로 본다면, 해당 지분상품을 기준서 제1109호에서 제시하고 있는 금융상품의 3가지 범주(당기손익-공정가치 측정 금융자산, 기타포괄손익-공정가치 측정 금융자산, 상각후원가 측정 금융자산) 중 어느 것으로 분류하는 것이 가장 타당한지 5줄 이내로 논거를 제시하시오. 단, ㈜대한은 지분상품의 공정가치 변동을 기타포괄손익으로 인식하도록 선택하지는 않았다.

(물음 3) ㈜대한은 취득한 신종자본증권을 지분상품으로 보고 주계약(미래현금흐름)과 내재파생상품(옵션)을 별도의 금융자산으로 구분하여 인식하기로 결정하였다. ㈜대한이 이러한 결정을 하는 것이 타당한지 여부를 3줄 이내로 기술하시오.

(물음 4) 발행자인 ㈜민국이 신종자본증권을 부채로 분류하는 것이 타당하다는 주장과 자본으로 분류하는 것이 타당하다는 주장이 대립된다. 둘 중 하나의 주장을 선택하고 이를 뒷받침할 수 있는 논거를 5줄 이내로 제시하시오.

해설 및 해답 금융상품의 분류 (2015년 회계사 수정)

(물음 1)

- 지분상품이다. 발행자가 만기시마다 재량으로 만기를 연장할 수 있는 만기 연장옵션을 보유하고 있으므로 원금을 상환을 해야 할 의무가 존재하지 않는다. 또한 이자의 지급을 정지할 수 있고, 정지한 경우 발행자의 의무는 소멸하므로 이자를 지급해야 할 의무도 존재하지 않는다. 따라서 보유자인 ㈜대한 입장에서도 해당 금융상품은 지분상품으로 분류된다.

(물음 2)

- 당기손익 – 공정가치 측정 금융자산이다. 사업모형이 존재하지 않고, 현금흐름이 원리금만으로 구성되어 있지 않으므로 상각후원가 측정 금융자산이나 기타포괄손익 – 공정가치 측정 금융자산으로 분류할 수 없다. 다만, 공정가치변동을 기타포괄손익으로 인식하도록 선택할 수는 있다.

(물음 3)

- 해당 옵션은 내재파생상품에 해당하므로 복합계약에서 지분옵션을 별도의 파생상품으로 분리할 수 없다. 또한, 복합계약이 금융상품으로 분류되는 자산을 주계약으로 포함하는 경우에는 해당 복합계약 전체를 금융상품의 범주 중 하나로 분류해야하므로, 내재파생상품을 분리하여 파생상품으로 회계처리할 수 없다.

(물음 4)

- 자본이다. **(물음 1)**의 해답에서 언급한 바와 같이, 발행자가 만기시마다 재량으로 만기를 연장할 수 있는 만기 연장옵션을 보유하고 있으므로 원금을 상환을 해야 할 의무가 존재하지 않는다. 또한 이자의 지급을 정지할 수 있고, 정지한 경우 발행자의 의무는 소멸하므로 이자를 지급해야 할 의무도 존재하지 않는다.

[별해] 금융부채 및 지분상품의 정의 (K-IFRS 1032호 문단 11)

- 금융부채는 다음의 부채를 말한다.
  ⑴ 다음 중 어느 하나에 해당하는 계약상 의무
    ㈎ 거래상대방에게 현금 등 금융자산을 인도하기로 한 계약상 의무
    ㈏ 잠재적으로 불리한 조건으로 거래상대방과 금융자산이나 금융부채를 교환하기로 한 계약상 의무
  ⑵ 자기지분상품으로 결제하거나 결제할 수 있는 다음 중 하나의 계약
    ㈎ 인도할 자기지분상품의 수량이 변동 가능한 비파생상품
    ㈏ 확정 수량의 자기지분상품을 확정 금액의 현금 등 금융자산과 교환하여 결제하는 방법외의 방법으로 결제하거나 결제할 수 있는 파생상품. 이러한 목적상 기업이 같은 종류의 비파생 자기지분상품을 보유하고 있는 기존 소유주 모두에게 주식인수권, 옵션, 주식매입권을 지분비율에 비례하여 부여하는 경우, 어떤 통화로든 확정금액으로 확정수량의 자기지분상품을 취득하는 주식인수권, 옵션, 주식매입권은 지분상품이다.
- 지분상품 : 기업의 자산에서 모든 부채를 차감한 후의 잔여지분을 나타내는 모든 계약

[별해] 금융자산의 분류요건 (K-IFRS 1109호 문단 4.1.2 ~ 4.1.5)

- 다음 두 가지 조건을 모두 충족한다면 금융자산을 상각후원가로 측정한다.
  (1) 계약상 현금흐름을 수취하기 위해 보유하는 것이 목적인 사업모형 하에서 금융자산을 보유한다.
  (2) 금융자산의 계약 조건에 따라 특정일에 원금과 원금잔액에 대한 이자 지급만으로 구성되어 있는 현금흐름이 발생한다.
- 다음 두 가지 조건을 모두 충족한다면 금융자산을 **기타포괄손익 – 공정가치**로 측정한다.
  (1) 계약상 현금흐름의 수취와 금융자산의 매도 둘 다를 통해 목적을 이루는 사업모형 하에서 금융자산을 보유한다.
  (2) 금융자산의 계약 조건에 따라 특정일에 원리금 지급만으로 구성되어 있는 현금흐름이 발생한다.
- 금융자산은 상각후원가로 측정하거나 기타포괄손익–공정가치로 측정하는 경우가 아니라면, **당기손익 – 공정가치**로 측정한다. 그러나 당기손익–공정가치로 측정되는 '지분상품에 대한 특정 투자'에 대하여는 후속적인 공정가치 변동을 기타포괄손익으로 표시하도록 최초 인식시점에 선택할 수도 있다. 다만 한번 선택하면 이를 취소할 수 없다.
- 서로 다른 기준에 따라 자산이나 부채를 측정하거나 그에 따른 손익을 인식하는 경우에 측정이나 인식의 불일치('회계불일치'라 말하기도 한다)가 발생할 수 있다. 금융자산을 당기손익 – 공정가치 측정 항목으로 지정한다면 이와 같은 불일치를 제거하거나 유의적으로 줄이는 경우에는 최초 인식시점에 해당 금융자산을 당기손익 – 공정가치 측정 항목으로 지정할 수 있다. 다만 한번 지정하면 이를 취소할 수 없다.

[별해] 내재파생상품의 분류요건 (K-IFRS 1109호 문단 4.3.1 ~ 4.3.3)

- 내재파생상품은 파생상품이 아닌 주계약을 포함하는 복합상품의 구성요소로, 복합상품의 현금흐름 중 일부를 독립적인 파생상품의 경우와 비슷하게 변동시키는 효과를 가져온다. 특정 금융상품에 부가되어 있더라도, 계약상 해당 금융상품과는 독립적으로 양도할 수 있거나 해당 금융상품과는 다른 거래상대방이 있는 파생상품은 내재파생상품이 아니며, **별도의 금융상품**이다.
- 내재파생상품을 포함하는 복합계약이 금융자산을 주계약으로 하는 경우에는 **해당 복합계약 전체**에 금융자산의 요구사항을 적용한다.
- 내재파생상품을 포함하는 복합계약의 주계약이 금융자산이 아닌 경우에는 다음을 모두 충족하는 경우에만 내재파생상품을 주계약과 **분리**하여 이 기준서에 따른 파생상품으로 회계처리한다.
  (1) 내재파생상품의 경제적 특성·위험이 주계약의 경제적 특성·위험과 밀접하게 관련되어 있지 않다.
  (2) 내재파생상품과 조건이 같은 별도의 금융상품이 파생상품의 정의를 충족한다.
  (3) 복합계약의 공정가치 변동을 당기손익으로 인식하지 않는다(당기손익–공정가치 측정 금융부채에 내재된 파생상품은 분리하지 아니한다).

문제 2

(물음 1) 금융자산을 상각후원가 측정 범주로 분류하는 조건을 서술하시오.

(물음 2) 금융자산을 기타포괄손익－공정가치 측정 범주로 분류하는 조건을 서술하시오.

(물음 3) 지분상품의 공정가치 변동을 기타포괄손익으로 인식할 수 있는 요건을 서술하시오.

(물음 4) 금융상품의 기대신용손실 계산시 고려해야할 사항들을 서술하시오.

(물음 5) 금융자산의 신용손실과 기대신용손실에 대해서 서술하시오.

(물음 6) 금융자산의 신용이 손상된 증거의 사례를 서술하시오.

해설 및 해답

(물음 1)

다음 두 가지 조건을 모두 충족한다면 금융자산을 상각후원가로 측정한다.

(1) 계약상 현금흐름을 수취하기 위해 보유하는 것이 목적인 사업모형 하에서 금융자산을 보유한다.

(2) 금융자산의 계약 조건에 따라 특정일에 원금과 원금잔액에 대한 이자 지급(이하 '원리금 지급')만으로 구성되어 있는 현금흐름이 발생한다.

(물음 2)

다음 두 가지 조건을 모두 충족한다면 금융자산을 기타포괄손익－공정가치로 측정한다.

(1) 계약상 현금흐름의 수취와 금융자산의 매도 둘 다를 통해 목적을 이루는 사업모형 하에서 금융자산을 보유한다.

(2) 금융자산의 계약 조건에 따라 특정일에 원리금 지급만으로 구성되어 있는 현금흐름이 발생한다.

(물음 3)

지분상품에 대한 투자로서 단기매매항목이 아니고 사업결합에서 취득자가 인식하는 조건부 대가가 아닌 지분상품에 대한 투자의 후속적인 공정가치 변동을 기타포괄손익으로 표시할 수 있다.

(물음 4)

금융상품의 기대신용손실은 다음 사항을 반영하도록 측정한다.

(1) 일정 범위의 발생 가능한 결과를 평가하여 산정한 금액으로서 편의가 없고 확률로 가중한 금액

(2) 화폐의 시간가치

(3) 보고기간 말에 과거사건, 현재 상황과 미래 경제적 상황의 예측에 대한 정보로서 합리적이고 뒷받침될 수 있으며 과도한 원가나 노력 없이 이용할 수 있는 정보

(물음 5)

- 신용손실 : 계약에 따라 지급받기로 한 모든 계약상 현금흐름과 수취할 것으로 예상하는 모든 계약상 현금흐름의 차이(모든 현금 부족액)를 최초 유효이자율(또는 취득시 신용이 손상되어 있는 금융자산은 신용조정 유효이자율)로 할인한 금액
- 기대신용손실 : 개별 채무불이행 발생 위험으로 가중평균한 신용손실

(물음 6)

(1) 발행자나 차입자의 유의적인 재무적 어려움

(2) 채무불이행이나 연체 같은 계약 위반

(3) 차입자의 재무적 어려움에 관련된 경제적이나 계약상 이유로 당초 차입조건의 불가피한 완화

(4) 차입자의 파산 가능성이 높아지거나 그 밖의 재무구조조정 가능성이 높아짐

(5) 재무적 어려움으로 해당 금융자산에 대한 활성시장의 소멸

(6) 이미 발생한 신용손실을 반영하여 크게 할인한 가격으로 금융자산을 매입하거나 창출하는 경우

문제 3

다음은 원금과 이자(이하 원리금)의 의미이다.

> (1) 원금은 최초 인식시점의 금융자산의 공정가치이다.
> (2) 이자는 화폐의 시간가치에 대한 대가, 특정 기간에 원금잔액과 관련된 신용위험에 대한 대가, 그 밖의 기본적인 대여 위험과 원가에 대한 대가뿐만 아니라 이윤으로 구성된다.

다음의 금융상품들의 현금흐름 구성이 원리금 지급만으로 이루어져있는지, 원리금 지급만으로 구성되어 있지 않은지 여부를 판단하시오.

금융상품 A

금융상품 A는 명시된 만기일이 있는 채권이다. 원리금 지급은 이 금융상품이 발행된 통화의 인플레이션지수와 연계되어 있다. 이러한 인플레이션 연계는 레버리지되어 있지 않으며 원금은 보장된다.

금융상품 B

금융상품 B는 명시된 만기일이 있으며 채무자가 지속적으로 시장이자율을 선택할 수 있는 변동금리 금융상품이다. 예를 들어 채무자는 각 이자율 재설정일에 3개월의 기간에 대해 3개월 LIBOR로 또는 1개월의 기간에 대해 1개월 LIBOR로 지급하는 것을 선택할 수 있다.

금융상품 C

금융상품 C는 명시된 만기일이 있으며 변동시장금리를 지급하는 채권이다. 이 변동이자율에는 상한이 있다.

금융상품 D

금융상품 D는 채무자에게 무한 책임(소구의무)이 있으며 담보가 있는 대여금이다.

금융상품 E

금융상품 E는 규제받는 은행이 발행하였으며 명시된 만기일이 있다. 고정금리를 지급하며 모든 계약상 현금흐름은 재량적이지 않다.

그러나 발행자는 특정 상황에서 감독당국이 금융상품 E를 포함하여 특정 금융상품의 보유자에게 손실을 부과하도록 허용하거나 요구하는 법규를 따른다. 예를 들어 감독당국이 발행자가 심각한 재무적 어려움이 있다고 결정하거나 규제자본을 확충할 필요가 있다고 결정하거나 발행자가 규제자본을 충족하지 못하였다고 결정한다면, 감독당국은 금융상품 E의 액면금액을 상각하거나 해당 금융상품을 확정수량의 발행자의 보통주로 전환시키는 힘을 보유한다.

금융상품 F

금융상품 F는 확정수량의 발행자 지분상품으로 전환가능한 채권이다.

금융상품 G

금융상품 G는 역변동금리(시장이자율과 반비례관계에 있는 이자율)를 지급하는 대여금이다.

금융상품 H

금융상품 H는 영구금융상품이지만 발행자는 어느 시점에든 재매입할 수 있으며 보유자에게 액면금액과 지급기일까지 발생한 이자를 지급한다. 금융상품 H는 시장금리를 지급하지만 발행자가 그러한 지급 직후 지급여력을 유지할 수 없다면 이자를 지급할 수 없다. 연체된 이자는 추가 이자를 생기게 하지 않는다.

해설 및 해답

금융상품 A

계약상 현금흐름이 **원리금 지급만으로 구성**되어 있다. 원리금 지급을 레버리지되지 않은 인플레이션지수와 연계하는 것은 화폐의 시간가치를 현행 수준으로 재설정하는 것이다. 다시 말하면, 이 금융상품의 이자율은 '실질'이자를 반영한다. 따라서 이러한 이자금액은 원금잔액에 대한 화폐의 시간가치에 대한 대가이다.

그러나 만일 이자의 지급이 채무자의 성과(예 채무자의 순이익)나 주가지수와 같이 또 다른 변수와 연계되어 있다면 이러한 계약상 현금흐름은 원리금 지급이 아니다. 계약상 현금흐름이 기본대여계약과 일관되지 않는 수익을 반영하기 때문이다.

금융상품 B

금융상품의 존속기간에 걸쳐 지급되는 이자가 화폐의 시간가치, 금융상품과 관련된 신용위험, 그 밖의 기본적인 대여 위험과 원가에 대한 대가 및 이윤을 반영한다면 계약상 현금흐름에는 원리금 지급만 있다. 금융상품의 존속기간에 걸쳐 LIBOR 이자율이 재설정된다는 사실만으로 계약상 현금흐름 조건을 충족하지 못하는 것은 아니다. 따라서 **원리금 지급만으로 구성**되어 있다고 판단한다.

그러나 만일 채무자가 **3개월**마다 재설정되는 **1개월** 금리 지급을 선택할 수 있다면, 그 이자율은 이자율의 기간과 일치하지 않는 빈도로 재설정되는 것이다. 결과적으로 매기 지급될 이자가 이자기산기간과 연계되어 있지 않기 때문에 화폐의 시간가치 요소가 변형되는 것이다.

이러한 경우에는 해당 현금흐름이 원리금 지급만 있는지를 판단하기 위해, 이자율 기간이 이자기산기간과 일치하는 것을 제외하고는 모든 측면이 같은 금융상품과 비교하여 해당 계약상 현금흐름을 질적으로나 양적으로 평가해야 한다.

금융상품 C

(1) 고정금리 금융상품과 (2) 변동금리 금융상품 모두의 계약상 현금흐름은, 이자가 금융상품의 만기까지 화폐의 시간가치, 금융상품과 관련된 신용위험, 그 밖의 기본적인 대여의 위험과 원가뿐만 아니라 이윤에 대한 대가를 반영한다면 **원리금 지급**을 나타낸다.

따라서 위 (1)과 (2)가 결합한 금융상품(예 이자율 캡(cap)이 있는 채권)의 현금흐름은 원리금 지급만의 현금흐름일 수 있다. 이러한 특성은 변동이자율에 제한[예: 이자율 캡 또는 이자율 플로어(floor)]을 두어 현금흐름의 변동성을 줄이거나 고정이자율을 변동이자율로 바꾸기 때문에 현금흐름의 변동성을 높일 수 있다.

금융상품 D

무한 책임(소구의무)이 있는 대여금에 담보가 있다는 사실 자체는 계약상 현금흐름에 원리금 지급만 있는지를 분석하는 데에 영향을 미치지 아니한다. 따라서 **원리금 지급만으로 구성**되어 있다.

금융상품 E

보유자는 계약조건이 원리금 지급만인 현금흐름을 구성하고 기본대여계약과 일관되는 현금흐름을 일으키는지를 결정하기 위해 금융상품의 계약조건을 분석한다. 금융상품 E의 보유자에게 손실을 부과할 수 있는 감독당국의 힘에 따라서만 생기는 지급은 분석할 때 고려하지 아니한다. 그러한 힘과 그에 따른 지급은 금융상품의 계약조건이 아니기 때문이다. 따라서 계약상 현금흐름은 **원리금 지급만으로 구성**되어 있다.

이와 달리, 금융상품의 계약조건이 발행자나 제3자가 보유자에게 손실을 부과하는 것을 허용하거나 요구한다면(예 액면금액을 제각하거나 해당 금융상품을 확정수량의 발행자의 보통주로 전환), 그러한 손실을 부과할 확률이 희박하더라도 이러한 계약조건이 실질적으로 유효하다면 계약상 현금흐름은 **원리금 지급만이 아니다**.

금융상품 F

보유자는 전환사채를 전체로 분석할 것이다. 계약상 현금흐름이 기본대여계약과 일관되지 아니하는 수익을 반영하기 때문에 이러한 계약상 현금흐름은 **원리금 지급이 아니다**. 즉, 수익이 발행자의 지분가치와 연계되어 있다.

금융상품 G

계약상 현금흐름이 **원리금 지급만으로 구성되어 있는 것이 아니다**. 시장이자율과 반비례한 이자금액은 원금잔액의 화폐의 시간가치에 대한 대가가 아니다.

금융상품 H

계약상 현금흐름은 **원리금 지급이 아니다**. 발행자는 이자 지급을 연기하도록 요구받을 수 있으며 연기된 이자금액에 대해서는 추가 이자가 생기지 않기 때문이다. 결론적으로 이자금액은 원금잔액에 대한 화폐의 시간가치로서의 대가가 아니다.
만일 연기된 금액에 이자가 생긴다면 계약상 현금흐름은 원리금 지급일 수 있다.

금융상품 H가 영구적이라는 사실만으로 계약상 현금흐름이 원리금 지급이 아니라는 것을 의미하지는 않는다. 사실상 영구금융상품은 계속적인(복수의) 연장옵션이 포함되어 있다. 이자지급이 의무사항이고 영구적으로 지급해야 한다면 그러한 옵션에 따른 계약상 현금흐름은 원리금 지급일 수 있다.
또 원리금 지급을 실질적으로 반영하지 않는 금액으로 재매입할 수 있는 경우가 아니라면, 금융상품 H가 재매입이 가능하다는 사실만으로, 계약상 현금흐름이 원리금 지급이 아니라는 것을 의미하지는 않는다. 재매입금액에 금융상품의 조기 청산에 대해 보유자에게 적정하게 보상하는 금액이 포함되어 있더라도 계약상 현금흐름은 원리금 지급일 수 있다(문단 B4.1.12 참조).

CHAPTER 13

금융자산(2) - 현금및수취채권

출제유형

▶ 계산문제

| 문제 1 | 수취채권의 평가와 제거

| 문제 2 | 금융자산의 제거

| 문제 3 | 금융자산의 양도 - 관리용역을 제공

| 문제 4 | 지속적 관여 접근법

▶ 서술형문제

계산문제

문제 1

다음에 제시되는 물음은 각각 독립된 상황이다.

〈 공통자료 〉

㈜한국이 20×0년 12월 31일 재무상태표에 보고한 매출채권은 ₩200,000, 손실충당금은 ₩6,000이다. 20×1년부터 20×3년까지 매출 등 관련 자료는 다음과 같다.

연도	총매출액	매출액 중 외상금액	외상대금 회수액	대손확정 금액
20×1	₩1,000,000	₩600,000	₩300,000	₩10,000
20×2	1,500,000	1,000,000	600,000	20,000
20×3	1,200,000	800,000	600,000	15,000

(물음 1) ㈜한국이 매 보고기간 말에 추정한 매출채권의 회수가능액은 다음과 같다.

연도	20×1	20×2	20×3
회수가능액	₩460,000	₩850,000	₩1,100,000

20×1년에 대손으로 확정하였던 외상매출금 ₩3,000을 20×2년 중에 현금으로 회수하였다. 20×2년 포괄손익계산서에 인식할 손상차손을 계산하시오.

(물음 2) ㈜한국은 20×2년 2월 1일에 외상매출금 ₩200,000(회수예정일은 4월 30일)을 ㈜대한은행에 양도(팩토링)하였다. 수수료 5%를 공제하고 현금으로 ₩190,000을 수령하였다. 팩토링 조건은 4월 30일까지 외상매출금이 회수되지 않으면 ㈜한국이 ㈜대한은행에 전액 변제하는 것이다. 20×2년 2월 1일자 ㈜한국의 회계처리(분개)를 제시하시오.

(물음 3) 20×1년 7월 31일 ㈜한국은 매출채권 ₩200,000(만기 20×1년 11월 1일)을 ㈜대한은행에게 매출채권의 위험과 보상을 모두 이전하는 계약을 체결하였다. ㈜대한은행 연 할인율 2%를 부과하였으며, 예치금(매출할인, 매출에누리·환입) 명목으로 ₩1,500을 공제한 잔액을 ㈜한국에 현금으로 지급하였다. 매출채권의 만기일 까지 ₩800의 매출에누리가 발생하였다고 할 경우, 매출채권 팩토링을 통해 ㈜한국이 ① 20×1년 7월 31일에 수취할 현금과 ② 20×1년 포괄손익계산서에 인식할 매출채권 처분손익을 계산하시오.

(물음 4) ㈜한국은 20×3년 8월 31일에 보유하고 있던 받을어음(취득일 20×3년 6월 1일, 만기일 20×3년 11월 30일, 액면금액 ₩100,000, 표시이자율 연 6%, 만기일 이자지급 조건)을 ㈜대한은행에서 할인받았다. 이 거래는 금융자산의 제거조건을 충족한다. 할인율이 연 8%일 때, ① ㈜한국이 받을어음의 할인으로 수취한 현금액과 ② 매출채권처분손익을 계산하시오. 단, 이자는 월할계산하고 손실인 경우 금액 앞에 (−)를 표시하시오.

(물음 5) 20×3년 5월 1일 ㈜한국은 ㈜대한에게 장부금액 ₩10,000인 매출채권을 현금 ₩10,000(지급보증의 공정가치 ₩1,000 포함)에 양도하였다. ㈜한국은 이 거래와 관련하여 발생할 수 있는 손실에 대해 최대 ₩3,000까지 책임을 지는 지급보증약정을 체결하였다. ㈜한국의 회계담당자는 양도된 매출채권의 보상과 위험의 대부분을 보유하지도 않고 이전하지도 않은 것으로 판단하였다. 또한 ㈜대한은 위 매출채권을 제3자에게 매도할 수 없다. ㈜한국의 20×3년 5월 1일자 회계처리(분개)를 제시하시오.

해설 및 해답 수취채권의 평가와 제거 (2013년 회계사 수정)

(물음 1) 손실충당금

① 각 회계연도말 대손예상액

20×1년 매출채권

기초	200,000	회수	300,000
		대손	10,000
외상매출	600,000	기말	490,000
		회수가능액	460,000
		대손예상액	30,000

20×2년 매출채권

기초	490,000	회수	600,000
		대손	20,000
외상매출	1,000,000	기말	870,000
		회수가능액	850,000
		대손예상액	20,000

② 20×2년 손상차손

기초 손실충당금	₩30,000
20×2년 대손확정	(20,000)
20×2년 채권회수	3,000
수정전 손실충당금	₩13,000
기말 손실충당금	₩20,000

손상차손(역산) ₩7,000

[별해] 회계처리

대손확정	(차) 손실충당금	20,000	(대) 매출채권	20,000
채권회수	(차) 현금	3,000	(대) 손실충당금	3,000
손상차손 인식	(차) 손상차손	7,000	(대) 손실충당금	7,000

(물음 2) 제거요건을 충족하지 못하는 양도

① 외상매출금이 회수되지 않으면, 전액 변제해야 하므로 금융자산을 제거할 수 없다.

② 회계처리

20×2년 2월 1일	(차) 현 금	190,000	(대) 단 기 차 입 금	190,000

(물음 3) 제거요건을 충족하는 매출채권의 팩토링

구분	계산근거	
처분금액	=만기가치	₩200,000
	−할인료	₩200,000×2%×3/12
− 장부금액	(200,000)	
= 처분손익	(1,000)	

⇨

처분금액의 구성	
현금수령액 : ₩197,500	
유보금액 : ₩1,500	매출에누리 : ₩800
	정산액 : ₩700

[별해] 회계처리

20×2년 7월 31일	(차) 현 금	197,500	(대) 매 출 채 권	200,000
	미 수 금	1,500		
	매출채권처분손실	1,000		
정산일	(차) 현 금	700	(대) 미 수 금	1,500
	매 출 에 누 리	800		

(물음 4) 제거요건을 충족하는 받을어음의 할인

① 현금수취액

만기가치	₩100,000+100,000×6%×6/12=	₩103,000
할인료	₩103,000(만기가치)×8%×3/12=	(2,060)
처분대가		₩100,940

② 처분손익

처분금액		₩100,940
장부금액	₩100,000+100,000×6%×3/12=	(101,500)
처분손익		₩(560)

[별해] 회계처리

20×1년 8월 31일	(차) 미 수 수 익	1,500	(대) 이 자 수 익	1,500
	(차) 현 금	99,440[1]	(대) 받 을 어 음	100,000
	매출채권처분손실	560		
	(차) 현 금	1,500	(대) 미 수 수 익	1,500

1) ₩100,940(처분대가)−1,500(경과이자에 대한 대가)

[별해] 제거요건을 충족하지 못하는 경우의 회계처리

20×1년 8월 31일	(차) 미 수 수 익	1,500	(대) 이 자 수 익	1,500
	(차) 현 금	100,940	(대) 차 입 금	100,940
20×1년 11월 30일	(차) 미 수 이 자	1,500	(대) 이 자 수 익	1,500
	(차) 이 자 비 용	2,060	(대) 미 지 급 이 자	2,060
	(차) 차 입 금	100,940	(대) 받 을 어 음	100,000
	미 지 급 이 자	2,060	미 수 이 자	3,000

(물음 5) 지속적 관여 접근법

- 양도자가 양도자산의 소유에 따른 위험과 보상의 대부분을 보유하지도 이전하지도 않고, 양도자가 양도자산을 통제하고 있다면, 그 양도자산에 지속적으로 관여하는 정도까지 그 양도자산을 계속 인식한다. 이때 지속적 관여 정도는 양도자산의 가치 변동에 양도자가 노출되는 정도를 말한다. 양도자가 양도자산에 보증을 제공하는 형태로 지속적으로 관여하는 경우에 지속적 관여 정도는 ㈎ 양도자산의 장부금액과 ㈏ 수취한 대가 중 상환을 요구받을 수 있는 최대 금액(보증금액) 중 적은 금액이다.
- 회계처리

20×1년 5월 1일	(차) 현 금	9,000	(대) 매 출 채 권	10,000
	매출채권처분손실	1,000		
	(차) 현 금	1,000	(대) 관련부채(이연수익)	1,000
	(차) 지속적관여자산	3,000	(대) 관련부채(보증부채)	3,000

[별해] 이후에 ₩1,000만큼 보증의무가 발생한 경우의 회계처리

20×1년 5월 ×일	(차) 관련부채(보증부채)	1,000	(대) 현 금	1,000
	(차) 보 증 손 실	1,000	(대) 지속적관여자산	1,000
	(차) 관련부채(이연수익)	×××	(대) 용 역 매 출	×××

문제 2

※ 다음의 각 물음은 독립적이다.

(물음 1) ㈜대한은 20×1년 10월 1일에 상품을 판매하고 동 일자에 발행된 어음(액면 ₩300,000, 만기 6개월, 연 이자율 5%)을 수령하였다. ㈜대한은 받을어음을 현재가치로 측정하지 않는다. 아래 각 〈요구사항〉에 답하되, 〈요구사항〉은 독립적이다.

〈요구사항 1〉 ㈜대한은 20×1년 12월 1일에 받을어음을 전액 연 6%로 할인(받을어음 관련 위험과 보상을 대부분 보유)하였다. 동 어음의 보유 및 할인이 20×1년도 당기순이익에 미치는 영향을 계산하시오. 단, 당기순이익이 감소하는 경우 금액 앞에 (−)를 표시하시오.

20×1년 당기순이익에 미치는 영향	①

〈요구사항 2〉 ㈜대한은 20×2년 2월 1일에 받을어음을 전액 연 6%로 할인(받을어음 관련 위험과 보상을 대부분 이전)하였다. 동 어음의 보유 및 할인이 20×2년도 당기순이익에 미치는 영향을 계산하시오. 단, 당기순이익이 감소하는 경우 금액 앞에 (−)를 표시하시오.

20×2년 당기순이익에 미치는 영향	①

(물음 2) 다음의 〈자료 1〉을 이용하여, ㈜대한의 대여금 이자 양도 시 회계처리가 당기순이익에 미치는 영향을 계산하시오. 단, 당기순이익이 감소하는 경우에는 금액 앞에 (−)를 표시하시오.

〈 자료 1 〉

1. ㈜대한은 20×1년 10월 1일 현재 장부금액 ₩500,000의 대여금(만기일인 20×4년 9월 30일에 원금 일시 상환 및 매년 9월 30일에 연 이자율 6% 이자 수령)을 보유하고 있다.
2. ㈜대한은 20×1년 10월 1일 보유하고 있는 동 대여금에서 발생하는 만기까지 수령할 이자를 이자수령액의 공정가치로 양도하였다. 동 양도는 금융자산 제거요건을 충족한다.
3. 20×1년 10월 1일의 유효이자율은 8%이다. 기간 3, 8%에 대한 단일금액 ₩1과 정상연금 ₩1의 현가계수는 각각 0.7938과 2.5770이다.

당기순이익에 미치는 영향	①

(물음 3) 다음의 〈자료 2〉를 이용하여, ㈜대한의 미수금 양도 시의 회계처리가 자산총액에 미치는 영향을 계산하시오. 단, 자산총액이 감소하는 경우에는 금액 앞에 (−)를 표시하시오.

〈 자료 2 〉
1. ㈜대한은 20×1년 1월 1일 미수금 ₩5,000,000 (20×1년 4월 1일 회수예정)을 ㈜민국에 양도하고 ₩4,800,000을 수령하였다. 2. ㈜대한은 미수금과 관련된 신용위험을 ㈜민국에 이전하였으나, 미수금의 회수가 지연되는 경우 최대 5개월 동안의 지연이자(연 6%)를 즉시 지급하기로 약정하였다. ㈜민국은 ㈜대한으로부터 양도받은 미수금을 제3자에게 매도할 수 있는 능력이 없다. 3. 미수금 양도일 현재 회수지연 위험에 대한 보증의 공정가치는 ₩50,000이다.

자산총액에 미치는 영향	①

해설 및 해답 금융자산의 제거 (2023년 회계사)

(물음 1) 어음의 할인 - 제거조건을 충족하지 못하는 경우

〈 요구사항 1 〉

① 현금수령액

어음 만기가치	₩300,000+300,000×5%×6/12=	₩307,500
할인료	₩307,500×6%×4/12=	(6,150)
현금수령액		₩301,350

② 총 이자비용

현금수령액(받은 돈)		₩301,350
만기상환액(줄 돈)	₩300,000+₩30,000×5%×6/12=	307,500
총 이자비용(=할인료)		₩(6,150)

③ 20×1년 당기순이익 : ₩300,000×5%×3/12(이자수익)−6,150×3/12(이자비용)=**₩2,212**

[별해] 회계처리

20×1년 12월 1일	(차)	현금	301,350	(대)	차입금	301,350
20×1년 12월 31일	(차)	미수이자	3,750	(대)	**이자수익**	**3,750**
	(차)	**이자비용**	**1,538**	(대)	미지급이자	1,538
20×2년 3월 31일	(차)	미수이자	3,750	(대)	이자수익	3,750
	(차)	이자비용	4,612	(대)	미지급이자	4,612
	(차)	차입금	301,350	(대)	받을어음	300,000
		미지급이자	6,150		미수이자	7,500

〈 요구사항 2 〉

① 현금수령액

어음 만기가치	₩300,000+300,000×5%×6/12=	₩307,500
할인료	₩307,500×6%×2/12=	(3,075)
현금수령액		₩304,425

② 처분손익

현금수령액		₩304,425
장부금액	₩300,000+300,000×5%×4/12(보유기간 경과이자)=	305,000
총 이자비용(=할인료)		₩(575)

③ 20×2년 당기순이익 : ₩300,000×5%×1/12(20×2년 이자수익)−575(처분손실)=**₩675**

[별해] 회계처리

20×1년 12월 31일	(차) 미수이자	3,750	(대) 이자수익	3,750
20×2년 2월 1일	(차) 미수이자	1,250	(대) 이자수익	1,250
	(차) 현금	304,425	(대) 받을어음	300,000
	처분손실	575	미수이자	5,000

(물음 2) 금융자산의 일부 제거

1. 대여금 장부금액의 배분

① 액면금액의 공정가치 : ₩500,000×0.7938=₩396,900

② 만기까지 수령할 이자의 공정가치 : ₩500,000×6%×2.5770=₩77,310

③ 공정가치 기준 장부금액의 배분

구분	공정가치	비율	장부금액
액면금액	396,900	× 500,000/474,210	418,485
이자	77,310		81,515
합계	474,210		500,000

2. 당기순이익

처분금액	이자의 공정가치 =	₩77,310
장부금액	공정가치에 비례해서 배분된 대여금의 장부금액 =	(81,515)
		₩(4,205)

[별해] 회계처리

20×1년 10월 1일	(차) 현금	77,310	(대) 대여금	81,515
	처분손실	4,205		

(물음 3) 지속적 관여 접근법

① 회계처리

20×1년 1월 1일	(차) 현금	4,750,000 [1]	(대) 미수금	5,000,000
	처분손실	250,000		
	(차) 현금	50,000	(대) 보증부채	50,000
	(차) 지속적관여자산	125,000 [2]	(대) 관련부채	125,000

1) ₩4,800,000−50,000(보증의 공정가치)

2) 보증으로 인한 지속적 관여 정도 : ₩5,000,000×6%×5/12

② 자산총액 : ₩4,750,000(처분금액)+50,000(보증에 대한 대가)−5,000,000(미수금 장부금액)
+125,000(지속적관여자산)=**(−)₩75,000**

문제 3 저유

㈜대한은 20×1년 중에 다음과 같은 금융거래를 하였다. 아래의 자료를 이용하여 다음의 독립적인 물음에 답하시오.

1. ㈜대한은 다음과 같은 조건의 사채 A를 당기손익-공정가치 측정 금융자산으로 보유하고 있으며, 20×0년말 현재 장부금액은 ₩100,000이다.

   - 액면금액 : ₩100,000
   - 표시이자율 : ₩10% (이자 분리형 스트랩채권)
   - 이자지급일 : 매년 12월 31일
   - 만기 : 20×3년 12월 31일
   - 상환조건 : 만기 일시상환

2. 20×1년초 사채 A에 적용되는 현행시장이자율은 12%이며, 3기간, 12%의 현가계수는 0.7118, 연금현가계수는 2.4019이다.

(물음 1) 20×1년 1월 1일, ㈜대한은 유동성 부족으로 인해 사채 A의 현금흐름 중 표시이자만 분리하여 ㈜민국증권에 처분하였다. 처분대가로 수령한 금액은 이자부분의 공정가치 이다. 해당 처분은 금융자산의 제거요건을 만족한다. ㈜대한은 ㈜민국증권에게 어떠한 관리, 보증용역도 제공하지 않는다고 할 경우, 20×1년초 사채의 제거으로 인해 인식할 처분손익을 계산하시오.

(물음 2) 20×1년 1월 1일, ㈜대한은 ㈜민국증권에 공정가치만큼 현금을 수령하고 사채 A를 처분하였다. 이와 함께 ㈜대한은 ㈜민국증권에 사채 A에 대한 회수 및 관리용역을 제공하기로 계약을 체결하였다. 현금수령액에 관리용역의무의 제공할 관리용역의 의무제공대가가 ₩300이 포함되었다고 할 경우, 20×1년 1월 1일 ㈜대한이 수행해야할 회계처리를 제시하시오.

(물음 3) ㈜대한이 관리용역을 제공한 대가로 사채 A의 표시이자 1%의 이자부분에 대한 권리를 보유하기로 하였다. 한편, 사채 A 중 이전한 부분(액면금액 100%와 표시이자 중 99%)의 공정가치 만큼을 처분대가로 수령하였다. 다음의 각 경우에 20×1년 1월 1일 ㈜대한이 수행해야할 회계처리를 제시하시오.

상황 1. 제공할 관리용역의무의 적절한 대가는 표시이자 1%의 이자부분에 대한 공정가치와 동일하다.

상황 2. 제공할 관리용역의무의 적절한 대가가 ₩400이다.

상황 3. 제공할 관리용역의무의 적절한 대가가 ₩200이다.

해설 및 해답 금융자산의 양도 - 관리용역을 제공

(물음 1) 금융자산의 일부제거

• 양도자산이 양도하기 전 금융자산 전체 중 일부이고(예 채무상품의 현금흐름 중 이자 부분의 양도) 그 양도한 부분 전체가 제거 조건을 충족한다면, 양도하기 전 금융자산 전체의 장부금액은 계속 인식하는 부분과 제거하는 부분에 대해 양도일 현재 각 부분의 **상대적 공정가치**를 기준으로 배분한다. 이 경우에 관리용역자산은 계속 인식하는 부분으로 처리한다(K-IFRS 1109호 3.2.13).

① 금융자산 장부금액의 배분

구분	공정가치	비율	장부금액 배분액
액면금액 부분	₩71,180	74.8%	₩74,770
표시이자 부분	24,019[2]	25.2%	25,230
총 금액	₩95,199[1]	100%	₩100,000

1) 20×1년 초 사채 A 전체의 공정가치: ₩100,000×0.7118+10,000×2.4019
2) 20×1년 초 이자부분의 공정가치: ₩10,000×2.4019

② 처분손익의 계산

처분대가	이자부분의 공정가치=	₩24,019
장부금액	공정가치비율로 배분된 금액=	(25,230)
처분손실		₩(1,211)

[별해] 회계처리

20×1년 1월 1일	(차) 현 금	24,019	(대) FVPL금융자산	25,230
	처 분 손 실	1,211		

(물음 2) 관리용역의 제공의 대가로 현금을 수령한 경우

• 금융자산 전체가 제거 조건을 충족하는 양도로 금융자산을 양도하고, 수수료를 대가로 해당 양도자산의 관리용역을 제공하기로 한다면 관리용역제공계약과 관련하여 자산이나 부채를 인식한다. 금융자산 전체를 제거하는 경우에는 다음 (1)과 (2)의 차액을 당기손익으로 인식한다(K-IFRS 1109호 3.2.10, 3.2.12).
(1) 금융자산의 장부금액(제거일에 측정)
(2) 수취한 대가(새로 획득한 모든 자산에서 새로 부담하게 된 모든 부채를 차감한 금액 포함)

① 처분손익의 계산

처분대가	₩95,199(사채의 공정가치*)-300(관리용역에 대한대가)=	₩94,899
장부금액		(100,000)
처분손실		₩(5,101)

* 사채 A의 공정가치: ₩100,000×0.7118+10,000×2.4019

② 회계처리

20×1년 1월 1일	(차) 현금	94,899	(대) FVPL금융자산	100,000
	처분손실	5,101		
	(차) 현금	300	(대) 관리용역부채	300

(물음 3) 관리용역의 제공의 대가로 양도한 금융자산의 일부를 보유하는 경우

1. 관리용역 수수료가 용역제공의 적절한 대가를 반영하는 경우

• 양도의 결과로 금융자산 전체를 제거하지만 새로운 금융자산을 획득하거나 새로운 금융부채나 관리용역부채를 부담한다면, 그 새로운 금융자산, 금융부채, 관리용역부채를 공정가치로 인식한다(K-IFRS 1109호 3.2.11).

① 처분손익의 계산

처분대가	₩95,199(사채의 공정가치)－240(관리용역에 대한대가*)＝	₩94,959
장부금액		(100,000)
처분손실		₩(5,041)

* 관리용역에 대한 대가: ₩10,000(표시이자)×1%×2.4019

② 회계처리

20×1년 1월 1일	(차) 현금	94,959	(대) FVPL금융자산	100,000
	처분손실	5,041		
	(차) 관리용역자산	240	(대) 관리용역부채	240

[별해] 후속회계처리

20×1년 12월 31일	(차) 현금	100[1)]	(대) 이자수익	29[2)]
			관리용역자산	71
	(차) 관리용역부채	80	(대) 용역수익	80

1) ₩100(표시이자)×1%
2) ₩240(관리용역자산 장부금액)×12%

20×2년 12월 31일	(차) 현금	100	(대) 이자수익	20
			관리용역자산	80
	(차) 관리용역부채	80	(대) 용역수익	80
20×3년 12월 31일	(차) 현금	100	(대) 이자수익	11
			관리용역자산	89
	(차) 관리용역부채	80	(대) 용역수익	80

2. 관리용역수수료가 용역제공의 적절한 대가에 미달

- 관리용역 수수료가 용역제공의 적절한 대가에 미달할 것으로 예상한다면 용역제공의무에 따른 부채를 공정가치로 인식한다(K−IFRS 1109호 3.2.10).

- 회계처리

20×1년 1월 1일	(차) 현　　금	94,959	(대) FVPL금융자산	100,000
	처 분 손 실	5,041		
	(차) 관리용역자산	**240**	(대) 관리용역부채	400
	계 약 손 실	160		

3. 관리용역수수료가 용역제공의 적절한 대가에 초과

- 관리용역 수수료가 용역제공의 적절한 대가를 초과할 것으로 예상한다면, 양도하기 전 금융자산 전체의 장부금액 중 **상대적 공정가치**의 기준에 따라 배분된 금액을 기준으로 용역제공 권리에 따른 자산을 인식한다(K−IFRS 1109호 3.2.10).

① 용역제공권리에 따른 자산의 계산

구분	공정가치	비율	장부금액 배분액
제거되는 부분	₩94,959	99.7%	₩ 99,748
표시이자 1%의 이자부분	240	0.3%	252
총 금액	₩95,199	100%	₩100,000

② 회계처리

20×1년 1월 1일	(차) 현　　금	94,959	(대) FVPL금융자산	100,000
	처 분 손 실	5,041		
	(차) 관리용역자산	**252**	(대) 관리용역부채	200
			계 약 이 익	52

문제 4 저유

다음은 20×1년 8월 1일 ㈜대한의 금융자산 양도와 관련한 자료이다. 자료를 이용하여 다음의 물음에 답하시오.

> 1. ㈜대한은 액면이자율과 유효이자율이 10%이며, 원금과 상각후원가가 ₩10,000이고, 만기가 20×1년말인 중도상환이 가능한 대여금 포트폴리오를 기업이 보유하고 있다.
> 2. ㈜대한은 ₩9,115을 받고 ㈜민국에게 원금 회수액 중 ₩9,000과 ₩9,000에 대한 이자 9.5%에 대한 권리를 부여하는 계약을 체결하였다. 해당 계약을 체결함과 동시에 채무불이행이 발생하면 ㈜대한이 ₩1,000까지 신용보증을 제공하기로 하였다. 따라서 중도상환에 따른 회수액은 1 : 9의 비율로 ㈜대한과 ㈜민국에게 배분되며, 채무불이행이 발생하면 ㈜대한의 지분인 ₩1,000이 완전히 소멸될 때까지 ₩1,000에서 차감하여 반영한다.
> 3. ㈜대한은 원금 회수액 중 ₩1,000과 ₩1,000에 대한 10%의 이자는 계속하여 보유하며, 신용보증에 대한 대가로 원금의 나머지 부분인 ₩9,000에 대한 0.5%의 초과 스프레드에 대한 권리를 추가적으로 보유한다.
> 4. 거래일에 당해 대여금의 공정가치는 ₩10,100이고, ㈜대한이 이전하는 부분(원금 ₩9,000과 10%이자)의 공정가치는 ₩9,090, 보유하는 부분의 공정가치는 ₩1,010이며, 0.5%인 초과 스프레드의 공정가치는 ₩40이다.

(물음 1) ㈜대한의 금융자산의 양도에 대한 회계처리 방법을 제시하고 그 판단근거를 5줄 이내로 서술하시오.

(물음 2) ㈜대한이 수령한 대가를 대여금 포트폴리오에 대한 대가와 신용보증에 대한 대가로 구분하시오

(물음 3) ㈜대한이 금융자산 양도시점에 수행해야할 회계처리를 제시하시오.

(물음 4) 20×1년말 ㈜민국에게 양도한 대여금에서 ₩400만큼의 대손이 발생한 경우 ㈜대한이 수행할 회계처리를 제시하시오. (단, 신용보강에 따른 수익은 정액법으로 인식한다.)

해설 및 해답 지속적 관여 접근법(한국채택국제회계기준 제1109호 금융상품 B3.2.17 사례 수정)

(물음 1)

① ㈜대한은 이전하지 않은 금융자산 10%의 원금과 이자에 대해서는 (보증의 형태로) 위험과 보상을 보유하고 있으므로 제거하지 아니한다.

② ㈜대한은 이전한 금융자산 90%에 대해서는 위험과 보상을 이전하였으므로 제거요건을 충족한 양도를 인식한다. 그러나 그 일부에 대해서는 신용보강의 형태로 보유하고 있어 위험과 보상의 대부분을 이전하지도, 보유하지도 않은 상태로서 지속적으로 관여하고 있는 상태이다. 따라서 신용보강에 대한 한도 ₩1,000까지는 지속적관여접근법을 적용한다.

(물음 2)

① 대여금 포트폴리오에 대한 대가 : ₩9,090(이전하는 부분의 공정가치)

② 신용보증에 대한 대가 : [₩9,115(현금수령액)−9,090](현금의 초과수령액)+40(초과스프레드의 공정가치) =₩65

(물음 3)

1. 대여금포트폴리오의 장부금액 구분 (상대적 공정가치 기준)

구분	공정가치	비율	배분한 장부금액
이전한 부분	₩9,090	90%	₩9,000
보유하는 부분	1,010	10%	1,000
합계	₩10,100		₩10,000

2. 회계처리

20×1년 1월 1일	(차) 현금	9,090	(대) 대여금	9,000
			처분이익	90
	(차) 현금	25	(대) 관련부채(이연수익)	65
	초과스프레드자산	40		
	(차) 지속적관여자산	1,000	(대) 관련부채(보증부채)	1,000

(물음 4)

20×1년 12월 31일	(차) 손상차손	400	(대) 지속적관여자산	400
	(차) 관련부채(보증부채)	400	(대) 대여금	400
	(차) 관련부채(이연수익)	65	(대) 보증수익	65
	(차) 현금	100	(대) 이자수익	100 1)
	(차) 현금	45 2)	(대) 초과스프레드자산	40
			이자수익	5
	(차) 현금	600	(대) 대여금	600

1) 대여금에 대한 이자 : ₩1,000×10%

2) 초과스프레드에 대한 이자 : ₩9,000×0.5%

서술형 문제

문제 1

(물음 1) 금융자산을 제거할 수 있는 경우에 대해 서술하시오.

(물음 2) 금융자산의 양도하는 경우에 대해 서술하시오.

(물음 3) 금융자산의 제거시 금융자산의 일부를 제거해야하는지 아니면 전체를 제거해야하는지 결정해야한다. 이 경우 금융자산의 일부를 적용할 수 있는 경우 세 가지를 서술하시오.

해설 및 해답

(물음 1)

다음 중 하나에 해당하는 경우에만 금융자산을 제거한다.

(1) 금융자산의 현금흐름에 대한 계약상 권리가 **소멸**한 경우

(2) 금융자산을 **양도**하며 그 양도가 제거의 조건을 충족하는 경우

(물음 2)

금융자산의 양도는 다음 중 하나의 경우에만 해당된다.

(1) 금융자산의 현금흐름을 수취할 계약상 **권리를 양도**하는 경우

(2) 금융자산의 현금흐름을 수취할 계약상 **권리를 보유**하고 있으나, 해당 현금흐름을 계약에 따라 하나 이상의 수취인에게 지급할 계약상 **의무를 부담**하는 경우

(물음 2)

제거 대상이 다음 세 가지 조건 중 하나를 충족하는 경우에만 금융자산의 일부에 제거의 회계처리 규정을 적용한다.

(1) 제거 대상이 금융자산(또는 비슷한 금융자산의 집합)의 현금흐름에서 **식별된 특정 부분만으로 구성**된다. 예를 들면 이자율스트립채권 계약에서 거래상대방이 채무상품의 현금흐름 중 원금에 대한 권리는 없고 이자 부분에 대한 권리만 있는 경우에는 제거규정을 이자 부분에 적용한다.

(2) 제거 대상이 금융자산(또는 비슷한 금융자산의 집합)의 현금흐름에 **완전히 비례하는 부분만으로 구성**된다. 예를 들면 거래상대방이 채무상품의 현금흐름 중 90%에 대한 권리를 가지는 계약을 체결하는 경우에는 제거규정을 현금흐름의 90%에 적용한다. 둘 이상의 거래상대방이 있는 경우라도 양도자가 현금흐름 중 완전히 비례하는 부분을 보유하고 있다면, 각 거래상대방이 현금흐름 중 비례하는 부분을 보유하여야 하는 것은 아니다.

(3) 제거 대상이 금융자산(또는 비슷한 금융자산의 집합)의 현금흐름에서 **식별된 특정 부분 중 완전히 비례하는 부분만으로 구성**된다. 예를 들면 거래상대방이 채무상품의 현금흐름 중 이자 부분의 90%에 대한 권리를 가지는 계약을 체결하는 경우에는 제거규정을 해당 이자 부분의 90%에 적용한다. 둘 이상의 거래상대방이 있는 경우라도 양도자가 현금흐름 중 완전히 비례하는 부분을 보유하고 있다면, 각 거래상대방이 특정하여 식별된 현금흐름 중 비례하는 부분을 보유하여야 하는 것은 아니다.

문제 2

다음의 사례별로 금융자산을 제거할 수 있는지 여부를 판단하시오.

(물음 1) 재매입약정과 유가증권대여계약. 매도가격에 양도자에게 금전을 대여하였더라면 그 대가로 받았을 이자수익을 더한 금액 또는 미리 정한 가격으로 재매입하는 계약에 따라 금융자산을 매도하거나, 양도자에게 돌려주기로 하는 계약에 따라 금융자산을 대여하는 경우

(물음 2) 실질적으로 같은 자산에 대한 재매입약정과 유가증권대여계약. 매도가격에 양도자에게 금전을 대여하였더라면 그 대가로 받았을 이자수익을 더한 금액 또는 미리 정한 가격으로 같은 자산 또는 실질적으로 같은 자산을 재매입하는 계약에 따라 금융자산을 매도하거나, 양도자에게 같은 자산 또는 실질적으로 같은 자산을 돌려주기로 하는 계약에 따라 금융자산을 차입하거나 대여하는 경우

(물음 3) 자산을 대체할 수 있는 권리가 있는 재매입약정과 유가증권대여계약. 매도가격에 양도자에게 금전을 대여하였더라면 그 대가로 받았을 이자수익을 더한 금액 또는 미리 정한 재매입가격으로 재매입하기로 하는 계약 또는 비슷한 유가증권대여계약에 따라 양수자가 양도자산과 비슷하고 재매입일 현재 같은 공정가치를 가진 자산으로 양도자산을 대체할 수 있는 권리를 보유하고 있는 경우

(물음 4) 공정가치로 재매입할 수 있는 우선권. 양도자가 금융자산을 매도하고 그 후 양수자가 그 자산을 매도할 경우 공정가치로 해당 양도자산을 우선 재매입할 수 있는 권리만을 보유하고 있는 경우

(물음 5) 매도한 금융자산과 같은 자산을 매도가격에 양도자에게 금전을 대여하였더라면 그 대가로 받았을 이자수익을 더한 금액 또는 미리 정한 가격으로 재매입하는 계약을 매도계약과 동시에 체결하는 경우

(물음 6) 깊은 내가격 상태인 풋옵션과 콜옵션. 양도자가 양도한 금융자산에 대한 콜옵션을 보유거나 양도한 금융자산에 대한 풋옵션을 양수자가 보유하며 해당 옵션이 깊은 내가격 상태인 경우

(물음 7) 깊은 외가격 상태인 풋옵션과 콜옵션. 양도한 금융자산에 대하여 양수자가 보유한 풋옵션이 깊은 외가격 상태이거나 양도자가 보유한 콜옵션이 깊은 외가격 상태인 경우

(물음 8) 시장에서 쉽게 매입할 수 있는 자산으로, 그 자산에 대한 콜옵션이 깊은 내가격 상태도 아니고, 깊은 외가격 상태도 아닌 경우.

(물음 9) 시장에서 쉽게 매입할 수 없는 자산에 대한 풋옵션이 깊은 내가격 상태도 아니고, 깊은 외가격 상태도 아닌 경우.

(물음 10) 공정가치 풋옵션·콜옵션, 선도재매입계약이 있는 자산. 재매입 시점의 금융자산 공정가치와 같은 행사가격이나 재매입가격을 갖는 풋옵션, 콜옵션, 선도재매입계약만 있는 금융자산의 양도의 경우

해설 및 해답

(물음 1)

양도자가 소유에 따른 위험과 보상의 대부분을 보유하고 있으므로 해당 금융자산은 제거하지 아니한다. 그 자산을 매도하거나 담보로 제공할 권리를 양수자가 획득한다면, 양도자는 해당 자산을 대여자산이나 재매입수취채권 등으로 재분류한다.

(물음 2)

양도자가 소유에 따른 위험과 보상의 대부분을 보유하고 있으므로 해당 금융자산은 제거하지 아니한다.

(물음 3)

양도자가 소유에 따른 위험과 보상의 대부분을 보유하고 있으므로 재매입 또는 유가증권대여계약에 따라 매도하거나 대여한 자산은 제거하지 아니한다.

(물음 4)

양도자가 소유에 따른 위험과 보상의 대부분을 이전하였으므로 양도자는 해당 자산을 제거한다.

(물음 5)

해당 자산은 제거하지 아니한다.

(물음 6)

양도자가 소유에 따른 위험과 보상의 대부분을 보유하고 있으므로 해당 양도는 제거 조건을 충족하지 못한다.

(물음 7)

해당 양도자산은 제거한다. 그 이유는 양도자가 소유에 따른 위험과 보상의 대부분을 이전하였기 때문이다.

(물음 8)

시장에서 쉽게 매입할 수 있는 자산에 대하여 깊은 내가격 상태 또는 깊은 외가격 상태가 아닌 콜옵션을 보유하고 있다면, 해당 자산은 제거한다. 그 이유는 ㈎ 양도자가 양도자산의 소유에 따른 위험과 보상의 대부분을 보유하고 있지도 않고 이전하지도 않았으며, ㈏ 양도자산에 대한 통제를 상실하였기 때문이다. 그러나 해당 자산을 시장에서 쉽게 매입할 수 없다면, 양도자가 해당 자산에 대한 통제를 보유하고 있으므로 콜옵션의 대상이 되는 자산 금액은 제거하지 아니한다.

(물음 9)

시장에서 쉽게 매입할 수 없는 금융자산을 양도하고 깊은 외가격 상태가 아닌 풋옵션을 발행한다면, 발행한 풋옵션 때문에 양도자는 양도자산의 소유에 따른 위험과 보상의 대부분을 보유하고 있지도 않으며 이전하지도 않은 것이다. 해당 풋옵션의 가치가 양수자가 해당 자산을 매도하지 않도록 하기에 충분하다면, 양도자는 그 자산에 대한 통제를 보유하고 있는 것이다. 이 경우 양도자가 지속적으로 관여하는 정도까지 해당 자산을 계속 인식한다. 해당 풋옵션의 가치가 양수자가 해당 자산을 매도하지 않도록 하기에 충분하지 않다면, 양도자는 그 자산에 대한 통제를 이전한 것이다. 이 경우 해당 자산은 제거한다.

(물음 10)

제거 조건을 충족한다. 그 이유는 양도자가 소유에 따른 위험과 보상의 대부분을 이전하였기 때문이다.

CHAPTER 14

복합 금융상품

출제유형

▶ 계산문제

| 문제 1 | 전환사채의 발행과 행사

| 문제 2 | 신주인수권부사채의 발행과 행사

| 문제 3 | 복합금융상품의 기중행사

| 문제 4 | 전환사채의 기타사항

| 문제 5 | 복합금융상품의 발행자와 투자자

▶ 서술형문제

계산문제

문제 1

12월 말 결산법인인 ㈜한국은 20×1년 1월 1일 다음과 같은 조건의 전환사채를 발행하였다. 다음의 〈공통자료〉를 이용해 물음에 답하시오.

〈공통자료〉

- 사채액면금액 : ₩1,000,000
- 사채의 만기 : 20×3년 12월 31일
- 표시이자율 : 연 6%
- 이자지급 : 매년 12월 31일(연 1회)
- 원금상환방법 : 상환기일에 액면금액의 100%를 상환하되, 전환권이 행사되지 않은 부분에 대해서는 상환할증금을 지급
- 전환권의 행사가액 : ₩10,000
- 발행주식의 액면금액 : ₩5,000
- 발행일 현재 일반사채 시장이자율 : 연 10%

㈜한국은 전환권이 행사되는 시점에 전환권대가를 주식발행초과금으로 대체한다.

현재가치 계산시 아래의 현가계수를 반드시 이용하시오.

기간	단일금액 ₩1의 현가계수			정상연금 ₩1의 현가계수		
	6%	8%	10%	6%	8%	10%
1	0.9434	0.9259	0.9091	0.9434	0.9259	0.9091
2	0.8900	0.8573	0.8264	1.8334	1.7832	1.7355
3	0.8396	0.7938	0.7513	2.6730	2.5771	2.4868

(물음 1) ㈜한국은 전환사채를 액면발행하였다. 전환사채 보유자가 전환권을 행사하지 않은 부분에 대해서는 ㈜한국이 만기일에 액면금액의 109.74%를 상환하는 전환사채라고 가정한다. 동 사채 액면금액 중 ₩600,000에 해당하는 전환권이 20×2년 1월 1일에 행사되었다.

1. 20×2년 1월 1일 전환권의 행사시점에 행사의 회계처리와 관련하여 증가되는 ① 자본과 ② 주식발행초과금을 계산하시오.

2. 20×1년 12월 31일 현재 ㈜한국의 부채와 자본 총계는 각각 ₩10,000,000씩이라고 할 경우, 전환사채의 20×2년 초 전환 직후 ㈜한국의 부채비율을 계산하시오. 단, 소수점 셋째자리에서 반올림하여 계산한다. (예 12.245% ⇨ 12.25%)

3. 전환사채와 관련하여 ㈜한국이 ① 20×2년 이자비용으로 인식할 금액과 ② 20×3년 만기시점에 전환사채 보유자에게 상환할 금액(표시이자 포함)을 계산하시오.

(물음 2) ㈜한국은 전환사채를 액면발행하였다. 전환사채의 만기일까지 투자자가 전환권을 행사하지 않는 경우 만기일에 연 9%의 수익률을 보장받는 금액을 액면금액에 추가하여 수령할 수 있다고 가정한다.

1. ① 전환사채 만기시 지급되는 상환할증금과 ② 전환사채 발행시점의 전환권가치를 구하시오.
2. 만약 전환사채 보유자가 상환기간 동안 전환권을 행사하지 않아 만기일에 표시이자를 제외하고 실제로 상환한 금액이 ₩329,503이라고 한다면, ㈜한국이 발행한 전환사채의 상환기간 동안 전환청구된 비율(전환비율)이 몇%인지 계산하시오.
3. 만약 전환사채 보유자가 상환기간 동안 전환권을 중도에 행사하지 않는다면, ㈜한국이 상환기간에 걸쳐 인식할 총이자비용을 계산하시오.

(물음 3) ㈜한국은 전환사채를 액면발행하였다. ㈜한국은 전환사채의 만기일에 액면금액의 일정비율을 상환할증금으로 지급한다. 20×2년 1월 1일 40%의 전환권이 행사되어 주식이 발행되었으며, 20×2년 12월 31일에 인식한 이자비용은 ₩58,311이라고 할 경우, ① 전환사채 발행시점에서의 전환권대가와 ② 20×1년 12월 31일 전환사채의 장부금액을 계산하시오.

20×1년초 전환권대가	①
20×1년말 전환사채 장부금액	②

(물음 4) ㈜대한은 발행일이 20×1년 1월 1일인 전환사채를 다음과 같은 조건으로 발행하였다. 다음의 〈추가 자료〉를 이용하여 각 물음에 답하며, 각 물음은 독립적이다.

〈추가 자료〉

1. 전환사채의 발행조건은 다음과 같다.
   - 전환사채의 시장이자율 : 연 8%
   - 발행일 현재 동일한 조건의 전환권이 없는 일반사채의 시장이자율 : 연 10%
   - 보장수익률 : 연 7%

1. ㈜대한의 전환사채에 대한 전환권가치를 계산하시오.
2. ㈜대한의 전환사채에 대한 회계처리가 ① 20×1년의 당기순이익에 미치는 영향을 계산하시오. ② 20×2년 1월 1일에 전환사채의 40%가 보통주로 전환되었다고 가정할 경우 전환 직후 전환사채의 장부금액을 계산하시오. 단, 당기순이익이 감소하는 경우에는 (−)를 숫자 앞에 표시하시오.

20×1년의 당기순이익에 미치는 영향	①
전환 직후 전환사채의 장부금액	②

해설 및 해답 전환사채의 발행과 행사

(물음 1) 전환권의 행사 및 후속측정

- 발행자는 (1) 금융부채가 생기게 하는 요소와 (2) 발행자의 지분상품으로 전환할 수 있는 옵션을 보유자에게 부여하는 요소를 별도로 분리하여 인식한다. 지분상품은 기업의 자산에서 모든 부채를 차감한 후의 잔여지분을 나타낸다. 따라서 복합금융상품의 최초 장부금액을 부채요소와 자본요소에 배분하는 경우 복합금융상품 전체의 공정가치에서 별도로 결정된 부채요소의 금액을 차감한 나머지 금액을 자본요소에 배분한다(K−IFRS 1032호 문단 29, 31).
- 만기 시점에서 전환사채가 전환되는 경우에 발행자는 부채를 제거하고 자본으로 인식한다. 최초 인식시점의 자본요소는 자본의 다른 항목으로 대체될 수 있지만 계속하여 자본으로 유지된다. 만기 시점에 전환사채의 전환에 따라 인식할 손익은 없다(K−IFRS 1032호 문단 AG32).

1. 전환권의 행사

(1) 전환사채의 발행과 행사

① 전환사채의 상각후원가 정리

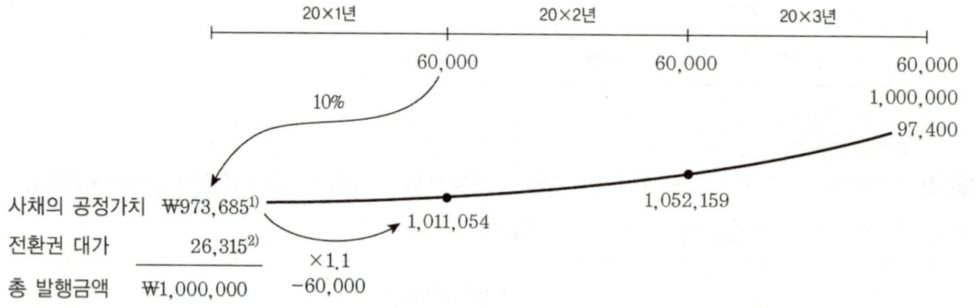

1) 부채요소의 공정가치 : (₩1,000,000+97,400)×0.7513+60,000×2.4868
2) 자본요소의 발행금액 : ₩1,000,000(총 발행금액)−973,685(부채요소의 공정가치)

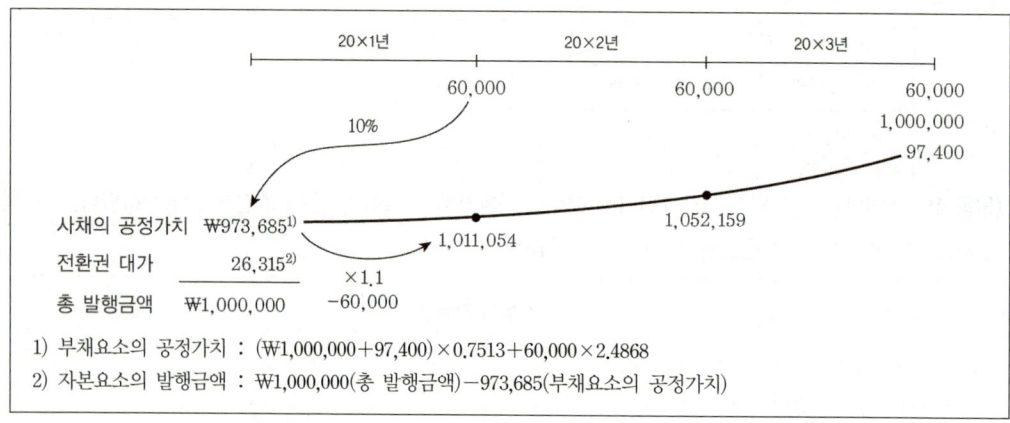

② 전환권 행사의 회계처리 (100% 행사가정−순액)

20×2년 1월 1일	(차) 사　채	1,011,054	(대) 납 입 자 본	1,037,369[1)]
	전 환 권 대 가	26,315		

1) 1,011,054(사채 장부금액)+26,315(전환권 대가 장부금액)

(2) 금액의 계산

① 자본에 미치는 영향 : ₩1,011,054(사채 장부금액)×60%=₩606,632

② 주식발행초과금 : [₩1,037,369−100주×5,000](액면금액)×60%=₩322,421

[별해] 회계처리

20×1년 1월 1일	(차) 현금	973,685	(대) 전환사채	1,000,000
	사채할인발행차금	123,715[1]	상환할증금	97,400
	(차) 현금	26,315	(대) 전환권대가	26,315

1) (₩1,000,000+97,400)(만기금액)−973,685(발행금액)

20×1년 12월 31일	(차) 이자비용	97,369[1]	(대) 현금	60,000
			사채할인발행차금	37,369

1) ₩973,685×10%

20×2년 1월 1일	(차) 전환사채	600,000	(대) 사채할인발행차금	51,808[1]
	상환할증금	58,440	자본금	300,000[2]
	전환권대가	15,789	주식발행초과금	322,421[3]

1) [(₩1,000,000+97,400)−1,011,054(20×1년말 상각후원가)]×60%
2) [₩1,000,000÷₩10,000(전환가격)×₩5,000]×60%
3) [(₩1,011,054+26,315)(주식발행금액)−500,000(자본금)]×60%

2. 전환권 행사 직후 부채비율

구분	행사직전	행사	행사직후
부채총계	₩10,000,000	₩(606,632)*	₩9,393,368
자본총계	10,000,000	606,632	10,606,632
비율	100%		88.56%

* 행사시 부채의 감소(자본증가): ₩1,011,054(행사전 사채 장부금액)×60%

3. 전환권 행사 후 회계처리

① 이자비용 : ₩404,422*×10%=₩40,442

* 전환권 행사 후 상각후원가 : ₩1,011,054(행사 전 사채 장부금액)−1,011,054×60%(행사된 사채 장부금액)=₩404,422

② 만기상환액 : (₩1,000,000+97,400+60,000)×40%=₩462,960

[별해] 회계처리

20×2년 12월 31일	(차) 이자비용	40,442	(대) 현금	24,000
			사채할인발행차금	16,442
20×3년 12월 31일	(차) 이자비용	42,096[1]	(대) 현금	24,000
			사채할인발행차금	18,096
	사채	400,000	현금	438,960
	상환할증금	38,960		

1) 끝수조정

(물음 2)

1. 상환할증금과 전환권의 가치

① 상환할증금

㉠ 매 기간말 미수령하는 보장수익금 : ₩1,000,000×9%−60,000(표시이자)=₩30,000

㉡ 상환할증금 : ₩30,000×(1+(1+9%)+(1+9%)²)=₩98,343

② 전환권의 가치

발행금액	액면발행=	₩1,000,000
부채요소	(₩1,000,000+98,343)×0.7513+60,000×2.4868=	(974,393)
		₩25,607

[별해] 회계처리

20×1년 1월 1일	(차) 현금	974,393	(대) 전환사채	1,000,000
	사채할인발행차금	123,950	상환할증금	98,343
	(차) 현금	25,607	(대) 전환권대가	25,607

2. 행사비율 (2015년 회계사 수정)

① 미행사비율 : ₩329,503 / (1,000,000+98,343)(미행사시 만기상환액)=30%

② 행사비율 : 1− 30%=70%

3. 총 이자비용

• (₩1,000,000+98,343+60,000×3년)(미래현금 지급액) −974,393(부채요소 발행금액)=₩303,950

(물음 3) 전환사채 관련 금액의 역산 (2016년 회계사 수정)

② 20×1년 말 전환사채 장부금액

㉠ 20×2년 초 전환권 행사 직후 사채 장부금액의 역산 : ₩58,311÷10%=₩583,110

㉡ 20×1년 말 사채 장부금액 : ₩583,110÷60%=₩971,850

① 전환권 대가

㉠ 상환할증금 : [₩1,000,000+**50,000(상환할증금−역산)**]×0.8264+60,000×1.7355
=₩971,850(20×1년 말 사채 장부금액)

㉡ 전환권 대가

발행금액	액면발행=	₩1,000,000
부채요소	(₩1,000,000+50,000)×0.7513+60,000×2.4868=	(938,073)
		₩61,927

[별해] 다른 풀이

① 20×1년말 사채 장부금액 : 20×1년초 부채요소 공정가치×(1+10%)−60,000=₩971,850

∴ 20×1년초 부채요소 공정가치 : ₩938,045

② 전환권대가 : ₩1,000,000−938,045=₩61,955

(물음 4) (2019년 회계사 유사)

1. 전환권가치의 계산

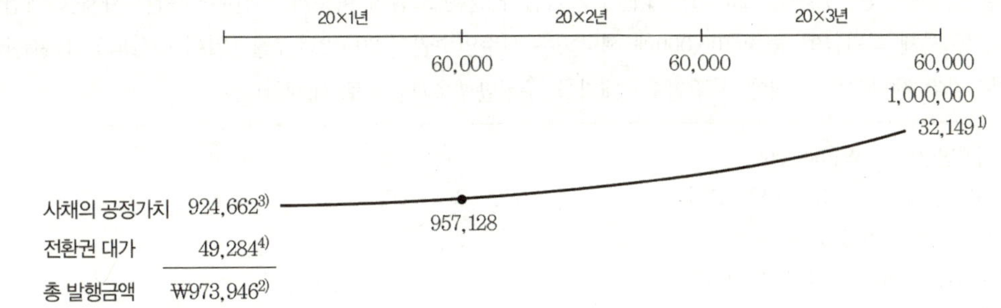

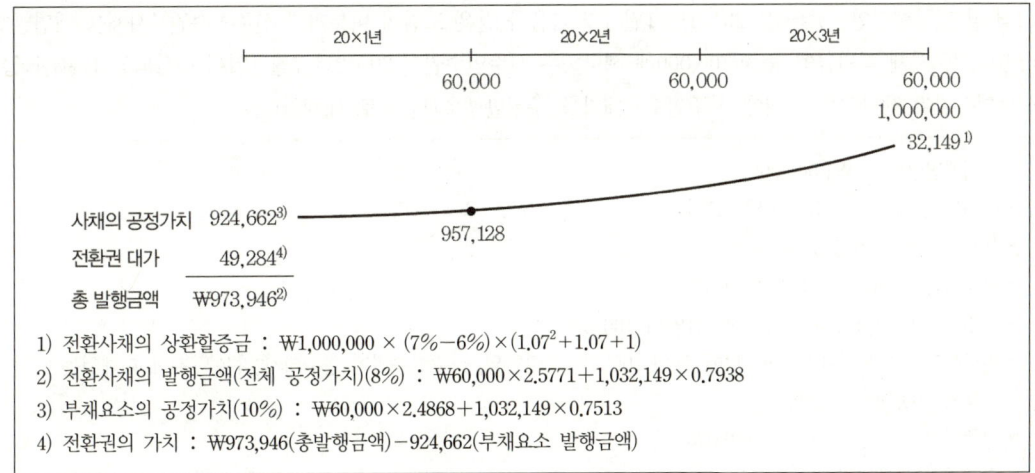

1) 전환사채의 상환할증금 : ₩1,000,000 × (7%−6%) × (1.07^2 + 1.07 + 1)
2) 전환사채의 발행금액(전체 공정가치)(8%) : ₩60,000 × 2.5771 + 1,032,149 × 0.7938
3) 부채요소의 공정가치(10%) : ₩60,000 × 2.4868 + 1,032,149 × 0.7513
4) 전환권의 가치 : ₩973,946(총발행금액) − 924,662(부채요소 발행금액)

2. 답안의 계산

① 20×1년 당기손익효과(이자비용) : ₩924,662 × 10% = (−)₩92,466
② 20×2년 초 권리행사후 전환사채의 금액 : ₩957,128 × 60%(미행사비율) = ₩574,277

문제 2

12월 말 결산법인인 ㈜한국은 20×1년 1월 1일 다음과 같은 조건의 비분리형 신주인수권부사채를 액면발행하였다. 동 사채 액면금액 중 ₩700,000에 해당하는 신주인수권이 20×2년 7월 1일에 행사되었다. ㈜한국은 신주인수권이 행사되는 시점에 신주인수권대가를 주식발행초과금으로 대체한다.

- 사채액면금액 : ₩1,000,000
- 사채의 만기 : 20×3년 12월 31일
- 표시이자율 : 연 5%
- 이자지급 : 매년 12월 31일(연 1회)
- 신주인수권 행사비율 : 사채액면금액의 100%
- 원금상환방법 : 상환기일에 액면금액의 100%를 상환하되, 신주인수권이 행사되지 않은 부분에 대해서는 액면금액의 109.74%를 상환
- 신주인수권의 행사가액 : ₩10,000
- 발행주식의 액면금액 : ₩5,000
- 발행일 현재 일반사채 시장이자율 : 연 10%

각 물음의 현재가치 계산시 아래의 현가계수를 반드시 이용하시오.

기간	단일금액 ₩1의 현가계수		정상연금 ₩1의 현가계수	
	5%	10%	5%	10%
3	0.8638	0.7513	2.7233	2.4868

(물음 1) 20×1년 1월 1일 발행시점에 인식되는 신주인수권대가와 신주인수권조정을 구하시오. 단, 소수점 아래 첫째 자리에서 반올림하시오.

신주인수권대가	①
신주인수권조정	②

(물음 2) 20×2년 7월 1일에 신주인수권이 행사되었을 때 제거되는 사채상환할증금과 자본총계에 미치는 영향, 인식되는 주식발행초과금을 구하시오. 단, 소수점 아래 첫째 자리에서 반올림하시오.

사채상환할증금	①
자본총계에 미치는 영향	②
주식발행초과금	③

(물음 3) 동 사채와 관련하여 ㈜한국이 20×2년 포괄손익계산서에 인식할 이자비용을 구하시오. 단, 소수점 아래 첫째 자리에서 반올림하시오.

(물음 4) 동 사채의 만기시점에 신주인수권사채 보유자에게 상환할 금액(표시이자 포함)을 계산하시오.

해설 및 해답 신주인수권부사채의 발행과 행사 (2013년 회계사 수정)

• 미래현금흐름의 정리

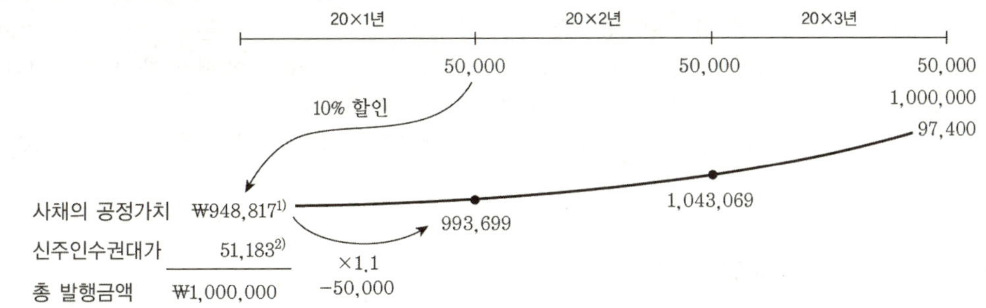

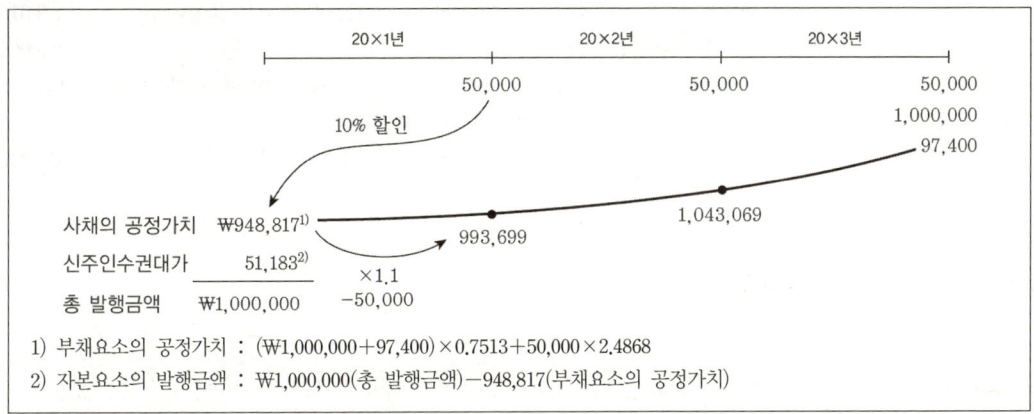

1) 부채요소의 공정가치 : (₩1,000,000+97,400)×0.7513+50,000×2.4868

2) 자본요소의 발행금액 : ₩1,000,000(총 발행금액)−948,817(부채요소의 공정가치)

(물음 1) 신주인수권부사채의 발행

① 신주인수권 대가 : ₩51,183

② 신주인수권 조정 : [₩1,000,000(액면금액)+97,400(상환할증금)]−948,817(사채 발행금액)
또는 ₩97,400(상환할증금)+51,183(신주인수권대가)=₩148,583

[별해] 회계처리

20×1년 1월 1일	(차) 현금	948,817	(대) 신주인수권부사채	1,000,000
	사채할인발행차금	148,583	상환할증금	97,400
	(차) 현금	51,183	(대) 신주인수권대가	51,183

(물음 2) 신주인수권부사채의 행사

1. 신주인수권 행사시의 회계처리(100% 가정 - 순액)

20×2년 7월 1일	(차) 현금	1,000,000	(대) 납입자본	1,135,704 2)
	상환할증금	84,521 1)		
	신주인수권대가	51,183		

1) 20×2년 1월 1일 상환할증금의 현재가치 : ₩97,400÷$(1+10\%)^2$=₩80,496
20×2년 7월 1일 상환할증금의 현재가치 : ₩80,496+80,496×10%×6/12=₩84,521

2) ₩1,000,000(현금납입액)+84,521+51,183

2. 금액의 계산

① 상환할증금 제거액 : ₩97,400×70%=₩68,180

② 자본총계 증가액 : [₩1,000,000+84,521(상환할증금의 현재가치)]×70%=₩759,165

③ 주식발행초과금 : [₩1,135,704(주식발행금액)−100주×5,000(자본금)]×70%=₩444,993

[별해] 행사시의 회계처리

20×2년 7월 1일	(차) 이자비용	2,817[1)]	(대) 사채할인발행차금	2,817
	(차) 현금	700,000	(대) 사채할인발행차금	9,015[2)]
	상환할증금	68,180	자본금	350,000
	신주인수권대가	35,828	주식발행초과금	444,993

1) 상환할증금 행사분 이자비용 : ₩80,496×10%×6/12×70%

2) 사채할인발행차금 제거액 : ₩97,400×70%(상환할증금 액면금액)−84,521×70%(상환할증금 현재가치)

(물음 3) 신주인수권부사채의 행사 후 이자비용

• 이자비용

사채 원본	₩913,203(상환할증금 제외 사채의 장부금액)* ×10%=	₩91,320
상환할증금 미행사분	₩80,496×30%×10%=	2,415
상환할증금 행사분	₩80,496×70%×10%×6/12=	2,817
		₩96,552

* ₩993,699(20×2년 초 사채 장부금액)−80,496(20×2년초 상환할증금의 현재가치)

• 다음의 방법으로도 계산할 수 있다.

20×2년초 미행사 가정	₩993,699×10%=	₩99,370
상환할증금 행사분 제외	₩80,496×70%×10%×6/12=	(2,817)
		₩96,553

[별해] 기말 회계처리

20×2년 12월 31일	(차) 이자비용	93,735[1)]	(대) 현금	50,000
			사채할인발행차금	43,735

1) ₩91,320(사채 원본 이자비용)+2,415(상환할증금 미행사분 이자비용−해답 3 참조)

(물음 4) 신주인수권부사채의 만기상환

• 만기시점 상환액 : ₩1,000,000+97,400×30%+50,000=1,079,220

[별해] 회계처리

20×3년 12월 31일	(차) 이자비용	98,134	(대) 현금	50,000
			사채할인발행차금	48,134[1)]
	(차) 상환할증금	29,220	(대) 현금	1,029,220
	신주인수권부사채	1,000,000		

1) 끝수조정

문제 3

㈜대한은 20×1년 1월 1일 복합금융상품을 발행하였다. 이와 관련된 다음의 〈공통 자료〉를 이용하여 각 물음에 답하시오.

〈공통 자료〉

1. 발행조건은 다음과 같다.

- 액면금액 : ₩1,000,000
- 만기상환일 : 20×4년 12월 31일
- 표시이자율 : 연 2%
- 이자지급일 : 매년 12월 31일(연 1회)
- 보장수익률 : 연 4%
- 사채발행일 현재 동일 조건의 신주인수권(전환권)이 없는 일반사채 시장수익률 : 연 5%
- 행사(전환)가격 : 사채액면 ₩10,000당 1주의 보통주
- 보통주 액면금액 : 1주당 ₩5,000

2. ㈜대한은 주식발행가액 중 주식의 액면금액은 '자본금'으로, 액면금액을 초과하는 부분은 '주식발행초과금'으로 표시한다.

3. ㈜대한은 신주인수권(전환권)이 행사될 때 신주인수권대가(전환권대가)를 주식의 발행가액으로 대체한다.

4. 현재가치 계산 시 아래의 현가계수를 이용하고, 답안 작성 시 원 이하는 반올림한다.

기간	단일금액 ₩1의 현가계수						정상연금 ₩1의 현가계수					
	1%	2%	3%	4%	5%	6%	1%	2%	3%	4%	5%	6%
1	0.9901	0.9804	0.9709	0.9615	0.9524	0.9434	0.9901	0.9804	0.9709	0.9615	0.9524	0.9434
2	0.9803	0.9612	0.9426	0.9246	0.9070	0.8900	1.9704	1.9416	1.9135	1.8861	1.8594	1.8334
3	0.9706	0.9423	0.9151	0.8890	0.8638	0.8396	2.9410	2.8839	2.8286	2.7751	2.7232	2.6730
4	0.9610	0.9238	0.8885	0.8548	0.8227	0.7921	3.9020	3.8077	3.7171	3.6299	3.5459	3.4651

(물음 1) 상기 복합금융상품이 비분리형 신주인수권부사채이며 액면발행되었다고 가정할 때 〈요구사항〉에 답하시오.

〈요구사항 1〉 ㈜대한의 20×1년도 포괄손익계산서에 인식될 이자비용을 계산하시오.

20×1년 이자비용	①

〈요구사항 2〉 20×2년 7월 1일 50%의 신주인수권이 행사되어 보통주가 발행되었고, 행사비율은 사채액면금액의 100%이다. 다음 양식에 제시된 항목을 계산하시오.

신주인수권 행사시 주식발행초과금 증가분	①
신주인수권 행사 직후 신주인수권부사채의 장부금액	②
20×2년 이자비용	③

(물음 2) 상기 복합금융상품이 전환사채이며 액면발행되었다고 가정하자. 20×2년 7월 1일 50%의 전환권이 행사되어 보통주가 발행되었을 때, 다음 양식에 제시된 항목을 계산하시오. 단, 기중전환 시 전환간주일은 고려하지 않으며, 전환된 부분의 전환일까지의 표시이자를 지급하는 것으로 가정한다.

전환권 행사시 주식발행초과금 증가분	①
전환권 행사 직후 전환사채의 장부금액	②
20×2년 이자비용	③

(물음 3) 상기 복합금융상품이 전환사채이며 액면발행되었다고 가정하자. 20×2년 7월 1일 50%의 전환권이 행사되어 보통주가 발행되었을 때, 다음의 각 상황별로 전환권 행사시 주식발행초과금 증가분을 계산하시오. 단, 기중전환 시 해당 보고기간의 초를 전환간주일로 보아 전환일까지의 표시이자를 지급하지 않는 것으로 가정한다.

상황 1. 당기 전환분 전환사채에 대해서 보통주 배당금을 지급하지 않는 경우

상황 2. 당기 전환분 전환사채에 대해서 보통주 배당금을 지급하는 경우

해설 및 해답 복합금융상품의 기중행사 (2020년 회계사 수정)

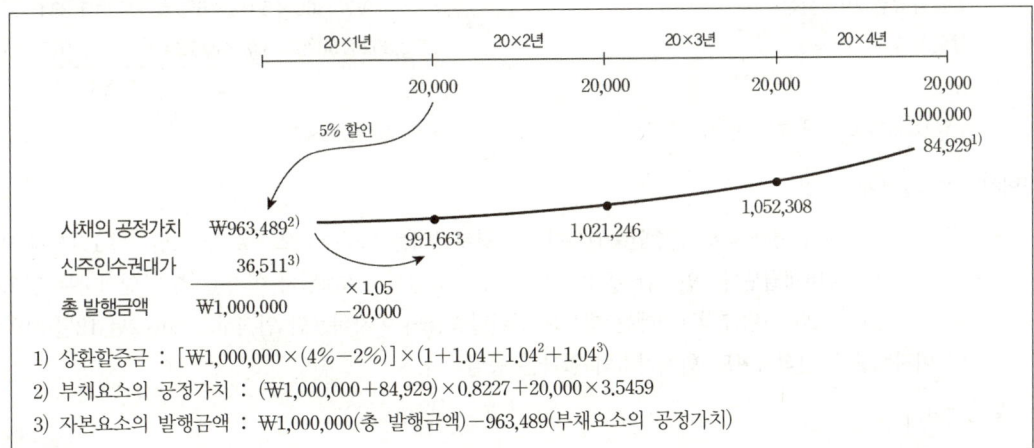

• 미래현금흐름의 정리

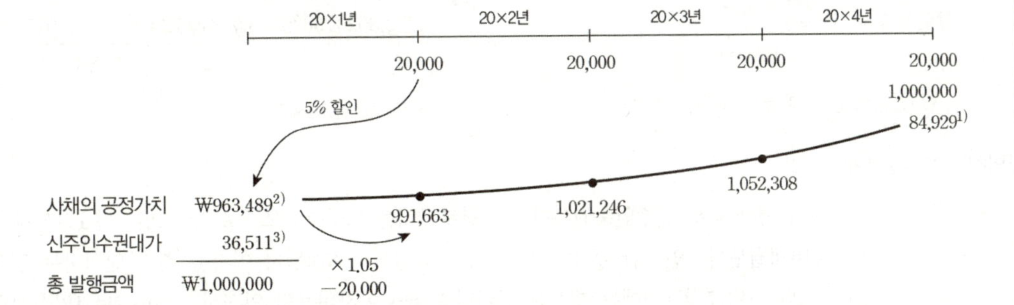

1) 상환할증금 : [₩1,000,000×(4%−2%)]×($1+1.04+1.04^2+1.04^3$)
2) 부채요소의 공정가치 : (₩1,000,000+84,929)×0.8227+20,000×3.5459
3) 자본요소의 발행금액 : ₩1,000,000(총 발행금액)−963,489(부채요소의 공정가치)

(물음 1) 신주인수권부사채인 경우

(요구사항 1) 신주인수권부사채의 이자비용

① 이자비용 : ₩963,489×5%=₩48,174

(요구사항 2) 신주인수권부사채의 기중행사

1. 신주인수권 행사시의 회계처리(100% 가정 - 순액)

20×2년 7월 1일	(차) 현금	1,000,000	(대) 자본금	500,000
	상환할증금	75,196[1]	주식발행초과금	611,707[2]
	신주인수권대가	36,511		

1) 20×2년 1월 1일 상환할증금의 현재가치 : ₩84,929×0.8638=₩73,362
20×2년 7월 1일 상환할증금의 현재가치 : ₩73,362+73,362×5%×6/12=₩75,196
2) ₩1,000,000(현금납입액)+75,196+36,511−500,000

2. 금액의 계산

① 주식발행초과금 : ₩611,707×50%=₩305,854

② 행사직후 신주인수권부사채의 장부금액

20×2년 7월 1일 사채장부금액	₩991,663+(991,663×5%−20,000)×6/12=	₩1,006,455
상환할증금 행사분	₩75,196×50%=	(37,598)
		₩968,857

③ 이자비용

사채 원본	₩918,301(상환할증금 제외 사채의 장부금액*)×5%=	₩45,915
상환할증금 미행사분	₩73,362×50%×5%=	1,834
상환할증금 행사분	₩73,362×50%×5%×6/12=	917
		₩48,666

* ₩991,663(20×2년 초 사채 장부금액)−73,362(20×2년 초 상환할증금의 현재가치)

[별해] 20×2년 회계처리

- 문제에서 신주인수권행사 직후 신주인수권부사채의 장부금액을 요구하였으므로 20×2년 7월 1일까지 **사채의 모든 이자비용(6개월분)**을 인식한 후 20×2년 12월 31일까지 6개월치 이자를 추가 인식하는 것으로 가정하였다. 다만 20×2년 7월 1일에는 행사분 상환할증금의 이자비용만 인식하고 20×2년 12월 31일에 잔여 이자비용을 인식하여도 회계처리의 결과는 동일하다.

- 회계처리

일자	차변	금액	대변	금액
20×2년 7월 1일	(차) 이자비용	1,834[1]	(대) 사채할인발행차금	1,834
	(차) 이자비용	22,958[2]	(대) 미지급이자	**10,000**
			사채할인발행차금	12,958
	(차) 현금	500,000	(대) 사채할인발행차금	4,867[3]
	상환할증금	42,465	자본금	250,000
	신주인수권대가	18,256	주식발행초과금	305,854

1) ₩917(상환할증금 행사분 이자비용)+1,834×6/12(상환할증금 미행사분 이자비용)
2) 행사시점까지의 사채원본 이자비용 : ₩45,915×6/12
3) 사채할인발행차금 제거액 : ₩84,929×50%(행사분 상환할증금 액면금액)−75,196×50%(행사분 상환할증금 현재가치)

일자	차변	금액	대변	금액
20×2년 12월 31일	(차) 이자비용	917[1]	(대) 사채할인발행차금	917
	(차) 이자비용	22,957[2]	(대) 미지급이자	**10,000**
			사채할인발행차금	12,957
	(차) **미지급이자**	**20,000**	(대) 현금	20,000

1) ₩1,834×6/12(상환할증금 미행사분 이자비용)
2) 기말까지의 사채원본 이자비용 : ₩45,915×6/12(끝수조정)

[별해] 신주인수권 행사시 행사분 상환할증금만 상각하는 경우

20×2년 7월 1일	(차) 이 자 비 용	917[1)]	(대) 사채할인발행차금	917
	(차) 현 금	500,000	(대) 사채할인발행차금	4,867[2)]
	상 환 할 증 금	42,465	자 본 금	250,000
	신주인수권대가	18,256	주식발행초과금	305,854

1) 상환할증금 행사분 이자비용

2) 사채할인발행차금 제거액 : ₩84,929×50%(행사분 상환할증금 액면금액)−75,196×50%(행사분 상환할증금 현재가치)

20×2년 12월 31일	(차) 이 자 비 용	1,834[1)]	(대) 사채할인발행차금	1,834
	(차) 이 자 비 용	45,915[2)]	(대) 현 금	20,000
			사채할인발행차금	25,915

1) 상환할증금 미행사분 이자비용

2) 사채원본 이자비용

(물음 2) 전환사채인 경우

1. 전환권 행사시의 회계처리(100% 가정 - 순액)

20×2년 7월 1일	(차) 사 채	1,006,455[1)]	(대) 자 본 금	500,000
	전 환 권 대 가	36,511	주식발행초과금	542,966[2)]

1) ₩991,663+(991,663×5%−20,000)×6/12

2) ₩1,006,455+36,511−500,000

2. 금액의 계산

① 주식발행초과금 : ₩542,966×50%=₩271,483

② 행사직후 전환사채의 장부금액 : ₩1,006,455(행사직전 장부금액)×50%(미행사비율)=₩503,228

③ 이자비용

사채 미행사분	₩991,663×50%×5%=	₩24,792
사채 행사분	₩991,663×50%×5%×6/12=	12,396
		₩37,188

* ₩991,663(20×2년 초 사채 장부금액)−73,362(20×2년 초 상환할증금의 현재가치)

[별해] 20×2년 회계처리

20×2년 7월 1일	(차) 이자비용	12,396[1]	(대) 현금	5,000[2]
			사채할인발행차금	7,396
	(차) 사채	500,000	(대) 사채할인발행차금	39,237[3]
	상환할증금	42,465	자본금	250,000
	전환권대가	18,256	주식발행초과금	271,484

1) 행사분 6개월분 이자비용 : ₩991,663×50%×5%×6/12
2) 행사분 표시이자
3) 사채할인발행차금 제거액 : (₩1,000,000+84,929)×50%(사채 만기금액)−1,006,455×50%(행사분 사채 장부금액)

20×2년 12월 31일	(차) 이자비용	24,792[1]	(대) 미지급이자	10,000
			사채할인발행차금	14,792

1) 미행사분 이자비용 : ₩991,663×50%×5%

(물음 3) 전환간주일

• 전환사채에 대해 보통주 배당금을 지급하지 않는다면 이자비용을 부담하며, 발행하는 주식의 발행금액에 포함한다. 보통주배당금을 지급한다면 이자비용을 부담하지 않는다.

1. 상황 1

① 전환권 행사시의 회계처리(100% 가정 - 순액)

유효이자율법 상각	(차) 이자비용	24,792[1]	(대) 미지급이자	10,000[2]
			사채	14,792

1) ₩991,663×5%×6/12
2) ₩20,000×6/12

전환권 행사	(차) 사채	1,006,455[1]	(대) 자본금	500,000
	전환권대가	36,511	주식발행초과금	552,966[2]
	미지급이자	10,000		

1) ₩991,663+(991,663×5%−20,000)×6/12
2) 대차잔액

② 주식발행초과금 : ₩552,966×50%=₩276,483

2. 상황 2

① 전환권 행사시의 회계처리(100% 가정 - 순액)

전환권 행사	(차) 사채	991,663[1]	(대) 자본금	500,000
	전환권대가	36,511	주식발행초과금	528,174[2]

1) 20×2년 초 사채 장부금액
2) 대차잔액

② 주식발행초과금 : ₩528,174×50%=₩264,087

문제 4

㈜우리는 20×1년 1월 1일에 아래의 조건과 함께 전환사채(액면금액 ₩100,000)를 발행하였다. 다음의 독립적인 물음에 답하시오.

- 표시이자율은 연 8%이며, 이자는 매 회계연도 말에 후급으로 지급한다.
- 상환기일은 20×3년 12월 31일로 3년 만기이며, 상환할증금은 존재하지 않는다.
- 전환권이 없는 일반사채에 적용되는 시장이자율은 연 10%이다.
- 사채액면금액 ₩1,000당 보통주(주당 액면금액 ₩500) 1주로 전환된다.
- 주식의 액면금액을 초과하는 주식의 발행금액은 주식발행초과금으로 표시하며, 주식의 발행시에는 전환권대가를 주식발행초과금으로 대체한다.
- 이자율에 대한 단일금액 및 연금 현가계수는 아래와 같다.

기간	단일금액 ₩1의 현재가치			정상연금 ₩1의 현재가치		
	10%	11%	12%	10%	11%	12%
1년	0.9091	0.9009	0.8929	0.9091	0.9009	0.8929
2년	0.8264	0.8116	0.7972	1.7355	1.7125	1.6901
3년	0.7513	0.7312	0.7118	2.4868	2.4437	2.4019

(물음 1) ㈜우리는 동 전환사채를 액면발행하였으며, 발행 시 ₩4,871의 사채발행비가 발생하였다. ① 전환사채의 발행시 증가하는 자본금액과 ② 만약, 전환사채의 만기시점까지 전환권을 행사하지 않는다면 ㈜우리가 상환기간에 걸쳐 인식할 총 이자비용을 계산하시오.

(물음 2) ㈜우리는 동 전환사채를 액면발행하였으며, 20×2년 1월 1일에 전환사채의 50%가 행사되었다. 행사로 인한 보통주의 발행 시 ₩100의 주식발행비용이 발생하였다고 할 경우, 20×2년 1월 1일 전환권 행사일의 회계처리로 인해 증가하는 주식발행초과금을 계산하시오.

(물음 3) ㈜우리는 동 전환사채를 액면발행하였으며, 20×3년 1월 1일에 전환사채(액면의 50%)를 ₩50,000에 상환하였다. 상환 시점의 사채에 대한 시장이자율은 11%이며, 상환 시 ₩2,000의 거래원가가 발생하였다. 20×3년 1월 1일 전환사채의 상환이 ① 당기순이익 및 ② 자본에 미치는 영향을 계산하시오.

(물음 4) ㈜우리는 동 사채를 ₩98,000에 할인발행하였으며, 20×2년 1월 1일에 전환사채의 50%가 행사되었다. ① 20×2년 1월 1일 전환권 행사일의 회계처리로 인해 증가하는 자본을 구하고, ② 전환권이 행사될 때 ㈜우리가 해야 할 회계처리를 하시오.

(물음 5) 20×2년 1월 1일에 ㈜우리는 전환사채의 조기전환을 유도하기 위하여 20×2년 6월 30일까지 전환사채를 전환하면 사채액면 ₩1,000당 2주의 보통주(주당액면 ₩500)로 전환할 수 있도록 조건을 변경했다. 조건변경일의 ㈜우리의 보통주 1주당 공정가치가 ₩700인 경우, ㈜우리가 전환조건의 변경으로 ㈜우리가 인식하게 될 손실을 계산하시오. (단, 전환조건을 변경하기 전까지 전환청구가 없었다고 가정한다.)

해설 및 해답 전환사채의 기타사항

• 미래현금흐름 및 유효이자율법 상각 스케쥴

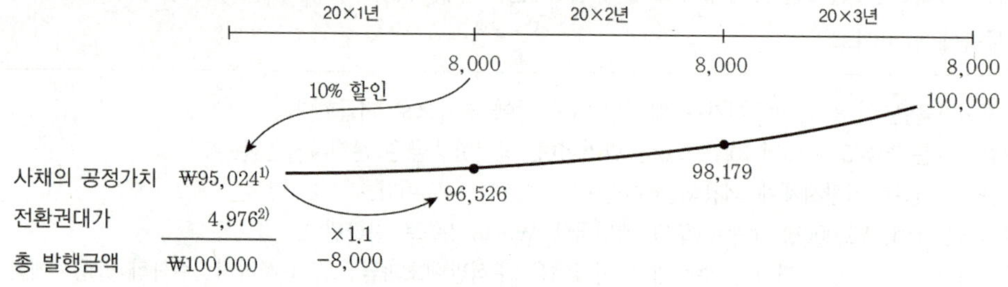

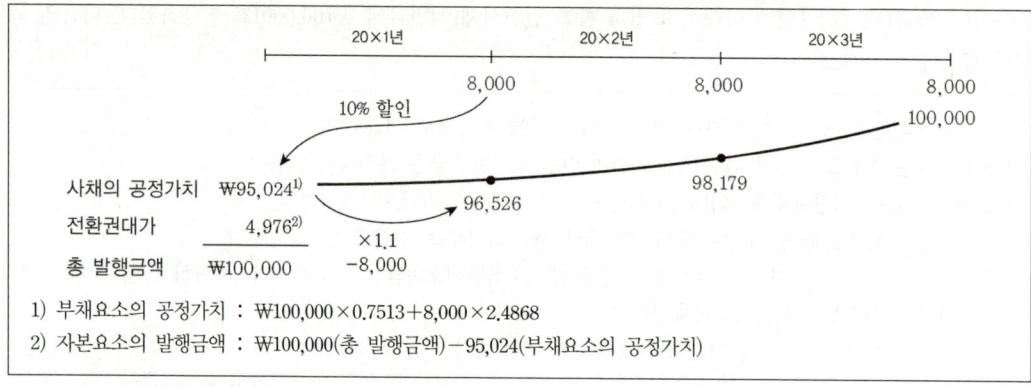

1) 부채요소의 공정가치 : ₩100,000×0.7513+8,000×2.4868
2) 자본요소의 발행금액 : ₩100,000(총 발행금액)−95,024(부채요소의 공정가치)

(물음 1) 전환사채 발행시의 거래원가 (2014년 회계사 유사)

• 복합금융상품 발행과 관련된 거래원가는 배분된 발행금액에 비례하여 부채요소와 자본요소로 배분한다(K−IFRS 1032 문단38).

1. 사채발행비의 배분

구분	발행시 공정가치	거래비용 안분	최종 발행금액
부채요소 (사채)	₩95,024	₩(4,629)[1)]	₩90,395
자본요소 (전환권대가)	4,976	(242)[2)]	4,734
전환사채 총발행금액	₩100,000	₩(4,871)	₩95,129

1) 사채 배분액 : ₩4,871×95,024÷100,000
2) 전환권 대가 배분액 : ₩4,871×4,976÷100,000

2. 금액의 계산

① 자본금액 : ₩4,734
② 이자비용 : [₩100,000+8,000×3년](미래현금지급액)−90,395(부채요소 발행금액)=₩33,605

[별해] 회계처리

20×1년 1월 1일	(차) 현 금	95,024	(대) 전 환 사 채	100,000
	사채할인발행차금	4,976		
	(차) 현 금	4,976	(대) 전 환 권 대 가	4,976
	(차) 사채할인발행차금	4,629	(대) 현 금	4,871
	전 환 권 대 가	242		

(물음 2) 주식발행시 증가하는 주식발행초과금

① 전환권 행사의 회계처리 (100% 가정－순액)

20×2년 1월 1일	(차) 사 채	96,526	(대) 납 입 자 본	101,502
	전 환 권 대 가	4,976		

② 주식발행초과금 증가액 : [₩101,502－100주×₩500(액면금액)]×50%－100(주식발행비)=₩25,651

(물음 3) 전환사채 재매입(상환)

1. 상환손익의 계산

구분	부채요소	자본요소	합계
장부금액	₩98,179×50%	₩4,976×50%	
상환금액	(48,649)[1]	(1,351)[2]	₩50,000
거래원가	(1,946)[3]	(54)	₩2,000
상환손익	(1,505)	1,083	
	당기손익	자본손익	

1) 부채요소의 공정가치 : (₩108,000×0.9009)×50%
2) 자본요소 상환금액 : ₩50,000－48,649
3) 부채요소 거래원가 : ₩2,000×48,649/50,000

2. 금액의 계산

① 당기손익에 미치는 영향 : (－)₩1,505(전환사채 상환손실)
② 자본에 미친 영향 : (－)₩1,505+1,083(전환권대가 상환이익)－2,488(전환권대가 감소액)=(－)₩2,910

[별해] 회계처리

부채요소	(차) 전환사채(순액)	49,090	(대) 현 금	48,649
	상환손실(당기손익)	1,505	현금(거래원가)	1,946
자본요소	(차) 전 환 권 대 가	2,488	(대) 현 금	1,351
			현금(거래원가)	54
			상환이익(자본)	1,083

(물음 4) 할인발행 (2014년 회계사 수정, 2016년 회계사 유사)

1. 미래현금흐름 및 유효이자율법 상각 스케쥴

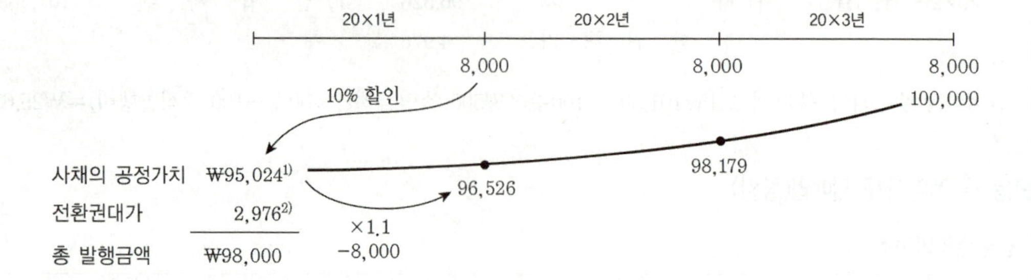

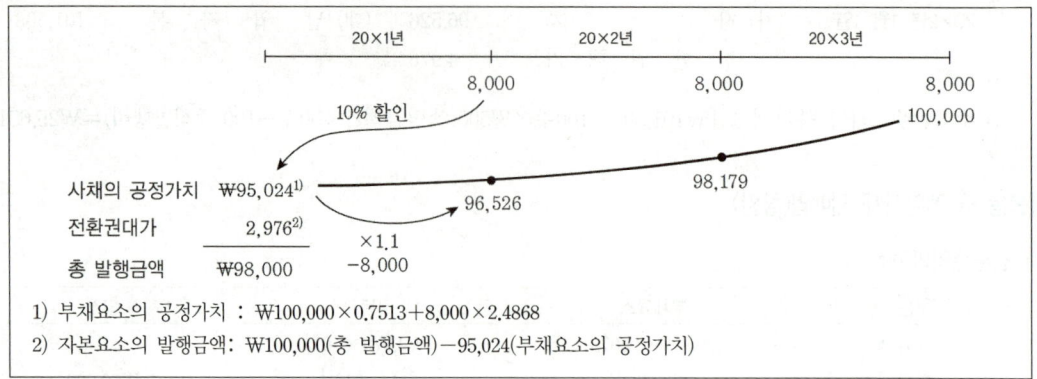

1) 부채요소의 공정가치 : ₩100,000×0.7513+8,000×2.4868

2) 자본요소의 발행금액: ₩100,000(총 발행금액)−95,024(부채요소의 공정가치)

2. 금액의 계산

① 행사시 자본증가액 : ₩96,526(부채의 장부금액)×50%=₩48,263

② 회계처리

㉠ 20×1년 말까지의 회계처리

20×1년 1월 1일	(차) 현금	95,024	(대) 전환사채	100,000
	사채할인발행차금	2,000[1)]		
	사채할인발행차금	2,976[2)]		
	(차) 현금	2,976	(대) 전환권대가	2,976

1) ₩100,000(사채 액면금액)−98,000(총발행금액)

2) ₩4,976(총 조정금액)−2,000(사채할인발행차금)

20×1년 12월 31일	(차) 이자비용	9,502	(대) 현금	8,000
			사채할인발행차금	604[1)]
			사채할인발행차금	898[2)]

1) ₩1,502(상각 총액)×2,000(최초 사채할인발행차금) / 4,976(최초 총 조정금액)

2) ₩1,502(상각 총액)×2,976(최초 전환권 조정) / 4,976(최초 총 조정금액)

㉡ 20×2년초 행사시점의 회계처리 (100% 가정−순액)

20×2년 1월 1일	(차) 사채	100,000	(대) 사채할인발행차금	3,474[1)]
	전환권대가	2,976	납입자본	99,502[2)]

1) 행사시점 총 조정금액(전환권조정+사채할인발행차금) : ₩4,976(최초 총 조정금액) − 1,502(20×1년 상각액)

2) 대차잔액

ⓒ 20×2년초 행사시점의 회계처리 (50% 행사)

20×2년 1월 1일	(차) 사채	50,000	(대) 사채할인발행차금	698[1)]
	전환권대가	1,488	사채할인발행차금	1,039[2)]
			자본금	25,000[3)]
			주식발행초과금	24,751[4)]

1) ₩3,474×2,000(최초 사채할인발행차금)/4,976(최초 총 조정금액)×50%
2) ₩3,474×2,976(최초 전환권 조정)/4,976(최초 총 조정금액)×50%
3) 100주×₩500×50%
4) [₩96,526(사채 장부금액)+2,976](주식발행금액)×50%−25,000(자본금)

(물음 5) 전환사채의 조건변경

- 발행자는 전환사채의 조기전환을 유도하기 위하여 좀 더 유리한 전환비율을 제시하거나 특정 시점 이전의 전환에는 추가 대가를 지급하는 등의 방법으로 전환사채의 조건을 변경할 수 있다. 조건이 변경되는 시점에 변경된 조건에 따라 전환으로 보유자가 수취하게 되는 대가의 공정가치와 원래의 조건에 따라 전환으로 보유자가 수취하였을 대가의 공정가치의 차이는 손실이며 당기손익으로 인식한다(K−IFRS 1032호 문단 AG35).
- 답안의 계산
  ① 조건변경 전 발행주식수 : ₩100,000(사채액면)/1,000(행사가격)=100주
  ② 조건변경 후 발행주식수 : ₩100,000(사채액면)/1,000(행사가격)×2주=200주
  ③ 조건변경손실 : (200주−100주)×₩700=₩70,000

[별해] 회계처리

조건변경시	(차) 조건변경손실	70,000	(대) 자본(전환권대가)	70,000

문제 5

20×1년 1월 1일, ㈜우리는 아래와 같은 조건의 복합금융상품을 ₩1,000,000에 전부 취득하면서 금융회사에 취득 수수료 ₩26,480을 지급하였다.

• 사채액면금액 : ₩ 1,000,000	• 사채의 만기 : 20×3년 12월 31일
• 표시이자율 : 5% (매년말 지급)	• 원금상환방법 : 상환할증금 10% 부여

발행일 현재 유사한 사채에 대한 시장이자율은 10%이다. 관련된 현재가치계수는 하기와 같다.

기간	단일금액 ₩1의 현가계수		정상연금 ₩1의 현가계수	
	9%	10%	9%	10%
3	0.7722	0.7513	2.5313	2.4868

(물음 1) '복합계약 중 주계약에 포함된 내재파생상품'은 주계약의 일부로 병합하여 회계처리하거나 분리하여 별도로 회계처리할 수도 있다. 내재파생상품을 분리하여 인식하는 요건에 대하여 한국채택국제회계기준의 규정을 약술하시오.

(물음 2) ㈜우리가 취득한 복합금융상품이 전환사채 및 전환권이라고 가정한다. ㈜우리는 주계약인 사채를 단기매매목적으로 취득하였다.

1. 전환사채 및 전환권의 취득과 관련하여 ㈜우리가 20×1년 1월 1일에 해야 할 회계처리를 하시오.
2. 20×1년 12월 31일 전환사채 및 전환권의 공정가치가 다음과 같다고 할 경우, 해당 복합금융상품이 ㈜우리의 20×1년 총포괄손익에 미치는 영향을 계정별로 구하시오.

구 분	전환사채	전환권
20×1년말 공정가치	₩ 1,020,000	₩ 55,000

(물음 3) ㈜우리가 취득한 복합금융상품이 분리형 신주인수권부사채 및 신주인수권이라고 가정한다. 취득한 복합금융상품 중 주계약인 사채부분은 기타포괄손익－공정가치 측정 금융자산으로 분류하였다. 취득수수료를 감안할 경우 사채부분에 적용되는 유효이자율은 9%이다.

1. 신주인수권부사채 및 신주인수권의 취득과 관련하여 20×1년 1월 1일에 해야 할 회계처리를 하시오.
2. 신주인수권부사채 및 신주인수권의 20×1년 12월 31일 공정가치가 다음과 같다고 할 경우, 해당 금융상품들이 ㈜우리의 20×1년 총포괄손익에 미치는 영향을 계정별로 구하시오(단, 기대신용손실은 무시한다).

구 분	신주인수권부사채	신주인수권
20×1년말 공정가치	₩ 1,020,000	₩ 55,000

해설 및 해답 복합금융상품의 발행자와 투자자

(물음 1) 내재파생상품

- 복합계약이 금융상품이 아닌 주계약을 포함하는 경우이고, 다음을 모두 충족하는 경우에만 내재파생상품을 주계약과 분리하여 파생상품으로 회계처리한다(K-IFRS 1109호 문단 4.3.3).
  (1) 내재파생상품의 경제적 특성·위험이 주계약의 경제적 특성·위험과 밀접하게 관련되어 있지 않다.
  (2) 내재파생상품과 조건이 같은 별도의 금융상품이 파생상품의 정의를 충족한다.
  (3) 복합계약의 공정가치 변동을 당기손익으로 인식하지 않는다(당기손익-공정가치 측정 금융부채에 내재된 파생상품은 분리하지 아니한다).

(물음 2) 하나의 금융자산으로 분류되는 경우

1. 회계처리

① 전환사채 및 전환권은 파생상품이 주계약과 분리되지 않는 복합계약이며, 복합계약이 금융상품인 주계약을 포함하는 경우이기 때문에 복합계약 전체를 하나의 금융자산으로 분류한다. 단기매매목적으로 취득하였으므로 당기손익-공정가치 측정 금융자산으로 분류한다.

② 회계처리

20×1년 1월 1일	(차) FVPL금융자산	1,000,000	(대) 현　　　금	1,000,000
	(차) 지 급 수 수 료	26,480	(대) 현　　　금	26,480

2. 총포괄손익에 미치는 영향

금융자산 평가이익	(₩1,020,000+55,000)(기말공정가치)-1,000,000(장부금액)=	₩75,000
이자수익	₩1,000,000×5%(표시이자)=	50,000
취득시 거래원가		(26,480)
		₩98,520

[별해] 회계처리

20×1년 12월 31일	(차) 현　　　금	50,000	(대) 이 자 수 익	50,000
	(차) FVPL금융자산	75,000	(대) 평가이익(당기손익)	75,000

(물음 3) 각각의 금융자산으로 분리되는 경우

1. 20×1년 1월 1일 회계처리

① 신주인수권부사채 및 신주인수권은 파생상품이 주계약과 분리되므로 복합계약이 아니다. 따라서 신주인수권은 내재파생상품이 아니며, 주계약과 분리하여 별도로 회계처리할 수 있다. 한편, 신주인수권은 위험회피 수단이 아닌 파생상품이므로 단기매매항목에 해당된다. 따라서 당기손익－공정가치 측정 범주에 포함된다.

② 취득금액의 계산

구분	취득시 공정가치	거래비용 안분	최종 취득금액
FVOCI 금융자산 (사채)	₩950,770[1]	₩25,176[2]	₩975,946
FVPL 금융자산 (신주인수권)	49,230	1,304[3]	49,230[4]
총 취득금액	₩1,000,000	₩26,480	₩1,025,176

1) ₩1,100,000×0.7513＋50,000×2.4868
2) 사채 배분액 : ₩26,480×950,770÷1,000,000
3) 신주인수권 배분액 : ₩26,480×49,230÷1,000,000
4) 당기손익인식금융자산에 대한 취득원가는 당기손익으로 처리하므로 취득원가에 가산하지 않는다.

③ 회계처리

20×1년 1월 1일	(차) FVOCI금융자산	975,946	(대) 현 금	950,770
			현금(거래비용)	25,176
	(차) FVPL금융자산	49,230	(대) 현 금	49,230
	지 급 수 수 료	1,304	현금(거래비용)	1,304

2. 총포괄손익에 미치는 영향

① 이자수익 : ₩ 975,946×9%＝₩87,835

② 기타포괄손익－공정가치 측정 금융자산 평가이익

20×1년말 공정가치		₩ 1,020,000
20×1년말 상각후 원가	₩975,946(취득금액)×(1＋9%)－50,000＝	(1,013,781)
평가이익		₩6,219

③ 당기손익인식금융자산 평가이익 : ₩55,000(공정가치)－49,230(장부금액－해답 4. 참조)＝₩5,770

④ 당기손익인식금융자산 거래원가 : ₩1,304 (해답 4 참조)

⑤ 총 포괄손익에 미치는영향 : ₩87,835＋6,219＋5,770－1,304＝₩98,520

[별해] 회계처리

20×1년 12월 31일	(차) 현 금	50,000	(대) 이 자 수 익	87,835
	FVOCI금융자산	37,835		
	(차) FVOCI금융자산	6,219	(대) 평가이익(기포익)	6,219
	(차) FVPL금융자산	5,770	(대) 평가이익(당기손익)	5,770

서술형

문제

문제 1

(물음 1) 한국채택국제회계기준에서 부채요소와 자본요소를 분리하여 측정하고, 필요하다면 구성요소의 금액 합계가 금융자산 전체의 금액과 같아지도록 이들 요소의 금액에 비례하여 조정하는 접근법('상대적 공정가치법')을 허용하지 않는 이유를 서술하시오.

(물음 2) 전환사채의 발행조건에는 전환가격이나 비율을 조정하는 리픽싱(Refixing)이라는 조건을 포함할 수 있다. 이 경우 전환권의 회계처리방법과 그 근거에 대해 설명하시오.

해설 및 해답

(물음 1)

지분상품은 모든 부채를 차감한 후의 자산에 대한 잔여지분으로 정의되며, 재무상태표에 인식되는 자본의 금액은 자산과 부채의 측정에 따라 결정되므로 그 공정가치를 직접 측정하지 않는다.

(물음 2)

기업이 그 기업의 주가 변동에 따라 행사가격을 조정할 수 있는 조건이 있는 전환사채를 발행하는 경우, 확정 수량의 자기지분상품을 확정 금액의 현금 등 금융자산과 교환하여 결제하는 방법외의 방법으로 결제하거나 결제할 수 있는 파생상품에 해당한다. 따라서 금융부채 정의에 따라 그 전환권을 파생상품부채로 분류하여야 한다.

CHAPTER 15

주식기준 보상

출제유형

▶ **계산문제**

▶ **서술형문제**

계산문제

문제 1

다음의 자료를 이용하여 각 독립적인 물음에 답하시오.

㈜대한은 20×1년 1월 1일에 종업원 100명에게 2년간 근무하는 조건으로 종업원 1인당 10단위의 주식선택권을 부여하였다. 부여일의 주식선택권 공정가치는 단위당 ₩200이고, 단위당 행사가격은 ₩100이다. 각 연도말의 임직원 추정 퇴사비율 및 실제 퇴사비율은 다음과 같다.

20×1년초	20×1년말	20×2년말
10%(추정)	16%(추정)	14%(실제)

주식선택권을 부여받은 종업원 중 50명은 20×3년 12월 31일 주식선택권을 전부 행사하였고, 나머지는 20×4년 12월 31일 주식선택권을 전부 행사하였다. ㈜대한의 시점별 주식선택권 및 주식의 단위당 공정가치는 다음과 같다. (단, 매년말 공정가치는 그 다음 년도 초 공정가치와 동일하다.)

구분	20×1년초	20×1년말	20×2년말	20×3년말
주식선택권	₩200	₩300	₩250	₩350
주가	250	350	320	400

(물음 1) ㈜대한이 주식선택권에 대하여 20×1년, 20×2년에 인식할 주식보상비용과 20×3년 행사시에 증가하는 자본을 각각 계산하시오.

(물음 2) ㈜대한이 부여한 주식선택권의 공정가치가 신뢰성있게 측정되지 않는다고 가정한다. 이 경우 ㈜대한이 주식선택권에 대하여 20×1년, 20×2년, 20×3년에 인식할 보상비용(순액)을 각각 계산하시오.

(물음 3) ㈜대한이 주식선택권을 종업원에게 부여한 것이 아니라, ㈜민국에게 원재료 100개를 공급받는 대가로 주식선택권 1,000개를 부여한 것이라 가정한다. 동 계약에 따라 ㈜민국은 20×1년 11월 1일에 공정가치 ₩80,000의 원재료 60개를 공급하였으며, 20×2년 3월 1일에 공정가치 ₩60,000의 원재료 40개를 공급하여 주식선택권 1,000개를 수취하였다. 이 경우, ㈜대한이 해당 주식선택권에 대해 20×1년, 20×2년에 가득할 주식선택권을 각각 계산하시오.

(물음 4) ㈜대한이 주식선택권을 종업원에게 부여한 것이 아니라, ㈜민국으로부터 연구용역을 받는 것에 대한 대가로 주식선택권 1,000개를 부여한 것이라 가정한다. 해당 연구용역은 2년에 걸쳐 진행되며 실제 20×2년말 연구용역의 제공이 완료되어 주식선택권 1,000개를 수취하였다. 연도별로 측정한 연구용역의 공정가치는 신뢰성있게 측정될 수 없다. 이 경우, ㈜대한이 해당 주식선택권에 대해 20×1년, 20×2년에 인식할 보상비용(순액)을 각각 계산하시오. (단, 공정가치의 연평균금액은 (기초 공정가치+기말 공정가치)/2로 계산한다.)

(물음 5) 상기 자료에서 ㈜대한이 부여한 주식기준보상이 주식결제형이 아니라 주가와 행사가격의 차이를 현금으로 지급하는 현금결제형 주가차액보상권이라면, ㈜대한이 해당 주가차액보상권에 대해 20×1년, 20×2년, 20×3년에 인식할 보상비용(순액)을 각각 계산하시오(단, 시점별 주가차액보상권의 공정가치는 주식선택권의 공정가치와 동일하다고 가정한다).

해설 및 해답 주식기준보상의 인식과 측정

(물음 1) 주식선택권의 가득과 행사

1. 주식보상비용의 인식

① 주식보상비용의 인식

	20×1년	20×1년 말	20×2년	20×2년 말
단가		₩200		₩200
수량		100명×10개 × (1−16%)		100명×10개 × (1−14%)
총보상비용		₩168,000		₩172,000
가득조건충족		1/2		2/2
누적보상비용		₩84,000		₩172,000
당기보상비용	₩84,000		₩88,000	

2. 시점별 회계처리

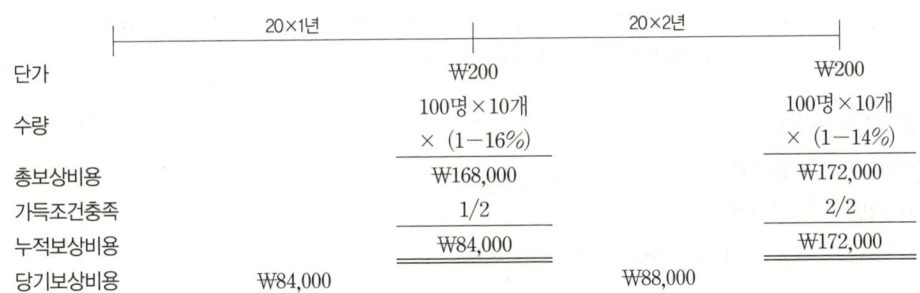

20×1년 12월 31일	(차) 주식보상비용	84,000	(대) 주식선택권	84,000
20×2년 12월 31일	(차) 주식보상비용	88,000	(대) 주식선택권	88,000
20×3년 12월 31일	(차) 현금	100×500개	(대) 납입자본	300×500개
	주식선택권	200×500개		

3. 연도별 주식보상비용

① 20×1년 주식보상비용 : ₩84,000

② 20×2년 주식보상비용 : ₩88,000

③ 20×3년 자본총계 : @300×500개−@200×500개=₩50,000 증가

(물음 2) 내재가치로 측정하는 주식선택권의 가득과 행사 (2020년 회계사 유사)

1. 주식보상비용의 인식

	20×1년	20×1년말	20×2년	20×2년말
단가(내재가치)		₩350 −100		₩320−100
수량		100명×10개 × (1−16%)		100명×10개 × (1−14%)
총보상비용		₩210,000		₩189,200
가득조건충족		1/2		2/2
누적보상비용		₩105,000		₩189,200
당기보상비용	₩105,000		₩84,200	

2. 시점별 회계처리

20×1년 12월 31일	(차) 주식보상비용	105,000	(대) 주식선택권	105,000
20×2년 12월 31일	(차) 주식보상비용	84,200	(대) 주식선택권	84,200
20×3년 12월 31일				
행사전 평가	(차) 주식보상비용	80[1]×500개	(대) 주식선택권	40,000
행사	(차) 현금	100×500개	(대) 납입자본	400×500개
	주식선택권	300×500개		
미행사분 평가	(차) 주식보상비용	80×360개	(대) 주식선택권	80×360개[2]

1) (₩400−100)(20×3년말 내재가치)−₩220(주식선택권의 개당 장부금액)

2) 860개(가득수량)−500개(행사수량)

3. 연도별 주식보상비용

① 20×1년 : ₩105,000

② 20×2년 : ₩84,200

③ 20×3년 : @80×500개+@80×360개=₩68,800

(물음 3) 기타 거래상대방에 대한 주식선택권의 가득

• 종업원이 아닌 거래상대방과의 거래에서 반증이 없는 한 제공받는 재화나 용역의 공정가치는 신뢰성 있게 추정할 수 있다고 본다. 이때 공정가치는 재화나 용역을 제공받는 날을 기준으로 측정한다.

① 20×1년 주식보상비용(제공받는 원재료의 제공받는 날의 공정가치) : ₩80,000

② 20×2년 주식보상비용(제공받는 원재료의 제공받는 날의 공정가치) : ₩60,000

(물음 4) 기타 거래상대방에 대한 주식선택권의 가득 - 제공받는 용역의 공정가치를 측정할 수 없는 경우

• 종업원이 아닌 거래상대방과의 거래에서 제공받는 재화나 용역의 공정가치를 신뢰성 있게 추정할 수 없다면, 제공받는 재화나 용역과 그에 상응하는 자본의 증가는 부여된 지분상품의 공정가치에 기초하여 간접 측정한다. 다만 이때에도 재화나 용역을 제공받는 날을 기준으로 측정한다. 연구용역은 연 평균적으로 제공받을 것이므로 주식선택권의 연평균 공정가치로 측정하는 것으로 가정하였다.

1. 20×1년 주식보상비용의 인식 - 부여한 지분상품의 공정가치(용역을 제공받는 날을 기준으로 측정)

① 20×1년 주식선택권의 평균공정가치 : (₩200(20×1년 초 주식선택권의 공정가치)+300(20×1년 말 주식선택권의 공정가치)/2=₩250

② 20×1년 주식보상비용 : ₩250×1,000개×1/2=₩125,000

2. 20×2년 주식보상비용의 인식 - 부여한 지분상품의 공정가치(용역을 제공받는 날을 기준으로 측정)

① 20×2년 주식선택권의 평균공정가치 : (₩300(20×1년 말 주식선택권의 공정가치)+250(20×2년 말 주식선택권의 공정가치)/2=₩275

② 20×2년 주식보상비용 : ₩275×1,000개×1/2=₩137,500

(물음 5) 주가차액보상권의 가득과 행사

1. 주식보상비용의 인식

	20×1년	20×1년 말	20×2년	20×2년 말
단가		₩300		₩250
수량		100명×10개 × (1−16%)		100명×10개 × (1−14%)
총보상비용		₩252,000		₩215,000
가득조건충족		1/2		2/2
누적보상비용		₩126,000		₩215,000
당기보상비용	₩126,000		₩89,000	

2. 20×3년 주식기준보상의 행사 및 평가

20×1년 12월 31일	(차) 주식보상비용	126,000	(대) 장기미지급비용	126,000
20×2년 12월 31일	(차) 주식보상비용	89,000	(대) 장기미지급비용	89,000
20×3년 12월 31일				
행사전 평가	(차) 주식보상비용	100[1]×500개	(대) 장기미지급비용	50,000
행사	(차) 장기미지급비용	350×500개	(대) 현금	300[2]×500개
			주식보상비용환입	25,000
미행사분 평가	(차) 주식보상비용	100×360개	(대) 장기미지급비용	100×360개[3]

1) ₩350(20×3년말 개당 공정가치)−₩250(개당 장부금액)

2) ₩400(주가)−100(행사가격)

3) 860개(가득수량)−500개(행사수량)

3. 연도별 주식보상비용

① 20×1년 : ₩126,000

② 20×2년 : ₩89,000

③ 20×3년 : ₩50,000－25,000＋36,000＝₩61,000

[별해] 종류별 주식기준보상의 인식기준과 측정

① 주식선택권의 인식과 측정(K－IFRS 1102호 문단 11, 15)

- 종업원 및 유사용역제공자와의 주식결제형 주식기준보상거래에서, 제공받는 용역의 공정가치는 일반적으로 신뢰성 있게 추정할 수 없기 때문에, 부여한 지분상품의 공정가치에 기초하여 측정한다. 부여한 지분상품의 공정가치는 부여일 기준으로 측정한다.
- 만약 거래상대방이 특정 기간에 용역을 제공하여야 부여한 지분상품이 가득된다면, 기업은 그 지분상품의 대가로 거래상대방에게서 받을 용역을 미래 가득기간에 받는다고 본다. 기업은 거래상대방이 가득기간동안 용역을 제공함에 따라 회계처리하며, 그에 상응하여 자본의 증가를 인식한다.

② 내재가치로 측정하는 주식선택권의 인식과 측정(K－IFRS 1102호 문단 11)

- 부여한 지분상품의 공정가치를 측정기준일 현재 신뢰성 있게 추정할 수 없을 때가 있다. 이러한 드문 경우에만 거래상대방에게서 재화나 용역을 제공받는 날을 기준으로 지분상품을 내재가치로 최초 측정한다. 이후 매 보고기간 말과 최종 결제일에 내재가치를 재측정하고 내재가치 변동액은 당기손익으로 인식한다.

③ 종업원이 아닌 거래상대방에게 부여하는 주식선택권의 인식과 측정(K－IFRS 1102호 문단 13)

- 종업원이 아닌 거래상대방과의 거래에서 반증이 없는 한 제공받는 재화나 용역의 공정가치는 신뢰성 있게 추정할 수 있다고 본다. 이때 공정가치는 재화나 용역을 제공받는 날을 기준으로 측정한다. 그러나 드물지만, 제공받는 재화나 용역의 공정가치를 신뢰성 있게 추정할 수 없다면, 제공받는 재화나 용역과 그에 상응하는 자본의 증가는 부여된 지분상품의 공정가치에 기초하여 간접 측정한다. 다만 이때에도 재화나 용역을 제공받는 날을 기준으로 측정한다.

④ 현금결제형 주가차액보상거래의 인식과 측정(K－IFRS 1102호 문단 30, 32)

- 현금결제형 주식기준보상거래의 경우에 제공받는 재화나 용역과 그 대가로 부담하는 부채를 부채의 공정가치로 측정한다. 또 부채가 결제될 때까지 매 보고기간 말과 결제일에 부채의 공정가치를 재측정하고, 공정가치의 변동액은 당기손익으로 인식한다.
- 종업원에게서 제공받는 근무용역과 그 대가로 부담하는 부채는 근무용역을 제공받는 기간에 인식한다. 만약 종업원이 특정 용역제공기간을 근무해야만 주가차액보상권이 가득된다면, 제공받는 근무용역과 그 대가로 부담하는 부채는 그 용역제공기간에 종업원이 근무용역을 제공할 때 인식한다.

문제 2

다음의 자료를 통해 각 독립적인 물음에 답하시오.

㈜대한은 20×1년 초에 고위임원 100명에게 20×3년 말까지 근무할 것을 조건으로 주식선택권 10개를 부여하였다. 주식선택권의 행사가격은 40원이다. 그러나, 3년의 기간 동안 특정성과조건을 달성하면 행사가격은 30원으로 인하된다.

성과조건의 달성여부 예측치와 주식선택권의 행사가격 당 일자별 공정가치는 다음과 같다. 20×3년 말에 최종적으로 성과는 달성되었으며, 임원들은 행사가격이 30원인 주식선택권을 부여받았다.

구분	부여일	20×1말	20×2말	20×3말
예상 달성여부	달성 가능	달성 불가	달성 불가	달성
주식선택권 공정가치 (행사가격=₩40)	₩12	₩14	₩15	₩17
주식선택권 공정가치 (행사가격=₩30)	18	19	22	25

㈜대한이 추정한 부여일 및 각 보고기간 말 현재 누적퇴사인원과 가득기간 종료일까지의 퇴사추정인원은 다음과 같다. 단, 20×3년의 경우에는 실제퇴사인원이다.

구 분	부여일	20×1년말	20×2년말	20×3년말
누적 퇴사인원	–	12	15	16
추가 퇴사 추정인원	10	7	10	–

(물음 1) 주식선택권에 부여된 성과조건이 비시장성과조건이라고 할 경우, ㈜대한의 20×2년 및 20×3년 당기순이익에 미친 영향을 구하시오.

(물음 2) 주식선택권에 부여된 성과조건이 시장성과조건이라고 할 경우, 해당 주식선택권이 ㈜대한의 20×2년 및 20×3년 당기순이익에 미친 영향을 구하시오

(물음 3) 문제에서 제시된 주식기준보상이 주식선택권이 아니라 주가차액보상권인 경우를 가정한다. 주가차액보상권에 부여된 성과조건이 시장성과조건이라고 할 경우, ㈜대한의 20×2년 및 20×3년 당기순이익에 미친 영향을 구하시오.

해설 및 해답 성과조건 (행사가격)

(물음 1) 비시장성과조건인 주식선택권이 20×2년 및 20×3년 당기순이익에 미친 영향

① 비시장성과조건의 경우에는 비시장성과조건 달성 여부에 대한 추정치 변동을 매 기간 말 주식기준보상의 측정에 반영한다(부여일의 공정가치 중 선택).

② 주식보상비용의 계산

	20×1년	20×1년 말	20×2년	20×2년 말	20×3년	20×3년 말
단가		₩12		₩12		₩18
수량		(100－19) × 10개		(100－25) × 10개		(100－16) × 10개
총보상비용		₩9,720		₩9,000		₩15,120
가득조건충족		1/3		2/3		3/3
누적보상비용		₩3,240		₩6,000		₩15,120
당기보상비용	₩3,240		**₩2,760**		**₩9,120**	

(물음 2) 시장성과조건인 주식선택권이 20×2년 및 20×3년 당기순이익에 미친 영향

① 시장성과조건의 경우에는 시장성과조건 달성 여부에 대한 최초 추정치(성과달성가능)에 변동이 있다고 하더라도 매 기간 말 주식기준보상의 측정에 반영하지 않는다.

② 주식보상비용의 계산

	20×1년	20×1년 말	20×2년	20×2년 말	20×3년	20×3년 말
단가		₩18		₩18		₩18
수량		(100－19) × 10개		(100－25) × 10개		(100－16) × 10개
총보상비용		₩14,580		₩13,500		₩15,120
가득조건충족		1/3		2/3		3/3
누적보상비용		₩4,860		₩9,000		₩15,120
당기보상비용	₩4,860		**₩4,140**		**₩6,120**	

(물음 3) 현금결제형 주가차액보상권이 20×2년 및 20×3년 당기순이익에 미친 영향

① 현금결제형의 경우 지급하게 될 현금(부채)의 공정가치를 측정하므로, 시장조건인지 비시장조건인지 여부에 관계없이 매 기간 말 주식기준 보상의 공정가치를 재측정한다.

② 주식보상비용의 계산

	20×1년		20×2년		20×3년	
단가		₩14		₩15		₩25
수량		(100−19) × 10개		(100−25) × 10개		(100−16) × 10개
총보상비용		₩11,340		₩11,250		₩21,000
가득조건충족		1/3		2/3		3/3
누적보상비용		₩3,780		₩7,500		₩21,000
당기보상비용	₩3,780		**₩3,720**		**₩13,500**	

문제 3

다음의 각 독립적인 물음에 답하시오.

(물음 1) 다음의 〈자료 1〉을 이용하여 물음에 답하시오.

〈 자료 1 〉

1. ㈜대한은 1차년도 초에 종업원 500명에게 가득기간 중 계속 근무할 것을 조건으로 각각 주식 100주를 부여하였다.
2. 부여한 주식은 ㈜대한의 이익이 18% 이상 성장하면 1차년도 말에, 2년간 이익이 연평균 13% 이상 성장하면 2차년도 말에, 3년간 이익이 연평균 10% 이상 성장하면 3차년도 말에 가득된다.
3. 1차년도 초 현재 부여한 주식의 단위당 공정가치는 ₩30이며 이는 부여일의 주가와 같다. 가득기간 동안 연평균 10명씩 퇴사할 것으로 예상하였으며, 실제로 가득기간 종료일까지 총 30명이 퇴사하였다.
4. 연도별 이익성장률에 대한 자료는 다음과 같다

구분	부여일	20×1년말	20×2년말	20×3년말
전체 연평균 이익성장률	15% (예상)	14% (예상)	10% (예상)	10.67%(실제)

이 경우 ㈜대한이 20×2년 및 20×3년 포괄손익계산서에 인식할 주식보상비용을 각각 계산하시오.

(물음 2) 다음의 〈자료 2〉을 이용하여 물음에 답하시오.

〈 자료 2 〉

1. ㈜대한은 1차년도 초에 판매부서 종업원 100명에게 각각 주식선택권을 부여하였다. 주식선택권은 종업원이 계속 근무하면서 특정 제품의 판매고가 매년 최소 5%만큼 증가하면 3차년도 말에 가득된다. 부여일에 ㈜대한은 주식선택권의 단위당 공정가치를 ₩20으로 추정하였다.
2. 제품판매고에 따라 종업원이 받는 주식선택권의 수량은 다음과 같다.

제품판매고 증가율	5%~10%	10%~15%	15% 이상
부여되는 주식선택권 수량	100개	200개	300개

3. 각 연도별 제품판매고 증가율 및 퇴사인원에 대한 자료는 다음과 같다.

구분	부여일	20×1년말	20×2년말	20×3년말
전체 연평균 판매증가율	12% (예상)	12% (예상)	17% (예상)	17% (실제)
누적퇴사인원	–	7명	12명	14명
추가퇴사예정인원	20명	13명	3명	–

이 경우 ㈜대한이 20×2년 및 20×3년 포괄손익계산서에 인식할 주식보상비용을 각각 계산하시오.

(물음 3) 다음의 〈자료 3〉을 이용하여 물음에 답하시오.

〈 자료 3 〉

1. ㈜대한은 20×1년 초에 판매부서 종업원들에게 3년간 근무할 것과 3년 동안 판매부서의 특정 제품 판매수량이 50,000개 이상이 될 것을 조건으로 각각 주식선택권 1,000개를 부여하였다. 부여일에 주식선택권의 단위당 공정가치는 ₩15이다.
2. ㈜대한은 20×2년에 판매목표를 100,000개로 증가시켰다. 20×3년 말까지 ㈜대한은 55,000개를 팔았고, 주식선택권은 상실되었다.
3. 3년 동안 근무한 판매부서의 종업원은 총 12명이며 퇴사한 인원은 없다.

이 경우 ㈜대한이 20×3년 포괄손익계산서에 인식할 주식보상비용을 계산하시오.

(물음 4) 다음의 〈자료 4〉을 이용하여 물음에 답하시오.

〈 자료 4 〉

1. ㈜대한은 영업부서 종업원에게 3년 동안 월급 ₩400의 25%를 저축하는 데 동의할 경우 주식선택권을 받는 제도에 참여할 기회를 부여하였다. 매월 불입액은 종업원의 월급에서 차감하여 지급된다. 종업원은 3년이 지난 시점에 주식선택권을 행사할 때 누적저축액을 사용하거나, 3년 중 어느 때라도 기여금을 환급받을 수 있다.
2. 주식기준보상약정으로 인해 부여된 주식선택권의 총 가치는 ₩3,600이며, 매년 인식해야할 주식보상비용은 ₩1,200(=₩3,600/3년)이다.
3. 20×2년 12월 31일, 종업원은 제도에 기여금을 납부하는 것을 중단하고 그 동안 납부한 기여금 ₩2,400을 환급 받았다.

영업부서 종업원들에게 부여한 주식선택권 및 급여와 관련하여 ㈜대한이 20×1년, 20×2년 포괄손익계산서상 비용으로 인식할 금액을 각각 계산하시오.

해설 및 해답 비시장성과조건 및 비가득조건

(물음 1) 기대가득기간에 비시장성과조건이 부과된 경우 (주식기준보상기준서 사례 2)

- 가득조건 : 비시장성과조건을 충족할 때까지 계속 근무
- 가득기간은 성과조건이 충족되는 시점에 따라 바뀐다. 기업은 기대가득기간을 추정할 때 가장 실현 가능성이 높은 성과에 기초하여야 하며, 만약 후속적인 정보에 비추어 볼 때 기대가득기간이 종전 추정치와 다르다면 추정치를 수정하여야 한다.
- 주식보상비용

	20×1년		20×2년		20×3년	
단가		₩30		₩30		₩30
수량		480명[1] × 100주		470명[2] × 100주		470명 × 100주
총보상비용		₩1,440,000		₩1,410,000		₩1,410,000
가득조건충족		1/**2**		2/**3**		3/**3**
누적보상비용		₩720,000		₩940,000		₩1,410,000
당기보상비용	₩720,000		**₩220,000**		**₩470,000**	

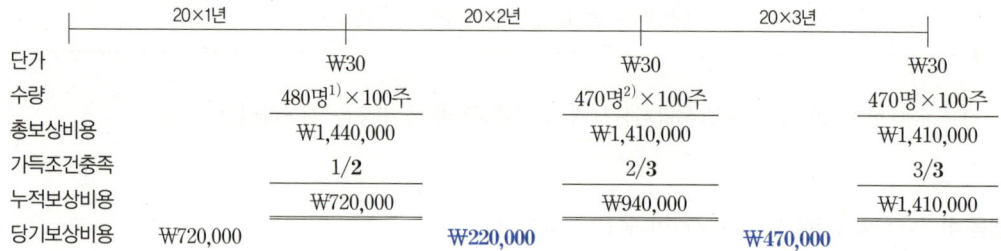

1) 500명 − 10명 × **2**년(기대가득기간 동안 퇴사예상인원)
2) 500명 − 10명 × **3**년(기대가득기간 동안 퇴사예상인원)

(물음 2) 가득되는 지분상품의 수량에 비시장성과조건이 부과된 경우 (주식기준보상기준서 사례 3)

- 가득조건 : 비시장성과조건, 가득수량 : 비시장성과조건
- 주식보상비용

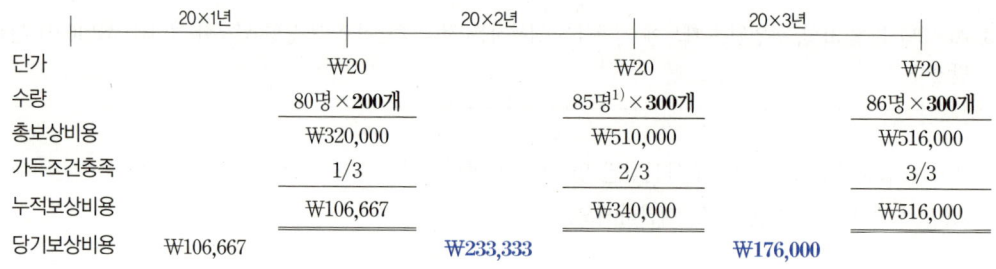

	20×1년		20×2년		20×3년	
단가		₩20		₩20		₩20
수량		80명 × **200개**		85명[1] × **300개**		86명 × **300개**
총보상비용		₩320,000		₩510,000		₩516,000
가득조건충족		1/3		2/3		3/3
누적보상비용		₩106,667		₩340,000		₩516,000
당기보상비용	₩106,667		**₩233,333**		**₩176,000**	

1) 100명 − 12명 − 3명

[별해] 시장성과조건인 경우

① 20×2년말 누적보상비용 : ₩20 × 85명 × **200개** × 2/3 = ₩226,667(부여일의 추정치를 변경하지 않음)
② 20×2년 주식보상비용 : ₩226,667 − 106,667 = ₩120,000

(물음 3) 부여한 주식선택권의 가득조건(비시장성과조건)이 후속적으로 변경되는 경우 (주식기준보상기준서 사례 8)

- 가득조건 : 3년 용역 제공조건+비시장성과조건
- 성과조건의 변경으로 인해 주식선택권이 가득될 가능성이 당초보다 낮아지고, 이는 종업원에게 불리하기 때문에, ㈜대한이 제공받는 근무용역을 인식할 때 변경된 성과조건을 고려하지 않는다. 한편, 비시장조건이 종업원에게 유리하게 변경된 경우에는 이를 반영하여야 한다.
- 20×3년 주식보상비용 : ₩15×12명×1,000개×1/3=₩60,000

[별해] 회계처리

20×1년	(차)주식보상비용	60,000	(대)주식선택권	60,000
20×2년	(차)주식보상비용	60,000	(대)주식선택권	60,000
20×3년	(차)주식보상비용	**60,000**	(대)주식선택권	60,000
가득 후 소멸	(차)주식선택권	180,000	(대)소멸이익(자본)	180,000

(물음 4) 가득조건과 비가득조건이 있는 주식기준보상으로서 거래상대방이 비가득조건의 충족 여부를 선택할 수 있는 경우 (주식기준보상 기준서 사례 9A)

구분	금액
20×1년 비용	① ₩6,000
20×2년 비용	② ₩7,200

- 이 제도에는 월급지급액, 저축제도에 납입된 월급공제액, 주식기준보상 등 세 가지 요소가 있다. 기업은 각 요소에 대해 비용을 인식하고 그에 상응하는 부채나 자본의 증가를 적절하게 인식한다. 이 제도에 기여금을 납부하는 요구사항은 비가득조건인데, 종업원은 20×2년에는 이를 충족시키지 않기로 선택하였다. 따라서 기여금의 환불은 부채의 상환으로 처리하고 20×2년에 기여금 납부가 중단된 것은 취소로 회계처리한다. 취소로 소멸하는 주식선택권은 취소 때문에 부여한 지분상품이 일찍 가득되었다고 보아 회계처리하므로, 취소하지 않는다면 잔여가득기간에 제공받을 용역에 대해 인식할 금액을 즉시 인식한다.
- 답안의 계산
  ① 20×1년 비용 : ₩400×12개월(급여)+1,200(20×1년분 주식보상비용)=₩6,000
  ② 20×2년 비용 : ₩400×12개월(급여)+1,200(20×2년분 주식보상비용)+1,200(취소로 인해 추가 인식하는 잔여보상원가)=₩7,200

• 회계처리

20×1년 말	(차) 급여	4,800[1]	(대) 현금	3,600[2]
			장기예수금	1,200
	(차) 주식보상비용	1,200	(대) 주식선택권	1,200
	1) ₩400×12개월		2) ₩400×12개월×75%	
20×2년 말	(차) **급여**	**4,800**[1]	(대) 현금	3,600[2]
			장기예수금	1,200
	(차) **주식보상비용**	**1,200**	(대) 주식선택권	1,200
	1) ₩400×12개월		2) ₩400×12개월×75%	
주식선택권 소멸	(차) 장기예수금	2,400	(대) 현금	2,400
	(차) **주식보상비용**	**1,200**[1]	(대) 주식선택권	1,200
	(차) 주식선택권	3,600	(대) 소멸이익(자본)	3,600

1)잔여 주식보상비용의 가득 : ₩3,600(총보상원가)−2,400(20×2년 누적보상원가)

문제 4

다음의 각 독립적인 물음에 답하시오.

(물음 1) 다음의 〈자료 1〉을 이용하여 물음에 답하시오.

〈 자료 1 〉

1. ㈜대한은 20×1년 초에 고위 임원 10명에게 각각 존속 기간이 10년인 주식선택권 10,000개를 부여하였다. 이 주식선택권은 해당 임원이 주가목표가 달성될 때까지 계속하여 근무한다면 ㈜대한의 주가가 ₩50에서 ₩70으로 상승할 때 가득되며 즉시 행사가능하게 될 것이다.
2. ㈜대한은 부여일에 주식선택권의 공정가치를 단위당 ₩25으로 추정하였으며, 기대가득기간을 5년으로 추정하였다.
3. ㈜대한은 2명의 임원이 20×5년 말까지 퇴사할 것으로 추정하였으며, 총 2명이 퇴사할 것이라는 추정에는 가득기간 내내 변함이 없었다. 그러나, 20×3년부터 20×5년까지 매년 각 1명씩 총 3명이 퇴사하였다.
4. 주가목표는 실제로 20×6년에 달성되었으며, 20×6년말에 주가목표가 달성되기 전에 1명의 임원이 추가로 퇴사하였다.

이 경우 ㈜대한이 20×4년, 20×5년, 20×6년 포괄손익계산서에 인식할 주식보상비용을 각각 계산하시오.

(물음 2) 다음의 〈자료 2〉을 이용하여 각 요구사항에 답하시오. 각 요구사항은 독립적이다.

〈자료 2〉

1. ㈜대한은 20×1년 초에 고위 임원에게 3년간 근무할 것을 조건으로 주식선택권 10,000개를 부여하였다.
2. 20×1년 초에 ₩50인 ㈜대한의 주가가 20×3년 말에 ₩65 이상으로 상승하지 않는다면 이 주식선택권은 행사될 수 없다. 20×3년 말에 ㈜대한의 주가가 ₩65 이상이 되면 이 임원은 주식선택권을 다음 7년 동안 언제든지 행사할 수 있다.
3. ㈜대한은 주식선택권의 공정가치를 측정할 때 이항모형을 적용하며, 모형 내에서 20×3년 말에 ㈜대한의 주가가 ₩65 이상이 될 가능성(즉, 주식선택권이 행사가능하게 될 가능성)과 그렇지 못할 가능성(즉, 주식선택권이 상실될 가능성)을 고려한다. ㈜대한은 이러한 시장조건이 부과된 주식선택권의 공정가치를 단위당 ₩24으로 예상한다.

〈요구사항 1〉 ㈜대한이 20×2년 포괄손익계산서에 인식할 주식보상비용을 계산하시오.

〈요구사항 2〉 고위임원이 20×3년 중 퇴사하였다고 할 경우 20×3년의 주식보상비용(환입)을 계산하시오.

(물음 3) 주식결제형 주식기준보상거래와 관련된 다음의 〈자료 3〉을 이용하여 〈요구사항〉에 답하시오. 단, 각 〈요구사항〉은 독립적이다.

〈 자료 3 〉

1. ㈜대한은 20×1년 1월 1일에 임원 50명에게 각각 주식선택권 10개를 부여하고, 20×3년 12월 31일까지 근무하면 가득하는 조건을 부과하였다.
2. 각 임원이 부여받은 주식선택권은 20×3년 말 ㈜대한의 주가가 ₩1,000 이상으로 상승하면 20×6년 말까지 언제든지 행사할 수 있으나, 20×3년 말 ㈜대한의 주가가 ₩1,000 미만이 될 경우 부여받은 주식선택권을 행사할 수 없다.
3. ㈜대한은 주식선택권의 공정가치를 측정할 때 이항모형을 적용하였으며, 모형 내에서 20×3년 말에 ㈜대한의 주가가 ₩1,000 이상이 될 가능성과 ₩1,000 미만이 될 가능성을 모두 고려하여 부여일 현재 주식선택권의 공정가치를 단위당 ₩300으로 추정하였다.
4. 임원의 연도별 실제 퇴사인원과 연도 말 퇴사 추정인원은 다음과 같다.
   - 20×1년도: 실제 퇴사인원 3명, 20×3년 말까지 추가 퇴사 추정인원 2명
   - 20×2년도: 실제 퇴사인원 2명, 20×3년 말까지 추가 퇴사 추정인원 25명
   - 20×3년도: 실제 퇴사인원 5명
5. 20×1년 초, 20×1년 말 및 20×2년 말 ㈜대한의 주가는 다음과 같다.

20×1년 1월 1일	20×1년 12월 31일	20×2년 12월 31일
₩700	₩1,050	₩950

〈 요구사항 1 〉 ㈜대한의 20×3년 말 현재 주가가 ₩1,100일 때, 20×1년부터 20×3년까지 인식해야 할 연도별 당기보상비용(또는 보상비용환입) 금액을 각각 계산하시오. 단, 보상비용환입의 경우에는 괄호 안에 금액(예시: (1,000))을 표시하시오.

20×1년 당기보상비용(환입)	20×2년 당기보상비용(환입)	20×3년 당기보상비용(환입)
①	②	③

〈 요구사항 2 〉 ㈜대한은 〈자료 1〉의 2번 사항인 주식선택권 행사 가능여부 판단기준을 주가 ₩1,000에서 ₩950으로 20×1년 말에 변경하였다. 이러한 조건변경으로 인하여 주식선택권의 단위당 공정가치는 ₩10 증가하였다. ㈜대한의 20×3년 말 현재 주가가 ₩900일 때, 20×1년부터 20×3년까지 인식해야 할 연도별 당기보상비용(또는 보상비용환입) 금액을 각각 계산하시오. 단, 보상비용환입의 경우에는 괄호 안에 금액(예시: (1,000))을 표시하시오.

20×1년 당기보상비용(환입)	20×2년 당기보상비용(환입)	20×3년 당기보상비용(환입)
①	②	③

해설 및 해답 시장성과조건

(물음 1) 가득기간에 시장조건이 부과된 경우(주식기준보상 기준서 사례 8)

- 가득조건 : 시장성과조건을 충족할 때까지 계속 근무
- 시장성과조건을 충족할 때까지 계속 근무하는 것을 조건으로 부여한 주식선택권은 **부여일**에 추정한 기대가득기간에 걸쳐 제공받는 근무용역을 인식하여야 하고, 이러한 추정을 수정할 수 없다. 따라서 20×5년까지 근무용역을 인식한다. 다만 성과조건을 충족할 때까지 계속 근무하는 것을 가득조건으로 하므로 가득수량은 70,000개(=7명×10,000개)가 될 것이다.
- 주식보상비용

	20×3년	20×4년	20×5년
단가	₩25	₩25	₩25
수량	8명×10,000주	8명×10,000주	7명*×10,000주
총보상비용	₩2,000,000	₩2,000,000	₩1,750,000
가득조건충족	3/5	4/5	5/5
누적보상비용	₩1,200,000	₩1,600,000	₩1,750,000
당기보상비용	₩400,000	**₩400,000**	**₩150,000**

* 성과조건을 충족할때까지 근무해야 한다는 가득조건을 충족하지 못하였으므로 가득수량에서 가득전 퇴사한 인원은 제외한다. 기대가득기간을 후속적으로 수정하지 아니하는 것과는 다르다.

- 20×6년 주식보상비용 : **없음**
  (20×6년에 추가로 임원 1명이 퇴사하였음에도 불구하고 이미 5년의 기대가득기간을 채웠기 때문에 어떠한 조정도 하지 않는다. 다만 행사되지 않을 주식선택권을 다른 자본(예 주식선택권소멸이익)으로 대체할 수 있다.)

(물음 2) 시장조건이 부과된 경우(주식기준보상 기준서 사례 5)

< 요구사항 1 >

- 가득조건 : 3년 용역제공조건 + 행사조건 : 시장성과조건
- 시장조건이 달성되는지 여부와 관계없이 다른 모든 가득조건(3년 용역제공조건)을 충족하는 거래상대방에게서 제공받는 용역을 인식한다. 따라서 주가목표 달성여부는 중요하지 않다. 주가목표가 달성되지 못할 가능성은 **이미 부여일에 주식선택권의 공정가치를 추정할 때 고려되었기 때문**이다. 즉, 임원이 3년의 근무기간을 채울 것으로 예상하고 실제로 그렇게 한다면, (시장조건의 달성결과에 관계없이) 기업은 부여한 주식보상비용을 모두 인식한다.
- 20×2년 주식보상비용 : ₩24×10,000개×1/3=₩80,000(매년 동일)

< 요구사항 2 >

- 만약 이 임원이 가득기간 중에 퇴사한다면, 이전까지 인식한 금액은 퇴사한 연도에 환입될 것이다. 이는 시장조건과는 달리 용역제공조건은 부여일에 주식선택권의 공정가치를 추정할 때 고려하지 않기 때문이다. 그 대신에 용역제공조건은 궁극적으로 가득될 지분상품의 수량에 기초하여 거래금액을 조정함으로써 고려한다.
- 20×3년 주식보상비용환입(=20×2년까지의 누적보상비용) : ₩24×10,000개×2/3=₩160,000 환입

(물음 3) 가득조건으로 시장조건이 부과된 경우 (2021년 회계사)

〈 요구사항 1 〉 시장성과조건

• 시장성과조건이 부여되었으므로 실제목표 달성여부는 중요하지 않다. 주가목표가 달성되지 못할 가능성까지 고려된 부여일 현재 주식선택권의 공정가치 ₩300으로 가득하면 된다.

• 주식보상비용의 계산

구분	20×1년	20×2년	20×3년
단가	₩300	₩300	₩300
수량	10개×45명	10개×20명	10개×40명
총보상비용	135,000	60,000	120,000
가득조건충족	1/3	2/3	3/3
누적보상비용	45,000	40,000	120,000
당기보상비용	① **45,000**	② **(5,000)**	③ **80,000**

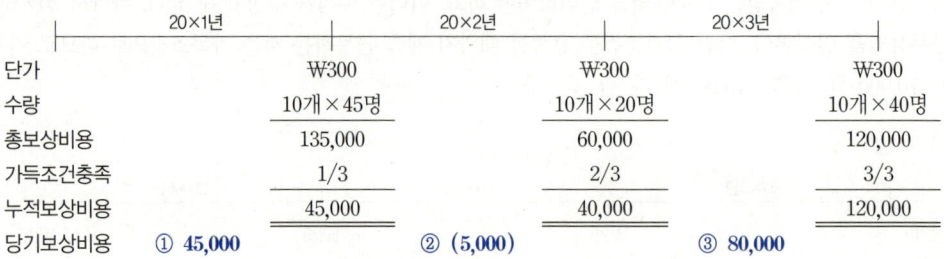

〈요구사항 2〉 시장조건의 변경

• **시장성과조건의 변경은 부여한 지분상품의 공정가치의 변동을 가져온다.** 조건변경 때문에 부여한 지분상품의 공정가치가 조건변경 직전과 직후를 비교했을 때 증가하는 경우에는 부여한 지분상품의 대가로 제공받는 근무용역에 대해 인식할 금액을 측정할 때 그 측정치에 **증분공정가치**를 포함한다.

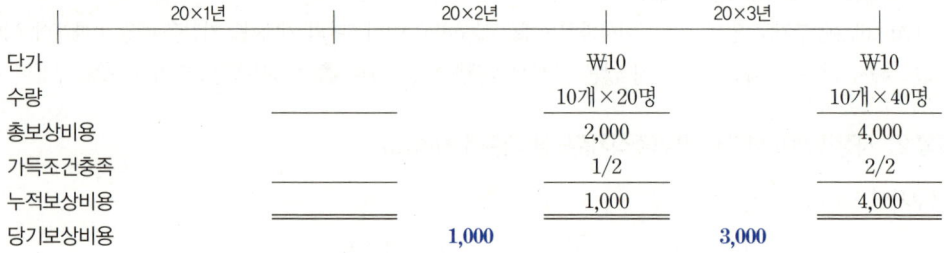

① 증분공정가치의 가득

구분	20×1년	20×2년	20×3년
단가		₩10	₩10
수량		10개×20명	10개×40명
총보상비용		2,000	4,000
가득조건충족		1/2	2/2
누적보상비용		1,000	4,000
당기보상비용		**1,000**	**3,000**

② 연도별 주식보상비용

구분	20×1년	20×2년	20×3년
원본	₩45,000	₩(5,000)	₩80,000
증분공정가치	–	1,000	3,000
합계	₩45,000	₩(4,000)	₩83,000

문제 5

㈜대한은 종업원 100명에게 앞으로 3년간 근무하고 기업의 매출액이 3차년도 말까지 목표액 5억원을 달성하는 조건으로 종업원 1인당 현금결제형 주가차액보상권을 100개씩 부여하였다. 다음의 <자료>를 이용하여 각 물음에 답하며, 각 물음은 독립적이다. 답안 작성 시 원 이하는 반올림한다.

〈자 료〉

1. 1차년도 말에 ㈜대한은 3차년도 말까지 목표 매출액을 달성하지 못할 것으로 예상하였다.
2. 2차년도에 ㈜대한의 매출액이 유의적으로 증가하였고, 계속 증가할 것으로 예상되었다. 따라서 2차년도 말에 ㈜대한은 3차년도 말까지 목표 매출액을 달성할 것으로 예상하였다.
3. 3차년도 말에 목표 매출액을 달성하여, 주가차액보상권의 가득요건이 충족되었고, 20명의 종업원이 주가차액보상권을 행사하였다. 4차년도 말에 추가로 20명의 종업원이 주가차액보상권을 행사하였고, 나머지 60명은 5차년도 말에 주가차액보상권을 행사하였다.
4. 매 회계연도 말에 추정한 주가차액보상권의 공정가치와 행사일의 주가차액보상권 내재가치(현금지급액과 일치)는 다음과 같다.

연도	공정가치	내재가치
1차	₩120	–
2차	150	–
3차	160	₩150
4차	180	170
5차	200	200

5. 요구사항의 적용

연도	용역제공조건을 충족할 것으로 예상되는 종업원 수	매출액 목표의 달성 여부에 대한 최선추정
1차	100명	미달성으로 예측
2차	100명	달성으로 예측
3차	100명	실제로 달성

(물음 1) 위의 주식기준보상과 관련하여 ㈜대한이 ① 4차년도 말 금융부채로 표시할 금액과 ② 5차년도에 인식할 보상비용을 각각 계산하시오.

(물음 2) 현금결제형 주식기준보상거래에서 주식결제형 주식기준보상거래로 분류를 변경하는 경우, 해당 조건 변경이 재무상태표와 포괄손익계산서에 미치는 영향에 대해서 간략히 서술하시오.

해설 및 해답 현금결제형 주식기준보상 - 비시장 성과조건 (주식기준보상 기준서 사례 12A) (2019년 회계사)

(물음 1)

1. 주가차액보상권 장부금액

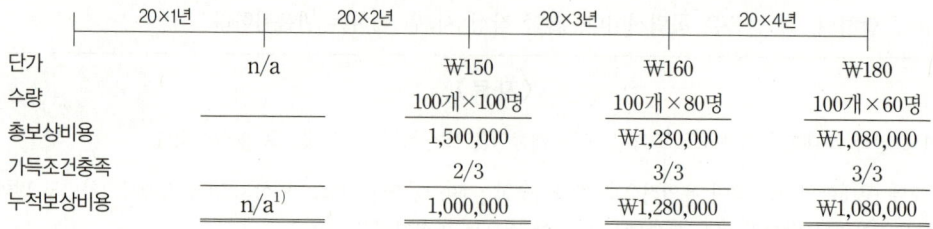

	20×1년	20×2년	20×3년	20×4년
단가	n/a	₩150	₩160	₩180
수량		100개×100명	100개×80명	100개×60명
총보상비용		1,500,000	₩1,280,000	₩1,080,000
가득조건충족		2/3	3/3	3/3
누적보상비용	n/a[1]	1,000,000	₩1,280,000	₩1,080,000

1) 주가차액보상권이 가득되지 않을 것으로 예상

2. 답안의 계산

① 20×4년말의 금융부채 : ₩1,080,000

② 20×5년 주식보상비용 : ₩1,080,000(금융부채 감소)−200×60명×100개(현금지급액)=₩120,000

[별해] 회계처리

20×2년 말	(차) 주식보상비용	1,000,000	(대) 장기미지급비용	1,000,000
20×3년 말 가득 및 행사	(차) 주식보상비용	580,000	(대) 장기미지급비용	280,000[1]
			현금	150×2,000개
	1) ₩1,280,000(20×3년말 부채 공정가치)−1,000,000(20×2년 말 부채 장부금액)			
20×4년 말 행사 및 평가	(차) 장기미지급비용	200,000[1]	(대) 현금	170×2,000개
	주식보상비용	140,000		
	1) ₩1,080,000(20×4년말 부채 공정가치)−1,280,000(20×3년 말 부채 장부금액)			
20×5년 말 행사 및 평가	(차) 장기미지급비용	1,080,000[1]	(대) 현금	200×6,000개
	주식보상비용	120,000		
	1) 장부금액 전액 소멸			

(물음 2)

- 현금결제형 주식기준보상거래의 조건이 변경되어 주식결제형으로 변경되는 경우 그 거래는 조건변경일부터 주식결제형 주식기준보상거래로 다음과 같이 회계처리한다. (K−IFRS 1102호 문단 B44A)
  ① 주식결제형 주식기준보상거래는 조건변경일에 부여된 지분상품의 공정가치에 기초하여 측정한다. 주식결제형 주식기준보상거래는 재화나 용역을 기존에 제공받은 정도까지 조건변경일에 자본으로 인식한다.
  ② 조건변경일 현재의 현금결제형 주식기준보상거래 관련 부채를 그 날에 제거한다.
  ③ 조건변경일에 제거된 부채의 장부금액과 인식된 자본금액의 차이는 즉시 당기손익으로 인식한다.

문제 6

12월 말 결산법인인 ㈜영광은 20×1년 초에 임직원 100명에게 각각 10개의 주식선택권을 부여하였다. 이 주식선택권은 부여일로부터 4년 간 근무할 것을 조건으로 하며, 행사가격은 ₩500이다. ㈜영광의 임직원의 퇴사 인원수에 관한 자료는 아래 표와 같다.

	20×1년 초	20×1년 말	20×2년 말	20×3년 말	20×4년 말
예상 총 퇴사 인원수	10명	12명	15명	17명	–
실제 누적 퇴사인원수	–	3명	7명	12명	16명

단, 임직원의 근로용역에 대한 공정가치는 신뢰성 있게 추정되지 않으며, 법인세 효과는 고려하지 않는다.

(물음 1) ㈜영광의 1주당 주가와 부여된 주식선택권의 1개당 공정가치는 다음과 같다.

	1주당 주가	주식선택권의 1개당 공정가치
20×1년 초	₩530	₩40
20×1년 말	550	60

㈜영광이 20×2년도 포괄손익계산서와 재무상태표에 보고할 ① 주식보상비용과 ② 주식선택권을 각각 계산하시오.

(물음 2) 20×5년 초 종업원 중 일부가 주식선택권을 행사하여 주식이 실제 교부되었다. 주식선택권의 행사 시 증가한 주식발행초과금이 ₩132,000이라고 할 경우, 20×5년 초에 행사한 종업원의 인원을 계산하시오. 단, 발행된 주식의 주당 액면금액은 ₩100이라고 가정한다.

(물음 3) 20×2년 말에 ㈜영광의 주가가 ₩500으로 크게 하락하여 주식선택권의 행사가격도 ₩500에서 ₩460으로 조정되었다. 이러한 행사가격의 조정으로 주식선택권의 공정가치도 행사가격 조정 전 ₩20에서 행사가격 조정 후 ₩30으로 변경되었다. ㈜영광이 20×3년도 포괄손익계산서와 재무상태표에 보고할 ① 주식보상비용과 ② 주식선택권을 각각 계산하시오.

(물음 4) (물음 3)의 상황 대신 20×2년말에 ㈜영광의 주가가 ₩500으로 크게 하락하여 주식선택권의 공정가치도 ₩20으로 하락하였다. 이에 따라, 임직원에게 1인당 10개의 주식선택권을 추가로 부여하였다. ㈜영광이 20×3년도 포괄손익계산서와 재무상태표에 보고할 ① 주식보상비용과 ② 주식선택권을 각각 계산하시오.

(물음 5) (물음 3)의 상황 대신 20×2년 말에 ㈜영광의 주가가 크게 상승하여 주식선택권의 행사가격이 ₩500에서 ₩520으로 조정되었다고 가정한다. 이러한 행사가격의 조정으로 주식선택권의 공정가치도 행사가격 조정 전 ₩70에서 행사가격 조정 후 ₩50으로 변경되었다. ㈜영광의 20×3년도 포괄손익계산서와 재무상태표에 미치는 영향에 대하여 간략히 기술하시오.

(물음 6) (물음 3)의 상황 대신 20×2년 말에 ㈜영광의 주가가 크게 상승하여 종업원 1인당 부여했던 주식선택권 10개 중 1개를 취소하였다고 가정한다. ㈜영광은 주식선택권을 취소하면서 취소일 현재 주식선택권의 공정가치(개당 ₩70)만큼 현금을 지급하였다. ㈜영광이 20×3년도 포괄손익계산서와 재무상태표에 보고할 ① 주식보상비용과 ② 주식선택권을 각각 계산하시오.

(물음 7) ㈜영광이 20×3년 초에 20×2년 말까지 퇴사하지 않은 종업원과 합의하여 주식선택권 1개당 현금 ₩120을 지급하는 조건으로 주식선택권을 모두 중도청산한다고 가정한다. 20×3년 ㈜영광의 회계처리와 관련하여 아래 ①부터 ④까지의 금액을 계산하시오. 단, 20×3년 초 주식선택권의 1개당 공정가치는 ₩100이다.

(차변)		(대변)	
주식보상비용	①	현금	④
주식선택권	②		
주식선택권중도청산손실	③		

해설 및 해답 조건변경과 중도청산 (2011년 회계사 수정)

(물음 1) 주식선택권의 가득

• 주식보상비용의 계산

	20×1년	20×2년	20×3년	20×4년
단가	₩40	₩40	₩40	₩40
수량	10개×88명	10개×85명	10개×83명	10개×84명
총보상비용	₩35,200	₩34,000	₩33,200	₩33,600
가득조건충족	1/4	2/4	3/4	4/4
누적보상비용	₩8,800	**₩17,000**	₩24,900	₩33,600
당기보상비용	₩8,800	**₩8,200**	₩7,900	₩8,700

[별해] 회계처리

20×1년 12월 31일	(차) 주식보상비용	8,800	(대) 주식선택권	8,800
20×2년 12월 31일	(차) 주식보상비용	8,200	(대) 주식선택권	8,200
20×3년 12월 31일	(차) 주식보상비용	7,900	(대) 주식선택권	7,900
20×4년 12월 31일	(차) 주식보상비용	8,700	(대) 주식선택권	8,700

(물음 2) 주식행사시점의 역산

① 주식선택권 1개 행사시 회계처리

20×5년 1월 1일	(차) 현금	500	(대) 자본금	100
	주식선택권	40	주식발행초과금	440[1]

1) ₩500(행사가격)+40(주식선택권 개당 장부금액)−100(주당 액면금액)

② 행사인원 : ₩132,000÷@440/개÷10개=30명

(물음 3) 종업원에게 유리한 조건변경 - 행사가격의 조정

• 조건변경 때문에 부여한 지분상품의 공정가치가 조건변경 직전과 직후를 비교했을 때 증가하는 경우에는 (예 행사 가격의 인하) 부여한 지분상품의 대가로 제공받는 근무용역에 대해 인식할 금액을 측정할 때 그 측정치에 증분공정가치를 포함한다(K−IFRS 1102호 문단 B43).

1. 증분공정가치

① 증분공정가치 : ₩30(조정 후 주식선택권 공정가치)−20(조정 전 주식선택권 공정가치)=₩10

② 증분공정가치에 대한 주식보상비용의 인식

	20×1년	20×2년	20×3년	20×4년
단가			₩10	₩10
수량			10개×83명	10개×84명
총보상비용			₩8,300	₩8,400
가득조건충족			1/2	2/2
누적보상비용			**₩4,150**	₩8,400
당기보상비용			**₩4,150**	₩4,250

2. 금액의 계산

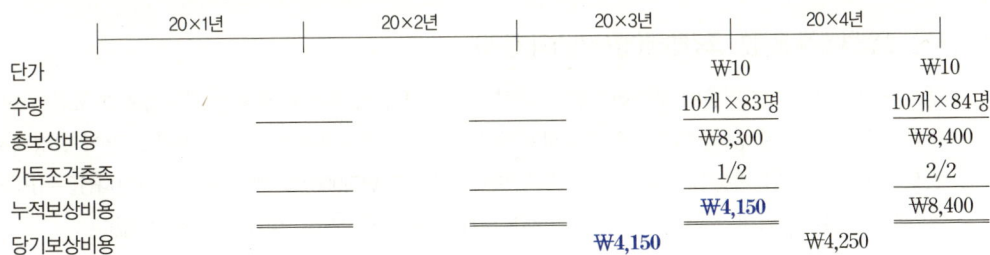

① 20×3년 주식보상비용 : ₩7,900(기존의 주식보상비용)+**4,150**=₩12,050

② 20×3년 말 주식선택권 : ₩24,900(기존의 주식선택권)+**4,150**=₩29,050

[별해] 증분공정가치의 회계처리

20×3년 12월 31일	(차) 주식보상비용	4,150	(대) 주식선택권	4,150
20×4년 12월 31일	(차) 주식보상비용	4,250	(대) 주식선택권	4,250

(물음 4) 종업원에게 유리한 조건변경 - 부여수량의 증가

• 조건이 변경되어 부여한 지분상품의 수량이 증가하는 경우에는 위 (1)의 요구사항과 일관되게, 부여한 지분상품의 대가로 제공받는 근무용역으로써 인식할 금액을 측정할 때 그 측정치에 추가로 부여한 지분상품의 조건변경일 현재 공정가치를 포함한다(K-IFRS 1102호 문단 B43).

1. 추가 부여수량

① 추가 부여한 수량의 단위당 공정가치 : ₩20(조건변경일의 공정가치로 측정)

② 추가 부여수량에 대한 주식보상비용의 인식

	20×1년	20×2년	20×3년	20×4년
단가			₩20	₩20
수량			10개×83명	10개×84명
총보상비용			₩16,600	₩16,800
가득조건충족			1/2	2/2
누적보상비용			₩8,300	₩16,800
당기보상비용			₩8,300	₩8,500

2. 금액의 계산

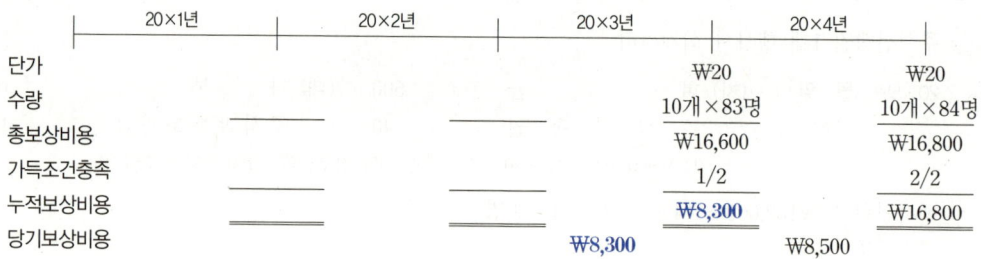

① 20×3년 주식보상비용 : ₩7,900(기존의 주식보상비용)+8,300=₩16,200

② 20×3년말 주식선택권 : ₩24,900(기존의 주식선택권)+8,300=₩33,200

[별해] 추가부여수량의 회계처리

20×3년 12월 31일	(차) 주식보상비용	8,300	(대) 주식선택권	8,300
20×4년 12월 31일	(차) 주식보상비용	8,500	(대) 주식선택권	8,500

(물음 5) 종업원에게 불리한 조건변경(행사가격의 증가)

• 행사가격이 증가하면 기존에 부여하였던 주식의 공정가치가 하락한다. 부여한 지분상품의 조건이 변경되어 주식기준보상약정의 총 공정가치를 감소시키거나 종업원에게 불리하게 이루어지면 조건이 변경되지 않은 것으로 보고 부여한 지분상품의 대가로 제공받는 근무용역(₩7,900)을 계속해서 인식한다(K-IFRS 1102호 문단 B44). 따라서 포괄손익계산서와 재무상태표에 추가적으로 미치는 영향은 없다.

(물음 6) 종업원에게 불리한 조건변경(수량의 취소)

- 부여한 지분상품이 가득기간 중에 취소되거나 중도청산되면 다음과 같이 회계처리한다. 다만, 가득조건이 충족되지 못해 부여된 지분상품이 상실되어 취소될 때는 제외한다.
  (1) 취소나 중도청산 때문에 부여한 지분상품이 일찍 가득되었다고 보아 회계처리하므로, 취소하거나 중도청산을 하지 않는다면 잔여가득기간에 제공받을 용역에 대해 인식할 금액을 즉시 인식한다.
  (2) 취소나 중도청산으로 종업원에게 지급하는 금액은 자기지분상품의 재매입으로 보아 자본에서 차감한다. 다만 지급액이 부여한 지분상품의 재매입일 현재 공정가치를 초과하는 때는 그 초과액을 비용으로 인식한다. (K−IFRS 1102호 문단 28).

1. 주식선택권의 취소

	20×1년	20×2년 취소분	20×2년 잔여분	20×3년
단가	₩40	₩40	₩40	₩40
수량	10개×88명	1개×93명[1]	9개×85명	9개×83명
총보상비용	₩35,200	₩3,720	₩30,600	₩29,880
가득조건충족	1/4	4/4	2/4	3/4
누적보상비용	₩8,800	₩3,720	₩15,300	**₩22,410**
당기보상비용	₩8,800	₩10,220[2]		**₩7,110**[3]

1) 기말현재 실제근무인원 : 100명−7명
2) (₩3,720(취소수량의 가득)+15,300)−8,800
3) ₩22,410−15,300(잔여수량의 가득)

[별해] 회계처리

20×1년 12월 31일	(차) 주식보상비용	8,800	(대) 주식선택권	8,800
20×2년 12월 31일	(차) 주식보상비용	10,220	(대) 주식선택권	10,220
	(차) 주식선택권	3,720	(대) 현금	@70×93개
	중도청산손실(자본)	2,790		
20×3년 12월 31일	(차) 주식보상비용	7,110	(대) 주식선택권	7,110

2. 금액의 계산

① 20×3년 주식보상비용 : ₩7,110

② 20×3년말 주식선택권 : ₩22,410

(물음 7) 중도청산

1. 잔여가득기간에 인식할 주식보상비용의 인식

① 중도청산의 대상이 되는 주식선택권의 수량: 10개×(100명−7명)=930개

② 잔여가득기간에 인식할 주식보상비용: 930개×₩40−17,000(20×2년말 누적보상비용)=**₩20,200**

2. 중도청산손익의 인식

구분	금액			상환손익
장부금액	₩40(부여일의 공정가치)	× 930개	중도청산손익 (자본항목)	⊖ ₩60×930개
공정가치	₩100(중도청산일의 공정가치)	× 930개		
현금지급액	₩120(현금지급액)	× 930개	주식보상비용 (당기순이익)	⊖ ₩20×930개

3. 20×3년 1월 1일의 회계처리

잔여 주식보상비용	(차) 주 식 보 상 비 용	**20,200**	(대) 주 식 선 택 권	20,200
중도청산	(차) 주 식 선 택 권	40×930개	(대) 현 금	120×930개
	중도청산손실(자본)	60×930개		
	주 식 보 상 비 용	20×930개		

4. 답안의 작성

(차변)		(대변)	
주 식 보 상 비 용	① 38,800[1]	현 금	④ 111,600
주 식 선 택 권	② 17,000[2]		
주 식 선 택 권 중 도 청 산 손 실	③ 55,800		

1) 주식보상비용 : ₩20,200+₩20×930개

2) 주식선택권 : ₩40×930개−20,200

문제 7

다음의 각 물음이 독립적이라고 할 경우 아래의 자료를 이용하여 물음에 답하시오.

㈜우리는 20×1년 1월 1일 임원 10명에게 주식기준보상을 부여할 계획을 가지고 있다. 주식결제형으로 부여되는 경우 임원 1인당 120개씩 부여되며, 현금결제형으로 부여되는 경우, 1인당 100개씩 부여될 예정이다.

주식선택권 또는 주가차액보상권의 각 일자의 공정가치는 다음과 같다.

구 분	부여일	20×1말	20×2말	20×3말
주식선택권	₩49	₩53	₩45	₩52
주가차액보상권	51	54	48	52

주식기준보상의 가득조건은 3년의 용역제공조건이 부과된다. 임원에게 부여한 주식기준보상의 행사가격은 ₩100, 주당 액면금액 ₩50이다. 가득기간 종료일까지 예상퇴사인원은 없으며, 실제로 가득종료일까지 퇴사한 인원은 없다.

(물음 1) ㈜우리가 임원에게 주식선택권 120개와 주가차액보상권 100개 중 선택할 수 있는 권리를 부여하였다고 가정한다.

(1) 20×2년에 인식할 주식보상비용을 계산하시오.

저유 (2) 20×4년 7월 1일 임원 5명이 주식기준보상을 행사하였다. 20×4년 7월 1일의 주가는 ₩150이며, 주가차액보상권의 공정가치는 ₩55이다. 임원이 주식기준보상의 행사시, ① 주식결제방식을 선택한 경우와, ② 현금결제방식을 선택한 경우 수행해야할 회계처리를 각각 제시하시오.

(물음 2) 주식선택권 120개나 주가차액보상권 100개 중 하나를 선택하여 결제할 수 있는 선택권이 ㈜우리에게 있다고 가정한다.

(1) ㈜우리는 해당 주식기준보상에 대해 현금을 지급해야 하는 현재의무가 있다고 한다면, 20×2년과 20×3년에 각각 주식보상비용(순액)으로 인식할 금액을 계산하시오.

(2) ㈜우리는 해당 주식기준보상에 대해 현금을 지급해야 하는 현재의무가 없다고 한다면, 20×2년과 20×3년에 각각 주식보상비용(순액)으로 인식할 금액을 계산하시오.

저유 (3) ㈜우리는 해당 주식기준보상에 대해 현금을 지급해야 하는 현재의무가 없다고 가정한다. 20×4년 7월 1일 임원 5명이 주식기준보상을 행사하였다. 이에 대해 ㈜우리가 ① 현금결제를 선택한 경우와 ② 주식의 발행을 선택한 경우에 행사시점에 수행해야할 회계처리를 각각 제시하시오. (단, 20×4년 7월 1일의 주가는 ₩150, 주가차액보상권의 가치는 ₩50, 주식결제로 인해 부여되는 지분상품의 공정가치는 ₩46이다.)

(물음 3) ㈜우리가 부여일에는 주식선택권 120개만 부여하였으나, 20×2년 1월 1일에 주가차액보상권 100개를 선택할 수 있는 권리를 후속적으로 부여하였다고 할 경우, 20×2년에 인식할 주식보상비용을 계산하시오. (단, 20×2년 1월 1일의 주식기준보상의 공정가치는 20×1년 12월 31일의 공정가치와 동일하다.)

(물음 4) ㈜우리가 부여일에는 주가차액보상권 100개를 부여하였으나, 20×2년 1월 1일 기업은 주가차액보상권을 취소하고 그 대신 종업원에게 앞으로 3년간 근무할 것을 조건으로 주식선택권 120개씩을 부여하였다. ㈜우리가 20×2년에 인식할 주식보상비용(환입)을 계산하시오. (단, 20×2년 1월 1일의 주식기준보상의 공정가치는 20×1년 12월 31일의 공정가치와 동일하다.)

해설 및 해답 선택형 주식기준보상

(물음 1) 거래상대방이 선택할 수 있는 주식기준보상

(1) 20×2년 주식보상비용

① 부여일 현재 선택형 주식기준보상의 구분

㉠ 선택형 주식기준보상의 공정가치 : max[₩49×10명×120개(주식선택권의 공정가치), ₩51×10명×100개(주가차액보상권의 공정가치)]=₩58,800

㉡ 부채요소 : ₩51×10명×100개=₩51,000

㉢ 자본요소 : ₩58,800−51,000=₩7,800

② 주식보상비용의 인식

	20×1년		20×2년		20×3년	
〈부채요소〉						
단가		₩54		₩48		₩52
수량		10×100개		10×100개		10×100개
총보상비용		₩54,000		₩48,000		₩52,000
가득조건충족		1/3		2/3		3/3
누적보상비용		₩18,000		₩32,000		₩52,000
당기보상비용	₩18,000		**₩14,000**		₩20,000	
〈자본요소〉						
총보상비용		₩7,800		₩7,800		₩7,800
가득조건충족		1/3		2/3		3/3
누적보상비용		₩2,600		₩5,200		₩7,800
당기보상비용	₩2,600		**₩2,600**		₩2,600	

[별해] 회계처리

20×1년 12월 31일	(차) 주식보상비용	18,000	(대) 장기미지급비용	18,000
	(차) 주식보상비용	2,600	(대) 주식선택권	2,600
20×2년 12월 31일	(차) 주식보상비용	14,000	(대) 장기미지급비용	14,000
	(차) 주식보상비용	2,600	(대) 주식선택권	2,600
20×3년 12월 31일	(차) 주식보상비용	20,000	(대) 장기미지급비용	20,000
	(차) 주식보상비용	2,600	(대) 주식선택권	2,600

(2) 결제시점의 회계처리

① 주식결제방식을 선택한 경우

평가	(차) 주식보상비용	1,500	(대) 장기미지급비용	1,500[1]

1) ₩55×5명×100개(행사시점 공정가치)−52×5명×100개(장부금액)

행사	(차) 현금	60,000[1]	(대) 자본금	30,000[2]
	주식선택권	3,900[3]	주식발행초과금	61,400
	장기미지급비용	27,500[4]		

1) ₩100(행사가격)×5명×120개(주식선택권 부여개수)
2) ₩50(주당 액면금액)×5명×120개(발행주식수)
3) ₩7,800(자본요소 장부금액)×5명/10명
4) ₩55(주가차액보상권의 공정가치)×5명×100개

② 현금결제방식을 선택한 경우

행사	(차) 장기미지급비용	26,000[1]	(대) 현금	25,000[2]
			주식보상비용환입	1,000
	(차) 주식선택권	3,900	(대) 주식선택권소멸이익	3,900

1) ₩52(주가차액보상권의 장부금액)×5명×100개
2) [₩150(주가)−100(행사가격)]×5명×100개(주가차액보상권 부여개수)

[별해] 현금결제방식을 선택한 경우

- 현금결제방식을 선택한 경우에 평가 후 행사의 회계처리를 해도 결과는 동일하다.

평가	(차) 주식보상비용	**1,500**	(대) 장기미지급비용	1,500[1]

1) ₩55×5명×100개(행사시점 공정가치)−52×5명×100개(장부금액)

행사	(차) 장기미지급비용	27,500[1]	(대) 현금	25,000[2]
			주식보상비용환입	**2,500**
	(차) 주식선택권	3,900	(대) 주식선택권소멸이익	3,900

1) **₩55**(주가차액보상권의 장부금액)×5명×100개
2) [₩150(주가)−100(행사가격)]×5명×100개(주가차액보상권 부여개수)

(물음 2) 기업이 선택권을 가지고 있는 주식기준보상

(1) 현금지급의 현재의무를 보유하는 경우

① 현금지급의 현재의무를 보유하는 경우에는 현금결제형 주식기준보상으로 회계처리한다.

② 주식보상비용의 인식

	20×1년	20×1년 말	20×2년	20×2년 말	20×3년	20×3년 말
단가		₩54		₩48		₩52
수량		10×100개		10×100개		10×100개
총보상비용		₩54,000		₩48,000		₩52,000
가득조건충족		1/3		2/3		3/3
누적보상비용		₩18,000		₩32,000		₩52,000
당기보상비용	₩18,000		**₩14,000**		**₩20,000**	

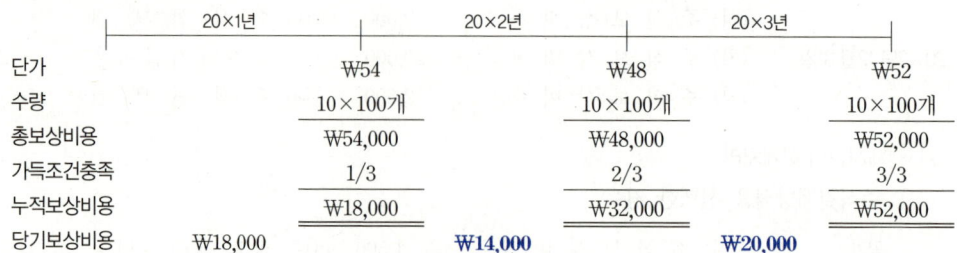

(2) 현금지급의 현재의무를 보유하지 않는 경우

① 현금지급의 현재의무를 보유하지 않는 경우에는 주식결제형 주식기준보상으로 회계처리한다.

② 주식보상비용의 인식

	20×1년	20×1년 말	20×2년	20×2년 말	20×3년	20×3년 말
단가		₩49		₩49		₩49
수량		10×120개		10×120개		10×120개
총보상비용		₩58,800		₩58,800		₩58,800
가득조건충족		1/3		2/3		3/3
누적보상비용		₩19,600		₩39,200		₩58,800
당기보상비용	₩19,600		**₩19,600**		**₩19,600**	

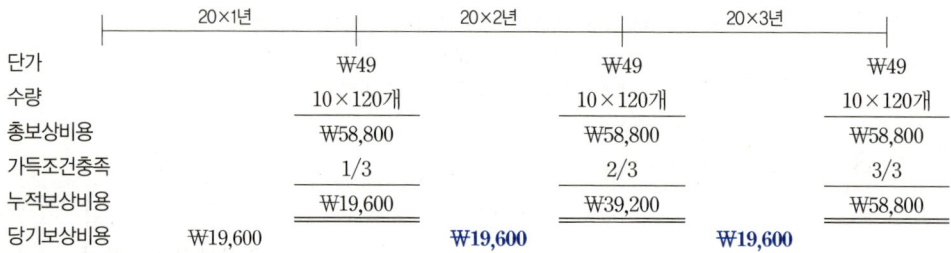

(3) 현금지급의 현재의무를 보유하지 않은 경우 - 행사

1) 초과결제가치의 계산

① 주식결제방식의 가치 : 120개×₩46×5명=₩27,600

② 현금결제방식의 가치 : 100개×₩50×5명=₩25,000

③ 초과결제가치 : 주식결제방식을 선택했을 경우 ₩2,600

2) 회계처리

① 현금결제방식을 선택한 경우

20×4년 7월 1일	(차) 주 식 선 택 권	29,400[1]	(대) 현 금	25,000[2]
			주식선택권상환익(자본)	4,400

1) ₩49(주식선택권의 개당 장부금액)×120개×5명 또는 ₩58,800×50%

2) [₩150(주가)−100(행사가격)]×5명×100개(주가차액보상권 부여개수)

② 주식결제방식을 선택한 경우

20×4년 7월 1일	(차) 주식선택권	29,400	(대) 자본금	30,000[2]
	현금	60,000[1]	주식발행초과금	59,400
	(차) 주식보상비용	2,600[3]	(대) 주식발행초과금	2,600

1) ₩100(행사가격)×120개×5명
2) ₩50×120개×5명
3) 초과결제가치

(물음 3) 현금결제선택권이 후속적으로 부여된 경우

1. 변경일 현재 선택형 주식기준보상의 구분

① 기존 주식결제형 주식기준보상의 공정가치 : ₩49×10명×120개=₩58,800

② 부채요소 : ₩54×10명×100개=₩54,000

③ 자본요소 : ₩58,800−54,000=₩4,800

2. 주식보상비용의 인식

	20×1년 〈주식결제형〉 부여 전	부여 후	〈부채요소〉	20×2년
수량	10×120개	10×100개		10×100개
단가	₩49	₩54		₩48
총보상비용	₩58,800	₩54,000		₩48,000
가득조건충족	1/3	1/3		2/3
누적보상비용	₩19,600	₩18,000		₩32,000
당기보상비용			**₩14,000**	
			〈자본요소〉	
총보상비용		₩4,800		₩4,800
가득조건충족		1/3		2/3
누적보상비용		1,600		₩3,200
당기보상비용			**₩1,600**	

[별해] 회계처리

20×1년 12월 31일	(차) 주식보상비용	19,600	(대) 주식선택권	19,600
20×2년 1월 1일	(차) 주식선택권	18,000	(대) 장기미지급비용	18,000
20×2년 12월 31일	(차) 주식보상비용	14,000	(대) 장기미지급비용	14,000
	(차) 주식보상비용	1,600	(대) 주식선택권	1,600

(물음 4) 현금결제형에서 주식결제형 주식기준보상거래로 분류를 바꾸는 조건변경

1. 변경일 현재 주식기준보상의 공정가치

① 기존 현금결제형 주식기준보상의 공정가치 : ₩54×10명×100개×1/3=₩18,000

② 변경된 주식선택권의 공정가치 : ₩53×10명×120개×1/4=₩15,900

③ 변경손익 : ₩18,000−15,900=₩2,100(환입)

2. 주식보상비용의 인식

	20×1년	20×2년	
	〈현금결제형〉 변경 전	변경 후 〈주식결제형〉	
수량	10×100개	10×120개	10×120개
단가	₩54	₩53	₩53
총보상비용	₩54,000	₩63,600	₩63,600
가득조건충족	1/3	1/4	2/4
누적보상비용	₩18,000	₩15,900	₩31,800
당기보상비용		₩(2,100)	₩15,900

∴ 주식보상비용 : (−)₩2,100+15,900=₩13,800

[별해] 회계처리

20×1년 12월 31일	(차) 주식보상비용	18,000	(대) 장기미지급비용	18,000
20×2년 1월 1일	(차) 장기미지급비용	18,000	(대) 주식선택권	15,900
			주식보상비용환입	2,100
20×2년 12월 31일	(차) 주식보상비용	15,900	(대) 주식선택권	15,900

[별해] 기준서의 규정

① 거래상대방이 선택권을 가지고 있는 주식기준보상의 기준서 규정(K-IFRS 1032호 문단 35~40)

㉠ 최초인식

- 기업이 거래상대방에게 주식기준보상거래를 현금이나 지분상품발행으로 결제 받을 수 있는 선택권을 부여한 때에는, 부채요소(거래상대방의 현금결제요구권)와 자본요소(거래상대방의 지분상품결제요구권)가 포함된 복합금융상품을 부여한 것이다. 종업원이 아닌 자와의 주식기준보상거래에서 제공받는 재화나 용역의 공정가치를 직접 측정하는 때에는, 복합금융상품 중 자본요소는 재화나 용역이 제공되는 날 현재 재화나 용역의 공정가치와 부채요소의 공정가치의 차이로 측정한다.
- 종업원과의 주식기준보상거래를 포함하여 제공받는 재화나 용역의 공정가치를 직접 측정할 수 없는 거래에서는, 현금이나 지분상품에 부여된 권리의 조건을 고려하여 측정기준일 현재 복합금융상품의 공정가치를 측정한다. 이 경우, 우선 부채요소의 공정가치를 측정한 다음에 자본요소의 공정가치를 측정하는데, 이때 거래상대방이 지분상품을 받으려면 현금수취권리를 포기해야 한다는 점을 고려한다. 복합금융상품의 공정가치는 두 요소의 공정가치를 합한 금액이다. 그러나 거래상대방이 결제방식을 선택할 수 있는 주식기준보상거래는 흔히 각 결제방식의 공정가치가 같도록 설계된다. 예를 들면, 거래상대방이 주식기준보상거래의 결제방식으로 주식선택권이나 현금결제형 주가차액보상권을 선택할 수 있는 때에, 자본요소의 공정가치는 영(0)이며 따라서 복합금융상품의 공정가치는 부채요소의 공정가치와 같다. 반면에 만약 각 결제방식의 공정가치가 다르다면 자본요소의 공정가치는 보통 영(0)보다 크고, 따라서 복합금융상품의 공정가치는 부채요소의 공정가치보다 크다.

㉡ 후속측정

- 부여한 복합금융상품의 대가로 제공받는 재화나 용역은 각각의 구성요소별로 구분하여 회계처리한다. 부채요소는 현금결제형 주식기준보상거래에 관한 규정에 따라 거래상대방에게서 재화나 용역을 제공받을 때 제공받는 재화나 용역과 그 대가로 부담하는 부채를 인식한다. 자본요소가 있는 경우에는 자본요소에 대하여는 주식결제형 주식기준보상거래에 관한 규정에 따라 거래상대방에게서 재화나 용역을 제공받을 때 제공받는 재화나 용역과 그에 상응하여 자본의 증가를 인식한다.

㉢ 행사시점

- 부채는 결제일에 공정가치로 재측정한다. 기업이 결제일에 현금을 지급하는 대신에 지분상품을 발행하는 때에는, 부채를 발행되는 지분상품의 대가로 보아 자본으로 직접 대체한다.
- 기업이 결제할 때 지분상품을 발행하는 대신 현금을 지급한다면, 현금지급액은 모두 부채의 상환액으로 보며, 이미 인식한 자본요소는 계속 자본으로 분류한다. 거래상대방은 현금을 받기로 선택함으로써 지분상품을 받을 권리를 상실한다. 그러나 이 요구사항은 자본계정 간 대체 곧, 한 자본계정에서 다른 자본계정으로 대체하는 것을 금지하지 않는다.

② 기업이 선택권을 가지고 있는 주식기준보상의 기준서 규정(K-IFRS 1032호 문단 41~43).

- 기업이 현금이나 지분상품발행으로 결제할 수 있는 선택권을 갖는 조건이 있는 주식기준보상거래의 경우에는, 현금을 지급해야 하는 현재의무가 있는지를 결정하고 그에 따라 주식기준보상거래를 회계처리한다.
- 현금을 지급해야 하는 현재의무가 있는 때에는 현금결제형 주식기준보상거래로 보아 문단 30~33에 따라 회계처리한다.
- 현금을 지급해야 하는 현재의무가 없으면, 주식결제형 주식기준보상거래로 회계처리하며, 결제하는 때에 다음과 같이 회계처리한다.
  (1) 기업이 현금결제를 선택하는 때에는 자기지분상품의 재매입으로 보아 현금지급액을 자본에서 차감한다. 다만, 아래 (3)의 경우는 추가 회계처리가 필요하다.
  (2) 기업이 지분상품을 발행하여 결제하기로 하는 때에는 아래 (3)의 경우를 제외하고는 별도의 회계처리를 하지 아니한다. 다만 필요하다면 한 자본계정에서 다른 자본계정으로 대체는 가능하다.
  (3) 기업이 결제일에 더 높은 공정가치를 가진 결제방식을 선택하는 때에는 초과 결제가치를 추가 비용으로 인식한다. 이때 초과 결제가치는 실제로 지급한 금액이 주식결제방식을 선택할 때 발행하여야 하는 지분상품의 공정가치를 초과하는 금액이거나 실제로 발행한 지분상품의 공정가치가 현금결제방식을 선택할 때 지급하여야 하는 금액을 초과하는 금액이다.

서술형

문제

문제 1

(물음 1) 종업원에게 부여한 주식선택권의 경우 부여한 지분상품의 공정가치에 기초하여 근무용역의 공정가치를 측정하는 이유에 대해 서술하시오.

(물음 2) 기업이 현금이나 지분상품발행으로 결제할 수 있는 선택권을 갖는 조건이 있는 주식기준보상거래의 경우에는, 현금을 지급해야 하는 현재의무가 있는지를 결정하고 그에 따라 주식기준보상거래를 회계처리한다. 현금지급의 현재의무가 있는 경우의 사례를 서술하시오.

해설 및 해답

(물음 1)

일반적으로 주식, 주식선택권, 그 밖의 지분상품은 총 보상의 일부로서 현금급여와 그 밖의 종업원급여에 더하여 종업원에게 부여한다. 그런데 보통 종업원에 대한 총 보상 가운데 특정 요소에 대응하는 근무용역의 가치를 직접 측정하기는 불가능하다. 그리고 부여한 지분상품의 공정가치를 직접 측정하지 않으면, 총 보상의 공정가치를 독립적으로 측정하기 불가능할 수 있다. 더 나아가, 경우에 따라서 기본 보상의 일부라기보다는 장려금의 일부로 주식이나 주식선택권을 부여할 수 있다. 이러한 장려금에는 종업원의 고용을 유지하거나 기업의 성과향상을 위한 종업원의 노력을 유도하기 위하여 추가로 지급하는 보수를 예로 들 수 있다. 다른 보상에 추가하여 주식이나 주식선택권을 부여함으로써, 기업은 추가 근무용역에 대하여 추가 보상을 지급하게 된다. 추가 근무용역의 공정가치를 추정하기는 어려울 것이다. 종업원에게서 제공받은 근무용역의 공정가치를 직접 측정하기 어렵기 때문에, 기업은 부여한 지분상품의 공정가치에 기초하여 근무용역의 공정가치를 측정한다.

(물음 2)

다음 중 어느 하나에 해당하는 경우에는 현금을 지급해야 하는 현재의무가 있는 것으로 본다.

(1) 지분상품을 발행하여 결제하는 선택권에 상업적 실질이 없는 경우(예 법률에 따른 주식발행의 금지)

(2) 현금으로 결제한 과거의 실무관행이 있거나 현금으로 결제한다는 방침이 명백한 경우

(3) 거래상대방이 현금결제를 요구할 때마다 일반적으로 기업이 이를 수용하는 경우

CHAPTER 16

리스

출제유형
▸ **계산문제**
| 문제 1 | 금융리스 - 리스자산이 반환되는 경우
| 문제 2 | 리스이용자 - 리스부채의 재평가
| 문제 3 | 판매형리스
| 문제 4 | 운용리스
| 문제 5 | 전대리스
| 문제 6 | 판매후리스
| 문제 7 | 지수나 요율(이율) 외의 요인에 따라 달라지는 변동리스료가 있는 판매후리스 거래
| 문제 8 | 리스이용자의 리스변경
| 문제 9 | 리스제공자의 리스변경
| 문제 10 | 리스의 기타사항
| 문제 11 | 비리스요소의 분리
| 문제 12 | 리스의 기타사항
▸ **서술형문제**

계산문제

문제 1

㈜대한리스는 20×1년 1월 1일에 다음과 같은 조건의 금융리스계약을 체결하여 기계장치를 ㈜민국에게 제공하였다. 아래의 자료를 이용하여 독립적인 물음에 답하시오.

- 리스기간 : 20×1년 1월 1일부터 3년간
- 리스자산 : 공정가치 ₩500,000, 내용연수 5년, 리스기간 종료시 추정잔존가치 ₩100,000, 정액법 상각
- 연간리스료 : 20×1년 12월 31일부터 매년 12월 31일에 지급
- 잔존가치의 보증 : 리스종료시점에서 ㈜민국의 보증잔존가치 ₩50,000
- ㈜민국의 리스개설직접원가 : ₩24,757
- 내재이자율 : 연 10%

관련 현재가치계수는 다음과 같다.

기간	단일금액 ₩1의 현가계수		정상연금 ₩1의 현가계수	
	9%	10%	9%	10%
1	0.9174	0.9091	0.9174	0.9091
2	0.8417	0.8264	1.7591	1.7355
3	0.7722	0.7513	2.5313	2.4868

(물음 1) 금융리스계약을 통한 ㈜대한리스의 리스자산의 공정가치를 투자하여 얻고자했던 목표투자수익률은 10%이었으나 리스개설직접원가가 발생하여 내재이자율은 9%로 계산되었다. 이 경우 ① 매년말 수수하는 고정리스료와 ② 리스개시일에 ㈜대한리스가 지출한 리스개설직접원가를 계산하시오.

다음의 물음들은 ㈜대한리스의 리스개설직접원가가 발생하지 않았으며, 고정리스료는 ₩171,000이라고 가정한다.

(물음 2) ㈜대한리스가 ① 20×1년도에 인식할 이자수익과 ② 20×1년 말 현재 금융리스채권의 장부금액을 계산하시오.

(물음 3) 20×1년도에 ㈜민국이 인식할 ① 이자비용과 ② 감가상각비를 계산하시오.

(물음 4) 20×1년 결산과정에서 리스기간 종료시 리스자산의 추정잔존가치가 ₩100,000에서 ₩30,000으로 변경되었다. 이 경우, 해당 리스가 ① ㈜대한리스와 ② ㈜민국의 20×2년 당기순이익에 미치는 영향을 각각 계산하시오. (단, 20×2년 말 추정잔존가치의 추가변동은 없었다.)

(물음 5) 리스자산 반환시점의 실제잔존가치가 ₩40,000이라고 할 경우, 반환시점에 ㈜대한리스와 ㈜민국이 수행해야할 회계처리를 각각 제시하시오(단, 리스료의 수수와 관련된 회계처리는 생략한다).

해설 및 해답 금융리스 - 리스자산이 반환되는 경우

(물음 1) 고정리스료 및 내재이자율

1. 미래현금흐름의 정리

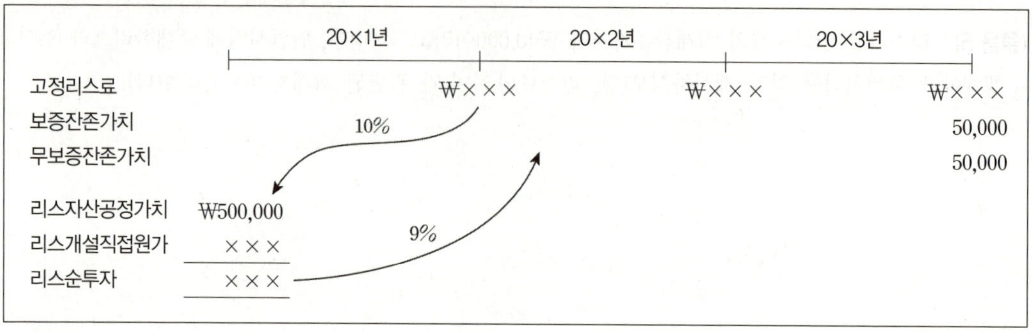

2. 금액의 계산

(1) 고정리스료

① 리스제공자는 사용권자산의 공정가치를 투자하여 목표투자수익률을 달성하기 위하여 리스료 및 무보증잔존가치를 수령한다. 따라서 리스료 및 무보증잔존가치를 목표투자수익률로 할인한 금액이 리스자산의 공정가치와 일치하도록 고정리스료가 산정된다.

② ₩500,000(리스자산의 공정가치)=₩x(고정리스료)×2.4868+100,000×0.7513

⇨ 고정리스료 : ₩170,850

(2) 리스개설직접원가

① 리스순투자 : ₩170,850×2.5313+100,000×0.7722=₩509,693

② 리스개설직접원가 : ₩509,693(리스순투자)−500,000(리스자산공정가치)=₩9,693

[별해] 회계처리

20×1년 1월 1일	(차) 금 융 리 스 채 권	509,693	(대) 선 급 리 스 자 산	500,000
			현 금 (개 설 원 가)	9,693

(물음 2) 금융리스 제공자

• 리스제공자는 리스개시일에 금융리스에 따라 보유하는 자산을 재무상태표에 인식하고 그 자산을 리스순투자와 동일한 금액의 수취채권으로 표시한다. 리스제공자는 자신의 리스순투자 금액에 일정한 기간수익률을 반영하는 방식으로 리스기간에 걸쳐 금융수익을 인식한다(K−IFRS 1116호 문단 67, 75).

• 금액의 계산

① 이자수익 : ₩500,000×10%=₩50,000

② 금융리스채권 기말 장부금액 : ₩500,000×1.1−171,000(고정리스료)=₩379,000

[별해] 회계처리 추가

20×1년 1월 1일	(차) 금융리스채권	500,000	(대) 선급리스자산	500,000
20×1년 12월 31일	(차) 현금	171000	(대) 이자수익	50,000
			금융리스채권	121,000

(물음 3) 리스이용자

1. 미래현금흐름의 정리

		20×1년	20×2년	20×3년
고정리스료		₩171,000	₩171,000	₩171,000
지급예상액				–
리스부채	₩425,243[1)]	← 10%		
사용권자산	₩450,000[2)]			

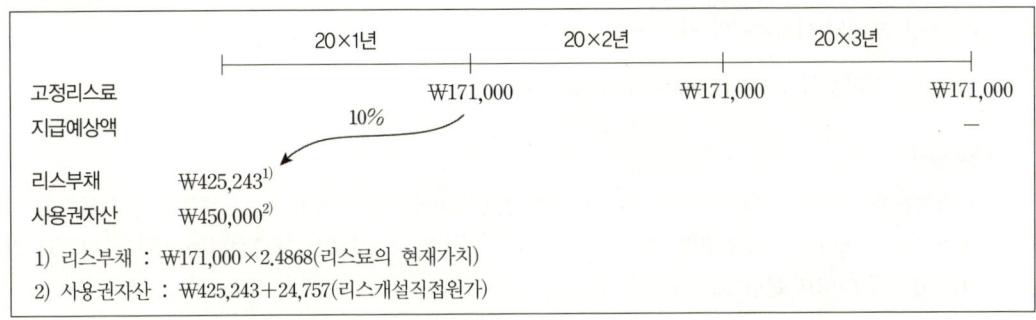

1) 리스부채 : ₩171,000×2.4868(리스료의 현재가치)
2) 사용권자산 : ₩425,243+24,757(리스개설직접원가)

2. 금융리스 이용자의 이자비용과 감가상각비

① 이자비용 : ₩425,243×10%=₩42,524

② 감가상각비 : ₩450,000/3년[1)]=₩150,000

1) 리스가 리스기간 종료시점 이전에 리스이용자에게 기초자산의 소유권을 이전하는 경우나 사용권자산의 원가에 리스이용자가 매수선택권을 행사할 것임이 반영되는 경우에, 리스이용자는 리스개시일부터 기초자산의 내용연수 종료시점까지 사용권자산을 감가상각한다. 그 밖의 경우에는 리스이용자는 리스개시일부터 사용권자산의 내용연수 종료일과 리스기간 종료일 중 이른 날까지 사용권자산을 감가상각한다(K－IFRS 1116호 문단 32).

[별해] 회계처리

20×1년 1월 1일	(차) 사용권자산	450,000	(대) 리스부채	425,243
			현금	24,757
20×1년 12월 31일	(차) 이자비용	42,524	(대) 현금	171,000
	리스부채	128,476		
	(차) 감가상각비	150,000	(대) 감가상각누계액	150,000

(물음 4) 추정잔존가치의 감소

1. 리스제공자

① 리스제공자는 리스순투자에 '금융자산 기준서'의 제거 및 손상에 대한 요구사항을 적용한다. 추정 무보증 잔존가치가 줄어든 경우에 리스제공자는 리스기간에 걸쳐 **수익 배분액을 조정**하고 발생된 감소액을 즉시 인식한다(K-IFRS 1116호 문단 77).

② 20×1년 말 리스채권의 손상차손

㉠ 금융리스채권 손상차손 : ₩50,000(무보증잔존가치의 감소분)×0.8264=₩41,320

* 보증잔존가치는 리스이용자가 보증하므로 감소하지 않는다.

㉡ 손상 후 금융리스채권의 장부금액 : (₩500,000×1.1−171,000)−41,320=₩337,680

③ 20×2년 이자수익 : ₩337,680×10%=₩33,768

2. 리스이용자

① 리스이용자는 리스개시일 후에 리스료에 생기는 변동을 반영하기 위하여 리스부채를 다시 측정하며, 사용권자산을 조정하여 리스부채의 재측정 금액을 인식한다. 리스부채가 재측정되는 경우는 다음과 같다(K-IFRS 1116호 문단 39).

② 20×1년 말 리스부채의 재측정

㉠ 리스부채의 재측정금액 : ₩171,000×1.7355+[₩50,000(보증금액)−30,000(추정잔존가치)](지급예상액)×0.8264=₩313,299

㉡ 리스부채의 변동 : ₩313,299−(425,243×1.1−171,000)(기존리스부채 장부금액)=₩16,532

㉢ 사용권자산의 20×1년 말 장부금액 : ₩450,000−150,000(20×1년 감가상각비)+16,532)(리스변경 후 장부금액)=₩316,532

③ 20×2년 당기순이익에 미치는 영향

이자비용	₩313,299×10%=	₩31,330
감가상각비	₩316,532÷2년(잔존내용연수)=	158,266
손실		₩189,596

[별해] 20×1년 말 잔존가치 변경시의 회계처리

㈜대한리스	(차) 손상차손	41,320	(대) 손실충당금	41,320
㈜민국	(차) 사용권자산	16,532	(대) 리스부채	16,532

(물음 5) 사용권자산의 반환

① ㈜대한리스

20×3년 12월 31일	(차) 유형자산	100,000	(대) 금융리스채권	100,000
	(차) 유형자산손상차손	60,000[1]	(대) 손상차손누계액	60,000
	(차) 현금	10,000[2]	(대) 보증수익	10,000

1) ₩100,000(추정 잔존가치) − 40,000(실제잔존가치)

2) ₩50,000(보증잔존가치) − 40,000(실제잔존가치)

② ㈜민국

20×3년 12월 31일	(차) 감가상각누계액	450,000	(대) 사용권자산	450,000
	(차) 보증손실	10,000	(대) 현금	10,000

[별해] 리스부채

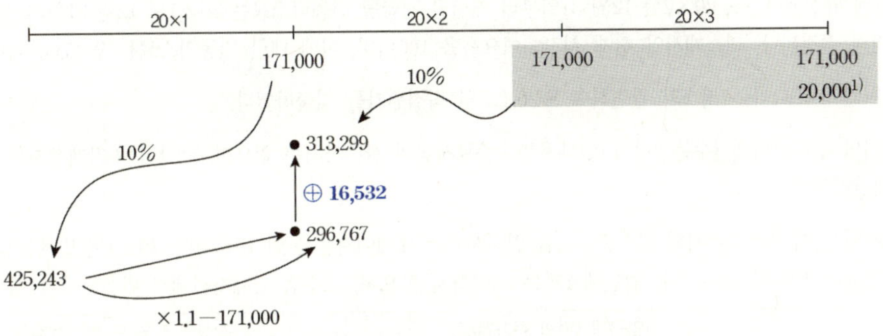

1) 지급예상액 : 50,000(보증잔존가치) − 30,000(추정잔존가치)

[별해] 사용권 자산

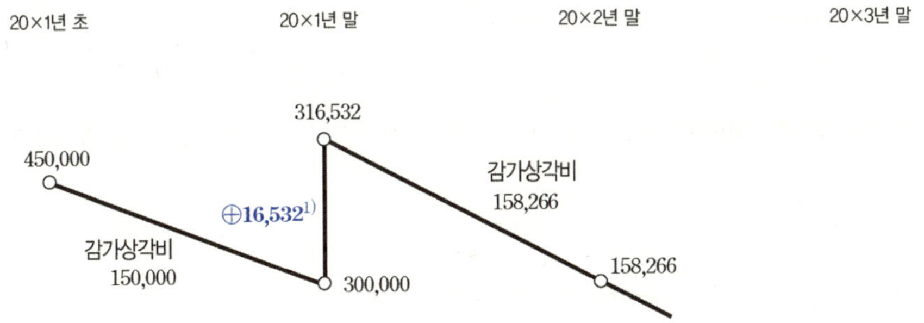

1) 리스부채의 재측정금액

문제 2

다음의 자료를 이용하여 아래의 독립적인 물음에 답하시오.

㈜나라는 20×1년 1월 1일 ㈜우리리스로부터 기계장치를 리스하는 계약을 체결하였다. 동일자에 리스를 개시하였으며, 리스기간의 종료일은 20×5년 12월 31일이다. 리스개시일 현재 리스자산의 공정가치는 ₩300,000이며, 리스기간 종료 시 예상잔존가치는 ₩100,000이다. 리스기간 종료시점에 ㈜나라는 염가매수선택권을 예상잔존가치의 25%의 가격에 행사할 수 있으며, 염가매수선택권을 행사할 것이 리스약정일 현재 거의 확실하다.

㈜나라는 20×3년 1월 1일 이후, 원하는 시점에 ₩50,000의 대가를 지불하고 리스를 종료할 수 있는 종료선택권을 보유하고 있다. 리스기간 개시일 현재 종료선택권을 행사하지 않을 것이 상당히 확실하다.

리스료는 고정리스료(₩50,000)과 변동리스료(시장 대여요율(market rental rates)의 변동을 반영하기 위하여 변동)로 구성된다. 고정리스료와 변동리스료는 매년 12월 31일에 5년간 지급되며, 이를 결정하는 변동리스료는 전기 말에 확정된다. 즉, 20×2년 12월 31일부터 매년말 지급될 변동리스료는 20×1년 12월 31일의 시장대여요율에 의해 결정된다. 리스개시일 현재 시장대여요율을 100이며, 이에 대한 변동리스료는 ₩25,000이다.

리스개시일에 ㈜나라는 리스와 관련하여 ₩20,175의 직접원가를 지출하였다.

기계장치의 경제적내용연수는 8년이고, 내용연수종료시점의 잔존가치는 없으며, ㈜나라는 기계장치를 정액법으로 감가상각한다.

리스개시일 현재 리스순투자와 리스총투자를 일치시키는 내재이자율은 연 10%이다. 20×1년 말 리스와 관련된 수정할인율은 12%를 적용한다. 법인세효과는 고려하지 않으며, 소수점 첫째자리에서 반올림하여 계산한다.

기간	단일금액 ₩1의 현가계수		정상연금 ₩1의 현가계수	
	10%	12%	10%	12%
3	0.7513	0.7118	2.4868	2.4019
4	0.6830	0.6355	3.1698	3.0374
5	0.6209	0.5674	3.7907	3.6048

(물음 1) 해당리스와 관련하여 ㈜나라가 20×1년 포괄손익계산서에 ① 이자비용과 ② 감가상각비로 인식할 금액을 계산하시오.

(물음 2) 20×1년 말 기계장치와 관련한 시장대여요율은 150인 것으로 관측되었다. 이 경우 해당리스가 ㈜나라의 20×2년 당기순이익에 미치는 영향을 계산하시오.

다음의 (물음 3) ~ (물음 4)에서는 시장대여요율의 변동은 없는 것으로 가정한다.

(물음 3) 20×1년 말 시장상황의 변동으로 인해 ㈜나라가 종료선택권을 행사할 가능성이 거의 확실해졌다고 가정한다. 종료선택권의 행사시점은 20×4년 12월 31일로 예상된다. 종료선택권 행사시 염가매수선택권은 행사하지 않을 것이 거의 확실하며 기계장치는 반환된다. 이 경우, ㈜나라가 20×2년 포괄손익계산서에 ① 이자비용과 ② 감가상각비로 인식할 금액을 계산하시오. 단, 리스기간 종료시점의 추정잔존가치 및 보증잔존가치는 없다.

(물음 4) ㈜우리리스는 시장 대여요율에 따른 변동리스료 이외에 기초자산 사용으로 발생하는 해당 연도의 수익의 1%를 매년 말 추가 수령한다고 가정한다. 기초자산의 사용으로 20×1년과 20×2년에 발생한 수익이 각각 ₩200,000, ₩250,000이라고 할 경우, 해당 리스거래가 ㈜나라의 20×2년 당기순이익에 미치는 영향을 계산하시오.

해설 및 해답 리스이용자 - 리스부채의 재평가

(물음 1)

1. 미래현금흐름의 정리

		20×1년	20×2년	20×3년	20×4년	20×5년
고정리스료		50,000	50,000	50,000	50,000	50,000
변동리스료		25,000	25,000	25,000	25,000	25,000
염가매수선택권행사가격						25,000[1]
리스부채 :	₩299,825[2]	₩254,808				
사용권자산 :	₩320,000[3]					

(10%, ×1.1－75,000)

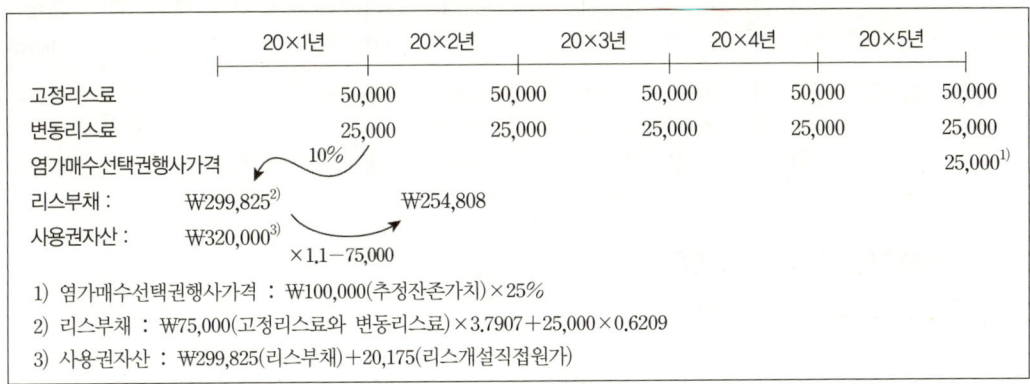

1) 염가매수선택권행사가격 : ₩100,000(추정잔존가치)×25%
2) 리스부채 : ₩75,000(고정리스료와 변동리스료)×3.7907＋25,000×0.6209
3) 사용권자산 : ₩299,825(리스부채)＋20,175(리스개설직접원가)

2. 이자비용과 감가상각비

① 이자비용 : ₩299,825×10%＝₩29,983

② 감가상각비 : [₩320,000－0(잔존가치)]÷8년(경제적내용연수)＝₩40,000

(물음 2) 변동리스료의 변동

1. 20×1년 말 현재 예상 미래현금흐름

	20×1년	20×2년	20×3년	20×4년	20×5년
고정리스료		50,000	50,000	50,000	50,000
변동리스료		37,500[1]	37,500	37,500	37,500
염가매수선택권행사가격					25,000

1) 변동리스료 : ₩25,000÷100(리스개시일 시장대여요율)×150(현행 시장대여요율)

2. 20×1년 말 리스부채 및 사용권 자산의 재계산

① 20×1년 말 리스부채의 재측정 : ₩87,500×3.1698+25,000×0.6830=₩294,433

② 리스부채의 변동 : ₩294,433−254,808(기말 리스부채 잔액)=₩39,625

③ 20×1년 말 사용권자산의 재측정 : [₩320,000−40,000]+39,625=₩319,625

3. 20×2년 당기순이익에 미치는 영향

이자비용	₩294,433×10%=	₩29,443
감가상각비	₩319,625÷7년(잔존내용연수)=	45,661
손실		₩75,104

[별해] 회계처리

20×1년 1월 1일	(차) 사용권자산	320,000	(대) 리스부채	299,825
			현금	20,175
20×1년 12월 31일	(차) 이자비용	29,983	(대) 현금	75,000
	리스부채	45,017		
	(차) 감가상각비	40,000	(대) 감가상각누계액	40,000
	(차) 사용권자산	39,625	(대) 리스부채	39,625
20×2년 12월 31일	(차) 이자비용	29,443	(대) 현금	87,500
	리스부채	58,057		
	(차) 감가상각비	45,661	(대) 감가상각누계액	45,661

(물음 3) 종료선택권 행사가능성의 변동

1. 20×1년 말 현재 예상 미래현금흐름

	20×1년	20×2년	20×3년	20×4년	20×5년
고정리스료		50,000	50,000	50,000	
변동리스료		25,000	25,000	25,000	
종료선택권행사가격				50,000	

2. 20×1년 말 리스부채 및 사용권 자산의 재계산

① 20×1년 말 리스부채의 재측정 : ₩75,000×2.4019*+50,000×0.7118=₩215,733

* 기초자산을 매수하는 선택권 평가에 변동이 있는 경우, 리스이용자는 매수선택권에 따라 지급할 금액의 변동을 반영하여 수정 리스료를 산정하며, 수정 할인율로 수정 리스료를 할인하여 리스부채를 다시 측정한다(K−IFRS 1116호 문단 40). 따라서 20×1년 말의 수정할인율 12%를 사용한다.

② 리스부채의 변동 : ₩215,733−254,808(기말 리스부채 잔액)=(−)₩39,075(감소)

③ 20×1년 말 사용권자산의 재측정 : [₩320,000−40,000]−39,075=₩240,925

3. 20×2년 당기순이익에 미치는 영향

이자비용	₩215,733×12%=	₩25,888
감가상각비	₩240,925÷min[3년(잔여 리스기간), 7년(잔존내용연수)]*=	80,308
손실		₩106,196

* 기계장치를 반환

[별해] 회계처리

20×1년 1월 1일	(차)	사용권자산	320,000	(대) 리스부채	299,825
				현금	20,175
20×1년 12월 31일	(차)	이자비용	29,983	(대) 현금	75,000
		리스부채	45,017		
	(차)	감가상각비	40,000	(대) 감가상각누계액	40,000
	(차)	**리스부채**	**39,075**	**(대) 사용권자산**	**39,075**
20×2년 12월 31일	(차)	이자비용	25,888	(대) 현금	75,000
		리스부채	49,112		
	(차)	감가상각비	80,308	(대) 감가상각누계액	80,308

(물음 4) 지수/요율 이외의 변동리스료

• 지수나 요율(이율)에 따라 달라지는 변동리스료 이외의 변동리스료는 리스부채 측정치에 포함하지 않는다. 변동리스료를 유발하는 사건 또는 조건이 생기는 기간의 리스부채 측정치에 포함되지 않는 변동리스료는 당기손익으로 인식한다(K−IFRS 1116호 문단 38).

• ㈜나라의 당기손익에 미치는 영향

이자비용	₩254,808(20×1년말 리스부채 장부금액−해답 1.참조)×10%=	₩25,481
감가상각비		40,000
변동리스료	₩250,000×1%=	2,500
손실		₩67,981

[별해] ㈜나라의 회계처리

20×2년 12월 31일	(차)	이자비용	25,481	(대) 현금	75,000
		리스부채	49,519		
	(차)	감가상각비	40,000	(대) 감가상각누계액	40,000
	(차)	리스료비용	2,500	(대) 현금	2,500

문제 3

기계장치 제조회사인 ㈜한국은 20×1년 1월 1일에 ㈜대한리스와 리스계약을 체결한 후 제조한 기계장치(제조원가 : ₩2,000,000)를 판매하였다. 판매와 관련된 아래의 리스계약 자료는 모든 (물음)에 공통적으로 적용되며 제시되는 각각의 (물음)은 서로 독립적인 상황이다.

〈 공통자료 〉

- 리스기간개시일은 20×1년 1월 1일, 리스만료일은 20×5년 12월 31일이고 매년 말에 ₩600,000의 리스료를 지급하며, 이 기간 동안은 해지가 불가능한 리스로서 리스기간이 5년이다.
- 기계장치의 추정 내용연수는 6년이고 내용연수가 종료된 시점의 잔존가치는 ₩300,000으로 추정된다.
- 리스기간이 만료된 후 기계장치는 ㈜한국으로 반환되며 만료시점의 잔존가치는 ₩400,000으로 추정되는데, ㈜한국은 ㈜한국과 특수관계가 없고 재무적 이행능력이 있는 제3자로부터 리스기간 만료시점의 추정 잔존가치 50%를 보증받았다.
- 20×1년 1월 1일 판매시점에 기계장치의 공정가치는 ₩2,594,000이며 제조회사인 ㈜한국은 리스의 협상 및 계약단계에서 리스와 관련하여 발생한 추가적인 비용 ₩50,000을 현금으로 지급하였다.
- 20×1년 1월 1일 ㈜한국의 내재이자율은 연9%이고 ㈜대한리스의 증분차입이자율은 연11%이며, 일반 상거래에 적용되는 시장이자율은 연10%이다. 현재가치(현가)계수는 다음의 표를 이용한다.

기간	단일금액 ₩1의 현가계수			정상연금 ₩1의 현가계수		
	9%	10%	11%	9%	10%	11%
5	0.6499	0.6209	0.5935	3.8897	3.7908	3.6959
6	0.5963	0.5645	0.5346	4.4859	4.3553	4.2305

(물음 1) 금융리스 분류기준의 하나인 '리스료의 현재가치가 리스자산 공정가치의 대부분(substantially all)'에 상당하는지 여부에 따라 상기 리스계약이 금융리스와 운용리스로 분류될 수 있다. 리스분류를 위해 ㈜한국의 입장에서 금융리스 분류기준이 되는 「리스료의 현재가치」를 계산하여 아래 양식의 ①에 금액을 기입하고, 해당 자산이 ② 금융리스와 운용리스 중 어떠한 종류로 분류되는지 제시하시오. 단, 계산된 금액은 소수점 첫째자리에서 반올림한다.

리스료의 현재가치	①
리스의 분류	②

(물음 2) 상기 리스계약은 금융리스 거래형태로 기계장치가 판매되었으며, ㈜한국은 재고수량 결정방법으로 계속기록법을 사용하고 있다고 가정한다. ㈜한국의 입장에서 리스기간개시일(판매시점)의 회계처리가 20×1년 재무제표에 미치는 다음의 ①~④의 금액을 계산하고, 감소인 경우에는 금액 앞에 '(－)'로 표시하시오. 단, 매출원가는 리스자산의 장부금액에서 '무보증 잔존가치의 현재가치'를 차감하여 계산한다. 계산된 금액은 소수점 첫째자리에서 반올림한다. 단, 해당 항목에 영향이 없으면 '해당 없음'으로 표시하며, 원단위 미만은 반올림한다.

자산의 증가(감소)	부채의 증가(감소)	수익의 증가(감소)	비용의 증가(감소)
①	②	③	④

(물음 3) 상기 리스계약은 금융리스 거래형태로 기계장치가 판매되었다고 가정한다. 다음의 회계처리 방법별로 ㈜한국이 20×1년 포괄손익계산서에 이자수익으로 인식할 금액을 각각 계산하시오.

구분	이자수익
무보증잔존가치의 현재가치를 금융리스채권에 포함하는 방식	①
무보증잔존가치의 현재가치를 금융리스채권에 포함하지 않는 방식	②

(물음 4) 상기 리스계약은 금융리스 거래형태로 기계장치가 판매되었다고 가정한다. 해당 리스와 관련하여 ㈜대한리스가 20×1년 포괄손익계산서상 인식할 비용의 계정과목과 금액을 각각 제시하시오. 단, ㈜대한리스는 ㈜한국의 내재이자율을 알지못한다고 가정한다.

해설 및 해답 판매형리스 (2015년 회계사 수정)

• 미래현금흐름의 정리

	20×1년	20×2년	20×3년	20×4년	20×5년
고정리스료	600,000	600,000	600,000	600,000	600,000
제3자보증잔존가치					200,000
무보증잔존가치					200,000

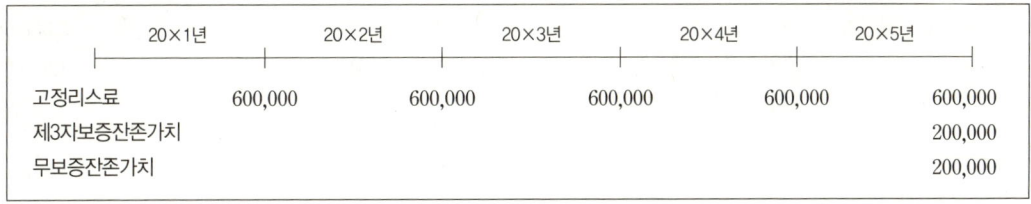

(물음 1) 리스제공자의 리스분류

① 리스료의 현재가치 : ₩600,000×3.8897+200,000×0.6499=₩2,463,800

② 리스의 분류 : 리스료의 현재가치(₩2,463,800)가 리스자산의 공정가치의 90%(₩2,334,600 =₩2,594,000×90%) 이상이므로 금융리스로 분류된다.

(물음 2) 판매형 리스에서 리스제공자의 회계처리

자산의 증가(감소)	부채의 증가(감소)	수익의 증가(감소)	비용의 증가(감소)
① ₩472,840	② 없음	③ ₩2,398,660	④ ₩1,925,820

1. 금액의 계산

① 매출액 : min[₩600,000×3.7908+200,000×0.6209, 2,594,000]=₩2,398,660

② 매출원가 : 2,000,000−200,000×0.6209=(−)₩1,875,820

2. 회계처리

20×1년 1월 1일	(차) 금융리스채권	2,522,840	(대) 매출액	2,522,840[1]
	(차) 매출원가	2,000,000	(대) 재고자산	2,000,000
	(차) 매출액	124,180[2]	(대) 매출원가	124,180
	(차) 판매비와관리비	50,000	(대) 현금	50,000

1) min[₩600,000×3.7908+400,000(추정잔존가치)×0.6209, 2,594,000]

2) 200,000(무보증잔존가치)×0.6209

3. 자산·부채·수익·비용

① 자산의 증감 : ₩2,398,660−1,875,820−50,000=472,840

② 부채의 증감 : 없음

③ 수익의 증감 : ₩2,398,660(매출액)

④ 비용의 증감 : ₩1,875,820(매출원가)+50,000(판매비와 관리비)=₩1,925,820

[별해] 금융리스채권에 무보증잔존가치의 현재가치를 포함시키지 않는 경우

① 무보증잔존가치의 현재가치를 매출채권 및 재고자산의 회계처리에서 제외하는 경우, 자산, 부채, 수익, 비용에 미치는 영향은 포함하지 않는 경우와 동일하다. 그러나 추후에 인식되는 이자수익의 금액에 차이가 발생한다.

② 회계처리

20×1년 1월 1일	(차) 금융리스채권	2,398,660	(대) 매출액	2,398,660
	(차) 매출원가	1,875,820	(대) 재고자산	1,875,820
	(차) 판매비와관리비	50,000	(대) 현금	50,000

[별해] 판매형리스의 규정

- 제조자 또는 판매자인 리스제공자는 리스개시일에 각 금융리스에 대하여 다음을 인식한다(K-IFRS 1116호 문단 71).
  ① 기초자산의 공정가치와, 리스제공자에게 귀속되는 리스료를 시장이자율로 할인한 현재가치 중 적은 금액으로 수익을 인식한다.
  ② 기초자산의 원가(원가와 장부금액이 다를 경우에는 장부금액)에서 무보증잔존가치의 현재가치를 뺀 금액을 매출원가로 인식한다.
  ③ 기업회계기준서 제1115호를 적용하는 일반 판매에 대한 리스제공자의 회계정책에 따라 매출손익(수익과 매출원가의 차이)을 인식한다. 제조자 또는 판매자인 리스제공자는 기업회계기준서 제1115호에서 기술하는 바와 같이 리스제공자가 기초자산을 이전하는지에 관계없이 리스개시일에 금융리스에 대한 매출손익을 인식한다.
- 제조자 또는 판매자인 리스제공자는 고객을 끌기 위하여 의도적으로 낮은 이자율을 제시하기도 한다. 이러한 낮은 이자율의 사용은 리스제공자가 거래에서 생기는 전체 이익 중 과도한 부분을 리스개시일에 인식하는 결과를 가져온다. 의도적으로 낮은 이자율을 제시하는 경우라면 제조자 또는 판매자인 리스제공자는 시장이자율을 부과하였을 경우의 금액으로 매출이익을 제한한다(K-IFRS 1116호 문단 73).
- 제조자 또는 판매자인 리스제공자는 금융리스 체결과 관련하여 부담하는 원가를 리스개시일에 비용으로 인식한다. 그 원가는 주로 제조자 또는 판매자인 리스제공자가 매출이익을 벌어들이는 일과 관련되기 때문이다. 제조자 또는 판매자인 리스제공자가 금융리스 체결과 관련하여 부담하는 원가는 리스개설직접원가의 정의에서 제외되고, 따라서 리스순투자에서도 제외된다(K-IFRS 1116호 문단 74).

(물음 3) 이자수익

① 무보증잔존가치의 현재가치를 금융리스채권에 포함하는 방식 : ₩2,522,840×10%=₩252,284
② 무보증잔존가치의 현재가치를 금융리스채권에 포함하지 않는 방식 : ₩2,398,660×10%=₩239,866

(물음 4) 판매형 리스에서 리스이용자의 회계처리

1. 리스부채와 사용권자산

① 리스부채 : ₩600,000×3.6959(11% 현가계수)=₩2,217,540

* 제3자가 보증한 잔존가치는 리스료에 포함되지 않으며, 내재이자율을 알지 못하므로 증분차입이자율을 사용하여 리스부채를 계산한다.

② 사용권자산 : ₩2,217,540(리스부채와 동일)

2. 비용으로 인식할 금액

① 이자비용 : ₩2,217,540(리스부채 기초잔액)×11%=₩243,929
② 감가상각비 : ₩2,217,540(취득원가)÷min[5년(리스기간), 6년(경제적내용연수)]=₩443,508

문제 4

㈜한국은 B리스회사와 20×1년 1월 1일에 운용리스계약을 체결하였다.

- 리스개시일 : 20×1년 1월 1일
- 리스자산 : 취득원가 ₩1,200,000, 경제적 내용연수와 내용연수는 모두 5년, 추정 잔존가치와 보증잔존가치 없음, 정액법 상각
- 리스기간 : 리스개시일로부터 3년
- 고정리스료 : 20×1년 12월 31일 ₩400,000
  20×2년 12월 31일 ₩300,000
  20×3년 12월 31일 ₩200,000
- ㈜한국과 B리스회사는 리스개설직접원가로 각각 ₩15,000, ₩18,000을 지출하였다.
- B리스회사는 계약에 따른 인센티브로 ㈜한국에게 현금 ₩30,000을 리스계약일에 지급하였다.
- 20×1년 7월 1일에 ㈜한국은 리스자산의 재배치를 실시하였으며, B리스회사로부터 받은 인센티브 ₩30,000을 포함하여 총 ₩50,000을 현금으로 지출하였다.
- 리스에 적용되는 내재이자율은 10%이며, 관련 현재가치계수는 다음과 같다.

현재가치계수	1	2	3
단일금액 ₩1의 현가계수	0.9091	0.8264	0.7513
정상연금 ₩1의 현가계수	0.9091	1.7355	2.4868

(물음 1) 리스자산의 사용에 따른 효익의 기간적 형태를 보다 잘 나타내는 다른 체계적인 기준은 없다고 가정하고, 운용리스거래가 ① B리스회사와 ② ㈜한국의 20×1년 당기순이익에 미치는 영향을 각각 계산하시오. 단, 당기순이익이 감소하는 경우에는 금액 앞에 (−)를 표시하시오.

(물음 2) B리스회사의 20×1년 말 재무상태표에 보고할 운용리스자산의 장부금액을 계산하시오.

해설 및 해답 운용리스 (2013년 회계사 수정)

(물음 1) 리스제공자와 리스이용자의 당기순이익에 미친 영향

1. B리스회사(리스제공자)의 당기순이익에 미친 영향

① 운용리스제공자는 정액 기준이나 다른 체계적인 기준으로 운용리스의 리스료를 수익으로 인식한다. 다른 체계적인 기준이 기초자산의 사용으로 생기는 효익이 감소되는 형태를 더 잘 나타낸다면 리스제공자는 그 기준을 적용한다. 리스료 수익 획득 과정에서 부담하는 원가(감가상각비를 포함함)를 비용으로 인식하며, 운용리스 체결 과정에서 부담하는 리스개설직접원가를 기초자산의 장부금액에 더하고 리스료 수익과 같은 기준으로 리스기간에 걸쳐 비용으로 인식한다(K-IFRS 1116호 문단 81~83).

② 당기순이익에 미치는 영향

리스료수익	(₩400,000+300,000+200,000)÷3년=	₩300,000
감가상각비	₩1,200,000÷5년+18,000÷3년*=	(246,000)
운용리스인센티브	₩30,000÷3년=	(10,000)
당기순이익에 미치는 영향		₩44,000

* 리스개설직접원가는 운용리스자산의 장부금액에 추가하고 리스료수익에 대응하여 리스기간 동안 비용으로 인식

[별해] 회계처리

20×1년 1월 1일	(차)	운용리스자산	18,000	(대)	현금	18,000
	(차)	선급운용리스인센티브	30,000	(대)	현금	30,000
20×1년 12월 31일	(차)	현금	400,000	(대)	리스료수익	300,000
					선수리스료	100,000
	(차)	감가상각비	246,000	(대)	감가상각누계액	246,000
	(차)	리스료수익	10,000	(대)	선급운용리스인센티브	10,000

2. ㈜한국(리스이용자)의 당기순이익에 미친 영향

① 리스이용자는 리스개시일에 사용권자산을 원가로 측정하며, 리스개시일에 그날 현재 지급되지 않은 리스료의 현재가치로 리스부채를 측정한다. 리스의 내재이자율을 쉽게 산정할 수 있는 경우에는 그 이자율로 리스료를 할인한다. 그 이자율을 쉽게 산정할 수 없는 경우에는 리스이용자의 증분차입이자율을 사용한다(K-IFRS 1116호 문단 23, 26).

② 리스부채와 사용권자산의 계산

㉠ 리스부채 : ₩400,000×0.9091+300,000×0.8264+200,000×0.7513=₩761,820

㉡ 사용권자산 : ₩761,820+15,000(리스개설직접원가)−30,000(받은 리스인센티브)=₩746,820

③ 당기손익에 미치는 영향

㉠ 이자비용 : ₩761,820×10%=₩76,182

㉡ 감가상각비 : ₩746,820÷min[3년(리스기간), 5년(경제적내용연수)]=₩248,940

㉢ 당기손익에 미치는 영향 : ₩76,182+248,940+50,000(재배치비용)=₩375,122(손실)

[별해] 회계처리

20×1년 1월 1일	(차)	현 금	30,000	(대)	선수운용리스인센티브	30,000
	(차)	사 용 권 자 산	746,820	(대)	리 스 부 채	761,820
		선수운용리스인센티브	30,000		현 금 (개 설 원 가)	15,000
20×1년 7월 1일	(차)	재 배 치 비 용	50,000	(대)	현 금	50,000
20×1년 12월 31일	(차)	이 자 비 용	76,182	(대)	현 금	400,000
		리 스 부 채	323,818			
	(차)	감 가 상 각 비	248,940	(대)	감 가 상 각 누 계 액	248,940

(물음 2) 운용리스자산의 장부금액

- ₩1,200,000(취득금액)+18,000(리스개설직접원가)−246,000(감가상각비)=₩972,000

[별해] 리스이용자의 리스부채와 사용권자산의 측정

- 리스이용자는 리스개시일에 그날 현재 지급되지 않은 리스료의 현재가치로 리스부채를 측정한다. 리스의 내재이자율을 쉽게 산정할 수 있는 경우에는 그 이자율로 리스료를 할인한다. 그 이자율을 쉽게 산정할 수 없는 경우에는 리스이용자의 증분차입이자율을 사용한다. 리스개시일에 리스부채의 측정치에 포함되는 리스료는, 리스기간에 걸쳐 기초자산을 사용하는 권리에 대한 지급액 중 그날 현재 지급되지 않은 다음 금액으로 구성된다(K−IFRS 1116호 문단 26, 27).
  ① 고정리스료(문단 B42에서 기술하는 실질적인 고정리스료를 포함하고, 받을 리스 인센티브는 차감)
  ② 지수나 요율(이율)에 따라 달라지는 변동리스료. 처음에는 리스개시일의 지수나 요율(이율)을 사용하여 측정한다.
  ③ 잔존가치보증에 따라 리스이용자가 지급할 것으로 예상되는 금액
  ④ 리스이용자가 매수선택권을 행사할 것이 상당히 확실한 경우(문단 B37~B40에서 기술하는 요소를 고려하여 판단함)에 그 매수선택권의 행사가격
  ⑤ 리스기간이 리스이용자의 종료선택권 행사를 반영하는 경우에 그 리스를 종료하기 위하여 부담하는 금액
- 리스이용자는 리스개시일에 사용권자산을 원가로 측정한다. 사용권자산의 원가는 다음 항목으로 구성된다(K−IFRS 1116호 문단 23, 24).
  ① 리스부채의 최초 측정금액
  ② 리스개시일이나 그 전에 지급한 리스료(받은 리스 인센티브는 차감)
  ③ 리스이용자가 부담하는 리스개설직접원가
  ④ 리스 조건에서 요구하는 대로 기초자산을 해체하고 제거하거나, 기초자산이 위치한 부지를 복구하거나, 기초자산 자체를 복구할 때 리스이용자가 부담하는 원가의 추정치(다만 그 원가가 재고자산을 생산하기 위해 부담하는 것이 아니어야 한다). 리스이용자는 리스개시일에 그 원가에 대한 의무를 부담하게 되거나 특정한 기간에 기초자산을 사용한 결과로 그 원가에 대한 의무를 부담한다.

문제 5 저유

아래의 자료를 이용하여 다음의 독립적인 물음에 답하시오.

(1) 20×1년 1월 1일 ㈜나라리스는 ㈜우리부동산으로부터 가건물을 임차하였다. 리스기간 개시일은 20×1년 1월 1일이며, 리스기간 개시일에 ㈜나라리스는 ₩10,465의 리스개설직접원가를 지출하였다. 리스료는 매년 12월 31일에 ₩50,000씩 지급하며, 리스기간 종료시점의 잔존가치는 없다. 리스기간은 5년이며, 리스기간이 종료된 후 가건물은 ㈜우리부동산에게 반환된다. 리스계약과 관련한 내재이자율은 10%이다.

(2) 20×2년 1월 1일 ㈜나라리스는 ㈜우리부동산으로부터 임차한 가건물을 ㈜만세에게 재임대하였다. 리스기간 개시일은 20×2년 1월 1일이며, 리스료는 매년 12월 31일에 ₩60,000씩 지급한다. 리스기간 종료시점의 잔존가치는 없다. 리스기간은 4년이며, 리스기간이 종료된 후 가건물은 ㈜나라리스에게 반환된다. ㈜나라리스는 전대리스의 내재이자율을 쉽게 산정할 수 없다.

(3) ㈜나라리스가 보유하고 있는 사용권자산의 시점별 공정가치는 다음과 같다.

구분	20×2년 1월 1일	20×2년 12월 31일
공정가치	₩190,000	₩210,000

(4) 이자율 10%의 현재가치계수는 다음과 같으며, 소수점 이하는 반올림한다.

구분	1기간	2기간	3기간	4기간	5기간
단일금액	0.9091	0.8264	0.7513	0.6830	0.6209
정상연금	0.9091	1.7355	2.4868	3.1698	3.7907

(물음 1) ㈜나라리스가 ㈜만세와의 리스계약을 금융리스로 분류하였다고 할 경우, 해당 리스계약이 ㈜나라리스의 20×2년 당기순이익에 미친 영향을 계산하시오.

(물음 2) ㈜나라리스가 ㈜만세와의 리스계약을 운용리스로 분류한 후, 사용권자산에 대한 권리를 투자부동산으로 분류하였다. 이 경우, 해당 리스계약이 ㈜나라리스의 20×2년 당기순이익에 미친 영향을 계산하시오. 단, ㈜나라리스는 투자부동산에 대해서 원가모형을 적용한다.

(물음 3) ㈜만세가 상기리스와 관련하여 20×2년 포괄손익계산서에 인식할 비용을 항목별로 제시하시오.

해설 및 해답 전대리스

1. 미래현금흐름의 정리

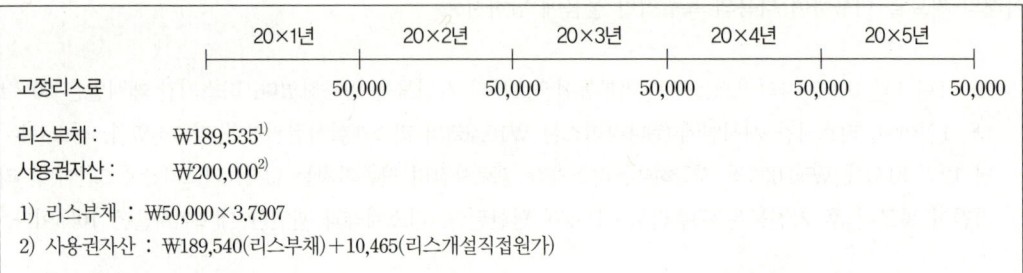

	20×1년	20×2년	20×3년	20×4년	20×5년
고정리스료	50,000	50,000	50,000	50,000	50,000

리스부채 : ₩189,535[1)]

사용권자산 : ₩200,000[2)]

1) 리스부채 : ₩50,000×3.7907
2) 사용권자산 : ₩189,540(리스부채)+10,465(리스개설직접원가)

2. 전대리스 개시일의 리스부채와 사용권자산

① 리스부채 : ₩189,535×(1+10%)−50,000=₩158,489

② 사용권자산 : ₩200,000−200,000÷5년=₩160,000

(물음 1)

사용권자산 처분손익	₩190,188[1)](전대리스채권)−₩160,000(사용권자산)=	₩30,188
리스부채 이자비용	₩158,489×10%=	(15,849)
전대리스채권 이자수익	₩190,188×10%[2)]=	19,019
		₩33,358

1) 전대리스 순투자(=리스료의 현재가치) : ₩60,000×3.1698
2) 전대리스의 내재이자율을 쉽게 산정할 수 없다면, 중간리스제공자는 전대리스의 순투자를 측정하기 위하여 상위리스(head lease)에 사용된 할인율(전대리스에 관련되는 리스개설직접원가를 조정함)을 사용할 수 있다.

[별해] ㈜나라의 회계처리

20×1년 1월 1일	(차)	사용권자산	200,000	(대)	리스부채	189,535
					현금(개설원가)	10,465
20×1년 12월 31일	(차)	이자비용	18,954	(대)	현금	50,000
		리스부채	31,046			
	(차)	감가상각비	40,000	(대)	감가상각누계액	40,000
20×2년 1월 1일	(차)	리스채권	190,188	(대)	사용권자산	200,000
		감가상각누계액	40,000		처분이익	30,188
20×2년 12월 31일	(차)	이자비용	15,849	(대)	현금	50,000
		리스부채	54,151			
	(차)	현금	60,000	(대)	이자수익	19,019
					리스채권	40,981

(물음 2)

리스부채 이자비용	₩158,489×10%=	₩(15,849)
투자부동산 감가상각비		(40,000)
전대리스료수익		60,000
		₩4,151

[별해] ㈜나라의 20×2년 회계처리

20×1년 1월 1일	(차)	사 용 권 자 산	200,000	(대)	리 스 부 채	189,535
					현 금 (개 설 원 가)	10,465
20×1년 12월 31일	(차)	이 자 비 용	18,954	(대)	현 금	50,000
		리 스 부 채	31,046			
	(차)	감 가 상 각 비	40,000	(대)	감 가 상 각 누 계 액	40,000
20×2년 1월 1일	(차)	투 자 부 동 산	160,000	(대)	사 용 권 자 산	200,000
		감 가 상 각 누 계 액	40,000			
20×2년 12월 31일	(차)	이 자 비 용	15,849	(대)	현 금	50,000
		리 스 부 채	54,151			
	(차)	감 가 상 각 비	40,000	(대)	감 가 상 각 누 계 액	40,000
	(차)	현 금	60,000	(대)	리 스 료 수 익	60,000

(물음 3)

① 리스부채 이자비용 : ₩60,000×3.1698(리스부채)×10%=₩19,019

② 사용권자산 감가상각비 : ₩60,000×3.1698(사용권자산)÷4년=₩47,547

문제 6

※ 다음의 각 물음은 독립적이다.

㈜민국은 20×1년 1월 1일 보유하던 건물을 ㈜대한에게 매각하고, 같은 날 동 건물을 리스하여 사용하는 계약을 체결하였다. 다음의 〈자료〉를 이용하여 물음에 답하시오.

〈자 료〉

1. ㈜민국이 보유하던 건물의 20×1년 1월 1일 매각 전 장부금액은 ₩3,000,000이며, 공정가치는 ₩5,000,000이다.
2. 20×1년 1월 1일 동 건물의 잔존내용연수는 8년이고 잔존가치는 없다. ㈜민국과 ㈜대한은 감가상각 방법으로 정액법을 사용한다.
3. 리스개시일은 20×1년 1월 1일이며, 리스료는 리스기간 동안 매년 말 ₩853,617을 수수한다.
4. 리스기간은 리스개시일로부터 5년이며, 리스 종료일에 소유권이 이전되거나 염가로 매수할 수 있는 매수선택권 및 리스기간 변경 선택권은 없다.
5. ㈜대한은 해당 리스를 운용리스로 분류한다. 리스계약과 관련하여 지출한 리스개설직접원가는 없다.
6. 리스의 내재이자율은 연 7%로, ㈜민국이 쉽게 산정할 수 있다.
7. 현재가치 계산 시 아래의 현가계수를 이용하고, 답안 작성 시 원 이하는 반올림한다.

7%	1	2	3	4	5
단일금액 ₩1의 현가계수	0.9346	0.8734	0.8163	0.7629	0.7130
정상연금 ₩1의 현가계수	0.9346	1.8080	2.6243	3.3872	4.1002

(물음 1) ㈜민국은 보유하고 있던 건물을 공정가치인 ₩5,000,000에 매각하였으며, 동 거래는 수익인식기준에 근거한 판매로 판단된다. 아래 요구사항에 답하시오.

〈요구사항 1〉 리스이용자인 ㈜민국의 20×1년 12월 31일 재무상태표에 표시될 ① 사용권자산(순액), ② 리스부채 금액 및 20×1년도 포괄손익계산서 상 ③ 당기순이익에 미치는 영향을 계산하시오. 단, 당기순이익이 감소하는 경우에는 금액 앞에 (−)를 표시하시오.

회사	구분	금액
㈜민국	사용권자산(순액)	①
	리스부채	②
	당기순이익에 미치는 영향	③

< 요구사항 2 > 해당 리스거래가 리스제공자인 ㈜대한의 20×1년도 포괄손익계산서 상 당기순이익에 미치는 영향을 계산하시오. 단, 당기순이익이 감소하는 경우에는 금액 앞에 (−)를 표시하시오.

회사	구분	금액
㈜대한	당기순이익에 미치는 영향	①

(물음 2) ㈜민국은 보유하고 있던 건물을 ₩5,300,000에 매각하였으며, 동 거래는 수익인식기준에 근거한 판매로 판단된다. 아래 요구사항에 답하시오.

< 요구사항 1 > 리스이용자인 ㈜민국의 20×1년 12월 31일 재무상태표에 표시될 ① 사용권자산(순액), ② 리스부채 금액 및 20×1년도 포괄손익계산서 상 ③ 당기순이익에 미치는 영향을 계산하시오. 단, 당기순이익이 감소하는 경우에는 금액 앞에 (−)를 표시하시오.

회사	구분	금액
㈜민국	사용권자산(순액)	①
	리스부채	②
	당기순이익에 미치는 영향	③

< 요구사항 2 > 해당 리스거래가 리스제공자인 ㈜대한의 20×1년도 포괄손익계산서 상 당기순이익에 미치는 영향을 계산하시오. 단, 당기순이익이 감소하는 경우에는 금액 앞에 (−)를 표시하시오.

회사	구분	금액
㈜대한	당기순이익에 미치는 영향	①

(물음 3) ㈜민국은 보유하고 있던 건물을 ₩4,500,000에 매각하였으며, 동 거래는 수익인식기준에 근거한 판매로 판단된다. 아래 요구사항에 답하시오.

< 요구사항 1 > 리스이용자인 ㈜민국의 20×1년 12월 31일 재무상태표에 표시될 ① 사용권자산(순액), ② 리스부채 금액 및 20×1년도 포괄손익계산서 상 ③ 당기순이익에 미치는 영향을 계산하시오. 단, 당기순이익이 감소하는 경우에는 금액 앞에 (−)를 표시하시오.

회사	구분	금액
㈜민국	사용권자산(순액)	①
	리스부채	②
	당기순이익에 미치는 영향	③

<요구사항 2> 해당 리스거래가 리스제공자인 ㈜대한의 20×1년도 포괄손익계산서 상 당기순이익에 미치는 영향을 계산하시오. 단, 당기순이익이 감소하는 경우에는 금액 앞에 (−)를 표시하시오.

회사	구분	금액
㈜대한	당기순이익에 미치는 영향	①

(물음 4) ㈜민국이 건물을 매각한 거래가 수익인식기준에 근거한 판매가 아닌 것으로 판단되는 경우, 판매자인 ① ㈜민국과 구매자인 ② ㈜대한은 이전된 매각 금액을 어떻게 회계처리하여야 하는지 간략히 기술하시오.

㈜민국	①
㈜대한	②

해설 및 해답 판매후리스 (2021년 회계사 수정)

(물음 1) 판매후리스

〈 요구사항 1 〉

회사	구분	금액
㈜민국	사용권자산(순액)	① ₩1,680,000
	리스부채	② ₩2,891,383
	당기순이익에 미치는 영향	③ (−)₩65,000

1. 리스이용자의 판매후리스

① 리스부채 : ₩853,617×4.1002=₩3,500,000

② 사용권자산 : ₩3,000,000(장부금액)×3,500,000(리스부채)÷5,000,000(공정가치)=₩2,100,000

2. 답안의 계산

① 사용권자산 : ₩2,100,000−2,100,000/min[5년, 8년]=₩1,680,000

② 리스부채 : ₩3,500,000×(1+7%)−853,617=₩2,891,383

③ 당기손익에 미친 영향

처분손익	₩2,000,000*×(5,000,000−3,500,000(리스부채))÷5,000,000=	₩600,000
리스부채 이자비용	₩3,500,000×7%=	(245,000)
감가상각비	₩2,100,000/5년=	(420,000)
		₩(65,000)

* ₩5,000,000(공정가치)−3,000,000(장부금액)

[별해] ㈜민국의 회계처리

20×1년 1월 1일	(차)	현금	5,000,000	(대)	건물	3,000,000
					처분이익	2,000,000
	(차)	사용권자산	2,100,000	(대)	리스부채	3,500,000
		처분이익	1,400,000			
20×1년 12월 31일	(차)	이자비용	245,000	(대)	현금	853,617
		리스부채	608,617			
	(차)	감가상각비	420,000	(대)	감가상각누계액	420,000

〈 요구사항 2 〉

회사	구분	금액
㈜대한	당기순이익에 미치는 영향	① ₩228,617

① 운용리스제공자의 당기순이익에 미치는 영향 : ₩853,617(리스료수익)－5,000,000/8년(감가상각비) ＝₩228,617

[별해] ㈜대한의 회계처리

20×1년 1월 1일	(차) 건물	5,000,000	(대) 현금	5,000,000
	(차) 운용리스자산	5,000,000	(대) 건물	5,000,000
20×1년 12월 31일	(차) 현금	853,617	(대) **리스료수익**	**853,617**
	(차) **감가상각비**	**625,000**	(대) 감가상각누계액	625,000

(물음 2) 판매후리스 - 추가금융

〈 요구사항 1 〉

회사	구분	금액
㈜민국	사용권자산(순액)	① ₩1,536,000
	리스부채	② ₩2,643,550
	당기순이익에 미치는 영향	③ ₩91,000

1. 리스료의 구분

① 판매금액 중 추가금융부분 : ₩5,300,000(판매금액)－5,000,000(공정가치)＝₩300,000

② 고정리스료 중 추가금융에 관련된 금액 : ₩300,000÷4.1002＝₩73,167

③ 고정리스료 중 리스와 관련된 금액 : (₩3,500,000－300,000)÷4.1002＝₩780,450

또는 ₩853,617－73,167

2. 리스개시일 리스이용자의 회계처리

① 리스부채 : ₩3,500,000－300,000(추가금융)＝₩3,200,000

② 사용권자산 : ₩3,000,000(장부금액)×3,200,000(리스부채)÷5,000,000(공정가치)＝₩1,920,000

3. 답안의 계산

① 20×1년 말 사용권자산 : ₩1,920,000－1,920,000÷min[5년, 8년](감가상각비)＝₩1,536,000

② 20×1년 말 리스부채 : ₩3,200,000×1.07－780,450(리스부채 관련 고정리스료)＝₩2,643,550

③ 당기손익에 미친 영향

처분손익	₩2,000,000[1] × (5,000,000 − 3,200,000[2]) ÷ 5,000,000 =	₩720,000
금융부채이자비용	₩300,000 × 7% =	(21,000)
리스부채이자비용	₩3,200,000 × 7% =	(224,000)
감가상각비	₩1,920,000(사용권자산) ÷ min[5년, 8년] =	(384,000)
		₩91,000

1) 자산 모두 처분시 처분이익 : ₩5,000,000(공정가치)-3,000,000(장부금액)

2) 사용권자산의 취득을 위한 지출액 : ₩3,500,000-300,000(차입금)

[별해] ㈜민국의 회계처리

20×1년 1월 1일	(차)	현금	5,000,000	(대)	건물	3,000,000
					처분이익	**2,000,000**
	(차)	현금	300,000	(대)	금융부채	300,000
	(차)	사용권자산	1,920,000	(대)	리스부채	3,200,000
		처분이익	**1,280,000**			
20×1년 12월 31일	(차)	**이자비용**	**21,000**	(대)	현금	73,167
		금융부채	52,167			
	(차)	**이자비용**	**224,000**	(대)	현금	780,450
		리스부채	556,450			
	(차)	**감가상각비**	**384,000**	(대)	감가상각누계액	384,000

〈 요구사항 2 〉

회사	구분	금액
㈜대한	당기순이익에 미치는 영향	① ₩176,450

리스료수익	고정리스료 중 리스관련 부분 =	₩780,450
대여금이자수익	₩300,000 × 7% =	21,000
감가상각비	₩5,000,000(운용리스자산의 취득원가) ÷ 8년 =	(625,000)
		₩176,450

[별해] ㈜대한의 회계처리

20×1년 1월 1일	(차)	건물	5,000,000	(대)	현금	5,000,000
	(차)	대여금	300,000	(대)	현금	300,000
	(차)	운용리스자산	5,000,000	(대)	건물	5,000,000
20×1년 12월 31일	(차)	현금	780,450	(대)	**리스료수익**	**780,450**
	(차)	현금	73,167	(대)	**이자수익**	**21,000**
					대여금	52,167
	(차)	**감가상각비**	**625,000**	(대)	감가상각누계액	625,000

(물음 3) 판매후리스 - 리스료의 선급

〈 요구사항 1 〉

회사	구분	금액
㈜민국	사용권자산(순액)	① ₩1,920,000
	리스부채	② ₩2,891,383
	당기순이익에 미치는 영향	③ (−)₩31,068

1. 리스개시일 리스이용자의 회계처리

① 판매금액 중 리스료의 선급부분 : ₩5,000,000(공정가치)−4,500,000(판매금액)=₩500,000

② 리스부채 : ₩853,617×4.1002=₩3,500,000

③ 사용권자산 : ₩3,000,000(장부금액)×(500,000(선급리스료)+3,500,000리스부채))÷5,000,000(공정가치)
= ₩2,400,000

2. 답안의 계산

① 20×1년 말 사용권자산 : ₩2,400,000−2,400,000÷min[5년, 8년](감가상각비)=₩1,920,000

② 20×1년 말 리스부채 : ₩3,500,000×1.07−853,617=₩2,891,383

③ 당기손익에 미친 영향

처분손익	₩2,000,000[1]×(5,000,000−4,000,000[2])÷5,000,000=	₩400,000
리스부채이자비용	₩3,500,000×7%=	(245,000)
감가상각비	₩2,400,000(사용권자산)÷min[5년, 8년]=	(480,000)
		₩(325,000)

1) 자산 모두 처분시 처분이익 : ₩5,000,000(공정가치)−3,000,000(장부금액)

2) 사용권자산의 취득을 위한 지출액 : ₩3,500,000+500,000(선급리스료)

[별해] ㈜민국의 회계처리

일자	차변	금액	대변	금액
20×1년 1월 1일	(차) 현금	5,000,000	(대) 건물	3,000,000
			처분이익	**2,000,000**
	(차) 선급리스료	500,000	(대) 현금	500,000
	(차) 사용권자산	2,400,000	(대) 리스부채	3,500,000
	처분이익	**1,600,000**	선급리스료	500,000
20×1년 12월 31일	(차) 이자비용	**245,000**	(대) 현금	853,617
	리스부채	608,617		
	(차) 감가상각비	**480,000**	(대) 감가상각누계액	480,000

〈 요구사항 2 〉

회사	구분	금액
㈜대한	당기순이익에 미치는 영향	① ₩328,617

1. 리스제공자의 회계처리

리스료수익	[₩853,617×5년+500,000(선수리스료)]÷5년=	₩953,617
감가상각비	₩5,000,000(운용리스자산의 취득원가)÷8년=	(625,000)
		₩328,617

[별해] ㈜민국의 회계처리

20×1년 1월 1일	(차) 건 물	5,000,000	(대) 현 금	5,000,000
	(차) 현 금	500,000	(대) 선 수 리 스 료	500,000
	(차) 운 용 리 스 자 산	5,000,000	(대) 건 물	5,000,000
20×1년 12월 31일	(차) 현 금	853,617	(대) 리 스 료 수 익	953,617
	선 수 리 스 료	100,000		
	(차) 감 가 상 각 비	625,000	(대) 감 가 상 각 누 계 액	625,000

(물음 4)

① ㈜민국 : 판매자-리스이용자는 이전한 자산을 계속 인식하고, 이전금액(₩5,000,000)과 같은 금액으로 금융부채를 인식한다. 그 금융부채는 금융상품기준서를 적용하여 회계처리한다.

② ㈜대한 : 구매자-리스제공자는 이전된 자산을 인식하지 않고, 이전금액과 같은 금액으로 금융자산을 인식한다. 그 금융자산은 금융상품기준서를 적용하여 회계처리한다.

| 참고 | 판매후리스의 회계처리(K-IFRS 1116호 문단 100, 101)

① 판매자-리스이용자가 행한 자산 이전이 자산의 판매로 회계처리하게 하는 수익기준서의 요구사항을 충족한다면, 보유하는 사용권에 관련되는 자산의 종전 장부금액에 비례하여 판매후리스에서 생기는 사용권자산을 측정한다. 따라서 판매자-리스이용자는 구매자-리스제공자에게 이전한 권리에 관련되는 차손익 금액만을 인식한다.

② 자산 판매대가의 공정가치가 그 자산의 공정가치와 같지 않거나 리스에 대한 지급액이 시장요율이 아니라면 판매금액을 공정가치로 측정하기 위하여 다음과 같이 조정한다.

(1) 시장조건을 밑도는 부분은 리스료의 선급으로 회계처리한다.

(2) 시장조건을 웃도는 부분은 구매자-리스제공자가 판매자-리스이용자에 제공한 추가 금융으로 회계처리한다.

문제 7 저유

다음 자료를 이용하여 독립적인 물음에 답하시오.

1. ㈜대한(판매자-리스이용자)은 ㈜민국(구매자-리스제공자)에 건물을 현금 ₩1,800,000(판매일의 건물 공정가치)에 판매한다. 거래 직전 건물의 장부금액은 ₩1,000,000이다. 동시에 ㈜대한은 ㈜민국과 5년간 건물 사용권 계약을 체결한다.
2. ㈜대한은 건물의 사용을 통해서 발생하는 매출액의 10%를 변동리스료로 매년 말 지급한다.
3. 거래 조건에 따르면, ㈜대한의 건물 이전은 기업회계기준서 제1115호 '고객과의 계약에서 생기는 수익'의 요구사항을 충족하여 건물의 판매로 회계처리하게 된다. 따라서 ㈜대한과 ㈜민국은 그 거래를 판매후리스로 회계처리한다.
4. 리스의 내재이자율은 쉽게 산정할 수 없다. ㈜대한의 증분차입이자율은 연 3%이다. 3% 현재가치계수는 다음과 같다.

구분	1	2	3	4	5
단일금액 ₩1 현재가치계수	0.9709	0.9426	0.9151	0.8884	0.8625
정상연금 ₩1 현재가치계수	0.9709	1.9135	2.8286	3.7170	4.5795

5. ㈜대한은 사용권자산의 미래 경제적 효익을 리스기간에 걸쳐 고르게 소비할 것으로 예상하기 때문에 사용권자산을 정액법으로 감가상각한다.
6. 리스부채를 측정할 때, ㈜대한은 보유하는 사용권과 관련하여 어떠한 차손의 금액도 인식하지 않는 방식으로 '리스료'를 산정하는 회계정책을 개발한다.

(물음 1) ㈜대한은 건물을 예상매출액을 통해서 매년말 지급할 리스료를 다음과 같이 추정하였다.

구분	20×1년 말	20×2년 말	20×3년 말	20×4년 말	20×5년 말
변동리스료	₩95,923	₩98,124	₩99,243	₩100,101	₩98,121

㈜대한이 20×1년 중 건물을 사용하여 실제로 발생한 매출액은 ₩1,000,000이어서 20×1년말 ㈜민국에게 지급한 리스료는 ₩100,000이다. 이 경우, ㈜대한이 동 리스와 관련하여 20×1년 12월 31일 재무상태표에 표시될 ① 리스부채 금액 및 20×1년도 포괄손익계산서 상 ② 당기순이익에 미치는 영향을 계산하시오. 단, 당기순이익이 감소하는 경우에는 금액 앞에 (−)를 표시하시오.

구분	금액
리스부채	①
당기순이익에 미치는 영향	②

(물음 2) ㈜대한은 건물을 예상매출액을 통해서 매년말 지급할 리스료를 다음과 같이 추정하였다.

구분	20×1년 말	20×2년 말	20×3년 말	20×4년 말	20×5년 말
변동리스료	₩98,264	₩98,264	₩98,264	₩98,264	₩98,264

㈜대한이 20×1년 중 건물을 사용하여 실제로 발생한 매출액은 ₩1,000,000이어서 20×1년말 ㈜민국에게 지급한 리스료는 ₩100,000이다. 이 경우, ㈜대한이 동 리스와 관련하여 20×1년도 포괄손익계산서 상 당기순이익에 미치는 영향을 계산하시오. 단, 당기순이익이 감소하는 경우에는 금액 앞에 (−)를 표시하시오.

해설 및 해답 지수나 요율(이율) 외의 요인에 따라 달라지는 변동리스료가 있는 판매후리스 거래 (리스기준서 사례 25)

(물음 1) 판매후리스

〈 요구사항 1 〉

구분	금액
리스부채	① ₩367,577
당기순이익에 미치는 영향	② ₩532,423

• 지수나 요율(이율) 외의 요인에 따라 달라지는 변동리스료는 리스료의 범주에 포함되지 않지만 판매후리스 거래에서 발생한다면 리스부채 측정에 포함한다. 추후 리스에 대하여 지급하는 금액과 리스부채의 장부금액을 감액하는 리스료(최초 예측치)와의 차이는 당기손익으로 인식한다. 따라서 리스료의 변동을 반영하여 리스부채와 사용권자산을 조정하지 않는다.

1. 리스이용자의 판매후리스

① 리스부채 : ₩95,923×0.9709+98,124×0.9426+99,243×0.9151+100,101×0.8884+98,121×0.8625 =₩450,000

② 사용권자산 : ₩1,000,000(장부금액)×450,000(리스부채)÷1,800,000(공정가치)=₩250,000

2. 답안의 계산

① 리스부채 : ₩450,000×(1+3%)−95,923=₩367,577

② 당기손익에 미친 영향

처분손익	₩800,000* ×(1,800,000−450,000(리스부채))÷1,800,000=	₩600,000
리스부채 이자비용	₩450,000×3%=	(13,500)
리스료변동	₩100,000−95,923=	(4,077)
감가상각비	₩250,000/5년=	(50,000)
		₩532,423

* ₩1,800,000(공정가치)−1,000,000(장부금액)

[별해] ㈜대한의 회계처리

20×1년 1월 1일	(차)	현금	1,800,000	(대)	건물	1,000,000
					처분이익	800,000
	(차)	사용권자산	250,000	(대)	리스부채	450,000
		처분이익	200,000			
20×1년 12월 31일	(차)	이자비용	13,500	(대)	현금	95,923
		리스부채	82,423			
	(차)	리스료비용	4,077	(대)	현금	4,077
	(차)	감가상각비	50,000	(대)	감가상각누계액	50,000

〈 요구사항 2 〉

1. 리스이용자의 판매후리스

① 리스부채 : ₩98,264×4.5795=₩450,000

② 사용권자산 : ₩1,000,000(장부금액)×450,000(리스부채)÷1,800,000(공정가치)=₩250,000

2. 당기손익에 미치는 영향

처분손익	₩800,000×(1,800,000−450,000(리스부채))÷1,800,000=	₩600,000
리스부채 이자비용	₩450,000×3%=	(13,500)
리스료변동	₩100,000−98,264=	(1,736)
감가상각비	₩250,000/5년=	(50,000)
		₩534,764

[별해] ㈜대한의 회계처리

20×1년 1월 1일	(차)	현금	1,800,000	(대)	건물	1,000,000
					처분이익	800,000
	(차)	사용권자산	250,000	(대)	리스부채	450,000
		처분이익	200,000			
20×1년 12월 31일	(차)	이자비용	13,500	(대)	현금	98,264
		리스부채	84,764			
	(차)	리스료비용	1,736	(대)	현금	1,736
	(차)	감가상각비	50,000	(대)	감가상각누계액	50,000

문제 8

다음의 각 물음은 독립적이다.

〈공통 자료〉

1. 리스제공자인 ㈜민국리스는 리스이용자인 ㈜대한과 20×1년 1월 1일에 리스계약을 체결하였다. 리스개시일은 20×1년 1월 1일이다.
2. 기초자산인 사무실 공간 10,000m^{2}의 리스기간은 리스개시일로부터 6년이다.
3. 리스기간 종료시점까지 소유권이 이전되거나 염가로 매수할 수 있는 매수선택권은 없으며, 리스기간 종료시점의 해당 기초자산 잔존가치는 ₩0으로 추정된다.
4. 기초자산의 내용연수는 7년이며, 내용연수 종료시점의 추정잔존가치는 ₩0으로 정액법으로 감가상각한다. 사용권자산은 정액법으로 감가상각한다.
5. ㈜대한은 리스기간 동안 매년 말 ₩2,000,000의 고정리스료를 지급한다.
6. ㈜대한은 리스종료일에 기초자산을 리스제공자인 ㈜민국리스에게 반환하여야 한다.
7. ㈜대한이 리스계약과 관련하여 지출한 리스개설직접원가는 없다.
8. 20×1년 1월 1일에 동 리스의 내재이자율은 연 8%이고, 리스제공자와 리스이용자가 이를 쉽게 산정할 수 있다.
9. 20×3년 1월 1일에 동 리스의 내재이자율을 쉽게 산정할 수 없으나 리스이용자의 증분차입이자율은 연 10%이다.
10. 모든 리스는 소액기초자산 리스에 해당하지 않는다. 현재가치 계산 시 아래의 현가계수를 이용하고, 답안 작성 시 원 이하는 반올림한다.

기간	단일금액 ₩1의 현가계수		정상연금 ₩1의 현가계수	
	8%	10%	8%	10%
1	0.9259	0.9091	0.9259	0.9091
2	0.8573	0.8265	1.7833	1.7355
3	0.7938	0.7513	2.5771	2.4869
4	0.7350	0.6830	3.3121	3.1699
5	0.6806	0.6209	3.9927	3.7908
6	0.6302	0.5645	4.6229	4.3553

(물음 1) 20×3년 1월 1일 ㈜민국리스와 ㈜대한은 리스기간 종료시점까지 남은 4년 동안 사무실 공간 10,000m^2에서 3,000m^2를 추가하기로 합의하였다. ㈜대한은 사무실 공간 3,000m^2의 추가 사용 권리로 인해 20×3년 1월 1일부터 20×6년 12월 31일까지 매년 말 ₩400,000의 고정리스료를 추가로 지급하는데, 증액된 리스대가는 계약 상황을 반영하여 조정한 추가 사용권자산의 개별 가격에 상응하는 금액이다.

이 경우, 리스와 관련한 모든 회계처리가 ㈜대한의 20×3년도 포괄손익계산서의 당기순이익에 미치는 영향과 20×3년 말 재무상태표에 표시되는 사용권자산 및 리스부채의 금액을 각각 계산하시오. 단, 당기순이익이 감소하는 경우에는 (−)를 숫자 앞에 표시하시오.

당기순이익에 미치는 영향	①
사용권자산	②
리스부채	③

(물음 2) 20×3년 1월 1일 ㈜민국리스와 ㈜대한은 리스기간 종료시점까지 남은 4년 동안 사무실 공간 10,000m^2에서 3,000m^2를 추가하기로 합의하였다. ㈜대한은 사무실 공간 3,000m^2의 추가 사용 권리로 인해 20×3년 1월 1일부터 20×6년 12월 31일까지 매년 말 ₩300,000의 고정리스료를 추가로 지급하는데, 증액된 리스대가는 계약 상황을 반영하여 조정한 추가 사용권자산의 개별 가격에 상응하지 않는 금액이다.

이 경우, 리스와 관련한 모든 회계처리가 ㈜대한의 20×3년도 포괄손익계산서의 당기순이익에 미치는 영향과 20×3년 말 재무상태표에 표시되는 사용권자산 및 리스부채의 금액을 각각 계산하시오. 단, 당기순이익이 감소하는 경우에는 (−)를 숫자 앞에 표시하시오.

당기순이익에 미치는 영향	①
사용권자산	②
리스부채	③

(물음 3) 20×3년 1월 1일 ㈜민국리스와 ㈜대한은 리스기간 종료시점까지 남은 4년 동안 사무실 공간을 10,000m^2에서 7,000m^2로 30% 줄이기로 합의하였다. 이에 따라 ㈜대한은 20×3년 1월 1일부터 20×6년 12월 31일까지 매년 말 ₩1,000,000의 고정리스료를 지급한다.

이 경우, 리스와 관련한 모든 회계처리가 ㈜대한의 20×3년도 포괄손익계산서의 당기순이익에 미치는 영향과 20×3년 말 재무상태표에 표시되는 사용권자산 및 리스부채의 금액을 각각 계산하시오. 단, 당기순이익이 감소하는 경우에는 (−)를 숫자 앞에 표시하시오.

당기순이익에 미치는 영향	①
사용권자산	②
리스부채	③

(물음 4) 20×3년 1월 1일 ㈜민국리스와 ㈜대한은 리스기간 종료일을 20×5년말로 단축하기로 합의하였다. 따라서 고정리스료 ₩2,000,000은 20×5년말까지만 지급되며, 그 외의 변동사항은 없다.

이 경우, 리스와 관련한 모든 회계처리가 ㈜대한의 20×3년도 포괄손익계산서의 당기순이익에 미치는 영향과 20×3년 말 재무상태표에 표시되는 사용권자산 및 리스부채의 금액을 각각 계산하시오. 단, 당기순이익이 감소하는 경우에는 (−)를 숫자 앞에 표시하시오.

당기순이익에 미치는 영향	①
사용권자산	②
리스부채	③

(물음 5) 20×3년 1월 1일 ㈜민국리스와 ㈜대한은 리스기간 종료일을 20×7년말로 연장하고, 리스기간 종료시점까지 남은 5년 동안 사무실 공간 10,000m^{2}에서 7,000m^{2}로 30% 줄이기로 합의하였다. 이에 따라 ㈜대한은 20×3년 1월 1일부터 20×7년 12월 31일까지 매년 말 ₩1,500,000의 고정리스료를 지급한다.

이 경우, 리스와 관련한 모든 회계처리가 ㈜대한의 20×3년도 포괄손익계산서의 당기순이익에 미치는 영향과 20×3년 말 재무상태표에 표시되는 사용권자산 및 리스부채의 금액을 각각 계산하시오. 단, 당기순이익이 감소하는 경우에는 (−)를 숫자 앞에 표시하시오.

당기순이익에 미치는 영향	①
사용권자산	②
리스부채	③

(물음 6) 20×3년 1월 1일 ㈜민국리스와 ㈜대한은 리스기간 종료일을 20×5년말로 단축하고, 리스기간 종료시점까지 남은 3년 동안 사무실 공간 10,000m^{2}에서 3,000m^{2}를 추가하기로 합의하였다. ㈜대한은 사무실 공간 3,000m^{2}의 추가 사용 권리로 인해 20×3년 1월 1일부터 20×5년 12월 31일까지 매년 말 ₩300,000의 고정리스료를 추가로 지급하는데, 증액된 리스대가는 계약 상황을 반영하여 조정한 추가 사용권자산의 개별가격에 상응하지 않는 금액이다.

이 경우, 리스와 관련한 모든 회계처리가 ㈜대한의 20×3년도 포괄손익계산서의 당기순이익에 미치는 영향과 20×3년 말 재무상태표에 표시되는 사용권자산 및 리스부채의 금액을 각각 계산하시오. 단, 당기순이익이 감소하는 경우에는 (−)를 숫자 앞에 표시하시오.

당기순이익에 미치는 영향	①
사용권자산	②
리스부채	③

해설 및 해답 리스이용자의 리스변경

• 최초 리스부채

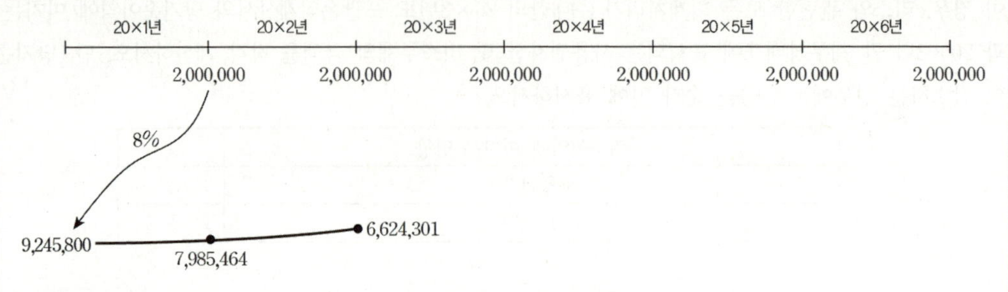

1) ₩2,000,000×4.6229

• 최초 사용권자산

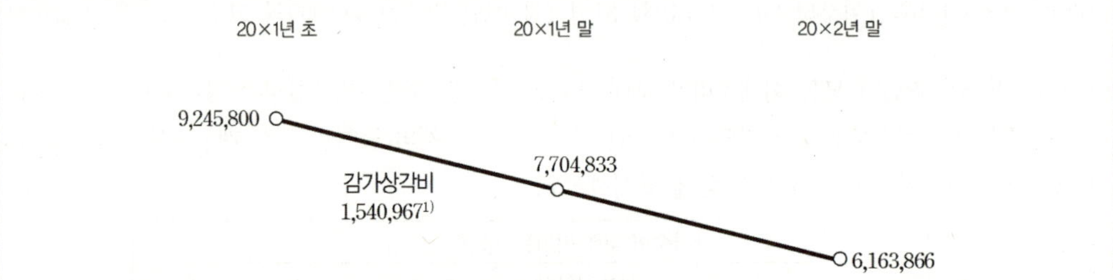

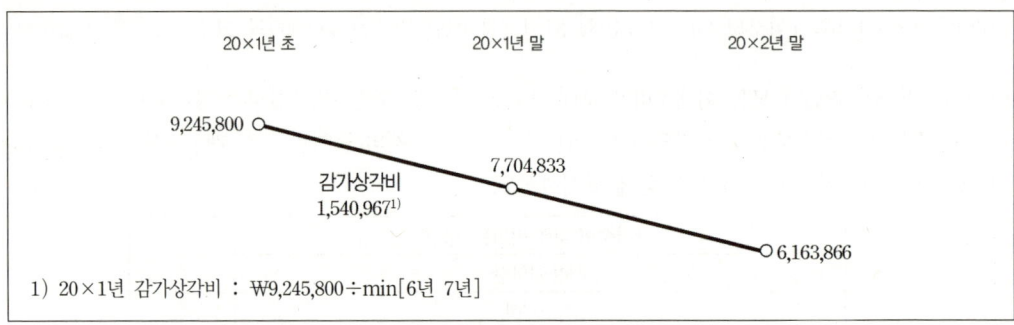

1) 20×1년 감가상각비 : ₩9,245,800÷min[6년 7년]

(물음 1) 별도의 리스로 처리하는 경우 (2020년 회계사)

당기순이익에 미치는 영향	① (−)₩2,514,697
사용권자산	② ₩5,573,869
리스부채	③ ₩6,149,001

• 리스변경이 ① 기초자산 사용권이 추가되어 리스의 범위가 넓어지고, ② 넓어진 리스 범위의 개별 가격에 상응하는 금액과 특정한 계약의 상황을 반영하여 그 개별 가격에 적절히 조정하는 금액만큼 리스대가가 증액되므로 동 리스변경을 별도 리스로 회계처리한다.

1. 기존리스에 대해 인식할 금액

① 당기순이익에 미치는 영향 : ₩6,624,301×8%(이자비용)+1,540,967(감가상각비)=₩2,070,911 손실)

② 사용권자산 : ₩9,245,800−1,540,967(감가상각비)×3년=₩4,622,899

③ 리스부채 : ₩6,624,301×(1+8%)−2,000,000=₩5,154,245

2. 추가된 별도리스에 대해서 인식할 금액

① 당기순이익에 미치는 영향

이자비용	₩1,267,960(새로운 리스부채 최초원가*)×10%=	₩(126,796)
감가상각비	₩1,267,960÷min[4년(잔여리스기간), 5년(잔여 경제적 내용연수)]=	(316,990)
		₩(443,786)

* ₩400,000×3.1699

② 사용권자산 : ₩1,267,960−316,990(감가상각비)=₩950,970

③ 리스부채 : ₩1,267,960×(1+10%)−400,000=₩994,756

3. 답안의 계산

① 당기순이익에 미치는 영향 : (−)₩2,070,911−443,786=(−)₩2,514,697

② 사용권자산 : ₩4,622,899+950,970=₩5,573,869

③ 리스부채 : ₩5,154,245+994,756=₩6,149,001

(물음 2) 별도의 리스로 처리하지 않는 경우 - 리스범위의 증가

당기순이익에 미치는 영향	①	(−)₩2,436,661
사용권자산	②	₩5,122,751
리스부채	③	₩5,719,847

- 리스변경이 넓어진 리스 범위의 개별 가격에 상응하는 금액과 특정한 계약의 상황을 반영하여 그 개별 가격에 적절히 조정하는 금액만큼 리스대가가 증액되지 않았으므로 동 리스변경을 별도 리스로 회계처리하지 않는다. 한편, 리스의 범위나 기간이 감소하는 경우는 아니므로 리스부채의 변동을 사용권자산에 그대로 반영하며 차손익은 인식하지 않는다.

1. 리스변경

① 리스변경 후 리스부채 : ₩2,300,000×3.1699(변경된 리스료의 현재가치−수정할인율 사용)
=₩7,290,770

② 리스변경으로 인한 리스부채의 증가 : ₩7,290,770−6,624,301(기존 리스부채 장부금액)=₩666,469

③ 리스변경 후 사용권자산 : ₩6,163,866+666,469=₩6,830,335

2. 답안의 계산

① 당기순이익에 미치는 영향

이자비용	₩7,290,770×10%=	₩(729,077)
감가상각비	₩6,830,335÷min[4년(잔여리스기간), 5년(잔여 경제적 내용연수)]=	(1,707,584)
		₩(2,436,661)

② 사용권자산 : ₩6,830,335−1,707,584=₩5,122,751

③ 리스부채 : ₩7,290,770×1.1−2,300,000=₩5,719,847

(물음 3) 리스의 범위를 좁히는 리스변경 (2020년 회계사)

당기순이익에 미치는 영향	① (−)₩890,759
사용권자산	② ₩2,135,696
리스부채	③ ₩2,486,890

1. 리스의 범위를 좁히는 리스변경

① 감소하는 부분의 리스부채 : ₩6,624,301×30%=₩1,987,290
또는 ₩2,000,000×30%×3.3121(감소하는 부분의 리스료의 현재가치)

② 감소하는 부분의 사용권자산 : ₩6,163,866×30%=₩1,849,160

③ 리스변경손익 : ₩1,987,290−1,849,160=₩138,130

2. 그 외의 리스변경

① 리스부채 최종금액 : ₩1,000,000×3.1699(10% 4기간 정상연금 현재가치계수)=₩3,169,900

② 리스부채의 감소 : ₩3,169,900−(6,624,301−1,987,290)(리스의 범위를 좁히는 리스변경 직후 리스부채 장부금액)=(−)₩1,467,111

③ 리스변경 후 사용권자산의 장부금액 : (₩6,163,866−1,849,160)(리스의 범위를 좁히는 리스변경 직후 사용권자산 장부금액)−1,467,111(리스부채의 감소 반영)=₩2,847,595

3. 답안의 계산

① 당기순이익에 미치는 영향

리스변경손익		₩138,130
이자비용	₩3,169,900×10%=	(316,990)
감가상각비	₩2,847,595÷min[4년(잔여리스기간), 5년(잔여 경제적 내용연수)]=	(711,899)
		₩(890,759)

② 사용권자산 : ₩2,847,595−711,899(감가상각비)=₩2,135,696

③ 리스부채 : ₩3,169,900×(1+10%)−1,000,000=₩2,486,890

[별해] 리스변경일의 회계처리

20×3년 1월 1일	(차)	리스부채	1,987,290	(대)	사용권자산	1,849,160
					리스변경이익	**138,130**
	(차)	리스부채	1,467,111	(대)	사용권자산	1,467,111
20×3년 12월 31일	(차)	**이자비용**	**316,990**	(대)	현금	1,000,000
		리스부채	683,010			
	(차)	**감가상각비**	**711,899**	(대)	감가상각누계액	711,899

(물음 4) 리스의 기간을 줄이는 리스변경

당기순이익에 미치는 영향	① (−)₩2,049,146
사용권자산	② ₩2,961,599
리스부채	③ ₩3,471,180

1. 리스의 기간을 줄이는 리스변경

① 감소하는 부분의 리스부채 : ₩2,000,000×0.7350(감소하는 기간의 리스료의 현재가치)=₩1,470,000

② 감소하는 부분의 사용권자산 : ₩6,163,866×1년/4년=₩1,540,967

③ 리스변경손익 : ₩1,470,000−1,540,967=₩70,967 손실

2. 그 외의 리스변경

① 리스부채 최종금액 : ₩2,000,000×2.4869(10% 3기간 정상연금 현재가치계수)=₩4,973,800

② 리스부채의 감소 : ₩4,973,800−(6,624,301−1,470,000)(리스의 범위를 좁히는 리스변경 직후 리스부채 장부금액)=(−)₩180,501

③ 리스변경 후 사용권자산의 장부금액 : (₩6,163,866−1,540,967)(리스의 범위를 좁히는 리스변경 직후 사용권자산 장부금액)−180,501(리스부채의 감소 반영)=₩4,442,398

3. 답안의 계산

① 당기순이익에 미치는 영향

리스변경손익		₩(70,967)
이자비용	₩4,973,800×10%=	(497,380)
감가상각비	₩4,442,398÷min[3년(잔여리스기간), 5년(잔여 경제적 내용연수)]=	(1,480,799)
		₩(2,049,146)

② 사용권자산 : ₩4,442,398−1,480,799(감가상각비)=₩2,961,599

③ 리스부채 : ₩4,973,800×(1+10%)−2,000,000=₩3,471,180

[별해] 리스변경일의 회계처리

20×3년 1월 1일	(차) 리스부채	1,470,000	(대) 사용권자산	1,540,967
	리스변경손실	70,967		
	(차) 리스부채	180,501	(대) 사용권자산	180,501
20×3년 12월 31일	(차) 이자비용	497,380	(대) 현금	2,000,000
	리스부채	1,502,620		
	(차) 감가상각비	1,480,799	(대) 감가상각누계액	1,480,799

(물음 5) 리스범위를 좁히면서 기간을 늘리는 리스변경

당기순이익에 미치는 영향	① (−)₩1,503,293
사용권자산	② ₩4,291,092
리스부채	③ ₩4,754,820

1. 리스범위를 좁히는 리스변경

① 감소하는 부분의 리스부채 : ₩2,000,000×30%×3.3121(감소하는 부분의 리스료의 현재가치)=₩1,987,260

② 감소하는 부분의 사용권자산 : ₩6,163,866×30%=₩1,849,160

③ 리스변경손익 : ₩1,987,260−1,849,160=₩138,100 이익

2. 그 외의 리스변경

① 리스부채 최종금액 : ₩1,500,000×3.7908(10% 5기간 정상연금 현재가치계수)=₩5,686,200

② 리스부채의 증가 : ₩5,686,200−(6,624,301−1,987,260)(리스의 범위를 좁히는 리스변경 직후 리스부채 장부금액)=₩1,049,159

③ 리스변경 후 사용권자산의 장부금액 : (₩6,163,866−1,849,160)(리스의 범위를 좁히는 리스변경 직후 사용권자산 장부금액)+1,049,159(리스부채의 증가 반영)=₩5,363,865

3. 답안의 계산

① 당기순이익에 미치는 영향

리스변경손익		₩138,100
이자비용	₩5,686,200×10%=	(568,620)
감가상각비	₩5,363,865÷min[5년(잔여리스기간), 5년(잔여 경제적 내용연수)]=	(1,072,773)
		₩(1,503,293)

② 사용권자산 : ₩5,363,865−1,072,773(감가상각비)=₩4,291,092

③ 리스부채 : ₩5,686,200×(1+10%)−1,500,000=₩4,754,820

[별해] 리스변경일의 회계처리

20×3년 1월 1일	(차)	리스부채	1,987,260	(대)	사용권자산	1,849,160
					리스변경이익	**138,100**
	(차)	사용권자산	1,049,159	(대)	리스부채	1,049,159
20×3년 12월 31일	(차)	**이자비용**	**568,620**	(대)	현금	1,500,000
		리스부채	931,380			
	(차)	**감가상각비**	**1,072,773**	(대)	감가상각누계액	1,072,773

(물음 6) 리스기간을 줄이면서 범위를 늘리는 리스변경 (2024년 회계사 유사)

당기순이익에 미치는 영향	①	(−)₩2,372,443
사용권자산	②	₩3,458,979
리스부채	③	₩3,991,857

1. 리스기간을 줄이는 리스변경

① 감소하는 기간의 리스부채 : ₩2,000,000×0.7350(감소하는 기간의 리스료의 현재가치)=₩1,470,000

② 감소하는 부분의 사용권자산 : ₩6,163,866×1년/4년=₩1,540,967

③ 리스변경손익 : ₩1,470,000−1,540,967=₩70,967 손실

2. 그 외의 리스변경

① 리스부채 최종금액 : ₩2,300,000×2.4869(변경된 리스료의 현재가치−수정할인율 사용)=₩5,719,870

② 리스부채의 증가 : ₩5,719,870−(6,624,301−1,470,000)(리스기간을 줄이는 리스변경 반영 후 리스부채 장부금액)=₩565,569

③ 리스변경 후 사용권자산 : (₩6,163,866−1,540,967)(리스의 범위를 좁히는 리스변경 직후 사용권자산 장부금액)+565,569=₩5,188,468

2. 답안의 계산

① 당기순이익에 미치는 영향

리스변경손익		₩(70,967)
이자비용	₩5,719,870×10%=	₩(571,987)
감가상각비	₩5,188,468×min[3년(잔여리스기간), 5년(잔여 경제적 내용연수)]=	(1,729,489)
		₩(2,372,443)

② 사용권자산 : ₩5,188,468−1,729,489=₩3,458,979

③ 리스부채 : ₩5,719,870×1.1−2,300,000=₩3,991,857

[별해] 리스변경일의 회계처리

20×3년 1월 1일	(차) 리스부채	1,470,000	(대) 사용권자산	1,540,967
	리스변경손실	**70,967**		
	(차) 사용권자산	565,569	(대) 리스부채	565,569
20×3년 12월 31일	(차) **이자비용**	**571,987**	(대) 현금	2,300,000
	리스부채	1,728,013		
	(차) **감가상각비**	**1,729,489**	(대) 감가상각누계액	1,729,489

문제 9 저유

다음의 각 물음은 독립적이다.

〈공통 자료〉

1. 리스제공자인 ㈜민국리스는 리스이용자인 ㈜대한과 20×1년 1월 1일에 리스계약을 체결하였다. 리스개시일은 20×1년 1월 1일이며, ㈜민국리스는 기초자산을 공정가치인 ₩4,622,900에 구입하고 리스로 제공한다.
2. 기초자산인 사무실 공간 10,000m^{2}의 리스기간은 리스개시일로부터 6년이다.
3. 리스기간 종료시점까지 소유권이 이전되거나 염가로 매수할 수 있는 매수선택권은 없으며, 리스기간 종료시점의 해당 기초자산 잔존가치는 ₩0으로 추정된다.
4. 기초자산의 내용연수는 8년이며, 내용연수 종료시점의 추정잔존가치는 ₩0으로 정액법으로 감가상각한다.
5. ㈜대한은 리스기간 동안 매년 말 ₩1,000,000의 고정리스료를 지급한다.
6. ㈜대한은 리스종료일에 기초자산을 리스제공자인 ㈜민국리스에게 반환하여야 한다.
7. 리스계약과 관련하여 지출한 리스개설직접원가는 없다.
8. 20×1년 1월 1일에 동 리스의 내재이자율은 연 8%이고, 리스제공자와 리스이용자가 이를 쉽게 산정할 수 있다. 20×2년 1월 1일에 동 리스의 내재이자율 연 10%이다.
9. 모든 리스는 소액기초자산 리스에 해당하지 않는다. 현재가치 계산 시 아래의 현가계수를 이용하고, 답안 작성 시 원 이하는 반올림한다.

기간	단일금액 ₩1의 현가계수		정상연금 ₩1의 현가계수	
	8%	10%	8%	10%
1	0.9259	0.9091	0.9259	0.9091
2	0.8573	0.8265	1.7833	1.7355
3	0.7938	0.7513	2.5771	2.4869
4	0.7350	0.6830	3.3121	3.1699
5	0.6806	0.6209	3.9927	3.7908
6	0.6302	0.5645	4.6229	4.3553

(물음 1) 리스개시일에 ㈜민국리스는 동 리스를 운용리스로 분류하였다고 가정한다. 20×2년 1월 1일에 ㈜민국리스와 ㈜대한은 리스기간 종료일을 20×7년말로 연장하기로 합의하여, 고정리스료 ₩1,000,000은 20×7년 말까지 매년 말 지급된다. 이에 따라 리스는 운용리스에서 금융리스로 변경되었다. 그 외의 변동사항은 없다.

이 경우, 리스와 관련한 모든 회계처리가 ㈜민국의 20×2년도 포괄손익계산서의 당기순이익에 미치는 영향과 20×2년 말 재무상태표에 표시되는 리스채권의 금액을 각각 계산하시오. 단, 당기순이익이 감소하는 경우에는 (−)를 숫자 앞에 표시하시오. (단, 동 리스변경은 별도의 리스로 회계처리할 수 있는 요건을 충족하지 않는다.)

당기순이익에 미치는 영향	①
리스채권	②

(물음 2) 리스개시일에 ㈜민국리스는 동 리스를 금융리스로 분류하였다고 가정한다. 20×2년 1월 1일에 ㈜민국리스와 ㈜대한은 리스기간 종료일을 20×5년말로 단축하기로 합의하여, 고정리스료 ₩1,000,000은 20×5년 말까지 매년 말 지급된다. 이에 따라 리스는 금융리스에서 운용리스로 변경되었다. 그 외의 변동사항은 없다.

이 경우, 리스와 관련한 모든 회계처리가 ㈜민국의 20×2년도 포괄손익계산서의 당기순이익에 미치는 영향과 20×2년 말 재무상태표에 표시되는 운용리스자산의 금액을 각각 계산하시오. 단, 당기순이익이 감소하는 경우에는 (−)를 숫자 앞에 표시하시오. (단, 동 리스변경은 별도의 리스로 회계처리할 수 있는 요건을 충족하지 않는다.)

당기순이익에 미치는 영향	①
운용리스자산	②

(물음 3) 리스개시일에 ㈜민국리스는 동 리스를 금융리스로 분류하였다고 가정한다. 20×2년 1월 1일에 ㈜민국리스와 ㈜대한은 리스기간 종료시점까지 남은 5년 동안 사무실 공간 10,000m^{2}에서 3,000m^{2}를 추가하기로 합의하였다. ㈜대한은 사무실 공간 3,000m^{2}의 추가 사용 권리로 인해 20×2년 12월 31일부터 20×6년 12월 31일까지 매년 말 ₩300,000의 고정리스료를 추가로 지급하는데, 증액된 리스대가는 계약 상황을 반영하여 조정한 추가 사용권자산의 개별 가격에 상응하지 않는 금액이다. 리스의 분류가 변경되지는 않으며, 리스채권이 제거조건을 충족하는 경우는 아니다. 그 외의 변동사항은 없다.

이 경우, 리스와 관련한 모든 회계처리가 ㈜민국의 20×2년도 포괄손익계산서의 당기순이익에 미치는 영향과 20×2년 말 재무상태표에 표시되는 리스채권의 금액을 각각 계산하시오. 단, 당기순이익이 감소하는 경우에는 (−)를 숫자 앞에 표시하시오.

당기순이익에 미치는 영향	①
리스채권	②

해설 및 해답 리스제공자의 리스변경

(물음 1) 운용리스 → 금융리스

당기순이익에 미치는 영향	①	₩745,793
리스채권	②	₩3,790,830

1. 리스변경

① 리스변경전 운용리스자산 장부금액 : ₩4,622,900−4,622,900/8년(경제적내용연수)=₩4,045,037

② 리스채권(수정할인율 10% 사용) : ₩1,000,000×4.3553=₩4,355,300

③ 변경손익 : ₩4,355,300−4,045,037=₩310,263 이익

2. 답안의 계산

① 당기순이익에 미치는 영향

리스변경손익		₩310,263
이자수익	₩4,355,300×10%=	435,530
		₩745,793

② 리스채권 : ₩4,355,300×1.1−1,000,000=₩3,790,830

[별해] 리스변경일의 회계처리

20×2년 1월 1일	(차) 리스채권	4,355,300	(대)	운용리스자산(순액)	4,045,037
				리스변경이익	310,263
20×2년 12월 31일	(차) 현금	1,000,000	(대)	이자수익	435,530
				리스채권	564,470

(물음 2) 금융리스 → 운용리스

당기순이익에 미치는 영향	①	₩429,610
운용리스자산	②	₩3,422,342

1. 리스변경

① 리스변경전 리스채권 장부금액 : ₩4,622,900×1.08−1,000,000=₩3,992,732

② 변경 후 운용리스자산 : ₩3,992,732(리스채권의 장부금액을 그대로 대체)

③ 변경손익 : 없음

2. 답안의 계산

① 당기순이익에 미치는 영향

리스료수익		₩1,000,000
감가상각비	₩3,992,732÷7년(잔여 경제적내용연수)=	(570,390)
		₩429,610

② 운용리스자산 : ₩3,992,732−570,390=₩3,422,342

[별해] 리스변경일의 회계처리

20×2년 1월 1일	(차) 운 용 리 스 자 산	3,992,732	(대) 리 스 채 권	3,992,732
20×2년 12월 31일	(차) 현 금	1,000,000	(대) 리 스 료 수 익	1,000,000
	(차) 감 가 상 각 비	570,390	(대) 감 가 상 각 누 계 액	570,390

(물음 3) 금융리스 → 금융리스

당기순이익에 미치는 영향	①	₩1,613,019
리스채권	②	₩4,305,751

1. 리스변경

① 리스변경전 리스채권 장부금액 : ₩4,622,900×1.08−1,000,000=₩3,992,732

② 변경 후 리스채권 : ₩1,300,000×3.9927(최초 내재이자율 사용)=₩5,190,510

* 금융리스의 변경은 금융자산의 계약상현금흐름의 변경의 규정을 준용한다. 리스채권이 제거되는 경우가 아니므로 최초의 내재이자율 8%를 사용하여 변경된 리스채권을 측정한다.

③ 변경손익 : ₩5,190,510−3,992,732=₩1,197,778

2. 답안의 계산

① 당기순이익에 미치는 영향

변경손익		₩1,197,778
이자수익	₩5,190,510×8%=	415,241
		₩1,613,019

② 리스채권 : ₩5,190,510×1.08−1,300,000=₩4,305,751

[별해] 리스변경일의 회계처리

20×2년 1월 1일	(차) 리 스 채 권	1,197,778	(대) 변 경 이 익	1,197,778
20×2년 12월 31일	(차) 현 금	1,300,000	(대) 이 자 수 익	415,241
			리 스 채 권	884,759

문제 10 저유

다음의 각 독립적인 물음에 답하시오.

(물음 1) ㈜동북아는 20×1년 1월 1일에 회사소유의 토지와 토지 위의 건물 A를 제조업을 영위하고 있는 ㈜한국에게 하나의 단위로 부동산 금융리스를 실행하였으며, ㈜한국은 20×1년 1월 1일에 건물 A를 운용리스로 ㈜독도에게 제공하였다. 〈관련 자료〉는 다음과 같다.

〈 관련 자료 〉

1. 20×1년 1월 1일 약정일 현재 토지와 건물 A의 공정가치 비율은 2:1이며, 토지와 건물 A에 대한 임차권의 상대적인 공정가치 비율은 3:1이다.
2. ㈜동북아와 ㈜한국의 리스기간은 10년이고, 리스기간 종료 후 무상으로 소유권을 이전하는 조건이다.
3. ㈜한국은 ㈜동북아에게 매년 말 리스료로 ₩3,000,000을 지급하며, 리스제공자의 내재이자율은 연 3%이다. 10기간, 3% 연금현가계수는 8.5302이다.
4. ㈜한국과 ㈜독도의 리스기간은 3년이고, ㈜독도는 매년 말 ㈜한국에게 다음과 같이 리스료를 지급한다. ㈜한국은 리스자산의 사용효익이 감소되는 기간적 형태를 더 잘 나타내는 다른 체계적인 인식기준을 가지고 있지 않다.

구 분	20×1년	20×2년	20×3년
리스료	₩1,000,000	₩1,200,000	₩1,700,000

〈요구사항 1〉 20×1년 1월 1일 ㈜한국의 사용권자산 토지의 장부금액을 계산하시오.

〈요구사항 2〉 20×1년말 ㈜한국은 건물 A를 재고자산, 유형자산, 투자부동산 중 어떤 자산으로 분류하여야 하는지 판단하고, 분류근거를 3줄 이내로 기술하시오.

〈요구사항 3〉 20×1년에 ㈜한국이 ㈜독도로부터 인식할 리스료수익을 계산하시오.

(물음 2) 다음의 자료를 이용하여 〈요구사항〉에 답하시오.

- ㈜우리는 ㈜나라의 채굴 작업에 사용하도록 ㈜나라에게 크레인, 트럭을 4년간 리스한다. 또 ㈜우리는 리스기간 내내 각 장비를 유지하기로 합의한다. 계약상 총 대가는 매년 말 할부금으로 ₩150,000씩 지급할 ₩600,000이다.
- 크레인과 트럭의 경제적내용연수는 각각 10년, 5년이며, 잔존가치는 없이 정액법으로 감가상각한다. ㈜나라는 크레인 설치와 관련하여 리스개설직접원가 ₩2,265을 지출하였다. 그 외에 발생한 리스개설직접원가는 없다.
- ㈜우리와 ㈜나라는 비리스요소(유지용역)를 각 장비 리스와는 별도로 회계처리한다. ㈜나라는 실무적 간편법을 선택하지 않으며, 해당 리스는 단기리스나 소액 기초자산 리스가 아니다. ㈜우리와 ㈜나라는 크레인, 트럭 리스가 각각 별도 리스요소라고 결론 내린다.
- 크레인, 트럭 및 유지용역의 관측 가능한 개별가격은 각각 ₩360,000, ₩240,000, ₩120,000으로 설정할 수 있다.
- ㈜우리는 크레인 리스는 운용리스로, 트럭 리스는 금융리스로 분류한다.
- ㈜나라는 리스기간 종료 후 크레인과 트럭을 ㈜우리에게 반환하며, 리스기간 종료시 추정 잔존가치는 없다.
- 20×1년 1월 1일, ㈜우리의 내재이자율은 10%이며, 시장이자율은 12%이다. ㈜나라는 ㈜우리의 내재이자율 알고 있다. 관련 현재가치계수는 아래와 같다.

기간	단일금액		정상연금	
	10%	12%	10%	12%
1	0.9091	0.8929	0.9091	0.8929
2	0.8264	0.7972	1.7355	1.6901
3	0.7513	0.7118	2.4868	2.4019
4	0.6830	0.6355	3.1698	3.0374

〈요구사항 1〉 상기 거래와 관련하여 ㈜우리가 20×1년 포괄손익계산서에 수익으로 인식할 금액을 계산하시오(단, 유지보수용역과 관련한 원가는 매년 균등하게 발생한다).

〈요구사항 2〉 상기 거래가 ㈜나라의 20×1년도 당기순이익에 미치는 영향을 계산하시오(단, ㈜나라가 리스와 관련하여 인식하는 비용은 다른 자산의 취득원가에 자본화되지 않는다).

해설 및 해답 리스의 기타사항

(물음 1) 부동산리스 (2016년 회계사)

1. 리스료의 배분

• 토지 및 건물의 리스를 분류하고 회계처리하기 위하여 필요할 때마다, 리스제공자는 약정일에 리스의 토지 요소와 건물 요소에 대한 **임차권의 상대적 공정가치**에 비례하여 토지 및 건물 요소에 리스료(일괄 지급된 선수리스료를 포함함)를 배분한다. 이 두 요소에 리스료를 신뢰성 있게 배분할 수 없는 경우에는, 두 요소가 모두 운용리스임(전체 리스를 운용리스로 분류함)이 분명하지 않다면 전체 리스를 금융리스로 분류한다.

2. 상위리스의 회계처리

① 리스부채 : ₩3,000,000×8.5302=₩25,590,600
② 사용권자산(토지)의 취득원가 : ₩25,590,600×3/4(임차권의 상대적 공정가치 비율)=₩19,192,950
③ 사용권자산(건물)의 취득원가 : ₩25,590,600×1/4(임차권의 상대적 공정가치 비율)=₩6,397,650

〈요구사항 1〉

① 20×1년 1월 1일 ㈜한국의 사용권자산 토지의 장부금액 : ₩19,192,950

〈요구사항 2〉

① 건물 A의 분류 : 투자부동산
② 건물 A의 분류근거 : 보유하는 건물에 관련되고 운용리스로 제공하는 사용권자산은 투자부동산의 정의(임대수익이나 시세차익을 얻기 위하여 보유하는 부동산)를 충족한다. 따라서 운용리스로 제공하는 건물에 대한 사용권자산도 투자부동산으로 분류한다.

〈요구사항 3〉

• 20×1년에 ㈜한국이 ㈜독도로부터 인식할 리스료수익 : (₩1,000,000+1,200,000+1,700,000)(리스료합계)/3년(정액기준)=₩1,300,000

[별해] 회계처리

20×2년 1월 1일	(차)	사용권자산(토지)	19,192,950	(대)	리스부채	25,590,600
		사용권자산(건물)	6,397,650			
	(차)	투자부동산(토지)	19,192,950[1]	(대)	사용권자산(토지)	19,192,950
	(차)	투자부동산(건물)	6,397,650	(대)	사용권자산(건물)	6,397,650

1) 건물을 운용리스로 제공한다면, 건물이 세워져있는 토지도 임대수익을 얻기 위한 목적으로 보유한다고 해석해야한다. 부동산의 보유목적이 다를 수는 없다.

20×2년 12월 31일	(차)	현금	1,000,000	(대)	리스료수익	1,300,000
		미수리스료	300,000			
	(차)	투자부동산(토지)	×××	(대)	평가손익	×××
	(차)	투자부동산(건물)	×××	(대)	평가손익	×××

(물음 2) 비리스요소의 분리

< 요구사항 1 > 리스제공자

1. 리스료의 배분

수행의무	개별판매가격	고정대가	매년 할부금
크레인	₩360,000	₩300,000	₩75,000
트럭	240,000	200,000	50,000
유지용역	120,000	100,000	25,000
		₩600,000	₩150,000

2. 수익인식액

① 크레인 리스(운용리스) 관련 리스료수익 : ₩75,000

② 트럭 리스(금융리스) 관련 이자수익 : ₩158,490* × 10% = ₩15,849

* 리스채권 : ₩50,000(트럭관련 할부금) × 3.1698

③ 유지용역 매출 : ₩25,000

④ 수익인식액 : ₩75,000 + 15,849 + 25,000 = ₩115,849

< 요구사항 2 > 리스이용자

1. 크레인 리스(운용리스)와 관련한 당기순이익

① 리스부채 : ₩75,000 × 3.1698 = ₩237,735

② 사용권자산 : ₩237,735 + 2,265 = ₩240,000

③ 리스부채 이자비용 : ₩237,735 × 10% = ₩23,774

④ 사용권자산 감가상각비 : ₩240,000 ÷ 4년 = ₩60,000

2. 트럭 리스(금융리스)와 관련한 당기순이익

① 리스부채 = 사용권자산 : ₩50,000 × 3.1698 = ₩158,490

② 리스부채 이자비용 : ₩158,490 × 10% = ₩15,849

③ 사용권자산 감가상각비 : ₩158,490 ÷ 4년 = ₩39,623

3. 당기손익에 미치는 영향

크레인 리스	₩23,774 + 60,000 =	₩83,774
트럭 리스	₩15,849 + 39,623 =	55,472
유지 용역수수료		25,000
		₩164,246

문제 11

다음의 자료를 이용하여 물음에 답하시오.

- 정수기 제조사인 ㈜우리코웨이는 20×1년 1월 1일 정수기를 ㈜나라에게 금융리스 방식으로 판매하며, 동시에 정수기에 대한 관리용역을 제공하는 계약을 체결하였다. 동 정수기의 제조원가는 ₩600,000이고, 20×1년 1월 1일의 공정가치는 ₩800,000이다. 정수기의 경제적 내용연수는 5년이며, 내용연수 종료시점의 잔존가치는 없다.
- 리스기간은 20×1년 1월 1일부터 20×3년 12월 31일까지이며 소유권이전 약정이나 염가매수선택권은 부여되지 않았다. 리스기간 종료시점의 추정잔존가치는 ₩50,000이며, ㈜나라가 보증한 금액은 없다.
- 매기 말 ㈜나라가 ㈜우리코웨이에 지급하는 금액은 ₩426,593이며, 해당 금액에는 판매형리스에 대한 고정리스료와 관리용역에 대한 대가가 포함되어 있다.
- ㈜우리코웨이는 관리용역의 개별판매가격을 추정할 수 없어 잔여접근법을 적용한다.
- ㈜우리코웨이는 내재이자율 10%를 사용하여 정기리스료를 산정하였다. 20×1년 1월 1일의 시장이자율은 12%이다. 관련 현재가치계수는 아래와 같다.

구분	단일금액		정상연금	
	10%	12%	10%	12%
1	0.9091	0.8929	0.9091	0.8929
2	0.8264	0.7972	1.7355	1.6901
3	0.7513	0.7118	2.4868	2.4019

(물음 1) ㈜우리코웨이가 ㈜나라로부터 매기 말 수령하는 ₩426,593을 판매형 리스에 대한 대가와 관리용역에 대한 대가로 구분하여 계산하시오.

(물음 2) 해당 거래가 ㈜우리코웨이의 20×1년도 매출총이익에 미치는 영향을 계산하시오(단, 관리용역과 관련한 원가는 매년 100,000씩 균등하게 발생한다고 가정한다).

(물음 3) 해당 거래가 ㈜나라의 20×1년도 당기순이익에 미치는 영향을 계산하시오. 단, ㈜나라는 ㈜우리코웨이의 내재이자율을 알고 있다.

해설 및 해답 비리스요소의 분리

(물음 1) 정기리스료 및 용역제공대가의 분류

1. 정기리스료

₩800,000(기초자산의 공정가치)=고정리스료×2.4868+₩50,000×0.7513(리스료의 현재가치)

∴ 고정리스료=₩306,593

2. 용역제공대가

₩426,593(총 수령액)=₩306,593(리스료)+용역제공의 대가

∴ 용역제공의 대가=₩120,000

(물음 2) 리스 및 용역제공거래가 리스제공자의 당기순이익에 미치는 영향

매출총이익			
매출액	min(₩306,593[1]×2.4019, 800,000)=	₩736,406	
매출원가	₩600,000−50,000[2]×0.7118=	(564,410)	
소 계			₩171,996
용역수익			120,000
용역원가			(100,000)
			₩191,996

1) 고정리스료 : ₩426,593(수령대가)−120,000(관리용역에 대한 대가)
2) 판매형리스의 경우 무보증잔존가치는 매출액 및 매출원가에 포함되지 않는다.
3) 만약 금융리스채권에 무보증잔존가치의 현재가치를 포함한다면, 리스채권금액은 ₩771,996이다.

[별해] 회계처리

20×1년 1월 1일	(차)	리스채권	736,406	(대)	매출액	736,406
	(차)	매출원가	564,410	(대)	재고자산	564,410
	(차)	리스채권	35,590	(대)	재고자산	35,590
20×1년 12월 13일	(차)	현금	306,593	(대)	이자수익	92,640
					리스채권	216,953
	(차)	현금	120,000	(대)	용역수익	120,000
	(차)	용역원가	100,000	(대)	현금	100,000

(물음 3) 리스 및 용역제공거래가 리스이용자의 당기순이익에 미치는 영향

이자비용	₩762,435[1]×10%[2]=	₩76,244
감가상각비	762,435[3]÷min(3년,5년)=	254,145
용역수수료		120,000
손실		₩450,389

1) 금융리스부채 : ₩306,593×2.4868
2) 내재이자율(거래원가가 발생하지 않았으므로 목표투자수익률과 내재이자율은 일치한다.)
3) 금융리스자산 취득금액

문제 12

다음의 자료를 이용하여 아래의 독립적인 물음에 답하시오.

㈜민국은 20×1년 1월 1일 ㈜대한리스로부터 기계장치를 리스하는 계약을 체결하였다. 동일자에 리스를 개시하였으며, 리스기간의 종료일은 20×5년 12월 31일이다. 리스개시일 현재 리스자산의 공정가치는 ₩1,375,120이며, 리스기간 종료 시 예상잔존가치는 ₩500,000이다. 리스기간 종료시점에 ㈜민국은 염가매수선택권을 예상잔존가치의 40%의 가격에 행사할 것이 리스약정일 현재 거의 확실하다.

고정리스료 ₩300,000은 리스개시일 및 매년 1월 1일에 총 5회 지급된다. ㈜민국은 리스개설과 관련한 법률비용으로 ₩24,880을 지급하였다.

기계장치의 내용연수는 8년이고, 내용연수종료시점의 잔존가치는 없으며, ㈜민국은 기계장치를 정액법으로 감가상각한다.

리스순투자와 리스총투자를 일치시키는 내재이자율은 연 10%이며, 리스이용자는 리스제공자의 내재이자율을 알고 있다. 한편, 20×1년 12월 31일 ㈜민국의 증분차입이자율은 8%이다. 법인세효과는 고려하지 않으며, 소수점 첫째자리에서 반올림하여 계산한다.

기간	단일금액 ₩1의 현가계수		정상연금 ₩1의 현가계수	
	8%	10%	8%	10%
1	0.9259	0.9091	0.9259	0.9091
2	0.8573	0.8264	1.7832	1.7355
3	0.7938	0.7513	2.5770	2.4868
4	0.7350	0.6830	3.3120	3.1698
5	0.6806	0.6209	3.9926	3.7907

(물음 1) 20×2년말 ㈜민국의 재무제표에 계상될 다음의 금액들을 각각 구하시오.

구분		금액
재무상태표	리스부채	①
	사용권자산	②
포괄손익계산서	이자비용	③
	감가상각비	④

(물음 2) 자료에서 제시된 바와 달리 매기 초 지급되는 리스료 ₩300,000은 고정리스료가 아니라 Libor 금리에 연동되는 변동리스료라고 가정한다. 매기초 지급되는 변동리스료는 전기말 Libor금리에 의해서 결정된다. 시점별 Libor금리가 다음과 같다고 할 경우 ㈜민국이 20×2년 포괄손익계산서에 인식할 이자비용과 감가상각비를 각각 계산하시오.

구분	20×0년 12월 31일	20×1년 12월 31일
Libor 금리	5%	4%

해설 및 해답 리스의 기타사항

(물음 1) 고정리스료가 기초시점에 지급되는 경우

구분		금액
재무상태표	리스부채	① ₩970,895
	사용권자산	② ₩1,050,000
포괄손익계산서	이자비용	③ ₩88,263
	감가상각비	④ ₩175,000

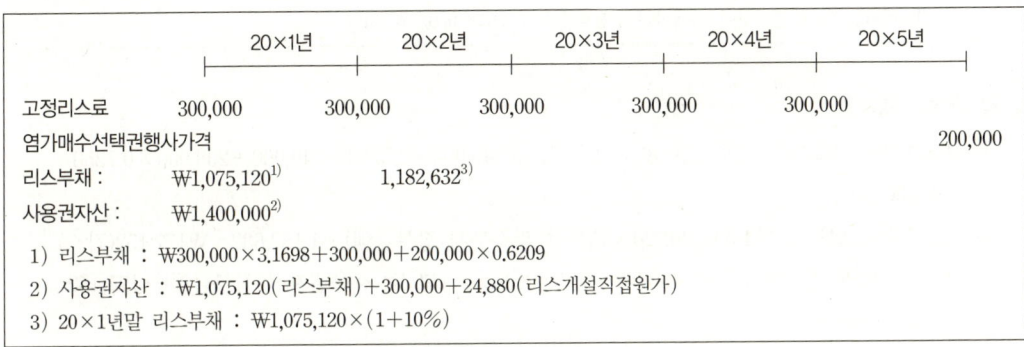

1. 미래현금흐름의 정리

	20×1년 초	20×1년 말	20×2년 말	20×3년 말	20×4년 말	20×5년 말
고정리스료	300,000	300,000	300,000	300,000	300,000	
염가매수선택권행사가격						200,000
리스부채 :	₩1,075,120[1)]	1,182,632[3)]				
사용권자산 :	₩1,400,000[2)]					

1) 리스부채 : ₩300,000×3.1698+300,000+200,000×0.6209

2) 사용권자산 : ₩1,075,120(리스부채)+300,000+24,880(리스개설직접원가)

3) 20×1년말 리스부채 : ₩1,075,120×(1+10%)

2. 금액의 계산

① 리스부채 : [₩1,182,632−300,000]×1.1=₩970,895

③ 이자비용 : [₩1,182,632−300,000]×10%=₩88,263

② 사용권자산 : ₩1,400,000(취득원가)−175,000(감가상각비)×2년=₩1,050,000

④ 감가상각비 : ₩1,400,000÷8년(경제적내용연수)=₩175,000

[별해] 회계처리

일자	차변	금액	대변	금액
20×1년 1월 1일	(차) 사용권자산	1,400,000	(대) 리스부채	1,075,120
			현금	300,000
			현금	24,880
20×1년 12월 31일	(차) 이자비용	107,512	(대) 리스부채	107,512
	(차) 감가상각비	175,000	(대) 감가상각누계액	175,000
20×2년 1월 1일	(차) 리스부채	300,000	(대) 현금	300,000
20×2년 12월 31일	(차) 이자비용	88,263	(대) 리스부채	88,263
	(차) 감가상각비	175,000	(대) 감가상각누계액	175,000

(물음 2) 시장이자율에 연동하는 변동리스료의 변동

• 리스료의 변동이 변동이자율의 변동으로 생긴 경우에 리스이용자는 그 이자율 변동을 반영하는 수정 할인율을 사용한다.

1. 20×1년 말 현재 예상미래현금흐름

	20×1년	20×2년	20×3년	20×4년	20×5년
변동리스료	240,000[1]	240,000	240,000	240,000	
염가매수선택권행사가격					200,000

1) LIbor금리 4%에 근거하여 재계산된 변동리스료 : ₩300,000/5%×4%

2. 리스부채의 재측정

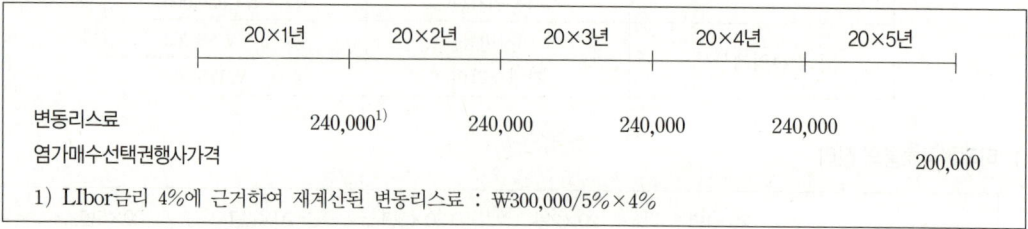

① 리스부채의 재측정(수정할인율 8% 사용) : ₩240,000×2.5770+240,000+200,000×0.7350 =₩1,005,480

② 리스부채의 변동 : ₩1,005,480(20×1년 말 리스부채 장부금액)−1,182,632=₩177,152(감소)

③ 사용권자산의 재측정 : (₩1,400,000−175,000)(20×1년 말 사용권자산 장부금액)−177,152 =₩1,047,848

3. 이자비용 및 감가상각비

① 이자비용 : (₩1,005,480−240,000)×8%=₩61,238

② 감가상각비 : ₩1,047,848÷7년(잔존내용연수)=₩149,693

[별해] 회계처리

20×1년 12월 31일	(차) 이자비용	107,512	(대) 리스부채	107,512
	(차) 감가상각비	175,000	(대) 감가상각누계액	175,000
	(차) 리스부채	177,152	(대) 사용권자산	177,152
20×2년 1월 1일	(차) 리스부채	240,000	(대) 현금	240,000
20×2년 12월 31일	(차) 이자비용	61,238	(대) 리스부채	61,238
	(차) 감가상각비	149,693	(대) 감가상각누계액	149,693
	(차) 사용권자산	×××	(대) 리스부채	×××[1]

1) 20×2년 Libor금리의 변동을 반영하는 리스부채 재측정

서술형 문제

문제 1

(물음 1) 리스가 금융리스인지 운용리스인지는 계약의 형식보다는 거래의 실질에 달려 있다. 리스가 일반적으로 금융리스로 분류되는 상황의 사례 다섯 가지를 서술하시오.

(물음 2) 리스이용자가 리스부채를 다시 측정하는 경우 수정할인율을 사용하는 경우와 최초 이자율을 사용하는 경우로 나뉜다. 수정할인율을 사용하는 경우와 최초이자율을 사용하는 경우의 사례를 각각 서술하시오.

(물음 3) 리스변경이 별도리스로 회계처리되기 위해 충족해야 할 조건을 서술하시오.

(물음 4) 자산이 특정되더라도, 공급자가 그 자산을 대체할 실질적 권리(대체권)를 사용기간 내내 가지면 고객은 식별되는 자산의 사용권을 가지지 못한다. 공급자의 자산 대체권이 실질적인 경우를 서술하시오.

(물음 5) 전대리스란 리스이용자(중간리스제공자)가 기초자산을 제삼자에게 다시 리스하는 거래를 말한다. 상위리스가 단기리스가 아닌 경우, 중간리스제공자는 무엇에 따라 전대리스를 금융리스 또는 운용리스로 분류하는지 간략히 서술하시오.

(물음 6) 종전 리스 회계모형은 리스이용자와 리스제공자에게 리스를 금융리스 아니면 운용리스로 분류하고 그 두 유형의 리스를 서로 다르게 회계처리하도록 요구하였다. 종전 모형은 리스이용자에게 운용리스에서 생기는 자산 및 부채를 인식하도록 요구하지 않았고, 금융리스에서 생기는 자산 및 부채는 인식하도록 요구하였다. 이러한 종전 리스 회계모형의 단점을 서술하시오.

해설 및 해답

(물음 1)

(1) 리스기간 종료시점 이전에 기초자산의 **소유권이 리스이용자에게 이전**되는 리스
(2) 리스이용자가 선택권을 행사할 수 있는 날의 공정가치보다 충분히 낮을 것으로 예상되는 가격으로 기초자산을 **매수할 수 있는 선택권**을 가지고 있고, 그 선택권을 행사할 것이 리스약정일 현재 상당히 확실한 경우
(3) 기초자산의 소유권이 이전되지는 않더라도 **리스기간**이 기초자산의 경제적 내용연수의 상당 부분(major part)을 차지하는 경우
(4) 리스약정일 현재, **리스료의 현재가치**가 적어도 기초자산 공정가치의 대부분에 해당하는 경우
(5) 기초자산이 **특수**하여 해당 리스이용자만이 주요한 변경 없이 사용할 수 있는 경우

(물음 2)

리스이용자는 다음 중 어느 하나에 해당하는 경우에 **수정 할인율**로 수정 리스료를 할인하여 리스부채를 다시 측정한다.
(1) 리스기간에 변경이 있는 경우
(2) 기초자산을 매수하는 선택권 평가에 변동이 있는 경우
리스이용자는 다음 중 어느 하나에 해당하는 경우에 수정 리스료를 최초의 이자율로 할인하여 리스부채를 다시 측정한다.
(1) 잔존가치보증에 따라 지급할 것으로 예상되는 금액에 변동이 있는 경우
(2) 리스료를 산정할 때 사용한 지수나 요율(이율)의 변동으로 생기는 미래 리스료에 변동이 있는 경우.

(물음 3)

리스이용자는 다음 조건을 모두 충족하는 리스변경을 별도 리스로 회계처리한다.
(1) 하나 이상의 **기초자산 사용권이 추가**되어 리스의 범위가 넓어진다.
(2) 넓어진 리스 범위의 **개별 가격**에 상응하는 금액과 특정한 계약의 상황을 반영하여 그 개별 가격에 적절히 조정하는 금액만큼 **리스대가가 증액**된다.

(물음 4)

다음 조건을 모두 충족하는 경우에만 공급자의 자산 대체권이 실질적이다.
(1) 공급자가 대체 자산으로 대체할 실질적인 능력을 사용기간 내내 가진다(예 고객은 공급자가 그 자산을 대체하는 것을 막을 수 없고 공급자가 대체 자산을 쉽게 구할 수 있거나 적정한 기간 내에 공급받을 수 있음).
(2) 공급자는 자산 대체권의 행사에서 경제적으로 효익을 얻을 것이다(자산 대체에 관련되는 경제적 효익이 자산 대체에 관련되는 원가를 초과할 것으로 예상된다).

(물음 5)

기초자산이 아니라 상위리스에서 생기는 **사용권자산에 따라 전대리스를 분류**한다.

(물음 6)

종전 리스 회계모형이 재무제표이용자의 요구를 충족하지 못하였다는 비판은 다음과 같다.

(1) 운용리스에 대해 보고되는 정보는 투명성이 결여되었고 재무제표이용자의 요구를 충족하지 못하였다. 많은 이용자는 리스이용자의 재무제표를 조정하여 운용리스를 자본화하였다. 그들이 보기에는 리스로 제공되는 금융과 자산은 재무상태표에 반영해야 하기 때문이다. 일부는 미래 리스료의 현재가치를 추정하려고 하였다. 그러나 구할 수 있는 정보가 제한되기 때문에, 많은 이들은, 예를 들면 총 레버리지와 자본 사용액을 추정하기 위하여 연간 리스료에 '8'을 곱하는 기법을 사용하기도 하였다. 다른 이용자들은 조정을 할 수도 없어서, 잠재적 투자 대상을 가려내거나 투자 결정을 내릴 때 자료 수집·제공 회사(data aggregator)와 같은 자료 원천에 의존하였다. 이 서로 다른 접근법들은 시장에 정보 비대칭이 생기게 하였다.

(2) 리스에 관련되는 자산 및 부채가 운용리스에서는 인식되지 않고 금융리스에서만 인식되는 상황, 즉 두 개의 서로 다른 리스 회계모형이 존재하는 상황은 경제적으로 비슷한 거래가 매우 다르게 회계처리될 수 있음을 뜻하였다. 이 차이점은 재무제표이용자에게는 비교 가능성을 떨어뜨렸고 특정한 회계 결과에 이르기 위하여 거래를 구조화하는 기회를 주었다.

(3) 리스제공자에 대한 종전 요구사항은 리스제공자의 신용위험(리스에서 발생) 익스포저(노출)와 자산위험(기초자산 중 리스제공자가 계속 보유하는 부분에서 발생) 익스포저에 대한 적절한 정보를 제공하지 않았다. 이는 특히 운용리스로 분류하는 장비나 차량운반구 리스의 경우에 그러하였다.

CHAPTER 17

투자부동산

출제유형

계산문제

문제 1

다음의 독립적인 물음에 답하시오.

(물음 1) ㈜한국은 20×1년 초에 건물을 ₩10,000,000에 취득하였다. 취득시점 건물의 잔존가치는 ₩0, 내용연수는 10년이며 정액법으로 상각한다. 각 시점별 공정가치는 다음과 같다.

	20×1년 7월 1일	20×1년 말
공정가치	₩10,450,000	₩10,200,000

20×1년 7월 1일 ㈜한국이 건물에 대한 사용용도를 다음과 같이 변경하였다고 할 경우, 각 상황별로 해당 건물과 관련한 회계처리가 20×1년 ㈜한국의 포괄손익계산서의 당기손익에 미치는 영향을 계산하시오. 단, 손상차손(환입)은 발생하지 않았다고 가정하며, 손실의 경우에는 금액 앞에 (−)표시할 것.

구분	대체 전		대체 후	
	자산	평가방법	자산	평가방법
상황 1	자가사용	원가모형	임대목적	공정가치모형
상황 2	자가사용	재평가모형	임대목적	원가모형
상황 3	임대목적	원가모형	자가사용	재평가모형
상황 4	임대목적	공정가치모형	자가사용	재평가모형

(물음 2) ㈜대한은 20×1년초에 판매목적으로 아파트를 ₩500,000에 건설하였다. 20×1년말 아파트의 분양이 미비하여 ㈜대한은 아파트를 임대하고 임대수익을 얻게 되었다. 20×2년말 부동산 경기의 회복으로 인해 해당 아파트를 다시 판매하기 위하여 인테리어 공사 등 개발활동을 시작하였다. 투자부동산에 대해서는 공정가치모형을 적용하며, 각 연도말 공정가치는 다음과 같다. 이 경우, 아파트와 관련하여 ㈜대한이 20×1년 말과 20×2년 말에 수행해야할 회계처리를 제시하시오.

	20×1년 말	20×2년 말
공정가치	₩400,000	₩460,000

해설 및 해답 투자부동산의 대체

(물음 1) 투자부동산과 자가사용부동산의 대체

구분	당기손익에 미친 영향
상황 1	(−)₩750,000
상황 2	(−)₩1,000,000
상황 3	(−)₩1,000,000
상황 4	(−)₩100,000

1. 상황 1

① 시점별 금액의 정리

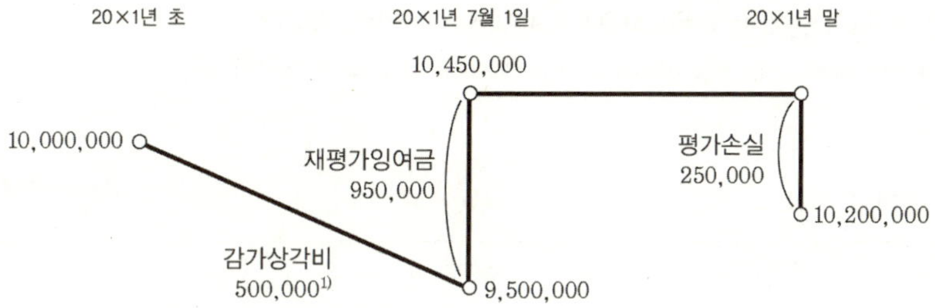

1) 감가상각비 : ₩10,000,000÷10년×6/12

② 당기손익에 미치는 영향

감가상각비		₩(500,000)
투자부동산평가손실	₩10,200,000(공정가치)−10,450,000(장부금액)=	(250,000)
		₩(750,000)

* 유형자산의 대체시 재평가손익은 기타포괄손익으로 인식한다.

2. 상황 2

① 시점별 금액의 정리

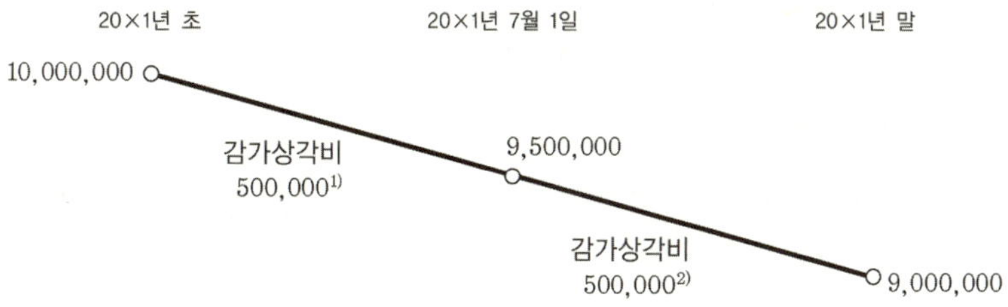

1) 감가상각비 : ₩10,000,000÷10년×6/12
2) 감가상각비 : ₩9,500,000÷9.5년×6/12

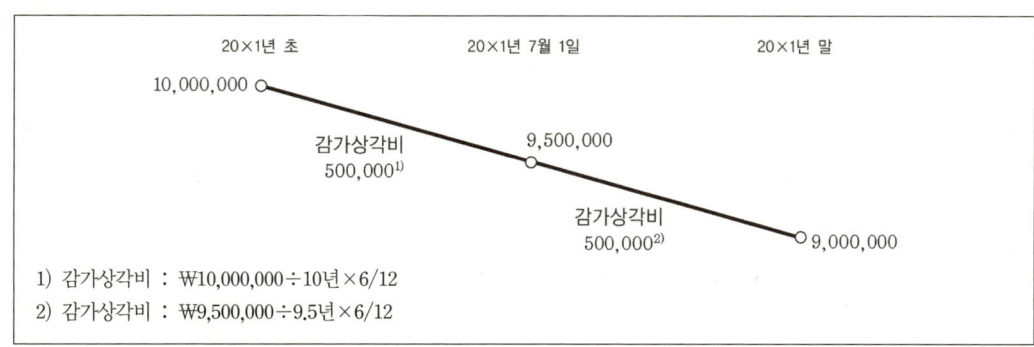

② 당기손익에 미치는 영향 : ₩500,000+500,000=(−)₩1,000,000

* 투자부동산에 대해 원가모형을 적용하는 경우에는 대체 시에 재평가하지 않는다.

3. 상황 3

① 시점별 금액의 정리

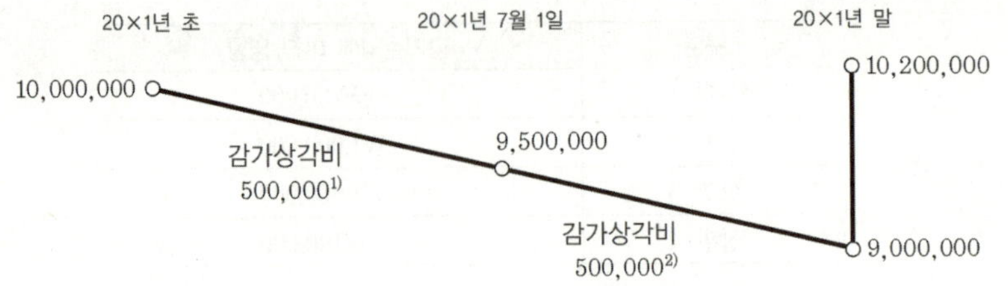

1) 감가상각비 : ₩10,000,000÷10년×6/12
2) 감가상각비 : ₩9,500,000÷9.5년×6/12

② 당기손익에 미치는 영향 : ₩500,000+500,000=(−)₩1,000,000

* 투자부동산에 대해 원가모형을 적용하는 경우에는 대체 시에 재평가하지 않는다.

4. 상황 4

① 시점별 금액의 정리

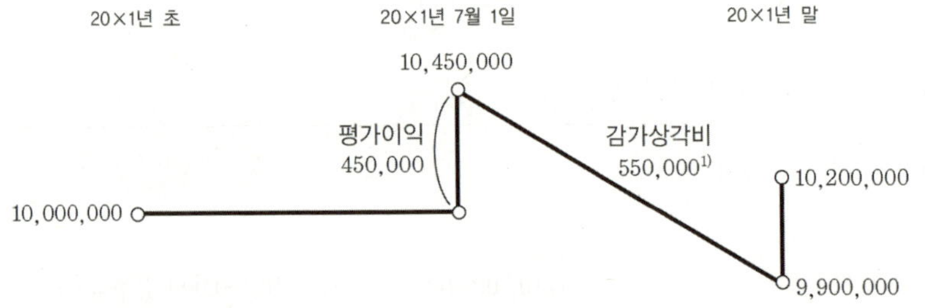

1) 감가상각비 : ₩10,450,000÷9.5년×6/12

② 당기손익에 미치는 영향

투자부동산평가이익	₩10,450,000(공정가치)−10,000,000(장부금액)=	₩450,000
감가상각비		(550,000)
		₩(100,000)

(물음 2) 투자부동산과 재고자산의 대체

20×1년 12월 31일	(차) 투 자 부 동 산	400,000	(대) 재 고 자 산	500,000
	평 가 손 실	100,000		
20×2년 12월 31일	(차) 재 고 자 산	460,000	(대) 투 자 부 동 산	400,000
			평 가 이 익	60,000

[별해] 20×2년말 개발활동 없이 처분하려고 하는 경우

20×2년 12월 31일	(차) 투 자 부 동 산	60,000	(대) 평 가 이 익	60,000

* 투자부동산을 개발하지 않고 처분하려는 경우에는 계속해서 투자부동산으로 분류한다.

문제 2

다음은 ㈜한국의 20×1년 10월 1일 시세차익을 목적으로 취득한 건물에 관련한 자료이다.

• ㈜한국은 건물을 아래의 지급조건으로 취득하였다.

- 20×1년 10월 1일 : ₩1,000,000 현금 지급
- 20×2년 9월 30일 : ₩1,000,000 현금 지급

건물 취득일 현재 건물의 현금가격 상당액은 총지급액을 5%의 이자율로 할인한 현재가치와 동일하다.

• 건물 취득시점에 건물의 내용연수는 20년으로 추정하였으며, 잔존가치는 없고 정액법으로 상각한다.

• ㈜한국은 투자부동산에 대해서는 공정가치 모형을 적용하며 유형자산에 대해서는 원가모형을 적용한다.

• ㈜한국은 20×2년 4월 1일부터 건물을 본사 사옥으로 사용하기 시작하였다.

• ㈜한국은 20×5년 7월 1일에 동 건물을 ₩1,700,000에 처분하였다.

• 건물의 공정가치와 회수가능액은 다음과 같으며 손상차손의 인식요건을 충족한다.

일자	공정가치	회수가능액
20×1.12.31.	₩2,035,100	₩2,040,000
20×2. 4. 1.	2,059,200	2,070,000
20×2.12.31.	2,127,500	2,150,000
20×3.12.31.	1,800,000	1,575,000
20×4.12.31.	1,821,600	1,770,000

위의 거래들에 대해 ㈜한국이 관련 회계처리를 모두 적절하게 수행한 경우 해당연도 당기순이익에 미치는 영향을 구하시오. 단, 원 이하는 반올림하며, 당기순이익에 음의 영향을 미칠 경우 '(−)'를 숫자 앞에 표시하시오.

구분	금액
20×1년	①
20×2년	②
20×3년	③
20×4년	④
20×5년	⑤

해설 및 해답 투자부동산의 유형자산 대체 (2017년 회계사)

구분	금액
20×1년	① ₩70,814
20×2년	② (−) 90,814
20×3년	③ (−)405,000
20×4년	④ 193,800
20×5년	⑤ (−) 68,800

1. 건물의 평가

① 취득일 ~ 20×2년 말

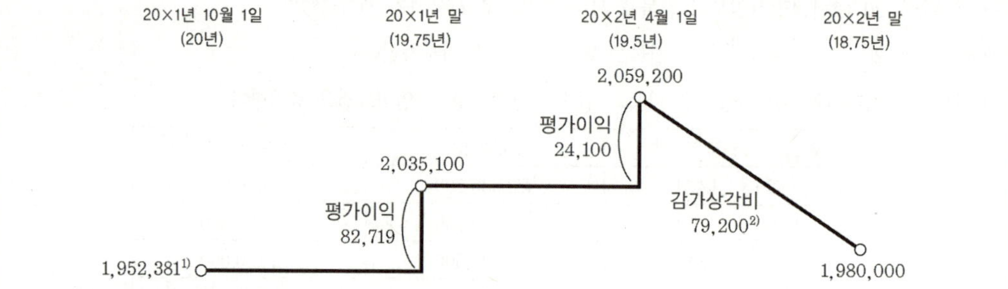

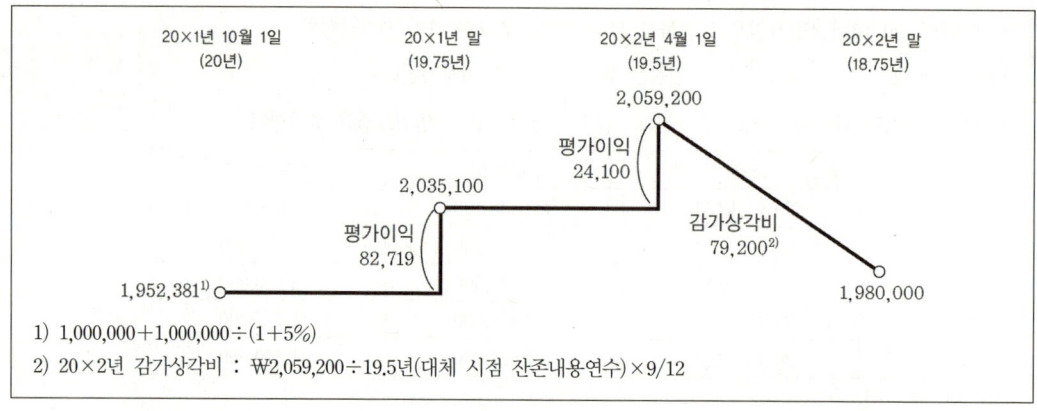

1) 1,000,000+1,000,000÷(1+5%)
2) 20×2년 감가상각비 : ₩2,059,200÷19.5년(대체 시점 잔존내용연수)×9/12

② 20×3년 초 ~ 처분시

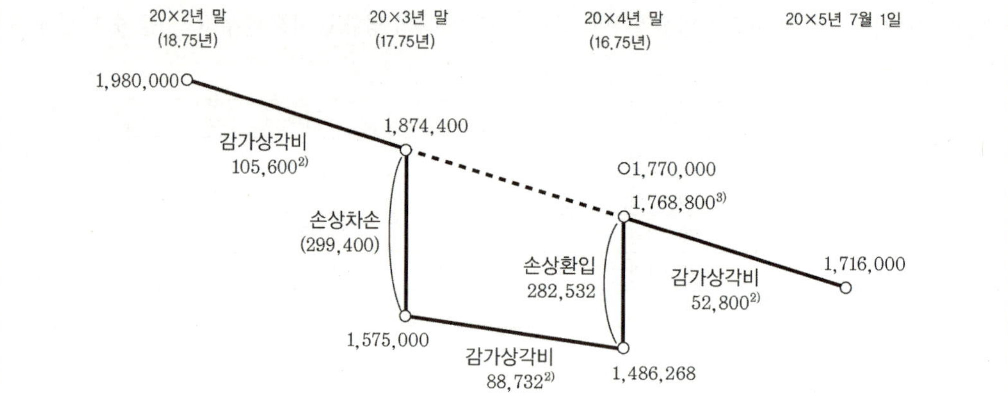

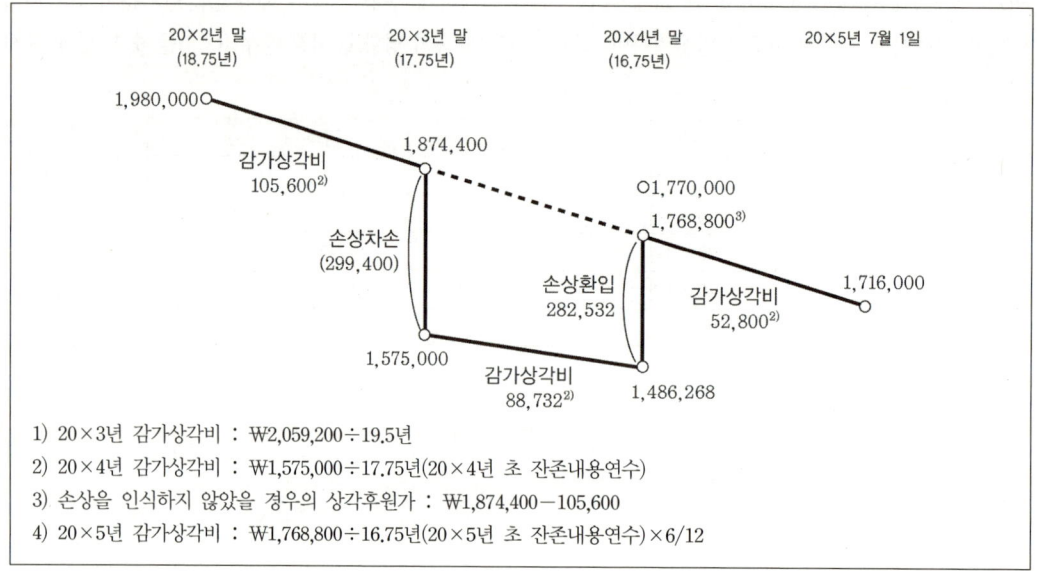

1) 20×3년 감가상각비 : ₩2,059,200÷19.5년
2) 20×4년 감가상각비 : ₩1,575,000÷17.75년(20×4년 초 잔존내용연수)
3) 손상을 인식하지 않았을 경우의 상각후원가 : ₩1,874,400−105,600
4) 20×5년 감가상각비 : ₩1,768,800÷16.75년(20×5년 초 잔존내용연수)×6/12

2. 답안의 계산

① ₩82,719(평가이익) − 11,905(이자비용*) = ₩70,814

* (₩1,952,381(20×1년 10월 1일 건물의 취득원가) − 1,000,000(현금지급액)) × 5% × 3/12

② ₩24,100(평가이익) − 79,200(감가상각비) − 35,714(이자비용*) = ₩(−)90,814

* (₩1,952,381 − 1,000,000) × 5% × 9/12

③ (−)₩105,600(감가상각비) − 299,400(손상차손) = (−)₩405,000

④ (−)₩88,732(감가상각비) + 282,532(손상환입) = ₩193,800

⑤ (−)₩52,800(감가상각비) − 16,000(처분손실*) = (−)68,800

* ₩1,700,000(처분금액) − 1,716,000(장부금액)

[별해] 회계처리

20×1년 10월 1일	(차) 투자부동산	1,952,381	(대) 현금	1,000,000
	현재가치할인차금	47,619	미지급금	1,000,000
20×1년 12월 31일	(차) 투자부동산	82,719	(대) 평가이익	82,719
	(차) 이자비용	11,905	(대) 현재가치할인차금	11,905
20×2년 4월 1일	(차) 투자부동산	24,100	(대) 평가이익	24,100
	(차) 건물	2,059,200	(대) 투자부동산	2,059,200
20×2년 9월 30일	(차) 이자비용	35,714	(대) 현재가치할인차금	35,714
	(차) 미지급금	1,000,000	(대) 현금	1,000,000
20×2년 12월 31일	(차) 감가상각비	79,200	(대) 감가상각누계액	79,200
20×3년 12월 31일	(차) 감가상각비	105,600	(대) 감가상각누계액	105,600
	(차) 유형자산손상차손	299,400	(대) 손상차손누계액	299,400
20×4년 12월 31일	(차) 감가상각비	88,732	(대) 감가상각누계액	88,732
	(차) 손상차손누계액	282,532	(대) 손상차손환입	282,532
20×5년 7월 1일	(차) 감가상각비	52,800	(대) 감가상각누계액	52,800
	(차) 현금	1,700,000	(대) 건물	2,059,200
	감가상각누계액	326,332[1]		
	손상차손누계액	16,868[2]		
	처분손실	16,000		

1) ₩79,200 + 105,600 + 8,8732 + 5,2800

2) ₩299,400 − 282,532

문제 3

〈관련 자료〉를 이용하여 물음에 답하시오.

〈관련 자료〉

1. ㈜대한은 사옥으로 사용하기 위하여 20×1년 4월 1일 토지와 건물을 일괄하여 취득하였으며 대금은 분할지급하기로 하였다.
   (1) 취득 관련 대금 지급조건
   - 20×1년 4월 1일 : ₩1,000,000 지급
   - 20×2년 3월 31일 : ₩4,000,000 지급
   - 20×3년 3월 31일 : ₩5,000,000 지급

   토지와 건물 취득일 현재 현금가격상당액은 총지급액을 연 5%의 이자율로 할인한 현재가치와 동일하다. 단, 현재가치 계산 시 아래의 현가계수를 이용하시오.

기간	5%의 현가계수	
	단일금액 ₩1	정상연금 ₩1
1	0.9524	0.9524
2	0.9070	1.8594

   (2) 취득일 현재 토지와 건물의 상대적 공정가치 비율은 7:3이다.
   (3) 취득시점에 건물의 내용연수는 10년으로 추정하였으며, 잔존가치는 없고 정액법으로 상각한다.

2. 20×3년 4월 1일 ㈜대한은 사옥으로 사용하던건물을 ㈜누리에게 임대하기로 하였고, 임대는 동일자로 즉시 개시되었다.

3. 20×1년부터 20×3년까지 건물과 토지 관련 사항은 다음과 같으며, 20×1년 말 건물에 대한 손상 징후가 있다.

	건물 공정가치	건물 회수가능액	토지 공정가치
20×1.12.31	₩2,800,000	₩2,553,000	₩7,000,000
20×2.12.31	2,475,000	2,450,000	6,500,000
20×3. 4. 1	2,480,000	2,500,000	6,500,000
20×3.12.31	2,450,000	2,500,000	6,600,000

4. ㈜대한은 유형자산을 재평가모형으로 회계처리하고 투자부동산은 공정가치모형으로 회계처리를 하고 있다. 재평가모형을 적용하여 장부금액을 조정할 때 감가상각누계액을 전액 제거하는 방법을 사용하며 매년 재평가를 실시한다. 또한 유형자산의 경우 자본에 포함된 재평가잉여금은 자산을 사용하는 기간 중에 이익잉여금으로 대체하지 않는다.

(물음 1) 위의 거래들에 대해 ㈜대한이 관련 회계처리를 모두 적절하게 수행한 경우 20×2년 당기순이익과 기타포괄이익에 미치는 영향을 계산하시오. 단, 당기순이익과 기타포괄이익이 감소하는 경우에는 (−)를 숫자 앞에 표시하시오.

당기순이익	①
기타포괄이익	②

(물음 2) 위의 거래들에 대해 ㈜대한이 관련 회계처리를 모두 적절하게 수행한 경우 20×3년 당기순이익과 기타포괄이익에 미치는 영향을 계산하시오. 단, 당기순이익과 기타포괄이익이 감소하는 경우에는 (−)를 숫자 앞에 표시하시오.

당기순이익	①
기타포괄이익	②

(물음 3) 유형자산의 재평가모형과 투자부동산의 공정가치모형을 다음 양식에 따라 간략하게 비교 설명하시오.

구분	유형자산 재평가모형	투자부동산 공정가치모형
평가손익 회계처리	①	②
감가상각여부	③	④

해설 및 해답 투자부동산의 유형자산 대체 (2018년 회계사)

1. 취득원가의 계산

① 일괄취득대가 : ₩1,000,000+4,000,000×0.9524+5,000,000×0.9070=₩9,344,600

② 토지의 취득원가 : ₩9,344,600×70%=₩6,541,220

③ 건물의 취득원가 : ₩9,344,600×30%=₩2,803,380

2. 토지의 장부금액 변동 정리

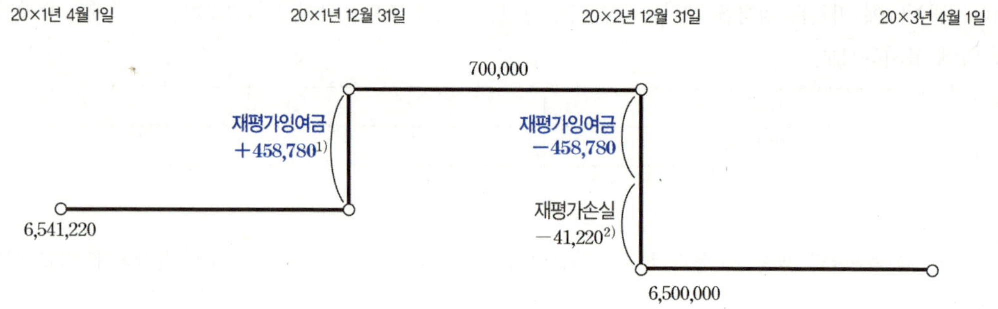

1) 재평가잉여금 : ₩7,000,000−6,541,220

2) 재평가손실 : (₩6,500,000−7,000,000)(공정가치 감소액)−458,780(재평가잉여금 감소액)

3. 건물의 장부금액 변동 정리

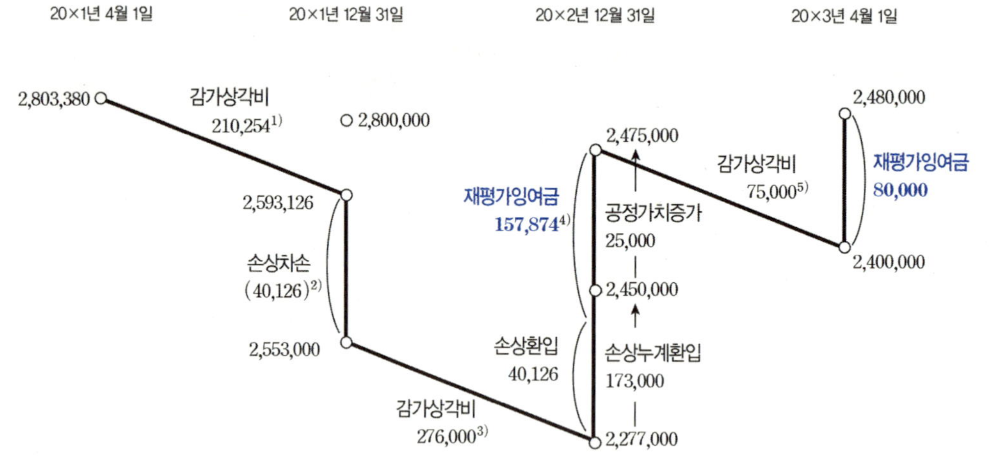

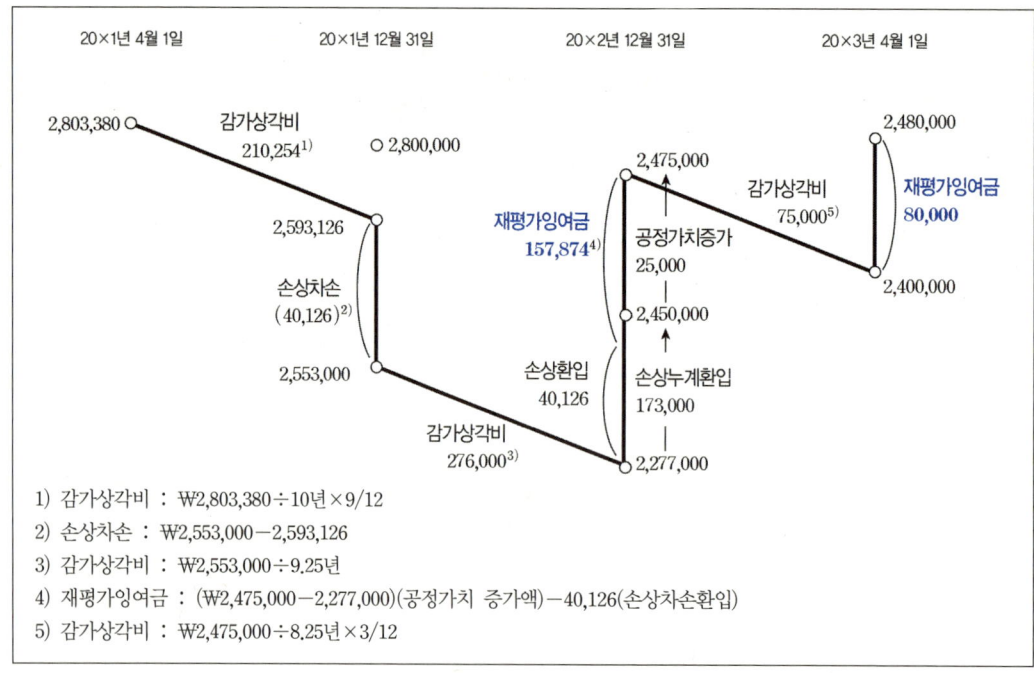

1) 감가상각비 : ₩2,803,380÷10년×9/12

2) 손상차손 : ₩2,553,000−2,593,126

3) 감가상각비 : ₩2,553,000÷9.25년

4) 재평가잉여금 : (₩2,475,000−2,277,000)(공정가치 증가액)−40,126(손상차손환입)

5) 감가상각비 : ₩2,475,000÷8.25년×3/12

(물음 1)

당기순이익	① (−)₩559,971
기타포괄이익	② (−)₩300,906

1. 당기순이익에 미치는 영향

① 이자비용

1월 1일 ~ 3월 31일	(₩9,344,600−1,000,000)×5%×3/12=	₩104,308
4월 1일 ~ 12월 31일	(₩8,344,600×1.05−4,000,000)×5%×9/12=	178,569
		₩282,877

② 당기손익

이자비용	₩(282,877)
토지재평가손실	(41,220)
건물감가상각비	(276,000)
건물손상차손환입	40,126
	₩(559,971)

2. 기타포괄손익에 미치는 영향

토지 재평가잉여금 감소	₩(458,780)
건물 재평가잉여금 증가	157,874
	₩(300,906)

(물음 2)

당기순이익	① (−)₩64,523
기타포괄이익	② ₩80,000

1. 당기순이익에 미치는 영향

① 이자비용 : (₩8,344,600×1.05−4,000,000)×5%×3/12=₩59,523

② 투자부동산 평가손익

공정가치 합계	₩6,600,000+2,450,000=	₩9,050,000
장부금액 합계	₩6,500,000+2,480,000=	(8,980,000)
		₩70,000

③ 당기손익

이자비용	₩(59,523)
건물감가상각비	(75,000)
투자부동산 평가손익	70,000
	₩(64,523)

2. 기타포괄손익 : ₩2,480,000−2,400,000=₩80,000(건물의 대체시 재평가잉여금)

[별해] 회계처리

일자	차변	금액	대변	금액
20×1년 4월 1일	(차) 토지	6,541,220	(대) 현금	1,000,000
	건물	2,803,380	장기미지급금	9,000,000
	현재가치할인차금	655,400[1]		
	1) ₩9,000,000(액면금액)−8,344,600(현재가치)			
20×1년 12월 31일	(차) 이자비용	312,923	(대) 현재가치할인차금	312,923
	(차) 토지	458,780	(대) 재평가잉여금	458,780
	(차) 감가상각비	210,254	(대) 감가상각누계액	210,254
	(차) 감가상각누계액	210,254	(대) 재평가잉여금	206,874
			건물	3,380
	(차) 재평가잉여금	206,874	(대) 손상누계액	247,000
	손상차손	40,126		
20×2년 3월 31일	(차) 이자비용	104,308	(대) 현재가치할인차금	104,308
	(차) 장기미지급금	4,000,000	(대) 현금	4,000,000
20×2년 12월 31일	(차) 이자비용	178,569	(대) 현재가치할인차금	178,569
	(차) 재평가잉여금	458,780	(대) 토지	500,000
	재평가손실	41,220		
	(차) 감가상각비	276,000	(대) 감가상각누계액	276,000
	(차) 감가상각누계액	276,000	(대) 손상차손환입	40,126
	손상누계액	247,000	재평가잉여금	157,874
			건물	325,000
20×3년 3월 31일	(차) 이자비용	59,600[1]	(대) 현재가치할인차금	59,600
	(차) 장기미지급금	5,000,000	(대) 현금	5,000,000
	1) 끝수조정			
20×3년 4월 1일	(차) 감가상각비	75,000	(대) 감가상각누계액	75,000
	(차) 감가상각누계액	75,000	(대) 재평가잉여금	80,000
	건물	5,000		
	(차) 투자부동산	8,980,000	(대) 토지	6,500,000
			건물	2,480,000
20×3년 12월 31일	(차) 투자부동산	70,000	(대) 평가이익	70,000

(물음 3)

구분	유형자산 재평가모형	투자부동산 공정가치모형
평가손익 회계처리	① 공정가치가 증가하는 경우 재평가잉여금(기타포괄손익)으로 처리하며 감소하는 경우 재평가손실(당기손익)으로 인식한다.	② 공정가치 증감액 모두를 당기손익으로 인식한다.
감가상각 여부	③ 감가상각한다.	④ 감가상각하지 않는다.

문제 4 저유

아래의 자료를 이용하여 다음의 독립적인 물음에 답하시오.

(1) 20×1년 1월 1일 ㈜민국은 ㈜대한으로부터 가건물을 임차하였다. 리스기간 개시일은 20×1년 1월 1일이며, ㈜민국은 리스개시일에 리스개설직접원가 ₩6,279를 지출하였다. 리스료는 매년 12월 31일에 ₩30,000씩 지급하며, 리스기간 종료시점의 잔존가치는 없다. 리스기간은 5년이며, 리스기간이 종료된 후 가건물은 ㈜대한에게 반환된다. 리스계약과 관련한 내재이자율은 10%이다.

(2) 20×2년 1월 1일 ㈜민국은 ㈜대한으로부터 임차한 가건물을 ㈜만세에게 재임대하였다. 리스기간 개시일은 20×2년 1월 1일이며, 리스료는 매년 12월 31일에 ₩41,000씩 지급한다. 리스기간 종료시점의 잔존가치는 없다. 리스기간은 4년이며, 리스기간이 종료된 후 가건물은 ㈜민국에게 반환된다. ㈜민국은 전대리스의 내재이자율을 쉽게 산정할 수 없다.

(3) ㈜민국이 보유하고 있는 사용권자산의 시점별 공정가치는 다음과 같다.

	20×1년 12월 31일	20×2년 12월 31일	20×3년 7월 1일	20×3년 12월 31일
공정가치	₩130,000	₩120,000	₩100,000	₩110,000

(4) 이자율 10%의 현재가치계수는 다음과 같으며, 소수점 이하는 반올림한다.

구분	1기간	2기간	3기간	4기간	5기간
단일금액	0.9091	0.8264	0.7513	0.6830	0.6209
정상연금	0.9091	1.7355	2.4868	3.1698	3.7907

(물음 1) ㈜민국이 ㈜대한과의 리스와 관련하여 20×1년 포괄손익계산서에 인식할 비용을 각 항목별로 계산하시오.

(물음 2) ㈜민국이 ㈜만세와의 리스계약을 운용리스로 분류한 후, 사용권자산에 대한 권리를 투자부동산으로 분류하였다. 이 경우, 해당 리스계약이 ㈜민국의 20×2년 당기순이익에 미친 영향을 계산하시오. 단, ㈜민국은 투자부동산에 대해서 공정가치모형을 적용한다.

(물음 3) 20×3년 7월 1일 ㈜만세의 사정으로 인해 ㈜민국과 ㈜만세의 전대리스는 종료되었다. 전대리스를 종료하면서 ㈜민국은 ㈜만세로부터 6개월치의 리스료 ₩20,500을 수령하였다. ㈜민국은 ㈜만세로부터 반환받은 가건물을 자가사용하기로 목적을 변경하였다. 이 경우, 해당 리스계약이 ㈜민국의 20×3년도 당기순이익에 미친 영향을 계산하시오. 단, 자가사용부동산에 대해서는 원가모형을 적용한다.

해설 및 해답 전대리스

(물음 1)

1. 미래현금흐름의 정리

	20×1년	20×2년	20×3년	20×4년	20×5년
고정리스료	30,000	30,000	30,000	30,000	30,000

리스부채 : ₩113,721[1)]

사용권자산 : ₩120,000[2)]

1) 리스부채 : ₩30,000×3.7907
2) 사용권자산 : ₩113,721(리스부채)+6,279(리스개설직접원가)

2. 비용으로 인식할 금액

① 이자비용 : ₩113,721×10%=₩11,372

② 감가상각비 : ₩120,000÷5년=₩24,000

(물음 2)

1. 전대리스 개시일의 리스부채와 사용권자산

① 리스부채 : ₩113,721×(1+10%)−30,000=₩95,093

② 사용권자산 : ₩120,000−120,000÷5년=₩96,000

2. 당기손익에 미치는 영향

리스료수익		₩41,000
리스부채 이자비용	₩95,093×10%=	(9,509)
투자부동산평가손실	₩120,000(기말공정가치[2)])−130,000(장부금액[1)])=	(10,000)
		₩21,491

1) 대체시 투자부동산이 공정가치모형을 사용하므로, 사용권자산을 공정가치 평가 후 투자부동산으로 대체한다. 대체시점 평가손익은 **재평가잉여금(기타포괄손익)**으로 인식한다.
2) 사용권자산(투자부동산)은 기초자산의 공정가치가 아닌, 사용권자산의 공정가치로 평가한다.

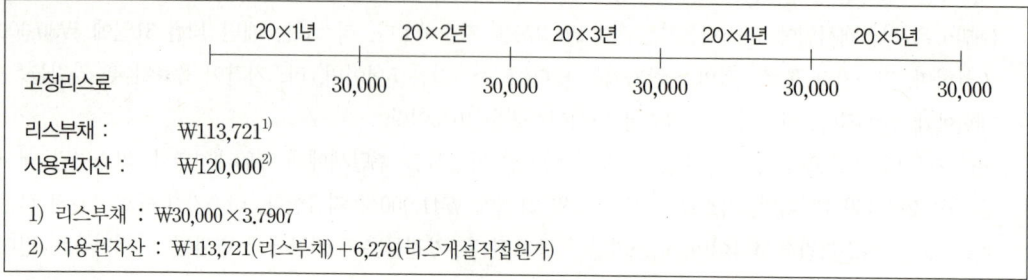

(물음 3)

리스료수익		₩20,500
투자부동산평가손실	₩100,000(대체시점의 공정가치) − 120,000(장부금액) =	(20,000)
리스부채 이자비용	[₩95,093 × (1 + 10%) − 30,000] × 10% =	(7,460)
사용권자산 감가상각비	₩100,000 ÷ 2.5년(잔여리스기간) × 6/12 =	(20,000)
		₩(26,960)

[별해] ㈜민국의 회계처리

20×1년 1월 1일	(차)	사용권자산	120,000	(대)	리스부채	113,721
					현금(개설원가)	6,279
20×1년 12월 31일	(차)	이자비용	11,372	(대)	현금	30,000
		리스부채	18,628			
	(차)	감가상각비	24,000	(대)	감가상각누계액	24,000
20×2년 1월 1일	(차)	투자부동산	130,000	(대)	사용권자산	120,000
		감가상각누계액	24,000		**재평가잉여금**	**34,000**
20×2년 12월 31일	(차)	이자비용	9,509	(대)	현금	30,000
		리스부채	20,491			
	(차)	현금	41,000	(대)	리스료수익	41,000
	(차)	투자부동산평가손실	10,000	(대)	투자부동산	10,000
20×3년 7월 1일	(차)	사용권자산	100,000	(대)	투자부동산	120,000
		평가손실	**20,000**			
	(차)	현금	20,500	(대)	**리스료수익**	**20,500**
20×3년 12월 31일	(차)	**감가상각비**	**20,000**	(대)	감가상각누계액	20,000
	(차)	**이자비용**	**7,460**	(대)	현금	30,000
		리스부채	22,540			

서술형 문제

문제 1

(물음 1) 투자부동산을 자가사용부동산과 분리하여 표시하는 이유에 대해 간략히 설명하시오.

(물음 2) 지배기업 또는 다른 종속기업에게 부동산을 리스하는 경우가 있다. 이러한 부동산이 지배기업의 ① 별도재무제표와 ② 연결재무제표에 각각 어떻게 분류되는지 서술하시오.

해설 및 해답

(물음 1)

투자부동산은 임대수익이나 시세차익을 얻기 위하여 보유하는 부동산이다. 투자부동산은 기업이 보유하고 있는 다른 자산과는 거의 독립적으로 현금흐름을 창출한다. 이러한 특성에 따라 투자부동산과 자가사용부동산이 구별된다. 반면 재화의 생산이나 용역의 제공(또는 관리목적에 부동산의 사용)에서 창출된 현금흐름은 해당 부동산에만 귀속되는 것이 아니라 생산이나 공급 과정에서 사용된 다른 자산에도 귀속된다.

(물음 2)

부동산을 소유하고 있는 개별기업 관점에서는 투자부동산이다. 이 경우 리스제공자의 개별재무제표에 당해 자산을 투자부동산으로 분류하여 회계처리한다. 그러나 연결재무제표에 투자부동산으로 분류할 수 없다. 경제적 실체 관점에서 당해 부동산은 자가사용부동산이기 때문이다.

CHAPTER 18

회계변경과 오류수정

출제유형
▸ 계산문제
│문제 1│ 회계변경
│문제 2│ 소급수정-일반원칙
│문제 3│ 소급수정-일반원칙
│문제 4│ 소급수정-일반원칙
│문제 5│ 소급수정-일반원칙
│문제 6│ 소급수정-간편법
│문제 7│ 소급수정
│문제 8│ 재무제표의 재작성
│문제 9│ 비교표시재무제표의 재작성
▸ 서술형문제

계산문제

문제 1

다음의 각 물음은 독립된 상황이다. 다만, 회계변경은 한국채택국제회계기준에서 제시하는 조건을 충족하며, 모든 오류는 재무제표의 신뢰성을 심각하게 손상시킬 수 있는 매우 중요한 오류이다. 법인세 효과는 무시하고, 매 보고기간 말과 그 다음 보고기간 초의 공정가치는 동일하다고 가정한다.

(물음 1) ㈜대한은 20×1년초 기계장치를 ₩1,200,000으로 구입하고 이를 내용연수 4년, 잔존가액 ₩100,000으로 추정하여 이중체감(잔액)법으로 감가상각하여 왔다. 그러나 새로이 획득한 정보를 반영하여 20×3년 말 잔존내용연수를 2년, 잔존가액 ₩0으로 추정변경하고, 감가상각방법은 정액법으로 변경하였다. 이 회계변경은 정당성이 인정되며, 회사는 20×3년 감가상각관련 회계처리를 수행하지 않았다. 이 경우 20×3년 재무제표 작성시 ㈜대한이 수행해야할 분개(또는 수정분개)를 하시오.

(물음 2) ㈜투명은 20×1년 초 건물을 ₩5,000,000에 취득하여 투자부동산으로 분류하고 원가모형을 적용하여 정액법으로 감가상각(내용연수 10년, 잔존가치 ₩0)하여 왔으나, 20×3년 초부터 공정가치모형을 적용하였다. 건물의 공정가치와 원가모형을 적용할 경우 이익잉여금은 다음과 같다.

구분	20×2년 말	20×3년 말	20×4년 말
건물의 공정가치	₩4,200,000	₩4,000,000	₩3,900,000
이익잉여금	900,000	1,000,000	1,200,000

20×4년 말에 동 건물과 관련하여 ㈜투명의 비교재무제표를 작성할 경우 ①부터 ④까지의 금액을 계산하시오. 손실의 경우에는 금액 앞에 (−)표시를 하시오.

구분	20×3년	20×4년
투자부동산	①	?
이익잉여금	②	③
투자부동산평가손익	?	④

(물음 3) ㈜공정은 20×1년 초 건물을 ₩3,000,000에 취득하여 유형자산으로 분류하고 원가모형을 적용하여 정액법으로 감가상각(내용연수 5년, 잔존가치 ₩0)하여 왔다. ㈜공정은 20×3년 초부터 동 건물을 유형자산에서 투자부동산으로 용도변경하고, 공정가치모형을 적용하였다. 건물의 공정가치는 다음과 같다.

구분	20×1년 말	20×2년 말	20×3년 말
건물의 공정가치	₩2,000,000	₩2,200,000	₩2,100,000

20×3년 말에 ㈜공정의 비교재무제표를 작성할 경우, 동 건물의 용도 및 평가모형의 변경이 ① 전기(20×2년) 재무제표와 ② 당기(20×3년) 재무제표에 미치는 영향(금액)을 각각 기술하시오. 손익항목은 당기손익과 기타포괄손익을 구분하여 표시하시오.

(물음 4) ㈜선진은 20×1년 초 건물을 ₩1,000,000에 취득하여 유형자산으로 분류하고 원가모형을 적용하여 정액법으로 감가상각(내용연수 10년, 잔존가치 ₩0)하여 왔다. 20×4년 초 ㈜선진은 ㈜국가의 종속기업이 되면서 지배기업과의 동일한 회계정책을 적용하기 위하여 동 건물에 대한 감가상각방법을 이중체감법으로 변경하였다.

㈜선진의 동 건물에 대한 감가상각방법의 변경을 소급적용한다고 가정한다. 20×4년 말에 동 건물과 관련하여 ㈜선진의 비교재무제표를 작성할 경우, 다음 ①부터 ④까지의 금액을 계산하시오. 단, 정액법으로 건물을 감가상각할 경우 20×3년 말과 20×4년 말의 이익잉여금은 각각 ₩500,000과 ₩600,000이다.

구분	20×3년	20×4년
감가상각누계액	①	③
이익잉여금	②	④

(물음 5) ㈜대한은 20×1년 중 보유중인 건물을 재평가모형에서 원가모형으로 변경하기로 하였으며, 원가모형을 최초로 적용하는 것은 아니다. 건물의 취득일은 20×0년 1월 1일로 취득금액은 ₩100,000, 내용연수는 10년 잔존가치는 없다. 건물은 정액법으로 감가상각하며 20×0년말과 20×1년말의 공정가치는 각각 ₩72,000과 ₩90,000이다. 재평가모형은 감가상각누계액을 우선 제거하는 방법으로 회계처리하며, 재평가잉여금은 사용시 이익잉여금으로 대체하지 않는 정책을 사용하고 있다. 회사는 기존의 방법으로 20×1년의 감가상각 및 평가에 대한 회계처리를 완료하였다. 이 경우, ㈜대한이 20×1년 재무제표에 반영해야할 수정분개를 제시하시오.

(물음 6) ㈜세무는 20×1년 초에 건물을 ₩500,000에 취득하고 유형자산으로 분류하였다. ㈜세무는 동 건물에 대하여 내용연수는 10년, 잔존가치는 ₩0으로 추정하였으며, 정액법으로 감가상각하고 원가모형을 적용하여 회계처리하고 있다. 20×1년 말과 20×2년 말의 공정가치는 각각 ₩540,000과 ₩480,000이다. 다음 각 독립적 상황 (1), (2)에 대하여 물음에 답하시오. (단, ㈜세무의 유형자산은 동 건물이 유일하며, 각 상황별 회계변경은 정당하고 법인세효과는 무시한다.) ㈜세무는 20×2년부터 동 건물에 대하여 기업회계기준서 제1016호 '유형자산'에 따라 자산을 재평가하는 회계정책을 최초로 적용하기로 하였다. 이 경우에 20×2년 말에 작성하는 비교재무제표에 표시되는 다음 ①과 ②의 금액은 얼마인가? (단, 재평가자산의 총장부금액과 감가상각누계액은 장부금액의 변동에 비례하여 수정한다.)

과목	20×2년	20×1년
유형자산	?	①
감가상각누계액	②	?

해설 및 해답 회계변경

(물음 1) 회계추정의 변경

1. 금액의 계산

① 20×3년 초 장부금액의 계산

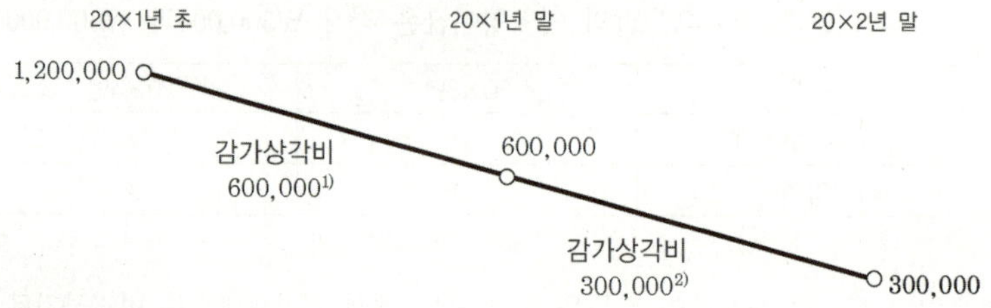

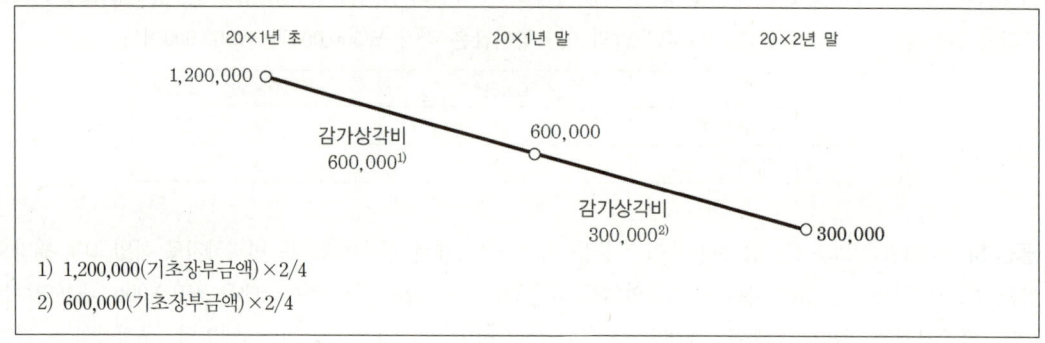

1) 1,200,000(기초장부금액)×2/4
2) 600,000(기초장부금액)×2/4

② 20×3년 감가상각비 : ₩300,000(기초장부금액)÷3년(20×3년초 현재 잔존내용연수)=₩100,000

2. 회계처리

20×3년 12월 31일	(차) 감 가 상 각 비	100,000	(대) 감 가 상 각 누 계 액	100,000

(물음 2) 회계정책의 변경 (2011년 회계사)

구분	20×3년	20×4년
투자부동산	① ₩4,000,000	?
이익잉여금	② 1,500,000	③ ₩2,100,000
투자부동산평가손익	?	④ (100,000)

1. 당기손익에 미치는 영향의 비교

구분	20×1년	20×2년	20×3년	20×4년
원가모형 감가상각비	₩(500,000) 1)	₩(500,000) 1)	₩(500,000) 1)	₩(500,000) 1)
공정가치모형 평가손익	—	(800,000) 2)	(200,000) 2)	(100,000) 2)
차이	₩500,000	₩(300,000)	₩300,000	₩400,000

1) ₩5,000,000÷10년
2) 공정가치 평가손익: 당기말 공정가치－전기말 공정가치

2. 답안의 계산

① 20×3년 투자부동산 : ₩4,000,000(20×3년 말 공정가치)

② 20×3년 이익잉여금 : ₩1,000,000(수정전 이익잉여금)＋(500,000－300,000＋300,000)(각 연도별 당기순이익에 미치는 영향)＝₩1,500,000

③ 20×4년 이익잉여금 : ₩1,200,000(수정전 이익잉여금)＋(500,000－300,000＋300,000＋400,000)(각 연도별 당기순이익에 미치는 영향)＝₩2,100,000

④ 투자부동산 평가손익 : ₩3,900,000(당기말 공정가치)－4,000,000(장부금액)＝(－)₩100,000

(물음 3) 회계추정의 변경 - 투자부동산의 대체 (2011년 회계사)

1. 투자부동산 대체의 회계처리

20×3년 1월 1일	(차) 투 자 부 동 산	2,200,000	(대) 건 물	3,000,000
	감가상각누계액	1,200,000	재평가잉여금	400,000[1]

1) ₩2,200,000(대체일의 공정가치)－1,800,000(장부금액)

20×3년 12월 31일	(차) 평가손실(당기손익)	100,000	(대) 투 자 부 동 산	100,000

2. 회계처리의 효과

① 전기 재무제표 : 자가사용부동산을 투자부동산으로 대체하는 경우에는 대체시점을 기준으로 회계처리를 수행하므로 전기재무제표를 재작성하지 않는다. 따라서 (전기 감가상각비 600,000이외에) 변경으로 인해 전기(20×2년)의 재무제표에 미치는 추가적으로 효과는 없다.

② 당기 재무제표 : 재평가잉여금(기타포괄손익) ₩400,000이 증가하며, 투자부동산평가손실(당기손익)이 ₩100,000만큼 인식된다. 한편 자산은 20×2년말에 비해 ₩300,000(전기말 유형자산 ₩1,800,000제거, 당기말 투자부동산 ₩2,100,000인식)만큼 증가한다.

(물음 4) 연결재무제표 작성을 위한 회계정책의 변경 - 소급적용 (2011년 회계사)

구분	20×3년	20×4년
감가상각누계액	① ₩488,000	③ ₩590,400
이익잉여금	② ₩312,000	④ ₩409,600

• 연결재무제표의 작성을 위해 감가상각방법을 소급적용하는 것은 회계추정의 변경이 아니므로 전진법을 적용하지 않는다. 따라서 처음부터 이중체감법을 사용할 경우를 가정하여 답안을 계산하면 된다.

1. 감가상각비의 비교

구분	20×1년	20×2년	20×3년	20×4년
정액법	₩100,000[1]	₩100,000[1]	₩100,000[1]	₩100,000[1]
이중체감법	200,000[2]	160,000[3]	128,000[3]	102,400[3]
차이	₩(100,000)	₩(60,000)	₩(28,000)	₩(2,400)

1) ₩1,000,000÷10년
2) ₩1,000,000(취득금액)×2/10
3) 전기 감가상각비×(1－2/10)

2. 답안의 계산

① 20×3년 감가상각누계액 : ₩200,000＋160,000＋128,000＝₩488,000

② 20×3년 이익잉여금 : ₩500,000－(100,000＋60,000＋28,000)＝₩312,000

③ 20×4년 감가상각누계액 : ₩200,000＋160,000＋128,000＋102,400＝₩590,400

④ 20×4년 이익잉여금 : ₩600,000－(100,000＋60,000＋28,000＋2,400)＝₩409,600

(물음 5) 유형자산 회계정책의 변경

• 유형자산의 회계정책을 변경하는 경우, 기존의 회계처리를 소급하여 수정한다.

① 재평가모형인 경우의 유형자산 장부금액

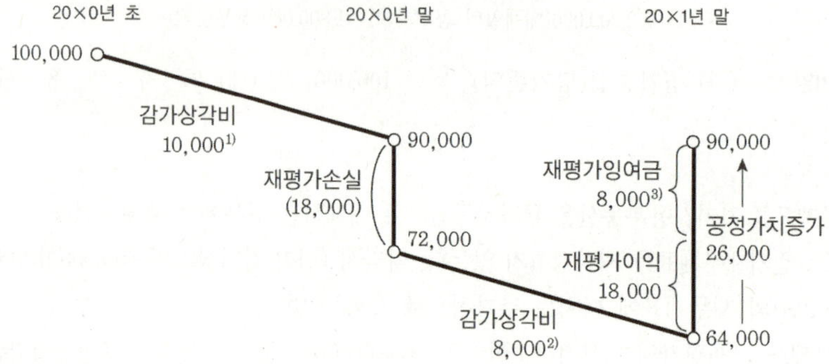

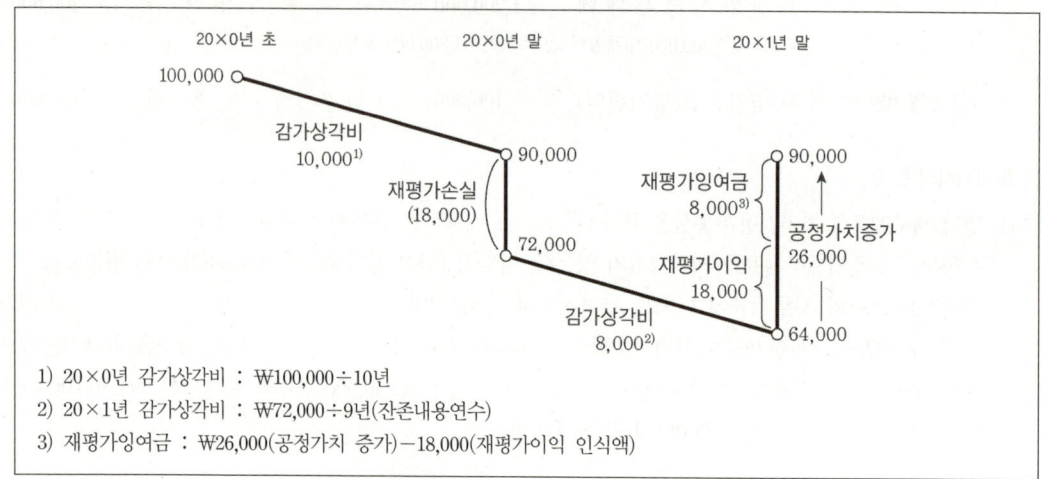

1) 20×0년 감가상각비 : ₩100,000÷10년
2) 20×1년 감가상각비 : ₩72,000÷9년(잔존내용연수)
3) 재평가잉여금 : ₩26,000(공정가치 증가)−18,000(재평가이익 인식액)

② 수정분개의 도출

㉠ 20×0년 12월 31일 수정분개의 도출

회사측 회계처리	(차) 감가상각비	10,000	(대) 감가상각누계액	10,000
	(차) 재평가손실	18,000	(대) 건물	28,000
	감가상각누계액	10,000		
올바른 회계처리	(차) 감가상각비	10,000[1)]	(대) 감가상각누계액	10,000
	1) ₩100,000(취득원가)÷10년			
수정분개	(차) 건물	28,000	(대) 재평가손실	18,000
			감가상각누계액	10,000

㉡ 20×1년 12월 31일 수정분개의 도출

회사측 회계처리	(차) 감가상각비	8,000[1)]	(대) 감가상각누계액	8,000
	(차) 감가상각누계액	8,000[4)]	(대) 재평가이익(당기손익)	18,000[2)]
	건물	18,000	재평가잉여금(기포익)	8,000[3)]

1) 감가상각비 : ₩72,000(전기말 공정가치)÷9년(잔존내용연수)
2) 재평가이익 : 전기 재평가손실 인식액
3) 재평가잉여금 : ₩26,000(공정가치 증가액)−18,000(재평가이익 인식액)
4) 감가상각누계액 잔액 제거

올바른 회계처리	(차) 감가상각비	10,000[1)]	(대) 감가상각누계액	10,000
	1) ₩100,000(취득원가)÷10년			
수정분개	(차) 감가상각비	2,000	(대) 감가상각누계액	2,000
	재평가이익(당기손익)	18,000	감가상각누계액	8,000
	재평가잉여금(기포익)	8,000	건물	18,000

③ 20×1년 12월 31일 누적 수정분개

20×1년 12월 31일	(차) 건　　　　　물	10,000	(대) 이 익 잉 여 금	18,000
	감 가 상 각 비	2,000	감가상각누계액	20,000
	재평가이익(당기손익)	18,000		
	재평가잉여금(기포익)	8,000		

(물음 6) 유형자산의 재평가모형의 최초적용 (2022년 세무사)

• 재평가모형을 최초로 적용하는 경우에는 소급수정하지 않는다.

1. 유형자산의 상각과 평가

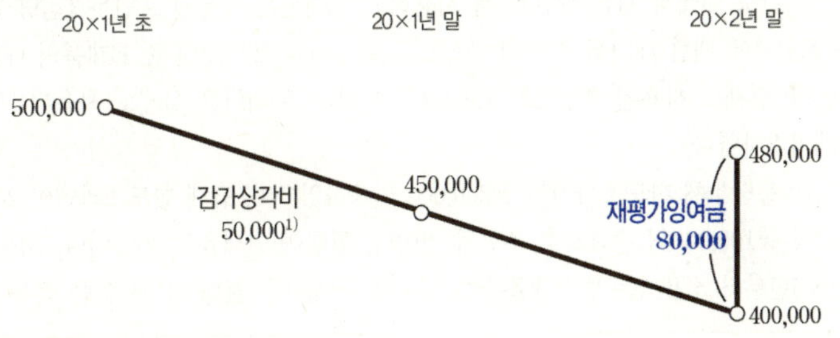

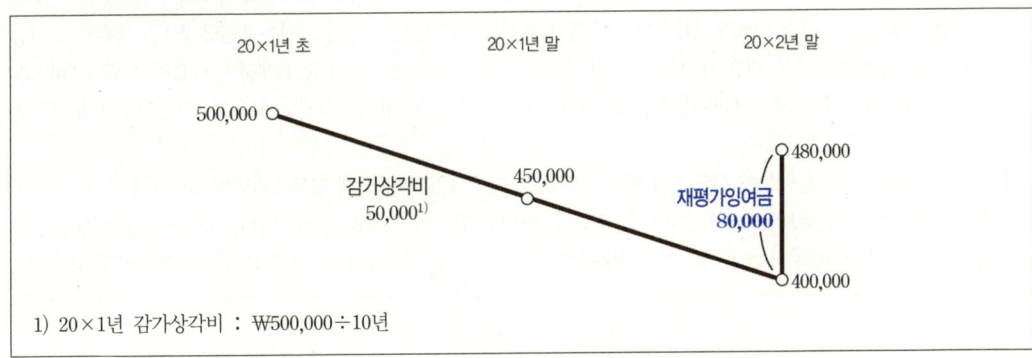

1) 20×1년 감가상각비 : ₩500,000÷10년

2. 답안의 계산

① 20×1년 말 취득원가 : ₩500,000(취득시 취득원가와 동일)

② 20×2년 말 감가상각누계액

구분	20×2년 말 평가전	평가	20×2년 말 평가후
취득원가	500,000		???
감가상각누계액	(100,000)		???
장부금액	400,000	×1.2	480,000

∴ 비례수정법을 적용하는 경우 감가상각누계액 : ₩100,000×1.2=₩120,000

문제 2

다음의 독립적인 물음에 답하시오.

(물음 1) ㈜대한은 20×3년도 회계변경 및 오류수정과 관련하여 아래와 같은 독립된 상황들을 발견하였다. 이에 대한 모든 회계변경 및 오류에 대한 수정이 20×3년 당기순이익에 미치는 영향을 계산하시오.

1. ㈜대한은 A제품에 대하여 위탁판매를 20×3년에 시작하였는데, 수탁자에게 운송하는 시점에 모두 매출로 계상하였다. 당기의 위탁매출액은 ₩1,500,000이고 매출총이익률은 10%이다. 수탁자는 당해 연도에 위탁받은 A제품의 1/3을 기말재고로 보유하고 있다.
2. 20×3년 중 ㈜대한은 B제품의 매출촉진을 위하여 매출액의 1%를 고객의 보너스포인트로 적립해주고 있다. 고객은 적립포인트 한도 내에서 제휴사서비스를 사용하고 ㈜대한은 사용된 포인트 1점당 ₩1을 제휴사에 지급한다. ㈜대한은 포인트에 대한 대가를 자기의 계산으로 회수한다. 20×3년 중 B제품의 매출액은 ₩80,000,000이었고, 20×3년 중 실제로 사용된 포인트는 150,000점이었다. ㈜대한은 실제로 사용된 포인트에 대해서만 판매촉진비로 회계처리하였다.
3. 20×3년에 퇴직급여충당부채 한도초과액이 ₩200,000 발생하였으며, 당해 한도초과액이 20×4년과 그 다음 해인 20×5년에 각각 ₩100,000씩 손금으로 추인될 것이다. 현행 법인세율은 30%이나, 20×3년 중에 개정된 세법에 의하면 20×5년부터 적용되는 법인세율은 20%이다. ㈜대한은 현행 법인세율을 적용하여 회계처리하였다.

(물음 2) ㈜민국의 감사담당 회계사는 20×1년 감사 절차 도중 다음과 같은 오류를 발견하였다. 다음의 각 상황별로 20×1년 재무제표에 반영해야할 수정분개를 제시하시오.

1. ㈜민국은 20×1년 10월 1일 B모델 샤워기를 ₩100,000에 ㈜나라상사에 현금 판매하면서, 20×2년 3월 1일에 ₩105,000에 재매입하는 계약을 체결하였다. 판매한 자산의 원가는 ₩80,000이며, 회사는 판매시 매출로 인식하였다.
2. ㈜민국이 제작하고 있는 A모델 수도꼭지는 제품 공정 중 도금을 ㈜나라 금속에 위탁하여 처리하고 있다. 도금을 위해 ㈜나라 금속에 재공품을 적송하고, 도금 후 재공품을 다시 ㈜민국으로 회수하여 공장에서 조립 후 고객에게 판매한다. ㈜민국은 ㈜나라 금속에게 재공품을 적송하면서 매출로 회계처리하며, 회수 시에는 새로운 재고자산의 매입으로 회계처리한다. 20×1년 중 원가 ₩80,000의 재고자산을 ₩100,000의 대가를 받으면서 적송하였으며, 재매입시 ₩105,000의 대가를 지급하였다. 해당 재고는 20×1년말 현재 아직 판매되지 않고 있다. ㈜민국이 수행한 회계처리는 하기와 같다.

〈20×1년 적송〉

(차)	현금	100,000	(대)	매출	100,000
(차)	매출원가	80,000	(대)	재고자산	80,000

〈20×1년 회수〉

(차)	재고자산	105,000	(대)	현금	105,000

해설 및 해답 소급수정 - 일반원칙 (2008년 회계사 수정)

(물음 1)

1. 위탁판매

① 수정분개의 도출

회사측 회계처리	(차) 매출채권	1,500,000	(대) 매출액	1,500,000
	(차) 매출원가	1,350,000[1]	(대) 재고자산	1,350,000

1) ₩1,500,000(매출액)×(1－10%(매출총이익률))

올바른 회계처리	(차) 매출채권	1,000,000	(대) 매출액	1,000,000[1]
	(차) 매출원가	900,000[2]	(대) 재고자산	900,000

1) ₩1,500,000×2/3(판매비율)
2) ₩1,000,000(매출액)×(1－10%(매출총이익률))

수정분개	(차) 매출액	500,000	(대) 매출채권	500,000
	(차) 재고자산	450,000	(대) 매출원가	450,000

② 당기손익에 미치는 영향 : (－)₩500,000(매출액의 취소)＋450,000(매출원가의 취소)＝(－)₩50,000

2. 고객충성제도

① 수정분개의 도출

회사측 회계처리	(차) 현금	80,000,000	(대) 매출액	80,000,000
	(차) 판매촉진비	150,000	(대) 현금	150,000[1]

1) 포인트에 대해 지급된 대가 : 150,000포인트×₩1

올바른 회계처리	(차) 현금	80,000,000	(대) 매출액	80,000,000
	(차) 판매촉진비	800,000[1]	(대) 미지급금	650,000[2]
			현금	150,000

1) ₩80,000,000×1%×₩1
2) 제3자가 보상점수에 대한 대가를 제공하고 자기의 계산으로 회수하는 경우에는 관련 의무를 이행하는 시점에 포인트관련 수익과 비용을 모두 인식한다. 따라서 이미 지급한 ₩150,000 뿐만아니라 지급할 ₩650,000(＝800,000－150,000)에 대해서도 미지급금으로 인식하여 비용처리한다.

수정분개	(차) 판매촉진비	650,000	(대) 미지급금	650,000

② 당기손익에 미치는 영향 : (－)₩650,000

3. 이연법인세회계

① 수정분개의 도출

회사측 회계처리	(차) 이 연 법 인 세 자 산	60,000[1]	(대) 법 인 세 비 용	60,000
	1) ₩200,000×30%			
올바른 회계처리	(차) 이 연 법 인 세 자 산	50,000[1]	(대) 법 인 세 비 용	50,000
	1) ₩100,000×30%+100,000×20%(×5년 분)			
수정분개	(차) 법 인 세 비 용	10,000	(대) 이 연 법 인 세 자 산	10,000

② 당기손익에 미치는 영향 : (−)₩10,000(법인세비용)

(물음 2)

1. 재매입 약정

① 기업이 판매한 자산에 대해 재매입 선도계약을 체결하고, 기업이 자산을 원래 판매가격 이상의 금액으로 다시 살 수 있거나 다시 사야 하는 경우라면, 해당계약을 금융계약으로 본다(K−IFRS 1115호 문단 B66). 따라서 매출 및 매출원가를 취소 후 기간분 이자비용만을 인식해야한다.

② 수정분개의 도출

회사측 회계처리	(차) 현 금	100,000	(대) 매 출 액	100,000
	(차) 매 출 원 가	80,000	(대) 재 고 자 산	80,000
올바른 회계처리	(차) 현 금	100,000	(대) 단 기 차 입 금	100,000
	(차) 이 자 비 용	3,000[1]	(대) 미 지 급 이 자	3,000
	1) (₩105,000−100,000)×3月 / 5月			
수정분개	(차) 매 출 액	100,000	(대) 단 기 차 입 금	100,000
	(차) 재 고 자 산	80,000	(대) 매 출 원 가	80,000
	(차) 이 자 비 용	3,000	(대) 미 지 급 이 자	3,000

2. 재고자산의 유상사급

① 재고자산의 일부가공을 회사 외부에 의뢰 시, 대가를 받고 재고자산을 적송하는 것을 유상사급이라고 한다. 유상사급은 수익인식요건을 충족하지 못하므로, 가공에 대한 대가는 재고자산의 취득원가에 가산하여야한다.

② 수정분개의 도출

회사측 회계처리	(차) 현 금	100,000	(대) 매 출 액	100,000
	(차) 매 출 원 가	80,000	(대) 재 고 자 산	80,000
	(차) 재 고 자 산	105,000	(대) 현 금	105,000
올바른 회계처리	(차) 현 금	100,000	(대) 보 증 금(부 채)	100,000
	(차) 재 고 자 산	5,000	(대) 현 금	105,000
	보 증 금(부 채)	100,000		
수정분개	(차) 매 출	100,000	(대) 매 출 원 가	80,000
			재 고 자 산	20,000

문제 3

㈜대한의 감사담당 회계사는 20×1년 감사 절차 도중 다음과 같은 오류를 발견하였다.

1. ㈜대한은 20×1년 1월 1일에 3년 만기의 전환사채 ₩100,000을 액면발행했다. 전환사채의 표시이자율은 연 5%이고, 이자는 매년 말에 지급한다. 만기일에 액면금액의 10%에 해당하는 상환할증금이 부여되어있다. 전환사채는 20×1년 7월 1일부터 보통주로 전환이 가능하며, 사채액면 ₩1,000당 1주의 보통주(1주당 액면 ₩500)로 전환될 수 있다. 사채발행일에 전환권이 부여되지 않은 일반사채의 시장이자율은 연 10%이다.
   회사는 전환사채 발행 시, 전환권 대가에 대한 발행금액을 배분하지 않고 전액 부채요소로 인식하였다. 또한 표시이자에 대해서만 이자비용으로 인식한 것을 발견하였다.

2. ㈜대한은 20×1년 1월 1일에 3년 만기의 복합금융상품(상환우선주 200주, 주당 액면금액 ₩500)을 발행하였다. 연 배당률은 6%이며, 매 기말 중간배당으로 이사회승인 후 즉시 지급된다. 이 우선주는 누적적 우선주이며, 보유자인 ㈜민국이 ㈜대한에게 20×3년 12월 31일에 액면금액으로 상환을 청구할 수 있는 권리를 가지고 있다. 우선주의 발행 시 유효이자율은 10%이며, 주당 발행금액은 ₩450이다. 회사는 우선주의 발행을 자본의 증가로, 배당의 지급을 이익의 처분으로 회계처리 하였다.

3. ㈜대한은 ㈜만세가 20×1년 1월 1일에 발행한 회사채를 다음과 같은 조건으로 취득한 후, 기타포괄손익－공정가치 측정 금융자산(FV법)으로 분류하였다.

   - 사채액면금액 : ₩100,000
   - 사채의 만기 : 20×3년 12월 31일
   - 표시이자율 : 연 8%
   - 이자지급 : 매년 12월 31일(연 1회)

   사채의 취득과 관련하여 ₩4,629의 비용이 발생하였으며,㈜대한은 거래비용을 전액 당기손익으로 인식하였다. 20×1년 1월 1일 및 20×1년 12월 31일의 시장이자율은 12%로 모두 동일하다. 20×1년말 회사는 12%의 유효이자율을 사용하여 이자수익을 인식하였으며, 시장이자율의 변동이 없으므로 기타포괄손익－공정가치 측정 금융자산 평가손익을 인식하지 않았다. 동 사채의 20×1년 말 공정가치는 ₩93,242이며, 거래비용을 고려하는 경우 유효이자율은 10%이다.

4. ㈜대한은 20×1년 1월 1일 ㈜독립으로부터 정유관련 발전설비를 임차하는 금융리스계약을 체결하였다. 금융리스의 리스개시일은 20×1년 1월 1일이며, 리스개시일 리스자산의 공정가치는 ₩750,000이다. 연간 고정리스료는 매년 말 ₩288,000을 후급하며, 내재이자율은 연 10%이다. 리스종료일은 20×3년 12월 31일이며, 리스기간 종료 시 예상 잔존가치는 ₩60,000이다.
   리스개설과 관련한 법률비용으로 ㈜대한은 ₩15,000을 지급하였다. 리스기간 종료시점에 ㈜대한은 염가매수선택권을 ₩45,000에 행사할 것이 리스약정일 현재 거의 확실하다. ㈜대한은 회사 소유의 동종 기계장치에 대해 내용연수 5년, 내용연수 종료시점의 잔존가치 ₩0, 감가상각방법은 정액법으로 감가상각한다. 이에 대해 ㈜대한은 동 리스에 대해 법률비용과 고정리스료를 비용으로 인식하는 회계처리만 수행하였다.

관련 현재가치계수는 하기와 같다.

할인율	단일금액 ₩1의 현재가치			정상연금 ₩1의 현재가치		
	1년	2년	3년	1년	2년	3년
10%	0.9091	0.8264	0.7513	0.9091	1.7355	2.4868
12%	0.8929	0.7972	0.7118	0.8629	1.6901	2.4019

아래 양식에 따라 당기 말 재무상태표와 당기 포괄손익계산서 요소에 대한 수정표를 작성하시오.

구분	자산	부채	자본	당기순이익
수정 전	₩90,000	₩50,000	₩40,000	₩10,000
1	⋮	⋮	⋮	⋮
2				
3				
4				
수정 후				

해설 및 해답 소급수정 - 일반원칙

• 답안

구분	자산	부채	자본	당기순이익
수정 전	₩90,000	₩50,000	₩40,000	₩10,000
1	–	(415)	415	(4,508)
2	–	93,000	(93,000)	(9,000)
3	–	–	–	3,284
4	612,000	537,000	75,000	75,000
수정 후	₩702,000	₩679,585	₩22,415	₩74,776

1. 전환사채 발행금액 배분의 오류수정

① 수정분개의 도출

회사측 회계처리	(차) 현금	100,000	(대) 전환사채	100,000
	(차) 이자비용	5,000	(대) 현금	5,000
올바른 회계처리	(차) 현금	95,077	(대) 전환사채	100,000
	사채할인발행차금	14,923[1]	상환할증금	10,000
	(차) 현금	4,923[2]	(대) 전환권대가	4,923
	(차) 이자비용	9,508[3]	(대) 현금	5,000
			사채할인발행차금	4,508

1) 사채할인발행차금 : ₩110,000(만기수령액) − ₩110,000 × 0.7513 + ₩5,000 × 2.4868(부채요소의 공정가치)

2) 전환권대가 발행금액 : ₩100,000(발행금액) − 95,077(부채요소)

3) 이자비용 : ₩95,077 × 10%

수정분개	(차) 사채할인발행차금	10,415	(대) 상환할증금	10,000
	이자비용	4,508	전환권대가	4,923

② 답안의 계산

㉠ 자산 : −

㉡ 부채 : (−)₩10,415(사채할인발행차금의 감소) + 10,000(상환할증금의 인식) = (−)₩415

㉢ 자본 : (−)₩4,508(이자비용) + 4,923(전환권대가) = ₩415

㉣ 당기순이익 : (−)₩4,508(이자비용)

2. 상환우선주 오류수정

① 보유자에게 상환의 권리가 있는 누적적 상환우선주는 원금 및 누적적 배당금을 모두 부채요소로 인식한 후 배당금의 지급을 이자비용으로 처리하여야 한다.

② 수정분개의 도출

회사측 회계처리	(차) 현금	90,000	(대) 우선주자본금	100,000
	주식할인발행차금	10,000		
	(차) 이익잉여금	6,000	(대) 현금	6,000
올바른 회계처리	(차) 현금	90,000	(대) 금융부채	100,000
	현재가치할인차금	10,000		
	(차) 이자비용	9,000	(대) 현금	6,000
			현재가치할인차금	3,000
수정분개	(차) 우선주자본금	100,000	(대) 주식할인발행차금	10,000
	현재가치할인차금	10,000	금융부채	100,000
	(차) 이자비용	9,000	(대) 이익잉여금	6,000
			현재가치할인차금	3,000

③ 답안의 계산

㉠ 자산 : −

㉡ 부채 : (−)₩10,000(사채할인발행차금)+100,000(사채)+3,000(사채할인발행차금 상각액)
=₩93,000

㉢ 자본 : (−)₩100,000(자본금)+10,000(주식할인발행차금)−9.000(이자비용)+6,000(이익잉여금)
=(−)₩93,000

㉣ 당기순이익 : (−)₩9,000(이자비용)

3. 기타포괄손익-공정가치 측정 금융자산 오류수정

① 기타포괄손익−공정가치 측정 금융자산의 취득시 발생한 거래원가는 금융자산의 취득원가에 가산한 후, 유효이자율을 별도로 계산하여 상각한다. 한편, 기말에 시장이자율이 변하지 않더라도 기말 현행시장이자율과 유효이자율은 다르기 때문에 공정가치와 장부금액도 상이하다. 따라서 기말 평가손익을 인식하여야 한다.

② 수정분개의 도출

회사측 회계처리	(차)	FVOCI금융자산	90,395[1]	(대)	현　　　금	95,024
		지 급 수 수 료	4,629			
	(차)	현　　　금	8,000	(대)	이 자 수 익	10,847[2]
		FVOCI금융자산	2,847			

1) 취득시점의 현재가치(12%) : ₩100,000×0.7118+8,000×2.4019

2) 이자수익 : ₩90,395×12%

올바른 회계처리	(차)	FVOCI금융자산	95,024[1]	(대)	현　　　금	95,024
	(차)	현　　　금	8,000	(대)	이 자 수 익	9,502[2]
		FVOCI금융자산	1,502			
	(차)	평가손실(기포익)	3,284[3]	(대)	FVOCI금융자산	3,284

1) 지급수수료를 FVOCI금융자산의 취득원가에 포함

2) 이자수익 : (₩90,395+4,629)×10%(새로운 유효이자율)

3) 평가손실 : ₩93,242(공정가치)−96,526(장부금액)

수정분개	(차)	이 자 수 익	1,345	(대)	지 급 수 수 료	4,629
		평가손실(기포익)	3,284			

③ 답안의 계산

㉠ 자산 : −

㉡ 부채 : −

㉢ 자본 : −

㉣ 당기순이익 : (−)₩1,345(이자비용)+4,629(지급수수료)=₩3,284

4. 리스 오류수정

① 리스이용자의 경우 사용권자산과 리스부채를 인식 후 감가상각비와 이자비용을 인식해야 한다.

② 수정분개의 도출

회사측 회계처리	(차) 지급수수료	15,000	(대) 현금	15,000
	(차) 리스수수료비용	288,000	(대) 현금	288,000
올바른 회계처리	(차) 사용권자산	765,000	(대) 리스부채	750,000
			현금	15,000
	(차) 이자비용	75,000[1]	(대) 현금	288,000
	리스부채	213,000		
	(차) 감가상각비	153,000[2]	(대) 감가상각누계액	153,000

1) ₩750,000×10%
2) ₩765,000÷5년

수정분개	(차) 사용권자산	765,000	(대) 리스부채	750,000
			지급수수료	15,000
	(차) 이자비용	75,000	(대) 리스수수료비용	288,000
	리스부채	213,000		
	(차) 감가상각비	153,000	(대) 감가상각누계액	153,000

③ 답안의 계산

㉠ 자산 : ₩765,000(사용권자산)−153,000(감가상각누계액)=₩612,000

㉡ 부채 : ₩750,000(리스부채)−213,000(리스부채 상각액)=₩537,000

㉢ 자본 : (−)₩75,000(이자비용)+288,000(리스수수료비용)−153,000(감가상각비)+15,000(지급수수료) =₩75,000

㉣ 당기순이익 : (−)₩75,000(이자비용)+288,000(리스수수료비용)−153,000(감가상각비)+15,000(지급수수료)=₩75,000

문제 4

※ 다음의 각 물음은 독립적이다.

〈 공통 자료 〉

답안 작성 시 원 이하는 반올림한다.

기간	단일금액 ₩1의 현가계수		정상연금 ₩1의 현가계수	
	7%	10%	7%	10%
1	0.9346	0.9091	0.9346	0.9091
2	0.8734	0.8265	1.8080	1.7356
3	0.8163	0.7513	2.6243	2.4869
4	0.7629	0.6830	3.3872	3.1699

(물음 1) 다음의 <자료 1>을 이용하여 답하시오.

〈 자료 1 〉

1. 20×1년 1월 1일에 ㈜대한은 보유하던 건물을 ㈜민국에게 ₩8,000,000에 매각하고, 동시에 동 건물을 리스하여 사용하는 계약을 체결하였다. 매각 직전 동 건물의 장부금액은 ₩6,000,000이며, 판매일에 동 건물의 공정가치는 ₩8,000,000이다.
2. 동 건물의 이전은 기업회계기준서 제1115호의 수익인식기준을 충족하는 판매이다.
3. 20×1년 1월 1일 동 건물의 잔존내용연수는 5년이고 잔존가치는 없다. ㈜대한은 감가상각 방법으로 정액법을 사용한다.
4. 리스개시일은 20×1년 1월 1일이며, 고정리스료는 리스기간 동안 매년 말 ₩1,000,000을 지급한다.
5. 리스기간은 리스개시일로부터 3년이며, 리스기간 종료시점의 해당 기초자산 잔존가치는 ₩0으로 추정된다. 리스 종료일에 소유권 이전, 염가매수선택권, 리스기간 변경선택권은 없다.
6. 리스계약과 관련하여 지출한 리스개설직접원가는 없다.
7. 리스의 내재이자율은 연 10%이다.

리스이용자인 ㈜대한은 20×1년도의 회계기록을 검토하던 중에 회계처리 오류(동 건물의 매각금액을 ₩7,000,000으로 인식)를 발견하였다. 이는 중요한 오류이며, 동 오류는 20×1년 장부 마감 전에 수정되었다. 이러한 오류수정이 ㈜대한의 20×1년도 당기순이익에 미치는 영향과 오류수정 후 20×1년 말 재무상태표에 표시되는 사용권자산을 각각 계산하시오. 단, 당기순이익이 감소하는 경우 금액 앞에 (−)를 표시하시오.

당기순이익에 미치는 영향	①
사용권자산	②

(물음 2) 다음의 〈자료 2〉를 이용하여 답하시오.

〈 자료 2 〉

1. 리스이용자인 ㈜대한은 리스제공자 ㈜민국과 20×1년 1월 1일에 리스계약을 체결하였다.
2. 20×1년 1월 1일 기초자산인 동 건물의 내용연수는 6년이고 잔존가치는 없다. ㈜대한은 감가상각 방법으로 정액법을 사용한다.
3. 리스개시일은 20×1년 1월 1일이며, 고정리스료는 리스기간 동안 매년 말 ₩1,000,000을 지급한다.
4. 리스기간은 리스개시일로부터 4년이며, 리스기간 종료시점의 해당 기초자산 잔존가치는 ₩0으로 추정된다. 또한 리스기간 종료 후 1년간 리스기간을 연장할 수 있는 연장선택권이 부여되어 있으며, 20×4년 말 이후 연장기간 동안의 고정리스료는 ₩800,000으로 연말에 지급한다. ㈜대한은 리스개시일에 동 연장선택권을 행사하지 않을 것이 상당히 확실하다고 판단하였다.
5. 20×1년 1월 1일에 동 리스의 내재이자율은 연 10%이다.
6. 한편, ㈜대한은 20×2년 말에 동 연장선택권을 행사할 것이 상당히 확실하다고 판단을 변경하였다. 리스기간 연장 후 종료시점의 해당 기초자산의 잔존가치는 ₩0으로 추정되며, 소유권은 이전되지 않는다. 20×2년 말 현재 동 리스의 내재이자율은 연 7%이다.

㈜대한은 20×3년도의 회계기록을 검토하던 중에 회계처리 오류(20×2년 말 이후에도 동 연장선택권을 행사하지 않을 것이 상당히 확실하다고 계속 판단)를 발견하였다. 이는 중요한 오류이며, 동 오류는 20×3년 장부 마감 전에 수정되었다. 이러한 오류수정이 ㈜대한의 20×3년도 당기순이익에 미치는 영향과 오류수정 후 20×3년 말 재무상태표에 표시되는 사용권자산을 각각 계산하시오. 단, 당기순이익이 감소하는 경우 금액 앞에 (−)를 표시하시오.

당기순이익에 미치는 영향	①
사용권자산	②

(물음 3) 다음의 〈자료 3〉을 이용하여 물음에 답하시오.

㈜대한은 20×2년 1월 1일 3년간 용역제공조건으로 종업원 30명에게 10개씩 주식선택권을 부여하였다. 가득기간 종료일까지 예상퇴사인원은 없으며, 실제로 가득종료일까지 퇴사한 인원은 없다. 각 일자의 주식선택권의 공정가치는 다음과 같다.

구 분	부여일	20×2년 말	20×3년 말	20×4년 말
주식선택권의 공정가치	₩49	₩53	₩45	₩52

㈜대한은 20×3년도의 회계기록을 검토하던 중에 회계처리 오류(각 회계연도말 주식선택권의 공정가치를 기준으로 주식보상비용을 인식)를 발견하였다. 이는 중요한 오류이며, 동 오류는 20×3년 장부 마감 전에 수정되었다. 이러한 ① 오류수정이 ㈜대한의 20×3년도 당기순이익에 미치는 영향과 ② 오류수정 후 20×3년 말 재무상태표에 표시되는 주식선택권을 각각 계산하시오. 단, 당기순이익이 감소하는 경우 금액 앞에 (−)를 표시하시오.

해설 및 해답 소급수정 - 일반원칙

(물음 1) 판매후리스 (2023년 회계사)

1. 회사의 회계처리

① 공정가치 미만 수령액 : ₩8,000,000(공정가치)−7,000,000(판매금액)=₩1,000,000(리스료의 선급)

② 리스부채 : ₩1,000,000×2.4869=₩2,486,900

③ 사용권자산 : ₩6,000,000(장부금액)×[2,486,900(리스부채)+1,000,000(리스료의 선급)]
÷8,000,000(공정가치)=₩2,615,175

④ 당기손익에 미친 영향

처분손익	₩2,000,000* ×(8,000,000−3,486,900)÷8,000,000=	₩1,128,275
리스부채이자비용	₩2,486,900×10%=	(248,690)
감가상각비	₩2,615,175(사용권자산)÷min[3년, 5년]=	(871,725)
		₩7,860

* 100%처분시 처분손익 : 8,000,000(공정가치)−6,000,000(장부금액)

2. 올바른 회계처리

① 리스부채 : ₩1,000,000×2.4869=₩2,486,900

② 사용권자산 : ₩6,000,000(장부금액)×2,486,900(리스부채)÷8,000,000(공정가치)=₩1,865,175

③ 당기손익에 미친 영향

처분손익	₩2,000,000×(8,000,000−2,486,900(리스부채))÷8,000,000=	₩1,378,275
리스부채이자비용	₩2,486,900×10%=	(248,690)
감가상각비	₩1,865,175(사용권자산)÷min[3년, 5년]=	(621,725)
		₩507,860

3. 답안의 계산

① 당기순이익 : ₩507,860(올바른 이익)−7,860(회사계상이익)=₩500,000 증가

② 올바른 사용권자산 : ₩1,865,175(취득원가)−621,725(감가상각비)=₩1,243,450

[별해] 수정분개

① 회사의 회계처리

판매후리스 개시일	(차)	현금	8,000,000	(대)	건물	6,000,000
					처분이익	2,000,000
	(차)	선급리스료	1,000,000	(대)	현금	1,000,000
	(차)	사용권자산	2,615,175	(대)	리스부채	2,486,900
		처분이익	871,725		선급리스료	1,000,000
이자비용	(차)	이자비용	248,690	(대)	현금	1,000,000
		리스부채	751,310			
감가상각	(차)	감가상각비	871,725	(대)	감가상각누계액	871,725

② 올바른 회계처리

판매후리스 개시일	(차)	현금	8,000,000	(대)	건물	6,000,000
					처분이익	**2,000,000**
	(차)	사용권자산	1,865,175	(대)	리스부채	2,486,900
		처분이익	**621,725**			
이자비용	(차)	**이자비용**	**248,690**	(대)	현금	1,000,000
		리스부채	751,310			
감가상각	(차)	**감가상각비**	**621,725**	(대)	감가상각누계액	621,725

③ 수정분개

판매후리스 개시일	(차)	현금	1,000,000	(대)	선급리스료	1,000,000
	(차)	선급리스료	1,000,000	(대)	사용권자산	750,000
					처분이익	**250,000**
감가상각	(차)	감가상각누계액	250,000	(대)	**감가상각비**	**250,000**

(물음 2) 리스부채 재평가 (2023년 회계사)

1. 리스부채 재측정 전 리스부채와 사용권자산

① 리스부채 취득금액 : ₩1,000,000×3.1699=₩3,169,900

② 20×2년 말 리스부채 장부금액 : [₩3,169,900×(1+10%)−1,000,000]×(1+10%)−1,000,000
=₩1,735,579 또는 ₩1,000,000×1.7356=₩1,735,600

③ 20×2년 말 사용권자산 장부금액 : ₩3,169,900−3,169,900÷min[4년, 6년]×2년=₩1,584,950

2. 회사의 회계처리

① 20×2년 말 리스부채의 재측정을 수행하지 않음

② 20×3년 당기순이익에 미치는 영향

이자비용	₩1,735,579×10%=	₩(173,558)
감가상각비	3,169,900÷min[4년, 6년]=	(792,475)
손실		₩(966,033)

3. 올바른 회계처리

① 20×2년 말 리스부채의 재측정

㉠ 리스부채의 재측정금액 : ₩1,000,000×1.8080+800,000×0.8163=₩2,461,040

㉡ 리스부채의 변동 : ₩2,461,040−1,735,579(기존리스부채 장부금액)=₩725,461 증가

㉢ 사용권자산의 변동 후 장부금액 : ₩1,584,950+725,461=₩2,310,411

② 20×3년 당기순이익에 미치는 영향

이자비용	₩2,461,040×7%=	₩(172,273)
감가상각비	₩2,310,411÷min[3년(잔여리스기간), 4년]=	(770,137)
손실		₩(942,410)

4. 답안의 계산

① 당기순이익 : (−)₩942,410(올바른 손실)+966,033(회사계상 손실)=₩23,623 증가

② 올바른 사용권자산 : ₩2,310,411(변동후 장부금액)−770,137(감가상각비)=₩1,540,274

[별해] 수정분개

① 회사의 회계처리

이자비용	(차)	이자비용	173,558	(대)	현금	1,000,000
		리스부채	826,442			
감가상각	(차)	감가상각비	792,475	(대)	감가상각누계액	792,475

② 올바른 회계처리

리스부채 재측정	(차)	사용권자산	725,461	(대)	리스부채	725,461
이자비용	(차)	이자비용	172,273	(대)	현금	1,000,000
		리스부채	827,727			
감가상각	(차)	감가상각비	770,137	(대)	감가상각누계액	770,137

③ 수정분개

리스부채 재측정	(차)	사용권자산	725,461	(대)	리스부채	725,461
이자비용	(차)	리스부채	1,285	(대)	이자비용	1,285
감가상각	(차)	감가상각누계액	22,338	(대)	감가상각비	22,338

(물음 3)

1. 회사계상 주식보상비용

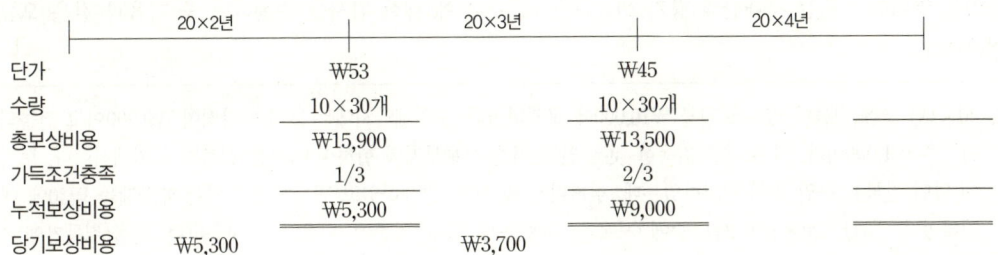

	20×2년		20×3년		20×4년
단가		₩53		₩45	
수량		10×30개		10×30개	
총보상비용		₩15,900		₩13,500	
가득조건충족		1/3		2/3	
누적보상비용		₩5,300		₩9,000	
당기보상비용	₩5,300		₩3,700		

2. 올바른 주식보상비용

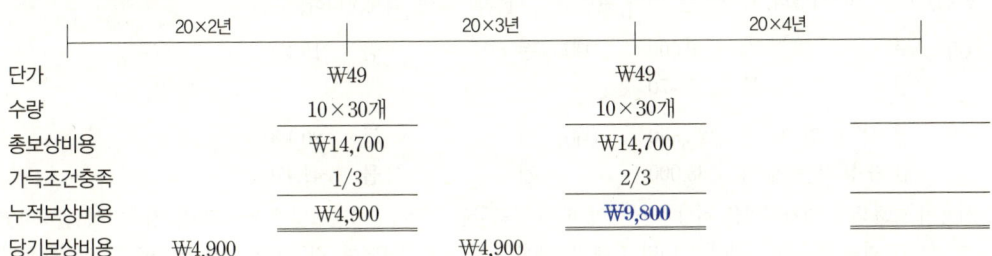

	20×2년		20×3년		20×4년
단가		₩49		₩49	
수량		10×30개		10×30개	
총보상비용		₩14,700		₩14,700	
가득조건충족		1/3		2/3	
누적보상비용		₩4,900		**₩9,800**	
당기보상비용	₩4,900		₩4,900		

3. 수정분개

20×2년 분	(차) 주 식 선 택 권	400	(대) 이 익 잉 여 금	400
20×3년 분	(차) **주 식 보 상 비 용**	**1,200**	(대) 주 식 선 택 권	1,200

4. 답안의 계산

① 오류수정이 당기순이익에 미치는 영향 : (−)₩1,200(주식보상비용 추가인식)

② 오류수정 후 주식선택권 : ₩9,800

문제 5

유통업을 영위하고 있는 ㈜대한의 당기(20×1년) 재무제표에 대한 감사를 수행하던 중 다음과 같은 오류를 발견하였다.

1. 20×1년 초에 건물이 있는 토지를 ₩10,000에 구입하였다. 구입계약서에는 토지의 가격이 ₩9,000이고 건물의 가격은 ₩1,000이다. 이 토지를 취득한 것은 인근 기존 사옥부지와 합하여 사옥을 신축하기 위해서이다. 토지에 있던 건물을 구입 즉시 철거하였는데, 철거비용 ₩500이 발생하였고 철거시에 수거한 폐자재를 ₩30에 매각하였다. 또한, 20×1년 2월 중에 사옥을 신축하기 위해 기존에 사옥으로 사용하던 건물(취득가액 : ₩40,000, 감가상각누계액 : ₩38,000)도 철거하였는데, 철거비용 ₩200이 발생하였고 철거시에 수거한 폐자재를 ₩10에 매각하였다. 20×1년 3월에 ㈜민국과 신사옥 건설계약을 체결하고 20×1년 말까지 공사대금으로 ₩20,000을 지급하였다. ㈜대한은 이와 관련하여 다음과 같이 회계처리하였다.

(차)	토지	9,000	(대)	현금	10,470
	건물	1,470			

(차)	건설중인자산	23,660	(대)	현금	20,190
	감가상각누계액	38,000		건물	41,470

2. 사용이 종료되면 설치지역을 원상복구 해야 하는 구축물을 20×1년 1월 1일에 ₩5,000을 지출하여 설치하였다. 설치지역을 복구하는 시점인 10년 후에 ₩5,706의 지출이 예상되며, 적절한 할인율 연 10%를 적용하였을 경우의 현재가치는 ₩2,200이다. 이 구축물의 내용연수는 10년이고, 정액법으로 감가상각하며, 잔존가치는 없다. ㈜대한은 이와 관련하여 다음과 같이 회계처리하였다.

(차)	구축물	5,000	(대)	현금	5,000
(차)	감가상각비	500	(대)	감가상각누계액	500

3. 20×0년 말 현재 확정급여채무의 현재가치와 사외적립자산의 공정가치는 각각 ₩25,000과 ₩22,800이며, 확정급여채무를 할인하기 위해 사용한 할인율은 연 10%이다. 20×1년 12월 31일 확정급여제도와 관련하여 기여금 ₩800을 출연하고 퇴직급여 ₩1,000을 지급하였다. 20×1년 당기근무원가는 ₩3,100이다. 20×1년 말 현재 확정급여채무의 현재가치와 사외적립자산의 공정가치는 각각 ₩28,500과 ₩24,600이다. ㈜대한은 이와 관련하여 다음과 같이 회계처리하였다.

(차)	판매와관리비	3,100	(대)	현금	800
				사외적립자산	200
				확정급여채무	2,100

4. 20×0년 1월 1일에 내용연수가 10년, 잔존가치가 ₩800으로 추정되는 기계장치를 ₩10,000에 구입하였다. 이 기계를 1년간 사용한 후 보다 유용한 정보제공을 위해 20×1년 초에 감가상각방법을 정률법에서 정액법으로 변경하기로 결정하였다. ㈜대한은 이러한 감가상각방법의 변경을 반영하지 않고 20×0년과 같이 정률법으로 감가상각하여 20×1년 재무제표를 작성하였다. 내용연수 10년의 정률법에 의한 상각률은 20%로 가정한다.

아래 양식에 따라 당기 말 재무상태표와 당기 포괄손익계산서 요소에 대한 수정표를 작성하시오. 단, 사외적립자산과 확정급여채무는 각각 자산과 부채에 표시한다. 감소되어야 할 경우 금액 앞에 (−)를 표시한다.

구분	자산	부채	자본	당기순이익
수정 전	₩90,000	₩50,000	₩40,000	₩10,000
1				
2				
3				
4				
수정 후				

해설 및 해답 소급수정-일반원칙 (2014년 회계사)

• 답안의 작성

구분	자산	부채	자본	당기순이익
수정 전	₩90,000	₩50,000	₩40,000	₩10,000
1	(2,190)		(2,190)	(2,190)
2	1,980	2,420	(440)	(440)
3	2,000	1,400	600	(220)
4	800		800	800
수정 후	₩92,590	₩53,820	₩38,770	₩7,950

1. 토지 및 건물

① 토지만 이용하기 위한 일괄구입대가는 모두 토지의 취득원가로 하며, 기존건물의 폐기시 기존건물의 장부금액과 폐기비용은 당기손익으로 인식한다.

② 수정분개의 도출

올바른 회계처리	(차) 토지	10,470[1]	(대) 현금	10,470
	(차) 감가상각누계액	38,000	(대) 건물	40,000
	건물폐기손실	2,000		
	(차) 철거비용	190[2]	(대) 현금	190
	(차) 건설중인자산	20,000	(대) 현금	20,000

1) ₩10,000(일괄구입대가)+500(철거비용)−30(매각대금)

2) ₩200(철거비용)−10(폐자재 매각대금)

수정분개	(차) 토지	1,470	(대) 건설중인자산	3,660
	건물폐기손실	2,000		
	철거비용	190		

2. 구축물

① 복구충당부채는 취득원가에 가산하며 유효이자율법으로 상각하여 이자비용을 인식한다.

② 수정분개의 도출

구분	차변	금액	대변	금액
올바른 회계처리	(차) 구축물	7,200	(대) 현금	5,000
			복구충당부채	2,200
	(차) 감가상각비	720	(대) 감가상각누계액	720
	(차) 이자비용	220[1]	(대) 복구충당부채	220
	1) 2,200(복구충당부채 장부금액)×10%			
수정분개	(차) 구축물	2,200	(대) 복구충당부채	2,420
	이자비용	220		
	(차) 감가상각비	220	(대) 감가상각누계액	220

3. 사외적립자산 및 확정급여채무

① 순확정급여부채의 장부금액 변동

	기초	지급	적립	순이자	근무원가	수정전잔액	재측정	기말
⊖ 확정급여채무	25,000	(1,000)		2,500	3,100	29,600	(1,100)	28,500
⊕ 사외적립자산	22,800	(1,000)	800	2,280		24,880	(280)	24,600
=순확정급여부채	(2,200)		800	(220)	(3,100)	(4,720)	820	(3,900)

② 수정분개의 도출

구분	차변	금액	대변	금액
올바른 회계처리	(차) 순이자	220	(대) 확정급여채무	2,500
	사외적립자산	2,280		
	(차) 퇴직급여	3,100	(대) 확정급여채무	3,100
	(차) 확정급여채무	1,000	(대) 사외적립자산	1,000
	(차) 사외적립자산	800	(대) 현금	800
	(차) 확정급여채무	1,100	(대) 사외적립자산	280
			재측정요소	820
수정분개	(차) 사외적립자산	2,000	(대) 확정급여채무	1,400
	순이자	220	재측정요소	820

4. 기계장치

① 감가상각요소의 변경은 전진적으로 변경하나 회사가 변경 전의 방법으로 회계처리하였으므로 수정이 필요하다.

② 수정분개의 도출

구분	차변	금액	대변	금액
회사측 회계처리	(차) 감가상각비	1,600[1]	(대) 감가상각누계액	1,600
	1) (₩10,000－10,000×20%)×20%			
올바른 회계처리	(차) 감가상각비	800[1]	(대) 감가상각누계액	800
	1) (₩8,000－800)×9년			
수정분개	(차) 감가상각누계액	800	(대) 감가상각비	800

문제 6

다음의 독립적인 물음에 답하시오.

(물음 1) ㈜한국은 20×1년부터 구입 및 판매를 시작한 제품에 대하여 재고자산의 원가흐름가정으로 선입선출법을 사용하여 왔으나 20×3년에 총평균법으로 변경하였다. 이 변경은 정당한 변경이다. 이와 관련된 자료는 다음과 같다.

구분	20×1년	20×2년	20×3년
선입선출법	₩400,000	₩800,000	₩750,000
총평균법	300,000	650,000	500,000

다음의 각 경우에 ㈜한국이 20×3년 재무제표에 반영해야할 수정분개를 제시하시오.

(1) ㈜대한이 20×3년에도 계속 선입선출법을 사용하여 회계처리한 경우

(2) ㈜대한은 20×3년에도 계속 선입선출법을 사용하여 회계처리하였으며, 법인세효과(법인세율 30%)를 고려하는 경우 (단, 세법상 전기오류수정효과는 인정되지 않는다 가정한다.)

(3) ㈜대한이 20×3년엔 총평균법을 통하여 회계처리한 경우

(물음 2) ㈜대한은 20×2년도와 20×3년도 중에 손실충당금을 설정하지 않고 채권에 대한 대손이 실제로 발생하는 경우 손상차손으로 회계처리하는 직접차감법을 사용하여 왔다. (20×1년도에는 대손이 발생하지 않았다.) 이는 기업회계기준에 명백히 위배되고 금액적으로도 중요하므로 중대한 오류라고 판단된다. 다음은 직접차감법에 의하여 계상하여 온 손상차손과 충당금설정법에 의한 경우 계상되어야 할 손상차손에 대한 것이다. 이 경우에 ㈜대한이 20×3년 재무제표에 반영해야할 수정분개를 제시하시오.

구 분	20×2년	20×3년
직접차감법에 의하여 계상한 손상차손	₩50,000	₩900,000
충당금설정법에 의한 경우의 손상차손	750,000	500,000

(물음 3) 20×2년도 ㈜정의의 재무제표에 대한 회계감사 과정에서 외부감사인은 20×1년 말 재고자산 금액이 ₩5,000 과대계상되어 있음을 발견하였다. 그러나 20×2년 말 재고자산은 정확하게 계상되어 있다. 상기 재고자산의 과대계상 오류가 수정되지 않은 ㈜정의의 20×1년과 20×2년의 손익은 다음과 같다.

	20×1년도	20×2년도
수익	₩70,000	₩80,000
비용	(55,000)	(60,000)
당기순이익	₩15,000	₩20,000

재고자산 과대계상 오류를 수정하여 비교재무제표를 작성할 경우, ① 20×1년 말 이익잉여금과 ② 20×2년 말 이익잉여금을 각각 계산하시오. 단, 20×1년 초 이익잉여금은 ₩20,000이다.

(물음 4) 20×2년에 출품을 시작한 C제품에 대한 품질보증비용이 중요하지 않아 동 연도에 발생한 ₩20,000을 비용으로 처리하였다. 그러나 20×3년에 중요성이 증대됨에 따라 ㈜대한은 매출액의 2%를 품질보증충당부채로 설정하였다. 20×2년과 20×3년의 C제품의 매출액은 각각 ₩4,000,000과 ₩10,000,000이다. 이 경우 ㈜대한이 20×3년에 수행해야할 회계처리를 제시하시오.

(물음 5) 다음은 20×2년 기말 감사 과정중 발견된 ㈜민국의 오류사항들이다. 해당 항목들을 모두 올바르게 수정할 경우, 해당 수정분개가 ㈜민국의 ① 20×1년말 이익잉여금에 미치는 영향과 ② 20×2년 당기순이익에 미치는 영향을 계산하시오.

1. ㈜민국은 20×1년초에 사무실을 임차하고 2년어치 임대료 ₩360,000을 미리 수령하면서 선수임대료로 기록하였다. 이와 관련하여 ㈜민국은 20×2년말에 다음과 같이 수정분개하였다.

   (차) 선 수 임 대 료 360,000 (대) 임 대 료 수 익 360,000

2. ㈜민국의 판매직원 급여는 매월 ₩1,000,000으로 설립 후 변동이 없다. ㈜민국은 회사 설립 후 지금까지, 근로제공한 달의 급여를 다음 달 매10일에 현금 ₩1,000,000을 지급하면서 비용으로 전액 인식하였다.
3. 20×1년초 ㈜민국은 정액법으로 감가상각하고 있던 기계장치에 대해 ₩100,000의 지출을 하였다. 동 지출은 기계장치의 장부금액에 포함하여 인식하여야 하는데, ㈜민국은 이를 전액 수선비로 회계처리하였다. 20×2년 말 현재 동 기계장치의 잔존내용연수는 3년이다.
4. ㈜민국은 20×1년 1월 1일에 사채 (액면금액 ₩2,000,000, 3년 만기)를 ₩1,903,926에 발행하였다. 동 사채의 액면이자율은 10%(매년 말 이자지급), 유효이자율은 12%이다. ㈜민국은 사채발행시 적절하게 회계처리 하였으나, 20×1년과 20×2년의 이자비용은 현금지급 이자에 대해서만 회계처리 하였다.

해설 및 해답 소급수정 - 간편법

(물음 1) 재고자산

(1) 20×3년 말까지 선입선출법 사용

① 오류금액의 정리

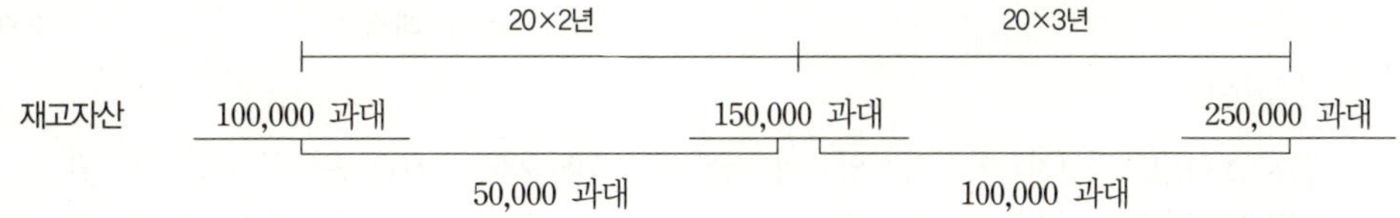

② 수정분개

20×2년 이전분	(차) 이 익 잉 여 금	150,000	(대) 재 고 자 산	150,000
20×3년 발생분	(차) 매 출 원 가	100,000	(대) 재 고 자 산	100,000

(2) 법인세효과를 고려하는 경우 (2020년 회계사 유사)

① 재고자산의 수정과 관련하여 발생한 전기누적손익효과는 일시적차이를 발생시킨다. 따라서 과대평가된 재고자산의 수정은 차감할 일시적차이를 발생시키므로 이연법인세자산을 인식하여야 한다.
재고자산의 수정과 관련하여 발생한 당기손익효과는 당기 법인세부담액에 영향을 주므로, 미지급법인세를 수정한다. 따라서 매출원가의 증가는 법인세 부담액을 감소시켜 미지급법인세를 감소시킨다.

② 수정분개의 도출

20×2년 이전분	(차) 이 익 잉 여 금	150,000	(대) 재 고 자 산	150,000
	(차) 이 연 법 인 세 자 산	45,000	(대) 이 익 잉 여 금	45,000
20×3년 발생분	(차) 매 출 원 가	100,000	(대) 재 고 자 산	100,000
	(차) 미 지 급 법 인 세	30,000[1]	(대) 법 인 세 비 용	30,000

1) 미지급법인세의 효과는 기말 법인세회계시 반영

(3) 20×3년 말에는 총평균법 사용

① 오류금액의 정리

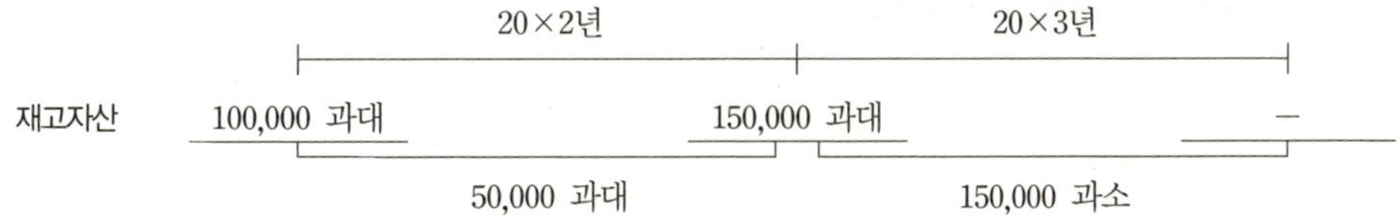

② 수정분개

20×2년 이전분	(차) 이 익 잉 여 금	150,000	(대) 재 고 자 산	150,000
20×3년 발생분	(차) 재 고 자 산	150,000	(대) 매 출 원 가	150,000

(물음 2) 손상차손

① 오류금액의 정리

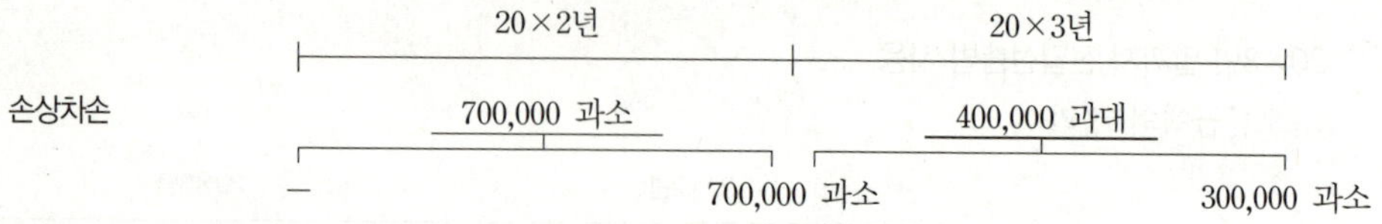

② 수정분개

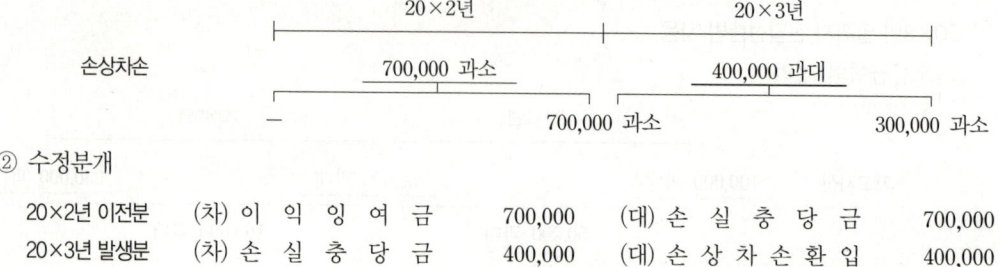

20×2년 이전분	(차) 이 익 잉 여 금	700,000	(대) 손 실 충 당 금	700,000
20×3년 발생분	(차) 손 실 충 당 금	400,000	(대) 손 상 차 손 환 입	400,000

(물음 3) 재고자산 (2011년 회계사)

1. 수정분개의 도출

① 오류금액의 정리

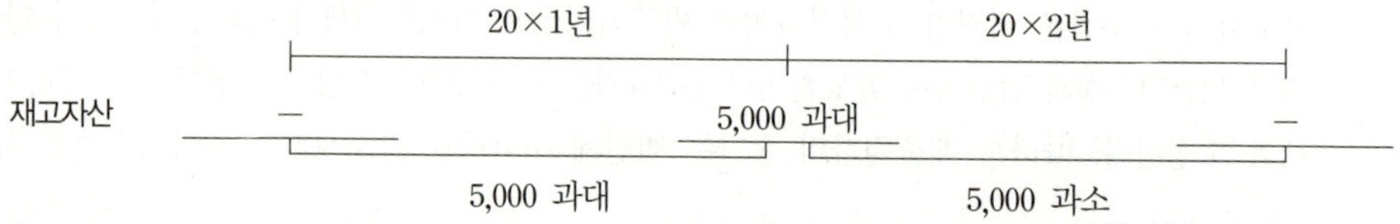

② 수정분개

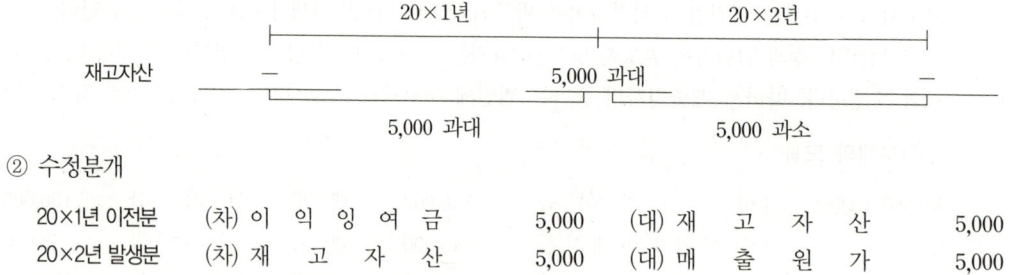

20×1년 이전분	(차) 이 익 잉 여 금	5,000	(대) 재 고 자 산	5,000
20×2년 발생분	(차) 재 고 자 산	5,000	(대) 매 출 원 가	5,000

2. 답안의 계산

① 20×1년 말 이익잉여금 : ₩20,000(20×1년초 이익잉여금)+15,000(수정전 20×1년 당기순이익) −5,000(전기분 수정사항)=₩30,000

② 20×2년 말 이익잉여금 : ₩30,000(20×2년초 올바른 이익잉여금)+20,000(수정전 20×2년 당기순이익)+5,000(20×2년 수정사항)=₩55,000

(물음 4) (2008년 회계사 수정)

① 오류금액의 정리 : 과거에 발생하였으나 중요하지 않아 회계처리하지 않은 거래에 대해 새로운 회계정책을 적용하는 것은 회계정책의 변경이 아니므로 전진적으로 회계처리를 적용한다.

② 회계처리

20×1년 이전분	(차) 제 품 보 증 비	200,000[1]	(대) 제품보증충당부채	200,000

1) ₩10,000,000×2%(20×3년 판매분 충당부채)

(물음 5) 당기손익 및 이익잉여금에 미치는 영향

1. 오류금액의 정리

	20×1년 초	20×1년	20×1년 말	20×2년	20×2년 말
선수임대료	–	180,000 과대	180,000 과대	180,000 과소	–
미지급급여	1,000,000 과소	–	1,000,000 과소	–	1,000,000 과소
기계-수선비	–	100,000 과소	100,000 과소	–	100,000 과소
감가상각비	–	20,000[1] 과소	20,000 과소	20,000 과소	40,000 과소
사채	–	28,471 과소	28,471[2] 과소	31,888 과소	60,359[3] 과소

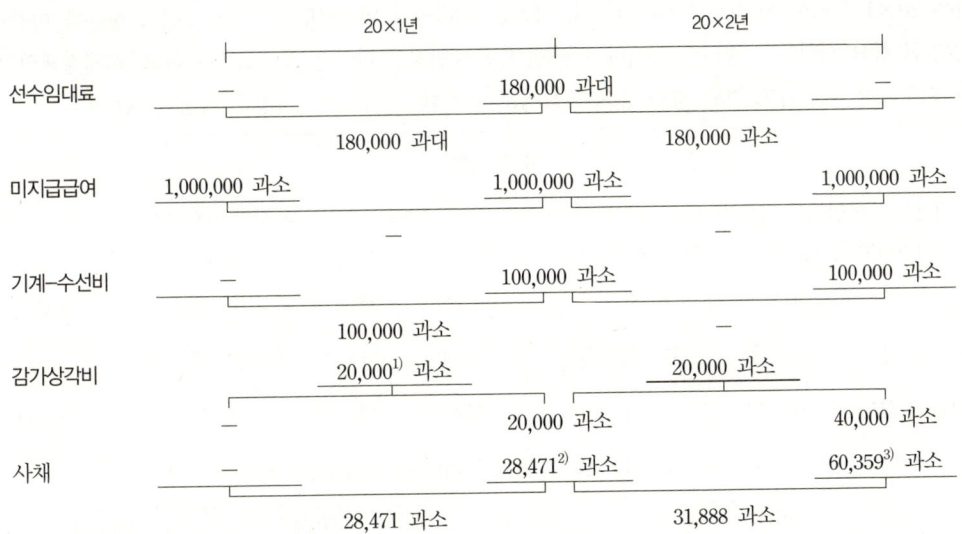

1) ₩100,000(기계장치 취득금액)÷5년)
2) 20×1년 사채 과소계상액 : (₩1,903,926×1.12－200,000)(올바른 20×1년 말 장부금액)－1,903,926
3) 20×2년 사채 과소계상액 : [(₩1,903,926×1.12－200,000)×1.12－200,000](올바른 20×2년 말 장부금액)－1,903,926

2. 답안의 계산

항목	20×1년 말 이익잉여금	20×2년 당기순이익
1. 선수임대료	₩180,000	₩(180,000)
2. 미지급급여	(1,000,000)	–
3. 기계－수선비	100,000	–
감가상각비	(20,000)	(20,000)
4. 사채	(28,471)	(31,888)
합계	₩(768,471)	₩(231,888)

[별해] 수정분개

선수임대료	(차) 선수임대료	180,000	(대) **이익잉여금**	**180,000**
	(차) **임대료수익**	**180,000**	(대) 선수임대료	180,000
미지급급여	(차) **이익잉여금**	**1,000,000**	(대) 미지급급여	1,000,000
기계-수선비	(차) 기계장치	100,000	(대) **이익잉여금**	**100,000**
감가상각비	(차) **이익잉여금**	**20,000**	(대) 감가상각누계액	20,000
	(차) **감가상각비**	**20,000**	(대) 감가상각누계액	20,000
사채	(차) **이익잉여금**	**28,471**	(대) 사채할인발행차금	28,471
	(차) **이자비용**	**31,888**	(대) 사채할인발행차금	31,888

문제 7

㈜대한은 20×1년 초에 영업을 개시하였으며, 다음은 ㈜대한의 회계담당자가 20×3년도 장부를 마감하기 전에 발견한 중요 사항들을 정리한 것이다. ㈜대한의 회계변경은 타당한 것으로 간주하고, 회계정책의 적용효과가 중요하며, 오류가 발견된 경우 중요한 오류로 간주한다. 다음 각 사항은 독립적이다.

〈중요 사항〉

1. ㈜대한은 동종업계의 대손경험만을 고려하여 연도별 신용매출액의 2%를 대손상각비로 인식하고 다음과 같이 회계처리하였다. 단, 과거 3년간 ㈜대한이 대손 확정한 금액과 환입한 금액은 없다.

20×1년 말	(차) 대손상각비	40,000	(대) 대손충당금	40,000
20×2년 말	(차) 대손상각비	50,000	(대) 대손충당금	50,000
20×3년 말	(차) 대손상각비	60,000	(대) 대손충당금	60,000

과거 3년간 ㈜대한의 신용매출액과 매 연도 말 추정한 기대신용손실금액은 다음과 같다.

구분	20×1년	20×2년	20×3년
신용매출액	₩2,000,000	₩2,500,000	₩3,000,000
추정기대신용손실금액	35,000	27,000	28,000

2. ㈜대한은 20×1년 7월 1일에 차입한 장기차입금의 3년간 이자 ₩36,000(20×1년 7월 1일~20×4년 6월 30일)을 동일자에 현금으로 선지급하고 전액 비용으로 처리하였다. 단, 현재가치 계산은 고려하지 않는다.

3. ㈜대한은 20×2년 초 ₩500,000에 무형자산을 취득하였다. 취득 시점에 해당 무형자산이 순현금유입을 창출할 것으로 기대되는 기간을 합리적으로 결정할 수 없어서 내용연수가 비한정(indefinite)이라고 판단하고 무형자산을 상각하지 않았다.

   20×3년 말에 해당 무형자산의 내용연수가 비한정이라는 평가가 계속하여 정당화되는지를 검토한 결과, 사건과 상황이 그러한 평가를 정당화하지 않는다고 판단하여 비한정 내용연수를 유한한 내용연수 4년(정액법 상각, 추정잔존가치 ₩0)으로 변경하고 다음과 같이 소급하여 회계처리하였다.

20×3년 말	(차) 전기이월이익잉여금	100,000	(대) 무형자산	200,000
	무형자산상각비	100,000		

4. ㈜대한은 20×3년 초에 특허권을 ₩1,000,000에 취득하였으며 동 특허권의 법적 권리기간은 20년이나 순현금유입이 가능한 기간은 10년이 될 것으로 예상한다. ㈜대한은 취득가액의 60%인 ₩600,000으로 5년 후에 특허권을 구매하려는 제3자와 약정하였으며 5년 후에 특허권을 매각할 의도를 가지고 있다. 동 금액에 대한 매각예정시점으로부터의 현재가치는 ₩550,000이다. ㈜대한은 이와 관련하여 다음과 같이 정액법을 적용하여 회계처리하였다.

20×3년 초	(차) 무형자산	1,000,000	(대) 현금	1,000,000
20×3년 말	(차) 무형자산상각비	100,000	(대) 무형자산	100,000

(물음 1) 상기 거래들에 대한 회계처리를 올바르게 수정하였을 때 ㈜대한의 20×3년 전기이월이익잉여금 및 당기순이익에 미치는 영향을 계산하시오. 단, 감소하는 경우에는 (-)를 숫자 앞에 표시하시오.

항목	20×3년	
	전기이월 이익잉여금	당기순이익
1. 대손상각	①	②
2. 이자 지급	③	④
3. 무형자산	⑤	⑥
4. 특허권 거래		⑦

(물음 2) 한국채택국제회계기준(K-IFRS) 하에서 유형자산과 무형자산의 감가상각방법 변경을 회계정책의 변경이 아닌 회계추정의 변경으로 회계처리하는 이유를 간략하게 설명하시오.

해설 및 해답 소급수정(2018년 회계사)

(물음 1)

항목	20×3년	
	전기이월 이익잉여금	당기순이익
1. 대손상각	① ₩63,000	② ₩59,000
2. 이자 지급	③ ₩18,000	④ (−)₩12,000
3. 무형자산	⑤ ₩100,000	⑥ (−)₩25,000
4. 특허권 거래		⑦ ₩20,000

1. 대손충당금

① 오류금액의 도출

구분	20×1년	20×2년	20×3년
회사계상 대손충당금	₩40,000	₩90,000	₩150,000
올바른 대손충당금	35,000	27,000	28,000
오류금액	₩5,000 과대	₩63,000 과대	₩122,000 과대

② 오류금액의 정리

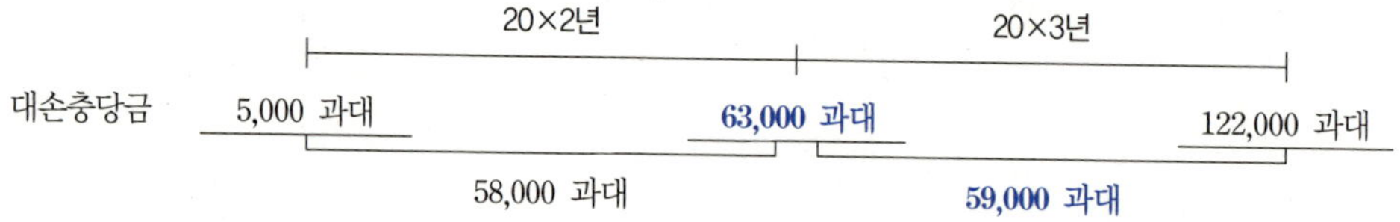

③ 전기이월 이익잉여금과 당기순이익에 미치는 영향

㉠ 전기이월 이익잉여금 : ₩63,000 증가

㉡ 당기순이익 : ₩59,000 증가

2. 선급이자

① 오류금액의 도출

구분	20×1년	20×2년	20×3년
회사계상 선급이자	₩ −	₩ −	₩ −
올바른 선급이자	30,000[1)]	18,000	6,000
오류금액	30,000 과소	18,000 과소	6,000 과소

1) ₩36,000−36,000÷3년×6/12(20×1년분 이자비용)

② 오류금액의 정리

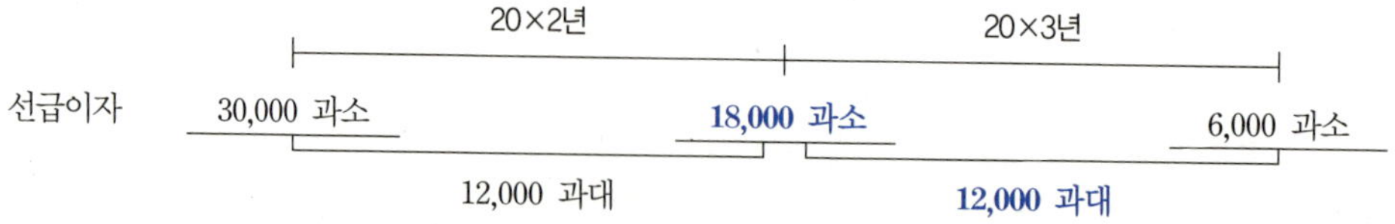

③ 전기이월 이익잉여금과 당기순이익에 미치는 영향
  ㉠ 전기이월 이익잉여금 : ₩18,000 증가
  ㉡ 당기순이익 : ₩12,000 감소

3. 무형자산

① 수정분개의 도출

회사의 회계처리	(차)	이익잉여금	100,000	(대)	무형자산	200,000
		무형자산상각비	100,000			
올바른 회계처리	(차)	무형자산상각비	125,000[1]	(대)	무형자산	125,000

1) ₩500,000÷4년*

* 회사가 수행한 회계처리에서 상각비가 100,000이라는 것으로 20×2년 초 시점 추정한 내용연수가 5년이라는 것을 알 수 있다. 따라서 유한한 내용연수로 상각을 시작한 20×3년 초 현재 잔여 내용연수는 4년으로 계산되어야 한다.

수정분개	(차)	무형자산상각비	25,000	(대)	이익잉여금	100,000
		무형자산	75,000			

② 전기이월 이익잉여금과 당기순이익에 미치는 영향
  ㉠ 전기이월 이익잉여금 : ₩100,000 증가
  ㉡ 당기순이익 : ₩25,000 감소

4. 특허권

① 수정분개의 도출

회사의 회계처리	(차)	무형자산상각비	100,000	(대)	무형자산	100,000
올바른 회계처리	(차)	무형자산상각비	80,000[1]	(대)	무형자산	80,000

1) (₩1,000,000−600,000)÷5년

수정분개	(차)	무형자산	20,000	(대)	무형자산상각비	20,000

② 당기순이익에 미치는 영향 : ₩20,000 증가

(물음 2)

• 감가상각방법은 해당 자산에 내재되어 있는 미래경제적효익의 예상 소비형태를 가장 잘 반영하는 방법을 선택하는 것이다. 따라서, 감가상각방법을 변경하는 것은 자산의 미래경제적효익이 소비됨에 따라 기업이 감가상각을 인식하는 회계정책을 적용하는 데 사용된 기법의 변경이므로 회계추정의 변경이다.

문제 8

㈜대한은 특수운송장비를 제조하는 기업으로 20×1년 12월 31일 기준으로 아래의 〈자료〉와 같은 불완전한 수정전 계정 정보를 갖고 있다.

〈자 료〉

	차변	대변
현금및현금성자산	₩20,000	
매출채권	300,000	
매출채권- 기대손실충당금		₩1,000
재고자산	63,000	
미성공사	70,000	
진행청구액		60,000
유형자산	700,000	
확정급여채무		45,000
사외적립자산	50,000	
매입채무		100,000
장기차입금		370,000
자본금		300,000
기타포괄손익누계액 - 보험수리적재측정요소		50,000
기타포괄손익누계액 - 자산재평가잉여금		200,000
매출		300,000
매출원가 및 공사원가	185,000	
판매 및 일반관리비	93,000	
합 계	₩1,481,000	₩1,426,000

㈜대한은 다음과 같은 추가적인 정보를 획득하였다.

〈 추가정보 〉

1. ㈜대한은 20×1년 12월 31일 보유하고 있는 매출채권에 대해 ₩3,000의 기대손실을 예상하고 있다.
2. 〈자료〉의 확정급여채무(₩45,000)와 사외적립자산(₩50,000)은 공정가치를 제외한 다른 요소를 모두 반영한 금액이며, 관련 손익은 일반관리비 등에 적절하게 반영되어있다. ㈜대한은 20×1년 12월 31일 확정급여채무와 사외적립자산의 공정가치가 각각 ₩50,000과 ₩60,000이라는 정보를 추가로 받았으며, 이에 대한 회계처리는 이루어지지 않았다.
3. ㈜대한은 유형자산에 대해 재평가모형을 적용하지만 20×1년에는 장부금액과 공정가치에 유의한 차이가 존재하지 않아 재평가를 실시하지 않았다.
4. ㈜대한은 20×1년 12월 31일에 보유하고 있던 유형자산 중 장부금액 ₩200,000의 토지(취득원가 ₩120,000, 재평가잉여금 ₩80,000)를 ㈜민국에게 현금 ₩250,000을 받고 매각하였으나 해당 거래가 아직 기록되지 않은 것을 발견하였다.
5. 〈자료〉의 미성공사(₩70,000)와 진행청구액(₩60,000)은 ㈜대한이 20×0년 6월 30일 ㈜만세로부터 주문받은 냉장차 운송설비 제작과 관련하여 진행기준을 적용한 금액이다. 해당 주문은 20×2년 8월 31일에 완료 예정이며, 해당 계약에 따른 당기수익 및 공사원가 등 관련 거래는 적절하게 기록되어 〈자료〉의 매출과 공사원가 등 관련 계정에 정상적으로 반영되어있다.
6. 장기차입금(₩370,000)의 만기는 20×5년 12월 31일이다.
7. ㈜대한의 20×1년도의 기초이익잉여금은 ₩55,000이며, ㈜대한은 20×1년도에 배당을 실시하지 않았다.
8. 20×2년 2월 15일 ㈜대한은 ㈜누리와의 소송 1심에서 패소한 사실을 알게 되었다. ㈜대한의 재무제표 발행승인일은 20×2년 3월 31일이다. 해당 소송은 20×0년 7월에 발생하였으나 ㈜대한은 해당 소송에서 패소할 가능성은 거의 없다고 판단하여 지금까지 아무런 회계처리를 하지 않았다. ㈜대한은 즉각 항소하기로 결정하였으나, 변호인은 소송의 1심 패소로 ㈜대한이 향후 소송에서 패소할 가능성이 높으며 ₩30,000의 손실이 예상된다고 조언하였다.

(물 음) 위의 정보에 기반하여 ㈜대한이 20×1년 12월 31일에 보고하는 재무상태표를 제시하시오. 단, 법인세 및 이연법인세에 대한 효과는 고려하지 않는다.

해설 및 해답 재무제표의 재작성 (2018년 회계사)

■ 추가정보의 반영

1. 매출채권의 손실충당금

① 손상차손 : ₩3,000(기말 기대신용손실)－1,000(장부상 기대신용손실)＝₩2,000

② 회계처리

20×1년 12월 31일	(차) 손 상 차 손	2,000	(대) 손 실 충 당 금	2,000

2. 순확정급여부채의 재측정요소

20×1년 12월 31일	(차) 사 외 적 립 자 산	10,000	(대) 확 정 급 여 채 무	5,000
			재 측 정 요 소	5,000

3. 유형자산－회계처리 없음

4. 토지의 처분이익

20×1년 12월 31일	(차) 현 금	250,000	(대) 토 지	200,000
			유형자산처분이익	50,000

5. 미청구(초과청구)공사

• ₩70,000(미성공사)－60,000(진행청구액)＝₩10,000(미청구공사)

6. 장기차입금－회계처리 없음

8. 충당부채 (수정을 요하는 보고기간후 사건)

20×1년 12월 31일	(차) 손 실	30,000	(대) 충 당 부 채	30,000

7, 이익잉여금

• 기말 이익잉여금 : ₩55,000＋(₩300,000－185,000－93,000)(수정전 당기순이익)－2,000(손상차손) ＋50,000(유형자산 처분이익)－30,000(소송관련 손실)＝₩95,000

• 재무상태표의 재작성

재무상태표

㈜한국 20×1년 12월 31일 (단위 : ₩)

현금및현금성자산		₩270,000	매입채무	₩100,000
매출채권		300,000	충당부채	30,000
기대손실충당금		(3,000)	장기차입금	370,000
재고자산		63,000		
미청구공사			자본금	300,000
미성공사	70,000		미처분이익잉여금	95,000
진행청구액	(60,000)	10,000	기타포괄손익누계액	
순확정급여자산			재측정요소	55,000
사외적립자산	60,000		재평가잉여금	200,000
확정급여채무	(50,000)	10,000		
유형자산		500,000		
합 계		₩1,150,000	합 계	₩1,150,000

문제 9 저유

다음은 20×0년초에 설립된 ㈜한국의 수정전 재무제표이다.

재무상태표

(단위 : 원)

	20×1년 초	20×1년 말	20×2년 말		20×1년 초	20×1년 말	20×2년 말
현금	16,000	22,000	32,000	부채	19,300	32,800	43,000
매출채권	24,000	25,000	24,000				
재고자산	17,300	18,800	18,000	자본금	28,000	28,000	28,000
유형자산	300,000	410,000	520,000	이익잉여금	170,000	185,000	193,000
감가상각누계액	(140,000)	(230,000)	(330,000)				
합계	217,300	245,800	264,000		217,300	245,800	264,000

포괄손익계산서

(단위 : 원)

	20×1년	20×2년
매출액	240,000	260,000
매출원가	(150,000)	(165,000)
매출총이익	90,000	95,000
감가상각비	(60,000)	(70,000)
기타비용	(15,000)	(15,000)
당기순이익	15,000	10,000

㈜한국은 20×2년 처음으로 외부감사대상이 되어 재무제표를 감사받은 결과 다음과 같은 지적사항이 제시되었다.

1. 회사는 선입선출법을 재고자산 평가방법으로 사용하고 있다. 그러나 감사인은 재고자산의 원가흐름 특징 상 이동평균법을 적용하는 것이 정보이용자의 의사결정에 더욱 유용할 것이라는 결론을 내렸다. 각 방법하에서의 기말재고자산은 다음과 같다.

	20×1년 초	20×1년 말	20×2년 말
선입선출법	17,300	18,800	18,000
이동평균법	18,100	17,500	18,000

2. ㈜한국은 손실충당금을 계상하지않고 직접상각법을 적용하고 있었다. 기대신용손실모형에 따른 손실충당금의 기말 예상액은 다음과 같다.

	20×1년 초	20×1년 말	20×2년 말
손실충당금	1,000	1,500	2,000

(물음 1) 상기 지적사항을 올바르게 수정할 경우, 해당 수정사항이 ① 20×2년 당기순이익과 ② 20×2년 기말 이익잉여금에 미치는 영향을 계산하시오.

(물음 2) 상기 지적사항을 올바르게 수정한 ㈜한국의 ① 수정후 비교표시 재무상태표와 ② 수정후 비교표시 포괄손익계산서를 작성하시오.

(물음 3) 다음은 ㈜한국의 20×3년 수정전 자본변동표이다. 문제에서 제시된 지적사항을 수정반영한 후의 자본변동표를 제시하시오.

자본변동표

(단위 : 원)

	자본금	이익잉여금	자본총계
20×1년 초	28,000	170,000	198,000
20×1년 당기순이익	–	15,000	15,000
20×1년 말	28,000	185,000	213,000
20×2년 초	28,000	185,000	213,000
20×2년 현금배당	–	(2,000)	(2,000)
20×2년 당기순이익	–	10,000	10,000
20×2년 말	28,000	193,000	221,000

해설 및 해답 비교표시재무제표의 재작성

(물음 1) 소급수정(당기손익 및 이익잉여금에 미치는 영향)

1. 오류금액의 정리

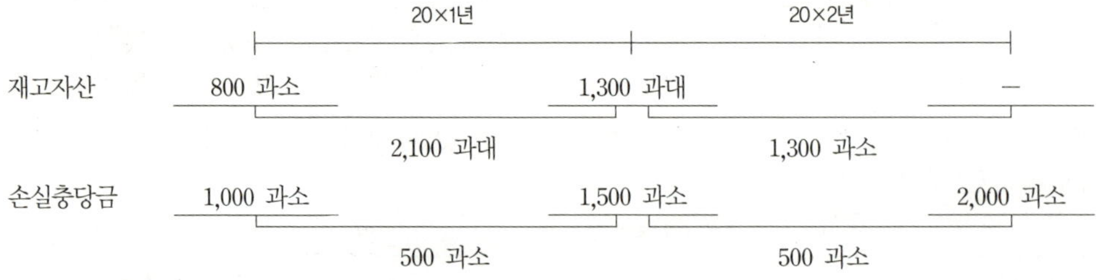

2. 답안의 계산

항목	20×2년 당기순이익	20×2년 말 이익잉여금
1. 재고자산	1,300	–
2. 손실충당금	(500)	(2,000)
	800	(2,000)

(물음 2) 재무제표의 재작성

1. 올바른 금액의 계산

① 재고자산과 손실충당금

	20×1년 초	20×1년 말	20×2년 말
재고자산(이동평균법)	₩18,100	₩17,500	₩18,000
손실충당금	1,000	1,500	2,000

② 이익잉여금

	20×1년 초	20×1년 말	20×2년 말
수정 전 금액	₩170,000	₩185,000	₩193,000
수정사항			
1. 재고자산	800	(1,300)	–
2. 손실충당금	(1,000)	(1,500)	(2,000)
수정 후 금액	₩169,800	₩182,200	₩191,000

③ 당기손익

	20×1년	20×2년
수정 전 금액	₩15,000	₩10,000
수정사항		
1. 재고자산	(2,100)	1,300
2. 손실충당금	(500)	(500)
수정 후 금액	₩12,400	₩10,800

2. 재무제표의 재작성

① 재무상태표의 재작성

재무상태표

(단위 : 원)

	20×1년 초	20×1년 말	20×2년 말		20×1년 초	20×1년 말	20×2년 말
현금	16,000	22,000	32,000	부채	19,300	32,800	43,000
매출채권	24,000	25,000	24,000				
손실충당금	**(1,000)**	**(1,500)**	**(2,000)**				
재고자산	**18,100**	**17,500**	**18,000**	자본금	28,000	28,000	28,000
유형자산	300,000	410,000	520,000	**이익잉여금**	**169,800**	**182,200**	**191,000**
감가상각누계액	(140,000)	(230,000)	(330,000)				
합계	217,100	243,000	262,000		217,100	243,000	262,000

② 손익계산서의 재작성

포괄손익계산서

(단위 : 원)

	20×1년	20×2년
매출액	240,000	260,000
매출원가	(152,100)[1]	(163,700)[2]
매출총이익	87,900	96,300
감가상각비	(60,000)	(70,000)
손상차손[3]	(500)	(500)
기타비용	(15,000)	(15,000)
당기순이익	12,400	10,800

1) ₩150,000(수정전 매출원가)+2,100(재고자산 과대평가액)
2) ₩165,000(수정전 매출원가)−1,300(재고자산 과소평가액)
3) 기간 중 손실충당금 오류 발생금액

(물음 3) 자본변동표의 재작성

자본변동표

(단위 : 원)

	자본금	이익잉여금	자본총계
20×1년 초	28,000	170,000	198,000
회계정책변경의 효과[1]	−	800	800
전기오류수정의 효과[2]	−	(1,000)	(1,000)
재작성된 금액	28,000	169,800	197,800
20×1년 당기순이익[3]	−	12,400	12,400
20×1년 말	28,000	182,200	210,200
20×2년 초	28,000	182,200	210,200
20×2년 현금배당	−	(2,000)	(2,000)
20×2년 당기순이익[3]	−	10,800	10,800
20×2년 말	28,000	191,000	219,000

1) 재고자산의 20×1년 초 금액 수정
2) 손실충당금의 20×1년 초 오류 수정
3) 수정 후 당기순이익

서술형 문제

문제 1

(물음 1) 기업이 회계정책을 변경할 수 있는 경우를 서술하시오.

(물음 2) 회계정책의 변경의 회계처리방법에 대해 서술하시오.

(물음 3) 한국채택국제회계기준(K-IFRS) 하에서 유형자산과 무형자산의 감가상각방법 변경을 회계정책의 변경이 아닌 회계추정의 변경으로 회계처리하는 이유를 간략하게 설명하시오.

해설 및 해답

(물음 1)

(1) 한국채택국제회계기준에서 회계정책의 변경을 요구하는 경우

(2) 회계정책의 변경을 반영한 재무제표가 거래, 기타 사건 또는 상황이 재무상태, 재무성과 또는 현금흐름에 미치는 영향에 대하여 신뢰성 있고 더 목적적합한 정보를 제공하는 경우

(물음 2)

회계정책의 변경은 다음과 같이 회계처리한다.

(1) 경과규정이 있는 한국채택국제회계기준을 최초 적용하는 경우에 발생하는 회계정책의 변경은 해당 경과규정에 따라 회계처리한다.

(2) 경과규정이 없는 한국채택국제회계기준을 최초 적용하는 경우에 발생하는 회계정책의 변경이나 자발적인 회계정책의 변경은 소급적용한다.

(물음 3)

감가상각방법은 해당 자산에 내재되어 있는 미래경제적효익의 예상 소비형태를 가장 잘 반영하는 방법을 반영하여 선택하는 것이다. 따라서, 감가상각방법을 변경하는 것은 자산의 미래경제적효익이 소비됨에 따라 기업이 감가상각을 인식하는 회계정책을 적용하는 데 사용된 기법의 변경이므로 회계추정의 변경이다.

CHAPTER 19

법인세회계

출제유형

▶ 계산문제

▶ 서술형문제

계산문제

문제 1

20×1년 초에 설립된 ㈜대한의 다음 〈자료〉를 이용하여 각 물음에 답하시오.

〈자 료〉

1. 20×1년 법인세 계산 관련 자료

- ㈜대한의 20×1년도 법인세비용차감전순이익은 ₩100,000이다.
- 당기에 납부한 세법상 손금으로 인정되지 않는 벌금 ₩10,000을 당기비용으로 인식하였다.
- 당기 말에 판매보증충당부채 ₩30,000을 인식하였다. 동 판매보증충당부채는 20×2년부터 20×4년까지 매년 ₩10,000씩 소멸되었다.
- 당기 말에 당기손익-공정가치 측정 금융자산의 평가이익 ₩15,000을 당기이익으로 인식하였다. 동 당기손익-공정가치 측정 금융자산은 20×2년에 모두 처분되었다.
- 20×1년에 적용할 세율은 10%이나, 20×1년 중 개정된 세법에 따라 20×2년에 적용할 세율은 20%이고, 20×3년부터 적용할 세율은 30%이다.

2. 20×2년 법인세 계산 관련 자료

- ㈜대한의 20×2년도 법인세비용차감전순이익은 ₩200,000이다.
- 당기에 발생한 접대비한도초과액은 ₩20,000이며, 당기비용으로 인식하였다.
- 당기에 발생한 감가상각비한도초과액은 ₩60,000이며, 동 감가상각비한도초과액은 20×3년부터 20×5년까지 매년 ₩20,000씩 소멸되었다.
- 당기 중 ₩50,000에 매입한 재고자산의 당기 말 순실현가능가치가 ₩20,000으로 하락함에 따라 세법상 인정되지 않는 저가법을 적용하여 평가손실을 당기비용으로 처음 인식하였다. 동 재고자산은 20×3년에 모두 외부로 판매되었다.
- 당기 중 ₩90,000에 취득한 토지의 당기 말 공정가치가 ₩100,000으로 상승함에 따라 세법상 인정되지 않는 재평가모형을 적용하여 재평가잉여금을 자본항목으로 처음 인식하였다. 동 토지는 20×3년에 모두 외부로 처분되었다.
- 당기 중 ₩20,000에 취득한 자기주식을 당기 말에 현금 ₩40,000에 모두 처분하고 자기주식처분이익을 자본항목으로 처음 인식하였다.
- 20×2년에 적용할 세율은 20%이나, 20×2년 중 개정된 세법에 따라 20×3년에 적용할 세율은 25%이고, 20×4년부터 적용할 세율은 20%이다.

3. 이연법인세자산과 이연법인세부채는 상계하지 않으며, 이연법인세자산의 실현가능성은 매년 높다고 가정한다.

(물음 1) ㈜대한이 20×1년도 포괄손익계산서에 당기손익으로 인식할 법인세비용과 20×1년 말 재무상태표에 표시할 이연법인세자산과 이연법인세부채의 금액을 각각 계산하시오.

당기손익으로 인식할 법인세비용	①
이연법인세자산	②
이연법인세부채	③

(물음 2) ㈜대한이 20×2년도 포괄손익계산서에 당기손익으로 인식할 법인세비용과 20×2년 말 재무상태표에 표시할 이연법인세자산과 이연법인세부채의 금액을 각각 계산하시오.

당기손익으로 인식할 법인세비용	①
이연법인세자산	②
이연법인세부채	③

(물음 3) 문제에서 제시된 바와 달리 ㈜대한의 세무조정사항 반영전 예상과세소득이 20×3년부터 ₩30,000씩 발생할 것이라 가정한다. 이 경우, ㈜대한이 20×2년도 포괄손익계산서에 당기손익으로 인식할 법인세비용과 20×2년 말 재무상태표에 표시할 이연법인세자산과 이연법인세부채의 금액을 각각 계산하시오.

당기손익으로 인식할 법인세비용	①
이연법인세자산	②
이연법인세부채	③

해설 및 해답 법인세의 기간간, 기간내 배분 기초 (2022년 회계사 수정)

(물음 1)

당기손익으로 인식할 법인세비용	① ₩7,500
이연법인세자산	② ₩8,000
이연법인세부채	③ ₩3,000

1. 20×1년 당기법인세 자산·부채 및 이연법인세 자산·부채의 계산

① 20×1년 초에 설립되었으므로 기초 이연법인세자산(부채)는 존재하지 않는다.

② 당기법인세 자산·부채 및 이연법인세 자산·부채의 계산

20×1년	금액	20×2년	금액	20×3년	금액	20×4년	금액		
회계이익	100,000								
벌금	10,000								
충당부채	30,000		(10,000)		(10,000)		(10,000)		
FVPL평가이익	(15,000)		15,000						
과세소득	125,000	차감할	(10,000)	차감할	(10,000)	차감할	(10,000)		
		가산할	15,000	가산할		가산할			
세율	10%	세율	20%	세율	30%	세율	30%		
법인세부담액	12,500	이연자산	(2,000)	이연자산	(3,000)	이연자산	(3,000)	→ 이연자산	: 8,000
		이연부채	3,000					이연부채	: 3,000

2. 20×1년 법인세관련 회계처리

당기법인세	(차) **법 인 세 비 용**	**12,500**	(대) 미 지 급 법 인 세	12,500
이연법인세	(차) 이 연 법 인 세 자 산	8,000[1]	(대) 이 연 법 인 세 부 채	3,000[2]
			법 인 세 비 용	**5,000**[3]

1) 이연법인세자산 : ₩8,000(기말 이연법인세자산)−0(기초 이연법인세자산)

2) 이연법인세부채 : ₩3,000(기말 이연법인세부채)−0(기초 이연법인세부채)

3) 대차잔액

3. 금액의 계산

① 법인세비용 : ₩12,500−5,000=₩7,500

② 이연법인세자산 : ₩8,000

③ 이연법인세부채 : ₩3,000

(물음 2)

당기손익으로 인식할 법인세비용	① ₩43,000
이연법인세자산	② ₩25,000
이연법인세부채	③ ₩ 2,500

1. 20×2년 당기법인세 자산·부채 및 이연법인세 자산·부채의 계산

20×2년	금액	20×3년	금액	20×4년	금액	20×5년	금액	
회계이익	200,000							
전기충당부채	(10,000)		(10,000)		(10,000)			
전기FVPL	15,000							
접대비	20,000							
감가상각비	60,000		(20,000)		(20,000)		(20,000)	
재고평가손실	30,000		(30,000)					
토지	(10,000)		10,000					
재평가잉여금	10,000							
자사주처분익	20,000							
과세소득	335,000	차감할	(60,000)	차감할	(30,000)	차감할	(20,000)	
		가산할	10,000	가산할		가산할		
세율	20%	세율	25%	세율	20%	세율	20%	
법인세부담액	67,000	이연자산	(15,000)	이연자산	(6,000)	이연자산	(4,000)	→ 이연자산 : 25,000
		이연부채	2,500					이연부채 : 2,500

2. 20×2년 법인세관련 회계처리

당기법인세	(차)	자기주식처분이익	4,000[1]	(대) 미지급법인세	67,000
		법 인 세 비 용	**63,000**		
이연법인세	(차)	이연법인세자산	17,000[2]	(대) **법 인 세 비 용**	**20,000**
		이연법인세부채	500[3]		
		재평가잉여금	2,500[4]		

1) 자기주식처분이익 기간내배분 : ₩20,000(자기주식처분이익)×20%(당기법인세율)
2) 이연법인세자산 : ₩25,000(기말 이연법인세자산)−8,000(기초 이연법인세자산)
3) 이연법인세부채 : ₩2,500(기말 이연법인세부채)−3,000(기초 이연법인세부채)
4) 토지 재평가잉여금 기간내배분 ; ₩10,000(재평가잉여금)×25%(소멸연도 법인세율)

3. 금액의 계산

① 법인세비용 : ₩63,000−20,000=₩43,000
② 이연법인세자산 : ₩25,000
③ 이연법인세부채 : ₩2,500

(물음 3)

당기손익으로 인식할 법인세비용	① ₩48,000
이연법인세자산	② ₩20,000
이연법인세부채	③ ₩ 2,500

1. 20×2년 당기법인세 자산·부채 및 이연법인세 자산·부채의 계산

20×2년	금액	20×3년	금액	20×4년	금액	20×5년	금액	
회계이익	200,000	예상 소득	30,000	예상 소득	30,000	예상 소득	30,000	
전기충당부채	(10,000)		(10,000)		(10,000)			
전기FVPL	15,000							
접대비	20,000							
감가상각비	60,000		(20,000)		(20,000)		(20,000)	
재고평가손실	30,000		(30,000)					
토지	(10,000)		10,000					
재평가잉여금	10,000							
자사주처분익	20,000							
과세소득	335,000	차감할	~~(60,000)~~ (40,000)	차감할	(30,000)	차감할	(20,000)	
		가산할	10,000	가산할		가산할		
세율	20%	세율	25%	세율	20%	세율	20%	
법인세부담액	67,000	이연자산	(10,000)	이연자산	(6,000)	이연자산	(4,000)	→이연자산 : 20,000
		이연부채	2,500					이연부채 : 2,500

2. 20×2년 법인세관련 회계처리

당기법인세	(차) 자기주식처분이익	4,000[1]	(대) 미지급법인세	67,000
	법인세비용	**63,000**		
이연법인세	(차) 이연법인세자산	12,000[2]	(대) **법인세비용**	**15,000**
	이연법인세부채	500[3]		
	재평가잉여금	2,500[4]		

1) 자기주식처분이익 기간내배분 : ₩20,000(자기주식처분이익)×20%(당기법인세율)
2) 이연법인세자산 : ₩20,000(기말 이연법인세자산)−8,000(기초 이연법인세자산)
3) 이연법인세부채 : ₩2,500(기말 이연법인세부채)−3,000(기초 이연법인세부채)
4) 토지 재평가잉여금 기간내배분 ; ₩10,000(재평가잉여금)×25%(소멸연도 법인세율)

3. 금액의 계산

① 법인세비용 : ₩63,000−15,000=₩48,000
② 이연법인세자산 : ₩20,000
③ 이연법인세부채 : ₩2,500

문제 2

다음의 〈 기본자료 〉를 이용하여 각 물음에 답하시오.

〈 기본자료 〉

다음은 20×1년에 영업을 개시한 ㈜대한의 20×1년 법인세관련 자료이다.

1. 20×1년 및 20×1년 이후에 적용되리라 예상하는 평균세율(법인세에 부가되는 세액 포함)과 20×1년의 세전손익, 20×1년 이후의 예상 세전손익 자료는 다음과 같다.

구분	20×1년	20×2년	20×3년 이후
평균세율	20%	25%	30%
세전손익	₩400,000	₩200,000	₩200,000

2. 20×1년의 세무조정사항은 다음과 같다.
   (1) 취득원가 ₩100,000, 내용연수 4년, 잔존가액이 없는 기계장치를 20×1년 초부터 취득하여 연수합계법으로 감가상각한다. 그러나 세무상으로 인정되는 감가상각방법은 정액법 뿐이다.
   (2) 20×2년에 수령할 이자수익에 대해 발생주의에 따라 미수이자로 인식한 금액은 ₩10,000이다.
   (3) 접대비 한도초과액은 ₩30,000이다.
3. ㈜대한의 당기법인세자산·부채 및 이연법인세자산·부채는 상계요건을 모두 충족한다.

(물음 1) ㈜대한이 ① 20×1년 포괄손익계산서에 인식할 법인세비용과 ② 20×1년도 유효세율을 계산하시오.

다음은 ㈜대한의 20×2년 법인세관련 〈추가자료〉이다. 이를 이용하여 (물음 2)에 답하시오.

〈 추가자료 〉

1. 20×2년 및 20×2년 이후에 적용되리라 예상하는 평균세율(법인세에 부가되는 세액 포함)과 20×2년의 세전손익, 20×2년 이후의 예상 세전손익 자료는 다음과 같다.

구분	20×2년	20×3년	20×4년 이후
평균세율	25%	30%	40%
세전손익	(−)₩600,000	₩100,000	₩100,000

2. 20×2년에 추가적으로 발생한 세무조정사항은 다음과 같다.
   (1) 20×3년에 수령할 이자수익에 대해 발생주의에 따라 미수이자로 인식한 금액은 ₩20,000이다.
   (2) 접대비 한도초과액은 ₩40,000이다.

(물음 2) ㈜대한이 20×2년 재무제표에 인식할 ① 당기순이익과 ② 이연법인세자산(부채)금액을 각각 계산하시오. 단, ㈜대한은 결손금이 발생할 경우, 소급공제를 받으며, 최대한 이른 시점에 결손공제를 신청한다.

다음의 〈추가자료〉는 **(물음 2)**와는 독립적인 상황이다. 다음의 ㈜대한의 20×2년 법인세관련 〈추가자료〉를 이용하여 **(물음 3)**에 답하시오.

> **〈 추가자료 〉**
>
> 1. 20×2년의 평균세율은 20×1년의 예상과 동일하게 25%로 적용된다. 20×3년의 세율도 20×1년의 기대와 동일할 것이라 예상되나, 20×2년말 입법으로 인해 20×4년 이후부터 적용되리라 예상되는 세율은 40%이다.
> 2. 〈기본자료〉의 세무조정사항 이외에 20×2년에 추가적으로 발생한 세무조정사항은 다음과 같다.
>   (1) 20×3년에 수령할 이자수익에 대해 발생주의에 따라 미수이자로 인식한 금액은 ₩20,000이다.
>   (2) 20×2년에 새로이 설정한 연구및인력개발준비금은 ₩30,000이며, 향후 5년간 정액으로 환입한다.
>   (3) 접대비 한도초과액은 ₩40,000이다.
> 3. 20×2년에 새로이 발생한 세액공제는 ₩25,000이며, 20×2년에 감면받기로 결정한 금액은 ₩10,000이다. 나머지 ₩15,000은 20×4년 이후 감면받을 계획이다.
> 4. 20×2년의 실제 세전손익은 ₩300,000이 발생하였으며, 20×2년 이후의 차감할 일시적 차이의 미래 실현가능성은 매우 높다고 가정한다.

(물음 3) ㈜대한이 20×2년 재무제표에 인식할 ① 법인세비용과 ② 이연법인세자산(부채)을 계산하시오.

해설 및 해답 다기간의 이연법인세 - 이월결손금과 세액공제 등

(물음 1) 기본적인 이연법인세 회계

1. 20×1년 감가상각비 시부인금액의 계산

구분	20×1년	20×2년	20×3년	20×4년
회사계상 감가상각비(연수합계법)	₩40,000	₩30,000	₩20,000	₩10,000
세무상 감가상각비(정액법)	25,000	25,000	25,000	25,000
시부인액	₩15,000	₩5,000	₩(5,000)	₩(15,000)
20×1년 유보 발생 및 추인	₩15,000		₩(5,000)	₩(10,000)
20×2년 유보 발생 및 추인		5,000		(5,000)

2. 20×1년 당기법인세 자산·부채 및 이연법인세 자산·부채의 계산

20×1년	금액	20×2년	금액	20×3년 이후	금액
법인세비용차감전순이익	₩400,000	예상소득	200,000	예상소득	200,000
감가상각비(유보)	15,000			감가상각비 추인	(15,000)
미수이자(△유보)	(10,000)	미수이자 추인	10,000		
접대비	30,000				
과세소득	₩435,000	일시적차이	₩10,000	일시적차이	₩(15,000)
세율	20%		25%		30%
법인세부담액	₩87,000	이연법인세부채(자산)	₩2,500	이연법인세부채(자산)	₩(4,500)

3. 20×1년 법인세관련 회계처리

당기법인세	(차) **법 인 세 비 용**	**87,000**	(대) 미 지 급 법 인 세	87,000
이연법인세	(차) 이 연 법 인 세 자 산	2,000[1]	(대) **법 인 세 비 용**	**2,000**

1) 이연법인세자산 인식액 : ₩2,000(기말 이연법인세자산)－0(기초 이연법인세자산)

4. 금액의 계산

① 법인세비용 : ₩87,000－2,000＝₩85,000

② 유효세율 : ₩85,000(법인세비용)÷₩400,000(세전손익)＝21.25%

(물음 2) 결손금

1. 20×2년 당기법인세 자산·부채 및 이연법인세 자산·부채의 계산

20×2년	금액	20×3년	금액	20×4년 이후	금액
법인세비용차감전순이익	₩(600,000)	예상소득	₩100,000	예상소득	₩100,000
전기감가상각비유보추인	－		(5,000)		(10,000)
전기미수이자유보추인	10,000				
감가상각비(유보)	5,000			감가상각비 추인	(5,000)
미수이자(△유보)	(20,000)	미수이자 추인	20,000		
접대비	40,000				
결손금 소급공제[1]	435,000				
결손금 이월공제[2]	130,000	결손금공제	(115,000)	결손금공제	(15,000)
과세소득	₩－	일시적차이	₩(100,000)	일시적차이	₩(30,000)
세율	25%		30%		40%
법인세부담액	₩－	이연법인세부채(자산)	₩(30,000)	이연법인세부채(자산)	₩(12,000)

1) 전기 과세소득까지 소급공제 가능

2) 소급공제 불가능액은 이월공제. 다만 실현가능한 부분까지만 차감할 일시적 차이로 인식

2. 20×2년 법인세관련 회계처리

당기법인세	(차) 미 수 법 인 세	87,000[1]	(대) **법 인 세 수 익**	**87,000**
	1) ₩435,000(소급공제액)×20%(전기 법인세율)			
이연법인세	(차) 이 연 법 인 세 자 산	40,000[1]	(대) **법 인 세 수 익**	**40,000**
	1) ₩42,000(기말 이연법인세자산)−2,000(기초 이연법인세자산)			

3. 금액의 계산

① 20×1년 당기순손익 : (−)₩600,000(세전손익)+127,000(법인세수익)=(−)₩473,000(손실)

② 20×1년말 이연법인세자산 : ₩42,000

(물음 3) 세액공제

1. 20×2년 당기법인세 자산·부채 및 이연법인세 자산·부채의 계산

20×2년	금액	20×3년	금액	20×4년 이후	금액
법인세비용차감전순이익	₩300,000	예상소득	₩200,000	예상소득	₩200,000
20×1년 감가상각비(유보)		감가상각비 추인	(5,000)	감가상각비 추인	(10,000)
20×1년 미수이자(△유보)	10,000				
20×2년 감가상각비(유보)	5,000			감가상각비 추인	(5,000)
20×2년 미수이자(△유보)	(20,000)	미수이자 추인	20,000		
준비금(△유보)	(30,000)	준비금 환입	6,000	준비금 환입	24,000
접대비	40,000				
과세소득	₩305,000	일시적차이	₩21,000	일시적차이	₩9,000
세율	25%		30%		40%
산출세액	₩76,250	이연법인세부채(자산)	₩6,300	이연법인세부채(자산)	₩3,600
세액공제	(10,000)			세액공제 예상액[1]	(15,000)
법인세부담액	₩66,250	이연법인세부채(자산)	₩6,300	이연법인세부채(자산)	₩(11,400)

1) 세액공제액은 공제받을 수 있는 법인세금액이므로 법인세율을 별도로 고려하지 않는다.

2. 20×2년 법인세관련 회계처리

당기법인세	(차) **법 인 세 비 용**	**66,250**	(대) 미 지 급 법 인 세	66,250
이연법인세	(차) 이 연 법 인 세 자 산	3,100[1]	(대) **법 인 세 비 용**	**3,100**
	1) ₩5,100(기말 이연법인세자산 잔액)−2,000(기초 이연법인세자산 잔액)			

3. 금액의 계산

① 법인세비용 : ₩66,250−3,100=₩63,150

② 이연법인세자산 : ₩5,100

문제 3

다음은 12월말 결산법인인 ㈜국세의 당기(20×1.1.1 ~ 12.31) 법인세 관련 자료이다.

1. 전기와 당기의 과세소득에 대하여 적용되는 평균세율(법인세에 부가되는 세액 포함)은 30%이며, 차기 이후 관련 세율 변동은 없는 것으로 가정한다.

2. '법인세 과세표준 및 세액조정계산서'에 기재된 내용의 일부는 다음과 같다.

구 분	금 액
산출세액	₩28,300
총부담세액	25,400
기납부세액	13,500
차감납부할세액	11,900

3. 세무조정시 유보잔액(일시적차이)을 관리하는 '자본금과 적립금조정명세서(을)'은 다음과 같다.

과 목 (단위 : 원)	기초 잔액	당기 중 증감		기말 잔액
		감 소	증 가	
매출채권 손실충당금	5,000	1,000	3,000	7,000
당기손익－공정가치 측정금융자산	△4,000	△4,000	△1,000	△1,000
기타포괄손익금융자산(채무상품)[1]	△8,000	△5,000	0	△3,000
설비 감가상각누계액	9,000	3,000	2,000	8,000
토지[2]	0	0	△24,000	△24,000
합 계	2,000	△5,000	△20,000	△13,000

주1) 20×1년 중의 감소는 자산처분으로 인한 감소임

주2) 토지 재평가에 따른 재평가잉여금

※ △는 (－)유보 즉, 자산의 세무기준액－자산의 장부금액(또는 부채의 장부금액－부채의 세무기준액)이 음수(－)임을 나타냄

4. 전기말과 당기말 현재 이월공제가 가능한 세무상 결손금·세액공제·소득공제 등은 없으며, 차감할 일시적 차이가 사용될 수 있는 과세소득의 발생가능성은 높다.

5. ㈜국세는 당기법인세자산과 당기법인세부채를 상계할 수 있는 법적으로 집행 가능한 권리를 가지고 있으며, 이연법인세자산과 이연법인세부채를 상계할 수 있는 요건을 충족한다.

6. 법인세효과 반영 전 기타포괄이익은 ₩19,000이다.

(물음 1) ㈜국세의 당기(20×1년) 포괄손익계산서와 당기말 재무상태표에 계상될 다음 각 계정과목의 금액을 계산하시오. 법인세 관련 분개도 제시하시오.

재무제표	계정과목	금 액
포괄손익계산서	법인세비용	①
	기타포괄손익	②
재무상태표	이연법인세자산(부채)	③

(물음 2) ㈜국세는 당기법인세자산과 당기법인세부채를 상계할 수 있는 법적으로 집행 가능한 권리를 가지고 있지 않다고 할 경우, 다음 각 계정과목의 금액을 계산하시오.

재무제표	계정과목	금 액
포괄손익계산서	법인세비용	①
	기타포괄손익	②
재무상태표	이연법인세자산	③
	이연법인세부채	④

해설 및 해답 자본금과 적립금조정명세서(을)표 (2012년 회계사 수정)

(물음 1) 이연법인세자산(부채)의 기간내배분

1. 이연법인세자산, 부채의 계산

① 20×1년초의 이연법인세자산(부채) : ₩2,000(기초 유보잔액)×30%=₩600(이연법인세자산)

② 20×1년말의 이연법인세자산(부채) : ₩13,000(기말 △유보잔액)×30%=₩3,900(이연법인세부채)

2. 20×1년 법인세관련 회계처리

① 기타포괄손익－공정가치 측정 금융자산(채무상품)과 관련하여 발생한 △유보는 평가이익(기타포괄손익)의 인식으로 인해 발생한 것으로 추정할 수 있다. 따라서 당기 중 처분에 의해 감소한 △유보는 재분류조정된 기타포괄손실과 양쪽조정 되었을 것이므로 이연법인세부채의 기간내배분을 수행해야한다.

② 토지에 대해 재평가잉여금을 인식할 때에는 양쪽조정이 발생하므로 이연법인세부채에 대한 기간내배분이 필요하다.

③ 회계처리

당기법인세	(차) **법인세비용**	**25,400**	(대) 선급법인세	13,500
			미지급법인세	11,900
이연법인세	(차) 재평가잉여금	7,200[3]	(대) 이연법인세부채	3,900
			이연법인세자산	600[1]
			재분류조정(기포익)	1,500[2]
			법인세비용	**1,200**[4]

1) 기초 이연법인세자산

2) ₩5,000(FVOCI금융자산 평가이익(재분류조정))×30%(기초 일시적차이에 적용되었던 평균세율)

3) ₩24,000(재평가잉여금 발생액)×30%(미래 실현예상시점의 평균세율)

4) 대차잔액

3. 금액의 계산

① 법인세비용 : ₩25,400−1,200=₩24,200

② 기타포괄손익 : ₩19,000−7,200(재평가잉여금에 대한 법인세효과)+1,500(재분류조정에 대한 법인세효과)=₩13,300

③ 이연법인세자산(부채) : 이연법인세부채 ₩3,900

(물음 2) 이연법인세자산(부채)의 상계요건을 충족하지 않는 경우

1. 이연법인세자산, 부채의 계산

① 20×1년초의 이연법인세자산 : ₩14,000(기초 유보잔액)×30%=₩4,200(이연법인세자산)

② 20×1년초의 이연법인세부채 : ₩12,000(기초 △유보잔액)×30%=₩3,600(이연법인세부채)

③ 20×1년말의 이연법인세자산 : ₩15,000(기말 유보잔액)×30%=₩4,500(이연법인세자산)

④ 20×1년말의 이연법인세부채 : ₩28,000(기말 △유보잔액)×30%=₩8,400(이연법인세부채)

2. 20×1년 법인세관련 회계처리

당기법인세	(차) **법인세비용**	**25,400**	(대) 미지급법인세	25,400
이연법인세	(차) 이연법인세자산	300[1]	(대) **법인세비용**	**300**[2]

1) ₩4,500(기말 이연법인세자산 잔액)−4,200(기초 이연법인세자산 잔액)
2) 대차잔액

(차) 재평가잉여금	7,200	(대) 이연법인세부채	4,800[1]
		재분류조정(기포익)	1,500
		법인세비용	**900**[2]

1) ₩8,400(기말 이연법인세부채 잔액)−3,600(기초 이연법인세부채 잔액)
2) 대차잔액

3. 금액의 계산

① 법인세비용 : ₩25,400−300−900=₩24,200

② 기타포괄손익 : ₩19,000−7,200+1,500=₩13,300

③ 이연법인세자산 : ₩4,500

④ 이연법인세부채 : ₩8,400

문제 4

다음에 제시되는 (물음)은 각각 독립된 상황이다.

㈜대한의 당기(20×1년) 법인세 관련 〈공통자료〉는 다음과 같다.

〈 공통자료 〉

1. 당기의 법인세부담액 즉, 당기법인세는 ₩23,000이다.
2. 당기 중 일시적차이의 변동 내용은 다음과 같다.

구분(단위 : 원)	기초	감소	증가	기말
당기손익－공정가치 측정 금융자산	(5,600)	(2,400)	(3,500)	(6,700)
손실충당금	13,400	3,400	2,500	12,500
계	7,800	1,000	(1,000)	5,800

주) (　　)는 가산할 일시적차이

3. 당기의 평균세율과 20×0년 말 및 20×1년 말의 일시적차이가 소멸될 것으로 예상되는 기간의 과세소득에 적용될 것으로 예상되는 평균세율은 20%이다.
4. 전기 말과 당기 말 현재 차감할 일시적차이가 사용될 수 있는 과세소득의 발생가능성은 높다.
5. 이연법인세자산과 이연법인세부채는 상계하며, 포괄손익계산서에서 기타포괄손익은 관련 법인세효과를 차감한 순액으로 표시한다.

(물음 1) 당기 중 ₩9,500에 취득하였던 자기주식을 ₩10,000에 전부 처분한 경우 ① 당기 포괄손익계산서에 인식할 법인세비용과 ② 당기 말 재무상태표에 계상할 이연법인세자산(이연법인세부채일 경우에는 금액 앞에 (−)를 표시함)을 각각 구하시오.

(물음 2) 당기 중 일시적차이의 변동 내용은 다음과 같다.

구분(단위 : 원)	기초	감소	증가	기말
당기손익－공정가치 측정 금융자산	(5,600)	(2,400)	(3,500)	(6,700)
손실충당금	13,400	3,400	2,500	12,500
토지	(1,750)	(1,500)	(800)	(1,050)
계	6,050	(500)	(1,800)	4,750

토지 일시적차이의 기초와 당기 증가는 재평가이익(기타포괄이익)으로 발생한 것이며, 감소는 재평가한 토지의 처분에 따른 것이다. 그 외의 내용은 <공통자료>와 같다. 당기 포괄손익계산서에 인식할 법인세비용을 구하시오.

(물음 3) 당기 중 일시적차이의 변동 내용은 다음과 같다.

구분 (단위 : 원)	기초	감소	증가	기말
당기손익－공정가치 측정 금융자산	(5,600)	(2,400)	(3,500)	(6,700)
손실충당금	13,400	3,400	2,500	12,500
기타포괄손익－공정가치 측정 금융자산(채무상품)	(1,750)	(1,500)	(800)	(1,050)
계	6,050	(500)	(1,800)	4,750

기타포괄손익－공정가치 측정 금융자산 평가이익과 관련된 일시적차이 감소액 ₩1,500은 당기 중 금융자산의 처분에 따른 감소분 ₩1,000과 공정가치 하락에 따른 감소분 ₩500이며, 당기 중 ₩800의 기타포괄손익－공정가치 측정 금융자산 평가이익이 발생하였다. 그 외의 내용은 〈공통자료〉와 같다. ① 당기 포괄손익계산서에 인식할 법인세비용과 ② 당기 말 재무상태표에 계상할 이연법인세자산(이연법인세부채일 경우에는 금액 앞에 (－)를 표시함)을 각각 구하시오.

(물음 4) 당기 중 일시적차이의 변동 내용은 다음과 같다.

구분 (단위 : 원)	기초	감소	증가	기말
당기손익－공정가치 측정 금융자산	(5,600)	(2,400)	(3,500)	(6,700)
손실충당금	13,400	3,400	2,500	12,500
전환사채	－	(1,500)	(5,000)	(3,500)
계	7,800	(500)	(6,000)	2,300

당기 중 발생된 일시적차이의 증감액은 당기에 발행된 전환사채에 의해 발생하였다. 전환사채의 액면금액은 ₩100,000이며, 발행금액과 일치한다. 발행시점에 부채요소의 공정가치는 ₩95,000이며 표시이자율은 8%이며, 매년말 지급된다. 만기 상환시 상환할증금은 존재하지 않으며, 유효이자율은 10%이다. 그 외의 내용은 〈공통자료〉와 같다. ① 당기 포괄손익계산서에 인식할 법인세비용과 ② 당기 말 재무상태표에 계상할 이연법인세자산(이연법인세 부채일 경우에는 금액 앞에 (－)를 표시함)을 각각 구하시오.

해설 및 해답 자본금과 적립금조정명세서(을)표를 이용한 기간내배분 (2014년 회계사 수정)

(물음 1) 당기법인세자산(부채)의 기간내배분 - 자기주식처분이익

1. 이연법인세자산, 부채의 계산

① 20×1년초의 이연법인세자산(부채) : ₩7,800(기초 유보잔액)×20%=₩1,560(이연법인세자산)

② 20×1년말의 이연법인세자산(부채) : ₩5,800(기말 유보잔액)×20%=₩1,160(이연법인세자산)

2. 법인세 회계처리

당기법인세	(차) 자기주식처분이익	100[2]	(대) 미 지 급 법 인 세	23,000[1]
	법 인 세 비 용	**22,900[3]**		

1) 당기법인세는 ₩23,000이라 명시되어 있으므로 자기주식 처분손익을 추가로 고려하지 않는다.
2) 자기주식처분이익 관련 법인세효과 : (₩10,000−9,500)×20%
3) 대차잔액

이연법인세	(차) **법 인 세 비 용**	**400**	(대) 이 연 법 인 세 자 산	400[1]

1) ₩1,160(기말 이연법인세자산 잔액)−1,560(기초 이연법인세자산 잔액)

3. 금액의 계산

① 법인세비용 : ₩22,900+400=₩23,300

② 이연법인세자산 : ₩1,160

(물음 2) 이연법인세자산(부채)의 기간내배분 - 재평가잉여금

1. 이연법인세자산, 부채의 계산

① 20×1년초의 이연법인세자산(부채): ₩6,050(기초 유보잔액)×20%=₩1,210(이연법인세자산)

② 20×1년말의 이연법인세자산(부채): ₩4,750(기말 유보잔액)×20%=₩950(이연법인세자산)

2. 법인세 회계처리

① 토지에 대해 재평가를 할 경우에는 양쪽조정이 발생하므로 이연법인세부채에 대한 기간내배분이 수행되어야 한다. 그러나 재평가잉여금이 존재하는 토지를 처분할 때에는 관련 재평가잉여금이 제거되긴 하지만 양쪽조정이 일어나지 않는다. 따라서 **처분에 의한 재평가잉여금의 감소분에 대해서는 이연법인세부채의 기간내배분을 수행하지 않는다.**

② 회계처리

당기법인세	(차) **법 인 세 비 용**	**23,000**	(대) 미 지 급 법 인 세	23,000
이연법인세	(차) 재 평 가 잉 여 금	160[2]	(대) 이 연 법 인 세 자 산	260[1]
	법 인 세 비 용	**100[3]**		

1) ₩950(기말 이연법인세자산 잔액)−1,210(기초 이연법인세자산 잔액)
2) 재평가잉여금의 발생으로 인한 법인세효과 : ₩800×20%
3) 대차잔액

3. 금액의 계산

• 법인세비용 : ₩23,000+100=₩23,100

[별해] 유형자산의 재평가 및 처분과 관련한 기간내배분

	법인세효과의 원인	기간내배분
① 재평가	재평가잉여금	○
② 감가상각	감가상각비	×
③ 처분	처분손익	×

(물음 3) 이연법인세자산(부채)의 기간내배분 - 기타포괄손익-공정가치 측정 금융자산(채무상품) 평가손익

1. 이연법인세자산, 부채의 계산

① 20×1년초의 이연법인세자산(부채) : ₩6,050(기초 유보잔액)×20%=₩1,210(이연법인세자산)

② 20×1년말의 이연법인세자산(부채) : ₩4,750(기말 유보잔액)×20%=₩950(이연법인세자산)

2. 법인세관련 회계처리

① 기타포괄손익-공정가치 측정 금융자산(채무상품)의 공정가치평가손익은 평가 시, 제거 시 모두 양쪽조정이 발생하므로 증감액 모두에 대해 법인세효과를 기간내배분한다.

② 회계처리

당기법인세	(차)	법 인 세 비 용	23,000	(대) 미 지 급 법 인 세	23,000
이연법인세	(차)	법 인 세 비 용	400[3]	(대) 이 연 법 인 세 자 산	260[1]
				평 가 손 익 (기 포 익)	140[2]

1) ₩950(기말 이연법인세자산 잔액)−1,210(기초 이연법인세자산 잔액)

2) 평가이익의 발생 및 제거로 인한 법인세효과: (₩800−1,500)×20%

3) 대차잔액

3. 금액의 계산

① 법인세비용 : ₩23,000+400=₩23,400

② 이연법인세자산 : ₩950

[별해] 기타포괄손익-공정가치 측정 금융자산(채무상품)의 재평가 및 처분과 관련한 기간내배분

	법인세효과의 원인	기간내배분
① 공정가치평가	평가손익	○
② 유효이자율법상각	이자수익	×
③ 처분	재분류조정	○

(물음 4) 이연법인세자산(부채)의 기간내배분 - 전환권대가

1. 이연법인세자산, 부채의 계산

① 20×1년초의 이연법인세자산(부채) : ₩7,800(기초 유보잔액)×20%=₩1,560(이연법인세자산)

② 20×1년말의 이연법인세자산(부채) : ₩2,300(기말 유보잔액)×20%=₩ 460(이연법인세자산)

2. 법인세관련 회계처리

① 전환사채를 발행할 경우에는 양쪽조정이 발생하므로 이연법인세부채에 대한 기간내배분이 수행되어야 한다. 그러나 전환사채를 유효이자율법으로 상각할 때에는 전환권조정 관련 유보금액이 제거되긴 하지만 양쪽조정이 일어나지 않는다. 따라서 유효이자율법상각에 의한 유보금액의 추인에 대해서는 이연법인세부채의 기간내배분을 수행하지 않는다.

② 회계처리

당기법인세	(차) **법 인 세 비 용**	**23,000**	(대) 미 지 급 법 인 세	23,000
이연법인세	(차) 전 환 권 대 가	1,000[2]	(대) 이 연 법 인 세 자 산	1,100[1]
	법 인 세 비 용	**100**[3]		

1) ₩460(기말 이연법인세자산 잔액)−1,560(기초 이연법인세자산 잔액)

2) 전환권대가의 발행으로 인한 법인세효과 : ₩5,000×20%

3) 대차잔액

3. 금액의 계산

① 법인세비용 : ₩23,000+100=₩23,100

② 이연법인세자산 : ₩460

[별해] 전환사채의 발행 및 유효이자율법상각과 관련한 기간내배분

	법인세효과의 원인	기간내배분
① 발행	전환권대가	○
② 유효이자율법상각	이자비용	×
③ 행사	주식발행초과금	○

문제 5 저유

다음은 중소기업에 해당되지 않는 ㈜우리의 20×1년 이연법인세계산 관련 자료이다. 이를 기초로 아래 물음에 답하시오.

당기의 법인세부담액은 ₩400,000이다. 한편, 당기 중 원천징수나 중간예납 등을 통하여 ₩180,000의 법인세를 미리 납부하였고 이를 다음과 같이 회계처리 하였다.

(차) 선급법인세	180,000	(대) 현 금	180,000

전기의 법인세율은 25%이었으나, 당기말 법인세법의 개정으로 인하여 20×2년부터 적용되는 법인세율은 30%로 예상된다.

세무조정유보소득(일시적차이)의 증감내용을 계산하는 자본금과 적립금조정명세서(을)는 다음과 같다. 토지의 재평가잉여금과 관련한 △유보 금액의 감소는 토지의 처분으로 인한 것으로써, 회사는 관련 자산의 처분 시 재평가잉여금을 이익잉여금으로 대체하는 정책을 사용하고 있다.

과목 (단위: 원)	기초 잔액	당기중증감		기말 잔액
		감 소	증 가	
매출채권 손실충당금	50,000	10,000	40,000	80,000
재고자산 평가손실	100,000	40,000	0	60,000
기타포괄손익－공정가치 측정 금융자산(채무상품)	△100,000	△30,000	△80,000	△150,000
토지 재평가잉여금	△80,000	△10,000	△20,000	△90,000
설비자산 감가상각누계액	200,000	0	30,000	230,000
합 계	170,000	40,000	50,000	130,000

주) △는 (－)유보를 의미함

전기와 당기의 차감할 일시적차이에 따른 미래 법인세 절감효과의 실현 가능성은 거의 확실하다고 가정한다. 또한, 이연법인세자산과 이연법인세부채는 상계하며, 포괄손익계산서에서 기타포괄손익은 관련 법인세효과를 차감한 순액으로 표시한다.

(물음 1) ㈜우리의 20×0년 말 재무상태표에 계상된 다음 각 계정의 금액을 계산하시오. 단, 해당 금액이 없을 경우 "0"으로 표시하시오.

계정과목	금 액
이연법인세자산	①
이연법인세부채	②

(물음 2) ㈜우리의 20×1년 포괄손익계산서와 당기 말 재무상태표에 계상될 다음 각 계정의 금액(①부터 ⑤까지)을 계산하시오. 단, 해당 금액이 없을 경우 "0"으로 표시하시오.

재무제표	계정과목	금 액
포괄손익계산서	법인세비용	①
	기타포괄손익－공정가치 측정 금융자산 평가손익 (재분류조정 포함)	②
	재평가잉여금	③
재무상태표	기타포괄손익－공정가치 측정 금융자산 평가손익누계액	④
	재평가잉여금	⑤

(물음 3) 위 사항에 추가하여 20×1년 초 ₩500,000에 취득하였던 자기주식을 20×1년 중 ₩600,000에 전부 처분하였다. 당기의 법인세부담액 ₩400,000에는 자기주식처분이익에 대한 법인세 과세분이 포함되어 있다. 이 경우 ㈜우리의 당기(20×1년) 손익계산서와 당기 말 재무상태표에 계상될 다음 각 계정의 금액(①부터 ②까지)을 계산하시오.

재무제표	계정과목	금 액
포괄손익계산서	법인세비용	①
재무상태표	자기주식처분이익	②

해설 및 해답 세율의 변경

(물음 1)

① 이연법인세자산 : ₩170,000(기초 차감할 일시적 차이)×25%=₩42,500

② 이연법인세부채 : 없음

(물음 2) 기간내배분-세율의 변경

재무제표	계정과목	금 액
포괄손익계산서	법인세비용	① 374,000
	기타포괄손익-공정가치 측정 금융자산 평가손익 (재분류조정 포함)	② 30,000
	재평가잉여금	③ 10,500
재무상태표	기타포괄손익-공정가치 측정 금융자산 평가손익누계액	④ 105,000
	재평가잉여금	⑤ 63,000

1. 당기법인세자산(부채) 및 이연법인세자산(부채)의 계산

① 당기법인세부채 : ₩400,000-180,000=₩220,000

② 이연법인세자산 : ₩130,000×30%=₩39,000

2. 당기 / 이연법인세 자산(부채)항목의 기간 내 배분

① 기타포괄손익-공정가치 측정 금융자산 평가손익에 의한 이연법인세부채의 증감

기초 잔액의 세율 변경효과	[₩100,000-30,000(당기 제거분)]×(30%-25%)=	₩3,500
당기 제거분	₩30,000×25%(당기초 법인세율)=	(7,500)
당기 발생분	₩80,000×30%(당기말 법인세율)=	24,000
		₩20,000

② 재평가잉여금에 의한 이연법인세부채의 증감

기초 잔액의 세율 변경효과	[₩80,000-10,000(당기 제거분)]×(30%-25%)=	₩3,500
당기 제거분[1]		-
당기 발생분	₩20,000×30%(당기말 법인세율)=	6,000
		₩9,500

1) 재평가잉여금 제거시에는 기간내배분을 하지 않음

3. 법인세 계정의 회계처리

당기법인세	(차) **법 인 세 비 용**	**400,000**	(대) 선 급 법 인 세	180,000
			미 지 급 법 인 세	220,000
이연법인세	(차) 재 평 가 잉 여 금	9,500[3]	(대) 이 연 법 인 세 자 산	3,500[1]
	평 가 이 익 (기 포 익)	20,000[2]	**법 인 세 비 용**	**26,000**

1) ₩39,000(기말 이연법인세자산 잔액)-42,500(기초 이연법인세자산 잔액)

2) 평가이익의 증감으로 인한 법인세효과

3) 재평가잉여금의 증감으로 인한 법인세효과

4) 대차잔액

4. 답안의 계산

① 법인세 비용 : ₩400,000－26,000＝₩374,000
② FVOCI금융자산평가손익 : ₩80,000(평가이익)－30,000(재분류조정)－20,000(법인세효과)＝₩30,000
③ 재평가잉여금 : ₩20,000(재평가잉여금)－9,500(법인세효과)＝₩10,500
④ FVOCI금융자산평가손익 누계액 : ₩150,000×(1－30%)＝₩105,000
⑤ 재평가잉여금 : ₩90,000×(1－30%)＝₩63,000

[별해] FVOCI금융자산평가손익 변동의 분석

	20×1년 초	감소	증가	세율변동	20×1년 말
세전금액	100,000	(30,000)	80,000	－	150,000
법인세효과	(25,000)	7,500	(24,000)	(3,500)	(45,000)
세후금액	75,000	(22,500)	56,000	(3,500)	**105,000**

[별해] 재평가잉여금 변동의 분석

	20×1년 초	감소	증가	세율변동	20×1년 말
세전금액	80,000		20,000	－	90,000
법인세효과	(20,000)		(6,000)	(3,500)	(27,000)
세후금액	60,000	(7,500)*	14,000	(3,500)	**63,000**

* 자본의 대체

(물음 3)

재무제표	계정과목	금 액
포괄손익계산서	법인세비용	① 349,000
재무상태표	자기주식처분이익	② 75,000

1. 법인세 계정의 회계처리

당기법인세	(차) **법인세비용**	**375,000**	(대) 선급법인세	180,000
	자기주식처분이익	25,000[1]	미지급법인세	220,000
	1) ₩100,000(자기주식처분이익)×25%(당기 법인세율)			
이연법인세	(차) 재평가잉여금	9,500	(대) 이연법인세자산	3,500
	평가이익(기포익)	20,000	**법인세비용**	**26,000**

2. 답안의 계산

① 법인세 비용 : ₩375,000－26,000＝₩349,000
② 자기주식처분이익 : ₩100,000(세전금액)－25,000(법인세효과)＝₩75,000

문제 6

㈜대한의 법인세와 관련된 각 물음에 답하시오. 제시된 물음은 독립적이다.

〈공통자료〉

- 20×1년의 법인세부담액은 ₩38,000이며, 선급법인세자산으로 ₩11,000을 인식하였다.
- 20×1년 중 일시적차이의 변동 내역은 다음과 같다.

구분	기초잔액	감소	증가	기말잔액
매출채권 손실충당금	₩45,000	₩12,000	₩26,000	₩59,000
기계장치 감가상각누계액	120,000	32,000	56,000	144,000
연구및인력개발 준비금	(60,000)	(20,000)	–	(40,000)

* ( )는 가산할 일시적차이를 의미한다.

- 20×1년까지 법인세율은 30%이며, 미래에도 동일한 세율이 유지된다.
- 20×0년말과 20×1년말 미사용 세무상결손금과 세액공제, 소득공제 등은 없으며, 차감할 일시적차이가 사용될 수 있는 과세소득의 발생가능성은 높다.
- ㈜대한은 법인세 관련 자산과 부채를 상계하여 표시하는 것으로 가정한다.
- ㈜대한은 20×2년 3월 30일에 20×1년분 법인세를 관련 세법규정에 따라 신고, 납부하였으며, 법인세에 부가되는 세액은 없는 것으로 가정한다.

(물음 1) 〈공통자료〉에 추가하여, ㈜대한은 20×0년초에 건물 1동을 ₩1,000,000에 취득하고 정액법을 이용하여 감가상각하고 있다(내용연수 10년, 잔존가치 없음). ㈜대한은 동 건물에 대하여 재평가모형을 선택하였으며, 재평가이익으로 인하여 이연법인세부채에 영향을 미치는 부분은 법인세비용에 반영하지 않고 관련 법인세효과를 재평가잉여금에서 직접 차감한다. 또한, 기타포괄손익누계액에 계상된 재평가잉여금은 당해 자산을 사용하면서 일부를 이익잉여금으로 대체한다. 동 건물은 ㈜대한이 소유하고 있는 유일한 건물이며, 연도별 공정가치는 다음과 같다.

구분	20×0. 1. 1.	20×0. 12. 31.	20×1. 12. 31.
건물의 공정가치	₩1,000,000	₩1,080,000	₩960,000

㈜대한의 20×0년 및 20×1년의 포괄손익계산서와 재무상태표에 계상될 다음 각 계정과목의 금액을 계산하시오. 해당 금액이 없는 경우에는 '0'으로 표시하시오.

회계연도	재무제표	계정과목	금액
20×0	포괄손익계산서	기타포괄이익(손실)	①
20×1	재무상태표	미지급법인세	②
20×1	재무상태표	이연법인세자산(부채)	③
20×1	재무상태표	기타포괄이익(손실)누계액	④
20×1	포괄손익계산서	법인세비용(수익)	⑤

(물음 2) 〈공통자료〉에 추가하여, ㈜대한은 20×1년 1월 1일 액면금액이 ₩500,000인 전환사채(20×3년 12월 31일 만기, 액면상환조건)를 액면발행하였다. 전환권이 없는 동일 조건의 일반사채 유효이자율은 12%이다. 동 전환사채의 액면이자율은 10%이며, 이자지급방법은 매년말 현금지급 조건이다. 전환청구기간은 사채발행일 이후 1개월 경과일로부터 상환기일 30일전까지이며, 전환조건은 사채발행금액 ₩10,000당 주식 1주로 전환하는 조건이다. 관련 현재가치계수는 다음과 같다.

구분	10%	12%
3기간 단일금액 1원	0.7513	0.7118
3기간 정상연금 1원	2.4869	2.4018

전환사채 거래 이외에 20×2년 중 일시적차이의 변동은 없는 것으로 가정한다. 이 경우 ㈜대한의 20×1년 및 20×2년의 포괄손익계산서와 재무상태표에 계상될 다음 각 계정과목의 금액을 계산하시오. 단, 발행 이후 20×2년말까지 전환권은 행사되지 않았다고 가정한다. 모든 계산은 소수점 첫째 자리에서 반올림하며, 해당 금액이 없는 경우에는 '0'으로 표시하시오.

회계연도	재무제표	계정과목	금액
20×1	포괄손익계산서	법인세비용(수익)	⑥
20×1	재무상태표	이연법인세자산(부채)	⑦
20×1	재무상태표	전환권대가	⑧
20×2	재무상태표	이연법인세자산(부채)	⑨

(물음 3) 이연법인세자산 및 부채에 대해 현재가치평가를 배제하는 이유를 간략하게 설명하시오.

해설 및 해답 기간내배분 – 직접계산 (2017년 회계사)

(물음 1) 기간내배분(재평가잉여금)

1. 건물의 장부금액 정리

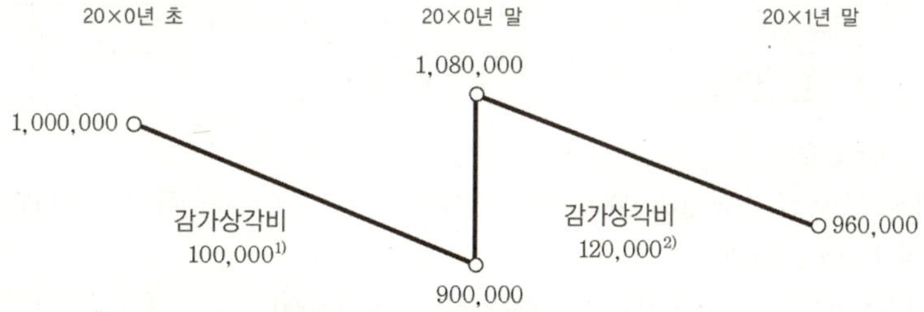

1) 20×0년 감가상각비 : ₩1,000,000÷10년
2) 20×1년 감가상각비 : ₩1,080,000÷9년

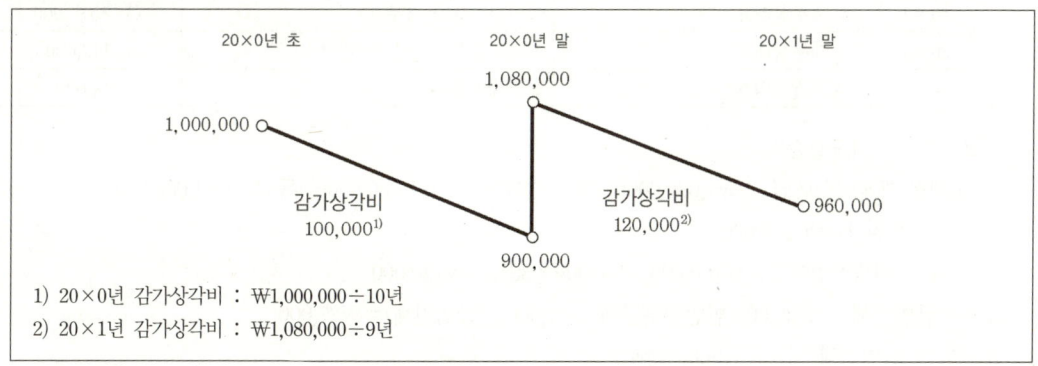

2. 당기법인세자산(부채) 및 이연법인세자산(부채)의 계산

① 당기법인세부채 : ₩38,000－11,000=₩27,000

② 기초 이연법인세자산(부채) : [₩45,000+120,000－60,000－180,000(건물 재평가에 의한 △유보잔액)] ×30%=(－)₩22,500(부채)

③ 기말 이연법인세자산(부채) : [₩59,000+144,000－40,000－160,000(건물 재평가에 의한 △유보잔액*)] ×30%=₩900(자산)

* ₩180,000(기초 △유보잔액)－180,000÷9년(감가상각에 의한 △유보 추인)

3. 당기 / 이연법인세 자산(부채)항목의 기간 내 배분 – 재평가잉여금 인식액

• 감가상각시 이익잉여금으로 대체하는 재평가잉여금은 기타포괄손익누계액(자본)의 직접대체이므로 법인세효과를 고려하지 않는다. 한편, 20×1년 말 공정가치와 장부금액이 동일하므로 20×1년에 새로이 인식되는 재평가 잉여금과 그에 대한 법인세효과는 없다.

4. 법인세 계정의 회계처리

당기법인세	(차) **법인세비용**	**38,000**	(대) 선급법인세	11,000
			미지급법인세	27,000
이연법인세	(차) 이연법인세부채	22,500[1)]	(대) **법인세비용**	**23,400**[3)]
	이연법인세자산	900[1)]		
	재평가잉여금	–[2)]		

1) 기초이연법인세부채의 모두 제거 후 기말 이연법인세자산 인식
2) 재평가잉여금의 증감으로 인한 법인세효과 (없음)
3) 대차잔액

5. 답안의 계산

회계연도	재무제표	계정과목	금액
20×0	포괄손익계산서	기타포괄이익(손실)	① 126,000
20×1	재무상태표	미지급법인세	② 27,000
20×1	재무상태표	이연법인세자산(부채)	③ 자산 900
20×1	재무상태표	기타포괄이익(손실)누계액	④ 112,000
20×1	포괄손익계산서	법인세비용(수익)	⑤ 14,600

① 20×0년 기타포괄손익

㉠ 세전 재평가잉여금 : ₩1,080,000(기말 공정가치)－[₩1,000,000(취득원가)－1,000,000÷10년](기말 상각후원가)＝₩180,000

㉡ 세후 재평가잉여금: ₩180,000－180,000×30%＝₩126,000

② 미지급법인세 : ₩38,000(법인세부담액)－11,000(선급법인세)＝₩27,000

③ 기말 이연법인세자산 : ₩900(자산)

④ 재평가잉여금(누계액) : ₩126,000(20×0년 인식액)－126,000÷9년(이익잉여금 대체액)＝₩112,000

⑤ 법인세비용 : ₩38,000－23,400＝₩14,600

(물음 2) 기간내배분(전환권대가)

1. 전환사채의 상각스케쥴의 정리

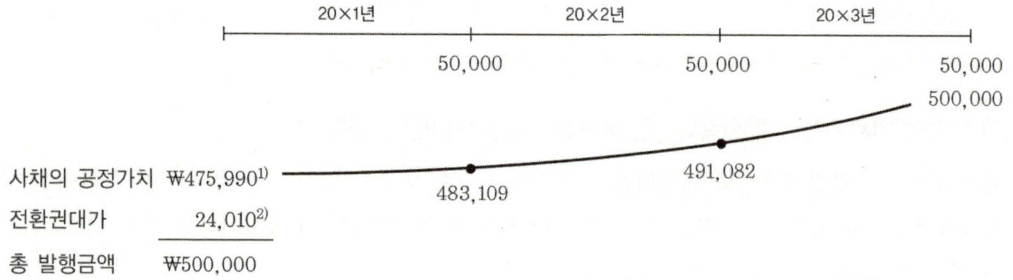

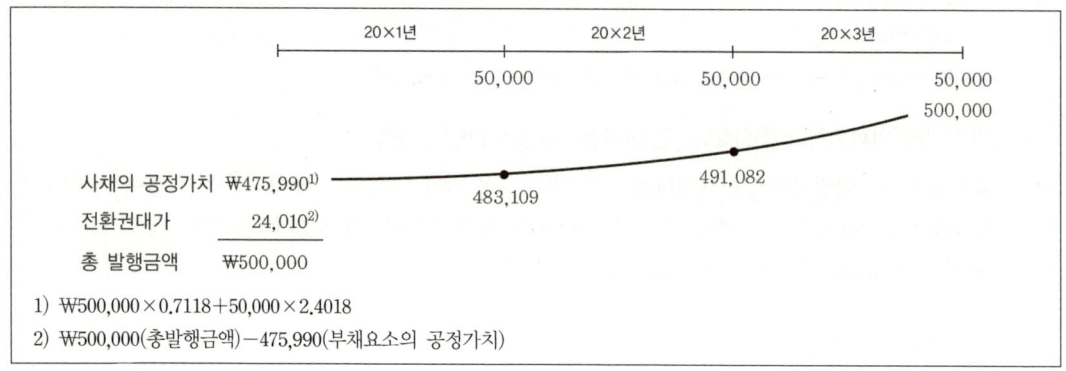

1) ₩500,000×0.7118＋50,000×2.4018

2) ₩500,000(총발행금액)－475,990(부채요소의 공정가치)

2. 이연법인세자산(부채)의 계산

① 당기법인세부채 : ₩38,000－11,000＝₩27,000

② 기초 이연법인세자산(부채) : [₩45,000＋120,000－60,000]×30%＝₩31,500(자산)

③ 기말 이연법인세자산(부채) : [₩59,000＋144,000－40,000－16,891(전환사채의 발행과 상각에 의한 △유보잔액*)]×30%＝₩43,833(자산)

* ₩24,010(발행시 △유보 발생)－[(475,990×12%)－50,000](유효이자율법 상각에 의한 △유보 추인)

3. 당기 / 이연법인세 자산(부채)항목의 기간 내 배분 - 전환권대가 인식액

① 전환권대가 발행시 : ₩24,010(전환권대가 발행금액)×30%=₩7,203

② 유효이자율법 상각시 : 없음(유효이자율법 상각시에는 양쪽조정이 발생하지 않으므로 기간내배분이 발생하지 않는다.)

4. 법인세 계정의 회계처리

당기법인세	(차) 법 인 세 비 용	38,000	(대) 선 급 법 인 세	11,000
			미 지 급 법 인 세	27,000
이연법인세	(차) 이 연 법 인 세 자 산	12,333[1)]	(대) 법 인 세 비 용	19,536[3)]
	전 환 권 대 가	7,203[2)]		

1) ₩43,833(기말 이연법인세자산)−31,500(기초 이연법인세자산)
2) 전환권대가 발생시 전환권대가에 대한 법인세효과
3) 대차잔액

5. 답안의 계산

회계연도	재무제표	계정과목	금액
20×1	포괄손익계산서	법인세비용(수익)	⑥ 18,464
20×1	재무상태표	이연법인세자산(부채)	⑦ 43,833
20×1	재무상태표	전환권대가	⑧ 16,807
20×2	재무상태표	이연법인세자산(부채)	⑨ 46,225

① 법인세비용 : ₩38,000−19,536=₩18,464

② 20×1년 말 이연법인세자산 : ₩43,833

③ 전환권대가 : ₩24,010×(1−30%)=16,807

④ 20×2년 말 이연법인세자산 : [₩59,000+144,000−40,000−8,918(전환사채의 △유보잔액*)]×30% =₩46,225(자산)

* ₩24,010−[(475,990×12%)−50,000](20×1년 상각액)−[(483,109×12%)−50,000](20×2년 상각액)

(물음 3)

• 이연법인세 자산과 부채를 신뢰성 있게 현재가치로 할인하기 위해서는 각 일시적차이의 소멸시점을 상세히 추정하여야 한다. 많은 경우 소멸시점을 실무적으로 추정할 수 없거나 추정이 매우 복잡하다. 따라서 이연법인세 자산과 부채를 할인하도록 하는 것은 적절하지 않다. 또한 할인을 강요하지 않지만 허용한다면 기업 간 이연법인세 자산과 부채의 비교가능성이 저해될 것이다. 따라서 기준서에서는 이연법인세자산과 부채를 할인하지 않도록 하였다(K−IFRS 1012호 문단 54).

문제 7

20×1년에 설립된 ㈜한강의 20×1년도와 20×2년도의 법인세율은 30%이다. 다음은 ㈜한강의 20×1년도 법인세와 관련된 자료이다.

> 가. 회계상 비용에는 미지급된 제품보증원가 ₩10,000이 포함되어 있지만, 세무상 제품보증원가는 지급되기 전에는 손금으로 인정되지 않는다.
> 나. 회계상 손익에는 재화의 인도시점에 인식된 외상매출 ₩20,000과 해당 매출원가 ₩15,000이 포함되어 있지만, 관련 재화판매수익은 20×2년 대금 회수시점에 과세된다.
> 다. 20×1년 1월 1일에 본사건물 ₩40,000(잔존가치 ₩0)을 구입하였으며, 회계상 매년 20%, 세무상 매년 25%의 정액법으로 감가상각한다.
> 라. 20×1년도에 발생된 개발원가 ₩3,000은 회계상 자본화되어 5년 동안 정액법으로 상각되지만, 세무상 20×1년도에 전액 손금산입된다.
> 마. 20×1년도의 법인세비용차감전순이익은 ₩100,000이며, 향후에도 이연법인세자산을 활용할 수 있는 과세소득의 발생가능성이 높다.

(물음 1) 위의 법인세 관련 각 항목에 대하여 ㈜한강의 20×1년 12월 31일 자산(또는 부채)의 세무기준액 ① ~ ③과 이연법인세자산(또는 부채) ④ ~ ⑥을 계산하시오. 단, ④ ~ ⑥은 이연법인세자산 또는 이연법인세부채를 분명히 표시할 것.

구분	자산 또는 부채	세무기준액	이연법인세 자산 또는 부채
가	미지급 제품보증원가	①	?
나	매출채권	?	④
	재고자산	②	?
다	건물	③	⑤
라	개발비	?	⑥

(물음 2) 20×1년도의 당기법인세와 법인세비용을 각각 계산하시오.

(물음 3) ㈜한강은 위의 법인세 관련 자료 중 항목(다)에서 20×1년 1월 1일에 구입한 본사건물을 20×1년 12월 31일에 ₩35,000으로 재평가하되, 잔존가치와 내용연수에는 변화가 없었다. 세무상으로는 상응하는 조정이 이루어지지 않는다면, ㈜한강이 본사건물과 관련하여 20×1년 12월 31일에 인식할 이연법인세자산(또는 부채)을 계산하시오. 단, 이연법인세자산 또는 이연법인세부채를 분명히 표시할 것.

(물음 4) 20×2년도에 ㈜한강은 종속회사인 ㈜태양에게 원가 ₩10,000의 재화를 ₩11,000에 판매하였다. ㈜태양은 20×2년 12월 31일까지 그 재화를 여전히 재고자산으로 보유하고 있다. ㈜한강의 ㈜태양에 대한 지분율은 60%이며, ㈜태양의 20×2년도 법인세율은 30%이다. 이 재화판매와 관련하여 ㈜한강이 연결재무제표에서 20×2년 12월 31일에 인식할 이연법인세자산(또는 부채)을 계산하시오. 단, 이연법인세자산 또는 이연법인세부채를 분명히 표시할 것.

해설 및 해답 일시적 차이의 계산 (2010년 회계사)

(물음 1) 세무조정의 분석

1. 세무조정의 계산

구분	자산 또는 부채	회계상 장부금액	세무기준액	세무조정
가	미지급 제품보증원가	충당부채 10,000	−	부채감소 10,000 (유보)
나	매출채권	매출채권 20,000	−	자산감소 20,000 (△유보)
	재고자산	재고자산 −	재고자산 15,000	자산증가 15,000 (유보)
다	건물	건물 32,000	건물 30,000	자산감소 2,000 (△유보)
라	개발비	개발비 3,000	−	자산감소 3,000 (△유보)

2. 답안의 작성

구분	자산 또는 부채	세무기준액	이연법인세 자산 또는 부채
가	미지급 제품보증원가	① −	?
나	매출채권	?	④ 부채 6,000
	재고자산	② 자산 15,000	?
다	건물	③ 자산 30,000	⑤ 부채 600
라	개발비	?	⑥ 부채 900

(물음 2) 기간내 배분

1. 20×1년 당기법인세 자산·부채 및 이연법인세 자산·부채의 계산

20×1년	금액	20×2년 이후	금액
법인세비용차감전순이익	₩100,000		
미지급비용 (유보)	10,000		(10,000)
외상매출 (△유보)	(20,000)		20,000
외상매출원가 (유보)	15,000		(15,000)
감가상각비 (△유보)	(2,000)		2,000
개발비 (△유보)	(3,000)		3,000
과세소득	100,000		−
세율	30%		30%
법인세부담액	30,000		−

2. 20×1년 법인세관련 회계처리

당기법인세	(차) 법 인 세 비 용	30,000	(대) 미 지 급 법 인 세	30,000
이연법인세		n/a		

3. 금액의 계산

① 당기법인세 : ₩30,000

② 법인세비용 : ₩30,000

(물음 3) 기간내배분(재평가잉여금)

① 재평가잉여금 발생액 : ₩35,000(공정가치) − 32,000

기말공정가치		₩35,000
상각후원가	₩40,000 − 40,000 × 20% =	(32,000)
		₩3,000

② 재평가잉여금 관련 이연법인세부채 : ₩3,000 × 30% = ₩900

③ 본사건물 관련 이연법인세부채 : ₩600(기존의 이연법인세부채) + 900 = ₩1,500

(물음 4) 기간간배분(내부거래미실현손익)

① 내부거래 미실현손익 : ₩11,000(매출액) − 10,000(원가) = ₩1,000

② 법인세효과 : (−)₩1,000(미실현손익의 제거) × 30%(법인세율) = (−)₩300(이연법인세자산)

[별해] 회계처리

① 20×2년 발생시점

내부미실현손익 제거	(차) 매 출 액	11,000	(대) 매 출 원 가	11,000
	(차) 매 출 원 가	1,000	(대) 재 고 자 산	1,000
	(차) 이 연 법 인 세 자 산	300	(대) 법 인 세 비 용	300

② 20×3년 실현시 (가정)

내부미실현손익 실현	(차) 이 익 잉 여 금	1,000	(대) 매 출 원 가	1,000
	(차) 법 인 세 비 용	300	(대) 이 익 잉 여 금	300

문제 8

(물음 1)과 (물음 2)는 독립적인 상황이다. 물음에 답하시오.

(물음 1) 다음은 20×1년 1월 1일에 설립되어 영업을 시작한 ㈜세무의 20×1년도 법인세와 관련된 자료이다. 물음에 답하시오.

(1) ㈜세무의 법인세비용 세무조정을 제외한 20×1년도 세무조정사항은 다음과 같다.

〈소득금액조정합계표〉

익금산입 및 손금불산입			손금산입 및 익금불산입		
과 목	금 액	소득처분	과 목	금 액	소득처분
감가상각부인액	₩20,000	유보	미수수익	₩10,000	유보
제품보증충당부채	5,000	유보	기타포괄손익－공정가치 측정 금융자산	5,000	유보
접대비한도초과액	10,000	기타사외유출			
기타포괄손익－공정가치 측정 금융자산평가이익	5,000	기타			
합 계	₩40,000		합 계	₩15,000	

(2) 20×1년도 과세소득에 적용되는 법인세율은 20%이며, 차기 이후 관련 세율 변동은 없는 것으로 가정한다.

(3) 20×1년도 법인세비용차감전순이익(회계이익)은 ₩120,000이다.

(4) 세액공제 ₩8,000을 20×1년도 산출세액에서 공제하여 차기 이후로 이월되는 세액공제는 없으며, 최저한세와 농어촌특별세 및 법인지방소득세는 고려하지 않는다.

(5) 20×1년도 법인세부담액(당기법인세)은 ₩21,000이며, 20×1년 중 원천징수를 통하여 ₩10,000의 법인세를 납부하고 아래와 같이 회계처리하였다.

(차) 당 기 법 인 세 자 산	10,000	(대) 현 금	10,000

(6) 당기법인세자산과 당기법인세부채는 상계조건을 모두 충족하며, 이연법인세자산과 이연법인세부채는 인식조건 및 상계조건을 모두 충족한다.

(7) 포괄손익계산서 상 기타포괄손익항목은 관련 법인세 효과를 차감한 순액으로 표시하며, 법인세 효과를 반영하기 전 기타포괄이익은 ₩5,000이다.

(물음 1-1) ㈜세무의 20×1년도 포괄손익계산서와 20×1년말 재무상태표에 계상될 다음 각 계정과목의 금액을 계산하시오.

재무제표	계정과목	금 액
포괄손익계산서	법인세비용	①
	기타포괄이익	②
재무상태표	이연법인세자산	③
	이연법인세부채	④
	당기법인세부채(미지급법인세)	⑤

(물음 1-2) ㈜세무의 20×1년도 평균유효세율(%)을 계산하시오.

(물음 1-3) ㈜세무의 회계이익에 적용세율(20%)을 곱하여 산출한 금액과 [물음 1-1]에서 계산된 법인세비용 간에 차이가 발생한다. 해당 차이를 발생시키는 각 원인을 모두 수치화하여 기술하시오.

(물음 2) 다음은 이연법인세자산과 이연법인세부채의 인식과 표시에 관한 내용이다. 물음에 답하시오.

(물음 2-1) 이연법인세자산은 차감할 일시적차이 등과 관련하여 미래 회계기간에 회수될 수 있는 법인세 금액을 말한다. 미래 과세소득의 발생가능성이 높은 경우, 차감할 일시적차이 이외에 재무상태표 상 이연법인세자산을 인식할 수 있는 항목을 모두 기술하시오.

(물음 2-2) 재무상태표 상 이연법인세자산과 이연법인세부채를 상계하여 표시할 수 있는 조건을 기술하시오.

해설 및 해답 종합문제 (2016년 세무사)

(물음 1)

(물음 1-1) 기간내배분

1. 당기법인세자산(부채) 및 이연법인세자산(부채)의 계산

① 당기법인세부채 : ₩21,000－10,000＝₩11,000

② 기초 이연법인세자산(부채) : 없음

③ 기말 이연법인세자산(부채) : [(－)₩20,000－5,000＋10,000＋5,000]×20%＝(－)₩2,000(자산)

2. 이연법인세 자산(부채)항목의 기간 내 배분 – 기타포괄손익–공정가치 측정 금융자산 평가손익

• (－)₩5,000(평가이익)×20%＝₩1,000(이연법인세부채의 기간내배분)

3. 법인세 계정의 회계처리

당기법인세	(차) 법인세비용	21,000	(대) 선급법인세	10,000
			미지급법인세	11,000
이연법인세	(차) 이연법인세자산	2,000[1]	(대) 법인세비용	3,000[3]
	평가이익(기포익)	1,000[2]		

1) ₩2,000(기말 이연법인세자산)－0(기초 이연법인세자산

2) 기타포괄손익－공정가치 측정 금융자산 평가손익으로 인한 이연법인세효과

3) 대차잔액

4. 답안의 계산

재무제표	계정과목	금 액
포괄손익계산서	법인세비용	① 18,000
	기타포괄이익	② 4,000
재무상태표	이연법인세자산	③ 2,000
	이연법인세부채	④ 없음
	당기법인세부채(미지급법인세)	⑤ 11,000

① 법인세비용 : ₩21,000－3,000＝₩18,000

② 20×0년 기타포괄손익 : ₩5,000(세전 기타포괄손익)－5,000×20%(법인세효과)＝₩4,000

③ 기말 이연법인세자산 : ₩2,000(자산)

④ 이연법인세부채 : 없음

⑤ 당기법인세부채 : ₩21,000－10,000＝₩11,000

(물음 1-2) 유효세율

- 평균세율 : ₩18,000(법인세비용)÷120,000(세전손익)=₩15%

(물음 1-3) 법인세효과의 분석

구분	금액	적용세율	법인세효과
회계이익	120,000	20%	24,000
익금산입	40,000	20%	8,000
손금산입	(15,000)	20%	(3,000)
이연법인세효과	(10,000)*	20%	(2,000)
기간내배분	5,000	20%	(1,000)
세액공제			(8,000)
법인세비용			18,000

* ₩25,000(유보잔액)－15,000(△유보잔액)

(물음 2)

(물음 2-1)

- 세무상 결손금과 이월세액공제

(물음 2-2)

- 다음의 조건을 모두 충족하는 경우에만 이연법인세자산과 이연법인세부채를 상계한다(K-IFRS 1012호 문단 74).
  (1) 기업이 당기법인세자산과 당기법인세부채를 상계할 수 있는 법적으로 집행가능한 권리를 가지고 있다.
  (2) 이연법인세자산과 이연법인세부채가 다음의 각 경우에 동일한 과세당국에 의해서 부과되는 법인세와 관련되어 있다.
    (가) 과세대상기업이 동일한 경우
    (나) 과세대상기업은 다르지만 당기법인세 부채와 자산을 순액으로 결제할 의도가 있거나, 유의적인 금액의 이연법인세부채가 결제되거나 이연법인세자산이 회수될 미래의 각 회계기간마다 자산을 실현하는 동시에 부채를 결제할 의도가 있는 경우

서술형 문제

문제 1

(물음 1) 이연법인세 자산을 인식할 수 있도록, 차감할 일시적차이가 사용될 수 있는 과세소득의 발생가능성이 높은 상황에 대해 서술하시오.

(물음 2) 미사용 세무상결손금 또는 세액공제가 사용될 수 있는 과세소득의 발생가능성을 검토할 때 고려해야 하는 판단기준을 서술하시오.

(물음 3) 이연법인세부채를 인식하지 않는 예외적인 상황 두 가지를 서술하시오.

(물음 4) 당기와 이연 법인세를 당기손익에 포함하지 않는 경우의 두 가지를 서술하시오.

(물음 5) 이연법인세 자산과 부채의 장부금액이 일시적 차이의 금액에 변동 없이도 변동할 수 있는 원인 세 가지를 서술하시오.

(물음 6) 당기법인세자산과 당기법인세부채를 상계할 수 있는 요건을 서술하시오.

(물음 7) 이연법인세자산과 이연법인세부채를 상계할 수 있는 조건을 서술하시오.

해설 및 해답

(물음 1)

이연법인세자산은 다음 중 하나에 해당하는 경우에 인식한다.

⑴ 동일 과세당국과 동일 과세대상기업에 관련된 가산할 일시적차이가 충분한 경우

⑵ 차감할 일시적차이가 소멸될 회계기간에 동일 과세당국과 동일 과세대상기업에 관련된 충분한 과세소득이 발생할 가능성이 높은 경우

⑶ 세무정책으로 적절한 기간에 과세소득을 창출할 수 있는 경우

(물음 2)

다음의 판단기준을 고려한다.

⑴ 동일 과세당국과 동일 과세대상기업에 관련된 가산할 일시적 차이가 미사용 세무상결손금이나 세액공제가 만료되기 전에 충분한 과세대상금액을 발생시키는지의 여부

⑵ 미사용 세무상결손금이나 세액공제가 만료되기 전에 과세소득이 발생할 가능성이 높은지의 여부

⑶ 미사용 세무상결손금이 다시 발생할 가능성이 없는 식별가능한 원인으로부터 발생하였는지의 여부

⑷ 미사용 세무상결손금이나 세액공제가 사용될 수 있는 기간에 과세소득을 창출할 수 있는 세무정책을 이용할 수 있는지의 여부

(물음 3)

다음의 경우에 생기는 이연법인세부채는 인식하지 아니한다.

⑴ 영업권을 최초로 인식하는 경우

⑵ 다음에 모두 해당하는 거래에서 자산이나 부채를 최초로 인식하는 경우

㈎ 사업결합이 아니다.

㈏ 거래 당시 회계이익과 과세소득(세무상결손금)에 영향을 미치지 않는다.

㈐ 거래 당시 동일한 금액으로 가산할 일시적차이와 차감할 일시적차이가 생기지는 않는다.

(물음 4)

당기와 이연 법인세는 다음으로부터 발생하는 세액을 제외하고는 수익이나 비용으로 인식하여 당기손익에 포함한다.

⑴ 동일 회계기간 또는 다른 회계기간에, 당기손익 이외에, 기타포괄손익이나 자본에 직접 인식되는 거래나 사건(기간내 배분).

⑵ 사업결합

(물음 5)

이연법인세 자산과 부채의 장부금액은 관련된 일시적차이의 금액에 변동이 없는 경우에도 다음과 같은 원인으로 변경될 수 있다.

(1) 세율이나 세법이 변경되는 경우

(2) 이연법인세자산의 회수가능성을 재검토하는 경우

(3) 예상되는 자산의 회수 방식이 변경되는 경우

(물음 6)

다음의 조건을 모두 충족하는 경우에만 당기법인세자산과 당기법인세부채를 상계한다.

(1) 기업이 인식된 금액에 대한 법적으로 집행가능한 상계**권리**를 가지고 있다.

(2) 기업이 순액으로 결제하거나, 자산을 실현하는 동시에 부채를 결제할 **의도**가 있다.

(물음 7)

다음의 조건을 모두 충족하는 경우에만 이연법인세자산과 이연법인세부채를 상계한다.

(1) 기업이 **당기법인세자산과 당기법인세부채를 상계**할 수 있는 법적으로 집행가능한 **권리**를 가지고 있다.

(2) 이연법인세자산과 이연법인세부채가 다음의 각 경우에 **동일한 과세당국에 의해서 부과**되는 법인세와 관련되어 있다.

㈎ 과세대상기업이 동일한 경우

㈏ 과세대상기업은 다르지만 당기법인세 부채와 자산을 순액으로 결제할 의도가 있거나, 유의적인 금액의 이연법인세부채가 결제되거나 이연법인세자산이 회수될 미래의 각 회계기간마다 자산을 실현하는 동시에 부채를 결제할 의도가 있는 경우

CHAPTER 20

주당이익

출제유형

계산문제

문제 1

다음에 제시되는 물음은 각각 독립된 상황이다.

㈜한국의 20×1년과 20×2년의 유통주식에 대한 〈관련 자료〉는 다음과 같다. ㈜한국의 보통주 및 종류별 주식의 주당 액면금액은 모두 ₩5,000이다.

〈 관련 자료 〉

1. 20×1년

날 짜	내 용	보통주	비누적적 우선주	전환우선주
1월 1일	유통주식수	5,000주	1,000주	1,000주
7월 1일	자기주식 취득	500주	200주[1]	–
10월 1일	전환우선주의 전환	1,000주	–	1,000주[2]
12월 31일	유통주식수	5,500주	800주	–

1) 당기 취득한 비누적적 우선주의 장부금액은 주당 ₩5,000이며, 취득에 대한 대가로 주당 ₩7,500을 지급하였다.
2) 전환우선주의 전환을 유도하기 위하여 전환우선주의 주주들에게 주당 ₩600의 현금을 지급하였다.

2. 20×2년

날 짜	내 용	보통주	비누적적 우선주	누적적 우선주
1월 1일	유통주식수	5,500주	800주	–
7월 1일	유상증자	1,500주[1]	400주[1]	2,000주[2]
10월 1일	자기주식 재발행	80주	100주	–
12월 31일	유통주식수	7,080주	1,300주	2,000주

1) 보통주와 비누적적 우선주에 대한 유상증자는 주주우선배정방식으로 진행되었다. 보통주의 주당 발행금액과 주당 공정가치는 각각 ₩10,000, ₩20,000이다. 비누적적 우선주의 주당 발행금액과 주당 공정가치는 각각 ₩8,000, ₩16,000이다.
2) 누적적우선주에 대한 유상증자는 제3자 배정방식으로 진행되었으며, 발행금액은 공정가치와 동일하였다.

3. ㈜한국의 20×1년과 20×2년의 당기순이익은 각각 ₩5,000,000과 ₩6,000,000이다. 유상신주의 배당기산일은 납입한 때이며, 무상신주의 배당기산일은 원래의 구주에 따른다.

4. 비누적적 우선주에 대한 배당금은 매년 10%를 결의하고 있으며 20×2년에 대한 배당금도 10%의 배당금을 지급할 예정이다.

5. 기말에 미전환된 우선주에 대해서만 전환우선주배당금을 지급한다(상법의 관련규정은 무시한다).

6. 누적적 우선주의 최소배당률은 10%이나, 20×2년도에 대한 배당금은 결의하지 않을 예정이다.

(물음 1) ㈜한국의 20×1년 기본주당이익을 계산하시오. 계산된 기본주당이익 금액은 소수점 아래 첫째 자리에서 반올림한다.

(물음 2) 20×2년말에 20×1년 재무제표가 20×2년 재무제표와 비교표시되는 경우, ① 20×1년 기본주당이익과 ② 20×2년 기본주당이익을 계산하면 각각 얼마인가? 계산된 기본주당이익 금액은 소수점 아래 첫째 자리에서 반올림한다.

20×1년 기본주당이익	①
20×2년 기본주당이익	②

(물음 3) 위 물음과 독립적으로 ㈜대한은 아래의 조건으로 할증배당 우선주를 발행하였다. 할증배당우선주와 관련하여 20×1년과 20×2년에 보통주당기순이익의 계산시 가감하여야 하는 금액을 계산하고 관련회계처리를 제시하시오.

> ㈜대한은 20×1년 1월 1일 할증배당 우선주(액면금액 ₩500,000)를 발행하였다. 우선주에 대한 20×1년 초 시장수익률은 연 8%이다. 한편, ㈜대한은 사업초기에 배당가능이익이 충분하지 않아 20×4년부터 배당을 지급할 예정이다. 배당 미지급기간을 고려하여, 우선주는 ₩396,900에 할인발행되었다.

해설 및 해답 기본주당이익 (2016년 회계사 수정)

(물음 1) 기본주당이익의 계산

① 가중평균유통보통주식수의 계산

	1/1	7/1	10/1	
사건	기초주식	자기주식취득	전환우선주	
주식수	5,000	(500)	1,000	
월수	12	6	3	
적수	60,000	(3,000)	3,000	÷ 12=5,000주

② 보통주 당기순이익의 계산

당기순이익		₩5,000,000
비누적적우선주 배당금	800주*(기말 유통 우선주식수)×₩5,000×10%=	(400,000)
우선주 재매입 초과지급대가	200주×(₩7,500−5,000)=	(500,000)
전환유도대가	1,000주×₩600=	(600,000)
전환우선주 배당금		−
		₩3,500,000

* 배당금의 지급여부는 배당기준일 현재 주식이 유통되고 있는지 여부에 따라 결정된다. 따라서 기말 자기주식에 대해서는 배당을 지급하지 않는다.

③ 기본주당이익 : ₩3,500,000÷5,000주=₩700/주

(물음 2) 기본주당이익의 계산

20×1년 기본주당이익	① ₩625/주
20×2년 기본주당이익	② ₩750/주

1. 20×2년 주당이익의 계산

① 가중평균유통보통주식수의 계산

		7/1	10/1	
사건	기초주식	유상증자	자기주식	
주식수	5,500	750[1]	80	
무상증자	1.12[2]	1.12[3]		
월수	12	6	3	
적수	73,920	5,040	240	÷ 12=6,600주

1) 공정가치 유상증자 주식수 : 1,500주×₩10,000(발행금액)÷₩20,000(공정가치)=750주

2) 무상증자비율 : $\frac{\text{1,500주(총 유상증자)}-\text{750주(공정가치 유상증자)}}{\text{5,500주(기존 유통보통주식수)}+\text{750주(공정가치 유상증자 주식수)}}$=12%

3) 공정가치 미만 유상증자에 의한 무상증자분은 공정가치 유상증자분에 대해서도 이루어진다고 가정한다.

② 보통주 당기순이익의 계산

당기순이익		₩6,000,000
비누적적우선주(구주) 배당금	(800주+100주*)×₩5,000×10%=	(450,000)
비누적적우선주(유상신주) 배당금	400주×₩5,000×10%×6/12=	(100,000)
누적적 우선주 당기분 배당금	2,000주×₩5,000×10%×6/12=	(500,000)
		₩4,950,000

* 배당금 지급기간은 유통일이 아닌 발행일에 따라 결정된다. 따라서 당기중에 처분된 자기주식은 처분일부터가 아닌 발행일(전기이전발행)부터 배당금을 계산하여 지급한다.

③ 기본주당이익 : ₩4,950,000÷6,600주=₩750/주

2. 20×1년 주당이익의 재계산

- 당해 기간 및 비교표시되는 모든 기간의 가중평균유통보통주식수는 상응하는 자원의 변동 없이 유통보통주식수를 변동시키는 사건을 반영하여 조정한다. 다만, 잠재적보통주의 전환은 제외한다(K-IFRS 1033호 문단 26).
- 20×1년 기본주당이익 : ₩3,500,000÷(5,000주×1.12(20×2년 무상증자 비율)=₩625/주

(물음 3) 할증배당 우선주

- 할증배당우선주의 당초 할인발행차금이나 할증발행차금은 유효이자율법을 사용하여 상각하여 이익잉여금에 가감하고 주당이익을 계산할 때 우선주 배당금으로 처리한다(K-IFRS 1033호 문단 15).

① 할증배당우선주의 유효이자율법 상각 스케줄

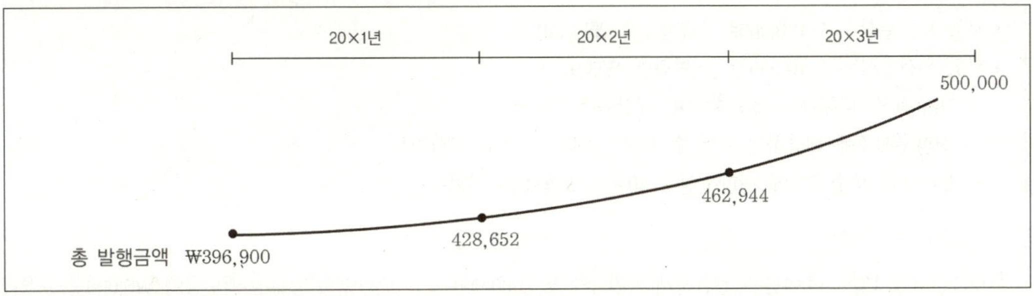

② 할증배당우선주 상각액 차감

㉠ 20×1년 상각액 : ₩396,900×8%=₩31,752

㉡ 20×2년 상각액 : ₩428,652×8%=₩34,292

③ 회계처리

20×1년 1월 1일	(차) 현 금	396,900	(대) 우 선 주 자 본 금	500,000
	주식할인발행차금	103,100		
20×1년 12월 31일	(차) 이 익 잉 여 금	31,752	(대) 주식할인발행차금	31,752
20×2년 12월 31일	(차) 이 익 잉 여 금	34,292	(대) 주식할인발행차금	34,292
20×3년 12월 31일	(차) 이 익 잉 여 금	37,056[1]	(대) 주식할인발행차금	37,056
	1) 끝수조정			
20×4년 12월 31일	(차) 이 익 잉 여 금	40,000	(대) 현 금	40,000

문제 2

12월말 결산법인인 ㈜여름에 관한 20×1년 자료는 다음과 같다.

〈자료1〉

- 기초 보통주식수 : 100,000주 (액면금액 ₩1,000)
- 기초 우선주식수 : 10,000주 (액면금액 ₩500)
  - 비누적적, 비참가적 우선주이며, 배당률은 7%
  - 전환우선주에 해당하며, 우선주 2주당 보통주 1주로 전환가능
  - 20×1년 10월 1일에 전환우선주 40%가 보통주로 전환됨

〈자료2〉

20×1년 4월 1일에 ㈜여름은 전환사채(액면금액 ₩5,000,000)를 액면발행하였으며, 액면금액 ₩5,000당 보통주 1주로 전환가능하다. 20×1년 7월 1일 전환권 행사로 전환사채의 60%가 보통주로 전환되었다. 당기포괄손익계산서에 인식된 전환사채 관련 이자비용은 ₩300,000이다.

〈자료3〉

20×0년 4월 1일에 ㈜여름은 상환할증금을 지급하는 조건으로 행사가격이 ₩450인 신주인수권부사채를 발행하였다. 20×1년 4월 1일에 신주인수권의 50%가 행사되어 보통주 2,000주를 교부하였다. 20×1년도 ㈜여름의 보통주 주당 평균시장가격은 ₩600이다. ㈜여름이 신주인수권부사채에 대해 20×1년에 인식한 이자비용은 모두 ₩2,000,000이며, 이 중 사채상환할증금과 관련된 이자비용은 ₩100,000이다.

〈자료4〉

㈜여름의 당기순이익은 ₩50,000,000이고 법인세율(법인세에 부가되는 세액 포함)은 25%로 가정하며, 기말에 미전환된 우선주에 대해서만 배당금을 지급한다(상법의 관련규정은 무시한다). 각 물음 계산시 소수점 아래 첫째 자리에서 반올림하고(예 12.34 → 12), 가중평균유통보통주식수의 계산과정에서 가중치는 월단위로 계산한다.

(물음 1) ㈜여름의 20×1년도 기본주당이익을 계산하시오.

(물음 2) 다음은 ㈜여름의 20×1년도 희석주당이익을 계산하기 위하여 희석효과를 분석하는 표이다. ①~⑦을 구하시오.

구분	분자요소	분모요소	주당효과
전환우선주	①	②	?
전환사채	③	④	⑤
신주인수권부사채	⑥	⑦	?

(물음 3) ㈜여름의 20×1년도 희석주당이익은 얼마인지 계산하시오.

(물음 4) 자료에서 주어진 바와 달리 ㈜여름은 당기 중에 전환된 우선주는 전환시점 이전에 대해서는 전환우선주의 배당금을 월할지급하고, 전환시점 이후의 기간에 대해서는 보통주의 배당금을 지급한다고 가정한다. 이 경우, ㈜여름의 20×1년 ① 기본주당이익과 ② 희석주당이익을 계산하시오.

(물음 5) 만약, 20×1년 10월 1일 전환우선주의 40% 전환시, 전환유도를 위해 전환하는 우선주에게 우선주 1주당 ₩250의 현금을 지급하였다고 할 경우, ㈜여름의 20×1년 ① 기본주당이익과 ② 희석주당이익을 계산하시오.

(물음 6) 잠재적보통주가 존재할 때, 기본주당이익과 별도로 희석주당이익을 공시하도록 규정하고 있다. 그 이유를 3줄 이내로 서술하시오.

해설 및 해답 희석주당이익 - 전환우선주 (2012년 회계사 수정)

(물음 1) 기본주당이익의 계산

- 희석주당이익을 계산하기 위한 보통주식수는 문단 19와 26에 따라 계산한 가중평균유통보통주식수에 희석성 잠재적보통주가 모두 전환될 경우에 발행되는 보통주의 가중평균유통보통주식수를 가산하여 산출한다. 희석성 잠재적보통주는 회계기간의 기초에 전환된 것으로 보되 당기에 발행된 것은 그 발행일에 전환된 것으로 본다(K－IFRS 1033호 문단 36).

① 가중평균유통보통주식수의 계산

		4/1	7/1	10/1	
사건	기초주식	신주인수권 행사	전환사채 전환	전환우선주 전환	
주식수	100,000	2,000	600	2,000	
월수	12	9	6	3	
적수	1,200,000	18,000	3,600	6,000	÷ 12＝102,300주

② 보통주 당기순이익의 계산

당기순이익		₩50,000,000
전환우선주 배당금	10,000주×60%(기말 미전환분)×₩500×7%＝	(210,000)
		₩49,790,000

③ 기본주당이익 : ₩49,790,000÷102,300주＝₩487/주

(물음 2) 희석주당이익의 계산

- 잠재적보통주는 유통기간을 가중치로 하여 가중평균한다. 해당 기간에 효력을 잃었거나 유효기간이 지난 잠재적보통주는 해당 기간 중 유통된 기간에 대해서만 희석주당이익의 계산에 포함하며, 당기에 보통주로 전환된 잠재적보통주는 기초부터 전환일의 전일까지 희석주당이익의 계산에 포함한다. 전환으로 발행되는 보통주는 전환일부터 기본 및 희석주당이익의 계산에 포함한다(K-IFRS 1033호 문단 38).
- 희석주당이익을 계산할 때 희석효과가 있는 옵션이나 주식매입권은 행사된 것으로 가정한다. 이 경우 권리 행사에서 예상되는 현금유입액은 보통주를 회계기간의 평균시장가격으로 발행하여 유입된 것으로 가정한다. 그 결과 권리를 행사할 때 발행하여야 할 보통주식수와 회계기간의 평균시장가격으로 발행한 것으로 가정하여 환산한 보통주식수의 차이는 무상으로 발행한 것으로 본다(K-IFRS 1033호 문단 45).

1. 전환우선주의 주당이익

① 잠재적보통주식수

㉠ 총 잠재적보통주식수 : 10,000주/2주=5,000주

㉡ 적수계산

행사분(40%) (1/1~9/30)	5,000주×40%× 9/12=	1,500주
미행사분(60%) (1/1~12/31)	5,000주×60%×12/12=	3,000주
		4,500주

② 잠재적보통주의 이익(전환우선주 미전환분 배당금) : 10,000주×60%×500×7%=₩210,000

③ 전환우선주의 주당이익 : ₩210,000÷4,500주=₩47/주

2. 전환사채의 주당이익

① 잠재적보통주식수

㉠ 총 잠재적보통주식수 : ₩5,000,000÷5,000=1,000주

㉡ 적수계산

행사분(60%) (4/1~6/30)	1,000주×60%×3/12=	150주
미행사분(40%) (4/1~12/31)	1,000주×40%×9/12=	300주
		450주

② 잠재적보통주의 이익(전환사채 이자비용) : ₩300,000×(1-25%)=₩225,000

③ 전환사채의 주당이익 : ₩225,000÷450주=₩500/주

3. 신주인수권부사채의 주당이익

① 잠재적보통주식수

㉠ 총 잠재적보통주식수 : 4,000주(100%행사시 발행주식수)* −4,000주×450(행사가격)÷600(평균주가) =1,000주

* 2,000주(50%행사시의 발행주식수)÷50%

㉡ 적수계산

행사분(50%) (1/1~3/31)	1,000주×50%×3/12=	125주
미행사분(50%) (1/1~12/31)	1,000주×50%×12/12=	500주
		625주

② 잠재적보통주의 이익(상환할증금분 이자비용) : ₩100,000×(1−25%)=₩75,000

③ 신주인수권부사채의 주당이익 : ₩75,000÷625주=₩120/주

4. 답안의 작성

구분	분자요소	분모요소	주당효과
전환우선주	① ₩210,000	② 4,500주	₩47/주
전환사채	③ ₩225,000	④ 450주	⑤ ₩500/주
신주인수권부사채	⑥ ₩ 75,000	⑦ 625주	₩120/주

(물음 3) 희석효과의 판단

구분	보통주	전환우선주	신주인수권부사채	전환사채
① 이익	₩49,790,000	₩210,000	₩75,000	₩225,000
② 주식수	102,300주	4,500주	625주	450주
③ 주당이익	₩487/주	₩47/주	₩120/주	₩500/주

누적주당이익	₩487/주	₩468/주	₩466/주
희석효과	○	○	×

∴ 희석주당이익 : ₩466/주

(물음 4) 희석주당이익의 계산(우선주의 배당금 기간안분)

1. 기본주당이익

① 가중평균유통보통주식수의 계산

		4/1	7/1	10/1	
사건	기초주식	신주인수권 행사	전환사채 전환	전환우선주 전환	
주식수	100,000	2,000	600	2,000	
월수	12	9	6	3	
적수	1,200,000	18,000	3,600	6,000	÷12=102,300주

② 보통주 당기순이익의 계산

당기순이익		₩50,000,000
미전환분 전환우선주 배당금	10,000주×60%(기말 미전환분)×₩500×7%=	(210,000)
전환분 전환우선주 배당금	10,000주×40%(기말 전환분)×₩500×7%×9/12=	(105,000)
		₩49,685,000

③ 기본주당이익 : ₩49,685,000÷102,300주=₩486/주

2. 전환우선주의 주당이익

① 잠재적보통주식수

㉠ 총 잠재적보통주식수 : 10,000주/2주=5,000주

㉡ 적수계산

행사분(40%) (1/1~9/30)	5,000주×40%× 9/12=	1,500주
미행사분(60%) (1/1~12/31)	5,000주×60%×12/12=	3,000주
		4,500주

② 잠재적보통주의 이익(전환우선주 배당금) : ₩210,000+105,000=₩315,000

③ 전환우선주의 주당이익 : ₩315,000÷4,500주=₩70/주

3. 희석주당이익의 계산

구분	보통주	전환우선주	신주인수권부사채	전환사채
① 이익	₩49,685,000	₩315,000	₩75,000	₩225,000
② 주식수	102,300주	4,500주	625주	450주
③ 주당이익	₩486/주	₩70/주	₩120/주	₩500/주
누적주당이익		₩487/주	₩468/주	**₩466/주**
희석효과		○	○	×

∴ 희석주당이익 : ₩466/주

(물음 5) 희석주당이익의 계산(전환유도대가)

• 전환우선주 가운데 일부만 전환되거나 상환될 수 있다. 이 경우에는 조기전환을 유도하기 위한 초과지급액은 전환되거나 상환된 전환우선주와 관련된 것으로서 나머지 유통 전환우선주가 희석효과가 있는지를 결정하는 데 영향을 미치므로 전환되거나 상환된 전환우선주는 그렇지 않은 나머지 전환우선주와는 구분하여 고려한다(K-IFRS 1033호 문단 51).

1. 기본주당이익

① 보통주당기순이익 : ₩49,790,000-10,000주×40%×₩250(유도대가)=₩48,790,000

② 기본주당이익 : ₩48,790,000÷102,300주=₩477/주

2. 희석주당이익

① 행사분 전환우선주의 주당이익

㉠ 잠재적보통주의 이익 : 10,000주×40%×₩250(유도대가)=₩1,000,000

㉡ 전환우선주의 주당이익 : ₩1,000,000÷1,500주=₩667/주

② 미행사분 전환우선주의 주당이익

㉠ 잠재적보통주의 이익 : ₩210,000(전환우선주 배당금)

㉡ 전환우선주의 주당이익 : ₩210,000÷3,000주=₩70/주

③ 희석주당이익의 계산

구분	보통주	미행사분 전환우선주	신주인수권부사채	전환사채	행사분 전환우선주
① 이익	₩48,790,000	₩210,000	₩75,000	₩225,000	₩1,000,000
② 주식수	102,300주	3,000주	625주	450주	1,500주
③ 주당이익	₩477/주	₩70/주	₩120/주	₩500/주	₩667/주
누적주당이익	₩477/주	₩465/주	₩463/주		
희석효과		○	○	×	×

∴ 희석주당이익 : ₩463/주

(물음 6)

• 잠재적 보통주의 희석효과로 인해 현재 주당이익이 낮아지는 효과를 공시하여, 현재 및 잠재적 투자자의 의사결정에 유용한 정보를 제공하기 위함이다.

문제 3

㈜대한의 다음 〈자료〉를 이용하여 물음에 답하시오.

〈자 료〉

1. 20×1년 1월 1일 ㈜대한의 유통주식수는 다음과 같다.
   - 유통보통주식수 : 5,000주(액면가 ₩1,000)
   - 유통우선주식수 : 1,000주(액면가 ₩1,000)
2. 20×1년 4월 1일 보통주에 대해 10%의 주식배당을 실시하였다.
3. 우선주는 누적적, 비참가적 전환우선주로 배당률은 연 7%이다. ㈜대한은 기말에 미전환된 우선주에 대해서만 우선주배당금을 지급한다. 우선주 전환 시 1주당 보통주 1.2주로 전환 가능하며, 20×1년 5월 1일 우선주 300주가 보통주로 전환되었다.
4. 20×1년 7월 1일 자기주식 500주를 취득하고 이 중 100주를 소각하였다.
5. 20×1년 초 대표이사에게 3년 근무조건으로 주식선택권 3,000개를 부여하였다. 주식선택권 1개로 보통주 1주의 취득(행사가격 ₩340)이 가능하며, 20×1년 초 기준으로 잔여가득기간에 인식할 총보상원가는 1개당 ₩140이다. 당기 중 주식보상비용으로 인식한 금액은 ₩140,000이다.
6. ㈜대한의 20×1년도 계속영업손익은 ₩1,000,000 당기순이익은 ₩500,000이며, 법인세율은 20%이다. 20×1년 보통주 1주당 평균 주가는 ₩900이다.
7. ㈜대한은 가중평균 유통보통주식수 산정 시 월할계산한다.

(물음 1) ㈜대한의 20×1년도 기본주당이익을 계산하기 위한 ① 보통주 귀속 당기순이익과 ② 가중평균 유통보통주식수를 계산하시오.

보통주 귀속 당기순이익	①
가중평균 유통보통주식수	②

(물음 2) 다음은 ㈜대한의 20×1년도 희석주당이익을 계산하기 위하여 전환우선주 및 주식선택권의 희석효과를 분석하는 표이다. 당기순이익 조정금액(분자요소)과 조정주식수(분모요소)를 각각 계산하시오.

구분	당기순이익 조정금액	조정주식수
전환우선주	①	②
주식선택권	③	④

(물음 3) ㈜대한의 희석주당순이익은 얼마인지 계산하시오. 단, 희석주당이익 계산 시 소수점 아래 둘째자리에서 반올림하여 계산하시오(예 4.57은 4.6으로 계산).

희석주당순이익	①

해설 및 해답 희석효과의 검토 (2021년 회계사 수정)

(물음 1) 기본주당이익

보통주 귀속 당기순이익	① ₩451,000
가중평균 유통보통주식수	② 5,490주

① 보통주당기순이익 : ₩500,000－(1,000주－300주)×1,000×7%=₩451,000

② 가중평균유통보통주식수

		5/1	7/1		
사건	기초주식	전환우선주	자기주식취득	자기주식소각	
주식수	5,000	360	(500)	–	
주식배당	(1+10%)				
월수	12	8	6		
적수	66,000	2,880	(3,000)	–	÷ 12=5,490주

(물음 2) 잠재적 보통주

구분	당기순이익 조정금액	조정주식수
전환우선주	① ₩49,000	② 960주
주식선택권	③ ₩112,000	④ 1,400주

1. 전환우선주의 주당이익

① 잠재적보통주식수

㉠ 총 잠재적보통주식수 : 1,000주×1.2주=1,200주

㉡ 적수계산

행사분(30%) (1/1~4/30)	1,200주×30%×4/12=	120주
미행사분(70%) (1/1~12/31)	1,200주×70%×12/12=	840주
		960주

② 잠재적보통주의 이익(전환우선주 미전환분 배당금) : (1,000주－300주)×1,000×7%=₩49,000

2. 주식선택권의 주당이익

① 잠재적보통주식수 : 3,000주－[3,000주×340(행사가격)＋3,000주×140(20×1년초 기준 잔여가득기간에 인식할 보상원가)]/900(평균주가)＝1,400주

② 잠재적보통주의 이익(주식보상비용) : ₩140,000×(1－20%)＝₩112,000

(물음 3) 희석주당순이익

희석주당이익	① ₩78.0/주

① 보통주 계속영업이익 : ₩1,000,000－(1,000주－300주)×1,000×7%＝₩951,000
(희석효과는 계속영업이익을 기준으로 판단한다.)

② 희석주당계속영업이익

구분	보통주	전환우선주	주식선택권
① 계속영업이익	₩951,000	₩49,000	₩112,000
② 주식수	5,490주	960주	1,400주
③ 주당이익	₩173.2/주	₩51.0/주	₩80/주
누적주당이익	₩173.2/주	₩155.0/주	**₩141.7/주**
희석효과	○	○	

③ 희석주당순이익 : (₩451,000＋49,000＋112,000)÷(5,490주＋960주＋1,400주)＝₩78.0/주
(계속영업이익을 통해 희석효과가 있는 잠재적보통주까지 모두 고려하여 희석주당순이익을 계산한다.)

문제 4

※ 다음의 각 물음은 독립적이다.

㈜대한의 다음 〈공통자료〉를 이용하여 각 물음에 답하시오.

〈 공통자료 〉

1. 20×2년 1월 1일 유통주식수는 다음과 같다.

(단위: ₩)

구분	주식수	1주당 액면금액
보통주	18,000주	1,000
우선주A (비누적적, 비참가적)	2,000주	1,000
우선주B (누적적, 비참가적)	1,000주	1,000

2. 20×2년 3월 1일 보통주에 대해 주주우선배정 신주발행을 실시하여 2,400주가 증가하였다. 유상증자 시 1주당 발행가액은 ₩2,000이고, 유상증자 직전 보통주 1주당 공정가치는 ₩2,400이다. 20×2년 보통주 1주당 평균시가는 ₩4,000이다.
3. 20×2년 9월 1일에 자기주식 1,000주를 1주당 ₩2,500에 취득하였으며, 이 중 600주를 20×2년 11월 1일에 1주당 ₩2,800에 재발행하였다.
4. 20×2년 12월 1일 공개매수 방식으로 우선주A 전부를 재매입하였으며, 우선주A 주주에게 공정가치인 1주당 ₩2,000을 지급하였다. 재매입일의 우선주A의 1주당 장부금액은 ₩1,600이다.
5. 우선주B에 대해 전기에 지급하지 못한 배당금과 당기 배당금을 모두 지급하기로 당기 중에 결의하였다. 우선주B의 배당률은 매년 연 10%이다.
6. ㈜대한의 20×2년도 당기순이익은 ₩5,000,000이며, 법인세율은 10%로 매년 동일하다.
7. 가중평균 유통보통주식수 및 이자 계산 시에는 월할계산하며, 계산과정에서 발생하는 소수점은 소수점 아래 첫째자리에서 반올림한다.

기간	단일금액 ₩1의 현가계수		정상연금 ₩1의 현가계수	
	5%	6%	5%	6%
1	0.9524	0.9434	0.9524	0.9434
2	0.9070	0.8900	1.8594	1.8334
3	0.8638	0.8396	2.7232	2.6730

(물음 1) ㈜대한의 20×2년도 기본주당이익을 계산하기 위한 보통주 귀속 당기순이익과 가중평균 유통보통주식수를 각각 계산하시오.

보통주 귀속 당기순이익	①
가중평균 유통보통주식수	②

(물음 2) 상기 〈공통자료〉와 다음 〈추가자료 1〉을 이용하여 각 〈요구사항〉에 답하시오. 단, 〈요구사항〉은 독립적이다.

〈 추가자료 1 〉

㈜대한은 20×1년 1월 1일 복합금융상품(상환할증금 지급조건의 비분리형 신주인수권부사채)을 액면발행 하였으며, 발행조건은 다음과 같다.

- 액면금액 : ₩10,000,000
- 만기상환일 : 20×3년 12월 31일
- 표시이자율 : 연 3%
- 이자지급일 : 매년 12월 31일(연 1회)
- 보장수익률 : 연 5%
- 사채발행일 현재 동일 조건의 신주인수권이 없는 일반사채 시장수익률 : 연 6%
- 신주인수권 행사가격 : 사채액면 ₩2,000당 1주의 보통주
- 보통주 액면금액 : 1주당 ₩1,000
- 20×2년 보통주 평균 시가 : 1주당 ₩4,000

〈 요구사항 1 〉 다음은 ㈜대한의 20×2년도 희석주당이익을 계산하기 위하여 신주인수권의 희석효과를 분석하는 표이다. 20×2년 1월 1일에 상기 복합금융상품 중 30%의 신주인수권이 행사되어 보통주가 발행되었다고 할 때, 당기순이익 조정금액(분자요소)과 조정주식수(분모요소)를 각각 계산하시오.

구분	당기순이익 조정금액	조정주식수
신주인수권	①	②

〈 요구사항 2 〉 20×2년 3월 1일에 상기 복합금융상품 중 30%의 신주인수권이 행사되어 보통주가 발행되었다고 가정하는 경우, ㈜대한의 20×2년도 희석주당이익을 계산하기 위한 조정주식수(분모요소)를 계산하시오.

구분	조정주식수
신주인수권	①

(물음 3) 상기 〈공통자료〉와 다음 〈추가자료 2〉를 이용하여 각 〈요구사항〉에 답하시오. 단, 〈요구사항〉은 독립적이다.

〈 추가자료 2 〉

㈜대한은 20×1년 1월 1일 결제 선택권(주식결제 또는 현금결제)이 존재하는 복합금융상품(상환할증금 미지급조건의 전환사채)을 액면발행 하였으며, 발행조건은 다음과 같다.

- 액면금액 : ₩10,000,000
- 만기상환일 : 20×3년 12월 31일
- 표시이자율 : 연 3%
- 이자지급일 : 매년 12월 31일(연 1회)
- 사채발행일 현재 동일 조건의 전환권이 없는 일반사채 시장수익률 : 연 6%
- 보통주 액면금액 : 1주당 ₩1,000
- 결제 선택권 : 발행자인 ㈜대한의 선택에 의하여 사채액면 ₩2,000당 1주의 보통주로 전환하거나 액면금액의 110%에 해당하는 현금으로 결제 가능

〈 요구사항 1 〉 다음은 ㈜대한의 20×2년도 희석주당이익을 계산하기 위하여 전환권의 희석효과를 분석하는 표이다. 20×2년 1월 1일에 상기 복합금융상품 중 30%의 전환권이 행사되어 결제되었다고 할 때, 당기순이익 조정금액(분자요소)과 조정주식수(분모요소)를 각각 계산하시오. 단, 전환간주일은 고려하지 않는다.

구분	당기순이익 조정금액	조정주식수
전환권	①	②

〈 요구사항 2 〉 상기 복합금융상품의 결제 선택권(주식결제 또는 현금결제)을 발행자인 ㈜대한이 아닌 보유자가 가지고 있다고 가정하는 경우, 희석주당이익의 계산 방법을 간략히 서술하시오.

해설 및 해답 주당이익, 복합금융상품 (2023년 회계사)

(물음 1) 기본주당이익

보통주 귀속 당기순이익	① ₩4,100,000
가중평균 유통보통주식수	② 19,827주

① 보통주당기순이익

당기순이익		₩5,000,000
우선주 A 초과매입대가	(₩1,600－2,000)×2,000주＝	(800,000)
누적적 우선주 B 배당금	1,000주×1,000×10%＝	(100,000)
		₩4,100,000

② 가중평균유통보통주식수

1/1	3/1	9/1	11/1		
기초 18,000주	유상증자 ~~2,400주~~[1)] **2,000**	자기주식 (1,000주)	재발행 600주		
×(1＋2%)[2)]	×(1＋2%)[2)]				
×12	×10	×4	×2	/12＝	19,827주

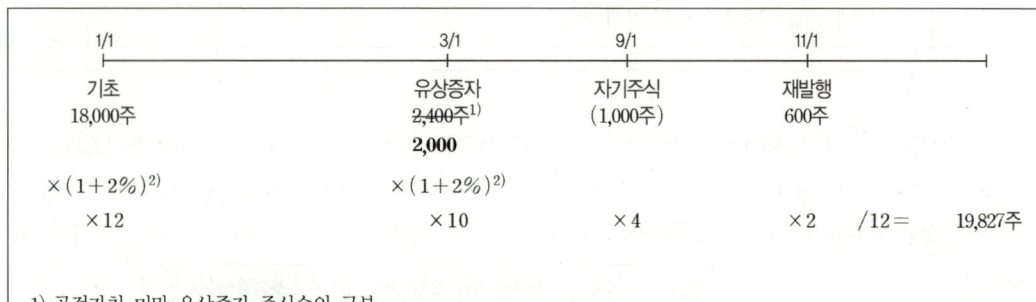

1) 공정가치 미만 유상증자 주식수의 구분

실제 유상증자	2,400주×2,000＝4,800,000
공정가치 유상증자	**2,000주**×2,400＝4,800,000
무상증자	400주

2) 무상증자 비율 : 400주 / (18,000＋2,000)＝2%

(물음 2) 신주인수권부사채

< 요구사항 1 >

구분	당기순이익 조정액	조정주식수
신주인수권	① 21,211	② 1,750주

1. 신주인수권부사채의 발행과 상각

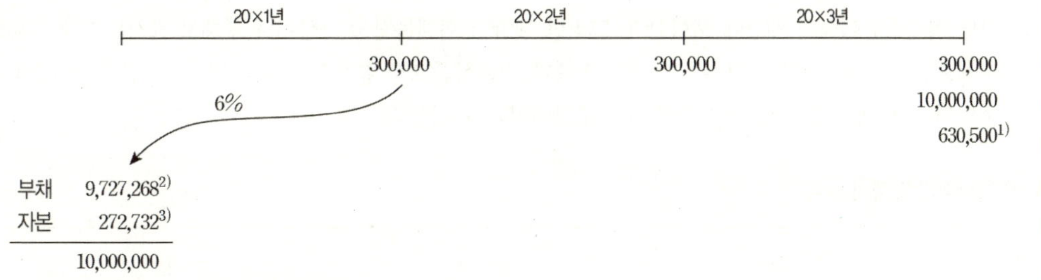

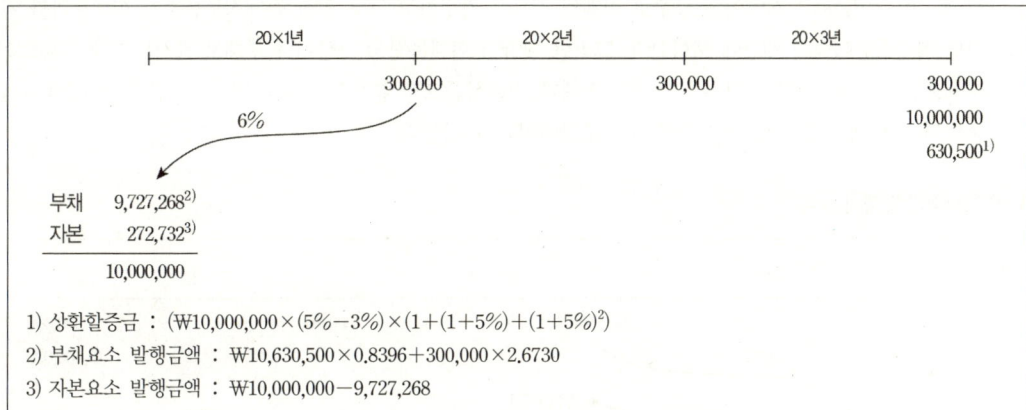

1) 상환할증금 : (₩10,000,000×(5%−3%)×(1+(1+5%)+(1+5%)^2)
2) 부채요소 발행금액 : ₩10,630,500×0.8396+300,000×2.6730
3) 자본요소 발행금액 : ₩10,000,000−9,727,268

2. 답안의 계산

① 당기순이익 조정금액 : ₩630,500(상환할증금)×0.8900×70%×6%×(1−10%)=₩21,211(미행사된 상환할증금 해당분 이자비용)

② 조정주식수

㉠ 총주식수

발행주식수	₩10,000,000÷2,000=	5,000주
자기주식법	5,000주×2,000÷4,000(평균시가)=	(2,500주)
		2,500주

㉡ 적수

행사분	2,500주×30%×0/12=	0주
미행사분	2,500주×70%×12/12=	1,750주
		1,750주

< 요구사항 2 >

① 조정주식수

행사분	2,500주×30%×2/12=	125주
미행사분	2,500주×70%×12/12=	1,750주
		1,875주

(물음 3) 전환사채

〈요구사항 1〉

구분	당기순이익 조정액	조정주식수
전환권	① 357,201	② 3,500주

• 보통주나 현금으로 결제할 수 있는 계약에서 기업의 선택에 따라 보통주나 현금으로 결제할 수 있는 계약을 한 경우에 기업은 그 계약이 보통주로 결제될 것으로 가정하고 그로 인한 잠재적보통주가 희석효과를 가진다면 희석주당이익의 계산에 포함한다. 그러한 계약이 회계목적상 자산이나 부채로 표시되거나 자본요소와 부채요소를 모두 가지는 경우, 그 계약 전체가 지분상품으로 분류되어 왔다면 그 기간 동안 발생하였을 손익의 변동액을 분자에 반영하여 희석주당이익을 계산한다.

1. 전환사채의 발행과 상각

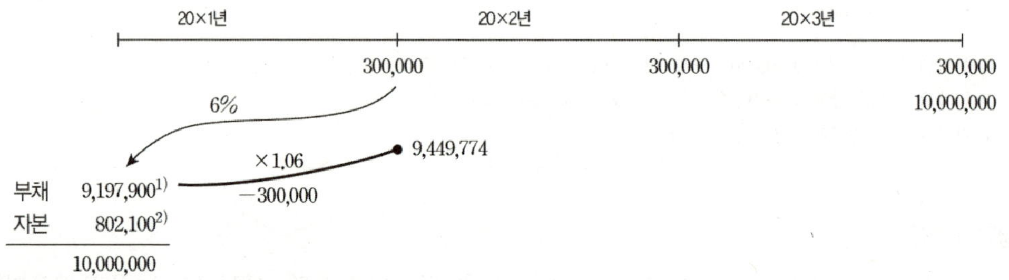

1) 부채요소 발행금액 : ₩10,000,000×0.8396+300,000×2.6730

2) 자본요소 발행금액 : ₩10,000,000−9,197,900

2. 답안의 계산

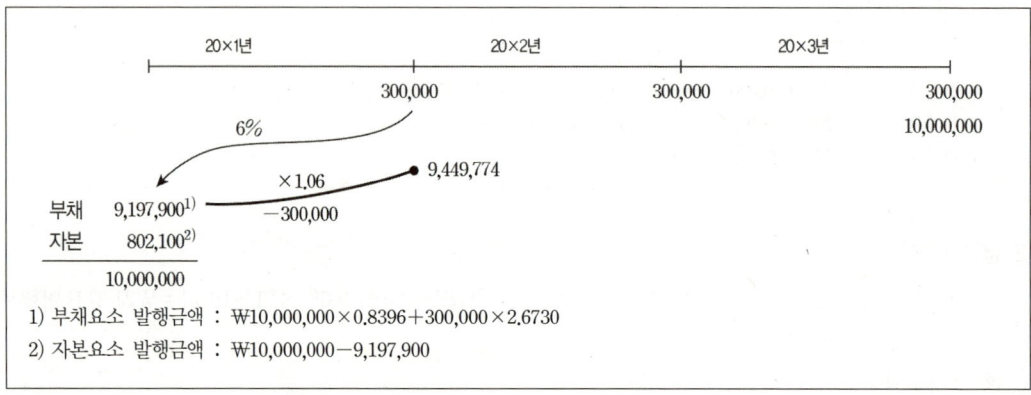

① 당기순이익 조정금액 : ₩9,449,774(20×2년 초 부채 장부금액)×70%(미행사비율)×6%×(1−10%)=₩357,201

② 조정주식수

㉠ 총주식수 : ₩10,000,000/2,000=5,000주

㉡ 적수

행사분	5,000주×30%×0/12=	0주
미행사분	5,000주×70%×12/12=	3,500주
		3,500주

〈요구사항 2〉

• 보유자의 선택에 따라 보통주나 현금으로 결제하게 되는 계약의 경우에는 주식결제와 현금결제 중 희석효과가 더 큰 방법으로 결제된다고 가정하여 희석주당이익을 계산한다.

문제 5 저유

다음에 제시되는 물음은 각각 독립된 상황이다.

(물음 1) 아래의 자료를 통해 물음에 답하시오.

1. ㈜대한은 20×0년 4월 1일에 고위임원 10명에게 20×1년 3월 31일까지 근무할 것을 조건으로 주식선택권 100개씩 부여하였다. 주식선택권의 행사가격은 250원이다. 그러나 가득종료시점에 시장점유율이 20%를 초과하면 행사가격은 200원으로 인하된다.

2. 성과조건의 달성여부 예측치와 주식선택권의 행사가격 당 일자별 공정가치는 다음과 같다. 20×1년 3월 31일에 최종적으로 성과는 달성되었으며, 임원들은 행사가격이 ₩200인 주식선택권을 부여받았다.

구분	부여일	20×0년 12월 31일	20×1년 3월 31일
시장점유율	18% (예상)	15% (예상)	21% (실제)
주식선택권 공정가치 (행사가격=₩250)	₩80	₩73	₩91
주식선택권 공정가치 (행사가격=₩200)	100	85	110

3. 최종 가득일까지 퇴사한 인원은 없으며, 부여된 주식선택권은 모두 가득되었다.

4. 20×1년 7월 1일 4명의 고위임원이 주식선택권을 행사하여 보통주 400주가 발행되었다.

5. 20×1년도 ㈜대한의 주식 평균가격은 ₩400이며, 20×1년 1월 1일 현재 잔여가득기간에 유입될 용역의 공정가치는 잔여 기간에 인식할 총 보상원가와 일치한다.

6. 주식선택권 이외에 잠재적보통주는 존재하지 않는다. 가중평균은 월할계산하며, 주당이익은 소수점 이하 셋째 자리에서 반올림한다(예 ₩2.456 → ₩2.46).

7. ㈜대한의 20×1년 초 현재 유통보통주식수는 1,000주이며, 20×1년 당기순이익은 ₩252,000이다. 20×1년에 적용되는 법인세율은 20%이다.

상기자료를 통해 ㈜대한의 20×1년 희석주당순이익을 계산하시오.

(물음 2) 12월 말 결산법인인 ㈜개신의 20×1년 초 유통보통주식수는 3,000,000주이다.

20×0년에 자산 매입거래의 대가로 전환우선주 4,000,000주가 발행되었다. 전환우선주 1주에 대한 배당금은 ₩1으로 기말 현재 유통되고 있는 전환우선주에 대해서 지급하며, 우선주 1주는 보통주 1주로 전환할 수 있다. 20×1년 7월 1일에 2,000,000주의 전환우선주가 보통주로 전환되었다.

조건부발행보통주와 당기순이익에 대한 자료는 다음과 같다.

1. ㈜개신은 새로 개점하는 영업점 1개당 보통주 120,000주를 발행하며, 당기순이익이 ₩20,000,000을 초과하는 경우 매 초과액 ₩10,000에 대하여 보통주 100주를 추가로 발행하기로 하였다. 20×1년 7월 1일에 10개, 20×2년 7월 1일에 10개의 영업점을 각각 개점하였다.
2. ㈜개신의 20×1년도 당기순이익은 ₩11,200,000이고, 20×2년도 당기순이익은 ₩88,000,000이다.

㈜개신은 20×1년도와 20×2년도의 당기순이익에 대해 배당을 결의하였으며, 우선주는 비참가적이라고 가정하고, ①부터 ④까지를 계산하시오. 단, 가중평균은 월할계산하며, 주당이익은 소수점 이하 셋 째 자리에서 반올림한다(예 ₩2.456 → ₩2.46).

구 분	20×1년도	20×2년도
기본주당이익	①	③
희석주당이익	②	④

(물음 3) 기업이 자신의 보통주에 기초한 옵션(풋옵션이나 콜옵션)을 매입하여 보유하는 경우 희석주당이익의 계산에 포함하는지 여부를 밝히고 그 이유를 간략히 서술하시오.

해설 및 해답 주식선택권과 조건부주식

(물음 1) 희석주당이익의 계산(주식선택권)

• 성과조건이 부과된 종업원 주식선택권은 시간의 경과 외에 특정 조건이 충족되는 경우에 발행되므로 조건부발행보통주로 취급한다(K-IFRS 1033호 문단 48).

1. 주식선택권의 가득

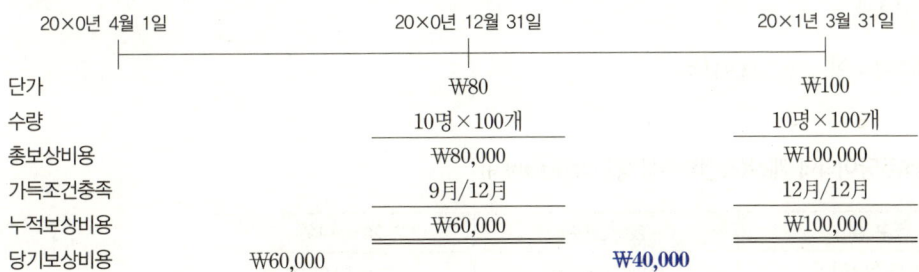

	20×0년 4월 1일	20×0년 12월 31일		20×1년 3월 31일
단가		₩80		₩100
수량		10명×100개		10명×100개
총보상비용		₩80,000		₩100,000
가득조건충족		9月/12月		12月/12月
누적보상비용		₩60,000		₩100,000
당기보상비용	₩60,000		**₩40,000**	

2. 기본주당이익

① 가중평균유통보통주식수의 계산

1/1 기초주식	1,000주×12/12=	1,000주
7/1 주식선택권 행사	1,000개×40%×6/12=	200주
		1,200주

② 기본주당이익 : ₩252,000÷1,200주=₩210/주

3. 주식선택권의 주당이익

① 잠재적보통주식수

㉠ 총 잠재적보통주식수 : 1,000주－[1,000주×200(행사가격)＋40,000(잔여가득기간에 유입될 용역의 공정가치)]÷400(평균시장가격)=400주

㉡ 적수계산

행사분(40%) (1/1~6/30)	400주×40%×6/12=	80주
미행사분(60%) (1/1~12/31)	400주×60%×12/12=	240주
		320주

② 잠재적보통주의 이익(주식보상비용) : ₩40,000×(1－20%)=₩32,000

③ 주식선택권의 주당이익 : ₩32,000÷320주=₩100/주

4. 희석주당이익의 계산

구분	보통주	주식선택권
① 이익	₩252,000	₩32,000
② 주식수	1,200주	320주
③ 주당이익	₩210/주	₩100/주

누적주당이익	₩210/주	**₩186.84/주**
희석효과		○

∴ 희석주당이익 : ₩186.84/주

(물음 2) 희석주당이익의 계산(조건부주식 등) (2011년 회계사)

구 분	20×1년도	20×2년도
기본주당이익	① ₩2.00/주	③ ₩12.65/주
희석주당이익	② ₩1.37/주	④ ₩ 8.73/주

1. 20×1년 기본주당이익의 계산

① 가중평균유통보통주식수

		7/1	7/1	
사건	기초주식	전환우선주 행사	조건부주식	
주식수	3,000,000	2,000,000	1,200,000*	
월수	12	6	6	
적수	36,000,000	12,0000,000	7,200,000	÷12=4,600,000주

* 영업점조건 충족 : 120,000주×10개

② 보통주 당기순이익의 계산

당기순이익		₩11,200,000
전환우선주 배당금	2,000,000주(미전환분 전환우선주)×₩1=	(2,000,000)
		₩9,200,000

③ 기본주당이익 : ₩9,200,000÷4,600,000주=**₩2.00/주**

2. 20×1년 희석주당이익의 계산

① 전환우선주의 주당이익

㉠ 잠재적 보통주식수

ⓐ 총 잠재적보통주식수 : 4,000,000주

ⓑ 적수계산

행사분(50%) (1/1~6/30)	4,000,000주×50%×6/12=	1,000,000주
미행사분(50%) (1/1~12/31)	4,000,000주×50%×12/12=	2,000,000주
		3,000,000주

㉡ 잠재적보통주의 이익 : ₩2,000,000(전환우선주 미전환분 배당금)

㉢ 전환우선주의 주당이익 : ₩2,000,000÷3,000,000주=₩0.67/주

② 조건부주식의 주당이익

㉠ 잠재적 보통주식수 : ₩1,200,000주×6/12=600,000주 (20×1년 7월 1일 발행분(1/1~6/30))

㉡ 잠재적보통주의 이익 : 없음

㉢ 조건부주식의 주당이익 : ₩0÷600,000주=₩0/주

③ 희석주당이익의 계산

구분	보통주	조건부주식	전환우선주
① 이익	₩9,200,000	₩0	₩2,000,000
② 주식수	4,600,000주	600,000주	3,000,000주
③ 주당이익	₩2.00/주	₩0/주	₩0.67/주
누적주당이익	₩2.00/주	₩1.77/주	**₩1.37/주**
희석효과		○	○

3. 20×2년 기본주당이익의 계산

① 가중평균유통보통주식수

		7/1	12/31	
사건	기초주식	조건부주식	조건부주식	
주식수	6,200,000	1,200,000[1)]	680,000[2)]	
월수	12	6	0	
적수	36,000,000	7,200,000	0	÷ 12=6,800,000주

1) 영업점조건 충족 : 120,000주×10개

2) 당기순이익조건 충족 : (₩88,000,000−20,000,000)÷₩10,000×100주

② 보통주 당기순이익의 계산

당기순이익		₩88,000,000
전환우선주 배당금	2,000,000주(미전환분 전환우선주)×₩1=	(2,000,000)
		₩86,000,000

③ 기본주당이익 : ₩86,000,000÷6,800,000주=**₩12.65/주**

4. 20×2년 희석주당이익의 계산

① 전환우선주의 주당이익

㉠ 잠재적 보통주식수 : 2,000,000주(미행사분 1/1～12/31)

㉡ 잠재적보통주의 이익 : ₩2,000,000(전환우선주 미전환분 배당금)

㉢ 전환우선주의 주당이익 : ₩2,000,000÷2,000,000주=₩1/주

② 조건부주식의 주당이익

㉠ 잠재적 보통주식수 : ₩1,200,000주×6/12=600,000주 (20×1년 7월 1일 발행분(1/1～6/30))

영업점조건 (1/1～6/30)	1,200,000주×6/12=	600,000주
순이익조건 (1/1～12/31)	680,000주×12/12=	680,000주
		1,280,000주

㉡ 잠재적보통주의 이익 : 없음

㉢ 조건부주식의 주당이익 : ₩0÷1,280,000주=₩0/주

③ 희석주당이익의 계산

구분	보통주	조건부주식	전환우선주
① 이익	₩86,000,000	₩0	₩2,000,000
② 주식수	6,800,000주	1,280,000주	2,000,000주
③ 주당이익	₩12.65/주	₩0/주	₩1/주

누적주당이익	₩12.65/주	₩10.64/주	₩8.73/주
희석효과	○	○	

(물음 3)

• 기업이 자신의 보통주에 기초한 옵션(풋옵션이나 콜옵션)을 매입하여 보유하는 경우에는 반희석효과가 있으므로 희석주당이익의 계산에 포함하지 아니한다. 왜냐하면 일반적으로 풋옵션은 행사가격이 시장가격보다 높을 경우에만 행사되고, 콜옵션은 행사가격이 시장가격보다 낮을 경우에만 행사된다(K-IFRS 1033호 문단 62). 따라서 풋옵션(콜옵션)의 행사로 인해 유입(지출)된 현금을 고려한다면, 행사시 유통되는 주식수보다 회수되는 주식수가 더 많으므로 언제나 반희석 효과가 있다.

문제 6

다음은 ㈜대한의 20×2년 1월 1일의 〈부분 재무상태표〉이다.

〈부분 재무상태표〉

자본금		₩8,000,000
1. 보통주자본금	₩6,000,000	
2. 우선주자본금	2,000,000	
자본잉여금		30,500,000
1. 주식발행초과금	30,000,000	
2. 감자차익	500,000	
자본조정		(1,000,000)
1. 자기주식(보통주)	(1,000,000)	
기타포괄손익누계액		2,000,000
1. 재평가잉여금	2,000,000	
이익잉여금		11,000,000
1. 이익준비금	5,000,000	
2. 미처분이익잉여금	6,000,000	
자본총계		₩50,500,000

다음의 〈자료〉를 이용하여 각 물음에 답하며, 각 물음은 독립적이다.

〈자 료〉

1. ㈜대한은 20×1년 1월 1일에 설립되었으며, ㈜대한의 보통주와 우선주는 설립과 동시에 발행되었다.
2. ㈜대한의 20×2년 1월 1일 현재 발행된 보통주는 12,000주이며, 주당 발행금액은 ₩2,000이고, 주당 액면금액은 ₩500이다. ㈜대한의 20×2년 1월 1일 현재 발행된 우선주는 1,000주이며, 주당 액면금액은 ₩2,000이다.
3. 우선주는 누적적, 비참가적 우선주 한 종류만 발행되었으며, 배당률은 연 6%이다.
4. ㈜대한이 20×2년 1월 1일 현재 보유하고 있는 자기주식의 수량은 500주이다. 자기주식의 취득은 원가법으로 처리하며, 자기주식의 처분 시 단가산정은 가중평균법에 의한다.
5. ㈜대한은 자본금을 확충하기 위하여 20×2년 2월 1일에 주식발행초과금을 재원으로 하여 현재 유통중인 보통주를 대상으로 15%의 무상증자를 실시하였다.
6. ㈜대한은 20×1년 경영성과에 대해서 20×2년 2월 15일 주주총회에서 현금배당(₩1,000,000)을 원안대로 승인하고 이를 지급하였다.
7. ㈜대한은 경영전략 상의 계획에 의하여 20×2년 3월 1일에 보통주 1,200주를 발행하고 그 대가로 공정가치가 ₩1,000,000인 토지를 취득하였다. 단, 현물출자로 인한 자산의 취득원가는 해당 자산의 공정가치로 한다.

8. ㈜대한은 보유하고 있는 자기주식 중 100주를 20×2년 7월 1일에 주당 ₩2,500에 재발행하였으며, 20×2년 10월 1일에 200주를 소각하였다.

9. ㈜대한은 20×2년 중에 중간배당(현금배당) ₩500,000을 지급하였으며 20×2년 기말에 결산배당으로 ₩700,000(현금배당 ₩500,000과 주식배당 ₩200,000)을 책정하였다. ㈜대한의 주주총회 예정일은 20×3년 2월 15일이다.

10. ㈜대한의 20×2년 당기순이익은 ₩2,000,000이다.

(물음 1) ㈜대한의 20×2년 말 재무상태표에 표시되는 자본금, 자본잉여금, 자본조정 그리고 이익잉여금의 금액을 각각 계산하시오. 단, 음의 값은 (−)를 숫자 앞에 표시하시오.

항 목	금 액
자본금	①
자본잉여금	②
자본조정	③
이익잉여금	④

(물음 2) ㈜대한의 20×2년의 ① 가중평균유통보통주식수, ② 기본주당순이익을 각각 계산하시오. 단, 주식수는 월할 기준으로 계산한다. 답안 작성 시 원 이하는 반올림한다.

(물음 3) ㈜대한의 20×2년 기말 총자산이익률이 2%일 때 20×2년 말의 부채비율을 계산하시오. 단, 총자산이익률은 [(당기순이익/기말 자산)×100], 부채비율은 [(기말 부채/기말 자본)×100]을 사용하며, 계산 결과(%)는 소수점 첫째자리에서 반올림한다.

해설 및 해답 종합문제 (2019년 회계사)

(물음 1)

1. 기중거래의 회계처리

20×2년 2월 1일	(차) 주식발행초과금	862,500[1]	(대) 자본금	862,500
	1) 11,500주×15%×@500(주당액면금액)			
20×2년 2월 15일	(차) 이익잉여금	1,000,000	(대) 현금	1,000,000
20×2년 3월 1일	(차) 토지	1,000,000	(대) 자본금	@500×1,200주
			주식발행초과금	400,000
20×2년 7월 1일	(차) 현금	@2,500×100주	(대) 자기주식	@2,000×100주
			자기주식처분이익	50,000
20×2년 10월 1일	(차) 자본금	@500×200주	(대) 자기주식	@2,000×200주
	감자차익	300,000[1]		
20×2년 중	(차) 이익잉여금	500,000	(대) 현금	500,000
20×2년 12월 31일	(차) 집합손익	2,000,000	(대) 이익잉여금	2,000,000
	1) 장부상의 감자차익 우선상계			

2. 각 금액별 계산

① 자본금 : ₩8,000,000+862,500+600,000−100,000(자기주식소각)=₩9,362,500

② 자본잉여금 : ₩30,500,000−862,500+400,000+50,000(자기주식처분이익)−300,000(자기주식소각)
=₩29,787,500

③ 자본조정 : (−)₩1,000,000(자기주식)+200,000+400,000=(−)₩400,000

④ 이익잉여금 : ₩11,000,000−1,000,000−500,000+2,000,000=₩11,500,000

(물음 2)

1. 가중평균유통보통주식수의 계산

사건	기초주식	현물출자 (3/1)	자기주식처분 (7/1)	자기주식소각 (10/1)	
주식수	11,500	1,200	100	n/a[1]	
무상증자	× 1.15				
월수	12	10	6		
적수	158,700	12,000	600		÷12=14,275주

1) 자기주식을 소각하여도 유통주식수에서 제외되었던 자기주식이 사라지는 것이므로 유통주식에는 영향이 없음

2. 보통주 당기순이익의 계산

당기순이익		₩2,000,000
누적적우선주 배당금	1,000주(기말 유통 우선주식수)×@2,000×6%=	(120,000)
		₩1,880,000

3. 기본주당이익 : ₩1,880,000÷14,275주=₩132/주

(물음 3)

1. 총자산이익률 : ₩2,000,000÷총자산=2%
   ∴ 총자산 ₩100,000,000

2. 자본 : ₩9,362,500(자본금)+29,787,500(자본잉여금)−400,000(자본조정)+11,500,000(이익잉여금)
   +2,000,000(기타포괄손익누계액)=₩52,250,000

3. 부채 : ₩100,000,000(자산)−52,250,000(자본)=₩47,750,000

4. 부채비율 : ₩47,750,000÷52,250,000=91%

문제 7 세무

㈜세무의 20×0년 말 재무상태표에서 확인한 자본계정은 다음과 같다. 물음에 답하시오.

〈자 본〉

I. 자본금*		
1. 보통주자본금	₩50,000,000	(총 10,000주)
2. 우선주자본금**	₩50,000,000	(총 10,000주)
II. 자본잉여금		
1. 주식발행초과금	₩70,000,000	
2. 감자차익	₩6,000,000	
3. 자기주식처분이익	₩2,000,000	
III. 이익잉여금		
1. 이익준비금	₩10,000,000	
2. 이월이익잉여금	₩12,000,000	
자본총계	₩200,000,000	

* 보통주와 우선주의 1주당 액면가액은 동일하며, 20×1년에 배당결의와 배당금지급은 없었다.

** 우선주는 20×0년 1월 1일 발행된 전환우선주로, 전환우선주 1주를 보통주 1주로 전환할 수 있고, 누적적, 비참가적 우선주이며 액면금액을 기준으로 연 배당률은 6%이다. 해당 우선주는 최초 발행 이후 추가로 발행되거나 전환되지 않았다.

(물음 1) ㈜세무는 20×1년 1월 1일 다음 조건의 신주인수권부사채를 액면금액(₩1,000,000)으로 발행하였다. 신주인수권부사채의 만기는 3년(만기일 : 20×3년 12월 31일)이고 표시이자율은 연 5%이며, 이자는 매 연도말 지급한다.

- 행사비율 : 사채권면액의 100%
- 행사금액 : 사채액면금액 ₩1,000당 현금 ₩10,000을 납입하고 보통주 1주(액면가액 : ₩5,000)를 인수할 수 있음
- 행사기간 : 발행일 이후 1개월이 경과한 날로부터 상환기일 30일 전까지 행사가능
- 원금상환방법 : 만기에 액면금액의 100%를 상환함. 신주인수권이 행사되지 않더라도 상환할증금은 지급하지 않음

(단, 신주인수권부사채 발행시점 (20×1년 1월 1일)에 신주인수권은 없으나 다른 조건은 모두 동일한 일반사채의 시장이자율은 연 10%이다. 현재가치 계산 시 아래의 현가계수를 이용하며, 금액은 소수점 첫째자리에서 반올림하여 계산한다. (예 ₩5,555.55… ⇨ ₩5,556)

연간이자율 및 기간	단일금액 ₩1의 현가계수	정상연금 ₩1의 현가계수
5%, 3기간	0.86384	2.72325
10%, 3기간	0.75131	2.48685

(1) 20×1년 1월 1일 신주인수권부사채를 발행한 시점에 동 신주인수권부사채와 관련하여 ㈜세무의 자산과 부채 및 자본이 얼마만큼 변동했는지 금액을 각각 계산하시오. (단, 각 항목이 감소했으면 금액 앞에 (−) 표시를 하고 변동이 없으면 0으로 표시하시오.)

구분	20×1년 1월 1일 변동한 금액
자산	①
부채	②
자본	③

(2) ㈜세무가 신주인수권부사채와 관련하여 20×1년 포괄손익계산서에 인식할 이자비용을 계산하시오.

(물음 2) ㈜세무의 20×1년 자본변동과 관련한 사항은 다음과 같다.

- 1월 1일 : ㈜세무는 (물음 1)의 조건대로 신주인수권부사채를 발행하였다.
- 1월 1일 : ㈜세무는 최고경영자인 나세무씨에게 주식선택권 10,000개(개당 행사가격 ₩14,000)를 부여하고 3년간 용역제공조건을 부여하였다. 용역제공조건 기간이 종료한 후 나세무씨는 주식선택권 1개당 보통주 1주로 행사가능하며, 주식선택권의 단위당 공정가치는 ₩1,800이다. ㈜세무는 나세무씨가 해당 주식선택권을 가득할 것으로 기대한다.
- 7월 1일 : ㈜세무는 보통주 5,000주 유상증자를 실시하였다. 납입금액은 주당 ₩11,000이고 유상증자 직전 보통주의 공정가치는 ₩22,000이다.
- 9월 1일 : ㈜세무는 자기주식(보통주)을 주당 ₩8,000에 3,000주 취득하였다.
- 10월 1일 : ㈜세무는 자기주식(보통주)을 주당 ₩6,000에 1,200주 처분하였다.
- 11월 1일 : ㈜세무는 자기주식(보통주)을 주당 ₩15,000에 900주 처분하였다.
- 12월 31일 : ㈜세무는 작년(20×0년 4월 1일 취득)에 구입한 토지(취득가액 : ₩10,000,000)를 취득시점에 유형자산으로 분류했으며, 변경사항은 없다. 토지의 측정방법은 취득시점부터 재평가모형을 적용하고 있다. 20×0년 12월 31일 동 토지의 공정가치는 ₩8,000,000이며, 20×1년 12월 31일 공정가치는 ₩15,000,000이다.
- 12월 31일 : ㈜세무가 20×1년도에 보고한 당기순이익*은 ₩54,800,000이다.

* 해당 당기순이익은 20×1년 발생한 ㈜세무의 모든 당기손익을 반영한 금액임

(1) ㈜세무는 자기주식 회계처리에 대해 원가법을 적용하고 있으며, 자기주식처분이익과 자기주식처분손실은 우선적으로 서로 상계처리한다. 20×1년 10월 1일 ㈜세무가 자기주식 처분과 관련하여 수행해야 할 회계처리를 제시하시오.

(차변) ①	(대변) ②

(2) ㈜세무가 20×1년 1월 1일 발행한 주식선택권과 관련하여 20×1년 말에 수행해야 할 회계처리를 제시하시오.

(차변) ①	(대변) ②

(3) ㈜세무는 신주인수권부사채 발행과 관련하여 발생한 자본요소를 자본잉여금으로 분류하며, 자기주식과 주식선택권은 자본조정으로 분류한다. ㈜세무가 20×1년 말 재무상태표에 보고할 다음의 각 항목을 계산하시오. (단, 각 항목이 다음의 값을 갖는 경우 금액 앞에 (−) 표시를 하고 보고할 금액이 없으면 0으로 표시하시오.)

구분	20×1년 말 자본 구성항목의 금액
자본잉여금	①
기타포괄손익누계액	②
자본조정	③

(물음 3) ㈜세무의 20×1년 보통주 시가평균은 ₩16,000이다. 당해 중단사업손익은 없으며, 법인세율은 단일세율로 20%이다. [단, 해당 세율을 이용한 법인세효과는 **(물음 3)**의 희석효과 및 희석주당이익 계산에만 고려하고, 주당이익은 원 단위로 소수점 첫째자리에서 반올림하여 계산한다. (예 ₩555.555… ⇨ ₩556)]

(1) 다음 절차에 따라 ㈜세무의 20×1년 기본주당이익을 계산하시오. (단, 가중평균 유통보통주식수는 월할계산한다.)

20×1년 가중평균유통보통주식수	①
20×1년 기본주당이익	②

(2) 20×1년 말 ㈜세무가 보유한 잠재적 보통주식은 전환우선주와 신주인수권부사채 및 주식선택권이 있다. 셋 중 어떤 항목이 가장 희석효과가 높은지 기술하고 그 이유를 기재하시오.

(3) ㈜세무의 20×1년 희석주당이익을 계산하시오. (단, (1)과 상관없이 20×1년 가중평균유통보통주식수는 10,000주이고 기본주당이익은 주당 ₩5,000으로 가정한다. 또한, 잠재적보통주식수의 가중평균은 월할계산한다.)

(4) 20×1년 초 발행한 ㈜세무의 신주인수권부사채가 모든조건(액면금액, 이자지급조건, 이자율, 만기 등)이 동일한 전환사채라고 가정한다. 단, 전환사채는 전환권 행사 시 사채액면금액 ₩1,000당 보통주 1주(액면가액 : ₩5,000)로 전환가능하다. 이 경우 ㈜세무의 20×1년 희석주당이익을 계산하시오. (단, (1)과 상관없이 20×1년 가중평균유통보통주식수는 10,000주이고 기본주당이익은 주당 ₩5,000으로 가정한다. 또한, 잠재적보통주식수의 가중평균은 월할계산한다.)

(물음 4) ㈜세무가 20×1년 1월 1일 발행한 신주인수권부사채의 액면금액 중 ₩500,000에 해당하는 신주인수권이 20×2년 1월 1일에 행사되었다.

(1) 20×2년 1월 1일 신주인수권이 행사된 시점에 동 신주인수권 행사와 관련하여 ㈜세무의 자산과 부채 및 자본이 얼마만큼 변동했는지 금액을 각각 계산하시오. (단, 각 항목이 감소했으면 금액 앞에 (−) 표시를 하고 변동이 없으면 0으로 표시하시오.)

구분	20×2년 1월 1일 변동한 금액
자산	①
부채	②
자본	③

(2) ㈜세무가 신주인수권부사채와 관련하여 20×2년 포괄손익계산서에 인식할 이자비용을 계산하시오.

해설 및 해답 종합문제 (2018년 세무사)

(물음 1) 신주인수권부사채의 발행

1. 발행시점의 금액

구분	20×1년 1월 1일 변동한 금액
자산	① 총 발행금액 : ₩1,000,000
부채	② 부채요소의 발행금액 : ₩875,653
자본	③ 자본요소의 발행금액 ; ₩124,347

(1) 미래현금흐름의 정리

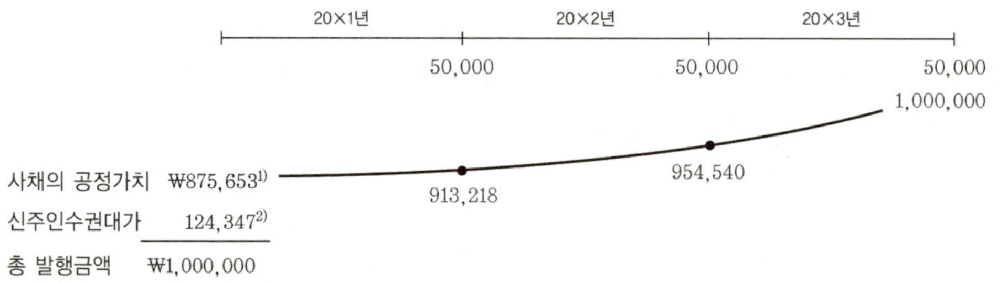

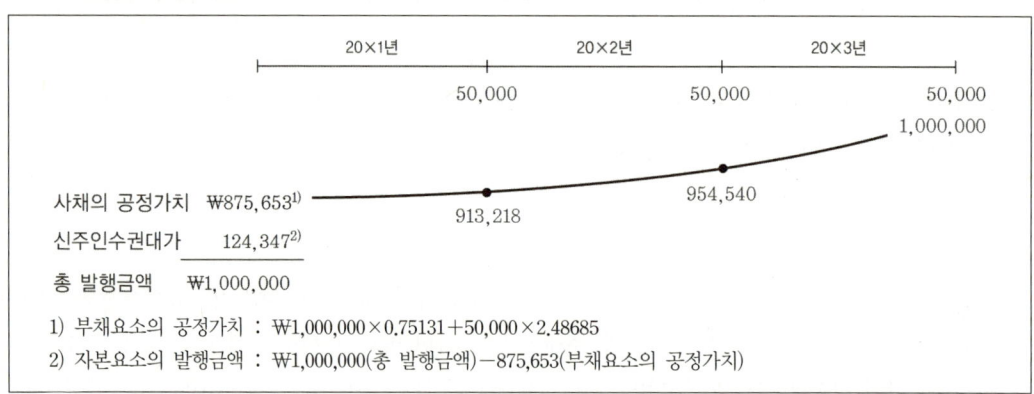

1) 부채요소의 공정가치 : ₩1,000,000×0.75131+50,000×2.48685
2) 자본요소의 발행금액 : ₩1,000,000(총 발행금액)−875,653(부채요소의 공정가치)

2. 20×1년 이자비용

• ₩875,653×10%=₩87,565

[별해] 회계처리

20×1년 1월 1일	(차) 현 금	875,653	(대) 신주인수권부사채	1,000,000
	신주인수권조정	124,347		
	(차) 현 금	124,347	(대) 신주인수권대가	124,347
20×1년 12월 31일	(차) 이 자 비 용	87,565	(대) 현 금	60,000
			신주인수권조정	27,565

(물음 2) 자본거래

1. 자기주식처분손익

20×1년 10월 1일	(차) 현 금	7,200,000[1]	(대) 자 기 주 식	9,600,000[2]
	자기주식처분이익	2,000,000		
	자기주식처분손실	400,000		

1) @6,000(처분금액)×1,200주
2) @8,000(취득금액)×1,200주

2. 주식선택권

(1) 기간별 가득금액

	20×1년		20×2년		20×3년	
단가		₩1,800		₩1,800		₩1,800
수량		× 10,000개		× 10,000개		× 10,000개
총보상비용		₩18,000,000		₩18,000,000		₩18,000,000
가득조건충족		1/3		2/3		3/3
누적보상비용		₩6,000,000		₩12,000,000		₩18,000,000
당기보상비용	**₩6,000,000**		₩6,000,000		₩6,000,000	

(2) 회계처리

20×1년 12월 31일	(차) 주식보상비용	6,000,000	(대) 주식선택권	6,000,000

3. 자본잔액

구분	20×1년 말 자본 구성항목의 금액
자본잉여금	① ₩112,024,347
기타포괄손익누계액	② ₩5,000,000
자본조정	③ (−)₩1,200,000

(1) 기타 자본거래의 회계처리

20×1년 7월 1일	(차) 현금	55,000,000[1]	(대) 자본금	25,000,000[2]
			주식발행초과금	30,000,000

1) @11,000(주당 발행금액)×5,000주
2) @5,000(주당 액면금액)×5,000주

20×1년 9월 1일	(차) 자기주식	24,000,000	(대) 현금	24,000,000
20×1년 11월 1일	(차) 현금	13,500,000	(대) 자기주식	7,200,000
			자기주식처분손실	400,000
			자기주식처분이익	5,900,000
20×1년 12월 31일	(차) 토지	7,000,000[1]	(대) 재평가잉여금	5,000,000
			재평가이익	2,000,000[2]

1) ₩15,000,000(공정가치)−8,000,000(장부금액)
2) 전기말 당기손익으로 인식한 공정가치 감소분

(2) 답안의 작성

① 자본잉여금

기초금액	₩70,000,000+6,000,000+2,000,000=	₩78,000,000
신주인수권부사채의 발행		124,347
유상증자		30,000,000
자기주식처분이익	(−)₩2,000,000+5,900,000=	3,900,000
		₩112,024,347

② 기타포괄손익누계액 : ₩5,000,000(토지 재평가잉여금)

③ 자본조정

기초금액		₩ −
자기주식의 취득		(24,000,000)
자기주식의 처분	₩9,600,000+7,200,000=	16,800,000
주식선택권		6,000,000
		₩(1,200,000)

(물음 3) 주당이익

1. 기본주당이익

20×1년 가중평균유통보통주식수	① 12,950주
20×1년 기본주당이익	② ₩4,000/주

(1) 가중평균유통보통주식수

① 적수계산

		7/1	9/1	10/1	11/1
사건	기초주식	유상증자	자기주식 취득	자기주식 처분	자기주식 처분
주식수	10,000	2,500[1)]	(3,000)	1,200	900
무상증자	1.2	1.2[2)]			
월수	12	6	4	3	2
적수	144,000	18,000	(12,000)	3,600	1,800

1) 공정가치 유상증자 주식수 : 5,000주×₩11,000(발행금액)÷₩22,000(공정가치)=2,500주

2) 무상증자비율 : $\frac{\text{5,000주(총 유상증자)}-\text{2,500주(공정가치 유상증자)}}{\text{10,000주(기존 유통보통주식수)}+\text{2,500주(공정가치 유상증자 주식수)}}$=20%

② 가중평균유통보통주식수 : (144,000+18,000−12,000+3,600+1,800)÷12月=**12,950주**

(2) 기본주당이익

① 보통주당기순이익 : ₩54,800,000−50,000,000×6%(누적적 전환우선주의 배당금)=₩51,800,000

② 기본주당이익 : ₩51,800,000÷12,950주=**₩4,000/주**

2. 희석효과

• 신주인수권부사채가 가장 높을 것이다. 왜냐하면 상환할증금이 존재하지 않으므로 잠재적보통주가 가져가는 이익(상환할증금 부분의 이자비용)은 ₩0이기 때문이다.

3. 희석주당이익

(1) 전환우선주

① 잠재적보통주식수 : 10,000주×1주=10,000주

② 잠재적보통주의 이익 : ₩50,000,000×6%=₩3,000,000

③ 잠재적보통주의 주당이익 : ₩3,000,000 / 10,000주=₩300/주

(2) 신주인수권부사채

① 잠재적보통주식수 : 1,000주*−1,000주*×10,000(현금납입액)÷@16,000(보통주 시가평균)=375주

* 100% 행사시 발행되는 주식수 : ₩1,000,000÷@1,000

② 잠재적보통주의 이익 : 없음

③ 잠재적보통주의 주당이익 : ₩0/주

(3) 주식선택권

① 잠재적보통주식수 : 10,000주－(10,000주×₩14,000(행사가격)＋18,000,000(미래에 유입될 용역의 공정가치*)÷@16,000(보통주 시가평균)＝125주

* 문제에서 미래에 유입될 용역의 공정가치를 별도로 제시하지 않아 총보상원가로 가정하였다.

② 잠재적보통주의 이익 : ₩6,000,000×(1－20%)＝₩4,800,000

③ 잠재적보통주의 주당이익 : ₩4,800,000 / 125주＝₩38,400/주

(4) 희석효과의 판단

구분	보통주	신주인수권부사채	전환우선주	주식선택권
① 이익	₩50,000,000	₩ －	₩3,000,000	₩4,800,000
② 주식수	10,000주	375주	10,000주	125주
③ 주당이익	₩5,000/주	₩0/주	₩300/주	₩38,400/주

누적주당이익	₩5,000/주	₩4,819/주	**₩2,601/주**
희석효과	○	○	×

∴ 희석주당이익: ₩2,601/주

4. 희석주당이익

(1) 전환사채

① 잠재적보통주식수 : ₩1,000,000÷@1,000＝1,000주

② 잠재적보통주의 이익 : ₩87,565(20×1년 이자비용)×(1－20%)＝₩70,052

③ 잠재적보통주의 주당이익 : ₩70/주

(2) 희석효과의 판단

구분	보통주	전환사채	전환우선주	주식선택권
① 이익	₩50,000,000	₩70,052	₩3,000,000	₩4,800,000
② 주식수	10,000주	1,000주	10,000주	125주
③ 주당이익	₩5,000/주	₩70/주	₩300/주	₩38,400/주

누적주당이익	₩5,000/주	₩4,552/주	**₩2,527/주**
희석효과	○	○	×

∴ 희석주당이익 : ₩2,527/주

(물음 4) 신주인수권부사채의 행사

1. 행사시점의 변동금액

구분	20×2년 1월 1일 변동한 금액
자산	① ₩5,000,000
부채	② −
자본	③ ₩5,000,000

(1) 100%행사 가정시 회계처리

20×2년 1월 1일	(차) 현 금	10,000,000[1)]	(대) 자 본 금	5,000,000[2)]
	신 주 인 수 권 대 가	124,347	주 식 발 행 초 과 금	5,124,347

1) 행사가격 : 1,000주×@10,000

2) 액면금액 : 1,000주×@5,000

(2) 답안의 계산

① 자산 : ₩10,000,000×50%=₩5,000,000

② 부채 : −

③ 자본 : ₩10,000,000×50%=₩5,000,000

2. 이자비용

• ₩913,218×10%=₩91,322(상환할증금이 없으므로 이자비용은 변동하지 않음)

문제 8 저유

다음은 ㈜우리의 20×1년 주당이익과 관련된 자료들이다. 이를 이용하여 물음에 답하시오. 단, 답안의 계산 시 소수점 셋째자리에서 반올림하여 소수점 둘째자리까지 구하시오.

보통주의 평균시장가격 : 20×1년 보통주의 분기별 평균시장가격은 다음과 같다.

1분기	2분기	3분기	4분기
49원	60원	67원	67원

20×1년 7월 1일부터 9월 1일까지 보통주의 평균시장가격은 ₩65이며, 20×1년 1월 1일부터 9월 1일까지 보통주의 평균시장가격은 ₩57.125이다.

보통주 : 20×1년 기초의 유통보통주식수는 5,000,000주였다. 20×1년 3월 1일에 보통주 200,000주를 발행하여 현금이 납입되었다.

전환사채 : 20×0년 4분기에 원금 12,000,000원의 전환사채(만기 20년, 단위당 액면금액 1,000원, 연 이자율 5%)를 액면으로 발행하였다. 이자는 매년 11월 1일과 5월 1일에 지급하고 전환사채 액면금액 1,000원당 보통주 40주로 전환할 수 있다. 20×0년에는 전환청구가 없었으며 20×1년 4월 1일에 전환이 청구되어 모두 보통주로 전환되었다.

전환우선주 : 20×0년 2분기에 자산 매입거래 대가로 전환우선주 800,000주를 발행하였다. 전환우선주 1주에 대한 분기별 배당금은 0.05원으로 분기말 현재 유통되고 있는 전환우선주에 대해서 지급한다. 각 우선주는 1개의 보통주로 전환할 수 있다. 20×1년 6월 1일에 600,000주의 전환우선주가 보통주로 전환되었다.

신주인수권 : 20×1년 1월 1일에 5년 안에 보통주 600,000주를 주당 55원에 취득할 수 있는 신주인수권을 발행하였다. 이 신주인수권은 20×1년 9월 1일에 모두 행사되었다.

옵션 : 20×1년 7월 1일에 10년 안에 보통주 1,500,000주를 주당 75원에 취득할 수 있는 옵션을 발행하였다. 옵션의 행사가격이 보통주의 시장가격을 초과하므로 20×1년에 행사된 옵션은 없다.

세율 : 20×1년의 세율은 40%이다.

㈜우리의 20×1년 계속영업이익 및 당기순이익은 다음과 같다.

구분	1분기	2분기	3분기	4분기	전체
계속영업이익	₩5,000,000	₩6,500,000	₩1,000,000	₩(700,000)	₩11,800,000
당기순이익	5,000,000	6,500,000	(1,000,000)1)	(700,000)	9,800,000

1) 기업 A는 3분기에 중단영업손실 2,000,000원(법인세효과 차감 후) 이 발생하였다.

(물음) ㈜우리의 재무제표에 표시될 다음의 금액들을 각각 계산하시오.

구분	20×1년 1분기 중간재무제표	20×1년 2분기 중간재무제표	20×1년 3분기 중간재무제표	20×1년 4분기 중간재무제표	20×1년 연차재무제표
기본주당순이익	①	③	⑤	⑦	⑨
희석주당순이익	②	④	⑥	⑧	⑩

해설 및 해답 분기별 주당이익 (K-IFRS 1033호 주당이익 기준서 사례12)

구분	20×1년 1분기 중간재무제표	20×1년 2분기 중간재무제표	20×1년 3분기 중간재무제표	20×1년 4분기 중간재무제표	20×1년 연차재무제표
기본주당순이익	① ₩0.98/주	③ ₩1.10/주	⑤ (−)₩0.16/주	⑦ (−)₩0.10/주	⑨ ₩1.60/주
희석주당순이익	② ₩0.80/주	④ ₩1.00/주	⑥ (−)₩0.15/주	⑧ (−)₩0.10/주	⑩ ₩1.48/주

(1분기 주당이익의 계산)

1. 기본주당이익의 계산

① 가중평균유통보통주식수

		3/1	3/31
사건	기초	보통주 발행	
주식수	5,000,000	200,000	
월수	3	1	
적수	15,000,000	200,000	÷ 3=5,066,667주

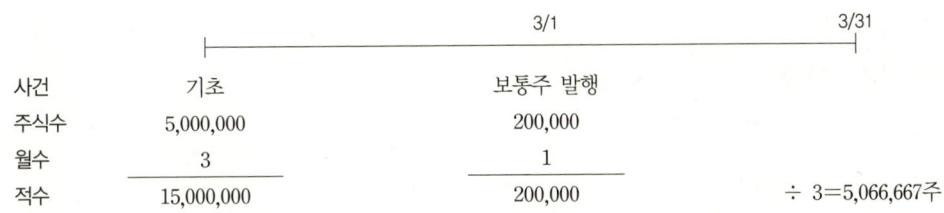

② 보통주 당기순이익의 계산

당기순이익		₩5,000,000
전환우선주 분기별 배당금	800,000주×0.05원=	(40,000)
		₩4,960,000

③ 기본주당이익 : ₩4,960,000÷5,066,667주=₩0.98/주

2. 희석주당이익의 계산

① 전환사채의 주당이익

㉠ 잠재적 보통주식수 : ₩12,000,000 / 1,000×40주=480,000주

㉡ 잠재적보통주의 이익 : ₩12,000,000×5%×3/12×(1−40%)=₩90,000(전환사채 이자비용)

㉢ 전환사채의 주당이익 : ₩90,000÷480,000주=₩0.19/주

② 전환우선주의 주당이익

㉠ 잠재적 보통주식수 : 800,000주

㉡ 잠재적보통주의 이익 : 800,000주×₩0.05=₩40,000(전환우선주 미전환분 배당금)

㉢ 전환우선주의 주당이익 : ₩40,000÷800,000주=₩0.05/주

③ 신주인수권의 주당이익 : 평균주가보다 행사가격이 더 높으므로 반희석효과가 존재한다.

⑤ 희석주당이익의 계산

구분	보통주	전환우선주	전환사채
① 이익	₩4,960,000	₩40,000	₩90,000
② 주식수	5,066,667주	800,000주	480,000주
③ 주당이익	₩0.98/주	₩0.05/주	₩0.19/주
누적주당이익	₩0.98/주	₩0.85/주	**₩0.80/주**
희석효과		○	○

∴ 희석주당이익 : ₩0.80/주

(2분기 주당이익의 계산)

1. 기본주당이익의 계산

① 가중평균유통보통주식수

	4/1	6/1	6/30
사건	2분기 초	전환우선주 전환	
주식수	5,680,000[1]	600,000	
월수	3	1	
적수	17,040,000	600,000	÷ 3=5,880,000주

1) ₩5,200,000(20×1년 4월 1일 보통주식수)+480,000(20×1년 4월 1일 전환사채의 전환)

② 보통주 당기순이익의 계산

당기순이익		₩6,500,000
전환우선주 분기별 배당금	200,000주×0.05원=	(10,000)
		₩6,490,000

③ 기본주당이익 : ₩6,490,000÷5,880,000주=**₩1.10/주**

2. 희석주당이익의 계산

① 전환우선주의 주당이익

㉠ 잠재적 보통주식수

행사분(75%) (4/1~4/30)	600,000주×2/3=	400,000주
미행사분(25%) (4/1~6/30)	200,000주×3/3=	200,000주
		600,000주

㉡ 잠재적보통주의 이익 : 200,000주×₩0.05−₩10,000

㉢ 전환우선주의 주당이익 : ₩10,000÷600,000주=₩0.02/주

② 신주인수권의 주당이익

㉠ 잠재적 보통주식수 : 600,000주−600,000×₩55(주당행사가격)÷₩60(평균주가)=50,000주

㉡ 잠재적보통주의 이익 : 없음

㉢ 신주인수권의 주당이익 : ₩0/주

③ 희석주당이익의 계산

구분	보통주	신주인수권	전환우선주
① 이익	₩6,490,000	₩0	₩10,000
② 주식수	5,880,000주	50,000주	600,000주
③ 주당이익	₩0.98/주	₩0/주	₩0.02/주
누적주당이익	₩0.98/주	₩1.09/주	**₩1.00/주**
희석효과		○	○

∴ 희석주당이익 : ₩1.00/주

(3분기 주당이익의 계산)

1. 기본주당이익의 계산

① 가중평균유통보통주식수

	7/1	9/1	9/30
사건	3분기 초	신주인수권의 행사	
주식수	6,280,000	600,000	
월수	3	1	
적수	18,840,000	600,000	÷ 3=6,480,000주

② 보통주 당기순이익의 계산

당기순이익		₩(1,000,000)
전환우선주 분기별 배당금	200,000주×0.05원=	(10,000)
		₩(1,010,000)

③ 기본주당이익 : (−)₩1,010,000÷6,480,000주=(−)**₩0.16/주**

2. 희석주당이익의 계산

① 전환우선주의 주당이익

㉠ 잠재적 보통주식수 : 200,000주×3/3=200,000주

㉡ 잠재적보통주의 이익 : 200,000주×₩0.05−₩10,000

㉢ 전환우선주의 주당이익 : ₩10,000÷200,000주=₩0.05/주

② 신주인수권의 주당이익

㉠ 잠재적 보통주식수(9/1 전부행사) : 92,308주* ×2/3=61,538주

* 600,000주−600,000주×₩55(행사가격)÷₩65(7/1~9/1 평균 시장가격)

㉡ 잠재적보통주의 이익: 없음

㉢ 신주인수권의 주당이익: ₩0/주

③ 옵션의 주당이익 : 평균주가보다 행사가격이 더 높으므로 반희석효과가 존재한다.

④ 희석효과의 판단

구분	보통주	신주인수권	전환우선주
① 계속영업이익	₩990,000*	₩0	₩10,000
② 주식수	6,480,000주	61,538주	200,000주
③ 주당이익	₩0.16/주	₩0/주	₩0.05/주

누적주당이익	₩0.16/주	₩0.15/주	₩0.15/주
희석효과		○	○

* 보통주 계속영업이익 : [(−)₩1,000,000(당기순이익)+2,000,000(중단영업손실)](계속영업이익)−10,000(전환우선주 배당금)

⑤ 희석주당이익의 계산

구분	보통주	신주인수권	전환우선주
① 당기순이익	(−)₩1,010,000	₩0	₩10,000
② 주식수	6,480,000주	61,538주	200,000주
③ 주당이익	₩0.16/주	₩0/주	₩0.05/주

누적주당이익			**(−)₩0.15/주**

∴ 희석주당이익 : (−)₩0.15/주

[별해] 잠재적보통주의 행사가능성

- 보통주 계속영업이익이 양의 금액이므로 전환가정시의 증분 주식은 반희석효과가 있더라도 희석주당금액을 계산할 때 포함한다.

(4분기 주당이익의 계산)

1. 기본주당이익의 계산

① 가중평균유통보통주식수 : 6,880,000주

② 보통주 당기순이익의 계산

당기순이익		₩(700,000)
전환우선주 분기별 배당금	200,000주×0.05원=	(10,000)
		₩(710,000)

③ 기본주당이익 : (−)₩710,000÷6,880,000주=(−)**₩0.10/주**

2. 희석주당이익의 계산

① 전환우선주의 주당이익 : ₩0.05/주(3분기와 동일)

② 옵션의 주당이익 : 평균주가보다 행사가격이 더 높으므로 반희석효과가 존재한다.

③ 희석효과의 판단 : 보통주 계속영업이익이 부의 금액이므로 양의 주당이익을 갖는 잠재적보통주식은 행사하지 않을 것이다.

④ 희석주당이익의 계산 : (−)**₩0.10/주**(기본주당이익과 동일)

(20×1년 연차 주당이익의 계산)

1. 기본주당이익의 계산

① 가중평균유통보통주식수

	3/1	4/1	6/1	9/1		
사건	기초	보통주 발행	전환사채	전환우선주	신주인수권	
주식수	5,000,000	200,000	480,000	600,000	600,000	
월수	12	10	9	7	4	
적수	60,000,000	2,000,000	4,320,000	5,600,000	2,400,000	÷ 12月=6,076,667주

② 보통주 당기순이익의 계산

당기순이익		₩9,800,000
전환우선주 배당금	800,000주×0.05원+200,000주×0.05원×3=	(70,000)
		₩9,730,000

③ 기본주당이익 : ₩9,730,000÷6,076,667주=₩1.60/주

2. 희석주당이익의 계산

① 전환사채의 주당이익

㉠ 잠재적 보통주식수(4/1 전부 행사) : ₩12,000,000/1,000×40주×3/12=120,000주

㉡ 잠재적보통주의 이익 : ₩12,000,000×5%×3/12×(1−40%)=₩90,000(전환사채 이자비용)

㉢ 전환사채의 주당이익 : ₩90,000÷120,000주=₩0.75/주

② 전환우선주의 주당이익

㉠ 잠재적 보통주식수

행사분(75%) (1/1~5/30)	800,000주×75%×5/12=	250,000주
미행사분(25%) (1/1~12/31)	800,000주×25%×12/12=	200,000주
		450,000주

㉡ 잠재적보통주의 이익 : ₩70,000(전환우선주 배당금)

㉢ 전환우선주의 주당이익 : ₩70,000÷450,000주=₩0.16/주

③ 신주인수권의 주당이익

㉠ 잠재적 보통주식수(9/1 전부행사) : 22,319주* ×8/12=14,880주

* 600,000주−600,000주×₩55(행사가격)÷₩57.125(1/1~9/1 평균 시장가격)

㉡ 잠재적보통주의 이익 : 없음

㉢ 신주인수권의 주당이익 : ₩0.00/주

④ 옵션의 주당이익 : 평균주가보다 행사가격이 더 높으므로 반희석효과가 존재한다.

⑤ 희석주당이익의 계산

㉠ 희석효과의 판단

구분	보통주	신주인수권	전환우선주	전환사채
① 계속영업이익	₩11,730,000	0	₩70,000	₩90000
② 주식수	6,076,667	14,880주	450,000주	120,000주
③ 주당이익	₩1.93/주	₩0/주	₩0.16/주	₩0.78/주

누적주당이익	₩1.93/주	₩1.93/주	₩1.80/주	₩1.78/주
희석효과		○	○	○

㉡ 희석주당이익의 계산

구분	보통주	신주인수권	전환우선주	전환사채
① 당기순이익	₩9,730,000	₩0	₩70,000	₩90,000
② 주식수	6,076,667	14,880주	450,000주	120,000주
③ 주당이익	₩1.63/주	₩0/주	₩0.16/주	₩0.78/주

누적주당이익	₩1.63/주	₩1.60/주	₩1.50/주	**₩1.48/주**

∴ 희석주당이익 : ₩1.48/주

서술형 문제

문제 1

(물음 1)

주당이익 공시의 유용성과 한계에 대해 간략히 서술하시오.

해설 및 해답

(물음 1)

주당이익은 정보이용자가 기업의 경영성과를 기간별로 비교하고, 동일기간의 **경영성과를 다른 기업과 비교**하는 데 유용한 정보를 제공한다. 주당이익 정보는 이익을 결정하는 데 적용하는 **회계정책이 다를 수 있다는 한계**가 있지만 주당이익 계산상의 분모를 일관성 있게 결정한다면 재무보고의 유용성은 높아진다.

CHAPTER 21

현금흐름표

출제유형

▶ 계산문제

▶ 서술형문제

계산문제

문제 1

다음은 유통업을 영위하고 있는 ㈜대한의 20×1년과 20×2년의 비교잔액시산표이다.

계정과목	20×1년	20×2년	계정과목	20×1년	20×2년
현금및현금성자산	₩20,000	₩184,000	매입채무	₩130,000	₩55,000
매출채권	185,000	271,000	미지급이자	35,000	34,000
대손충당금	(9,200)	(15,000)	미지급법인세	30,000	34,500
재고자산	100,000	70,000	유동성장기차입금	60,000	20,000
토지	300,000	238,000	장기차입금	140,000	120,000
건물	540,000	430,000	사채	–	40,000
감가상각누계액	(220,000)	(100,000)	사채할증발행차금	–	4,000
			이연법인세부채	8,000	11,000
매출원가	–	505,000	자본금	100,000	100,000
급여	–	20,000	이익잉여금	412,800	412,800
대손상각비	–	9,800			
감가상각비	–	57,000	매출액	–	870,000
이자비용	–	5,000	이자수익	–	3,000
법인세비용	–	62,500	유형자산처분이익	–	33,000

㈜대한의 추가적인 자료는 다음과 같다.

〈추가 자료〉

1. ㈜대한은 현금흐름표에서 이자와 배당금의 수취 및 지급, 법인세의 환급 및 납부는 영업활동현금흐름으로 분류하는 정책을 채택하고 있다.
2. 20×2년 4월 1일 ㈜대한은 장부금액이 ₩62,000인 토지를 ㈜민국이 보유하고 있던 건물(취득원가 ₩120,000, 감가상각누계액 ₩50,000)과 교환하고 추가로 현금 ₩8,000을 지급하였다. 해당 토지의 신뢰성 있는 공정가치는 ₩82,000이다. 본 교환거래는 상업적 실질이 있으며 당기 중 추가적인 토지 관련 거래는 없다.
3. 당기 중 액면가액 ₩40,000의 사채가 할증발행되었으며 당기에 상각된 사채할증발행차금은 ₩1,000이다.

(물음 1) 간접법을 이용하여 ㈜대한의 20×2년도 현금흐름표를 작성할 때, ①~⑧에 알맞은 금액을 계산하시오. 단, 현금유출은 (−)로 표시하고 현금유출입이 없는 경우에는 '0'으로 표시하시오.

현금흐름표

영업활동현금흐름	
영업에서 창출된 현금	₩ ?
이자 수취액	①
이자 지급액	②
법인세 납부액	③
영업활동순현금흐름	?
투자활동현금흐름	
토지의 처분	④
건물의 취득	⑤
건물의 처분	⑥
투자활동순현금흐름	?
재무활동현금흐름	
유동성장기차입금의 상환	⑦
사채의 발행	⑧
재무활동순현금흐름	?
현금및현금성자산 순증가	164,000
기초 현금및현금성자산	20,000
기말 현금및현금성자산	₩184,000

(물음 2) 직접법을 이용하여 ㈜대한의 20×2년도 현금흐름표를 작성할 때, ①~③에 알맞은 금액을 계산하시오. 단, 현금유출은 (−)로 표시하고 현금유출입이 없는 경우에는 '0'으로 표시하시오.

현금흐름표

영업활동현금흐름	
고객으로부터의 현금유입	①
공급자 및 종업원에 대한 현금유출	②
영업으로부터 창출된 현금	?
이자 수취액	?
이자 지급액	?
법인세 납부액	?
영업활동순현금흐름	③

해설 및 해답 현금흐름표 -일반 (2018년 회계사)

(물음 1)

① 이자수취액 : ₩3,000 유입 (이자수익)

② 이자지급액 : (−)₩7,000 유출

현금(역산)		(7,000)	부채 미지급이자	(1,000)
자산			자본	
			수익	
비용	이자비용1)	6,000		

1) ₩5,000(이자비용)+1,000(사채할증발행차금 상각액)

③ 법인세납부액 : (−)₩55,000 유출

현금(역산)		(55,000)	부채	미지급법인세	4,500
자산				이연법인세부채	3,000
			자본		
			수익		
비용	법인세비용	62,500			

④ 토지의 처분 : 없음

⑤ 건물의 취득 : ₩8,000 유출 (교환취득시 지급액)

⑥ 건물의 처분 : ₩28,000(투자활동현금흐름*)+8,000(건물 취득시 유출액)=₩36,000 유입 (역산)

- 투자활동현금흐름

현금(역산)		28,000	부채		
자산	토지	(62,000)			
	건물	(110,000)	자본		
	감가상각누계액	120,000	수익	유형자산처분이익	33,000
비용	감가상각비	57,000			

⑦ 유동성장기차입금의 상환 : ₩60,000 유출 (기초 유동성장기차입금 잔액)

⑧ 사채의 발행 : ₩45,000 유입

현금(역산)		45,000	부채	사채(순액)	40,000
자산				사채할증발행차금	4,000
			자본		
			수익		
비용	이자비용1)	(1,000)			

1) 사채할인발행차금 상각액분 이자비용

(물음 2)

① 고객으로부터의 현금유입 : ₩780,000 유입

현금(역산)	**780,000**	부채	
자산 매출채권	86,000	자본	
대손충당금	(5,800)	수익 매출액	870,000
비용 대손상각비	9,800		

② 공급자 및 종업원에 대한 현금유출 : (−)₩570,000 유출

현금(역산)	**(570,000)**	부채 매입채무	(75,000)
자산 재고자산	(30,000)	자본	
		수익	
비용 매출원가	505,000		
급여	20,000		

③ 영업활동순현금흐름 : ₩780,000−570,000+3,000(이자 수취액)−7,000(이자 지급액)−55,000(법인세 지급액)=₩151,000 유입

문제 2

다음은 유통업을 영위하고 있는 ㈜세무의 20×2년도 비교재무상태표와 포괄손익계산서이다. 이들 자료와 추가정보를 이용하여 각 물음에 답하시오.

비교재무상태표

계정과목	20×2.12.31	20×1.12.31	계정과목	20×2.12.31	20×1.12.31
현금 및 현금성자산	₩74,000	₩36,000	매입채무	₩70,000	₩44,000
매출채권	53,000	38,000	미지급이자	18,000	16,000
손실충당금	(3,000)	(2,000)	미지급법인세	2,000	4,000
재고자산	162,000	110,000	사 채	200,000	0
금융자산(FVPL)	25,000	116,000	사채할인발행차금	(8,000)	0
차량운반구	740,000	430,000	자본금	470,000	408,000
감가상각누계액	(60,000)	(100,000)	자본잉여금	100,000	100,000
			이익잉여금	139,000	56,000
자산총계	₩991,000	₩628,000	부채와 자본총계	₩991,000	₩628,000

포괄손익계산서

계정과목	금액
매출액	₩420,000
매출원가	(180,000)
판매비와관리비	(92,000)
영업이익	148,000
유형자산처분이익	4,000
금융자산(FVPL)평가이익	5,000
금융자산(FVPL)처분손실	(2,000)
이자비용	(8,000)
법인세비용차감전순이익	147,000
법인세비용	(24,000)
당기순이익	₩123,000
기타포괄손익	0
총포괄이익	₩123,000

〈 추가정보 〉

1. 금융자산(FVPL)은 단기매매목적으로 취득 또는 처분한 자산으로 당기손익-공정가치모형을 적용해오고 있다.
2. 20×2년 중에 취득원가가 ₩100,000이고, 80% 감가상각된 차량운반구를 ₩24,000에 매각하였다.
3. 20×2년 중에 액면금액이 ₩100,000인 사채 2좌를 1좌당 ₩95,000에 할인발행하였다.
4. 20×2년도 자본금의 변동은 유상증자(액면발행)에 따른 것이다.
5. 포괄손익계산서의 판매비와관리비 ₩92,000에는 매출채권 손상차손 ₩2,000이 포함되어 있으며, 나머지는 급여와 감가상각비로 구성되어 있다.
6. 포괄손익계산서의 이자비용 ₩8,000에는 사채할인발행차금상각액 ₩2,000이 포함되어 있다.
7. 이자 및 배당금 지급을 영업활동현금흐름으로 분류하고 있다.

(물음 1) ㈜세무가 20×2년도 현금흐름표 상 영업활동현금흐름을 간접법으로 작성한다고 가정하고, 다음 ①~⑤에 알맞은 금액을 계산하시오. (단, 현금유출은 (-)로 표시하고 현금유출입이 없는 경우에는 '0'으로 표시하시오.)

영업활동현금흐름		
법인세비용차감전순이익	₩ ?	
가감 :		
감가상각비	①	
매출채권의 증가(순액)	②	
재고자산의 증가	?	
금융자산(FVPL)의 감소	?	
매입채무의 증가	?	
유형자산처분이익	?	
이자비용	③	
영업으로부터 창출된 현금	₩ ④	
이자지급	?	
법인세의 납부	?	
배당금지급	?	
영업활동순현금흐름		₩ ⑤

(물음 2) ㈜세무가 20×2년도 현금흐름표 상 영업활동현금흐름을 직접법으로 작성한다고 가정하고, 다음 ①~⑥에 알맞은 금액을 계산하시오. (단, 현금유출은 (−)로 표시하고 현금유출입이 없는 경우에는 '0'으로 표시하시오.)

영업활동현금흐름		
고객으로부터의 유입된 현금	₩ ①	
금융자산(FVPL)으로부터의 유입된 현금	②	
공급자와 종업원에 대한 현금유출	③	
영업으로부터 창출된 현금	₩ ?	
이자지급	④	
법인세의 납부	⑤	
배당금지급	⑥	
영업활동순현금흐름		₩ ?

(물음 3) 현금흐름표 상 영업활동현금흐름은 직접법 또는 간접법으로 작성될 수 있다. 직접법과 간접법의 장·단점을 기술하시오.

(물음 4) 20×2년도 차량운반구 취득으로 인한 현금유출액을 계산하시오.

(물음 5) 20×2년도 현금흐름표 상 재무활동순현금흐름을 계산하시오. (단, 현금유출의 경우에는 금액 앞에 (−)표시를 하시오)

해설 및 해답 종합문제(2019년 세무사)

(물음 1)

① 감가상각비 : ₩100,000(기초 감가상각누계액)+감가상각비−80,000(처분한 자산의 감가상각누계액)
=₩60,000(기말 감가상각누계액)

∴ 감가상각비 : ₩40,000 가산

② 매출채권의 증가(순액) : (₩53,000−3,000)(기말매출채권)−(38,000−2,000)(기초매출채권)
= ₩14,000 차감

③ 이자비용 : ₩8,000

④ 영업으로부터 창출된 현금 : ₩147,000(법인세비용차감전순이익)+40,000(감가상각비)−14,000(매출채권의 증가)−52,000(재고자산의 증가)+91,000(금융자산의 감소)+26,000(매입채무의 증가)−4,000(유형자산처분이익)+8,000(이자비용)=₩242,000

⑤ 영업활동순현금흐름

㉠ 이자지급

현금(역산)	자산	비용	부채	자본	수익
(−)4,000		이자비용 6,000	미지급이자 2,000		

㉡ 법인세의 납부

현금(역산)	자산	비용	부채	자본	수익
(−)26,000		법인세비용 24,000	미지급법인세 (2,000)		

㉢ 배당금지급 : ₩56,000(기초이익잉여금)+123,000(당기순이익)−배당금지급액=₩139,000(기말이익잉여금)

∴ 배당금지급액 : ₩40,000

㉣ 영업활동순현금흐름 : ₩242,000−4,000−26,000−40,000=₩172,000

(물음 2)

① 고객으로부터의 유입된 현금

현금(역산)	자산	비용	부채	자본	수익
404,000	매출채권 15,000 손실충당금 (1,000)	손상차손 2,000			매출액 420,000

② 금융자산(FVPL)으로부터의 유입된 현금

현금(역산)	자산	비용	부채	자본	수익
94,000	금융자산 (91,000)	처분손실 2,000			평가이익 5,000

③ 공급자와 종업원에 대한 현금유출

현금(역산)	자산	비용	부채	자본	수익
(−)256,000	재고자산 52,000	판 관 비 50,000* 매출원가 180,000	매입채무 26,000		

* ₩92,000(판매비와관리비) − 40,000(감가상각비) − 2,000(손상차손)

④ 이자지급 : (−)₩4,000 (물음 1 해답 참조)

⑤ 법인세의 납부 : (−)₩26,000 (물음 1 해답 참조)

⑥ 배당금지급 : (−)₩40,000 (물음 1 해답 참조)

(물음 3)

- 직접법 : 간접법에 의한 현금흐름에서는 파악할 수 없는 정보를 제공하며, 미래현금흐름을 추정하는 데 보다 유용한 정보를 제공한다. 그러나 시간과 노력이 많이 투입되며, 비중이 높지 않은 현금흐름들도 모두 표시되어 오히려 혼란을 초래할 수 있다는 단점도 존재한다.
- 간접법 : 현금흐름표와 손익계산서 간의 연결고리를 제공해줌으로써 재무제표의 종합적 이해를 증진시킨다는 장점이 있으며, 정보수집 및 처리를 위한 시간 및 비용이 적게 소요된다. 그러나 현금유출입의 분리 없이 단순한 금액의 조정을 통해 순현금흐름만을 보고하기 때문에 미래현금흐름의 창출능력, 원인 등을 평가하고자하는 이용자들이 상세한 정보를 얻기 힘들다.

(물음 4)

현금(역산)	자산	비용	부채	자본	수익
(−)386,000	차량 310,000 감누액 40,000	Dep 40,000			처분이익 4,000

(−)₩386,000(순현금흐름) = ₩24,000(처분금액) − 취득금액

∴ 취득금액 : ₩410,000

(물음 5)

① 사채발행 : ₩190,000 유입

② 유상증자 : ₩62,000 유입

③ 재무활동현금흐름 : ₩190,000 + 62,000 = ₩252,000

문제 3

다음은 유통업을 영위하고 있는 ㈜일산의 20×1년말 및 20×2년말의 재무상태표 및 20×2년의 포괄손익계산서이다.

재무상태표

㈜일산 20×2.12.31 (단위 : 원)

	20×1.12.31	20×2.12.31		20×1.12.31	20×2.12.31
자산			부채		
현금및현금성자산	219	458	매입채무	171	271
매출채권	517	767	미지급법인세	180	190
재고자산	168	98	미지급이자	0	10
파생상품	40	25	유동성장기차입금	128	0
유형자산	232	236	장기차입금	435	635
(감가상각누계액)	(49)	(35)	사채	0	200
특허권 등 무형자산	13	21	(사채할인발행차금)	0	(30)
			자본		
			자본금	100	135
			이익잉여금	126	159
자산총액	1,140	1,570	부채및자본총액	1,140	1,570

포괄손익계산서

㈜일산 20×2.1.1~20×2.12.31 (단위 : 원)

매출	550
매출원가	(270)
매출총이익	280
판매관리비	(95)
이자비용	(60)
파생상품평가손실	(15)
유형자산처분이익	10
법인세비용차감전순이익	120
법인세비용	(60)
당기순이익	60

당기의 ㈜일산의 추가적인 거래자료는 다음과 같다.

1. 공정가치가 ₩55인 유형자산을 현금 ₩20을 지급하고 나머지는 보통주를 발행하여 취득하였다.
2. 취득원가가 ₩51인 유형자산을 현금 ₩37을 수취하고 처분하였다.
3. 현금 ₩13을 지급하고 특허권을 취득하였다.
4. 판매관리비는 감가상각비 및 무형자산상각비를 포함하고 있으며, 이들을 제외한 비용은 전액 현금 지급되었다.

5. 주거래은행으로부터 ₩200을 장기차입하여 만기도래한 유동성장기차입금을 상환하는데 일부 사용하였다. 장기차입금 중 당기에 유동성장기차입금으로 대체된 금액은 없다.

6. 위험회피목적과는 상관없이 보유중인 파생상품에서 평가손실이 발생하여 당기에 반영하였다. 당기 중 취득 및 처분한 파생상품은 없다.

7. 당기 중 액면 ₩200인 사채를 ₩160에 할인발행하였다.

8. 당기 중 현금배당을 결의하고 지급하였다.

9. ㈜일산은 이자와 배당의 지급 및 수취를 현금흐름표에서 영업활동현금흐름 항목으로 처리하는 정책을 채택하고 있다.

(물음 1) 다음과 같이 간접법을 이용하여 현금흐름표를 작성할 때 ① ~ ⑥에 알맞은 금액을 구하되, 감소는 (−)로 표시한다.

현금흐름표

㈜일산	20×2.1.1~20×2.12.31		(단위 : 원)
영업활동현금흐름		투자활동현금흐름	
당기순이익	60	유형자산의 취득	?
가감 :		유형자산의 매각	?
감가상각비	①	무형자산의 취득	?
무형자산상각비	②	투자활동순현금흐름	⑤
이자비용	?		
유형자산처분이익	?	재무활동현금흐름	
법인세비용	?	유동성장기차입금의 상환	?
매출채권 증가	?	장기차입금의 차입	?
파생상품 감소	?	사채의 발행	?
재고자산 감소	?	재무활동순현금흐름	⑥
매입채무 증가	?		
영업에서 창출된 현금	?	현금및현금성자산 순증가	239
이자지급액	③	기초 현금및현금성자산	219
배당지급액	④	기말 현금및현금성자산	458
법인세납부	?		
영업활동순현금흐름	?		

(물음 2) ㈜일산의 영업활동현금흐름을 직접법을 이용하여 작성한다고 가정하고, 아래 ① ~ ③에 알맞은 금액을 구하시오. 감소는 (−)로 표시한다.

현금흐름표

㈜일산	20×2.1.1~20×2.12.31	(단위 : 원)
영업활동현금흐름		
고객으로부터 유입된 현금		①
공급자 및 종업원에 대한 현금유출		②
영업에서 창출된 현금		?
이자지급액		?
배당지급액		?
법인세납부		?
영업활동순현금흐름		③

(물음 3) 위 추가적인 거래자료 중 현금흐름표와 관련하여 주석에 공시하여야 할 사항은 무엇인가?

해설 및 해답 종합문제 (2012년 회계사)

(물음 1) 투자 및 재무활동현금흐름(역산)

① 감가상각비

감가상각누계액 T계정

처분*	24	기초	49
		감가상각비(역산)	**10**
기말	35		

* ₩37(처분금액)−(51−처분자산의 감가상각누계액)=₩10(유형자산처분이익)

② 무형자산상각비

무형자산 T계정

기초	13	상각(역산)	**5**
취득	13		
		기말	21

③ 이자지급액

현금(역산)	자산	비용	부채	자본	수익
(−)40		이자비용 50[1)]	미지급이자 10		

1) ₩60(이자비용)−10(사채할인발행차금 상각액분 이자비용)

④ 배당지급액

이익잉여금 T계정

현금배당(역산)	**27**	기초	126
		당기순이익	60
기말	159		

⑤ 투자활동순현금흐름 : (−)₩20(유형자산의 취득)+37(유형자산의 매각)−13(무형자산의 취득)=₩4

⑥ 재무활동순현금흐름 : (−)₩128(유동성장기차입금의 상환)+200(장기차입금의 차입)+160(사채의 발행)=₩232

(물음 2) 영업활동현금흐름(직접법)

① 고객으로부터 유입된 현금흐름

현금(역산)	자산	비용	부채	자본	수익
300	매출채권 250				매출액 550

② 공급자 및 종업원에 대한 현금유출

현금(역산)	자산	비용	부채	자본	수익
(−)180	재고자산 (70)	매출원가 270 판관비 80[1)]			

1) 감가상각비와 무형자산 상각비는 영업활동현금흐름과 관련 없으므로 제거: ₩95(판매비와 관리비) − 10(감가상각비)−5(무형자산상각비)

③ 영업활동순현금흐름 : ₩300(고객으로부터 유입된 현금흐름)−180(공급자 및 종업원에 대한 현금유출) − 40(이자지급액)−27(배당지급액)−50(법인세납부액*)=₩3

* 법인세납부액 : ₩60(법인세비용)−10(미지급법인세 증가액)

(물음 3)

• 중요한 비현금거래 : 현물출자에 의한 유형자산의 취득

문제 4

우리㈜의 부분재무제표는 다음과 같다.

부분재무상태표

계정과목	20×2.12.31	20×3.12.31.
매출채권	₩ 2,500	₩ 2,800
손실충당금	(50)	(65)
재고자산	3,600	3,500
유형자산	9,200	?
감가상각누계액	(2,100)	(2,300)
선급판매비용	900	870
매입채무	1,200	1,350
미지급판매비용	740	620
미지급법인세	300	320
외화장기차입금	?	4,850
순확정급여부채	1,450	1,640

부분포괄손익계산서

(20×3년 1월1일부터 20×3년 12월31일까지)

계정과목	금 액
감가상각비	₩ 800
퇴직급여	300
매출채권손상차손	20
유형자산처분손실	250
외화환산손실	200

부분현금흐름표(직접법)

(20×3년 1월1일부터 20×3년 12월31일까지)

계정과목	금 액
고객으로부터의 현금유입액	₩ 45,695
공급자에 대한 현금유출액	(39,000)
판매관리비 유출액	(1,900)
법인세비용 유출액	(790)
퇴직금 유출액	(110)
유형자산의 처분으로 인한 유입액	1,750
유형자산의 취득으로 인한 유출액	(1,800)
외화장기차입금의 차입으로 인한 유입액	2,100
외화장기차입금의 상환으로 인한 유출액	(4,250)

(물음 1) 20×3년도 포괄손익계산서의 ①매출액과 ②매출원가를 산출하시오.

(물음 2) 20×3년도 재무상태표의 ① 외화장기차입금 기초잔액과 ② 유형자산 기말잔액을 산출하시오.

(물음 3) 20×3년도 현금흐름표의 영업활동으로 인한 현금흐름은 ₩3,895이다. 20×3년도 당기순이익을 산출하시오.

해설 및 해답 발생주의로의 역산 (2004년 회계사)

(물음 1) 영업활동현금흐름(직접법)

① 매출액

현금	자산	비용	부채	자본	수익(역산)
45,695	매출채권 300 손실충당금 (15)	손상차손 20			매출액 46,000

② 매출원가

현금	자산	비용(역산)	부채	자본	수익
(39,000)	재고자산 (100)	매출원가 39,250	매입채무 150		

(물음 2) 투자 및 재무활동현금흐름(역산)

① 외화장기차입금 기초잔액

㉠ 외화장기차입금 증감액의 계산

현금	자산	비용	부채(역산)	자본	수익
(2,150)[1]		외화손실 200	외화장기차입금 (1,950)		

1) 외화장기차입금의 현금흐름 : ₩2,100−4,250

㉡ **₩6,800(기초 외화장기차입금−역산)** −1,950(증감액)=₩4,850(기말 외화장기차입금)

② 유형자산 기말잔액

㉠ 유형자산 증감액의 계산

현금	자산(역산)	비용	부채	자본	수익
(50)[1]	유형자산 (800) 감누액(200)	감가상각비 800 처분손실 250			

1) 유형자산관련 현금흐름 : 1,750－1,800

㉡ 유형자산의 기말잔액 : ₩9,200(기초잔액)－800(유형자산의 감소)＝**₩8,400**

(물음 3) 영업활동현금흐름(간접법)

① 영업에서 창출된 현금흐름의 역산

영업에서 창출된 현금흐름(역산)	**₩4,685**
법인세 지급액	(790)
영업활동현금흐름	₩3,895

② 법인세비용 차감전 순이익 역산

법인세비용차감전순이익(역산)	**₩3,370**		
• 관련없는 손익의 가감		• 관련있는 자산부채의 가감	
감가상각비	800	매출채권의 증가	(300)
유형자산처분손실	250	손실충당금의 증가	15
외환손실	200	재고자산의 감소	100
		선급판매비용의 감소	30
		매입채무의 증가	150
		미지급판매비용의 감소	(120)
		확정급여부채의 증가	190
소계	₩4,620	영업에서 창출된 현금흐름	₩4,685

③ 당기순이익의 역산

㉠ 법인세비용의 역산

현금	자산	비용(역산)	부채	자본	수익
(790)		법인세비용 810	미지급법인세 20		

㉡ 당기순이익 : ₩3,370(세전손익)－810＝₩2,560

문제 5 저유

다음은 ㈜세무건설의 20×7년 말 비교재무상태표의 일부 자료이다. ㈜세무건설은 이자지급액을 영업활동으로 분류한다.

〈 비교재무상태표 〉

(단위: 원)

자산	20×6년 말	20×7년 말	부채 및 자본	20×6년 말	20×7년 말
현금및현금성자산	500,000	800,000	단기차입금	200,000	250,000
……	……	……	……	……	……
기계장치	2,000,000	1,500,000	미지급금	0	500,000
(감가상각누계액)	(400,000)	(500,000)	금융리스부채	–	950,700
사용권자산	–	1,150,000	……	……	……
(감가상각누계액)	–	(230,000)	……	……	……
……	……	……	……	……	……
자산 총계	3,800,000	4,000,000	부채 및 자본 총계	3,800,000	4,000,000

(물음 1) ㈜세무건설이 20×5년에 수주한 장기건설공사는 3년 동안 수행된다. 최초 계약금액은 ₩3,000,000이었으나 20×6년 초에 ₩4,000,000으로 증가하였는데, 이러한 계약금액의 증가는 20×6년 초 원자재 가격 상승으로 인한 것이다. 장기건설계약의 결과는 신뢰성 있게 추정될 수 있으며, 진행기준 적용 시 진행률은 총추정원가 대비 현재까지 발생한 누적원가의 비율로 계산한다. 장기건설공사와 관련된 정보는 다음과 같다.

구분	20×5년	20×6년	20×7년
당기 발생원가	₩600,000	₩2,550,000	₩1,100,000
완성 시까지 추가 소요원가	1,800,000	1,050,000	0
계약자산(부채) 잔액*	부채 250,000	자산 500,000	–
수취채권 잔액	200,000	500,000	–

* 손실충당부채는 별도의 부채로 인식하였다.

장기건설공사와 관련된 공사원가 발생액은 모두 현금거래이다. 20×7년말 공사 종료 시까지 계약대금 ₩4,000,000은 모두 회수되었다. 이 경우, ㈜세무건설이 상기 장기건설공사와 관련하여 20×5년부터 20×7년까지 현금흐름표에 보고할 현금유출입 금액(① ~ ③)을 계산하고 현금흐름의 활동구분(④ ~ ⑥)을 기술하시오. (단, 현금유출의 경우에는 금액 앞에 (–)표시를 하시오.)

구분	20×5년	20×6년	20×7년
현금유출입 금액	①	②	③
현금흐름의 활동구분	④	⑤	⑥

(물음 2) ㈜세무건설은 20×7년 중에 ₩1,000,000의 기계장치를 구입하였으며, 장부금액이 ₩1,300,000인 기계장치를 ₩1,500,000에 처분하였다. 이외에 기계장치 구입 및 처분과 관련된 거래는 없다. 20×7년 말 미지급금 잔액 ₩500,000은 20×7년 중 기계장치를 취득하는 과정에서 발생한 것으로 기중에 상환된 금액은 없다. 이 경우 기계장치에서 20×7년에 발생한 감가상각비를 계산하시오.

(물음 3) ㈜세무건설은 20×7년 1월 2일 ㈜대한리스로부터 기계장치를 리스하는 계약을 체결하였다. 동일자에 리스를 개시하였으며, 리스기간은 5년이다. 리스계약에는 소유권이전약정이나 염가매수선택권이 없다. 리스개시일 현재 리스자산의 공정가치는 ₩1,261,000이며, 리스기간 종료 시 예상잔존가치는 ₩200,000이다. 리스기간 종료시점에 ㈜세무건설은 예상잔존가치를 전액 보증한다.
고정리스료 ₩300,000은 매년 12월 31일에 5년간 지급된다. ㈜세무건설은 리스개설과 관련한 법률비용으로 ₩13,000을 지급하였다.
기계장치의 내용연수는 8년이고, 내용연수종료시점의 잔존가치는 없으며, ㈜세무건설은 기계장치를 정액법으로 감가상각한다.
리스순투자와 리스총투자를 일치시키는 내재이자율은 연 10%이다. 법인세효과는 고려하지 않으며, 소수점 첫째자리에서 반올림하여 계산한다.

기간	1	2	3	4	5	6
단일금액 ₩1의 현가계수	0.91	0.83	0.75	0.68	0.62	0.56
정상연금 ₩1의 현가계수	0.91	1.74	2.49	3.17	3.79	4.35

간접법으로 현금흐름표를 작성하는 경우 금융리스와 관련된 사항들은 ㈜세무건설의 20×7년 12월 31일로 종료하는 회계연도의 현금흐름표상 어디에 어떤 형태로 표시하여야 하는가? 영업, 투자 또는 재무 활동으로 인한 현금흐름에 가산 또는 차감 표시하여야 할 금액을 아래 양식에 따라 각 항목별로 표시하시오.

영업	투자	재무
①	②	③

(물음 4) ㈜세무건설은 20×7년에 처음으로 대한은행과 당좌차월 계약(금융회사의 요구에 따라 즉시 상환해야 하는 조건이 있음)을 체결하였으며, 20×7년 말 단기차입금 잔액 ₩250,000에는 당좌차월 금액 ₩150,000이 포함되어 있다. ㈜세무건설은 단기차입금을 항상 만기 3개월 이내로 차입하여 상환하고 있으며, 20×7년 중 당좌차월 거래를 제외한 단기차입금 상환액은 ₩1,000,000이다.

(물음 4-1) ㈜세무건설이 20×7년 현금흐름표에 보고할 현금및현금성자산의 순증감액을 계산하시오. (단, 현금및현금성자산이 감소하는 경우에는 금액 앞에 (−)표시를 하시오.)

(물음 4-2) ㈜세무건설이 20×7년 단기차입금 거래를 현금흐름표에 보고할 때, 현금유출입 금액을 계산하고 현금흐름의 활동구분을 기술하시오. (단, 현금유출의 경우에는 금액 앞에 (−)표시를 하시오.)

(물음 4-3) 투자활동과 재무활동 현금흐름은 총현금유입과 총현금유출을 주요 항목별로 구분하여 총액으로 표시하는 것을 원칙으로 한다. 그러나 'K−IFRS 제1007호 문단 22'에는 영업활동, 투자활동 또는 재무활동에서 발생하는 현금흐름을 순증감액으로 보고할 수 있는 거래 유형이 제시되어 있다. ① 현금흐름표 작성 시 현금흐름을 순증감액으로 보고할 수 있는 현금흐름 거래 유형 2가지를 기술하고, ② ㈜세무건설의 단기차입금 거래가 현금흐름표에 순증감액으로 보고될 수 있는 현금흐름 거래 유형에 해당하는지를 간략히 설명하시오.

해설 및 해답 종합문제 (2017년 세무사 수정)

(물음 1) 건설계약관련 현금흐름(역산)

1. 계약손익의 계산

	20×5년	20×6년	20×7년
누적발생원가	600,000	3,150,000	4,250,000
총 예상원가	2,400,000[1]	4,200,000	4,250,000
누적 진행률	25%	75%	100%
누적 계약수익 인식액	750,000	3,000,000	4,000,000
누적 계약원가 인식액	600,000	3,150,000	4,250,000
손실충당부채	−	(50,000)[2]	−
누적 계약손익 인식액	150,000	(200,000)	(250,000)
당기 이익 인식액	150,000	(350,000)	(50,000)

1) 20×5년 총예상원가 : ₩600,000(20×5년 누적발생원가)+1,800,000(추가소요원가)

2) 20×6년 예상손실 : [₩4,200,000(총예상원가)−4,000,000(총수익)](총손실 예상액)−150,000(누적 손실 인식액)

2. 현금수령액의 계산

① 누적 청구액의 역산

구분	20×5년	20×6년	20×7년
계약자산(누적수익)	750,000	3,000,000	4,000,000
계약부채(누적청구액－역산)	(1,000,000)	(2,500,000)	(4,000,000)
순계약자산(부채)	(250,000)	500,000	－

② 현금 유입액의 역산

구분	20×5년	20×6년	20×7년
계약부채(누적청구액)	1,000,000	2,500,000	4,000,000
누적회수액(현금유입액－역산)	(800,000)	(2,000,000)	(4,000,000)
수취채권 잔액	200,000	500,000	－

③ 순현금흐름의 계산

구분	20×5년	20×6년	20×7년
당기 현금유입액1)	800,000	1,200,000	2,000,000
당기 현금유출액2)	(600,000)	(2,550,000)	(1,100,000)
순현금흐름	200,000	(1,350,000)	900,000

1) 당기현금유입액 : 당기 누적회수액(해답②참조)－전기 누적회수액(해답②참조)
2) 계약원가 발생액

3. 답안의 작성

구분	20×5년	20×6년	20×7년
현금유출입 금액	① ₩200,000	② (－)₩1,350,000	③ ₩900,000
현금흐름의 활동구분	④ 영업활동	⑤ 영업활동	⑥ 영업활동

① ₩800,000(20×5년 대금회수액)－600,000(20×5년 당기발생원가)
③ ₩1,200,000(20×6년 대금회수액)－2,550,000(20×6년 당기발생원가)
⑤ ₩2,000,000(20×7년 대금회수액)－1,100,000(20×7년 당기발생원가)
②, ④, ⑥ : 영업활동(건설계약을 주된 영업활동으로 하므로 장기건설공사로 인한 현금유출입액은 영업활동으로 분류)

(물음 2) 투자활동현금흐름(역산)

현금	자산	비용(역산)	부채	자본	수익
1,000,000[1]	유형 (500,000) 감누액(100,000)	감가상각비 **300,000**	미지급금 500,000		처분이익 200,000[2]

1) ₩1,500,000(처분금액)－(1,000,000(취득원가)－500,000(미지급금))
2) ₩1,500,000(처분금액)－1,300,000(장부금액)

(물음 3) 금융리스관련 현금흐름

1. 미래현금흐름의 정리

		20×7년	20×8년	20×9년	2010년	2011년
고정리스료		300,000	300,000	300,000	300,000	300,000
보증잔존가치						200,000
리스부채	₩1,137,000[1]					
사용권자산	₩1,150,000[2]					

(10% 할인)

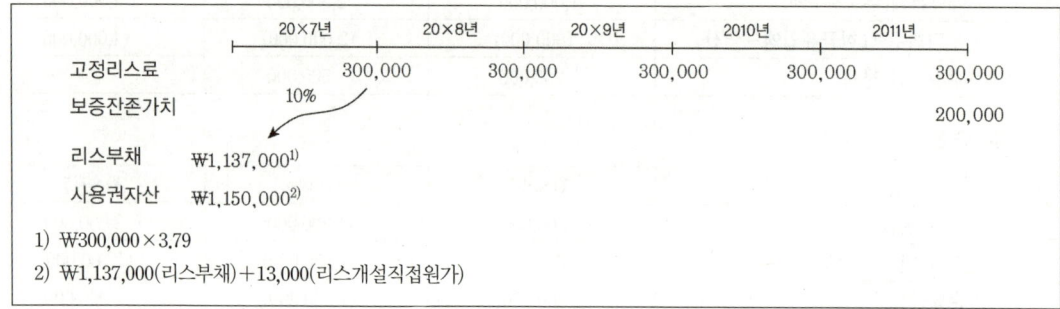

1) ₩300,000×3.79
2) ₩1,137,000(리스부채)＋13,000(리스개설직접원가)

2. 관련 손익 금액의 계산

① 이자비용 : ₩1,137,000×10%＝₩113,700
② 감가상각비 ₩1,150,000÷min[5년(리스기간), 8년(경제적내용연수)]＝₩230,000

3. 답안의 작성

영업	투자	재무
① ₩230,000	② (－)₩13,000	③ (－)₩186,300

① 영업활동현금흐름 : ₩343,700－113,700(이자의 지급액)＝₩230,000
 ㉠ 영업에서창출된현금흐름 : ₩113,700(이자비용 가산)＋230,000(감가상각비 가산)＝₩343,700
 ㉡ 기타영업활동현금흐름 : (－)₩113,700(이자의 지급액)

② 리스개설직접원가 ₩13,000

③ ₩300,000(정기리스료)－113,700(이자의지급액)＝₩186,300(금융부채 상환액)

[별해] 리스이용자의 회계처리

20×1년 12월 31일	(차) 이 자 비 용	113,700	(대) 현 금	300,000
	금 융 리 스 부 채	186,300		
	(차) 감 가 상 각 비	230,000	(대) 감 가 상 각 누 계 액	230,000

(물음 4) 현금및현금성자산의 구성요소-당좌차월

(물음 4-1)

기말현금	₩800,000 − 150,000(단기차입금) =	₩650,000
기초현금		(500,000)
		₩150,000

(물음 4-2)

① 단기차입금의 순 현금흐름 : [₩250,000(기말잔액) − 150,000(현금으로 분류되는 당좌차월)] − 200,000(기초잔액) = (−)₩100,000

② 총 현금흐름 : ₩900,000(유입액 − 역산) − 1,000,000(상환액) = (−)₩100,000(순현금흐름)
⇨ 재무활동 현금흐름으로 분류

(물음 4-3)

① 현금흐름을 순증감액으로 보고할 수 있는 현금흐름 거래의 유형(K−IFRS 1007호 문단 22)
㉠ 현금흐름이 기업의 활동이 아닌 고객의 활동을 반영하는 경우로서 고객을 대리함에 따라 발생하는 현금유입과 현금유출
㉡ 회전율이 높고 금액이 크며 만기가 짧은 항목과 관련된 현금유입과 현금유출

② ㈜세무건설의 단기차입금은 만기3개월 이내로 차입하여 상환하고 있으므로 회전율이 높고 금액이 크며 만기가 짧은 항목과 관련된 현금유출에 해당한다. 따라서 순증감액으로 보고할 수 있다.

문제 6

현금흐름표를 간접법으로 작성하는 경우 현금흐름은 법인세비용 차감전 순이익에서 발생액(accruals)을 조정하여 산출한다. 다음은 유통업을 영위하고 있는 ㈜오름의 20×7년 12월 31일로 종료하는 회계연도의 현금흐름표를 작성할 때 고려하여야 할 항목들이다. 각 항목은 서로 독립적이며, ㈜오름은 이자와 배당의 수취액과 지급액은 영업활동으로 분류한다.

1. 단기매매금융자산의 당기 변동내역은 다음과 같다.

계정과목	기초	기말	증감
단기매매금융자산	200,000	160,000	(40,000)

기초에 보유했던 단기매매금융자산 ₩200,000을 처분하여 단기매매금융자산처분이익 ₩50,000이 발생하였다. 당기에 발생한 단기매매금융자산 평가손실은 ₩30,000이다.

2. 매입채무의 당기 변동내역은 다음과 같다.

계정과목	기초	기말	증감
매입채무	300,000	250,000	(50,000)

당기의 외화환산손실 ₩20,000은 모두 외화매입채무에서 발생한 것이다.

3. 기타포괄손익－공정가치 측정 금융자산(지분상품)과 기타포괄손익－공정가치 측정 금융자산평가이익의 당기 변동내역은 다음과 같다.

계정과목	기초	기말	증감
기타포괄손익－공정가치 측정금융자산	240,000	260,000	20,000
기타포괄손익금융자산평가이익	13,000	14,000	1,000

당기에 기타포괄손익－공정가치 측정 금융자산을 ₩70,000에 처분하며, 기타포괄손익－공정가치 측정 금융자산평가손실이 ₩10,000 인식되었다. 위 처분거래와 기타포괄손익－공정가치 측정 금융자산의 취득과 공정가치에 의한 평가 외에 기타포괄손익－공정가치 측정 금융자산의 증감을 가져오는 거래는 당기 중 발생하지 않았다. 기타포괄손익－공정가치 측정 금융자산의 취득과 처분거래는 모두 현금거래이다.

4. 관계기업투자주식의 당기 변동내역은 다음과 같다.

계정과목	기초	기말	증감
관계기업투자주식	240,000	280,000	40,000

당기의 지분법이익은 ₩50,000이고, 지분법자본변동(기타포괄손익누계액) 증가액은 ₩10,000이다. 한편, 관계기업으로부터 당기 중 받은 현금배당금은 ₩20,000이다. 당기 중 관계기업투자주식의 추가취득과 처분은 없었다.

5. 사채의 당기 변동내역은 다음과 같다.

계정과목	기초	기말	증감
사채	400,000	680,000	280,000
사채할인발행차금	(15,000)	(10,000)	−(5,000)
계	385,000	670,000	285,000

당기에 발생한 사채이자 ₩45,000에는 사채이자 현금지급액 ₩40,000과 사채할인발행차금상각액 ₩5,000이 포함되어 있다. 당기 중에 액면가로 사채를 추가 발행하여 ₩300,000이 전액 납입되었다. 당기의 외화환산이익 ₩20,000은 모두 외화사채에서 발생한 것이다.

6. 당기 중 보통주식 10,000주(액면가 ₩5)를 ₩200,000에 발행하였다. 또한, 이익준비금 ₩100,000의 자본전입을 통해 무상주 20,000주를 발행하였다. 당기 중 ₩30,000의 현금배당금을 지급하였으며, 20×8년 2월 26일 주주총회에서 ₩50,000의 현금배당을 선언할 예정이다.

(물음 1) 간접법으로 현금흐름표를 작성하는 경우 상기 6가지 항목은 ㈜오름의 20×7년 12월 31일로 종료하는 회계연도의 현금흐름표상 어디에 어떤 형태로 표시하여야 하는가? 영업에서 창출된 현금흐름, 투자활동 현금흐름 또는 재무활동 현금흐름에 가산 또는 차감 표시하여야 할 금액을 아래 양식에 따라 각 항목별로 표시하시오.

(예시) 7. 당기 영업권 취득액은 ₩10,000이고, 영업권 손상액은 ₩2,000이다.

항목 번호	영업에서 창출된 현금흐름	투자	재무
7	①+2,000	② (10,000)	③ 없음

(물음 2) 손익계산서와 현금흐름표를 통해 제공되는 정보의 차이점은 무엇인가? 건물을 취득, 사용 및 처분하는 각각의 과정에서 손익계산서와 현금흐름표를 통해 제공되는 정보의 차이를 예로 들어 6줄 내외로 답하시오.

해설 및 해답 현금흐름표의 표시항목 (2007년 회계사 수정)

항목 번호	영업에서 창출된 현금흐름	투자	재무
1	① +40,000	② 없음	③ 없음
2	① (−)₩50,000	② 없음	③ 없음
3	① 없음	② (−)₩19,000	③ 없음
4	① (−)₩50,000	② 없음	③ 없음
5	① ₩25,000	② 없음	③ ₩300,000
6	① 없음	② 없음	③ ₩200,000

1. 단기매매금융자산

① 영업에서창출된현금흐름 가감항목 : ₩40,000(단기매매금융자산 감소의 가산)

2. 매입채무

① 영업에서창출된현금흐름 가감항목 : (−)₩50,000(매입채무의 감소)

3. 기타포괄손익-공정가치 측정 금융자산

① 없음 (영업에서창출된현금흐름과 관련없는 손익이나, 관련있는 자산부채를 발생시키지 않음)

② 기타포괄손익−공정가치 측정 금융자산의 순현금흐름 : (−)₩20,000(금융자산의 증가)+1,000(평가이익의 증가)=(−)₩19,000

* 처분시 평가손익인식액(기타포괄손익)은 재무상태표상의 기타포괄손익누계액의 변동에 이미 포함되어 있으므로 별도로 고려하지 않는다.

4. 관계기업투자주식

① 영업에서창출된현금흐름 가감항목 : (−)₩50,000(지분법이익)

* 배당금 수취액(₩20,000)은 기타영업활동현금흐름으로 분류되므로 영업에서창출된현금흐름에 영향을 미치지 않음

② 없음(관계기업 투자주식의 취득과 처분이 없으므로 관련현금흐름은 존재하지 않는다.)

5. 사채

① 영업에서창출된현금흐름 가감항목 : ₩45,000(이자비용)−20,000(외환이익)=₩25,000

③ ₩280,000(사채의 증가)+5,000(사채할인발행차금의 감소)+20,000(외환차익)−5,000(사채할인발행차금 상각분 이자비용)=₩300,000(사채의 현금흐름)

6. 유상증자 및 현금배당

③ ₩200,000(유상증자)

* 배당의 지급은 기타영업활동현금흐름으로 분류되므로 영업에서 창출된 현금흐름이나 재무활동 현금흐름 어디에도 영향을 미치지 않음

(물음 2)

- 손익계산서는 발생주의에 의한 경영성과를 표시하는 반면, 현금흐름표는 현금주의에 따른 경영성과를 표시한다. 따라서 손익계산서는 건물의 사용과정에서 취득원가의 배분과정을 감가상각비를 통해 수익에 배분하는 과정을 나타낸다. 한편, 처분시 발생하는 처분손익에 대한 정보 역시 제공한다. 반면, 현금흐름표는 건물의 취득과정에서 유출된 현금과 처분과정에서 유입된 현금 정보만을 나타낸다.

문제 7

다음의 〈자료〉를 이용하여 물음에 답하시오.

〈 자 료 〉

다음은 제조업을 영위하고 있는 ㈜대한의 재무상태표 계정 중 20×2년 기초대비 기말잔액이 증가(감소)한 계정의 일부이다(자산 및 부채 모두 증가는 (+), 감소는 (−)로 표시하였음).

계정	증감		계정	증감	
매출채권	(+)	₩200,000	제품보증충당부채	(+)	45,000
손실충당금(매출채권)	(+)	30,000	미지급이자	(+)	1,000
토지	(+)	50,000	사채	?	
건물	(+)	250,000	사채할인발행차금	?	
감가상각누계액(건물)	(−)	7,000			

20×2년 12월 31일로 종료되는 회계연도의 현금흐름표를 작성할 때 추가적으로 고려하여야 할 항목들은 다음과 같다.

1. ㈜대한의 매출채권은 전액 미국에 수출하여 발생한 것이다. 매출채권과 관련하여 당기 포괄손익계산서에 계상된 외화환산손실은 ₩40,000이고 외환차손은 ₩20,000이며 손상차손은 ₩5,000이다.
2. 당기 중 토지 ₩50,000을 주주로부터 현물로 출자 받았고, 건물을 ₩300,000에 신규 취득하였다. 토지와 건물의 증감은 토지의 취득, 건물의 취득 및 처분으로 발생한 것이다. 포괄손익계산서에 계상된 당기의 감가상각비는 ₩3,000이고, 건물의 처분으로 인하여 발생한 처분이익은 ₩10,000이다.
3. ㈜대한은 판매한 제품에 대하여 2년간 보증해주고 있으며 재무상태표에 제품보증충당부채를 표시하고 있다. 당기 말에 최선의 추정치로 측정하여 포괄손익계산서에 계상한 품질보증비용은 ₩60,000이고, 이외의 변동은 모두 보증으로 인한 수리활동으로 지출된 금액이다.
4. 당기 초에 발행된 사채의 액면금액은 ₩90,000, 발행 시 사채할인발행차금은 ₩6,000이다. 당기 포괄손익계산서에 계상된 사채의 이자비용은 ₩9,000(사채할인발행차금 상각액 ₩1,800(당기사채발행분) 포함)이다. 동 사채 액면 ₩90,000중 ₩30,000은 당기 말에 상환되었으며, 포괄손익계산서에 계상된 사채상환이익은 ₩800이다.

(물 음) ㈜대한이 20×2년 12월 31일로 종료되는 회계연도의 현금흐름표를 간접법으로 작성하는 경우 상기 4가지 추가항목과 관련하여 현금흐름표 상 영업, 투자 또는 재무활동으로 인한 현금흐름에 가산 또는 차감 표시하여야 할 금액을 아래 양식에 따라 각 항목별로 표시하시오. 단, ㈜대한은 이자수취 및 지급을 영업활동으로 분류하고 있으며, 당기순이익은 영업활동으로 인한 현금흐름에 가산하였다.

(예시) 5. 당기 무형자산의 취득액은 ₩12,000이고, 무형자산 상각액은 ₩4,000이다.

항목 번호	활동 구분	현금흐름 가산(+) 또는 차감(−)	금액
5	영업	+	4,000
	투자	−	12,000
	재무	없음	

해설 및 해답 현금흐름표의 표시항목 (2020년 회계사 수정)

항목 번호	영업	투자	재무
1	① (−)₩170,000	② 없음	③ 없음
2	① (−)₩7,000	② (−)₩250,000	③ 없음
3	① ₩45,000	② 없음	③ 없음
4	① ₩2,000	② 없음	③ ₩56,200

1. 매출채권

① 영업에서창출된현금흐름 가감항목 : (−)₩200,000(매출채권의 증가)+30,000(손실충당금의 증가) =(−)₩170,000

2. 토지 및 건물의 거래

① 영업에서창출된현금흐름 가감항목 : ₩3,000(감가상각비의 가산)−10,000(처분이익의 차감)=(−)₩7,000

② 투자활동현금흐름 : ₩250,000 유출

현금	자산	비용	부채	자본	수익
(250,000)	토지 50,000 건물 250,000 감누액 7,000	감가상각비 3,000		납입자본 50,000	처분이익 10,000

3. 품질보증충당부채

① 영업에서창출된현금흐름 가감항목 : ₩45,000(충당부채의 증가)

4. 사채

① 영업활동 순현금흐름 표시항목 : ₩8,200−6,200=₩2,000

㉠ 영업에서창출된 현금흐름 가감항목 : ₩9,000(이자비용)−800(사채상환이익)=₩8,200(가산)

㉡ 기타영업활동현금흐름 표시항목 : (−)₩6,200(이자지급액)

현금	자산	비용	부채	자본	수익
(6,200)		이자비용 7,200[1)]	미지급이자 1,000		

1) ₩9,000(이자비용)−1,800(사채할인발행차금 상각분)

③ 재무활동 순현금흐름 표시항목 : ₩84,000−27,800=₩56,200

㉠ 사채발행금액 : ₩90,000−6,000=₩84,000 유입

㉡ 사채상환금액 : (₩84,000+1,800)(기말 사채 장부금액)×1/3−상환금액=₩800(상환이익)

∴ 상환금액(역산) : ₩27,800

문제 8

※ 다음의 각 물음은 독립적이다.

(물음 1) ㈜대한은 현금흐름표를 직접법으로 작성하고 있다.

〈 자료 1 〉

1. 다음은 ㈜대한의 20×2년과 20×1년 재무제표 일부이다.

(단위 : ₩)

계정	20×2년 말	20×1년 말
매출채권	12,000	11,500
손실충당금(매출채권)	(1,050)	(950)
선급이자비용	1,250	870
재고자산	28,000	26,000
평가충당금(재고자산)	(1,900)	(2,300)
매입채무	25,000	17,000
미지급이자비용	2,330	3,150
미지급법인세	9,600	7,500
이연법인세부채	1,200	1,130

(단위 : ₩)

계정	20×2년 말	20×1년 말
매출액	98,000	95,000
매출원가	49,000	48,300
이자비용	4,800	4,670
법인세비용	8,750	6,800

2. 20×2년 중 매출채권과 상계된 손실충당금은 ₩800이다.
3. 20×2년 중 매입채무와 관련하여 외환차익 ₩200과 외화환산이익 ₩400이 발생하였다.
4. 20×2년 법인세비용에는 유형자산처분이익으로 인해 추가 납부한 법인세 ₩280이 포함되어 있다.

〈자료 1〉을 이용하여 ㈜대한의 20×2년도 영업활동 현금흐름에 포함될 다음 금액을 계산하시오.

고객으로부터 유입된 현금	①
공급자에게 지급한 현금	②
법인세로 납부한 현금	③
이자로 지급한 현금	④

(물음 2) 다음은 ㈜대한의 20×2년도 현금흐름표 작성을 위한 자료이다.

〈자료 2〉

1. 다음은 ㈜대한의 20×2년과 20×1년 재무제표 일부이다.

(단위 : ₩)

계정	20×2년 말	20×1년 말
유형자산(취득원가)	270,000	245,000
감가상각누계액	(178,000)	(167,000)
미지급금	30,000	11,500
사채	270,000	200,000
사채할인발행차금	(35,000)	(35,000)
자본금	115,000	100,000
자본잉여금	52,000	40,000
자기주식	(8,500)	(10,000)
이익잉여금	75,000	90,000

(단위 : ₩)

계정	20×2년 말	20×1년 말
감가상각비(유형자산)	32,000	31,500
유형자산처분이익	13,000	4,500
사채할인발행차금상각	4,000	4,100
사채상환이익	1,000	800
당기순이익	38,000	16,000

2. 20×2년 취득한 유형자산 구입금액 중 ₩15,000은 미지급금에 포함되어 있으며, ㈜대한은 해당 유형자산을 취득하면서 복구충당부채 ₩3,000에 대한 회계처리를 누락하였다.
3. 유형자산의 처분과 사채의 발행 및 상환은 현금거래로 이루어졌으며, 현금 지급된 사채이자는 없는 것으로 가정한다.
4. 20×1년에 액면발행한 상환주식(㈜대한이 상환권 보유) ₩30,000을 20×2년 중 이사회 결의를 통해 발행 금액으로 상환을 완료하였다. 상환과 관련하여 주주총회를 개최하지 않았으며, 상법규정에 따라 회계처리하였다.
5. 20×2년 중 장부금액 ₩5,000의 자기주식을 처분하였다.
6. 20×2년 3월 개최된 정기주주총회에서 주식배당 ₩15,000과 현금배당이 의결되었으며, 현금배당에 따른 이익준비금은 적립되지 않았다.

〈자료 2〉를 이용하여 ㈜대한의 20×2년도 현금흐름표에 포함될 다음 금액을 계산하시오.

유형자산 관련 순현금유출액	①
사채 관련 순현금유입액	②
배당으로 지급된 현금	③
자본 관련 현금유출액	④

해설 및 해답 현금흐름표의 역산 (2023년 회계사)

(물음 1)

고객으로부터 유입된 현금	①	₩96,700
공급자에게 지급한 현금	②	₩42,800
법인세로 납부한 현금	③	₩6,300
이자로 지급한 현금	④	₩6,000

① 고객으로부터 유입된 현금

현금(역산)	자산	비용	부채	자본	수익
96,700	매출채권 500 손실충당금 (100)	손상차손 900[1]			매출액 98,000

1) ₩950(기초 손실충당금)+손상차손−800(손상발생액)=₩1,050(기말 손실충당금)
∴ 손상차손 : ₩900

② 공급자에게 지급한 현금

현금(역산)	자산	비용	부채	자본	수익
(42,800)	재고자산 2,000 평가충당금 400	매출원가 49,000	매입채무 8,000		외환차익 200 환산이익 400

③ 법인세로 납부한 현금

현금(역산)	자산	비용	부채	자본	수익
(6,580)		법인세비용 8,750	미지급 2,100 이연부채 70		

∴ 영업활동현금흐름에 포함될 법인세납부액 : ₩6,580−280(유형자산 처분으로 인한 법인세 납부액) =₩6,300(투자활동이나 재무활동으로 분류한 현금흐름을 유발하는 개별 거래와 관련된 법인세 현금흐름을 실무적으로 식별할 수 있다면, 그 법인세 현금흐름은 투자활동이나 재무활동으로 적절히 분류한다.)

④ 이자로 지급한 현금

현금(역산)	자산	비용	부채	자본	수익
(6,000)	선급이자 380	이자비용 4,800	미지급이자 (820)		

(물음 2)

유형자산 관련 순현금유출액	①	₩18,000
사채 관련 순현금유입액	②	₩67,000
배당으로 지급된 현금	③	₩8,000
자본 관련 현금유출액	④	₩33,500

① 유형자산 관련 순현금유출액

현금(역산)	자산	비용	부채	자본	수익
(18,000)	유형 28,000[1)] 감누액 (11,000)	감가상각비 32,000	미지급금 15,000 복구부채 3,000		유형자산처분이익 13,000

1) ₩270,000(기말)−245,000(기초)+3,000(복구충당부채에 의한 취득원가 증가분)

② 사채 관련 순현금유입액

현금(역산)	자산	비용	부채	자본	수익
67,000		이자비용 4,000[1)]	사채 70,000		사채상환이익 1,000

1) 사채할인발행차금 상각분 이자비용

③ 배당으로 지급된 현금

이익잉여금 T계정

주식배당	15,000	기초	90,000
상환주식 상환	30,000	당기순이익	38,000
현금배당(역산)	**8,000**		
기말	75,000		

④ 자본 관련 현금유출액

㉠ 자기주식 관련 현금흐름

현금(역산)	자산	비용	자본	수익
13,500			자본잉여금 12,000[1)] 자 기 주 식 1,500	

1) 자본잉여금의 증가의 원인은 별도의 언급이 없으므로 자기주식처분이익으로 유추할 수 있음

- 자기주식 처분으로 인한 현금유입액 : ₩12,000(자기주식처분이익)+5,000(자기주식 장부금액) =₩17,000
- ₩13,500(순현금흐름)=17,000(자기주식 처분으로 인한 현금유입액)−현금유출액
  ∴ 현금유출액 : ₩3,500

㉡ 자본 관련 현금유출액 : ₩3,500(자기주식 취득으로 인한 유출액)+30,000(상환주식 상환) =₩33,500

[별해] 현금흐름의 분류

- 상법에 따른 상환주식의 상환은 이익잉여금의 처분으로 이루어지므로 회계상으로는 배당과 동일한 회계처리를 하지만, 현금흐름의 분류는 배당의 지급보다는 자본관련 현금유출액에 포함하는 것이 타당하다 판단하였다. 한편, 동 문제는 상법상 주식배당은 이익배당의 1/2를 초과하면 안된다는 규정을 위배하고 있지만 문제에서 제시된 바대로 회계처리를 수행하였다.

문제 9 저유

다음은 ㈜우리의 20×2년말 시산표 및 별도의 포괄손익계산서이다.

시산표

㈜우리 20×2.12.31 (단위 : 원)

구분	20×1말	20×2말	구분	20×1말	20×2말
현금및현금성자산	4,164	???	매입채무	4,874	4,677
단기매매금융자산	16,012	16,086	단기차입금	10,000	10,000
매출채권	9,429	8,923	미지급이자	711	667
(손실충당금)	(52)	(64)	미지급법인세	200	246
미수금	207	298	이연법인세부채	242	132
선급금	133	20	부채총계	16,027	15,722
미수이자	138	213			
재고자산	1,315	1,513	납입자본	24,524	24,524
토지	525	525	자기주식	(13,712)	(13,712)
건물(순액)	4,777	4,927	FVOCI금융자산평가손실	(318)	(526)
설비등(순액)	464	617	재평가잉여금	385	506
무형자산	4,305	4,305	이익잉여금		
장기대여금	1,465	1,265	-이익준비금	2,952	3,132
(현재가치할인차금)	(793)	(672)	-임의적립금	5,519	5,285
FVOCI금융자산*	13,190	12,944	-미처분이익잉여금	19,902	18,191
자산총계	55,279	56,732	자본총계	39,252	37,400
매출원가		23,621	매출액		30,603
급여		1,757	배당금수익		1,629
상여		1,054	외환이익		746
손상차손(매출채권 관련)		121	이자수익		773
감가상각비		305	수익총계		33,751
기타영업비용		1,134			
외환손실		598			
FVOCI금융자산처분손실		90			
유형자산처분손실		40			
이자비용		619			
법인세비용		802			
비용총계		30,141			
차변합계	55,279	86,873	대변합계	55,279	86,873

* ㈜우리가 보유하고 있는 기타포괄손익금융자산은 채무상품이다.

별도의 포괄손익계산서

㈜우리 20×2.12.31(단위 : 원)

당기순이익	3,610
기타포괄손익	(52)
FVOCI금융자산평가손실	(357)
재평가잉여금	200
재분류조정	90
기타포괄손익관련 법인세효과	15
총포괄손익	3,558

〈 추가 자료 〉

1. 외환이익 중 ₩10은 현금에서 발생하고, 나머지는 전액 매출채권의 환산에서 발생하였다. 외환손실은 전액 매입채무의 환산에서 발생하였다.
2. 당기 이자수익 중 ₩121은 장기대여금의 현재가치할인차금 상각으로 인해 발생하였으며, 장기대여금의 당기 회수액은 ₩200이다.
3. 건물에 대해 감가상각비 ₩150, 재평가잉여금 ₩200이 발생하였다. 회사는 재평가잉여금을 이익잉여금으로 대체하는 정책을 취하고 있으며, 20×2년 중 ₩35을 이익잉여금으로 대체하였다. 당기 건물 취득액은 전액 현금으로 취득하였다.
4. 20×2년에 설비의 취득금액은 ₩400이며, 전액 현금으로 지급하였다. 설비에 대해서는 원가법을 적용한다. 건물에서 발생한 감가상각비를 제외한 나머지 감가상각비는 전액 설비에서 발생하였다. 20×2년의 유형자산처분손실은 전액 설비의 처분에 의해서 발생하였다.
5. 기타포괄손익－공정가치 측정 금융자산을 공정가치 ₩389로 처분하면서 처분대가 중 ₩210은 외상으로 하였다. 해당 미수금은 20×3년 3월 31일에 회수할 예정이다. 나머지의 미수금 증감은 영업활동에서 발생하였다. 기대신용손실은 없으며 모든 채무상품은 액면취득하였다.
6. ㈜우리의 평균법인세율은 20%이나 지방세를 고려하여 22%의 평균세율을 적용한다. 이와 관련하여 ㈜우리가 20×2년 중 수행한 법인세관련회계처리는 다음과 같다.

전기 법인세의 납부	(차) 미지급법인세	200	(대) 현금		200
원천징수세액의 납부	(차) 선급법인세	651	(대) 현금		651
기말 법인세회계처리	(차) 법인세비용	897	(대) 미지급법인세		246
			선급법인세		651
	(차) 이연법인세부채	110	(대) 법인세비용		95
	재분류조정(기포익)	20[3]	평가손실(기포익)		79[1]
	재평가잉여금	44[2]			

1) ₩357(평가손실)×22%　　2) ₩90(재분류조정)×22%

3) ₩200(재평가잉여금)×22%

7. 배당수익은 전액 당기에 현금으로 수령하였다.
8. 회사는 20×2년 3월 21일에 개최한 20×1년 주주총회에서 임의적립금을 ₩234만큼 이입하였으며, 현금배당을 결의하였다. 이익준비금의 적립은 상법에서 정한 최소한도를 적립하였다.
9. 소수점 이하 첫째자리에서 반올림하여 계산하시오.

(물음 1) 간접법을 이용하여 ㈜우리의 20×2년 현금흐름표에 표시될 영업에서 창출된 현금흐름 부분을 작성하시오.

(물음 2) 직접법을 이용하여 ㈜우리의 20×2년 현금흐름표에 표시될 하기의 영업활동 현금흐름들을 구하시오.

구분	금액
⋮	⋮
영업에서 창출된 현금흐름	⋮
가감항목	
이자의지급	①
이자의수취	②
배당의지급	③
배당의수취	1,629
법인세의지급	④
소계	(1,108)
영업활동 순현금흐름	2,227

(물음 3) ㈜우리의 20×2년 현금흐름표에 표시될 하기의 투자활동 현금흐름들을 구하시오.

구분	금액
투자활동현금흐름	
장기대여금의 회수	₩200
건물의 취득	①
설비의 취득	(400)
설비의 처분	②
FVOCI금융자산의 취득	③
FVOCI금융자산의 처분	④
합계	(569)

(물음 4) ㈜우리의 20×2년 요약현금흐름표에 표시될 하기의 금액들을 계산하시오.

구분	금액
영업활동 현금흐름	₩2,227
투자활동 현금흐름	(569)
재무활동 현금흐름	–
현금및현금성자산의 환율변동효과	①
현금및현금성자산 순증가	②
기초 현금및현금성자산	⋮
기말 현금및현금성자산	③

해설 및 해답 종합문제 - 자본의 변동

(물음 1) 영업에서 창출된 현금흐름(간접법)

법인세비용차감전순이익	₩4,412		
• 관련되지 않은 손익의 가감		• 관련된 자산·부채의 가감	
감가상각비	305	단기매매금융자산의 증감	(74)
FVOCI금융자산처분손실	90	매출채권의 증감	506
유형자산처분손실	40	손실충당금의 증감	12
이자비용	619	미수금의 증감[1]	119
배당수익	(1,629)	선급금의 증감	113
외환이익	(10)	재고자산의 증감	(198)
이자수익	(773)	매입채무의 증감	(197)
소계	3,054	영업에서창출된현금흐름	3,335

1) ₩91－210(FVOCI금융자산의 처분관련 미수금)

(물음 2) 기타영업활동현금흐름

구분	금액
⋮	⋮
영업에서 창출된 현금흐름	₩3,335
가감항목	
이자의지급	① (663)
이자의수취	② 577
배당의지급	③ (1,800)
배당의수취	1,629
법인세의지급	④ (851)
소계	(1,108)
영업활동 순현금흐름	2,227

① 이자의 지급

현금	자산	비용	부채	자본	수익
(663)		이자비용 619	미지급이자 (44)		

② 이자의 수취

현금	자산	비용	부채	자본	수익
577	미수이자 75				이자수익 652[1]

1) ₩773(이자수익)－121(현할차 상각분 이자수익)

③ 배당의 지급

이익잉여금 T계정

현금배당	x	기초	19,902
이익준비금의 적립	$0.1 \times x$	임의적립금의 이입	234
		재평가잉여금 대체액	35
기말	18,191[1)]		

1) 시산표의 20×2년말 이익잉여금은 당기순이익을 마감하기전의 이익잉여금이므로 당기순이익을 고려하지 않고 현금배당액을 역산한다.

⇨ x=₩1,800

④ 법인세의 지급 : (−)₩200(전기분 법인세의 납부)−651(선급법인세의 납부)=(−)₩851

(물음 3) 투자활동 현금흐름

구분	금액
투자활동현금흐름	
장기대여금의 회수	₩200
건물의 취득	① (100)
설비의 취득	(400)
설비의 처분	② 52
FVOCI금융자산의 취득	③ (500)
FVOCI금융자산의 처분	④ 179
합계	(569)

① 건물관련 현금흐름

현금	자산	비용	부채	자본	수익
(100)	건물 150	감가상각비 150	이연법인세부채 44[1)]	재평가잉여금 121 이익잉여금 35	

1) 이연법인세부채의 증감액 중 재평가잉여금의 기간내 배분에 해당하는 금액은 건물과 관련된 계정에 해당

② 설비관련 현금흐름

㉠ 순 현금흐름의 계산

현금	자산	비용	부채	자본	수익
(348)	설비 153	처분손실 40 감가상각비 155[1)]			

1) ₩305−150(건물 감가상각비)

㉡ 총 현금흐름의 배분

설비의 취득	₩(400)
설비의 처분(역산)	52
순현금흐름	₩(348)

③ FVOCI금융자산관련 현금흐름

㉠ 순 현금흐름의 계산

현금	자산	비용	부채	자본	수익
(321)	FVOCI (246) 미수금 210	처분손실 90	이연법인세부채 (59)[1]	평가손실누계액 (208)[2]	

1) 이연법인세부채의 증감액 중 평가손익의 기간내 배분에 해당하는 금액은 금융자산과 관련된 계정에 해당

2) 기중에 평가손실의 많은 변동원인이 존재하나 모두 기초부터 기말까지의 평가손익 누계액에 포함되어 있으므로 재무상태표상 평가손익 누계액의 변동만 고려하면 된다.

㉡ 총 현금흐름의 배분

FVOCI금융자산의 취득(역산)	₩(500)
FVOCI금융자산의 처분*	179
순현금흐름	₩(321)

* ₩389(처분금액)−210(외상 처분)

(물음 4) 영업활동현금흐름(직접법)

구분	금액
영업활동 현금흐름	₩2,227
투자활동 현금흐름	(569)
재무활동 현금흐름	−
현금및현금성자산의 환율변동효과	①10
현금및현금성자산 순증가	② 1,668
기초 현금및현금성자산	⋮
기말 현금및현금성자산	③ 5,832

① 현금및현금성자산의 환율변동효과 : 외환이익 중 현금분

② 현금및현금성자산의 순증가 : ₩2,227−569+10=₩1.668

③ 기말 현금및현금성자산 : ₩1,668+4,164=₩5,832

문제 10 저유

다음은 제조업을 영위하고 있는 ㈜우리통상의 비교표시 재무상태표이다.

재무상태표

㈜우리통상 20×2.12.31 (단위 : 원)

구분	20×1말	20×2말	구분	20×1말	20×2말
자산			부채	–	–
현금및현금성자산	6,570	13,740	매입채무	5,130	8,130
매출채권	15,510	23,010	미지급법인세	5,400	5,700
원재료	300	900	미지급이자	–	300
재공품	1,500	600	유동성장기차입금	3,840	–
제품	3,240	1,440	장기차입금	13,050	19,050
파생상품	1,200	750	사채	–	6,000
유형자산	6,960	7,080	(사채할인발행차금)	–	(900)
(감가상각누계액)	(1,470)	(1,050)	자본	–	–
무형자산	390	630	자본금	3,000	4,050
			이익잉여금	3,780	4,770
자산총액	34,200	47,100	부채및자본총액	34,200	47,100

〈 추가자료 〉

1. 20×2년 ㈜우리통상의 당기손익 관련 자료는 다음과 같다.

구분	발생처		합계
	공장	본사	
영업비용			
급여	(300)	(600)	(900)
감가상각비	(900)	(600)	(1,500)
무형자산상각비	–	(300)	(300)
수도광열비	(600)	(150)	(750)
매출채권손상차손	–	(300)	(300)
기타영업비용	(300)	(900)	(1,200)
영업외손익	–	–	–
이자비용	–	(1,800)	(1,800)
파생상품평가손실	–	(450)	(450)
유형자산처분이익	–	300	300
법인세비용	–	(1,800)	(1,800)

2. ㈜우리통상은 20×1년에 ₩16,500의 매출을 달성하였으며, 당기 원재료 매입액은 ₩3,900이다.

3. 공장에서 발생한 비용은 전액 제품의 제조에 사용되었으며, 본사에서 발생한 비용은 제품의 판매 및 영업의 관리에 사용되었다.

(물음 1) 다음은 ㈜우리의 20×2년 성격별로 분류한 손익계산서와 기능별로 분류한 손익계산서이다. 다음의 각 손익계산서에 기입될 ① ~ ⑦의 금액을 계산하시오.

성격별 손익계산서

㈜우리통상	20×2.12.31	(단위 : 원)
매출액		16,500
영업비용		
원재료의 증감	(600)	
재공품의 증감	①	
제품의 증감	②	
원재료 매입액	3,900	
급여	900	
감가상각비	1,500	
무형자산상각비	300	
수도광열비	750	
매출채권손상차손	300	
기타 영업비용	1,200	③
영업이익		×××
영업외손익		
이자비용		(1,800)
파생상품평가손실		(450)
유형자산처분이익		300
법인세비용차감전순이익		④
법인세비용		(1,800)
당기순이익		×××

기능별 손익계산서

㈜우리통상	20×2.12.31	(단위 : 원)
매출액		₩16,500
매출원가		⑤
매출총이익		⑥
판매비와관리비		
급여		600
감가상각비		⑦
무형자산상각비		300
수도광열비		150
매출채권손상차손		300
기타영업비용		900
영업이익		×××
⋮		
<하 략>		
⋮		

다음의 추가자료를 이용하여 (물음 2) ~ (물음 3)에 답하시오.

〈 추가자료 〉

- 공정가치가 ₩2,850인 유형자산을 현금 ₩1,800을 지급하고 나머지는 보통주를 발행하여 취득하였다.
- 취득원가가 ₩2,730인 유형자산을 전액 현금을 대가로 처분하였다.
- 현금 ₩540을 지급하고 특허권을 취득하였다.
- 판매관리비는 감가상각비 및 무형자산상각비를 포함하고 있으며, 이들을 제외한 비용은 전액 현금 지급되었다.

• 주거래은행으로부터 ₩6,000을 장기차입하여 만기도래한 유동성장기차입금을 상환하는데 일부 사용하였다. 장기차입금 중 당기에 유동성장기차입금으로 대체된 금액은 없다.
• 위험회피목적과는 상관없이 보유중인 파생상품에서 평가손실이 발생하여 당기에 반영하였다. 당기 중 취득 및 처분한 파생상품은 없다.
• 당기 중 액면 ₩6,000인 사채를 ₩4,800에 할인발행하였다.
• 당기 중 현금배당을 결의하고 지급하였다.
• ㈜우리는 이자와 배당의 지급 및 수취를 현금 흐름표에서 영업활동현금흐름 항목으로 처리하는 정책을 채택하고 있다.

(물음 2) 간접법을 이용하여 ㈜우리의 20×2년 현금흐름표에 표시될 영업에서 창출된 현금흐름을 계산하시오.

(물음 3) 직접법을 이용하여 ㈜우리의 20×2년 현금흐름표에 표시될 하기의 금액들을 계산하시오.

현금흐름표

㈜우리	20×2.1.1~20×2.12.31	(단위 : 원)
기타 영업활동 현금흐름		
이자지급액		①
배당지급액		②
법인세납부		?
투자활동현금흐름		
유형자산의 취득		?
유형자산의 매각		?
무형자산의 취득		?
투자활동순현금흐름		③
재무활동현금흐름		
유동성장기차입금의 상환		?
장기차입금의 차입		?
사채의 발행		?
재무활동순현금흐름		④

해설 및 해답 제조원가와 현금흐름표

(물음 1) 손익계산서의 작성방법

1. 성격별 손익계산서의 작성

③ 영업비용

원재료의 증감		₩(600)
재공품의 증감(①)	₩1,500(기초잔액) − ₩600(기말잔액) =	900
제품의 증감(②)	₩3,240(기초잔액) − ₩1,440(기말잔액) =	1,800
원재료 매입액		3,900
급여 등 영업비용	₩900 + 1,500 + 300 + 750 + 300 + 1,200 =	4,950
		₩10,950

* 재고자산이 감소하는 경우 당기총제조원가 및 당기제품제조원가에서 가산되므로 영업비용의 (+)금액으로 인식한다

④ 법인세비용차감전순이익 : ₩5,550(영업이익*) − 1,950(영업외손익) = ₩3,600

* 영업이익 : ₩16,500(매출액) − 10,950(영업비용) = ₩5,550

2. 기능별 손익계산서의 작성

⑤ 매출원가

원재료의 증감		₩(600)
재공품의 증감	해답 1. 참조 =	900
제품의 증감	해답 1. 참조 =	1,800
원재료 매입액		3,900
급여 등 영업비용(공장발생)	₩300 + 900 + 600 + 300 =	2,100
		₩8,100

⑥ 매출총이익 : ₩16,500 − 8,100(매출원가) = ₩8,400

⑦ 감가상각비 : ₩600(본사에서 발생한 감가상각비만 판관비로 표시된다.)

(물음 2) 간접법에 의한 영업에서 창출된 현금흐름

법인세비용차감전순이익	해답 1. 참조	₩3,600
감가상각비[1]		1,500
무형자산상각비		300
유형자산처분이익		(300)
이자비용		1,800
소계	영업에서창출된현금흐름과 관련된 손익 =	6,900
매출채권의 증가		₩(7,500)
재고자산의 감소	(−)₩600(원재료) + 900(재공품) + 1,800(제품) =	2,100
파생상품의 감소[2]		450
매입채무의 증가		3,000
영업에서창출된현금흐름		₩4,950

1) 재고자산을 생산하기 위해서 발생한 감가상각비라고 하더라도 재고자산과 상계되므로 모두 가산하여 조정한다.

2) 위험회피수단이 아닌 파생상품은 단기매매항목에 해당하므로, 영업활동과 관련있는 계정이다.

(물음 3) 직접법에 의해 계산한 현금흐름

① 이자지급액

현금	자산	비용	부채	자본	수익
(1,200)		이자비용 1,500[1)]	미지급이자 300		

1) ₩1,800－300(사채할인발행차금 상각분*)

* [₩6,000－4,800(사채 발행시 증가한 사채할인발행차금)]－900(기말 사채할인발행차금 잔액)

② 배당지급액

이익잉여금 T계정

현금배당(역산)	**810**	기초	3,780
		당기순이익	1,800
기말	4,770		

③ 투자활동현금흐름

유형자산의 취득	유형자산 취득시 현금지급액＝	₩(1,800)
유형자산의 매각	₩300(처분이익)＋810(처분된 자산의 장부금액*)＝	1,110
무형자산의 취득	특허권의 취득금액＝	(540)
		₩(1,230)

* 처분된 자산의 장부금액

① 처분된 자산의 감가상각누계액 : ₩1,470(기초 감가상각누계액)＋1,500(감가상각비)－**₩1,920(처분된 자산의 감가상각누계액－역산)**＝₩1,050(기말 감가상각누계액)

② 처분자산의 장부금액 : ₩2,730(취득원가)－1,920(처분된 자산의 감가상각누계액)＝**₩810**

④ 재무활동현금흐름

유동성장기차입금의 상환	기초잔액＝	₩(3,840)
장기차입금의 차입		6,000
사채의 발행		4,800
		₩6,960

문제 11

㈜한국의 재무자료와 관련된 각 물음에 답하시오. 제시된 물음은 독립적이다.

(물음 1) 다음은 ㈜한국의 20×1년 12월 31일 약식 재무상태표와 20×2년도 약식 현금흐름표, 그리고 이와 관련된 추가 자료이다.

재무상태표

㈜한국 20×1년 12월 31일 현재 (단위 : ₩)

자산		부채	
현금	275,000	매입채무	950,000
매출채권(순액)	800,000	미지급금	250,000
선급금	805,000	자본	
재고자산	1,000,000	보통주자본금(액면가 : 1,000)	2,500,000
건물	2,200,000	자본잉여금	450,000
감가상각누계액	(100,000)	이익잉여금	850,000
특허권	20,000		
자산 합계	5,000,000	부채와 자본 합계	5,000,000

현금흐름표

㈜한국 20×2년 1월 1일부터 20×2년 12월 31일까지 (단위: ₩)

영업활동 순현금흐름		
당기순이익	800,000	
감가상각비	60,000	
특허권상각	5,000	
매입채무의 변동	(250,000)	
재고자산의 변동	300,000	915,000
투자활동 순현금흐름		
기타포괄손익금융자산의 취득	(600,000)	
건물의 취득	(500,000)	(1,100,000)
재무활동 순현금흐름		
장기차입금의 차입	450,000	
보통주의 발행	250,000	
배당금의 지급	(300,000)	400,000
현금의 증가		215,000
기초의 현금		275,000
기말의 현금		490,000

〈 추가자료 〉

- 보통주 100주가 20×2년 상반기에 발행되었다.
- 배당금은 20×2년 2월 중에 결의되고 20×2년 4월에 지급되었다.

위에서 주어진 재무상태표와 현금흐름표 및 추가 자료를 이용하여 20×2년 12월 31일 ㈜한국의 부채비율을 계산하시오. 단, 부채비율은 [(부채/자기자본)×100]을 사용하며, 계산결과는 소수점 셋째자리에서 반올림한다. 표 안의 괄호( )는 마이너스(−) 표시이다.

(물음 2) 다음은 ㈜한국의 20×1년초와 20×1년말 장기차입금의 장부금액과 20×1년초에 발행한 두 개의 사채와 관련된 계정과목의 장부금액이다. 사채의 액면금액은 각각 ₩1,000,000이며, 20×1년도 중에 차입금의 신규차입 및 사채의 추가발행이나 상환은 없다. ㈜한국은 이자지급 및 이자수취를 영업활동으로 분류하고 있다.

구분	20×1년초	20×1년말
장기차입금	₩ 600,000	₩ 450,000
유동성장기차입금	100,000	150,000
A사채	929,220	950,019
B사채	1,078,730	1,054,241
미지급이자비용	150,000	190,000

- ㈜한국은 유효이자율법을 사용하여 사채발행차금을 상각하고 있다.
- ㈜한국이 두 개의 사채와 관련하여 20×1년도 포괄손익계산서에 당기손익으로 인식한 이자비용은 ₩196,310이다.
- ㈜한국이 주거래은행으로부터 차입한 장기차입금 중에서 20×1년말에 유동성장기차입금으로 대체한 금액은 ₩150,000이다.

위에서 주어진 자료로 ㈜한국의 20×1년도 영업활동 현금흐름 유출입액을 계산하시오. [예 +₩1,000(유입액) 혹은 −₩1,000(유출액)]

(물음 3) 현금흐름표 작성시 배당금 지급 및 수취에 따른 현금흐름을 어떤 활동으로 분류할 수 있는지를 모두 제시하고, 그 이유를 간략하게 설명하시오.

해설 및 해답 현금흐름표와 부채비율 (2017년 회계사)

(물음 1) 부채비율의 역산

① 20×2년말 부채

구분	기초부채	변동	기말부채
매입채무	₩950,000	₩(250,000)	₩700,000
미지급금	250,000		250,000
장기차입금	—	450,000	450,000
합계	₩1,200,000	₩200,000	₩1,400,000

② 20×2년말 자본

구분	기초자본	변동	기말자본
자본금	₩2,500,000	₩100,000	₩2,600,000
자본잉여금	450,000	150,000	600,000
이익잉여금	850,000	500,000*	1,350,000
합계	₩3,800,000		₩4,550,000

* ₩800,000(당기순이익) − 300,000(배당금의 지급)

③ 부채비율 : ₩1,400,000 ÷ 4,550,000 = 30.77%

[별해] 20×2년말 ㈜한국의 재무상태표

재무상태표

㈜한국 20×2년 12월 31일 현재 (단위 : ₩)

자산		부채	
현금	490,000	매입채무	700,000
매출채권(순액)	800,000	미지급금	250,000
선급금	805,000	장기차입금	450,000
재고자산	700,000	자본	
건물	2,700,000	보통주자본금(액면가 : 1,000)	2,600,000
감가상각누계액	(160,000)	자본잉여금	600,000
특허권	15,000	이익잉여금	1,350,000
FVOCI금융자산	600,000		
자산 합계	5,950,000	부채와 자본 합계	5,950,000

(물음 2) 이자의지급액(역산)

① 사채발행차금 상각액

A사채	₩950,019－929,220＝	₩20,799
B사채	₩1,054,241－1,078,730＝	(24,489)
		₩(3,690)

② 이자의 지급액

현금	자산	비용	부채	자본	수익
(160,000)		이자비용 200,000[1)]	미지급이자 40,000		

1) ₩196,310(손익계산서상 이자비용)＋3,690(사채발행차금 상각액 관련 이자비용)

[별해] 이자비용 관련 회계처리의 추적

표시이자의 지급	(차) 이 자 비 용	200,000	(대) 현 금		160,000
			미 지 급 이 자		40,000
사채발행차금 상각	(차) 사채할증발행차금(B)	24,489	(대) 이 자 비 용		3,690
			사채할인발행차금(A)		20,799

[별해] 재무활동현금흐름

현금	자산	비용	부채	수익
(100,000)		이자비용 (3,690)[2)]	장기차입금 (150,000) 유동성장기차입금 50,000 A사채 20,799[1)] B사채 (24,489)[1)]	

1) 사채의 증감액
2) 사채발행차금 상각액 해당분 이자비용 : ₩20,799－24,489

(물음 3)

• 배당금의 지급은 재무자원을 획득하는 원가이므로 재무활동 현금흐름으로 분류할 수 있다. 대체적인 방법으로, 재무제표이용자가 영업활동 현금흐름에서 배당금을 지급할 수 있는 기업의 능력을 판단하는 데 도움을 주기 위하여 영업활동 현금흐름의 구성요소로 분류할 수도 있다(K－IFRS 1007호 문단 34).

서술형 문제

문제 1

(물음 1) 현금흐름 정보의 효익에 대해서 서술하시오.

(물음 2) 영업활동 현금흐름의 표시방법 두 가지를 서술하시오.

(물음 3) 한국채택국제회계기준에서는 영업활동 현금흐름을 보고하는 경우에는 직접법을 사용할 것을 권장한다. 그 이유를 간략히 서술하시오.

(물음 4) 영업활동, 투자활동 또는 재무활동에서 발생하는 현금흐름을 순증감액으로 보고할 수 있는 경우 두 가지를 서술하시오.

(물음 5) 현금흐름표 작성시 배당금 지급 및 수취에 따른 현금흐름을 어떤 활동으로 분류할 수 있는지를 모두 제시하고, 그 이유를 간략하게 설명하시오.

해설 및 해답

(물음 1)

현금흐름표는 다른 재무제표와 같이 사용되는 경우 순자산의 변화, 재무구조(유동성과 지급능력 포함), 그리고 변화하는 상황과 기회에 적응하기 위하여 현금흐름의 금액과 시기를 조절하는 능력을 평가하는 데 유용한 정보를 제공한다. 현금흐름정보는 현금및현금성자산의 창출능력을 평가하는 데 유용할 뿐만 아니라, 서로 다른 기업의 미래현금흐름의 현재가치를 비교 · 평가하는 모형을 개발할 수 있도록 한다. 또한 현금흐름정보는 동일한 거래와 사건에 대하여 서로 다른 회계처리를 적용함에 따라 발생하는 영향을 제거하기 때문에 영업성과에 대한 기업 간의 비교가능성을 제고한다. 역사적 현금흐름정보는 미래현금흐름의 금액, 시기 및 확실성에 대한 지표로 자주 사용된다. 또한 과거에 추정한 미래현금흐름의 정확성을 검증하고, 수익성과 순현금흐름 간의 관계 및 물가 변동의 영향을 분석하는 데 유용하다.

(물음 2)

영업활동 현금흐름은 다음 중 하나의 방법으로 보고한다.

(1) 직접법 : 총현금유입과 총현금유출을 주요 항목별로 구분하여 표시하는 방법

(2) 간접법 : 당기순손익에 현금을 수반하지 않는 거래, 과거 또는 미래의 영업활동 현금유입이나 현금유출의 이연 또는 발생, 투자활동 현금흐름이나 재무활동 현금흐름과 관련된 손익항목의 영향을 조정하여 표시하는 방법

(물음 3)

직접법을 적용하여 표시한 현금흐름은 간접법에 의한 현금흐름에서는 파악할 수 없는 정보를 제공하며, 미래현금흐름을 추정하는 데 보다 유용한 정보를 제공한다. 직접법을 적용하는 경우 총현금유입과 총현금유출의 주요 항목별 정보는 다음의 (1) 또는 (2)를 통하여 얻을 수 있다.

(1) 회계기록

(2) 매출, 매출원가(금융회사의 경우에는 이자수익과 기타 유사한 수익 및 이자비용과 기타 유사한 비용) 및 그 밖의 포괄손익계산서 항목에 다음 항목을 조정

㈎ 회계기간 동안 발생한 재고자산과 영업활동에 관련된 채권·채무의 변동

㈏ 기타 비현금항목

㈐ 투자활동 현금흐름이나 재무활동 현금흐름으로 분류되는 기타 항목

(물음 4)

(1) 현금흐름이 기업의 활동이 아닌 고객의 활동을 반영하는 경우로서 고객을 대리함에 따라 발생하는 현금유입과 현금유출

① 은행의 요구불예금 수신 및 인출

② 투자기업이 보유하고 있는 고객예탁금

③ 부동산 소유주를 대신하여 회수한 임대료와 소유주에게 지급한 임대료

(2) 회전율이 높고 금액이 크며 만기가 짧은 항목과 관련된 현금유입과 현금유출

① 신용카드 고객에 대한 대출과 회수

② 투자자산의 구입과 처분

③ 기타 단기차입금(예를 들어, 차입 당시 만기일이 3개월 이내인 경우)

(물음 5)

배당금의 지급은 재무자원을 획득하는 원가이므로 재무활동 현금흐름으로 분류할 수 있다. 대체적인 방법으로, 재무제표이용자가 영업활동 현금흐름에서 배당금을 지급할 수 있는 기업의 능력을 판단하는 데 도움을 주기 위하여 영업활동 현금흐름의 구성요소로 분류할 수도 있다.

CHAPTER 22

매각예정비유동 자산과 중단영업

출제유형

계산문제

문제 1

㈜우리감자탕은 감자탕관련 프랜차이즈업을 영위하고 있는 기업이다. 프랜차이즈업을 영위하던 노하우를 바탕으로 커피전문점 산업에 진입하기 위하여 로스터, 그라인더 등 일련의 커피 제조설비를 20×1년초에 ₩1,000,000에 매입하였다. 회사는 해당 설비에 원가모형을 적용하여 5년간 정액법으로 감가상각하며, 잔존가치는 ₩0으로 추정하였다.

해당 자산의 매기간 말 순공정가치 및 사용가치와 관련한 자료는 하기와 같다고 할 경우 아래의 물음에 답하시오.

구분	20×1년말	20×2년말	20×3년말
순공정가치	₩500,000	₩270,000	₩390,000
사용가치	520,000	300,000	420,000

(물음 1) 20×1년 중 다양한 커피전문점의 시장진입으로 인해 커피 판매가격의 경쟁이 발생하였다. 이는 회사에 유의적으로 불리한 영향을 미치는 시장 상황으로 판단된다. 이에 따라 회사는 20×1년 말에 해당 제조설비에 대해 손상차손을 인식하기로 결정하였다. 이 경우 20×1년에 회사가 제조설비와 관련하여 당기손익으로 인식할 금액을 계정별로 구하시오.

(물음 2) (물음 1에 이어) 20×2년 중 커피전문점 시장의 경쟁이 더 가속화 되어 회사는 커피전문점과 관련한 사업을 철수하기로 결정하였다. 따라서 20×2년말에 커피 전문점과 관련하여 커피 제조설비를 매각예정비유동자산으로 분류하고 손상검토를 수행하였다. 이 경우 20×2년에 회사가 제조설비와 관련하여 당기손익으로 인식할 금액을 계정별로 구하시오.

(물음 3) (물음 2에 이어) 20×3년 중 회사는 해당 커피 제조설비로 콩가루를 제조하는 방법을 개발하여, 전통 디저트카페 프랜차이즈를 창업하였다. 따라서 회사는 20×3년말에 해당 사업부에 대한 매각계획을 철회하고 제조설비를 유형자산으로 재분류하였다. 이 경우 20×3년에 회사가 제조설비와 관련하여 당기손익으로 인식할 금액을 계정별로 구하시오.

(물음 4) **(물음 3에 이어)** 회사가 제조설비와 관련한 20×3년 비교표시 재무상태표를 작성한다고 할 경우 하기 양식의 부분재무상태표의 ①~④ 금액을 계산하시오.

재무상태표

제5기말 20×3. 12. 31현재
제4기말 20×2. 12. 31현재

	제 5기말	제 4기말
⋮	⋮	⋮
비유동자산		
유형자산	①	②
매각예정비유동자산	③	④
⋮	⋮	⋮

해설 및 해답 매각예정비유동자산

(물음 1)

① 감가상각비 : ₩1,000,000÷5년=₩200,000

② 손상차손

회수가능액	max(₩500,000, 520,000)=	₩520,000
장부금액	₩1,000,000−200,000=	(800,000)
손상차손		₩(280,000)

③ 당기손익에 미치는 영향 : (−)₩200,000−280,000=(−)₩480,000

(물음 2) 매각예정비유동자산으로의 분류

① 감가상각비 : ₩520,000÷4년=₩130,000

② 손상차손

순공정가치*		₩270,000
장부금액	₩520,000−130,000=	(390,000)
손상차손		**₩(120,000)**

* 매각예정비유동자산에 대한 손상차손은 순공정가치로만 측정한다

③ 당기손익에 미치는 영향 : (−)₩130,000−120,000=(−)₩250,000

(물음 3) 매각계획의 철회

회수가능액	min[max(₩420,000, 390,000), 400,000*]=	₩400,000
장부금액		(270,000)
손상차손환입		**₩130,000**

* 손상을 인식하지 않았을 경우의 상각후 원가 : ₩1,000,000－200,000×3년

(물음 4)

	제 5기말	제 4기말
⋮	⋮	⋮
비유동자산		
유형자산	① ₩400,000*	② ₩0
매각예정비유동자산	③ ₩0	④ ₩270,000
⋮	⋮	⋮

* 과거 재무상태표에 매각예정으로 분류된 비유동자산 또는 처분자산집단에 포함된 자산과 부채의 금액은 최근 재무상태표의 분류를 반영하기 위하여 재분류하거나 재작성하지 아니한다(K－IFRS 문단 1105호 문단 40).

[별해] 유형자산 장부금액의 변동

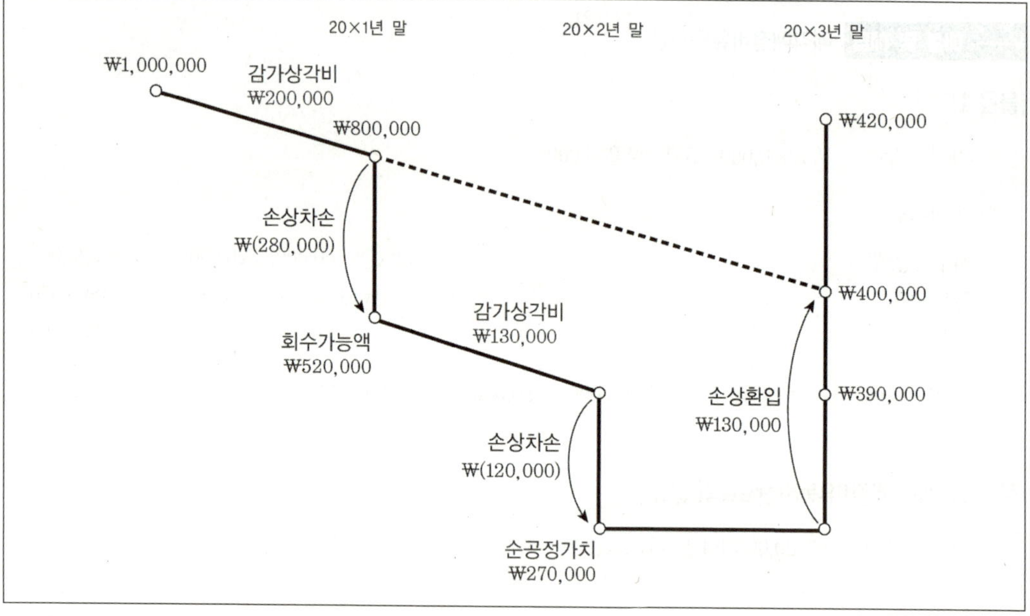

문제 2

12월말 결산법인인 ㈜우리는 20×1년 1월 1일, 임대업을 목적으로 서울시 강남구 압구정동 소재 투자부동산을 ₩400,000에 취득하였다. 취득 당시 공정가치는 ₩380,000이었으며, 투자부동산을 공정가치로 평가하는 정책을 채택하였다. 투자부동산의 내용연수는 10년, 잔존가치는 0원으로 추정하였다.

20×2년 7월 1일, ㈜우리는 해당 투자부동산의 공실률이 높아 임대 목적에서 자가사용 목적으로 분류를 변경하였다. 자가사용부동산에 대해서는 재평가모형을 적용하며, 내용연수와 잔존가치에 대한 가정은 변동하지 않았다. 재평가잉여금은 이익잉여금으로 대체하지 않는 정책을 채택하며, 감가상각은 월할계산한다.

20×3년 12월 31일, ㈜우리는 해당 부동산을 매각하기로 결정하였으며, 매각가능성이 매우 높다고 판단하여 매각예정비유동자산으로 분류하였다.

각 일자별 해당 부동산의 공정가치는 다음과 같다.

일자	20×1년말	20×2년 7월 1일	20×2년말	20×3년말
공정가치	₩430,000	₩340,000	₩360,000	₩150,000

단, 20×3년말 현재 부동산의 사용가치는 ₩120,000이며, 매각 시 예상 부대원가는 ₩40,000이다.

(물음 1) 해당 부동산이 ㈜우리의 20×1년 당기순이익에 미치는 영향을 구하시오.

(물음 2) 해당 부동산이 ㈜우리의 재무제표에 영향을 미치는 다음의 ① ~ ④금액들을 각각 구하시오.

구분	20×2년	20×3년
당기손익	①	③
기타포괄손익	②	④

(물음 3) 자료에서 제시된 바와 달리, ㈜우리가 투자부동산을 자가사용부동산으로 대체하지 않았다고 가정한다. 즉, 투자부동산으로 분류 중 20×3년말 매각계획을 결정하였다고 할 경우, 해당 부동산이 ㈜우리의 재무제표에 영향을 미치는 다음의 ① ~ ④금액들을 각각 구하시오.

구분	20×2년	20×3년
당기손익	①	③
기타포괄손익	②	④

해설 및 해답 투자부동산의 매각예정비유동자산 분류

(물음 1) 20×1년 당기순이익에 미치는 영향

• 투자부동산 평가손익 : ₩430,000(공정가치) − 400,000(취득원가) = ₩30,000

(물음 2) 당기순이익 및 기타포괄손익에 미치는 영향 (자가사용부동산 대체)

구분	20×2년	20×3년
당기손익	① (−)₩110,000	③ (−)₩210,000
기타포괄손익	② ₩40,000	④ (−)₩40,000

• 자가사용부동산으로 대체한 경우의 자산 장부금액 변동의 정리

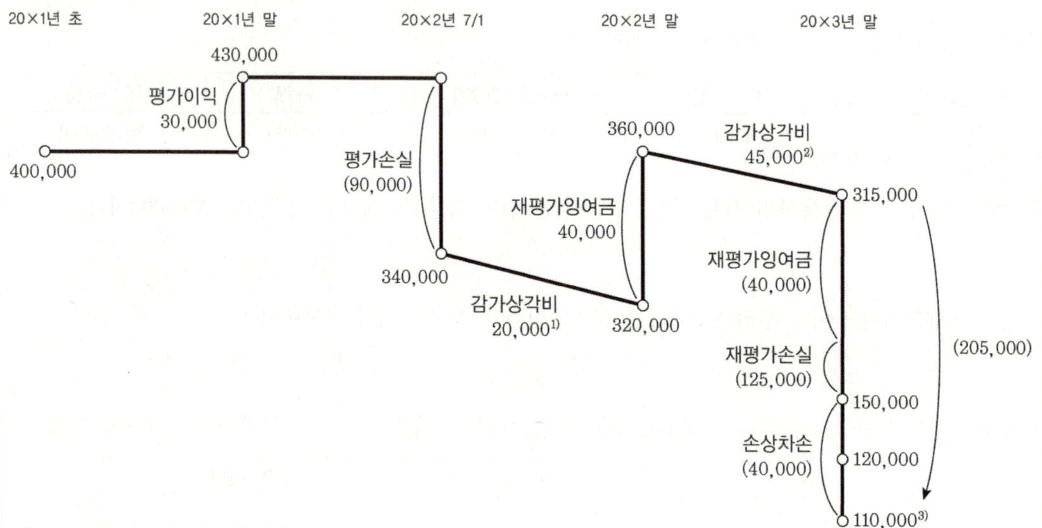

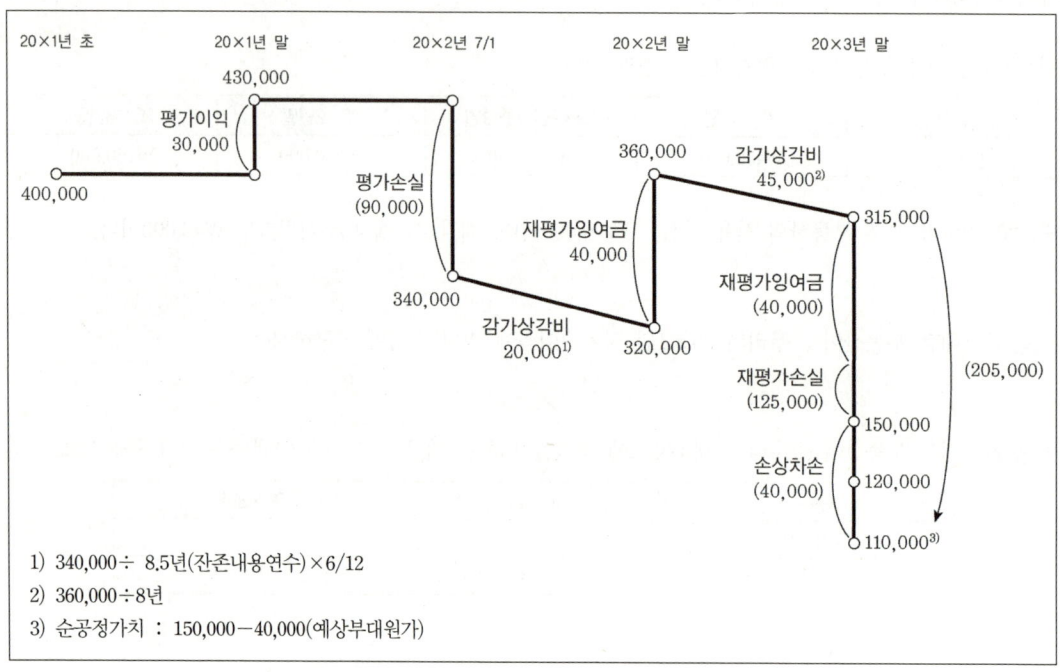

1) 340,000 ÷ 8.5년(잔존내용연수) × 6/12
2) 360,000 ÷ 8년
3) 순공정가치 : 150,000 − 40,000(예상부대원가)

① 20×2년 당기순이익에 미치는 영향 : (−)₩90,000(평가손실) − 20,000(감가상각비) = (−)₩110,000

② 20×2년 기타포괄손익에 미치는 영향 : ₩40,000(재평가잉여금)

③ 20×3년 당기순이익에 미치는 영향 : (−)₩45,000(감가상각비) − 125,000(재평가손실) − 40,000(손상차손) = (−)₩210,000

④ 20×3년 기타포괄손익에 미치는 영향 : (−)₩40,000(재평가잉여금의 감소)

(물음 3) 당기순이익 및 기타포괄손익에 미치는 영향 (투자부동산)

구분	20×2년	20×3년
당기손익	① (−)₩70,000	③ (−)₩210,000
기타포괄손익	② −	④ −

• 투자부동산의 공정가치 평가

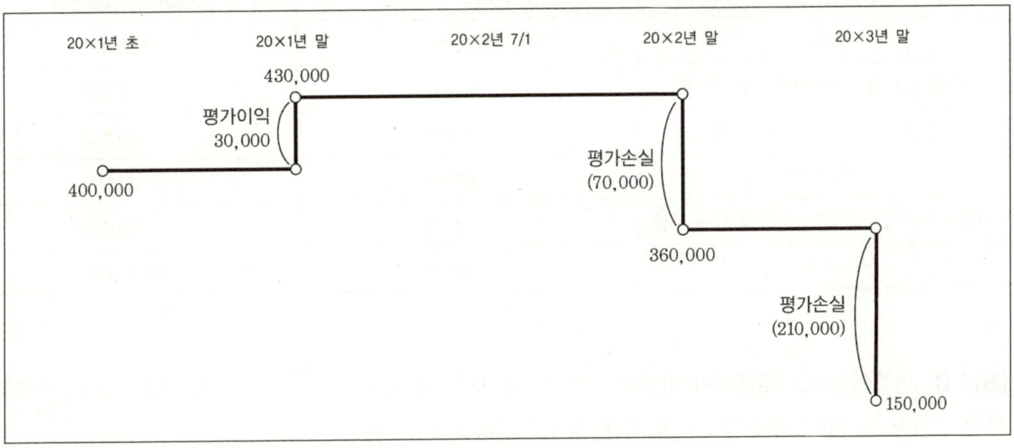

① 20×2년 당기순이익에 미치는 영향(투자부동산 평가손실) : (−)₩70,000

② 20×2년 기타포괄손익에 미치는 영향: 영향없음

③ 20×3년 당기순이익에 미치는 영향(투자부동산 평가손실*) : (−)₩210,000

* 투자부동산을 공정가치로 측정하는 경우, 매각예정비유동자산으로 분류하는 대상이 아니며, 자산손상 기준서의 적용대상도 아니므로, 기말 공정가치 평가만을 수행한다.

④ 20×3년 기타포괄손익에 미치는 영향 : 영향없음

문제 3

㈜한국은 20×1년 11월 1일에 자산집단을 매각하여 처분하기로 결정하였는데 매각예정 분류기준을 충족하고 있다. 처분자산집단에 속한 자산은 다음과 같이 측정한다. 단, 유형자산A의 재평가잉여금은 없다.

처분자산집단	매각예정으로 분류하기 전 보고기간말의 장부금액	매각예정으로 분류하기 직전에 재측정한 장부금액
영업권	₩30,000	₩30,000
유형자산 A (재평가액으로 표시)	92,000	80,000
유형자산 B (원가로 표시)	120,000	120,000
재고자산	48,000	44,000
기타포괄손익－공정가치 측정 금융자산	36,000	30,000
합계	₩326,000	₩304,000

(물음 1) 매각예정으로 분류하기 직전에 장부금액을 재측정함으로써 발생하는 손실 중 ① 당기손익으로 인식할 금액과 ② 기타포괄손익으로 인식할 금액을 구하시오.

당기손익	①
기타포괄손익	②

(물음 2) 20×1년 12월 31일에 처분자산집단의 순공정가치가 ₩266,000으로 평가되었을 경우 인식되는 손상차손을 처분자산집단에 대해 배분하고자 한다. 다음 표의 ①과 ②에 해당하는 금액을 구하시오.

처분자산집단	매각예정으로 분류하기 직전에 재측정한 장부금액	손상차손배분
영업권	₩30,000	①
유형자산 A (재평가액으로 표시)	80,000	②
유형자산 B (원가로 표시)	120,000	?
재고자산	44,000	?
기타포괄손익－공정가치 측정 금융자산	30,000	?
합계	₩304,000	?

(물음 3) 20×2년 3월 2일에 유형자산B를 매각하지 않기로 결정하고 매각예정으로 분류된 처분자산집단에서 제외하였다. 이때 이 자산의 장부금액은 ₩110,000이고 회수가능액은 ₩87,000이며 매각예정으로 분류하지 않고 정상적으로 감가상각하였을 경우의 장부금액은 ₩100,000이라고 가정한다. 매각예정에서 제외되면서 인식한 유형자산B의 손상차손을 구하시오.

해설 및 해답 **처분자산집단** (2015년 회계사 수정)

(물음 1)

처분자산집단	장부금액	재측정한 장부금액	평가손익	
			당기손익	기타포괄손익
영업권	₩30,000	₩30,000	−	−
유형자산A	92,000	80,000	재평가손실 (12,000)	−
유형자산B	120,000	120,000	−	−
재고자산	48,000	44,000	평가손실 (4,000)	−
FVOCI 금융자산	36,000	30,000	−	평가손실 (6,000)
합계	₩326,000	₩304,000	① **(16,000)**	② **(6,000)**

(물음 2)

• 재고자산과 금융자산은 자산손상기준서의 적용대상이 아니므로 현금창출단위의 손상을 배분하지 않는다.

처분자산집단	분류 직전 장부금액	손상후 장부금액	손상차손배분
영업권	₩30,000	₩ −2)	① **₩30,000**
유형자산A	80,000	76,8003)	② **₩3,200**
유형자산B	120,000	115,2003)	₩4,800
소계	₩230,000	₩192,0001)	
재고자산	44,000	44,000	−
FVOCI 금융자산	30,000	30,000	−
합계	₩304,000	₩266,000	

1) 손상대상 자산의 회수가능액 : ₩266,000(총 회수가능액)−[44,000(재고자산)+30,000(기타포괄손익−공정가치 측정 금융자산)]

2) 영업권 손상차손 우선배분

3) ₩192,000(손상 후 유형자산에 배분되는 회수가능액)÷(₩80,000+120,000)(손상 전 장부금액)의 비율로 배분

(물음 3)

• ₩110,000(장부금액)−min[₩87,000, 100,000(손상차손환입의 한도]=₩23,000

문제 4

다음에 제시되는 물음은 각각 독립된 상황이고 〈공통자료〉는 모든 물음에 공통적으로 적용된다.

〈 공통자료 〉

	취득일	내용연수	잔존가치	상각방법
건물	20×1.1.1	5년	₩0	정액법
기계장치	20×1.1.1	4년	₩0	정액법

(물음 1) 12월말 결산법인인 ㈜한국의 유형자산 중 건물은 재평가모형을 적용한다. 장부금액 조정방법은 기존의 감가상각누계액을 전액 제거한 후, 순장부금액이 재평가금액과 같아지도록 총장부금액을 조정한다. 재평가잉여금은 이익잉여금으로 대체하지 않는다. 기계장치는 원가모형을 적용한다.

〈 20×1년말 유형자산 내역 〉

	취득원가	감가상각누계액	장부금액	재평가잉여금
건물	₩100,000		₩90,000	₩10,000
기계장치	50,000	12,500	37,500	

〈 20×2년말과 20×3년말 공정가치 및 회수가능액 〉

	20×2년말		20×3년말	
	공정가치	회수가능액	공정가치	회수가능액
건물	₩65,000	₩45,000	₩30,000	₩45,000
기계장치	25,000	21,000	15,000	15,000

(1) 건물과 관련하여 20×2년 당기손익에 반영할 손상차손 또는 손상차손환입 금액을 구하시오. 단, 손상차손의 경우에는 금액 앞에 (−)로 표시한다.

(2) 기계장치와 관련하여 20×3년 당기손익에 반영할 손상차손 또는 손상차손환입 금액을 구하시오. 단, 손상차손의 경우에는 금액 앞에 (−)로 표시한다.

(3) 20×2년초에 사무실로 사용하던 건물을 임대목적으로 변경하여 투자부동산으로 대체하였다고 가정한다. 투자부동산에 대해서 공정가치모형을 적용하며 공정가치는 20×2년초 ₩75,000, 20×2년말 ₩80,000이다. 20×2년초와 20×2년말 관련 분개를 할 때, ①과 ②의 계정과목 및 금액을 쓰시오.

	차변	대변
20×2년초	①	
20×2년말		②

(물음 2) 12월말 결산법인인 ㈜한국은 가전사업부와 제과사업부 2개를 운영 중이다. 20×2년 12월 31일 이사회에서 제과사업부 전체를 20×3년 중에 매각하기로 결정하였다. 제과사업부의 자산은 건물과 기계장치만으로 구성되며, 부채는 없다.

〈20×2년말 제과사업부의 유형자산 내역(이사회 이전 시점)〉

	취득원가	감가상각누계액	장부금액
건물	₩100,000	₩40,000	₩60,000
기계장치	50,000	25,000	25,000

20×2년말 제과사업부의 유형자산 중 건물의 공정가치는 ₩40,000, 매각부대비용은 ₩0, 기계장치의 공정가치는 ₩18,000, 매각부대비용은 ₩3,000이다.

20×2년말 제과사업부가 매각예정부문으로 분류되었다. 20×2년 제과사업부의 세전 영업이익은 ₩100,000이고 법인세율(법인세에 부가되는 세액 포함)은 30%이다. 20×2년 포괄손익계산서에 인식할 중단영업손익을 구하시오. 단, 손실의 경우에는 금액 앞에 (−)로 표시한다.

해설 및 해답 유형자산 - 종합 (2012년 회계사)

(물음 1) 유형자산의 손상차손 및 손상차손환입

1. 건물의 평가

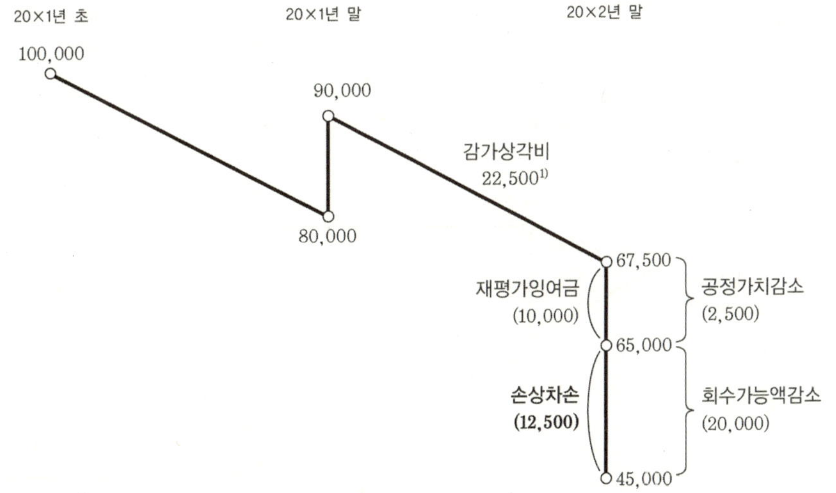

1) ₩90,000÷4년

⇨ 손상차손 : ₩12,500

2. 기계장치의 손상

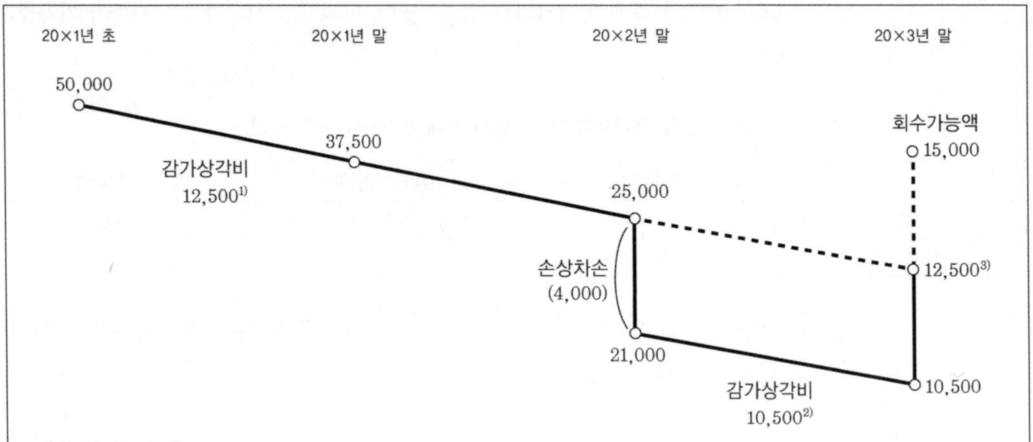

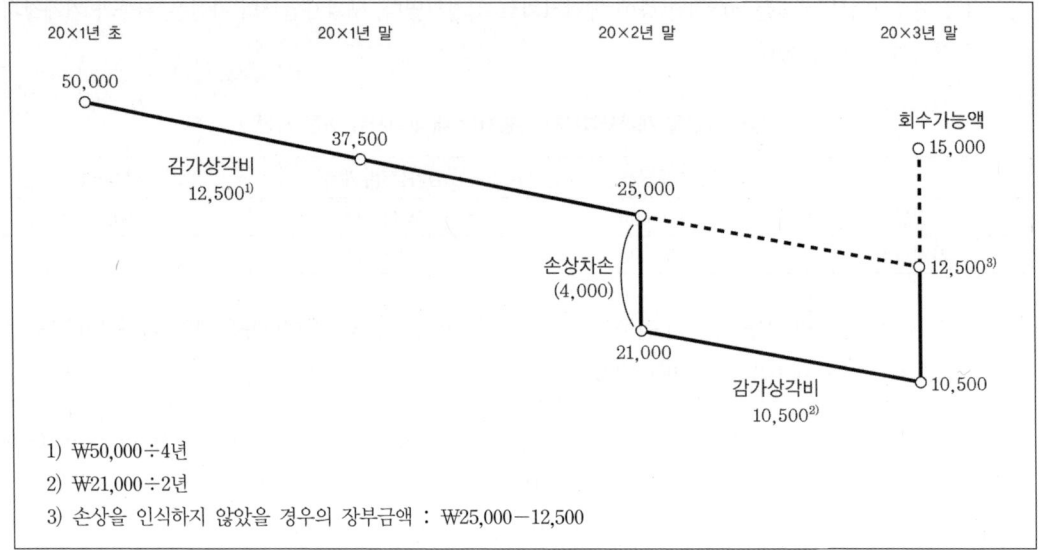

1) ₩50,000÷4년
2) ₩21,000÷2년
3) 손상을 인식하지 않았을 경우의 장부금액 : ₩25,000−12,500

⇨ 손상차손환입 : ₩2,000

3. 투자부동산 대체

	차변	대변
20×2년초	① 투자부동산 ₩75,000 재평가잉여금 ₩10,000 재평가손실 ₩5,000	
20×2년말		② 투자부동산평가이익 ₩5,000

① 부동산 장부금액의 변동

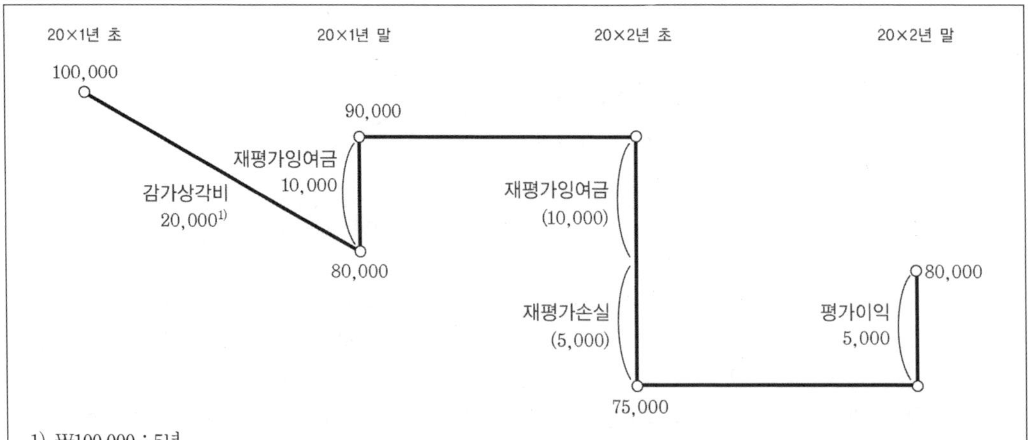

1) ₩100,000÷5년

② 회계처리

20×1년 1월 1일	(차)	건물	100,000	(대)	현금	100,000
20×1년 12월 31일	(차)	감가상각비	20,000	(대)	감가상각누계액	20,000
	(차)	감가상각누계액	20,000	(대)	재평가잉여금	10,000
					건물	10,000
20×2년 1월 1일	(차)	재평가잉여금	10,000	(대)	건물	15,000
		재평가손실	5,000			
	(차)	투자부동산	75,000	(대)	건물	75,000
20×2년 12월 31일	(차)	투자부동산	5,000	(대)	투자부동산평가이익	5,000

(물음 2) 중단영업이익

세전영업이익		₩100,000
건물의 손상차손	₩60,000(장부금액) − 40,000(순공정가치) =	(20,000)
기계장치 손상차손	₩25,000(장부금액) − (18,000 − 3,000)(순공정가치) =	(10,000)
세전 중단영업이익		₩70,000
법인세효과		(21,000)
중단영업이익		₩49,000

문제 5 저유

12월말 결산 법인인 ㈜우리게임즈는 온라인 게임을 영위하고 있는 기업으로 카드게임 사업부와 RPG게임 사업부로 구성되어 있다. 20×1년 11월 21일 게임산업진흥법의 제정으로 인하여 국내에서의 온라인 게임서비스의 영업환경이 어려워질 것으로 예상되어, 본사를 룩셈부르크로 이전할 것으로 결정하였다.

20×1년 12월 10일 회사는 본사 이전과 동시에 해외에서 성장가능성이 없는 카드게임 사업부를 구조조정 후, 폐쇄하기로 결정하였으며, 폐기될 처분자산집단은 중단영업의 조건을 충족시킨다. 카드게임 사업부에서 사용하던 자산들은 폐기, 매각할 예정이나, 서버 및 네트워크 장비들은 부피가 작고, 단가가 높아 해외 이전 후에도 계속 사용 할 것으로 결정하였다. 20×1년말 현재 폐기 예정자산은 아직 사용중에 있다.

20×1년말 현재, 카드게임 사업부 내의 유형자산은 아래와 같이 구성되며, 기타 자산 및 부채는 모두 청산절차를 완료하였다.

구분	비품 및 차량운반구	노트북 등 설비자산	서버 및 네트워크장비
처분방법	폐기	매각	계속사용
기초장부금액	₩1,500,000	₩23,000,000	₩300,000,000
기말공정가치	800,000	10,000,000	290,000,000
기말순공정가치	500,000	9,000,000	238,000,000
기말사용가치	900,000	20,000,000	280,000,000

회사는 본사 및 RPG사업부의 자산 중 해외로 이전이 어려운 자산은 폐기 혹은 매각할 예정이다. 한편, 자가사용하던 본사 건물은 매각하지 않고 임대 목적으로 변경되었기에 투자부동산으로 분류하였다. 본사 및 RPG사업부 내에서 분류 및 보유목적이 변경된 자산은 아래와 같다.

구분	비품 및 차량운반구	노트북 등 설비자산	건물
처분방법	폐기	매각	임대전환
기초장부금액	₩2,300,000	₩45,000,000	₩200,000,000
기말공정가치	1,600,000	40,000,000	320,000,000
기말순공정가치	1,500,000	36,000,000	290,000,000
기말사용가치	2,500,000	80,000,000	220,000,000

회사는 모든 유형자산에 대하여 원가모형을 적용하며, 모든 유형자산의 20×1년초 현재 잔존내용연수는 10년, 정액법을 사용해 감가상각하며, 잔존가치는 ₩0으로 가정한다. 투자부동산에 대해서는 공정가치모형을 적용한다. 한편, 기말 회수가능액이 기말 장부금액보다 작은 경우, 손상징후를 충족시킨다고 가정 할 경우 아래의 물음에 답하시오.

(물음 1) 각 사업부의 폐기자산 및 매각예정자산이 ㈜우리게임즈의 20×1년의 ① 중단영업손익과 ② 계속영업손익에 미치는 영향을 구하시오. 단, 손실의 경우 (−)를 표시하시오.

(물음 2) 상기의 자산과 관련하여 ㈜우리게임즈의 20×1년말 재무상태표에 표시될 하기의 금액들을 계산하시오.

구분	금액
유형자산(순액)	①
매각예정비유동자산(순액)	②
투자부동산	③

다음의 〈추가자료〉을 이용하여 **(물음 3)** ~ **(물음 4)**에 답하시오.

〈 추가자료 〉

20×1년 12월 20일 이사회에서 구조조정계획을 승인한 후, 주요 내용을 구체적으로 공표하였다. 구조조정과 관련하여 예상되는 지출이나 손실은 다음과 같다.

구분	금액
해고직원들의 퇴직시 예상 해고급여	₩3,000,000
잔여직원들의 직무전환 교육훈련비	600,000
구조조정 완료시까지예상되는 영업손실	15,000,000
구조조정관련 예상 법률 자문비	120,000
중단영업 가치평가 관련예상 회계 자문비	600,000

(물음 3) ㈜우리게임즈가 20×1년말 구조조정충당부채로 계상할 금액을 계산하시오.

(물음 4) ㈜우리게임즈 카드게임 사업부의 20×1년 세전손익은 ₩6,000,000(이익)이며, 법인세율은 30%이다. 회사는 카드게임 사업부의 유형자산 감가상각비만 반영하여 세전손익을 계산하였다. 유형자산과 구조조정충당부채에 대해 적절한 회계처리를 한다고 할 경우 20×1년 포괄손익계산서에 표시될 중단영업손익을 계산하시오.

해설 및 해답 매각예정비유동자산과 중단영업손익의 공시

(물음 1) 20×1년 당기손익에 미치는 영향

1. 중단영업손익(카드게임 사업부)

① 비품 및 차량운반구

감가상각비	₩1,500,000÷10년=	₩(150,000)
유형자산 손상차손	₩900,000(회수가능액)−1,350,000(장부금액)=	(450,000)
		₩(600,000)

② 노트북 및 설비자산

감가상각비	₩23,000,000÷10년=	₩(2,300,000)
유형자산 손상차손	₩20,000,000(회수가능액)−20,700,000(장부금액)=	(700,000)
매각예정자산 손상차손	₩9,000,000(순공정가치)−20,000,000(장부금액)=	(11,000,000)
		₩(14,000,000)

③ 당기손익에 미치는 영향 : (−)₩600,000−14,000,000=(−)₩14,600,000

2. 계속영업손익(본사 및 RPG게임 사업부)

① 비품 및 차량운반구 : ₩2,300,000÷10년=₩230,000(감가상각비)

② 노트북 및 설비자산

감가상각비	₩45,000,000÷10년=	₩(4,500,000)
매각예정자산 손상차손	₩36,000,000(순공정가치)−40,500,000(장부금액)=	(4,500,000)
		₩(9,000,000)

③ 당기손익에 미치는 영향 : (−)₩230,000−9,000,000=(−)₩9,230,000

(물음 2) 20×1년말 재무상태표 장부금액

구분	금액
유형자산(순액)	₩272,970,000
매각예정비유동자산(순액)	45,000,000
투자부동산	320,000,000

① 유형자산

㉠ 비품 및 차량운반구 : ₩900,000(카드게임 사업부－회수가능액)＋2,070,000(RPG게임 사업부－상각후원가)＝₩2,970,000

㉡ 서버 및 네트워크 장비 : ₩270,000,000(장부금액)

㉢ 유형자산(순액) : ₩2,970,000＋270,000,000＝₩272,970,000

② 매각예정비유동자산(노트북 등 설비자산): ₩9,000,000(카드게임 사업부－순공정가치)＋₩36,000,000(RPG게임 사업부－ 순공정가치)＝₩45,000,000

③ 투자부동산(건물) : ₩320,000,000(공정가치)

(물음 3) 구조조정 충당부채

- ₩3,000,000(예상퇴직금)＋120,000(법률자문비)＋600,000(회계자문비)＝₩3,720,000
- 교육훈련비 및 예상영업손실은 구조조정에 필수적으로 발생하는 지출이 아니므로 충당부채로 인식하지 않는다.

(물음 4) 중단영업손익

구분	금액
세전손익	₩6,000,000
비품 및 차량운반구 손상차손	(450,000)
노트북 등 설비자산 손상차손	(11,700,000)
구조조정충당부채 구조조정비용	(3,720,000)
수정후 세전손익	₩(9,870,000)
법인세수익	2,961,000*
중단영업손익	₩(6,909,000)

* (－)₩9,870,000×30%

| 계산근거 |

① 폐기 및 매각예정으로 분류되는 자산집단에서 발생한 손익은 중단영업손익에 포함됨.

② 서버 및 네트워크에서 발생한 감가상각비는 중단영업으로 분류되는 사업부에서 사용함에 따라 발생한 것이므로 중단영업손익에 포함됨.

최 재 형

서울대 경제학부 졸업

한국공인회계사

〔現〕 우리경영아카데미 재무회계 강사
국세공무원교육원 고급 연구과정 강사(재무회계)

〔前〕 삼일회계법인
국세공무원교육원 회계실무시험 선정위원

저 서

- 이론솔루션 재무회계 노트
- 유형솔루션 심화 재무회계
- 기출솔루션 객관식 재무회계 기본 500제
- 기출솔루션 객관식 재무회계 심화 200제
- 기출솔루션 공인회계사 중급회계연습
- 기출솔루션 세무사 재무회계연습
- K-IFRS 회계원리
- 공인회계사 재무회계 연도별 기출문제
- 세무사 재무회계 연도별 기출문제
- 공인회계사 회계학 모의고사
- 세무사 회계학 모의고사
- 최재형 공기업회계학 기본서
- 최재형 공기업회계학 회계원리 300제
- 최재형 공기업회계학 객관식 1000제

제1판1쇄 | 2020년 11월 2일 발행
제2판1쇄 | 2021년 8월 30일 발행
제3판1쇄 | 2022년 10월 7일 발행
제4판1쇄 | 2024년 10월 26일 발행
제4판2쇄 | 2025년 4월 20일 발행
지 은 이 | 최 재 형
펴 낸 이 | 이 은 경
펴 낸 곳 | ㈜세경북스
주 소 | 서울특별시 서초구 방배천로26길 25 유성빌딩 2층
전 화 | 02−596−3596
팩 스 | 02−596−3597
신 고 | 제2013−000189호
정 가 | 35,000원

저자와의 협의하에 인지를 생략함

이 책의 모든 권리는 ㈜세경북스에 있습니다.
본 출판사의 동의 없이 내용을 복제하거나 전산장치에
저장·전파할 수 없습니다.
Printed in Korea

ISBN : 979−11−5973−428−1 13320